Wilfried Barner · Barockrhetorik

Wilfried Barner

BAROCKRHETORIK

Untersuchungen
zu ihren geschichtlichen
Grundlagen

2., unveränderte Auflage

Max Niemeyer Verlag
Tübingen 2002

1. Auflage 1970

Die Deutsche Bibliothek – CIP-Einheitsaufnahme

Barner, Wilfried : Barockrhetorik : Untersuchungen zu ihren geschichtlichen Grundlagen / Wilfried Barner. – 2., unveränd. Aufl.. – Tübingen: Niemeyer, 2002
   Zugl.: Tübingen, Univ., Habil-Schr., 1970

ISBN 3-484-10839-8

Vorwort zur Neuauflage

Ein eigenes, nicht gerade schmal ausgefallenes *opus* nach mehr als drei Jahrzehnten aus Anlass eines unveränderten Nachdrucks zu bevorworten, und zwar auf die Bitte des Verlags hin, mag sich nicht von selbst verstehen. Immerhin scheint der Nachdruck sozusagen empirisch zu bestätigen, dass diesem 1968er-Produkt (die Habilitationsschrift wurde in eben jenem Jahr an der Universität Tübingen eingereicht) keine so kurze Halbwertzeit beschieden war, wie man sie in jenen unruhigen Jahren sehr wohl hätte ansetzen können. Die Feststellung ist nicht unproblematisch. Sie ließe sich mit dem anerkannten Prinzip konfrontieren, dass Stillstand in der Wissenschaft – wie in der Wirtschaft – Rückschritt bedeutet. Das prekäre Moment kann ich freilich ins Positive wenden, indem ich feststelle, dass mir auch bei der Lektüre von Publikationen der neueren Barock- und Rhetorikforschung der Titel des voluminösen Bandes gelegentlich begegnet: mal als *Barock-Rhetorik* (wenn der seinerzeitige Buchumschlag der Orientierung diente; er konnte so gelesen werden), mal als *Barockrhetorik* (wenn man auf den Buchrücken oder die Titelei geblickt hatte). Mancher Erwähnung oder auch Zitierung merkt man das bloß Routinemäßige an, mitunter erfreut aber sogar eine kurze Bemerkung zur wissenschaftshistorischen ›Würdigung‹.

Beide Elemente des Titelkompositums, die Erforschung des »Barock« und die der »Rhetorik«, haben sich in den drei vergangenen Jahrzehnten jeweils in Forschungsfelder verwandelt, die ein einzelner kaum auch nur annähernd noch zu überblicken vermag. Zwar reicht die (Wieder-) Entdeckung und formtypologische Neukonzeption des ›Barock‹-Begriffs als eines künsteübergreifenden Begriffs bis in die Zeit vor dem Ersten Weltkrieg zurück (Heinrich Wölfflin, Fritz Strich, Curt Sachs u.a.), ja bis zu Nietzsche (*Vom Barockstile* 1879; vgl. *Barockrhetorik*, S. 3–21). Aber das breite Wiedereinsetzen der germanistischen Barockforschung in Westdeutschland etwa seit den 1960er Jahren (mit den umfangreichen Neu- und Nachdruckreihen und den grundlegenden Monographien) öffnete neue, nicht nur quantitative Dimensionen. Vor allem ist sie seither – wie fast alle ihre Nachbarwissenschaften – internationaler und interdisziplinärer geworden.

Für das Feld der ›Rhetorik‹ gilt manches Analoge, aber dann doch auch Divergentes. Der weite geschichtliche Bogen von der griechischen Antike bis in die Gegenwart (den übrigens für ihre jeweilige Epoche auch die frühneuzeitlichen Rhetoriklehrbücher, bis ins 18. Jahrhundert hinein, auf ihre Weise zogen) wurde komplementiert durch die Einbeziehung der riesigen, differenzierten Felder der modernen Massenkommunikationsprozesse; hierin war vor allem die traditionsreiche nordamerikanische New Rhetoric tonangebend. Das im Max Niemeyer Verlag seit 1992 erscheinende *Historische Wörterbuch der Rhetorik*, herausgegeben von Gert Ueding, mitbegründet von Walter Jens (bisher 5 Bände), repräsentiert heute einen internationalen Standard an hoch spezialisiertem Wissen, von dem um 1968 noch kaum zu träumen war. Die Errichtung des Tübinger Seminars für Allgemeine Rhetorik durch Walter Jens im Jahre 1967 – aus diesem Institut ist auch die *Barockrhetorik* hervorgegangen – hat ebenso wie die Gründung der ›International Society for the History of Rhetoric‹ 1977 in Zürich (unter Federführung von Brian Vickers) die Forschungslandschaft erheblich verwandelt. Und zwar derart, dass man ohne Zögern von einem neuen Niveau sprechen kann. Für meine eigenen Vorarbeiten zur *Barockrhetorik* darf ich mit Dank heute noch feststellen, dass immerhin zur Rhetorik*theorie* mehrere Untersuchungen (von Renate Hildebrandt-Günther 1966, Joachim Dyck 1966, und Ludwig Fischer 1968) weitgehend unbekanntes Terrain der Frühen Neuzeit schon erschlossen hatten, auf dem ich mich dann mit anderen Fragestellungen bewegen konnte.

Zum Reiz meines Vorhabens, der zugleich eine Schwierigkeit bedeutete, gehörte die Tatsache, dass bis weit in das 19. Jahrhundert zurück einzelne Texte des deutschen 17. Jahrhunderts immer wieder als ›rhetorisch‹ bezeichnet worden waren, jedoch unter vorwiegend pejorativen Vorzeichen. Ähnlich war es zunächst dem Konzept ›Barock‹ ergangen, das auch erst – etwa seit der Jahrhundertwende – einen Prozess der Aufwertung durchlaufen musste (vgl. *Barockrhetorik*, S. 22–85). Was in der germanistischen Literaturwissenschaft, aber auch in den benachbarten neuphilologischen Disziplinen, mit schillernder Akzentuierung an Texten des 17. Jahrhunderts als ›rhetorisch‹ bezeichnet wurde, betraf auch Weltanschauliches (etwa bei Arthur Hübscher) oder fundamental Religiöses (etwa bei Paul Hankamer).

Doch ganz selten wurden ›rhetorische‹ Phänomene genauer sozial- und institutionengeschichtlich verortet. Günther Müller sprach in den 1920er Jahren und später vorzugsweise vom ›höfischen‹ Charakter barockrhetorischen Sprechens, aber das konnte allenfalls für Teilbereiche gelten. Viel zu wenig Aufmerksamkeit war dem Gesamtbereich des im deutschen 17. Jahrhundert feindifferenzierten Bildungswesens geschenkt worden: den protestantischen Gelehrtenschulen oder Lateinschulen, als den humanistischen Gymnasien (mit Theater), den zum Teil glänzend ausgestatteten und geführten Jesuitenkollegien (ebenfalls mit Theater), den Universitäten und schließlich der Adelserziehung (mit Hofmeistern oder auch niveauvollen Ritterakademien). In diesem Bereich der Bildungsgeschichte der Barockepoche waren für Deutschland die letzten größeren Dokumentationen, Untersuchungen und inhaltsreichen Handbücher während des ausgehenden 19. Jahrhunderts erarbeitet worden, mit bevorzugten Interessen an den Reformpädagogen wie Comenius, Ratichius und anderen. Heute demonstriert etwa das *Handbuch der deutschen Bildungsgeschichte* mit seinem ersten Band *15. bis 17. Jahrhundert* (1996, herausgegeben von Notker Hammerstein), was inzwischen vor allem die interdisziplinäre Erforschung der Frühen Neuzeit an Wissen zutage gefördert hat.

Aus meinen eigenen Versuchen im Rahmen der *Barockrhetorik* nenne ich nur zwei Resultate. Was sich als Theorie in den Handbüchern der Rhetorik, auch der Poetik, des 17. Jahrhunderts fand, hatte seinen genuinen ›Ort‹ im Rhetorik-Unterricht der Gymnasien und der Universitäten, wieder unterschiedlich organisiert in den protestantischen und den katholischen Territorien Deutschlands. Diese Bücher waren überwiegend aus der Unterrichtspraxis hervorgegangen und für sie gedacht; sie boten meist weniger als diese Praxis, klammerten beispielsweise oft das zentrale Feld der Disputationstechnik aus (das von der Oberstufe der Schule in die Universität hinüberleitete). Die öffentlich sichtbare Spitze des Rhetorikbetriebs aber bestand im Schultheater, dem protestantischen (zunehmend muttersprachlich) und dem jesuitischen (konsequent lateinisch, wie der ganze Unterricht): »Theatrum mundi« (*Barockrhetorik*, S. 86–131) als Spiegelung in der Schule, wie es dann Christian Weise als besonderes Konzept ausbaute. Die enge Verknüpfung sowohl mit dem schlesischen Barockdrama (Gryphius, Lohenstein u.a.) als auch mit dem Jesuitentheater (Bidermann u.a.) stellte sich unter neuen Aspekten dar.

Auf einschlägigen Feldern, die von der *Barockrhetorik* berührt worden waren, ist seit den 1970er Jahren intensiv und international gearbeitet worden: auf dem der Jesuitenrhetorik (etwa von Barbara Bauer und Jean-Marie Valentin), dem Barockdrama und -theater (Hans-Jürgen Schings, Gerhard Spellerberg, Rolf Tarot, Jean-Marie Valentin, Helen Watanabe-O'Kelly u.a.), der höfischen Beredsamkeit (Georg Braungart), und vielen anderen. Es hat sich in mancherlei Hinsicht ein neues Gesamtbild ergeben, dem keine ›Neubearbeitung‹ der *Barockrhetorik* Rechnung tragen könnte. Die internationale Rhetorikforschung wiederum – ich nenne für die U.S.A. stellvertretend nur James J. Murphy mit seiner Schule (deren Arbeiten bis weit in die mittelalterlichen Jahrhunderte zurückgreifen) und für Frankreich Marc Fumaroli mit seinen glänzenden Analysen zu »L'âge de l'éloquence« – hat vielfältige komparatistische Anknüpfungsmöglichkeiten eröffnet. Die *Barockrhetorik* war zwar von Anfang an komparatistisch angelegt, mit wiederholtem Blick nach Spanien, Frankreich, Italien, England und auf die europäische Latinität. Doch steht das deutsche 17. Jahrhundert heute, wie vor allem die alle drei Jahre stattfindenden großen Wolfenbütteler Barockkongresse demonstrieren, in einer Fülle von transnationaler kultureller Kommunikation, wie man sie um 1970 allenfalls ahnen konnte.

Vielleicht am augenfälligsten wird die inzwischen erreichte Einschätzung des Wissensgebiets ›Barockrhetorik‹ daran, dass die Literaturgeschichten, die das 17. Jahrhundert einschließen, in dem betreffenden Band nun ein detaillierteres Kapitel »Rhetorik« bieten, zum Teil kombiniert mit Poetik oder Emblematik: so etwa der von Harald Steinhagen herausgegebene Band (1985, bei Rowohlt) oder derjenige von Albert Meier (1998, bei Hanser); Analoges gilt für Einführungen, so den Barock-Band von Dirk Niefanger (2000, bei Metzler).

Unter dem bildungs- und institutionengeschichtlichen Ansatz der Barockrhetorik musste seinerzeit, wie schon angedeutet, vielfach sogar das Grundlagenmaterial erst einmal gesichtet werden (Schulordnungen, Handbücher, Universitätsstatuten u. ä.). Modellstudien für Teilbereiche waren kaum verfügbar. Hier hat Albrecht Schöne die Initiative ergriffen und mit dem Wolfenbütteler Barock-Symposion von 1974 *Stadt, Schule, Universität, Buchwesen und die deutsche Literatur im 17. Jahrhundert* (gedruckt 1976) einiges in Bewegung gesetzt, auch im Hinblick auf die Interpretation der dichterischen Barocktexte. Mittlerweile ist der Einbezug rhetorischer wie institutioneller Dimensionen in die Textinterpretation vielfach selbstverständlich geworden. Der Verfasser gesteht hier – wie schon in manchem Einzelgespräch über die Jahre hin –, dass die *Barockrhetorik* (entschieden schlanker gedacht) im ursprünglichen Konzept nur den ersten Teil zu einem zweiten bilden sollte; dieser hatte in Modellinterpretationen zu zeigen, was die ›poetischen‹ und ›rhetorischen‹ Texte (im Sinne des 17. Jahrhunderts verstanden) von den Resultaten des ersten Teils profitieren könnten. Dieses erst wäre – auch nach meiner damaligen Auffassung – im vollen Sinne Literaturwissenschaft. Heute kann sich der erschienene Band immerhin als ›Kulturwissenschaft‹

Selbstabsolution erteilen. Ich danke allen, die das Fehlen eines zweiten Teils nicht bemerkt oder stillschweigend nicht kritisiert haben, und dem Verlag, insbesondere Frau Birgitta Zeller, für die Initiative zu diesem wiederum sorgsam betreuten Nachdruck.

Wilfried Barner

FÜR WALTER JENS

UND

FÜR IRMGARD

Vorwort

Die Erforschung der deutschen Barockliteratur unter dem Gesichtspunkt der Rhetorik steht noch in den Anfängen. Zwar hat man seit
langem an Texten des 17. Jahrhunderts, an Drama und Roman, Mystik und Satire, Predigt und Lyrik ›rhetorische‹ Elemente konstatiert,
namentlich die intensive Verwendung der sogenannten ›rhetorischen
Figuren‹. Seit Günther Müller ist sogar mehrfach die These von einem
›rhetorischen Grundzug‹ der gesamten Barockliteratur vertreten worden. Doch was darunter genauer zu verstehen sei, blieb eigentümlich
kontrovers. Sofern man das ›Rhetorische‹ nicht prinzipiell ignorierte
(wie z. B. Strich), begrenzte man es mit Vorliebe auf humanistische
Restbestände (Cysarz, Hankamer), oder man neigte zur Verabsolutierung einzelner Aspekte, etwa des Höfischen (Müller), des Gattungs-
gebundenen (Kayser) oder des christlichen Jenseitspathos (Böckmann).
Es ist nur zu verständlich, daß schließlich auch der Komplex ›Rhetorik und Barock‹ als bloße Variante der berüchtigten ›Barocksynthesen‹
erschien und damit ad acta gelegt wurde (so bei Newald).

Erst seit etwa vier Jahren ist die Kategorie ›Rhetorik‹, wesentlich
durch Anregungen von Curtius, Dockhorn und Lausberg, erneut in das
Zentrum der germanistischen Barockforschung gerückt. Textmaterial
und Kategoriensystem sind hierbei scharf umrissen. Mehrere Einzeluntersuchungen (Hildebrandt-Günther, Dyck, Fischer) führten zu der
schon früher gelegentlich angedeuteten Erkenntnis, daß praktisch die
gesamte literarische Theorie des 17. Jahrhunderts, auch und vor allem
die Poetik, durch die ›rhetorische Tradition‹ geprägt ist, die sich von
der Antike (Aristoteles, Cicero, Quintilian, Hermogenes) und von den
Humanisten herleitet. Eine bestimmte, produktive Deformierung dieser Tradition wird von einem Teil der Manierismusforschung (insbesondere von Hocke) neuerdings als ›Para-Rhetorik‹ bezeichnet. Zahlreiche Barockinterpretationen der letzten Jahre stehen bereits unter dem
Einfluß dieser beiden Konzeptionen, in denen das Phänomen ›Rhetorik‹ wesentlich auf literarische Theorie und auf normativen Klassi-

zismus reduziert ist. Von den geschichtlichen Wurzeln der Rhetorik, von Mündlichkeit, Öffentlichkeit und Wirkungsintention, auch von der Tradition der großen *exempla*, scheint kaum noch etwas geblieben zu sein.

Vereinfachend gesagt: Rhetorik wäre nach diesem Verständnis ein Agglomerat von literarischen Theoremen, das über Jahrtausende hin tradiert und modifiziert wird und seinem Wesen nach ein Produkt der reinen ›Ideengeschichte‹ darstellt (so ausdrücklich bei Dockhorn). Aber wie war es möglich, daß durch dieses scholastisch-obsolete System die Literatur eines ganzen Zeitalters geprägt wurde? Worauf stützt sich die immer wieder postulierte ›Verbindlichkeit‹ der zur Praxis anweisenden literarisch-rhetorischen Theorie? Welche sozialen, weltanschaulichen, bildungsgeschichtlichen Konditionen der Barockepoche haben jene ›Herrschaft der Rhetorik‹ ermöglicht?

Bei dieser Frage setzt die vorliegende Arbeit an. Sie ist den Untersuchungen zur literarischen Theorie, auch einzelnen Textinterpretationen, selbstverständlich verpflichtet und geht von der Überzeugung aus, daß auch künftig die Einzelanalyse der Texte zu den zentralen Aufgaben der Barockforschung gehören sollte. Aber ohne Kenntnis der spezifischen Entstehungsbedingungen ›rhetorischer‹ Barocktexte wird deren Historizität, ihr form- und stilgeschichtlicher wie ihr sozialgeschichtlicher Stellenwert nicht adäquat zu bestimmen sein. Insofern soll die Arbeit dazu beitragen, die seit einigen Jahren erkennbare geschichtliche Neuorientierung der Barockforschung weiter voranzutreiben. Einige der hier angesprochenen Bereiche sind unter Rubriken wie ›historische Pädagogik‹, ›Sozialgeschichte‹, ›Ideengeschichte‹ und ›Nachleben der Antike‹ behandelt worden – oder vielmehr *nicht* behandelt worden. Von einer sachgemäßen Zusammenschau dieser Teilbereiche ist die Forschung noch weit entfernt, und zu vielen Punkten fehlen die einfachsten Vorarbeiten. Daraus ergab sich von vornherein ein Zwang zur Beschränkung. Systematische Geschlossenheit war allenfalls bei der Darstellung des Bildungswesens zu erreichen, aber auch dieser Teil der Arbeit ist – wie die anderen Kapitel – nur als Baustein zu einem künftigen Gesamtbild gedacht. Einige weitere Gesichtspunkte, deren Behandlung am vordringlichsten erscheint, versucht der Schluß der Arbeit zu umreißen.

Die Textform der Quellenzitate richtet sich nach folgenden Grundsätzen. Antike Texte werden nach den Standardausgaben und deren Zählung zitiert. Wenn nötig, ist der Editor hinzugesetzt. Neuere Texte werden, sofern zuverlässige kritische Ausgaben vorliegen, nach diesen zitiert; die Herausgeber sind dann jeweils genannt. In allen übrigen Fällen folgen Wortlaut und Paginierung den erreichbaren Original- drucken bzw. Faksimile-Nachdrucken. Doch sind die Abbreviaturen aufgelöst, die Drucktypen vereinheitlicht und eindeutige Druckfehler stillschweigend korrigiert; gelegentlich ist Auffälliges durch ›sic!‹ ge- kennzeichnet. Wo nur ein Neudruck zugänglich war, dessen Textfas- sung nicht überprüft werden konnte, ist der betreffende Druck ange- geben. Genauere Nachweise enthält das Quellenverzeichnis.

Die Arbeit hat im Wintersemester 1968/69 der Philosophischen Fakultät der Universität Tübingen als Habilitationsschrift vorgele- gen. Ihre Abfassung wurde durch ein dreijähriges Habilitandenstipen- dium ermöglicht, für das ich der Deutschen Forschungsgemeinschaft großen Dank schulde. Der Text ist inzwischen an einigen Stellen überarbeitet worden. Wichtigere neue Literatur, soweit sie bis Ende 1969 erschien, wurde nach Möglichkeit noch berücksichtigt.

Die entscheidende Anregung zur Arbeit gab mein Lehrer Walter Jens. Er hat mich nicht nur für das Phänomen ›Rhetorik‹ zu interessieren verstanden, sondern auch durch persönliche Förderung tief ver- pflichtet.

Dem Verlag und der Druckerei danke ich für die gute Zusammen- arbeit, Herrn Rolf Kellner für seine Mithilfe bei der Korrektur und bei der Erstellung des Registers. In allen Stadien der Arbeit aber un- terstützte mich meine Frau.

Tübingen, im Sommer 1970   W. B.

Inhaltsverzeichnis

Erster Teil

Rhetorik und literarische
Barockforschung

1. Nietzsche über ›Barockstil‹ und ›Rhetorik‹

a. Ein unzeitgemäßer Entwurf

»Wer sich als Denker und Schriftsteller zur Dialektik und Auseinanderfaltung der Gedanken nicht geboren oder erzogen weiss, wird unwillkürlich nach dem Rhetorischen und Dramatischen greifen: denn zuletzt kommt es ihm darauf an, sich verständlich zu machen und dadurch Gewalt zu gewinnen, gleichgültig ob er das Gefühl auf ebenem Pfade zu sich leitet oder unversehens überfällt – als Hirt oder als Räuber«. Mit diesem ebenso provozierenden wie scharfsinnigen Satz beginnt Nietzsche seine Skizze ›Vom Barockstile‹, die 1879 erscheint[1] – nahezu vier Jahrzehnte vor dem Einsetzen der literarischen Barockforschung.

Nicht nur das ›Unzeitgemäße‹, in die Zukunft Weisende seiner Barockvorstellung verdient Beachtung. Heute, nachdem die Literatur über ›Barock‹ und ›Barockstil‹ zu einer fast chaotischen Fülle angewachsen ist[2], demonstriert Nietzsches Text (der, wie sich zeigen wird, kein Produkt eines belanglosen oder zufälligen Geistesblitzes

---

[1] Nietzsche-Zitate hier und im folgenden nach: Werke, 19 Bde. (u. Registerbd.), Leipzig 1903–1919 (u. 1926; ›Großoktavausgabe‹); darin nicht Enthaltenes: nach der Ausgabe von K. Schlechta, 3 Bde., München ²1960. Die Skizze ›Vom Barockstile‹ (Erstdruck 1879 im ersten Band von ›Menschliches, Allzumenschliches‹) ist abgedruckt in Werke 3, S. 76ff. (das Zitat: S. 76f.).

[2] Den besten Überblick gibt R. Wellek, Der Barockbegriff in der Literaturwissenschaft (1945; mit einem ausführlichen ›Postskriptum‹ 1962), in: Grundbegriffe der Literaturkritik (Sprache u. Lit. 24), Stuttgart usw. 1965, S. 57ff. Zur Ergänzung vgl. den Kongreß-Band Manierismo, barocco, rococò: Concetti e termini. Convegno internazionale – Roma 21–24 Aprile 1960. Relazioni e discussioni (Accad. Naz. dei Lincei, Anno 359 – 1962, Quad. 52. Problemi attuali di scienza e di cultura), Roma 1962 und das dem Problem ›Barock‹ und ›Manierismus‹ gewidmete erste Heft der Colloquia Germanica (1, 1967, S. 2ff.), ferner die unten S. 24 Anm. 14 genannten Forschungsberichte.

ist) immer noch mit überraschender Aktualität und mit wünschenswerter Schärfe die Grundproblematik aller Barockforschung. Denn die Hindernisse, die ein fehlgeleiteter Literatur- und Dichtungsbegriff dem Verständnis der Barockliteratur in den Weg gestellt hatte, sind bis heute nicht ausgeräumt. Und vor allem: Nietzsche gehört zu den wenigen Repräsentanten der neueren deutschen Geistesgeschichte, die etwas von Rhetorik verstanden[3]. Er wird damit zum Kronzeugen bei der Frage nach Rhetorik in der deutschen Barockepoche.

Vier Grundgedanken bestimmen die Skizze ›Vom Barockstile‹: 1. Barockstil ist allen Künsten gemeinsam. 2. Barockstil ist ein überzeitliches, periodisch wiederkehrendes Phänomen. 3. Barockstil muß in seiner spezifischen Qualität erkannt werden und hat nicht a priori als minderwertig zu gelten. 4. Barockstil ist seinem Wesen nach an ›das Rhetorische‹ gebunden.

Für die vieldiskutierte ›Übertragung‹ des Barockbegriffs von den bildenden Künsten auf die Literatur[4] bietet Nietzsche einen der frühesten und bedeutsamsten (aber bisher unbeachteten)[5] Belege. Nachdem es lange Zeit üblich war, diese Übertragung mit Fritz Strichs Lyrik-Aufsatz vom Jahre 1916[6] beginnen zu lassen, hat sich das Bild der Entwicklung in den letzten Jahren erheblich differenziert. Nicht nur daß den Beiträgen Valdemar Vedels[7] und Karl Borinskis[8] (beide

---

[3] Als »den größten Kenner deutscher Rede« bezeichnet ihn W. Jens, Von deutscher Rede, München 1969, S. 21. Das Thema ›Nietzsche und die Rhetorik‹ wird eine Monographie von J. Goth eingehender behandeln.

[4] Darüber besonders H. Tintelnot, Zur Gewinnung unserer Barockbegriffe, in: Die Kunstformen des Barockzeitalters. Vierzehn Vorträge. Hrsg. v. R. Stamm (Sammlg. Dalp. 82), Bern 1956, S. 13ff.; vgl. dens., Über den Stand der Forschung zur Kunstgeschichte des Barock, DVjs 40, 1966, S. 116ff.; ferner J. Hermand, Literaturwissenschaft und Kunstwissenschaft. Methodische Wechselbeziehungen seit 1900 (Sammlg. Metzler. 41), Stuttgart 1965, S. 38ff.

[5] Kurzer Hinweis (1962) bei Wellek, a.a.O., S. 88 (zur Mißdeutung der Stelle s. u.).

[6] Der lyrische Stil des 17. Jahrhunderts, in: Abhandlungen zur deutschen Literaturgeschichte. Festschr. f. F. Muncker, München 1916, S. 21ff.; jetzt auch in: Deutsche Barockforschung. Dokumentation einer Epoche. Hrsg. v. R. Alewyn (Neue Wissenschaftl. Bibl. 7), Köln u. Berlin 1965, S. 229ff. (Zitate im folgenden nach diesem Abdruck); Retraktation und (modifizierende) Verteidigung der Thesen in dem Vortrag: Die Übertragung des Barockbegriffs von der bildenden Kunst auf die Dichtung, in: Die Kunstformen des Barockzeitalters, S. 243ff. Zu Strichs Aufsatz vgl. auch F. Beißner, Deutsche Barocklyrik, in: Formkräfte der deutschen Dichtung vom Barock bis zur Gegenwart (Kl. Vandenhoeck-R., Sonderbd. 1), Göttingen 1963, S. 35ff.

[7] Den digteriske Barokstil omkring aar 1600, Edda 2, 1914, S. 17ff.

[8] Die Antike in Poetik und Kunsttheorie vom Ausgang des klassischen Altertums bis auf Goethe und Wilhelm von Humboldt, Bd. 1 (Untertitel: Mittelalter, Re-

1914) der ihnen gebührende Platz zugewiesen wurde; in einzelnen Fällen konnte man Spuren sogar bis in die 90er und 80er Jahre des vorigen Jahrhunderts zurückverfolgen, und insbesondere hob man hervor, daß der große Initiator kunstgeschichtlicher wie literarischer Barockforschung, Heinrich Wölfflin, den Barockbegriff bereits selbst auf poetische Texte angewendet hat (1888)[9].

Aber auch dies liegt später als Nietzsches Skizze ›Vom Barockstile‹. Ihr bleibt der Rang eines unzeitgemäßen, hellsichtigen Entwurfs. Nun soll es hier keineswegs darum gehen, Nietzsche als *primus inventor* in einem vordergründigen Sinne zu etablieren. Auch Nietzsches Originalität ist nicht absolut. Je genauer man die Geschichte der Barockforschung verfolgt, desto klarer zeigt sich, daß sowohl die Hinwendung der Kunstwissenschaft zum Barock als auch die Übertragung des Barockbegriffs auf die Literatur nur im Zusammenhang eines umfassenden Geschmacks- und Methodenwandels verstanden werden kann. Als gegen Ende der 80er Jahre des vorigen Jahrhunderts die ersten bahnbrechenden Arbeiten vor allem von Gurlitt und Wölfflin erscheinen[10], hat sich die Barockkunst in weiten Kreisen des kunstliebenden (und kaufenden) Publikums längst einen festen Platz erobert; die Anfänge reichen bis in die 60er Jahre zurück. Die Kunstwissenschaft folgt also nur einer bereits weitverbreiteten Geschmackstendenz[11], durchaus im Gegensatz zur späteren literarischen Barockforschung[12]. In beiden Wissenschaften aber vollzieht sich die Ent-

---

naissance und Barock), Leipzig 1914; vgl. Wellek, a.a.O., S. 59. In der Literatur zur Geschichte der Barockforschung scheint man übersehen zu haben, daß Borinski bereits 1886 vom ›poetischen Barock‹ spricht: Die Poetik der Renaissance und die Anfänge der litterarischen Kritik in Deutschland, Berlin 1886, S. VII: »Erste Zeichen des poetischen Barock« (vgl. S. 306 u. 320).

[9] Renaissance und Barock, München 1888, S. 83ff.: Vergleich von Ariosts ›Orlando furioso‹ und Tassos ›Gerusalemme liberata‹ unter dem Gesichtspunkt der beiden Epochen; dann im einzelnen ausgeführt von T. Spoerri, Renaissance und Barock bei Ariost und Tasso. Versuch einer Anwendung Wölfflin'scher Kunstbetrachtung, Bern 1922; dazu besonders Strich, Die Übertragung des Barockbegriffs ..., S. 244ff. (»Ich ließ mich jedoch in keinem Augenblick einschüchtern und fand Trost und Stärkung bei meinem Lehrer, Heinrich Wölfflin, der mein Tun bedingungslos billigte«, S. 246; in seinem Aufsatz von 1916 hatte er Wölfflin allerdings nicht erwähnt). Vgl. im übrigen W. Rehm, Heinrich Wölfflin als Literaturhistoriker (SB München, Phil.-hist. Kl. 1960/9), München 1960.

[10] Näheres bei Tintelnot, Zur Gewinnung unserer Barockbegriffe, S. 42ff.

[11] Tintelnot, a.a.O., S. 37.

[12] Die oft betonte Affinität der frühen Barockforschung zum Expressionismus liegt auf einer anderen Ebene; denn verglichen mit dem Gebiet der bildenden Kunst kann von einem wesentlichen Interesse des damaligen Publikums am Gegenstand der Forschung selbst, der Literatur des 17. Jahrhunderts, keine Rede sein.

deckung des Barock im Zeichen einer neuen, gegen Historismus und Positivismus gerichteten[13] typologischen, morphologischen bzw. formalästhetischen Betrachtungsweise[14].

Daß Nietzsche zu den Wegbereitern dieser geisteswissenschaftlichen Umwälzungen gehört, ist bekannt. Seine Hinweise auf ›Barockstil‹ und ›Rhetorik‹ freilich blieben ungehört, und bis der literarische Barockbegriff sich im Schlepptau der Kunstgeschichte durchzusetzen begann, vergingen Jahrzehnte[15]. Um so überraschender ist die Selbstverständlichkeit, mit der Nietzsche von Barockstil in der Literatur spricht: der »Schriftsteller« hat, wie der zitierte Einleitungssatz zeigt, geradezu den Vorrang. Der zweite Satz erweitert dann kurz die Perspektive: »Diess gilt auch (!) in den bildenden wie musischen Künsten«[16]. Doch erst gegen den Schluß hin wird der Aspekt der bildenden Künste noch einmal explizit aufgenommen: »Barockstil« gebe es »in der Poesie, Beredsamkeit, im Prosastile, in der Sculptur ebensowohl als bekanntermaassen in der Architektur«[17]. Nietzsche ist sich sehr wohl bewußt – der Zusatz »bekanntermaassen« bestätigt es –, daß der Begriff ›Barockstil‹ ursprünglich in der bildenden Kunst beheimatet ist[18] und daß seine eigene Verwendung des Terminus eine noch ungewohnte Übertragung darstellt.

Seine Konzeption reicht aber noch weiter. »Gerade jetzt, wo die Musik in diese letzte Epoche übergeht, kann man das Phänomen des Barockstils in einer besonderen Pracht kennen lernen«[19]. Es ist kaum gewagt, in Richard Wagner den eigentlichen Bezugspunkt dieses Satzes zu vermuten[20]. Wagnersches Musiktheater als barockes Gesamt-

---

[13] Hierzu vor allem R. Wellek, Die Auflehnung gegen den Positivismus in der neueren europäischen Literaturwissenschaft, in: Grundbegriffe der Literaturkritik, S. 183ff.

[14] Einzelheiten bei Hermand, a.a.O., S. 4ff. (mit weiterer Literatur).

[15] »Erst in den Jahren 1921 und 1922 fand ›Barock‹ als literarischer Terminus in Deutschland allgemein großen Anklang« (Wellek, a.a.O., S. 60).

[16] Werke 3, S. 77.

[17] A.a.O., S. 78.

[18] Während Ursprung und Etymologie des Wortes ›barock‹ seit Borinski und Croce auf die verschiedenartigsten Weisen erklärt wurden (syllogistische Schlußfigur, schiefrunde Perle etc.; über die neueren, vor allem von romanistischer Seite vorgelegten Versuche berichtet H. Hatzfeld, Der gegenwärtige Stand der romanistischen Barockforschung [SB München, Phil.-hist. Kl. 1961/4], München 1961, S. 3f.), ist es nie zweifelhaft gewesen, daß seit dem 18. Jahrhundert die Beziehung auf Werke der bildenden Kunst den Wortgebrauch bestimmte.

[19] Werke 3, S. 78.

[20] Im Jahre 1878, als der erste Teil von ›Menschliches, Allzumenschliches‹ (mit der Skizze ›Vom Barockstile‹) abgeschlossen wird, ist der Bruch mit Wagner

kunstwerk, als Wiedergeburt der Barockoper[21] – das schien einleuchtend, ja zwingend; aus dem Durchleben der ›Krankheit‹ Wagner kommt einer der entscheidenden Impulse zu Nietzsches Barock-Konzeption. Noch Jahre später notiert er: »der deutsche Barockstil in Kirche und Palast gehört als Nächstverwandter zu unsrer Musik, – er bildet im Reiche der Augen dieselbe Gattung von Zaubern und Verführungen, welche unsre Musik für einen anderen Sinn ist«[22].

Wechselseitige Erhellung der Künste: lange vor Oskar Walzel[23] übt diese Idee auf Nietzsche eine eigentümliche Faszination aus. Sie treibt ihn so weit, daß er sogar »eine Art Barocco im Reiche der Philosophie« zu beschreiben versucht[24], ein weiteres Projekt späterer Jahrzehnte, das Nietzsche antizipiert hat[25]. Ob Philosophie, Musik oder bildende Kunst, für Nietzsche haben sie letztlich nur erläuternde, spiegelnde Funktion. Sein Interesse gilt, wenigstens in dieser Skizze, der Literatur.

b. Typologische und epochale Aspekte

Wechselseitige Erhellung der Zeitalter ist die andere Konsequenz, die sich aus Nietzsches synoptischem Barockbegriff ergibt. Barockstil

---

noch nicht vollzogen; Nietzsche übersendet ihm sogar noch ein Exemplar der Schrift.

[21] Wölfflin wies später darauf hin, »daß die Kunstweise Richard Wagners sich vollständig mit der Formgebung des Barocks decke, und es sei kein Zufall, daß Wagner gerade auf Palästrina zurückgreife« (Strich, Die Übertragung des Barockbegriffs ..., S. 248).

[22] Werke 14, S. 140 (aus: ›Unveröffentlichtes aus der Umwerthungszeit 1882/3 –1888‹). Zur prinzipiellen Bedeutung Wagners für Nietzsche vgl. K. Hildebrandt, Wagner und Nietzsche. Ihr Kampf gegen das XIX. Jahrhundert, Breslau 1924; E. Gürster, Nietzsche und die Musik, München 1929.

[23] Seine Schrift: Wechselseitige Erhellung der Künste. Ein Beitrag zur Würdigung kunstgeschichtlicher Begriffe, erschien Berlin 1917. Zur weiteren Entwicklung dieser Forschungsrichtung vgl. Hermand, a.a.O., S. 16ff.; außerdem P. Salm, Oskar Walzel and the notion of reciprocal illumination in the arts, GR 36, 1961, S. 110ff.

[24] Werke 14, S. 140: »auch diese Philosophie, mit ihrem Zopf und Begriffs-Spinngewebe, ihrer Geschmeidigkeit, ihrer Schwermuth, ihrer heimlichen Unendlichkeit und Mystik gehört zu unsrer Musik und ist eine Art Barocco im Reiche der Philosophie«. Der Zusammenhang des Textes läßt vermuten, daß Nietzsche hier insbesondere an Leibniz und Spinoza denkt.

[25] Vor allem an Leibniz, Descartes und Pascal hat man ›barocke‹ Züge aufzuzeigen versucht: H. Cysarz, Barocke Philosophie? Ein Weg zu Descartes, in: Welträtsel im Wort, Wien 1948, S. 92ff.; J. Maggioni, The ›Pensées‹ of Pascal. A study in baroque style, Washington 1950 (vgl. T. Spoerri, Die Überwindung des Barock bei Pascal, Trivium 9, 1951, S. 16ff.). Zu Leibniz s. u. S. 403.

ist überzeitlich, er wiederholt sich in der Geschichte[26]. Auch unter diesem Gesichtspunkt erscheint es Nietzsche reizvoll und nützlich, sich näher mit der zeitgenössischen Musik zu befassen. Man kann »Vieles durch Vergleichung daraus für frühere Zeiten lernen: denn es hat von den griechischen Zeiten ab schon oftmals einen Barockstil gegeben«[27]. Nicht erst in der Neuzeit, sondern zwischen Griechentum und Gegenwart vollzieht sich die Geschichte des Barockstils. Daß den klassischen Philologen Nietzsche vor allem die Frage nach Barockstil in der Antike reizt, verwundert kaum. In einer anderen Notiz aus ›Menschliches, Allzumenschliches‹ entdeckt er den »Barockstil des Asianismus«[28], und ein Aphorismus aus der gleichen Zeit konstatiert: »Griechischer Dithyrambus ist Barockstil der Dichtkunst«[29]. Kombinationen solcher Art liegen in der Luft: 1881 spricht Nietzsches großer Gegner und Verächter Wilamowitz von »der barockzeit der hellenistischen cultur«[30].

Nach welchem Gesetz aber treten die Barockstile in der Geschichte auf? Das Modell, an dem sich Nietzsche bei der Beantwortung dieser Frage unausgesprochen, aber deutlich erkennbar orientiert, ist die Abfolge von ›Renaissance‹ und ›Barock‹[31], jenes Epochenpaar also, das vor allem durch Jacob Burckhardt, Nietzsches Basler Kollegen, ins Bewußtsein der Zeit erhoben worden war[32]. Doch nicht um die Ein-

---

[26] Diese Frage läßt sich angemessen natürlich nur im Zusammenhang von Nietzsches Geschichtsphilosophie verstehen; grundlegend zum Problem der Periodizität K. Löwith, Nietzsches Philosophie der ewigen Wiederkunft des Gleichen, Stuttgart 1956.

[27] Werke 3, S. 78.

[28] A.a.O., S. 72.

[29] Werke 11, S. 105 (›Aphorismen‹; aus der Zeit von ›Menschliches, Allzumenschliches‹, 1875/76–1879).

[30] U. von Wilamowitz-Moellendorff, Antigonos von Karystos (Philol. Unters. 4), Berlin 1881, S. 82 (vgl. noch A. Lesky, Geschichte der griechischen Literatur, Bern u. München ²1963, S. 749: hellenistische Sprachform mit »Tendenz zum ... Barocken«; es folgt eine Hegesias-Darstellung). Später gebraucht man das ›Barock‹-Etikett mit Vorliebe für die römische Literatur der Kaiserzeit (s. u. S. 41; auch dies schon angedeutet bei Wilamowitz: »aus der römischen barockzeit (welche sich, der beschränkten bedeutung der römischen kunst entsprechend nur in der eloquentia äußern kann) steht uns ein ganz verwandtes beispiel in dem vater Seneca vor augen« (ebda.).

[31] Der einzige Name, den Nietzsche in der Skizze ›Vom Barockstile‹ nennt, ist bezeichnenderweise Michelangelo, der »Vater oder Grossvater der italiänischen Barockkünstler« (Werke 3, S. 77).

[32] Über die Beziehungen zwischen den beiden vgl. C. Andler, Nietzsche und Jacob Burckhardt, Basel 1926; A. von Martin, Nietzsche und Burckhardt. Zwei geistige Welten im Dialog, München u. Basel ⁴1947; E. Salin, Jakob Burckhardt und

maligkeit, Unwiederbringlichkeit der von Burckhardt gefeierten Kultur geht es Nietzsche, sondern gerade um ein periodisches Phänomen: »Der Barockstil entsteht jedesmal beim Abblühen jeder grossen Kunst, wenn die Anforderungen in der Kunst des classischen Ausdrucks allzugross geworden sind«[33]. Antithese zu ›Barock‹ ist also nicht ›Renaissance‹, sondern ›Klassik‹, und damit rückt der Barockstil in den Zusammenhang der großen, vor allem von Goethe, Schiller und den Brüdern Schlegel formulierten typologischen Dualismen, die Nietzsche, an Schelling anknüpfend, bereits 1871 unter das Begriffspaar des Apollinischen und des Dionysischen zu fassen versucht hatte, Barockstil ist dionysischer Stil, evident beim griechischen Dithyrambus[34], evident auch bei Richard Wagner. Barockstil zeigt sich in der Geschichte immer wieder aufgrund eines gleichsam biologisch-evolutionären Geschehens, das sich als »eine Nothwendigkeit«[35], »als ein Natur-Ereigniss«[36] vollzieht.

Hier wird zugleich ein erster Ansatz zur ästhetischen Wertung des Phänomens erkennbar. Einerseits bleibt Barockstil an das »Abblühen« von ›Klassik‹ gebunden, wie ein defizienter Modus, dem es »am höchsten Adel, an dem einer unschuldigen, unbewussten, sieghaften Vollkommenheit gebricht«[37]. Andererseits aber wird es gerade durch die Gesetzmäßigkeit der Wiederkehr erschwert, Barockstil als einmalige Verirrung des künstlerischen Geschmacks abzutun. Wiederum ist sich Nietzsche deutlich bewußt, daß seine Auffassung gegen die communis opinio vieler Zeitgenossen steht, daß er mit eingefahrenen Vorurteilen zu rechnen hat[38], und so schlägt er geradezu apologetische Töne an: »Nur die Schlechtunterrichteten und Anmaassenden werden übrigens bei diesem Wort [sc. ›Barockstil‹] sogleich eine abschätzige Empfindung haben«[39]. Und am Schluß der Skizze nimmt er dies noch einmal

---

Nietzsche, Heidelberg ²1948; E. Heller, Burckhardt und Nietzsche, in: Enterbter Geist (edition suhrkamp. 67), Frankfurt a. M. 1964, S. 7ff.

[33] Werke 3, S. 77.

[34] Die Ausdehnung des dionysischen Prinzips auf das Ganze der attischen Tragödie hat bekanntlich die leidenschaftliche Kritik von Wilamowitz herausgefordert.

[35] Werke 3, S. 72.

[36] A.a.O., S. 77.

[37] A.a.O., S. 78. Die Nähe zu Schillers Konzeption des Naiven und des Sentimentalischen ist unverkennbar. Zu Hegels Verwendung des Wortes ›unschuldig‹ s. unten.

[38] Zunehmende Empfänglichkeit des Publikums für barocke Stilformen bedeutete ja noch keineswegs, daß sofort auch der Begriff des ›Barocken‹ rehabilitiert war.

[39] Werke 3, S. 77.

mit Nachdruck auf: »wesshalb es, wie gesagt, anmaassend ist, ohne Weiteres ihn abschätzig zu beurtheilen«[40].

Der Autor, der – gewissermaßen e contrario – das Barockbild auch der 70er Jahre immer noch weitgehend prägte, war Jacob Burckhardt[41]. Wer sich den neobarocken Tendenzen des Publikumsgeschmacks wie der künstlerischen Produktion verschloß, konnte sich mit gutem Recht auf die Autorität des großen Historikers der Renaissance berufen[42]. Während jedoch in der ›Cultur der Renaissance‹ (1860) die Barockepoche ganz am Rande gelassen werden konnte[43], war dies im ›Cicerone‹ (1855) schon der Intention des Buchs wegen um einiges schwieriger gewesen. Selbst wenn man nur den »Genuss« der Kunstwerke Italiens suchte, ließen sich die auf Schritt und Tritt begegnenden Zeugnisse der italienischen Barockkunst – schon Goethe erging es so – nicht einfach ignorieren. Auch Burckhardt empfand die Notwendigkeit, sich mit ihnen auseinanderzusetzen, und die Einsichten, die er dabei formulierte[44], gehören zu den wesentlichen Voraussetzungen von Nietzsches Barockbild.

»Man wird fragen: wie es nur einem Freunde reiner Kunstgestaltung zuzumuthen sei, sich in diese ausgearteten Formen zu versenken, über welche die neuere Welt schon längst den Stab gebrochen?«[45], heißt es am Anfang des Kapitels über ›Barockstyl‹ in Architektur und Dekoration (später folgt noch ein Abschnitt über barocke Skulptur)[46]. Doch Burckhardt wendet sogleich ein, von »Verachtung« habe er gerade bei Fachleuten, »bei gebildeten Architekten«, nie etwas bemerkt. »Dieselben wissen recht wohl Intention und Ausdruck zu unterscheiden und beneiden die Künstler des Barockstyles von ganzem Herzen, ob der Freiheit, welche sie genossen und in welcher sie bis-

---

[40] A.a.O., S. 78.
[41] Über die Grundlagen, auf denen Burckhardt selbst aufbaute: H.-G. Brietzke, Zur Geschichte der Barockwertung von Winckelmann bis Burckhardt (1755 –1855), Diss. Berlin (FU) 1954; E. Paul, Die Beurteilung des Barock von Winckelmann bis Burckhardt, Diss. Leipzig 1956.
[42] Neben Burckhardt waren vor allem die (ein negatives und beiläufiges Barockbild vermittelnden) Handbücher von W. Lübke und J. Springer verbreitet, vgl. Tintelnot, Zur Gewinnung unserer Barockbegriffe, S. 32ff.
[43] In der Erstausgabe: Die Cultur der Renaissance in Italien. Ein Versuch, Basel 1860, finden sich keinerlei nennenswerte Ausblicke auf die Kunst der nachfolgenden Epoche.
[44] Zugrundegelegt im folgenden: Der Cicerone. Eine Anleitung zum Genuss der Kunstwerke Italiens, Basel 1855.
[45] A.a.O., S. 366.
[46] A.a.O., S. 690ff.

weilen grossartig sein konnten«[47]. Der um Verständnis werbende Ton ist unüberhörbar: »Die Physiognomie dieses Styles ist gar nicht so interesselos wie man wohl glaubt«[48]. Freilich, die Verteilung der Wertakzente ist ebenfalls eindeutig: »Die Barockbaukunst spricht dieselbe Sprache, wie die Renaissance, aber einen verwilderten Dialekt davon«[49].

›Künstlertum‹, ›Freiheit‹, ›Grossartigkeit‹, wesenhafte Verknüpfung von Renaissance und Barock – es bedarf nur einer leichten Verschiebung der Gewichte, um zu Nietzsches Barockauffassung zu gelangen. »Dieselbe Summe von Talent und Fleiss, die den Classiker macht, macht, eine Spanne Zeit zu spät, den Barockkünstler ... Die Barockkunst trägt die Kunst der Höhe mit sich herum und verbreitet sie. Ein Verdienst!«, verkündet Nietzsche[50]. Die Achtung vor der Klassik als dem »reineren und grösseren Stil«[51] bleibt gewahrt. Doch das tiefergehende ›Interesse‹ (mit Burckhardt zu reden), ja die »Bewunderung« Nietzsches gehört eingestandenermaßen dem Barockstil[52]. Auch dieser hat »seine Grösse«, seine Stilqualitäten »sind in den früheren, vorclassischen und classischen Epochen einer Kunstart nicht möglich, nicht erlaubt: solche Köstlichkeiten hängen lange als verbotene Früchte am Baume«[53].

c. Die Umwertung des ›Rhetorischen‹

Nietzsche spricht nahezu wie ein moderner Verehrer des Manierismus, und es wäre nicht ohne Reiz, seine Position (vor allem in ihrer überzeitlichen ›klassisch‹-›barocken‹ Dialektik) einmal mit den so folgenreichen Theorien eines Ernst Robert Curtius zu vergleichen[54].

---

[47] A.a.O., S. 367. »Manche Architekten componiren in einem beständigen Fortissimo«, fügt er kurz danach hinzu (a.a.O., S. 368).
[48] A.a.O., S. 367.
[49] A.a.O., S. 368.
[50] Werke 11, S. 76 (›Aphorismen‹; aus der Zeit von ›Menschliches, Allzumenschliches‹, 1875/76–1879). Zur Definition von ›Klassik‹ vgl. den vorausgehenden Aphorismus: »Der classische Geschmack: nichts begünstigen, was die Kraft der Zeit nicht zu reinem und mustergültigem Ausdruck zu bringen vermöchte, also ein Gefühl der der Zeit eigenthümlichen Kraft und Aufgabe« (ebda.).
[51] Werke 3, S. 78.
[52] Durchaus unzutreffend also die Behauptung von H. Cysarz, daß »das Wort ›barock‹ ... vorzüglich bei Nietzsche, die Geltung fast eines Ekelnamens angenommen hat« (Vom Geist des deutschen Literatur-Barocks, DVjs 1, 1923, S. 243ff.; abgedruckt in: Deutsche Barockforschung, S. 17ff.; dort S. 17).
[53] Werke 3, S. 78.
[54] Curtius wählt ›Manierismus‹ bekanntlich als »Generalnenner für alle literari-

Denn um Literatur vor allem geht es in der Skizze ›Vom Barockstile‹, um den Schriftsteller und Sprachkünstler. Und hier liegt das vielleicht revolutionärste Element des ganzen Entwurfs: die Hervorhebung des ›Rhetorischen‹.

Auf Resonanz konnte Nietzsche gerade dabei nicht rechnen. Kaum etwas war so geeignet, das Interesse am literarischen Barockstil von vornherein zu blockieren wie die Vokabel ›Rhetorik‹: Inbegriff einer überwundenen wissenschaftlich-pädagogischen Disziplin[55], einer auf Oberflächlichkeit, Täuschung und Verstellung beruhenden Sprachhaltung der ›Unnatur‹[56]. Dazu noch die Provokation, Rhetorik nicht im Bereich der politischen Rede oder der Predigt zu belassen, sondern sogar auf ›Kunst‹ anzuwenden, d. h. auch auf Poesie! Das widersprach allen geläufigen Vorstellungen der Ästhetik, wie sie sich seit der Geniezeit in Deutschland herausgebildet hatten und zumal durch die idealistische Philosophie kodifiziert worden waren: Poesie ist autonom, sie trägt ihren Zweck wesentlich in sich selbst; Rhetorik ist an äußere, meist niedere Zwecke gebunden[57], Grenzüberschreitungen sind zutiefst suspekt.

»Das poetische Kunstwerk bezweckt nicht anderes als das Hervorbringen und den Genuß des Schönen; Zweck und Vollbringung liegt hier unmittelbar in dem dadurch selbständig in sich fertigen Werke«, konstatierte Hegel[58]. In Einzelfällen kann die dichterische Produktion »so weit gehen, daß ihr dies Machen des Ausdrucks zu einer Hauptsache wird und ihr Augenmerk weniger auf die innerliche Wahrheit als auf die Bildung, die Glätte, Eleganz und den Effekt der sprachlichen Seite gerichtet bleibt. Dies ist dann die Stelle, wo das Rhetorische und Deklamatorische ... sich in einer die innere Lebendigkeit der Poesie zerstörenden Weise ausbildet, indem die gestaltende

---

schen Tendenzen ..., die der Klassik entgegengesetzt sind«; seine Konzeption beruht auf der »Polarität von Klassik und Manierismus« (Europäische Literatur und lateinisches Mittelalter, Bern u. München ³1961, S. 277). Auf Nietzsche bezieht sich Curtius in diesem Zusammenhang nicht. H. Friedrich, Epochen der italienischen Lyrik, Frankfurt a. M. 1964, S. 615 zitiert demgegenüber (innerhalb des ›Manierismus‹-Kapitels) aus der Skizze ›Vom Barockstile‹ und nimmt Einfluß von Droysens ›Geschichte des Hellenismus‹ an.

[55] Ihr Absinken im 19. Jahrhundert (unter Verlust der Kontinuität zur antiken rhetorischen Tradition) zeigt M.-L. Linn, Studien zur deutschen Rhetorik und Stilistik im 19. Jahrhundert (Marb. Beitr. z. Germanistik. 4), Marburg 1963.

[56] »Die Rhetorik galt als pomphaft, eitel, trickreich, nichtig, liederlich« (Jens, Von deutscher Rede, S. 29).

[57] Vgl. Jens, a.a.O., S. 34ff.

[58] Ästhetik. Mit einer Einführung v. G. Lukács hrsg. v. F. Bassenge, 2 Bde., Frankfurt a. M. o. J. (¹1955); das Zitat: Bd. 2, S. 357.

Besonnenheit sich als Absichtlichkeit kundgibt und eine selbstbewußt geregelte Kunst die wahre Wirkung, die absichtslos und unschuldig sein und scheinen muß, verkümmert«[59]. Im gleichen Sinne äußerten sich zahllose andere Theoretiker der Epoche[60], und selbst für Adam Müller, einen der großen Propheten der Rhetorik in Deutschland, war es selbstverständlich, »daß die Beredsamkeit es allezeit auf einen bestimmten Zweck absieht, während die Poesie überhaupt keinen Zweck, und wenn ja einen, doch gewiß keinen hat, der im Bezirke unserer irdischen Neigungen und Bestrebungen liegt«[61].

Der bei Hegel bereits angedeutete Schritt zur moralischen Verketzerung alles Rhetorischen, vor allem im Zusammenhang der Poesie, war immer rasch getan[62]. »In der Dichtkunst geht alles ehrlich und aufrichtig zu«, konstatierte Kants ›Kritik der Urteilskraft‹; »aber Rednerkunst (ars oratoria) ist, als Kunst, sich der Schwächen der Menschen zu seinen Absichten zu bedienen …, gar keiner Achtung würdig«[63]. Auch das oft behandelte, spezifisch deutsche Problem des ›Spricht die Seele, so spricht ach! schon die Seele nicht mehr‹ spielt dabei häufig eine entscheidende Rolle. »Poesie ist, rein und echt betrachtet, weder Rede noch Kunst«, heißt es in den ›Noten und Abhandlungen zum Westöstlichen Divan‹[64]. »Die Redekunst aber … ist Verstellung vom Anfang bis zu Ende«[65]. Und im zweiten Buch von

---

[59] A.a.O., S. 374. ›Unschuld‹ ist die gemeinsame Auszeichnung von ›Poesie‹ und ›Klassik‹, im Gegensatz zur ›Rhetorik‹.

[60] Vgl. etwa das bei Jens, a.a.O., S. 34 wiedergegebene Zitat aus Eschenburgs ›Entwurf einer Theorie und Literatur der schönen Redekünste‹.

[61] Zwölf Reden über die Beredsamkeit und deren Verfall in Deutschland. Mit einem Essay und einem Nachwort v. W. Jens (sammlg. insel. 28), Frankfurt a. M. 1967, S. 79 (aus der vierten Vorlesung: ›Verhältnis der Beredsamkeit zur Poesie‹). Friedrich Schlegel: »Alle Poesie, die auf einen Effekt ausgeht, ist rhetorisch« (Seine prosaischen Jugendschriften. Hrsg. v. J. Minor, Bd. 2, Wien 1882, S. 246).

[62] Mit Vorliebe griff man dabei auf das Urteil Platons im ›Gorgias‹ zurück (weniger häufig auf den in dieser Hinsicht modifizierenden ›Phaidros‹; vgl. dazu auch Nietzsche, Werke 18, S. 241).

[63] Werke in sechs Bänden. Hrsg. v. W. Weischedel, Bd. 5, Wiesbaden 1957, S. 431 (§ 53). Kant ist deutlich bemüht, zwei Erscheinungsformen der ›Beredsamkeit‹ auseinanderzuhalten. »Die Beredsamkeit, sofern darunter die Kunst zu überreden, d. i. durch den schönen Schein zu hintergehen (als ars oratoria), und nicht bloße Wohlredenheit (Eloquenz und Stil) verstanden wird, ist eine Dialektik …« (a.a.O., S. 430); »Beredtheit und Wohlredenheit (zusammen Rhetorik) gehören zur schönen Kunst« (S. 431).

[64] Hamb. Ausg. 2, S. 186. Die vielzitierte Stelle aus dem ›Nacht‹-Gespräch zwischen Faust und Wagner: Hamb. Ausg. 3, S. 25 (im ›Urfaust‹: S. 372). Daß Goethe auch anders gesprochen hat, betonen Curtius, S. 72 und Jens, a.a.O., S. 25.

[65] Hamb. Ausg. 2, S. 186. Von der »rhetorischen Verstellung« spricht Goethe auch a.a.O., S. 159.

›Wilhelm Meisters Wanderjahren‹ notiert Goethe: »Die Redekunst ist angewiesen auf alle Vorteile der Poesie, auf alle ihre Rechte; sie bemächtigt sich derselben und mißbraucht sie, um gewisse äußere, sittliche oder unsittliche, augenblickliche Vorteile im bürgerlichen Leben zu erreichen«[66].

Mit dem Verständnis der Literatur anderer Epochen und Nationen gab es allerdings bei einer solchen literarischen Konzeption gewisse Schwierigkeiten. Goethe bekennt schon nach kurzem Aufenthalt in Italien, als er in Venedig eine Theateraufführung und die Reaktion des dortigen Publikums erlebt hat: »Jetzt verstehe ich besser die langen Reden und das viele Hin- und Herdissertieren im griechischen Trauerspiele. Die Athenienser hörten noch lieber reden und verstanden sich noch besser darauf als die Italiener«[67]. Weniger einsichtig zeigt sich Hegel. »Ganze Nationen haben fast keine andere als solche rhetorische Werke der Poesie hervorzubringen verstanden«[68], erklärt er summarisch, und es ist kaum Zufall, daß er insbesondere der spanischen Literatur, die im 17. Jahrhundert ihre ›goldene Epoche‹ erlebt, das »Prunken mit einer absichtlichen Kunst der Diktion« vorwirft[69]. Nicht zuletzt aber gilt sein Widerwille der römischen Dichtung: »bei Virgil, Horaz z. B. fühlt sich sogleich die Kunst als etwas nur Gemachtes, absichtlich Gebildetes heraus; wir erkennen einen prosaischen Inhalt, der bloß mit äußerlichem Schmuck angetan ist, und einen Dichter, welcher in seinem Mangel an ursprünglichem Genius nun in dem Gebiete sprachlicher Geschicklichkeit und rhetorischer Effekte einen Ersatz für das zu finden sucht, was ihm an eigentlicher Kraft und Wirkung des Erfindens und Ausarbeitens abgeht«[70].

---

[66] Hamb. Ausg. 8, S. 294 (wörtlich aufgenommen in die ›Maximen und Reflexionen‹, Hamb. Ausg. 12, S. 511); wenige Seiten später heißt es: »Ob die Mathematik Pfennige oder Guineen berechne, die Rhetorik Wahres oder Falsches verteidige, ist beiden vollkommen gleich« (Hamb. Ausg. 8, S. 308 = ›Maximen und Reflexionen‹, Hamb. Ausg. 12, S. 455); Goethe mag hier auch an den juridischen Ursprung der Disziplin Rhetorik gedacht haben.

[67] Hamb. Ausg. 11, S. 81f. (6. Oktober 1786). Zwei Tage zuvor, nachdem er »Öffentliche Redner« gehört hat, formuliert er die Erkenntnis, daß die Italiener zu einer Nation gehören, »die, stets öffentlich lebend, immer in leidenschaftlichem Sprechen begriffen ist« (a.a.O., S. 78f.).

[68] Ästhetik, Bd. 2, S. 374.

[69] A.a.O., S. 375. »Überhaupt haben die südlichen Nationen, die Spanier und Italiener z. B. ... eine große Breite und Weitschweifigkeit in Bildern und Vergleichen« (ebda.). Wie Goethe argumentiert Hegel in Fragen des ›Rhetorischen‹ stark mit dem Volkscharakter.

[70] A.a.O., S. 374f. Gegenbild ist natürlich Homer: bei ihm »geht der Ausdruck immer glatt und ruhig fort« (a.a.O., S. 375). Auch die Sprache Ciceros scheint

Es ist genau der Punkt, an dem der klassische Philologe Nietzsche ansetzt: »Im Allgemeinen erscheint uns, die wir rohe Sprachempiriker sind, die ganze antike Litteratur etwas künstlich und rhetorisch, zumal die römische. Das hat auch darin seinen tieferen Grund, dass die eigentliche Prosa des Alterthums durchaus Widerhall der lauten Rede ist und an deren Gesetzen sich gebildet hat: während unsere Prosa immer mehr aus dem Schreiben zu erklären ist, unsere Stilistik sich als eine durch Lesen zu percipirende giebt. Der Lesende und der Hörende wollen aber eine ganz andere Darstellungsform, und deshalb klingt uns die antike Litteratur ›rhetorisch‹: d. h. sie wendet sich zunächst ans Ohr, um es zu bestechen«[71].

Die Sätze stehen in Nietzsches Basler Vorlesung vom Sommersemester 1874 über das System der antiken Rhetorik; im Wintersemester 1872/73 war ein Kolleg über ›Geschichte der griechischen Beredsamkeit‹ vorausgegangen[72]. Schon aus dem hier wiedergegebenen Zitat geht klar genug hervor, daß Rhetorik für Nietzsche – im Gegensatz zu den meisten seiner Zeitgenossen – keinen wesenlosen, obsoleten literarischen Apparat bedeutet, sondern ein ursprüngliches, anthropologisches Phänomen, das in der Antike unmittelbar aus dem Lebenszusammenhang hervorgegangen ist. Auch die früh schon einsetzende pädagogisch-institutionelle Verfestigung der Rhetorik faßt Nietzsche ins Auge: »Die Bildung des antiken Menschen kulminiert gewöhnlich in der Rhetorik: es ist die höchste geistige Bethätigung des gebildeten politischen Menschen – ein für uns sehr befremdlicher Gedanke!«[73].

Hegel »noch naiv und unbefangen genug« (a.a.O., S. 374). Was ihn vor allem stört, sind die rhetorischen Elemente in der Poesie.

[71] Werke 18, S. 248. Zu Nietzsches Bild der Antike vgl. allgemein E. Howald, Friedrich Nietzsche und die klassische Philologie, Gotha 1920; K. Schlechta, Der junge Nietzsche und das klassische Altertum, Mainz 1948. Über die Grundlegung seiner Antikenkenntnis in Schulpforta berichtet eingehend R. Blunck, Friedrich Nietzsche. Kindheit und Jugend, München u. Basel 1953, S. 56ff.; dort S. 93ff. u. S. 136ff. auch über seinen Entschluß zum Philologie-Studium sowie über die Leipziger Zeit. Basel: J. Stroux, Nietzsches Professur in Basel, Jena 1925 (vgl. auch die o. S. 8 Anm. 32 genannten Arbeiten über sein Verhältnis zu Burckhardt).

[72] Die beiden Kollegs sind (hrsg. v. O. Crusius) abgedruckt in: Werke 18, S. 199ff. u. S. 237ff. Nietzsche stützt sich (besonders in der ›Geschichte der griechischen Beredsamkeit‹) in der Hauptsache auf die Standardwerke von Blass und Volkmann (vgl. die Anmerkung von Crusius, S. 331). Die Unmittelbarkeit des Zugriffs wird dadurch nicht verstellt.

[73] A.a.O., S. 239. Nietzsche formuliert die gleiche fundamentale Einsicht, die Goethe in Venedig für die attische Tragödie gewonnen hatte: »Das Volk, das

Doch bei der Feststellung der historischen Differenz[74] bleibt er nicht stehen. Wie im Fall des Barockstils versucht er, durch typologische Analyse die petrifizierten Vorurteile zu entlarven: »›Rhetorisch‹ nennen wir einen Autor, ein Buch, einen Stil, wenn ein bewusstes Anwenden von Kunstmitteln der Rede zu merken ist, immer mit einem leisen Tadel. Wir vermeinen, es sei nicht natürlich und mache den Eindruck des Absichtlichen. Nun kommt sehr viel auf den Geschmack des Urtheilenden an und darauf, was ihm gerade ›natürlich‹ ist ... Es giebt gar keine unrhetorische ›Natürlichkeit‹ der Sprache, an die man appelliren könnte: die Sprache selbst ist das Resultat von lauter rhetorischen Künsten«[75].

d. Der Versuch einer Synthese

Spätestens an dieser Stelle wird erkennbar, daß ›Rhetorik‹ und ›Barockstil‹ dem gängigen Vorurteil gegenüber in der gleichen Front stehen. Denn ›Unnatur‹ war ja der Zentralvorwurf, den die Literaturkritik seit der Geniezeit[76] immer wieder der Barockdichtung entgegengehalten hatte, ein Leitmotiv auch der Literaturwissenschaft des 19. Jahrhunderts, sofern sie sich aus positivistischem Pflichtbewußtsein überhaupt mit Texten des 17. Jahrhunderts befaßt hatte[77]. Im ›Natürlichen‹ schien man den absoluten Wertmaßstab zu besitzen. Er hatte die seit Jahrhunderten gültige rhetorische Kategorie des *decorum* bzw. *aptum* abgelöst. Noch Goethe selbst verwendet den Begriff des ›Schicklichen‹ in seinem Aufsatz ›Baukunst‹ von 1795[78] eben zur

---

sich an solcher Sprache, der sprechbarsten aller, ausbildete, hat unersättlich viel gesprochen und frühzeitig Lust und Unterscheidungsgabe darin gehabt« (a.a.O., S. 202).

[74] »Die ausserordentliche Entwicklung derselben [sc. der Rhetorik] gehört zu den spezifischen Unterschieden der Alten von den Modernen« (a.a.O., S. 239). Die noch immer großen Schwierigkeiten eines angemessenen Verstehens erläutert der einführende Vortrag von P. Wülfing-v. Martitz, Grundlagen und Anfänge der Rhetorik in der Antike, Euphorion 63, 1969, S. 207ff.

[75] A.a.O., S. 248f.

[76] In der Kritik der frühen Aufklärung hatte zunächst der Terminus ›Schwulst‹ dominiert (der auch weiterhin im Arsenal blieb); einiges dazu bei M. Windfuhr, Die barocke Bildlichkeit und ihre Kritiker. Stilhaltungen in der deutschen Literatur des 17. und 18. Jahrhunderts (Germanist. Abh. 15), Stuttgart 1966, S. 312ff. (der Gegenstand bedarf noch einer eigenen Untersuchung).

[77] Vgl. exemplarisch den Überblick über die Wertung Hofmannswaldaus bei E. Rotermund, Christian Hofmann von Hofmannswaldau (Sammlg. Metzler. 29), Stuttgart 1963, S. 71ff.

[78] Erstdruck Weim. Ausg. 47, S. 67ff.; Teilabdruck Hamb. Ausg. 12, S. 35ff. Die

Kritik barocker Stilgebung; und kaum ein anderes Zeugnis vermag die spezifische Diskrepanz von Barock und klassizistischer Kunstauffassung[79] so deutlich zu zeigen wie dieser Aufsatz. In den Paralipomena dazu findet sich folgende entscheidende Notiz zur Barockkunst:

>»Verfall.
Begriff von Eindruck ohne Sinn für Charackter.
Sinn für Pracht und Größe. Gemeines Erstaunen zu erregen.
    Menge der Säulen.
Gegenwart aller Manigfaltigkeit.
Daraus wird Zierrath als Zierrath.
Verlust des Gefühls des schicklichen.
Mangel an Ficktion.
Zuflucht zum Gegensatz
          zum Sonderbaren
          zum Unschicklichen«[80].

Versucht man, durch die Schutzschicht der Diskreditierung hindurch[81] die Einzelheiten der Barock-Beschreibung zu realisieren, so wird nicht nur die weitgehende Identität von ›rhetorischem‹ und ›barockem‹ Kunstwollen (in der Sicht Goethes) erkennbar, sondern es ergeben sich auch überraschende Parallelen zu Nietzsches Ausgangsposition. Vier Punkte vor allem sind hervorzuheben: die Tendenz zu Quantität und ›Größe‹ (»Menge der Säulen«, »Gegenwart aller Manigfaltigkeit«, »Pracht«, »Größe«), das artifizielle Element (»Zierrath als Zierrath«, »Zuflucht ... zum Sonderbaren«), das Durchbrechen der klassizistischen Norm (»Verfall«, »Verlust des Ge-

---

kürzlich erschienene Arbeit von A. Horn-Oncken, Über das Schickliche. Studien zur Geschichte der Architekturtheorie. I. (Abh. Göttingen, Phil.-hist. Kl., 3. Folge, Nr. 70), Göttingen 1967 zeigt im einzelnen, wie die Kategorie des πρέπον bzw. *decorum* aus der Rhetorik in die Architekturtheorie übernommen, durch Vitruv weitergegeben und schließlich auch von Goethe rezipiert wurde (zu Goethe: S. 9ff. u. S. 156ff.; freilich ohne näheres Eingehen auf das ›Barock‹-Problem).

[79] Über Goethes Verhältnis zur Barockkunst ausführlich der Artikel ›Barock/ Barocke Kunst‹ von H.-W. von Löhneysen, in: Goethe-Handbuch. Goethe, seine Welt und Zeit in Werk und Wirkung. Hrsg. v. A. Zastrau, Bd. 1, Stuttgart ²1961, Sp. 767ff. (mit umfangreichem Material auch zu Goethes Zeitgenossen; über ›Baukunst‹: Sp. 778).

[80] Weim. Ausg. 47, S. 330 (= Weim. Ausg. 34/2, S. 193). Voraus geht ein entsprechender Passus über Renaissance-Kunst: »Manigfaltigkeit mit Charackter ... Erstaunen des gebildeten Geistes. Was jedes Kunstwerk erregen sollte ...« (ebda.).

[81] Vgl. von Löhneysen, a.a.O., Sp. 774: »das Unnatürliche, das er zu überwinden trachtete«.

fühls des schicklichen«)[82], die Wirkabsicht (»Eindruck«, »Gemeines Erstaunen zu erregen«).

Auf die Umwertung dieser Phänomene kommt alles an. Erst wenn ihr Eigenrecht, ihre Eigentümlichkeit anerkannt ist, sind sie wirklich entdeckt. Ansatzpunkt für Nietzsches Beschreibung des Barockstils ist die »Bewunderung für die ihm eigenthümlichen Ersatzkünste des Ausdrucks und der Erzählung. Dahin gehört schon die Wahl von Stoffen und Vorwürfen höchster dramatischer Spannung, bei denen auch ohne Kunst das Herz zittert, weil Himmel und Hölle der Empfindung allzunah sind: dann die Beredsamkeit der starken Affecte und Gebärden, des Hässlich-Erhabenen, der grossen Massen, überhaupt der Quantität an sich ...: Die Dämmerungs-, Verklärungs- oder Feuerbrunstdichter auf so starkgebildeten Formen«[83].

Quantität vermag »auch ohne Kunst« zu wirken, dessen ist sich Nietzsche völlig bewußt. Der ›barocke‹ Schriftsteller aber greift zur Quantität nur, weil er Kunst in der höchsten Potenz will: »fortwährend neue Wagnisse in Mitteln und Absichten, vom Künstler für die Künstler kräftig unterstrichen«[84]. Das Problem der Esoterik, das in dieser Konzeption des ›L'art pour les artistes‹ beschlossen liegt, wäre nur innerhalb von Nietzsches gesamter ›Kunst‹-Auffassung angemessen zu diskutieren[85]. Aber dies bleibt festzuhalten: das Artifizielle wird im Barockstil nicht gemieden, sondern gerade gesucht, es wird sogar zur Schau gestellt; und Jacob Burckhardt hatte bestätigt, daß die Leute vom Fach noch nach Jahrhunderten das Können der Barockkünstler zu würdigen wissen.

»Das Aufregende in der Geschichte der Kunst. – Verfolgt man die Geschichte einer Kunst, zum Beispiel die der griechischen Beredsamkeit, so geräth man, von Meister zu Meister fortgehend, bei dem Anblick dieser immer gesteigerten Besonnenheit, um den alten und neuhinzugefügten Gesetzen und Selbstbeschränkungen insgesammt zu gehorchen, zuletzt in eine peinliche Spannung: man begreift, dass der Bogen brechen muss und dass die sogenannte unorganische Composition, mit den wundervollsten Mitteln des Ausdrucks überhängt und

---

[82] In diesen Zusammenhang gehört auch Goethes eigene, »über die architektur-theoretische Überlieferung weit hinaus« gehende Lehre von der ›Fiction‹ (H. von Einem, in: Hamb. Ausg. 12, S. 580).

[83] Werke 3, S. 77.

[84] Ebda.

[85] Hierzu sei jetzt generell verwiesen auf H. Hultberg, Die Kunstauffassung Nietzsches, Bergen u. Oslo 1964; vgl. auch P. Pütz, Friedrich Nietzsche (Sammlg. Metzler. 62), Stuttgart 1967, S. 22ff.

maskirt – in jenem Falle der Barockstil des Asianismus –, einmal eine Nothwendigkeit und fast eine Wohlthat war«[86]. Damit ist die Umwertung vorsichtig, aber definitiv vollzogen. So hätte Goethe niemals über Barockstil reden können[87]. Der Derivat-Charakter des Barock, seine Gebundenheit an das »Abblühen« klassischer Kunst, bleibt erhalten. Aber daß der Barockstil eigenwertige ›Kunst‹ bietet, daß er seine »Köstlichkeiten«, »seine Grösse« besitzt[88], ist für Nietzsche nicht mehr zu leugnen.

Die Geschichte selbst zwingt zu dieser Einsicht. »Wer hat mehr im Reiche der bildenden Kunst ergriffen und entzückt als Bernini, wer mächtiger gewirkt als jener nachdemosthenische Rhetor, welcher den asianischen Stil einführte und durch zwei Jahrhunderte zur Herrschaft brachte?«[89]. Wo Goethe nur die Absicht registrierte, »Gemeines Erstaunen zu erregen«, spricht Nietzsche von ›Ergreifen‹ und ›Entzücken‹.

Aber charakteristischer noch scheint seine Parallelisierung der bildenden Barockkunst mit der Rhetorik. Hier setzt er gewissermaßen allen Kredit, den er dem Barockstil zu erringen versuchte, aufs Spiel und löst sich gänzlich vom Boden der traditionellen Barockbetrachtung. Keine Disziplin hatte seit jeher das Wirkenwollen so offen und so unmißverständlich als τέλος propagiert wie die Rhetorik[90]. Der zitierte Eingangssatz zur Skizze ›Vom Barockstile‹ läßt an schockierender Offenheit nichts zu wünschen übrig: der Barockkünstler bzw.

---

[86] Werke 3, S. 72. Die ›Wohlthat‹, die aus dem Durchbrechen einer nicht mehr tragfähigen klassischen Norm hervorgeht, betont Nietzsche mehrfach (der Barockstil hat »Vielen von den Besten und Ernstesten seiner Zeit wohlgethan«, a.a.O., S. 78).

[87] Wo er – in seltenen Fällen – barocker Kunst seine Anerkennung nicht versagen kann, bezieht sie sich ausschließlich auf ein einzelnes Werk oder einen bestimmten Künstler (so bei Palladio: wenn er die »Grenzen überschritt, so verzeiht man ihm doch immer, was man an ihm tadelt«; Hamb. Ausg. 12, S. 37).

[88] Werke 3, S. 78. Friedrich, Epochen ..., S. 615 bezieht dies im engeren Bereich auf die Rhetorik: »Es ist denkwürdig, daß Nietzsche, der so eindringlich das Wesen der Rhetorik, nämlich ihr Künstlertum, verstanden hat, auch ihre Möglichkeit, noch im ›Abblühen‹ Kunst zu sein, zu erkennen vermochte«.

[89] Werke 2, S. 168 (›Menschliches, Allzumenschliches‹, 1. Bd.). Mit dem ›nachdemosthenischen Rhetor‹ ist Hegesias gemeint. Zu Berninis Wille, die klassizistische Norm zu durchbrechen, vgl. auch den Brief Nietzsches an Carl Fuchs (Ende Juli 1877): »Mitunter ... fällt mir die Manier Berninis ein, der auch die Säule nicht mehr einfach erträgt, sondern sie von unten bis oben durch Voluten wie er glaubt lebendig macht« (Schlechta 3, S. 1137).

[90] Der auf das πείθειν zielenden Aristotelischen Definition steht Nietzsche allerdings skeptisch gegenüber, vgl. die Bemerkung in der ›Rhetorik‹-Vorlesung vom Sommer 1874 (Werke 18, S. 241).

der Rhetor sucht sein Ziel »als Hirt oder als Räuber«. Luther, Nietzsches großes Vorbild, hat ähnliches vom Prediger gefordert: »Ein Prediger muß ein Kriegsmann und ein Hirte sein«[91].

Nietzsche zieht auch aus dieser Unbedingtheit des rhetorischen Wollens die klare Konsequenz, daß »die Rhetorik der unmoralischen Kunst entspricht«[92]. Er scheint damit allen Gegnern der Rhetorik und der rhetorischen Kunst auf willkommenste Weise recht zu geben. Aber sogleich relativiert er das Problem: »Ehrliche Kunst und unehrliche Kunst – Hauptunterschied. Die sogenannte objective Kunst ist am häufigsten nur unehrliche Kunst. Die Rhetorik ist deshalb ehrlicher, weil sie das Täuschen als Ziel anerkennt«[93]. Keine Kunst ist auf das Täuschen, auf die Illusion so fundamental angewiesen wie das Theater. Eben deshalb hat Nietzsche immer wieder – nicht zuletzt im Blick auf Wagner[94] – das Schauspielerische der Rhetorik, ja die Identität von Rhetor und Schauspieler betont: »Schauspieler und Redner: erster vorausgesetzt«[95]. Das ist gemeint, wenn es heißt, der Barockkünstler greife »nach dem Rhetorischen und Dramatischen«[96]; er tut es, um »sich verständlich zu machen«, so wie (nach Adam Müllers berühmtem Wort) Schiller, als der »größte Redner der deutschen Nation«, »die dichterische Form nur wählte, weil er gehört werden wollte«[97].

Unter dem Gesichtspunkt des ›Theatralischen‹ schließen sich ›Barock‹ und ›Rhetorik‹ noch einmal, vielleicht am überzeugendsten, zusammen. Es ist evident, wie unmittelbar Nietzsches typologischer Barockbegriff speziell dem 17. Jahrhundert, seinem theatralischen Lebensgestus, seiner Illusionskunst und seiner Theaterleidenschaft gerecht zu werden vermag[98]. Und wenn Sprachkunst auch ›Zwecken‹ dienen, wenn Poesie auch nach ›Wirkung‹ streben darf[99], sind die ele-

---

91 Tischreden 1 (Weim. Ausg.), S. 305. Über Luthers Brutalität sehr bezeichnend der Brief Nietzsches an Peter Gast vom 5. Oktober 1879 (nach der Lektüre des zweiten Bandes von Janssen, ›Geschichte des deutschen Volkes‹; Schlechta 3, S. 1159).

92 Werke 10, S. 485 (1874; aus: ›Einzelne Gedanken und Entwürfe‹).

93 A.a.O., S. 486.

94 Vgl. vor allem ›Richard Wagner in Bayreuth‹.

95 Werke 10, S. 485.

96 Auch die »Wahl von Stoffen und Vorwürfen höchster dramatischer Spannung« gehört in diesen Zusammenhang (Werke 3, S. 77). Wellek, a.a.O., S. 88 mißversteht Nietzsches Konzeption im Sinne »des Verfalls großer Kunst in bloße Rhetorik und Theatralik«.

97 Zwölf Reden über die Beredsamkeit und deren Verfall in Deutschland, S. 41.

98 Dazu u. S. 86ff.

99 Über Nietzsches Unterscheidung einer ›monologischen Kunst‹ und einer ›Kunst

mentaren Voraussetzungen zum Verständnis der Barockliteratur und ihres rhetorischen Grundzugs gegeben.

Welcher Umwertung es bedurfte, um diese Voraussetzungen zu schaffen, sollte hier gezeigt werden. Damit ist weder Nietzsches Konzeption des Rhetorischen noch sein Barockbegriff als absolute Instanz eingesetzt. Man könnte z. B. einwenden, Nietzsche sei zu stark in der Tradition des rhetorischen Irrationalismus befangen geblieben[100], die dem ›rationalistischen‹ 17. Jahrhundert nicht gerecht werde (wobei zumindest zwischen Produktion und Effekt zu scheiden wäre)[101]. Und man könnte behaupten, es sei – bei ›Barock‹ wie bei ›Rhetorik‹ – zu viel von Nietzsches eigenem Wesen mit im Spiel. In der Tat, ohne innere Affinität zu beiden Phänomenen wäre eine so unzeitgemäße Umwertung wohl nicht möglich gewesen[102]. Subjektiv (und deutlich am Bild Frankreichs orientiert) ist auch die im ›Willen zur Macht‹ entworfene Skizze des 17. Jahrhunderts. Aber sie deutet einiges von den Schwierigkeiten an, die einem Verständnis des Barockzeitalters noch auf lange Zeit hinaus im Wege stehen werden: »Das 17. Jahrhundert ist aristokratisch, ordnend, hochmüthig gegen das Animalische, streng gegen das Herz, ›ungemüthlich‹, sogar ohne Gemüth, ›undeutsch‹, dem Burlesken und dem Natürlichen abhold, generalisirend und souverän gegen Vergangenheit: denn es glaubt an sich. Viel Raubthier au fond, viel asketische Gewöhnung, um Herr zu bleiben. Das willensstarke Jahrhundert; auch das der starken Leidenschaft«[103].

---

[100] vor Zeugen‹ (im 5. Buch der ›Fröhlichen Wissenschaft‹) jetzt eingehend A. Langen, Dialogisches Spiel. Formen und Wandlungen des Wechselgesangs in der deutschen Dichtung (1600–1900) (Annal. Univ. Sarav., R.: Philos. Fak. 5), Heidelberg 1966, S. 11ff.

[100] Grundlegend darüber K. Dockhorn, Die Rhetorik als Quelle des vorromantischen Irrationalismus in der Literatur- und Geistesgeschichte (Nachr. Göttingen, Phil.-hist. Kl., 1949/5), Göttingen 1949; jetzt in seinem Aufsatzband: Macht und Wirkung der Rhetorik. Vier Aufsätze zur Ideengeschichte der Vormoderne (Respublica Literaria. 2), Bad Homburg v. d. H. usw. 1968, S. 46ff.

[101] Dies auch gegen Dockhorn, der die Bewußtheit des ›Machens‹ so gut wie nicht berücksichtigt. Gerade am Beispiel der Jesuitenrhetorik (die in manchen Zügen an Nietzsche erinnert) läßt sich zeigen, wie ›irrationale‹ Mittel mit höchster ›Rationalität‹ eingeübt und eingesetzt werden. Erst die Gesamtheit von *facere* und *efficere* macht die Rhetorik aus.

[102] Nicht von ungefähr vergleicht Azorín in einem Artikel Nietzsche mit Gracián (Una conjetura: Nietzsche, español, ›El Globo‹, Madrid, Mai 1903). A. Rouveyre, Pages caractéristiques de Baltasar Gracián, Paris 1925 versucht Einfluß Graciáns auf Nietzsches epigrammatischen Stil nachzuweisen. Vgl. im übrigen V. Bouillier, Baltasar Gracián et Nietzsche, RLC 6, 1926, S. 381ff.

[103] Werke 15, S. 209.

2. Die Wiederentdeckung der deutschen Barockliteratur

a. Alte Vorurteile

›Undeutsch‹ war Nietzsche das 17. Jahrhundert erschienen, ›undeutsch‹ auch das Phänomen Rhetorik. Wie sollte unter solchen Vorzeichen das deutsche Publikum Zugang zur deutschen Literatur des 17. Jahrhunderts finden? Die Frage ist nach einem halben Jahrhundert Barockforschung noch kaum beantwortet[1]. Denn trotz intensiver wissenschaftlicher Bemühung und trotz des seit Jahren florierenden Nachdruck-Geschäfts wird man konstatieren müssen, daß der Durchbruch zu einer breiten Resonanz – mit wenigen Ausnahmen[2] – noch nicht gelungen ist[3], in auffälligem Gegensatz etwa zur bildenden Kunst oder zur Musik des Barock, die sich längst zu einem gutgehenden Konsumartikel entwickelt hat[4].

Die Gründe für diese eigenartige Tatsache sind wieder und wieder erörtert worden, und ein Großteil der literarischen Barockforschung sieht sich nach wie vor zur prinzipiellen Apologetik gezwungen. Hatte man zunächst, mit der Entschlossenheit zur Flucht nach vorn, gerade die ›Deutschheit‹ und damit die geschichtliche Nähe der Barockkunst zu propagieren versucht (Gotik, Barock, Romantik – z. T. auch Expressionismus – als die ›deutschesten‹, ›germanischsten‹ Epochen)[5], so ging man seit dem Ende der 20er Jahre mehr und mehr dazu über, die Andersartigkeit, ja Fremdheit des Barock hervorzukehren[6]. So ist

---

[1] Über die Tatsache, daß barocke Dichtung »kaum gelesen wird und kaum noch als lesenswert gilt«, vgl. A. Schöne, Vorbemerkung zu: Das Zeitalter des Barock. Texte und Zeugnisse. Hrsg. v. A. Sch. (Die deutsche Literatur. Texte und Zeugnisse. 3), München 1963, S. Vff.

[2] Neben Grimmelshausens ›Simplicissimus‹ sind vor allem Fleming, Paul Gerhardt und Günther zu nennen – bezeichnenderweise solche Autoren, bei denen man das ›Rhetorische‹ als nicht ausgeprägt oder gar (wie bei Goethes Vorläufer Günther) als ›überwunden‹ empfindet. Nur Gryphius (allenfalls noch Angelus Silesius) hat auch mit einzelnen ›rhetorischen‹ Gedichten Anklang gefunden.

[3] »Bis jetzt hat der Funke aus dem Spannungsfeld der Wissenschaft nicht herausgefunden. Der Barockforscher gehört so einem geisterhaften und auf sonderbare Weise exklusiven Orden an« (C. Wiedemann, Johann Klaj und seine Redeoratorien. Untersuchungen zur Dichtung eines deutschen Barockmanieristen [Erlanger Beitr. z. Sprach- u. Kunstwiss. 26], Nürnberg 1966, S. 33).

[4] Dazu T. W. Adorno, Der mißbrauchte Barock, in: Ohne Leitbild. Parva Aesthetica (edition suhrkamp. 201), Frankfurt a. M. 1967, S. 133ff.

[5] In der Verknüpfung von Gotik, Barock und Romantik waren Spengler, Worringer, Strich und Walzel tonangebend. Die ›Deutschheit‹ kehrte insbesondere Richard Benz in seinen ›Blättern für deutsche Art und Kunst‹ heraus.

[6] Dabei darf selbstverständlich nicht übersehen werden, daß auch die nationali-

etwa die Absetzung von der ›Erlebniskunst‹ Goethescher oder nach-goethescher Prägung bereits topisch geworden[7]; und Leitbegriffe wie ›Distanzhaltung‹, ›Objektivität‹, ›Repräsentation‹, ›höfisch‹, mit deren Hilfe man barocken Kunstcharakter zu bestimmen versuchte[8], sind nicht zuletzt in Opposition gegen landläufige Vorurteile entstanden.

Ein gemeinsames Kennzeichen dieser Begriffe – wenn auch sicher nicht das wichtigste – ist ihre Abstrahierbarkeit von der Literatur, von der Sprache. Das mag zum Teil mit der geschichtlichen Deszendenz der literarischen Barockforschung, ihrer Abhängigkeit von der Kunstwissenschaft, zusammenhängen. Aber auch nachdem man einer ›wechselseitigen Erhellung der Künste‹ gegenüber skeptischer geworden war[9], bereitete die Gewinnung adäquater literarischer Barockbegriffe offenbar große Schwierigkeiten. Das Wort ›Schwulst‹, das die dunkle Zeit der Barockkritik beherrscht hatte, war schlechterdings nicht mehr aufzuwerten. So blieb aus der eingeführten Terminologie als einziger spezifisch an die Sprache gebundener Begriff das ›Rhetorische‹.

Welche Vorstellungen mit diesem Wort verbunden waren, braucht hier nicht mehr des näheren dargestellt zu werden. In den Textausgaben und Handbüchern aus dem 19. Jahrhundert, die immer noch unentbehrliche Grundlage aller Forschung waren, las man Sätze wie diese: »Die Kunst ... beruht hauptsächlich auf seiner Rhetorik. Nach dem Vorgange seiner Vorbilder entwickelte er großen Glanz der Rede, freilich nicht ohne Vermeidung von Schwulst und ohne darnach zu fragen, ob sein Ausdruck auch der Gelegenheit angemessen sei«[10]. Noch etwas schlechter als bei Gryphius waren – wie schon zu Gott-

---

stische Variante der Barockforschung kräftig weiterlebte. Die Barockepoche wurde nachgerade zu einem bevorzugten Betätigungsfeld völkischer Literaturbetrachtung. In dem Vortragsband: Nationalismus in Germanistik und Dichtung. Dokumentation des Germanistentages in München vom 17. bis 22. Oktober 1966. Hrsg. v. B. von Wiese und R. Henß, Berlin usw. 1967, kommt die Barockforschung leider nur kurz.

[7] Prinzipielles dazu bei H.-G. Gadamer, Wahrheit und Methode. Grundzüge einer philosophischen Hermeneutik, Tübingen 1960, S. 66ff.

[8] Hauptvertreter dieser Richtung war Günther Müller, vgl. das Folgende.

[9] Dies bereits am Ende der 20er, dann vor allem um die Mitte der 30er Jahre: K. Wais, Symbiose der Künste. Forschungsgrundlagen zur Wechselberührung zwischen Dichtung, Bild- und Tonkunst (Schriften u. Vortr. d. Württemb. Ges. d. Wiss., Geisteswiss. Abt. 1), Stuttgart 1936; K. Vossler, Über gegenseitige Erhellung der Künste (1935), in: Aus der romanischen Welt, Bd. 2, München u. Berlin 1940, S. 50ff.

[10] H. Palm, Einleitung zu: Gryphius' Werke (DNL. 29), Stuttgart o. J. [1883], S. 4.

scheds Zeiten – die Zensuren bei Lohenstein: »eine in Gewaltsamkeit nach dem Erhabenen strebende Rhetorik macht seinen poetischen Trieb aus«[11]. So galt denn die ganze »Periode von Opitz bis zu den Vormännern Klopstocks für die unerquicklichste«[12], und im übrigen war sie durch eine »niedrige, äußerliche und unsittliche Lebensauffassung« gekennzeichnet[13].

Die Charakteristika der Epoche und ihrer Literatur paßten aufs schönste zusammen. Erst wenn man diese Ausgangslage der Barockforschung mit in Betracht zieht, wird die eigentümliche Verlegenheit voll verständlich, die den Gebrauch des Begriffs ›Rhetorik‹ zunächst bestimmte. Welche Entwicklungen sich in dieser Hinsicht während der letzten fünf Jahrzehnte vollzogen haben, soll ein kurzer, auswählender Überblick über die wichtigsten Barock-Gesamtdarstellungen zeigen; er ist (zumal da die vorliegenden Forschungsberichte für diesen speziellen Aspekt nicht ausreichen)[14] notwendige Voraussetzung jeder weiteren Diskussion über Verständnis und Erforschung der Barockrhetorik.

b. Folgen der Barockbegeisterung

Fritz Strichs Lyrik-Aufsatz vom Jahre 1916[15] ist im Gegensatz zu zahlreichen geistesgeschichtlichen Entwürfen der frühen ›Barock‹-Ära[16] erklärtermaßen stilkritisch orientiert. Der lyrische Stil des 17.

---

[11] C. Lemcke, Von Opitz bis Klopstock (Geschichte der deutschen Dichtung neuerer Zeit. 1), Leipzig 1871, S. 338.

[12] Lemcke, a.a.O., S. 3. Er setzt hinzu: »Für den, der poetischen Genuss sucht, mit Recht«.

[13] G. Steinhausen, Galant, curiös und politisch. Drei Schlag- und Modeworte des Perrücken-Zeitalters, Zs. f. den dt. Unterr. 9, 1895, S. 22ff. (dort S. 33).

[14] Die wichtigsten seien zur Ergänzung genannt: H. Cysarz, Zur Erforschung der deutschen Barockdichtung. Ein Literaturbericht, DVjs 3, 1925, S. 145ff.; W. Milch, Deutsches Literaturbarock. Der Stand der Forschung, GQ 13, 1940, S. 131ff.; E. Trunz, Die Erforschung der deutschen Barockdichtung. Ein Bericht über Ergebnisse und Aufgaben, DVjs 18, 1940, Referaten-Heft; E. Lunding, Stand und Aufgaben der deutschen Barockforschung, Orbis Litterarum 8, 1950, S. 27ff.; M. Brauneck, Barockforschung. Ein Literaturbericht (1962–1967), in: Das 17. Jahrhundert in neuer Sicht. Beiträge v. P. Jentzsch, M. Brauneck, E. E. Starke (DU, Beih. 1 zu Jg. 21/1969), Stuttgart 1969, S. 93ff. Ein neuer Forschungsbericht ›Barockliteratur‹ von E. Trunz ist für die DVjs angekündigt.

[15] Im folgenden zitiert nach: Deutsche Barockforschung, S. 229ff.

[16] Besonders charakteristisch hierfür A. Hübscher, Barock als Gestaltung antithetischen Lebensgefühls, Euphorion 24, 1922, S. 517ff. u. 759ff.; prinzipielle Kritik dieser Tendenzen: H. Epstein, Die Metaphysizierung in der literaturwissenschaftlichen Begriffsbildung und ihre Folgen (Germ. Stud. 73), Berlin 1929.

Jahrhunderts erscheint, verglichen mit dem der vorausgehenden Epoche, als »geschwellt und gesteigert«[17]. Der alte ›Schwulst‹-Begriff[18] wird deutlich ins Positive gewendet, wobei die Parallele der bildenden Kunst wiederholt durchschimmert: lyrischer Barockstil hat einen »prächtigen, farbigen, überladenen, nachdrückenden Charakter«[19], das Element der ›Bewegung‹[20] (sie war eine der Wölfflinschen Kategorien gewesen) verleiht ihm einen »unerlösten und ringenden« Grundzug[21]. Bei der sprachlichen Observation, die Strich an zahlreichen (meist diachronisch ausgewählten) Beispielen durchzuführen sucht[22], zeigt sich dies vor allem in Worthäufung, Antithetik, Steigerung und Asyndetik – in ›rhetorischen‹ Figuren also. Aber das Wort ›rhetorisch‹ fällt an keiner Stelle; nicht nur dies: der Autor ist sogar sichtlich bemüht, die traditionellen Termini zu vermeiden[23] und stattdessen – wie etwa im Fall des Oxymoron[24] – lieber eine umständliche Periphrase zu geben.

Wo die Expression, das ›Ringen‹ mit der Sprache alles beherrscht, wo zudem noch »dem deutschen Geiste eine Wiedergeburt bereitet« wird[25], hat Rhetorik, selbst in ihren elementarsten Formen, nichts zu suchen. Daß Strich sich auf Lyrik – als den a priori ›unrhetorischsten‹ Bereich der Literatur – beschränkt hatte, spielt bei diesem Ergebnis nur eine sekundäre Rolle. Als Herbert Cysarz 1924 eine erste Summe der neuen Barockforschung versucht[26] (ein programmatischer Aufsatz war 1923 vorausgegangen)[27], hat sich das Bild in puncto Rhetorik kaum verändert. Einerseits sind die rauschhaften, ekstatischen

---

[17] Strich, a.a.O., S. 230 (die gleiche Formel: S. 231).
[18] Mehrfach von Strich als kontrastierender Hintergrund verwendet (bes. S. 229 u. 248).
[19] A.a.O., S. 248.
[20] A.a.O., S. 244 u. ö.
[21] Ebda. »So ringt der germanische Geist mit seinem Gegenstande, um ihn ganz sich zu erobern« (ebda.). Die wiederholt behauptete Stilverwandtschaft mit der urgermanischen Dichtung wurde übrigens von altgermanistischer Seite nachdrücklich bestritten.
[22] Der später oft erhobene Vorwurf mangelnder Differenzierung (›den‹ lyrischen Stil des 17. Jahrhunderts gebe es nicht) ist im gegenwärtigen Zusammenhang von geringerer Bedeutung.
[23] Die Tendenz ist um so deutlicher, als damals bereits Untersuchungen zur Lyrik des 17. Jahrhunderts vorlagen (etwa Manheimer zu Gryphius oder Henrich zu Balde; vgl. u. S. 31), die intensiv mit ›rhetorischen‹ Begriffen arbeiteten.
[24] A.a.O., S. 237. Die einfachen Termini wie ›Parallelismus‹ oder ›Antithetik‹ vermag allerdings auch Strich nicht zu umgehen.
[25] A.a.O., S. 229.
[26] Deutsche Barockdichtung. Renaissance. Barock. Rokoko, Leipzig 1924.
[27] Vom Geist des deutschen Literatur-Barocks (s. o. S. 11 Anm. 52).

Momente barocker Sprachkunst gegenüber Strich noch stärker hervorgehoben[28]. Andererseits wird durch die breitere monographische Anlage des Buchs das konsequente Ausweichen vor dem Problem ›Rhetorik‹ erschwert. Cysarz ist deutlich bestrebt, es zu isolieren und auf die Frühzeit der Barockdichtung zu begrenzen, vor allem auf Opitz und seine Umgebung: »Opitzens steife Rhetorik ist angesichts eines Natur- und Frömmigkeitsgefühls, wie es die Nürnberger entzündet, stumpf und lahm: Eine neue Dynamik des Konturs ist notwendiger Fortschritt«[29]. Unter dem Gesichtspunkt von ›Dynamik‹ (hier hatten Wölfflin und Strich vorgearbeitet) und ›Fortschritt‹ erscheint die Rhetorik als bedauerliches Hemmnis bei der Bildung barocker Formen (etwa beim Jesuitenbarock)[30]. Demgegenüber betont Gundolf in der zu einer Barockskizze ausgeweiteten Opitz-Monographie von 1923[31] immerhin das Verdienst der ›Redekünste‹, »die Gefahr der Formfeindschaft« eingedämmt und damit zugleich »dem Meister aller Seelen- und Sittentöne«, Goethe, vorgearbeitet zu haben[32]. Besonnener als Cysarz, skeptischer als Gundolf, aber wie er stark durch die Perspektive des 18. Jahrhunderts bestimmt, sieht dann Karl Viëtor in den ›Problemen der deutschen Barockliteratur‹ (1928)[33] die Rolle des ›Rhetorischen‹. Symptomatisch für die »geschichtliche Artung der deutschen Barockliteratur« ist ihm »das Nebeneinander von Altem und Neuem; von Rhetorik (d. h. technisch-konventionellen Effekten, kaltem Feuer, unerlebtem Erregungsabbild) und echtem Erlebnisausdruck; von Ich-Aussprache und distanzierter Objektbeschreibung; von Gefühlsausbrüchen und konventionellem Redeschmuck ...«[34].

---

[28] Die fatale, vermeintliche Wahlverwandtschaft von Autor und Gegenstand, die sich nicht zuletzt in Cysarz' krausem Sprachstil niederschlägt, behandelte mit beißender Ironie J. Körner, Barocke Barockforschung, HZ 133, 1926, S. 455ff.

[29] Deutsche Barockforschung, S. 51 (vgl. S. 17f.). »Die Advokatenberedsamkeit eines Opitzischen Gelegenheitsgedichts« hatte Cysarz bereits 1923 hervorgehoben (Deutsche Barockforschung, S. 18). Zu ›rhetorischem‹ Stil als humanistischem bzw. römischem Relikt vgl. Deutsche Barockdichtung, S. 17 u. 41.

[30] A.a.O., S. 55.

[31] Martin Opitz, München u. Leipzig 1923.

[32] A.a.O., S. 2 u. 43. Gundolf weist auch, von Opitz ausgehend, sehr nachdrücklich auf die Bedeutung der rhetorisch-poetischen Lehrbücher, ›Schatzkammern‹ usw. hin. Die Ansätze sind, mit stärkerer Konzentrierung auf einen Autor, ausgebaut in: Andreas Gryphius, Heidelberg 1927.

[33] Probleme der deutschen Barockliteratur (Von dt. Poeterey. 3), Leipzig 1928.

[34] A.a.O., S. 43. Die ›rhetorischen‹ Tendenzen der Barockliteratur zu Asyndetik und Antithetik sind näher beschrieben S. 6ff. u. 9ff. Vgl. auch dens., Vom Stil und Geist der deutschen Barockdichtung, GRM 14, 1926, S. 145ff.; abgedruckt

In den hier angedeuteten Bahnen bewegen sich, was die Rhetorik betrifft, die meisten Barockarbeiten bis um die Mitte der 20er Jahre[35]. Entweder versteht man das Wort immer noch als rein pejorativen Begriff (wie die Philologie des 19. Jahrhunderts), klammert ihn ganz aus (wie Strich), sucht ihn sorgsam zu isolieren (wie Cysarz) oder setzt ihn in Gegensatz zum ursprünglichen ›Erlebnis‹ bzw. ›Gefühl‹ (wie Viëtor).

c. Rhetorik als Zentralkategorie

Entscheidend Neues bringt erst Günther Müller in die Diskussion. Bereits in seiner ›Geschichte des deutschen Liedes‹ (1925) spricht er von »der sozusagen technischen Absichtlichkeit«, die »der ganzen deutschen Dichtung des 17. Jahrhunderts gemeinsam« sei und als humanistisches Erbgut das eigentlich ›Rhetorische‹ dieser Sichtung ausmache[36]. In der Monographie über ›Deutsche Dichtung von der Renaissance bis zum Ausgang des Barock‹ (1926–28)[37] entwickelt er diese Ansätze weiter zu einem grundsätzlichen Exkurs, in dem er »die rhetorische Grundanlage« der deutschen Barockliteratur postuliert[38]. Er weist nicht nur (wie u. a. schon Gundolf) auf den geschichtlichen Zusammenhang mit dem Humanismus hin, sondern erinnert auch mit Nachdruck an die Bedeutung der Rhetorik als Bildungsdisziplin[39]. Sie stellt für ihn kein zufälliges, durch das 18. Jahrhundert zu überwindendes Relikt dar: »Die rhetorische Formgebung ist ... dem unprivaten, unhäuslichen, öffentlichen, repräsentativen Charakter der echten Barockkultur innig zugeordnet«[40]. In der Arbeit über ›Höfische Kultur‹ (1929)[41] wird dieser Gedanke dann konsequent fort-

---

in: Deutsche Barockforschung, S. 39ff. Lunding, Stand und Aufgaben der deutschen Barockforschung, S. 79 weist in diesem Zusammenhang auf die »dänische Wirklichkeitsfreude« als ein wichtiges Korrektiv hin; sie sei »imstande, das Pathos barocker Rhetorik in seiner Lebensferne zu entlarven«.

[35] Vgl. auch den oben genannten Literaturbericht von Cysarz (1925).

[36] Geschichte des deutschen Liedes vom Zeitalter des Barock bis zur Gegenwart, München 1925, S. 81.

[37] Deutsche Dichtung von der Renaissance bis zum Ausgang des Barock (Handb. d. Lit.wiss. 3), Potsdam 1926–28.

[38] A.a.O., S. 204ff.

[39] Er bezieht sich dabei auch auf das gerade erschienene Buch von H. Brinkmann, Zu Wesen und Form mittelalterlicher Dichtung, Halle 1928, das die Kontinuität der (durch die Rhetorik bestimmten) poetischen Theorie von der Antike bis ins 18. Jahrhundert hinein betont hatte.

[40] Deutsche Literatur ..., S. 205.

[41] Höfische Kultur der Barockzeit, in: H. Naumann u. G. Müller, Höfische Kul-

geführt[42], bis zur prinzipiell-typologischen Analyse: »rhetorische Dichtung hat nach Struktur und Sinn einen öffentlichen Charakter«; »Dichtung, soweit sie in diesen Bezirk gehört, ist wesentlich ›tendenziös‹«[43]. Es liegt auf der Hand, daß Günther Müller sich mit einer solchen Konzeption nicht nur gegenüber einem Großteil der bisherigen Barockforschung in Opposition befindet: »Die bis vor kurzem herrschenden abschätzigen Geschmacksurteile über rhetorische Dichtung und Predigt des Barockzeitalters erbringen für geschichtliche und strukturelle Erkenntnis nichts weiter als eben die Feststellung des rhetorischen Grundzugs. Dieser aber ist nicht eine zufällige ›Geschmacksverirrung‹ der Zeit, sondern ist notwendiges Zubehör ihrer tragenden, ihrer besten Kräfte«[44].

Die Reaktion auf diesen Vorstoß war unterschiedlich[45]. Paul Hankamer hält in seiner 1935 erschienenen Gesamtdarstellung ›Deutsche Gegenreformation und deutsches Barock‹[46] im wesentlichen an der schon 1927 (›Die Sprache‹)[47] formulierten Auffassung fest, für die Barockliteratur stelle Rhetorik ein humanistisches Überbleibsel dar, das vorgeformtes Sprachmaterial an die Hand gebe und im Widerspruch zum ›gelebten Leben‹ bzw. zur ›Gefühlsechtheit‹ stehe[48]. Dem-

---

tur (DVjs, Buchreihe. 17), Halle 1929, S. 79ff.; der Schlußteil des Beitrags (S. 126ff.) ist abgedruckt in: Deutsche Barockforschung, S. 182ff.

[42] Höfische Kultur ..., S. 82ff. Wieder nimmt die Absetzung von der Goethezeit einen wichtigen Platz ein: »Auf Erlebnisgestaltung im Wort nach dem autonomen Gebot des ästhetischen Genius kommt es der goethezeitlichen Dichtung an, auf Sprechenlernen und Sprechenkönnen der Dichtung des 17. Jahrhunderts« (a.a.O., S. 84f.).

[43] A.a.O., S. 86.

[44] Deutsche Literatur ..., S. 205.

[45] Den schwächsten Punkt seines Barockbildes, die Überbetonung des Höfischen, korrigierte die Arbeit von E. Vogt, Die gegenhöfische Strömung in der deutschen Barockliteratur (Von dt. Poeterey. 11), Leipzig 1932. Doch wurden die Einsichten zum ›rhetorischen‹ Grundzug der Barockliteratur davon kaum berührt (der ganze Bereich der humanistischen Tradition war ja gerade nicht wesenhaft an das Höfische gebunden).

[46] Deutsche Gegenreformation und deutsches Barock. Die deutsche Literatur im Zeitraum des 17. Jahrhunderts (Epochen d. dt. Lit. II 2; mit einer Bibliographie v. H. Pyritz), Stuttgart 1935 (unveränderte Nachdrucke Stuttgart 1947 und – ohne die Bibliographie – 1964, als 2. u. 3. Aufl.).

[47] Die Sprache. Ihr Begriff und ihre Deutung im sechzehnten und siebzehnten Jahrhundert, Bonn 1927 (Nachdr. Hildesheim 1965).

[48] Vgl. die Bewertung Huttens: »Huttens Dichtung lebt zutiefst aus seelischen Abgründen, vor denen der Besonnene selbst erschauert ... Dem Rhetor war dies nie beschieden« (Die Sprache, S. 77); zu Opitz: »Das dichterische Sprechen ist ihm entsprechend humanistischer Lehre ein rhetorisches Mitteilen« (a.a.O., S. 91). Die weitere Entwicklung führt zum *abusus*: »Die Dichtung wird zur Wortkunst wie die Rede zum Wortgepränge« (Deutsche Gegenreformation ...,

gegenüber lassen Willi Flemmings Einleitungen zu den sechs Bänden
›Barockdrama‹ (1930–33)[49] ein deutlich fundierteres Verständnis für
die Erscheinungsformen der Barockrhetorik erkennen. Er betrachtet
– über das Drama hinaus – »Extravertiertheit als ein konstitutives
Merkmal der Epoche«[50] und ›rhetorisches‹ Sprechen als die wesenhaft
zugeordnete Sprachhaltung, während Gerhard Fricke in seiner Monographie über Gryphius' Bildlichkeit mehr die ›bändigende‹, ›durch-
stilisierende‹ Kraft der Rhetorik betont[51].

Wohl am intensivsten werden Günther Müllers Anregungen im
zweiten Kapitel der Dissertation von Wolfgang Kayser spürbar: »Der
rhetorische Grundzug von Harsdörffers Zeit und die gattungsgebundene Haltung«[52]. Kayser gibt kein Gesamtbild des 17. Jahrhunderts,
sondern versucht vor allem, über Günther Müller hinausgehend[53], in
einem kurzen Abriß den geschichtlichen Hintergrund der Disziplin
Rhetorik (seit der Antike) erscheinen zu lassen[54]. Der Ausgangspunkt
jedoch ist typologisch-anthropologisch bestimmt[55]. Außer der »wissenschaftlichen« und der »expressiven« Haltung gibt es nach Kayser
eine »gattungsgebundene« Haltung[56], die im Lauf der Untersuchung

---

S. 149); mit der Sprache »geht man um im Sinne eben eines völlig willkürlichen
    Kombinierens« (ebda.).
[49] DLE, R. Barock: Barockdrama, 6 Bde. Hrsg. v. W. Flemming, Leipzig 1930
    –33 (2., verb. Aufl. Darmstadt 1965).
[50] So in der Einführung zu Bd. 1: Das schlesische Kunstdrama, S. 6 (in den wei-
    teren Bänden variiert). Ansätze bereits in der Arbeit: Die Auffassung des Men-
    schen im 17. Jahrhundert, DVjs 6, 1928, S. 402ff.
[51] Die Bildlichkeit in der Dichtung des Andreas Gryphius. Materialien und Stu-
    dien zum Formproblem des deutschen Literaturbarock (Neue Forschungen. 17),
    Berlin 1933; Auszüge daraus in: Deutsche Barockforschung, S. 312ff. Von be-
    sonderem Interesse ist der 3. Exkurs: ›Die rhetorische Prosa (Leichabdankun-
    gen), Die Bildlichkeit ..., S. 255ff. »Im Rhetorischen ... tritt uns die zweck-
    voll, bewußt und distanziert gestaltende Künstlichkeit noch einmal überzeu-
    gend entgegen, mit der die Zeit den elementaren Gewalten des Chaos, die sie
    rings bedrohten, ... Herr zu werden suchte« (a.a.O., S. 256). Vgl. auch dens.,
    Die Sprachauffassung in der grammatischen Theorie des 16. und 17. Jahrhun-
    derts, ZfdBildg. 9, 1933, S. 113ff.
[52] Die Klangmalerei bei Harsdörffer. Ein Beitrag zur Geschichte der Literatur,
    Poetik und Sprachgeschichte der Barockzeit (Palaestra. 179), Leipzig 1932, S.
    16ff.; dieses Kapitel auch abgedruckt in: Deutsche Barockforschung, S. 324ff.
[53] Die Anregung durch Günther Müller wird nachdrücklich hervorgehoben (Die
    Klangmalerei ..., S. 29).
[54] Außer in dem genannten Kapitel auch bei der Darstellung der Klangmalerei
    (S. 88ff.) und der Klangentsprechung (S. 114ff.).
[55] Hierzu hatte Günther Müller ebenfalls den Anstoß gegeben, vgl. Höfische Kul-
    tur ..., S. 82f.
[56] Die Klangmalerei ..., S. 16f.

weitgehend synonym mit »Rhetorik« verstanden, ja mit ihr identifiziert wird. Ein wichtiger Aspekt des Rhetorischen, der aus der Engstirnigkeit früherer Auffassungen herausführen und einen Zugang auch zur Barockliteratur eröffnen sollte, ist hier verabsolutiert und führt in der Konsequenz zu Verzeichnungen[57]. Auf das gleiche Jahr, in dem Kaysers Untersuchung erschien (1932), geht auch das umfangreiche Kapitel zurück, das Paul Böckmann als Teil seiner ›Formgeschichte der deutschen Dichtung‹ veröffentlichte: »Das Elegantiaideal und das rhetorische Pathos des Barock«[58]. Der Titel weist in eine etwas andere Richtung als die Untersuchung selbst. Nicht *elegantia* und ›rhetorisches Pathos‹ sind die beiden Grundpfeiler, sondern das Elegantiaideal steht als humanistisch-rhetorisches Erbe der christlichen Wahrheit gegenüber; oder mit einer anderen, geradezu insistierend vorgetragenen Formel: ›rhetorisches‹, ›zierliches‹ Sprechen begegnet der christlichen ›Offenbarungshaltung‹[59]. Daß hier ein fundamentales Problem der deutschen Barockliteratur angesprochen ist, wird niemand bestreiten[60]. Doch aus den Texten selbst – die in erfreulicher Fülle herangezogen werden – geht der behauptete Dualismus oft nur sehr bedingt hervor, vor allem ist er rhetorisch nicht realisierbar[61]; und es scheint bezeichnend, daß Autoren wie Hofmannswaldau oder Lohenstein (bei denen diese Kategorien kaum greifen) so gut wie völlig fehlen[62]. Einen entschiedenen Fortschritt im Vergleich zu früheren Arbeiten bedeutet die ausgiebige Berücksichtigung poetischer und rhetorischer Lehrbücher. Der Rhetorikbegriff

---

[57] So ist z. B. eine Goebbels-Rede eminent ›rhetorisch‹, doch wird man sie sinnvollerweise nicht als ›gattungsgebunden‹ bezeichnen (auch wenn sie bestimmte ›Regeln‹ beachten mag); andererseits ist ein Sappho-Gedicht entschieden ›gattungsgebunden‹, aber nicht eigentlich ›rhetorisch‹.

[58] Formgeschichte der deutschen Dichtung, 1. Bd.: Von der Sinnbildsprache zur Ausdruckssprache. Der Wandel der literarischen Formensprache vom Mittelalter zur Neuzeit, Hamburg 1949, S. 318ff. Wichtig auch die beiden ersten Abschnitte des Kapitels über die frühe Aufklärung, S. 471ff. (mit Leibniz, Thomasius, Weise). Zur Entstehung des Barockkapitels vgl. die Bemerkung a.a.O., S. 5. Ein Teil (über Grimmelshausen) erschien bereits 1943.

[59] Vgl. S. 320f., 323ff., 329ff., 339, 344, 346, 353, 369, 392, 398ff., 405, 412ff., 416ff., 426, 430ff., 438 u. ö.

[60] Das Problem besteht freilich seit der Patristik.

[61] Im Grunde erschöpft er sich darin, daß die Glaubenskraft irgendwie ›steigernd‹ wirkt (passim). Häufig jedoch bleibt es bei einem Gegenüber von ›rhetorischer‹ Form und christlichem Inhalt (etwa S. 432 zu Gryphius' Tragödien: »die Form ... weist auf die antik-humanistische Überlieferung zurück; aber immer erwächst der Gehalt aus dem christlich-stoisch gefärbten Lebensgefühl«).

[62] Einzige (beiläufige) Nennung der Namen: S. 342 u. 421.

selbst ist gegenüber Günther Müller[63] wieder etwas eingeengt: humanistische, normative, zierliche, gesteigerte Sprachform[64].

Böckmanns Abhandlung, die 1949 erschien, kann in gewissem
Sinn als der verspätete Abschluß einer ›rhetorikfreudigen‹ oder jedenfalls ›rhetorikbewußten‹ zweiten Epoche der deutschen Barockforschung gelten. Die Darstellung des 17. Jahrhunderts durch Richard
Newald (1951)[65], die zum ersten Mal Daten und Fakten nicht vor-
aussetzte, sondern zu vermitteln suchte[66], ist in puncto Rhetorik deutlich Ausdruck einer Stagnation. Newalds tiefe Skepsis gegenüber allen
geistes- und stilgeschichtlichen Konstruktionen[67] galt auch Günther
Müllers ›rhetorischem‹ Barockbild, zumal die Ausbeute an überzeu-
genden Einzeluntersuchungen zur Barockrhetorik gering geblieben
war. Einzig bei Gryphius[68] und bei der Jesuitendichtung[69], zwei Bereichen, in denen man schon vor Fritz Strich ›rhetorische‹ Züge konstatiert hatte (erwähnt seien nur die Arbeiten von Manheimer[70], Gnerich[71] und Henrich[72]), gesteht Newald dem – vor allem als humanistisch, deklamatorisch und pathetisch verstandenen – Phänomen
›Rhetorik‹ eine wesentliche Bedeutung zu[73]. In der zweiten, neu bearbeiteten Auflage der ›Deutschen Kultur im Zeitalter des Barock‹
(1960; zuerst 1937)[74] sowie in dem Barock-Abriß innerhalb der ›Annalen der deutschen Literatur‹[75] stellt Flemming noch einmal ›Extra-

---

[63] Die Bezugnahme auf ihn besonders deutlich S. 364f.
[64] Zentralstelle: S. 339ff.
[65] Die deutsche Literatur vom Späthumanismus zur Empfindsamkeit 1570–1750
(H. de Boor u. R. Newald, Geschichte der deutschen Literatur von den Anfängen bis zur Gegenwart. 5), München ⁴1963 (diese Auflage im folgenden zugrundegelegt).
[66] Mit Urteilen wie ›Neopositivismus‹ oder dergleichen ist hier wenig geholfen.
Ein Handbuch dieser Art war seit Jahrzehnten ein Desiderat, vgl. schon Trunz,
Die Erforschung der deutschen Barockdichtung, S. 89f.
[67] Klar ausgesprochen in der Einleitung, besonders S. 12ff.
[68] »Er war Rhetoriker und großer Könner« (S. 277; vgl. S. 288 u. ö.).
[69] »Rhetorik und Wortkunst sprechen das letzte Wort« (S. 251; vgl. S. 252 u. 97).
[70] V. Manheimer, Die Lyrik des Andreas Gryphius. Studien und Materialien,
Berlin 1904.
[71] E. Gnerich, Andreas Gryphius und seine Herodes-Epen (Bresl. Beitr. z. Lit.-
gesch. 2), Leipzig 1906.
[72] A. Henrich, Die lyrischen Dichtungen Jakob Baldes (Quellen u. Forschungen z.
Sprach- u. Culturgesch. d. germ. Völker. 122), Straßburg 1915, bes. S. 191ff.
[73] Auf einer anderen Ebene liegt die kurze Darstellung der mit Weise beginnen-
den Rhetorikbewegung (S. 398ff.).
[74] Deutsche Kultur im Zeitalter des Barocks (Handb. d. Kulturgesch. 1. Abt.:
Zeitalter dt. Kultur. 1), Konstanz ²1960.
[75] Das Jahrhundert des Barock 1600–1700, in: Annalen der deutschen Literatur.
Geschichte der deutschen Literatur von den Anfängen bis zur Gegenwart. Eine

vertiertheit‹ und ›Repräsentation‹ als Grundzüge barocker Sprachkunst heraus; aber bei aller Materialfülle sind diese beiden Darstellungen mit derjenigen von Newald bereits inkommensurabel[76].
Gleichsam eine dritte Welt repräsentiert der dem 17. Jahrhundert gewidmete Band der offiziellen DDR-Literaturgeschichte (1963)[77]. Die
Werturteile befinden sich oft in frappierender Übereinstimmung mit
der idealistischen Kritik des 18. und 19. Jahrhunderts: »Das, was von
bürgerlichen Literarhistorikern bislang als ›Hoch- und Spätbarock‹
bezeichnet wurde, war – oftmals von Patriziern getragen – Verfall-
kunst«[78]. Und das ›Rhetorische‹ ist reduziert auf Feststellungen wie
diese: «So werden Rhethorische [sic!] Figuren häufig verwendet; sie
über- oder untertreiben – oft in Form eines poetischen Bildes, einer
Metapher – im allgemeinen bestimmte Aussagen und lassen eine Vorliebe für Denkschemata, formelhafte Wendungen und genormte Aus-
drucksmittel erkennen«[79].
Der hier gegebene Überblick über die Wandlungen im Rhetorik-
Verständnis der deutschen Barockforschung mußte sich (schon aus
Platzgründen) hauptsächlich auf die Gesamtdarstellungen beschrän-
ken. Manche Nuancierung, auch manches Einzelergebnis sprachlicher
Observation mag dabei vernachlässigt worden sein. Die wesentlichen
Wege und Irrwege verlaufen innerhalb des skizzierten Rahmens.
Auch die drei Phasen des Prozesses (Ignorierung bzw. Isolierung der
Rhetorik, Begeisterung für den ›rhetorischen‹ Grundzug der Barock-
literatur, neue Verlegenheit) dürften sich kaum anders abgrenzen las-
sen. Eine vierte Phase im Verständnis des Rhetorischen, die sich zu
Anfang der 60er Jahre abzuzeichnen beginnt, ist anhand der neuesten

---

Gemeinschaftsarbeit zahlreicher Fachgelehrter hrsg. v. H. O. Burger, Stuttgart
²1962, S. 339ff.
[76] Vor allem die ›Kulturgeschichte‹ gehört einer früheren Epoche der Barockforschung an (auch in ihrem deutschtümelnden Grundton). Das gleiche gilt für
den Artikel ›Barockliteratur‹ von J. H. Scholte, RL ²I (1958), S. 135ff.; vom
»Barockstil in seinem eigentlichen Wesen« heißt es dort: »Die dt. Art widersetzt
sich ihm, paßt sich ihm auch gelegentlich an« (S. 135).
[77] J. G. Boeckh, G. Albrecht, K. Böttcher, K. Gysi, P. G. Krohn, H. Strobach, Geschichte der deutschen Literatur 1600 bis 1700 (Geschichte der deutschen Literatur von den Anfängen bis zur Gegenwart. Hrsg. v. K. Gysi u. a. 5), Berlin
1963.
[78] A.a.O., S. 48 (»Neben bombastischem Aufwand steht das Geschmäcklerische
und Überfeinerte: in beiden erfüllt sich höfische Gesinnung«, ebda.).
[79] A.a.O., S. 44 (aus dem Kapitel ›Entwicklungslinien und Besonderheiten der
deutschen Literatur im 17. Jahrhundert‹, S. 35ff.). Ein Lemma ›Rhetorik‹ oder
›rhetorisch‹ enthält das ausführliche Sachregister nicht.

Darstellungen von Werner Kohlschmidt (1966)[80], Marian Szyrocki (1968)[81] und Roy Pascal (1968)[82] nicht mit der notwendigen Schärfe zu verifizieren. Die Probleme der ›rhetorischen Tradition‹ und des ›Manierismus‹, die in den letzten Jahren weite Bereiche der Barockforschung beherrscht haben, erfordern eine gesonderte Diskussion.

3. ›Barock‹ und ›Manierismus‹ sub specie rhetoricae

a. Der kritische Ansatz

Die deutsche Barockforschung war eben in ihr viertes Jahrzehnt eingetreten und stand vor der unbequemen Aufgabe, sich mit ihrer völkischen Periode auseinanderzusetzen, als Ernst Robert Curtius den lange Zeit wie ein Zauberwort verehrten Barockbegriff einer scharfen prinzipiellen Kritik unterzog und diese Kritik durch rhetorische Analysen stützte. Seine Hauptthesen, entwickelt in dem zuerst 1948 erschienenen monumentalen Werk ›Europäische Literatur und lateinisches Mittelalter‹[1], sind mittlerweile oft referiert worden: der Terminus ›Barock‹ ist mißverständlich und verwirrend[2]; seine Isolierung ist unhistorisch; Barockstil bedeutet nur einen Einzelfall des in der Geschichte wiederkehrenden Phänomens ›Manierismus‹; ›Barock‹ ist durch den Begriff ›Manierismus‹ zu ersetzen[3].

Manche Analogie zu Strichs Vorstoß vom Jahre 1916 drängt sich auf, so der grundsätzliche Protest gegen eine das Verständnis der Sache blockierende Konvention, die Anlehnung an kunstwissenschaft-

---

[80] Geschichte der deutschen Literatur vom Barock bis zur Klassik (Geschichte der deutschen Literatur von den Anfängen bis zur Gegenwart. 2), Stuttgart 1966.

[81] Die deutsche Literatur des Barock. Eine Einführung (rde. 300/301), Reinbek 1968.

[82] German literature in the sixteenth and seventeenth centuries. Renaissance – Reformation – Baroque (Introductions to German literature. 2), London 1968.

[1] Zitate im folgenden nach der Auflage Bern u. München ³1961, S. 277ff. (Kapitel ›Manierismus‹).

[2] Curtius bezieht sich dabei (a.a.O., S. 21 Anm. 2 u. S. 277 Anm. 2) auf den 1946 zuerst erschienenen kritischen Bericht von R. Wellek, jetzt in: Grundbegriffe der Literaturkritik, S. 57ff. Dieser Bericht scheint einer der Anstöße zu Curtius' Revisionsvorschlag gewesen zu sein.

[3] In früheren Jahren hatte sich auch Curtius (allerdings schon kritisch) des ›Barock‹-Begriffs bedient, so in: Theologische Kunsttheorie im spanischen Barock, RF 53, 1939, S. 145ff.; Mittelalterlicher und barocker Dichtungsstil, Modern Philol. 38, 1940/41, S. 325ff.

liche Terminologie, die periodische Betrachtungsweise, die Unter-
mauerung durch Stilphysiognomik, die präzeptorale Entschiedenheit.
Doch schon an zwei Punkten zeigt sich die fundamentale Unverein-
barkeit beider Positionen: an die Stelle germanischer Urverwandt-
schaft ist die europäische Tradition getreten[4], an die Stelle des sprachlichen ›Ringens‹ die Rhetorik[5].

Es scheint bezeichnend, daß dieser Impuls – dessen volle Wirkung
erst in den letzten Jahren sichtbar geworden ist – nicht aus dem Kreis
der germanistischen Barockforschung kam, sondern von einem durch
Antike und Romania geprägten Komparatisten. Denn der literarische
Barockbegriff an sich, darüber kann kein Zweifel bestehen, war ein
Produkt deutscher Geisteswissenschaft[6], und gerade in der Romania
hielt sich der Widerstand gegen seine Rezeption besonders lang und
intensiv[7]. Die frühesten Versuche, Barockstil auch in anderen europäischen Literaturen nachzuweisen, waren von deutschen bzw.
deutschsprachigen Autoren unternommen worden: von Walzel schon
1916 für den germanisch-artverwandten Shakespeare[8], von Spoerri
1922 für Tasso[9], von Hatzfeld seit 1927 in zahllosen Arbeiten für
weite Bereiche der spanischen und französischen Literatur[10] (mittlerweile ist ›Barock‹ in romanischen Ländern sogar zu einem beliebten
Kongreßthema geworden).

Die Barockkonzeption selbst geriet dadurch in eine zunehmend
paradoxe Situation. Je eindrucksvoller der Siegeszug der internationalen Barockbewegung sich entwickelte, desto fragwürdiger, un-
schärfer, ja inhaltsloser mußten die Kategorien werden. Schon innerhalb der germanistischen Barockforschung hatten sich früh Stimmen
gemeldet, die auf Begrenzung und Präzisierung des Barockbegriffs

---

[4] Vgl. die Behandlung des Barock-Problems innerhalb des programmatischen ersten Kapitels ›Europäische Literatur‹ (S. 13ff.; bes. S. 21).
[5] Dazu (außer dem Manierismus-Kapitel selbst) S. 71ff. (›Rhetorik‹) und S. 155ff.
(›Poesie und Rhetorik‹).
[6] Zu vereinzelten Spuren in der nichtdeutschen Forschung vor Strich vgl. Wellek,
a.a.O., S. 88 (doch betont Wellek, daß »die Übertragung auf die Literatur in
vollem Umfange in der deutschen Forschung der frühen zwanziger Jahre vollzogen wurde und von hier aus auf die anderen Länder ausstrahlte«, ebda.).
[7] In Italien gab vor allem Croces ablehnende Haltung jahrzehntelang den Aus-
schlag. In Frankreich ist erst seit wenigen Jahren ein größeres ›Barock‹-Interesse
zu registrieren.
[8] O. Walzel, Shakespeares dramatische Baukunst, Jb. d. Dt. Shakespeare-Ges. 52,
1916, S. 3ff.
[9] Oben S. 5 Anm. 9.
[10] Das Wichtigste ist zusammengefaßt in: H. Hatzfeld, Estudios sobre el Barroco,
Madrid 1964.

34

drängten. So trat Richard Alewyn 1926 dafür ein, den eigentlichen Barockstil erst mit den 40er Jahren des 17. Jahrhunderts beginnen zu lassen (Zentralgestalt Gryphius), Opitz dagegen noch zum ›vorbarocken‹ Klassizismus zu rechnen[11]. Demgegenüber datierte Günther Müller die ›Barockzeit‹ weit zurück bis zum »zweiten Viertel des 16. Jahrhunderts«[12], und auf der anderen Seite ist die Grenze bis zur Mitte des 18. Jahrhunderts vorgeschoben worden[13]. Was schon für die deutsche Literatur eine problematische Vereinfachung bedeutete, sollte nun auch für die einzelnen Nationalliteraturen mit ihren so unterschiedlichen Voraussetzungen und charakteristischen zeitlichen Phasenverschiebungen gelten[14].

Auf diesem Hintergrund erst ist Curtius' engagiert vorgetragener Revisionsvorschlag zu verstehen. Ähnlich wie Curtius, der von der Germanistik bekanntlich keine sehr hohe Meinung hatte, dachte – die zeitliche Nähe (1948 und 1951) ist kaum Zufall – auch der Germanist Newald. Für ihn sind brauchbare Ergebnisse der Barockforschung kaum fixierbar, weil »eine Armee von ungleich geschulten Kräften sich auf dieses Gebiet warf«[15]. Ins Blaue hinein hatte man über den Barockbegriff diskutiert und spekuliert, »mit dem zwangsläufigen Ergebnis, daß dieser zerredet wurde«[16].

Keiner der Grundgedanken, von denen sich Curtius bei seiner radikalen Lösung leiten ließ, war gänzlich neu. Erhebliche Zweifel an der Brauchbarkeit des Barockbegriffs hatten vor ihm schon andere geäußert[17]. Das übergeschichtliche, periodische Prinzip war – unter Be-

---

[11] Vorbarocker Klassizismus und griechische Tragödie. Analyse der ›Antigone‹-Übersetzung des Martin Opitz, Neue Heidelb. Jb., N.F. 1926, S. 3ff. (Nachdr. Darmstadt 1962; dort bes. S. 53). Andere haben sich erst allmählich zu einer Begrenzung entschlossen, so Scholte, Artikel ›Barockliteratur‹ (in der ersten Fassung von 1926 war der Rahmen weiter gezogen).

[12] Deutsche Dichtung ..., S. 127.

[13] So von H. K. Kettler, Baroque tradition in the literature of the German Enlightenment 1700–1750. Studies in the determination of a literary period, Cambridge 1943; R. Benz, Deutsches Barock. Kultur des 18. Jahrhunderts. Erster Teil, Stuttgart 1949 (unter Einbeziehung auch der Literatur!).

[14] Unter romanistischem Aspekt behandelt das Problem W. T. Elwert, Die nationalen Spielarten der romanischen Barockdichtung, Die Neueren Sprachen, N.F. 25, 1956, S. 505ff. u. 562ff. Vgl. auch H. Hatzfeld, A clarification of the baroque problem in the Romance literatures, Comparative Lit. 1, 1949, S. 113ff.

[15] Newald, S. 15.

[16] A.a.O., S. 12. »Wir legen uns deshalb bei der Anwendung des Wortes die größte Zurückhaltung auf« (ebda.).

[17] In einzelnen Fällen war der Begriff ganz gemieden worden, so von H. Pyritz, Paul Flemings deutsche Liebeslyrik (Palaestra. 180), Leipzig 1932; dazu auch Trunz, Die Erforschung der deutschen Barockdichtung, S. 4.

griffen wie ›ewiger‹ oder ›zeitloser‹ Barock[18] – schon in den Anfängen der Barockforschung vertreten worden; auch denke man an Nietzsche. Den in der Kunstgeschichte seit langem eingeführten Begriff des ›Manierismus‹[19] hatten bereits andere auf die Literatur übertragen, unter ihnen Cysarz[20].

Zur bloßen Auswechslung der Begriffe ›Barock‹ und ›Manierismus‹ jedoch, wie sie Curtius forderte, konnte man sich nur schwer entschließen. Was Curtius als »Vorzug« des Manierismus-Begriffs betrachtete, daß er »nur ein Minimum von geschichtlichen Assoziationen enthält«[21], läßt sich ebensogut als Nachteil ansehen. Gerade weil ›Barock‹ dem allgemeinen Sprachgebrauch nach primär eine bestimmte geschichtliche Epoche und weniger eine zeitlose Konstante meint, dient der Begriff der notwendigen literarhistorischen Differenzierung[22]. Vor allem Erich Auerbach hat in einer ausführlichen Rezension dem Plan einer Auswechslung widersprochen[23]. In der Zwischenzeit ist man, insbesondere im Bereich der Germanistik, zu der Ansicht gelangt, man könne ›Barock‹ »als eine Übereinkunftsbezeichnung gelten lassen, die auf einigermaßen ungenaue Weise das 17. Jahrhundert meint«[24].

Ist also Curtius mit seinem Hauptvorschlag, der Eliminierung des Barockbegriffs, nicht durchgedrungen, so hat er doch in zwei wesent-

---

[18] Näheres bei Hermand, Literaturwissenschaft und Kunstwissenschaft, S. 38.

[19] G. Weise, Storia del termine ›manierismo‹, in: Manierismo, barocco, rococò, S. 27ff.

[20] Zur Erforschung der deutschen Barockdichtung (1925), S. 160 (Buchner steht »dem Renaissance-Pol des Barock weit näher als dem manieristischen«) und S. 163 (Zesens »Manierismus«); auf die Verwendung des Begriffs ›barocker Manierismus‹ durch Cysarz (1936; im Zusammenhang mit Klaj) weist Wiedemann, Johann Klaj ..., S. 34 hin. Übrigens warnte schon G. Müller, Deutsche Dichtung ..., S. 175 vor der Übernahme des kunstgeschichtlichen ›Manierismus‹-Begriffs.

[21] Curtius, S. 277. Als Verschleierung der sozialgeschichtlichen Realitäten interpretiert dies H. Hartmann, Barock oder Manierismus? Eignen sich kunsthistorische Termini für die Kennzeichnung der deutschen Literatur des 17. Jahrhunderts?, Weim. Beitr. 7, 1961, S. 46ff.

[22] Konsequent zuende gedacht, würde Curtius' Vorschlag auf ein ständig wiederholtes Zweierschema hinauslaufen; dazu H. P. H. Teesing, Das Problem der Perioden in der Literaturgeschichte, Groningen 1949, S. 110ff.; ders., Artikel ›Periodisierung‹, RL [2]III, S. 74ff.

[23] RF 62, 1950, S. 237ff. Vgl. E. B. O. Borgerhoff, ›Mannerism‹ and ›Baroque‹: A simple plea, Comparative Lit. 5, 1953, S. 323ff.; A. Buck, Barock und Manierismus: die Anti-Renaissance, FuF 39, 1965, S. 246ff.

[24] Schöne, Vorbemerkung zu: Das Zeitalter des Barock, S. VIIIf. Unter komparatistischem Aspekt ähnlich Wellek, Der Barockbegriff in der Literaturwissenschaft, S. 58, 72 u. 94.

lichen Punkten Schule gemacht: man wurde aufmerksam auf die Physiognomik manieristischer Stilzüge[25] (der Begriff setzte sich jetzt auch in der Literaturwissenschaft allmählich durch), und man verfolgte die von Curtius aufgrund souveräner Textkenntnis gegebenen Beispiele aus der silbernen Latinität sowie aus dem 17. Jahrhundert[26]. In beiden Fällen aber zwang Curtius' geschichtliche Betrachtungsweise zur Auseinandersetzung mit dem Problem der Rhetorik: »In der Rhetorik selbst liegt ... ein Keim des Manierismus«[27].

b. Die Manierismuswelle und ihre Mißverständnisse

Bis freilich diese Anregungen einen breiteren Widerhall in der Forschung fanden, verging fast ein Jahrzehnt. Erst das Buch des Curtius-Schülers Gustav René Hocke über ›Manierismus in der Literatur‹ (1959; ein entsprechender Band über ›Kunst‹ war 1957 erschienen)[28] brachte die Diskussion erneut in Gang. Vor allem drei Dinge sind bei einem Vergleich mit Curtius hervorzuheben: die Konzentration auf das 16./17. Jahrhundert sowie auf die Moderne (unter Zurücksetzung der Antike und des Mittelalters), der Versuch einer wechselseitigen Erhellung der Künste auf breiter Grundlage, die Fixierung einer besonderen manieristischen Epoche zwischen Renaissance und Barock (ähnliches hatte bereits 1955 ein Buch von Wylie Sypher versucht)[29].

---

[25] Einen für die Verständigung überaus nützlichen Katalog gab Curtius, S. 278ff., wenn auch mit dem steten Vorbehalt, daß kein einzelner Stilzug für sich bereits Manierismus konstituiere.

[26] Demgegenüber werden die für Curtius' Traditionsverständnis so entscheidenden mittelalterlichen Beispiele (insbesondere aus dem 12. Jahrhundert) meist vernachlässigt.

[27] A.a.O., S. 278.

[28] Die Welt als Labyrinth. Manier und Manie in der europäischen Kunst. Von 1520 bis 1650 und in der Gegenwart (rde. 50/52), Hamburg 1957; Manierismus in der Literatur. Sprach-Alchimie und esoterische Kombinationskunst. Beiträge zu vergleichenden europäischen Literaturgeschichte (rde. 82/83), Reinbek 1959; ein erster Entwurf: Über Manierismus in Tradition und Moderne, Merkur 10, 1956, S. 336ff. Im gleichen Jahr wie ›Manierismus in der Literatur‹ erschien das Buch von R. Scrivano, Il Manierismo nella letteratura del Cinquecento, Padova 1959; die Wirkung war jedoch wegen der starken Spezialisierung wesentlich geringer.

[29] Four stages of Renaissance style, Garden City/N.Y. 1955 (in Analogie zur italienischen Malerei werden an der englischen Dichtung die vier Epochen Renaissance, Manierismus, Barock und Spätbarock aufgezeigt). Zu dem vieldiskutierten und wegen seiner etwas gewaltsamen Konstruktion oft kritisierten Buch vgl. jetzt P. Goff, The limits of Sypher's theory of style, Colloquia Germanica 1, 1967, S. 111ff.

Für das Problem ›Manierismus‹ und ›Rhetorik‹ ist der dritte Punkt der wichtigste. Bereits Curtius hatte im Schlußteil seines Manierismus-Kapitels ausführlich auf Gracián als den großen manieristischen Theoretiker des 17. Jahrhunderts hingewiesen, der seine *agudeza*-Lehre (›Agudeza y Arte de ingenio‹, 1648)[30] auf dem Boden der ›klassischen Rhetorik‹ aufbaut, sie aber »für ungenügend erklärt« und »durch eine neue Disziplin ergänzt«[31]. Dieses Auseinanderstreben von Klassizismus und Manierismus wird nun von Hocke noch schärfer akzentuiert. Emanuele Tesauro (Hauptwerk: ›Il cannocchiale Aristotelico‹, 1654)[32], den er, über Curtius hinausgehend, als die eigentliche Schlüsselfigur der manieristischen Literaturtheorie des 17. Jahrhunderts betrachten möchte, »deformiert die gesamte attizistische Rhetorik« und versucht die »Konstruktion einer ersten Para-Rhetorik«[33].

Mit Hilfe dieses Begriffs (der inzwischen mehrfach in Arbeiten zum Manierismus aufgetaucht ist) versucht Hocke, das durch Curtius angesprochene Verhältnis von Manierismus und Rhetorik zu klären[34]. Doch scheint schon die Bezeichnung nicht glücklich gewählt. Zwar bezieht der Manierismus des Tesauro eine betont eigene Position gegenüber der klassizistischen (durch Aristoteles repräsentierten) Doktrin, er stellt sich ›neben‹ sie. Aber er ist ohne sie nicht zu denken. Nur als Variation des Vorgegebenen vermag sich der Manierismus zu formulieren[35], und mit Recht betont Ludwig Fischer, daß auch dort, wo das klassische Ideal paralysiert scheint, »die Systematik der Rhetorik nicht angetastet oder nur geringfügig verändert wird«[36]. Das Problem läßt sich noch grundsätzlicher fassen, gerade am Beispiel Tesauros. Wie jeder Rhetoriker ist er von der Machbar-

---

[30] Voraus ging 1642 ein erster Entwurf unter dem Titel ›Arte de ingenio‹. Zu Graciáns *agudeza*-Lehre jetzt vor allem G. Schröder, Baltasar Graciáns ›Criticón‹. Eine Untersuchung zur Beziehung zwischen Manierismus und Moralistik (Freib. Schriften z. roman. Philol. 2), München 1966, S. 123ff.

[31] Curtius, S. 301.

[32] Nachdruck der fünften Auflage 1670, hrsg. u. eingeleitet v. A. Buck (Ars poetica, Texte. 5), Bad Homburg v. d. H. usw. 1968.

[33] Manierismus in der Literatur, S. 135.

[34] Die Bedeutung, die Hocke dem Begriff beimißt, zeigt sich auch an der Titelgebung des vierten Teils: ›Para-Rhetorik und Concettismus‹ (a.a.O., S. 123ff.).

[35] Der Terminus ›Deformation‹, den auch Hocke z. T. gebraucht, scheint den Sachverhalt besser wiederzugeben; vgl. den weiter ausgreifenden Aufsatz von H. Hatzfeld, Three national deformations of Aristotle: Tesauro, Gracián, Boileau, Bibl. dell' Arch. Romanicum 64, 1962, S. 3ff.

[36] Gebundene Rede. Dichtung und Rhetorik in der literarischen Theorie des Barock in Deutschland (Stud. z. dt. Lit. 10), Tübingen 1968, S. 275 Anm. 33.

keit der Sprachkunst überzeugt, er gibt dazu Regeln, und seine klar formulierte Wirkungsabsicht kennzeichnet ihn als einen Rhetoriker κατ' ἐξοχήν: das Ziel seiner ganzen Lehre von der *acutezza* ist es, *meraviglia*[37] – oder mit Goethes Worten: »Gemeines Erstaunen«[38] zu erregen.

Hier von ›para-rhetorisch‹ oder gar von ›anti-rhetorisch‹[39] zu sprechen, wie Hocke es tut, ist also schlechterdings widersinnig und nur aus einem grundlegenden Mißverständnis des Begriffs ›Rhetorik‹ erklärbar[40]. Kaum weniger problematisch erscheint Hockes Versuch, ›Barock‹ und ›Manierismus‹ voneinander abzugrenzen. Als Ausgangspunkt dient (wie auch etwa bei Arnold Hauser)[41] die aus der Kunstgeschichte hergeleitete Abfolge von Hochrenaissance – Manierismus – Barock. Doch sie wird gleich wieder modifiziert: »Man kann den Barock füglich geistesgeschichtlich als eine Art von ›Manierismus‹ ansehen; ... ›Barock‹ ist eine Mischform von ›Manierismus‹ und ›Klassik‹, wobei der Grad der Vermengung in europäischen Landschaften und Zeiten sehr verschieden ist«. Außerdem aber gibt es noch einen ›reinen Manierismus‹, »der neben, in und unter dem ›Barock‹ weiter wuchert«[42]. Für das rhetorische Element (wie übrigens auch für die Einzelinterpretation) ergibt dieses reichlich komplizierte Hin- und Herschieben von Begriffen wenig. Doch ist festzuhalten, daß nach Hockes Konzeption ›Barock‹ und ›Rhetorik‹ nicht ganz so stark divergieren wie ›Manierismus‹ und ›Rhetorik‹[43].

So wesentlich Hocke durch seine ungeheuer materialreichen und

---

[37] Dazu M. Constanzo, Dallo Scaligero al Quadrio, Milano 1961, S. 69ff. (›Il Tesauro o dell' ›ingannevole meraviglia‹); K.-P. Lange, Theoretiker des literarischen Manierismus. Tesauros und Pellegrinis Lehre von der *acutezza* oder von der Macht der Sprache (Humanist. Bibl., R. 1: Abhandlungen. 4), München 1968, S. 130ff. In der Absicht, ›Bewunderung‹ zu erregen, stimmt Tesauro mit Marino überein: »È del poeta il fin la maraviglia« (zitiert nach Buck, a.a.O., S. VI).

[38] Vgl. o. S. 17. Die Parallelität der Kategorien ist auffällig; möglicherweise läßt sich ein direkter oder indirekter Einfluß der italienischen Architektur- bzw. Literaturtheorie des 17. Jahrhunderts nachweisen.

[39] Manierismus in der Literatur, S. 147.

[40] Vor diesem Mißverständnis hätte gerade eine Auseinandersetzung mit Nietzsches Skizze ›Vom Barockstile‹ bewahren können.

[41] Der Manierismus. Die Krise der Renaissance und der Ursprung der modernen Kunst, München 1964; vgl. auch die (1953 zuerst erschienene) Sozialgeschichte der Kunst und Literatur, München 1967, S. 281ff.

[42] Manierismus in der Literatur, S. 145.

[43] Überspitzt formuliert a.a.O., S. 147: »Barock ist propagandistisch-rhetorisch. Manierismus ist anti-propagandistisch, anti-rhetorisch«. Hocke möchte auf diese Weise die größere Nähe des Barock zum Klassizismus betonen.

anregenden Bücher zur Belebung der Manierismus-Diskussion beigetragen hat[44], die Gefahr einer neuen Verwirrung (die Curtius ja gerade beseitigen wollte) ist nicht von der Hand zu weisen. In dieser Situation scheint die weniger spekulative, wieder enger an Curtius anschließende Konzeption Hugo Friedrichs ein notwendiges Gegengewicht zu bilden[45]. Friedrich steht dem Phänomen ›Manierismus‹ durchaus kritisch gegenüber und betrachtet es auf dem Hintergrund des Gesetzes »von der pathologischen Phase der Sprachkunst«[46]. In gewissem Sinn nimmt er damit die kaiserzeitliche These von der *corrupta eloquentia* wieder auf, und auch bei anderen seiner Kategorien schimmern Theoreme der antiken Rhetorik durch: etwa wenn er, nach dem Prinzip des ›inneren *aptum*‹, Manierismus als »eine Stilerscheinung« definiert, »die man daran erkennt, daß in den Texten der normale (!) Abstand zwischen Stil und Sache ein übermäßiger wurde«[47]. Doch hat er, wohl gerade aufgrund seiner Kenntnis antiker Rhetorik, Hockes Terminus ›Para-Rhetorik‹ nicht aufgenommen, auch ›Barock‹ behält die Bedeutung eines weitgefaßten Epochenbegriffs[48].

Ein spezielles Interesse Friedrichs gilt der römischen Dichtung der Kaiserzeit[49], die schon bei Curtius als ein Schwerpunkt in der Darstellung des Manierismus diente. Unter dem Aspekt ›Manierismus‹ und ›Rhetorik‹ ist dieser Gegenstand deshalb von besonderem Reiz, weil die Vertreter der kaiserzeitlichen Literatur (vor allem Ovid, Seneca,

---

[44] Dies gilt auch für die Kunstwissenschaft, vgl. F. Piel, Zum Problem des Manierismus in der Kunstgeschichte, Lit.wiss. Jb. d. Görres-Ges., N.F. 2, 1961, S. 207ff.

[45] Ausführliche Darlegung seiner Ansichten (mit Rückgriff bis auf die Ursprünge der griechischen Rhetorik) in: Epochen ..., S. 593ff. Eine pointierte Kurzfassung gibt der Artikel ›Manierismus‹, in: Das Fischer Lexikon. Literatur II/2, Frankfurt a. M. 1965, S. 353ff.

[46] Epochen ..., S. 602. Vgl. Fischer Lexikon, a.a.O., S. 356: »eine stete pathologische Begleiterscheinung der Sprachkunst«.

[47] A.a.O., S. 353. Wie problematisch eine solche Kategorie der ›Normalität‹ ist, braucht kaum erläutert zu werden.

[48] Vgl. Epochen ..., S. 533ff.

[49] Über die Silvae des Statius (insbesondere V 4, Somnus) und die Frage des literarischen Manierismus, in: Wort und Text. Festschr. f. F. Schalk, Frankfurt a. M. 1963, S. 34ff. Überblick über den ›römischen Manierismus‹ (einschließlich der Deklamationen): Epochen ..., S. 603ff. Vor Friedrich war Statius unter dem Aspekt ›Manierismus‹ analysiert worden von W. Schetter, Untersuchungen zur epischen Kunst des Statius (Klass.-philol. Stud. 20), Wiesbaden 1960. Vgl. jetzt auch die ›manieristisch‹ orientierten Interpretationen von H. Cancik, Untersuchungen zur lyrischen Kunst des P. Papinius Statius (Spudasmata. 13), Hildesheim 1965.

Lucan, Statius, Claudian) lange Zeit mit dem Etikett ›rhetorische Poesie‹ versehen worden waren[50]. Neben dem generell pejorativen Akzent war darin freilich auch ein spezieller, historischer Gesichtspunkt enthalten: die Beeinflussung der Poesie durch die Bildungsmacht Rhetorik. Während dies gegen Ende des 19. Jahrhunderts – etwa bei Statius – noch als gesichert galt, waren Zweifel an der Verifizierbarkeit solcher Einflüsse aufgekommen[51]; der neue Begriff des Manierismus eröffnete die willkommene Möglichkeit, die beobachteten Stilzüge rein phänomenologisch-deskriptiv als eine innere Einheit zu fassen[52] und sie zugleich vom Odium des ›Rhetorischen‹ zu befreien.

Über die Zweckmäßigkeit einer Anwendung des Manierismusbegriffs auf antike Literatur ist das letzte Wort sicher noch nicht gesprochen; erst kürzlich wurden dazu prinzipielle Bedenken geäußert[53]. Das Problem des Rhetorischen jedenfalls wird man auf diese Weise nicht umgehen können. Unbestreitbar aber ist der Gewinn an vergleichend-typologischer Erkenntnis auch für das 17. Jahrhundert. Sowohl Friedrich selbst als auch einzelne seiner Schüler haben auf diesem Gebiet gearbeitet[54], andere beschränkten sich ganz auf die Barockepoche. Vieles, was früher als ›Concettismus‹, ›Cultismus‹, ›Gongorismus‹, ›Marinismus‹ oder ›Euphuismus‹ rubriziert wurde, erscheint nun unter dem gemeinsamen Etikett des ›Manierismus‹[55], und

---

[50] Ovid gilt üblicherweise als Archeget dieser Rhetorisierung, so bei F. Leo, Die römische Literatur des Altertums (Kultur d. Gegenw. I 8), Berlin u. Leipzig 1905, S. 354; vgl. E. Norden, Die römische Literatur, Leipzig [5]1954, S. 73. Zu Statius (Silv. 5,4) vgl. F. Vollmer, P. Papini Statii Silvarum libros ed. et expl., Leipzig 1898, S. 546: »Cabinettstückchen rhetorischer Poesie‹.

[51] Wichtig P. Friedländer, Johannes von Gaza und Paulus Silentiarius. Kunstbeschreibungen justinianischer Zeit, Berlin 1912. Zu Ovid vgl. jetzt P. Tremoli, Influssi retorici e ispirazione poetica negli ›Amores‹ di Ovidio, Trieste 1955; F. Arnaldi, La retorica nella poesia di Ovidio, in: Ovidiana. Recherches sur Ovide publiées à l'occasion du bimillénaire de la naissance du poète. Ed. N. I. Herescu, Paris 1958, S. 23ff.; T. F. Higham, Ovid and rhetoric, a.a.O., S. 32ff. Wegen ihres exemplarischen Charakters und ihres Materialreichtums wichtig die Untersuchung von K. Barwick, Martial und die zeitgenössische Rhetorik (Abh. Leipzig, Phil.-hist. Kl. 104/1), Berlin 1959.

[52] Dazu Cancik, a.a.O., S. 9ff.

[53] B. Kytzler, ›Manierismus‹ in der klassischen Antike?, Colloquia Germanica 1, 1967, S. 2ff.

[54] Außer dem Statius-Aufsatz vgl. die genannte Arbeit von G. Schröder zu Gracián und vor allem C. Wanke, Seneca, Lucan, Corneille. Studien zum Manierismus der römischen Kaiserzeit und der französischen Klassik (Studia Romanica. 6), Heidelberg 1964.

[55] Über die romanischen Spielarten unterrichten gut die Referate auf dem schon erwähnten Kongreß ›Manierismo, barocco, rococò‹, bes. E. Raimondi, Per la nozione di manierismo letterario (Il problema del manierismo nelle letterature

seit einigen Jahren kann man geradezu – wie früher bei der internationalen ›Barockwelle‹ – von einer ›Manierismuswelle‹ sprechen[56].

c. Konsequenzen für die Barockforschung

Die germanistische Barockforschung hat sich ihr gegenüber bisher eigentümlich reserviert verhalten, vielleicht aus der Überzeugung heraus, daß der Barockbegriff genüge[57], vielleicht aus Sorge vor neuen spekulativen Irrwegen. Doch wenigstens auf zwei Gebieten dürfte es, nicht zuletzt sub specie rhetoricae, sinnvoll sein, die Anregungen der Manierismusforschung aufzugreifen: bei der Interpretation extremer Stilphänomene, die früher als ›Schwulststil‹ oder ›Marinismus‹ eingestuft wurden, und bei dem deutschen Zweig der gemeineuropäischen *argutia*-Bewegung.

Während Curtius die deutsche Literatur des 17. Jahrhunderts ganz an der Peripherie ließ[58], bemüht sich Hocke, vor allem Lyrik der deutschen Barockepoche in seine Darstellung einzubeziehen. Mehr als einige exemplarische Hinweise kann man dabei selbstverständlich nicht erwarten. Immerhin ist der Kreis der Autoren überraschend weit gehalten: von Weckherlin über Fleming, Czepko, Greiffenberg bis zu Hofmannswaldau, Lohenstein, Klaj und Kuhlmann sind die meisten bekannten Namen vertreten[59]. Aber schon diese Autorenliste stellt vor schwierige Probleme. Wenn bereits Weckherlin aufgrund eines im Summationsschema gehaltenen Gedichts als ›manieristisch‹ abgestempelt wird[60], ja sogar ›den deutschen Manierismus des 17.

---

europee), S. 57ff. Für Versuche im anglistischen Bereich charakteristisch R. Daniells, Milton, mannerism and baroque, Toronto 1963 (vgl. die frühere Arbeit von Daniells, Baroque form in English literature, Univ. of Toronto Quart. 14, 1944/45, S. 393ff.; dort auch für Milton noch ganz die Kategorie ›barock‹ dominierend); W. Iser, Manieristische Metaphorik in der englischen Dichtung; GRM, N.F. 10, 1960, S. 266ff.

[56] Eine kritische Bilanz mit dem Versuch einer thesenhaften Klärung: B. L. Spahr, Baroque und mannerism: Epoch and style, Colloquia Germanica 1, 1967, S. 78ff.; vgl. A. G. de Capua, Baroque and mannerism: Reassessment 1965, a.a.O., S. 101ff.

[57] Eine Rolle hat sicher auch die (schon 1916 von Strich betonte) Tatsache gespielt, daß der Hintergrund einer deutschen Renaissancedichtung fehlt, von dem sich (im Sinne Hockes) ein ›Manierismus‹ abheben könnte.

[58] Ein einziges Mal wird (im Zusammenhang des ›versefüllenden Asyndeton‹) der Name Gryphius genannt (Curtius, S. 289), offenbar angeregt durch H. Pliester, Die Worthäufung im Barock (Mnemosyne. 7), Bonn 1930.

[59] Schwerpunkte: Manierismus in der Literatur, S. 112ff., 236ff., 295 ff.

[60] A.a.O., S. 113. Adäquatere Darstellung Weckherlinscher Stilzüge (u. a. Summationsschema) aus spanischer Perspektive jetzt bei D. Alonso, Notas sobre la per-

Jahrhunderts‹[61] repräsentieren soll, ergibt sich notwendigerweise die Frage, wo noch Raum für ›barocke‹ Stilelemente bleibt. Es scheint fast, als würden diese auf die ›klassizistischere‹ Dichtung eines Opitz oder Tscherning – der unter Hockes *exempla* nicht vertreten ist[62] – beschränkt. Gerade eine präzise rhetorische Analyse könnte hier zu mehr Klarheit verhelfen, und es würde sich allmählich zeigen, daß Tendenzen zur manieristischen Übersteigerung an den verschiedensten Punkten latent vorhanden sind[63], sei es in der Hofdichtung, der Mystik, der petrarkisierenden Liebespoesie oder im literarischen Gesellschaftsspiel.

Auf die gelegentliche Andeutung solcher Grenzphänomene hat man sich denn auch in der deutschen Barockforschung weithin beschränkt[64] (während Auswahl-Ausgaben deutscher Lyrik des 17. Jahrhunderts bereits ungescheuter das Werbewort ›manieristisch‹ im Titel führen)[65]. Die einzige Arbeit, die das Problem des Manierismus auf breiterer, exemplarischer Basis behandelt, ist die schon genannte Klaj-Monographie von Conrad Wiedemann (1966)[66]. Ausgerichtet auf die beiden Pole ›Poeta‹ und ›Rhetor‹, vermittelt die Untersuchung nicht nur zahlreiche Einzelbeobachtungen zur rhetorischen Sprache von Klajs ›hochbarocken‹ Redeoratorien[67], sondern auch grundsätzliche Einsichten in das Verhältnis von Poesie und Rhetorik während des

sona y el arte de Georg Rudolf Weckherlin, Filol. Moderna 27–28, 1967, S. 223ff.
[61] Manierismus in der Literatur, S. 113.
[62] Von Opitz bringt Hocke ein kurzes Beispiel mit *versus rapportati*, a.a.O., S. 25. Bezeichnend scheint auch etwa, daß ein Autor wie Dach nicht zitiert wird.
[63] Für die antike Literatur und für die romanische des 17. Jahrhunderts hat dies vor allem Hugo Friedrich mehrfach hervorgehoben.
[64] Beispielsweise H. Heckmann, Elemente des barocken Trauerspiels. Am Beispiel des ›Papinian‹ von Andreas Gryphius (Lit. als Kunst), Darmstadt 1959, S. 215f.; Beißner, Deutsche Barocklyrik, S. 46 u. 50f.; Windfuhr, S. 261ff. Stärker verallgemeinernd im Sinne Hockes: H. Cysarz, Einleitung zu: Deutsche Barock-Lyrik (Reclams Univ.-Bibl. 7804/05), Stuttgart ²1964, S. 3 (er spricht von »den Manieristen des Barockstils«; dagegen auch Beißner, a.a.O., S. 46).
[65] In der Reihe ›Europäische Dichtung des Manierismus‹ erschienen u. a. Bände mit Gedichten von Lohenstein (hrsg. v. G. Henniger, Berlin o. J. [1961]) und Hofmannswaldau (hrsg. v. J. Hübner, Berlin o. J. [1962]). Vgl. ferner: Freudenfeuerwerk. Manieristische Lyrik des 17. Jahrhunderts. Hrsg. v. H. Gersch, Frankfurt a. M. 1962. Noch immer ablehnend E. Hederer, Nachwort zu: Deutsche Dichtung des Barock, München ²1957, S. 559 (»Zu Unrecht hat man die Dichtung des Spätbarock, zumal Hofmannswaldaus als ›Schwulst‹ und Manierismus abgetan«).
[66] Oben S. 22 Anm. 3.
[67] Besonders a.a.O., S. 35ff., 85ff., 138ff.

17. Jahrhunderts[68]. Doch durch die Anlehnung an Hockes Konzeption einer manieristischen Para-Rhetorik erscheint manches problematisch. Einerseits ist Wiedemann bestrebt, die »wesenhaft rhetorische Grundstruktur der Redeoratorien« aufzuzeigen[69]; andererseits soll der Stil ›para-rhetorisch‹ sein, aber eben dies bleibt als These unbefriedigend[70].

Liegt hier bereits ein ergebnisreicher Versuch phänomenologischer Manierismusforschung vor, so ist das weitverzweigte komparatistische Thema *argutia*-Bewegung für Deutschland noch gänzlich unbearbeitet[71]. Es handelt sich um eine zunächst höfisch-›politisch‹ bestimmte[72] gemeineuropäische Rhetorik-Mode, die um die Mitte des 17. Jahrhunderts von Spanien (Gracián) und von Italien her (Peregrini, Pallavicino, Tesauro) auch in Deutschland einzudringen beginnt. Ihr modisch-aktueller Charakter wird manchem auch bewußt: »Nauseat certè simplicitatem seculum nostrum et quendam in stylo luxum requirit, ut jam ferè Orator non audiat, imò luce non dignus, qui per Acumina vibrare Orationem ignorat«[73]. Als Vermittler fungieren vor allem die Jesuiten, die in Jacob Masen[74] auch einen der bedeutendsten Theoretiker der *argutia* auf deutschem Boden besitzen[75]. Außer Masen sind insbesondere Harsdörffer[76], Weise[77] und Morhof[78] als *propagatores argutiae* zu nennen, daneben Birken[79], Meister[80], Stieler,

---

[68] A.a.O., S. 113ff.

[69] A.a.O., S. 112.

[70] Der diesbezügliche Passus (a.a.O., S. 126ff.) reicht nicht aus, eine wirkliche Para-Rhetorik nachzuweisen. Wiedemann bleibt in der gleichen klassizistisch-attizistischen Festlegung der Rhetorik befangen wie Hocke.

[71] Einzelne Hinweise auf Teilaspekte bei Hocke, Manierismus in der Literatur, S. 169ff. (besonders Harsdörffer) und bei Windfuhr, S. 201ff. (›Scharfsinnige Metaphorik‹).

[72] Das Aristokratische, Intellektualistische verbindet die *argutia*-Bewegung mit dem kunstgeschichtlichen Manierismus (der als Stilepoche bekanntlich wesentlich früher liegt), wie ihn A. Hauser beschrieben hat: Sozialgeschichte der Kunst und Literatur, München 1967, S. 377ff. (weitgehend Bindung an die kleineren Höfe).

[73] Michael Radau, ›Orator extemporaneus‹, Leipzig 1664, S. 33f. (Radau ist Jesuit).

[74] ›Ars nova argutiarum‹, Köln 1649.

[75] Unten S. 355ff.

[76] ›Frauenzimmer-Gesprechspiele‹, Nürnberg 1641–49 (besonders Bd. 3, 4, 7, 8) und ›Poetischer Trichter‹, Nürnberg 1650–53 (passim).

[77] ›De poesi hodiernorum politicorum sive de argutis inscriptionibus‹, Jena u. Helmstedt 1678; vgl. auch ›Politischer Redner‹, Leipzig 1681 (¹1677), S. 6off. (›Von der Ubung mit den Argutiis‹).

[78] ›Commentatio de argutiarum disciplina‹, o.O. 1693.

[79] ›Teutsche Rede-bind= und Dicht-Kunst‹, Nürnberg 1679 (passim).

[80] Johann Gottlieb Meister, ›Unvorgreiffliche Gedancken Von Teutschen Epigrammatibus‹, Leipzig 1698; die ausführliche Einleitung gilt im wesentlichen

Omeis und Neukirch[81]. Intensität und Langlebigkeit dieser manieristischen Literaturströmung mag man daran ermessen, daß noch Hallbauer[82] und Gottsched[83] (inmitten eines dezidiert klassizistischen Systems!) ausführliche Anweisungen zum *stylus argutus* bzw. zur ›Scharfsinnigkeit‹ geben. Die Romanistik beschäftigt sich seit langem mit den ›trattatisti‹ des Seicento sowie mit Graciáns Stillehre (schon 1899 wies Croce auf diesen Komplex hin)[84], und die Barockforschung hat das Interesse neu belebt[85]. Die Untersuchung der *argutia*-Bewegung in Deutschland könnte daran anknüpfen. Die Wurzeln des ›scharfsinnigen‹ Ideals jedoch – das ist auch in der romanistischen Forschung noch kaum beachtet – lassen sich bis weit ins 16. Jahrhundert zurück verfolgen, zu Castiglione[86] und vor allem zu Scaliger. Dessen an Martial orientierte Theorie des Epigramms[87] entfaltet bereits eine detaillierte *argutia*-Lehre[88], die unter dem Begriff der »spitzfindigkeit« dann in Opitzens ›Buch von der Deutschen Poeterey‹ wiederkehrt[89]. Die epigrammatische Praxis der frühen Barockzeit[90] und die prinzipielle Forderung Opitzens, der Poet müsse ›sinnreich‹ sein[91] (ein Wort, das mehr und mehr mit ›scharfsinnig‹ synonym

---

dem Nachweis, daß auch die Deutschen zur ›scharffsinnigen Schreibart‹ fähig seien.

[81] Stellenangaben zu den drei zuletzt Genannten bei Windfuhr, S. 263 Anm. 2.

[82] ›Einleitung in Die nützlichsten Ubungen des Lateinischen Stili‹, Jena ²1730, S. 603ff.

[83] ›Akademische Redekunst‹, Leipzig 1759, S. 154ff.

[84] B. Croce, I trattatisti italiani del Concettismo e Baltasar Gracián (1899), in: Problemi di estetica, Bari 1940, S. 313ff.

[85] Vgl. die Bibliographie im Nachdruck von Tesauros ›Cannocchiale Aristotelico‹ (hrsg. v. Buck), a.a.O., S. XXIIff. Hinzuzufügen R. Montano, Metaphysical and verbal arguzia and the essence of the Baroque, Colloquia Germanica 1, 1967, S. 49ff.

[86] Unten S. 371f.

[87] ›Poetices libri septem‹, (Lyon) 1561, S. 169ff. Anläßlich Graciáns hat bereits Curtius, S. 302 auf das Vorbild Martial hingewiesen, doch ohne Scaliger zu erwähnen.

[88] Hauptthesen: »Epigrammatis duae virtutes peculiares: breuitas et argutia ... hac Martialis nusquam amisit« (S. 170). »Argutia anima, ac quasi forma« (ebda.). Auch *admiratio* und *mirificum*, die Wirkungsintentionen der manieristischen Theoretiker, sind in Scaligers *argutia*-Lehre bereits enthalten.

[89] ›Buch von der Deutschen Poeterey‹, Breslau 1624, fol. D 2ᵇ: »denn die kürtze ist seine eigenschafft / vnd die spitzfindigkeit gleichsam seine seele vnd gestallt« (wörtliche Übersetzung aus Scaliger).

[90] Material dazu (unter Berücksichtigung Owens) bei R. Levy, Martial und die deutsche Epigrammatik des siebzehnten Jahrhunderts, Diss. Heidelberg 1903.

[91] ›Buch von der Deutschen Poeterey‹, fol. B 3ᵇ u. C 4ᵃ unter Berufung auf Scaliger).

wird)[92], bereiten den Boden für die Rezeption der romanischen *argutia*-Theorien.

Die beiden hier skizzierten Beispiele, Untersuchung manieristischer Phänomene in der Barockliteratur und Erforschung der *argutia*-Bewegung, zeigen deutlich genug, wie fruchtbar der von Curtius unternommene Vorstoß bereits war (auch wenn die Entwicklung nicht ganz nach Curtius' Willen verlief) und wie zahlreich die noch anstehenden Aufgaben sind. Sie werden sich nur lösen lassen – das war Curtius' Überzeugung[93] – auf dem Boden der Rhetorik.

4. Barockrhetorik und rhetorische Tradition

a. Die vernachlässigte Theorie

Bis zum Jahre 1966 hat kaum eine aus dem Bereich der deutschen Barockforschung stammende Monographie im Titel oder Untertitel das Wort ›Rhetorik‹ oder ›rhetorisch‹ geführt[1]. In der kurzen Zeitspanne seit 1966 wurden nicht weniger als drei Arbeiten publiziert, die dieses Gesetz durchbrechen[2]. Sie beschäftigen sich alle mit der literarischen Theorie des 17. Jahrhunderts und verwenden den Begriff der Tradition als heuristisches Prinzip; vier andere 1966 erschienene Arbeiten verfolgen ähnliche Tendenzen[3]. Eine neue Forschungsrichtung scheint sich herausgebildet zu haben, und es dürfte angebracht sein, nach ihren Voraussetzungen und Ergebnissen zu fragen[4].

---

[92] Vgl. exemplarisch Logaus Vorrede zu ›Deutscher Sinn=Getichte Drey Tausend‹, Breslau (1654), bes. fol. A III[b]. In ›scharfsinnig‹ sind mit *acutum* (bzw. *argutum*) und *ingenium* (bzw. *sententia*) die Schlüsselbegriffe der *argutia*-Lehre zusammengezogen. Über antike Wurzeln von *ingenium*, *argutia* und *sententia* vgl. außer Curtius, S. 279ff. vor allem Friedrich, Epochen . . . , S. 604f.

[93] Im gleichen Sinne Friedrich, a.a.O., S. 598: »Der sprachliche Kunstwille, der in steter Latenz den Manierismus in sich trägt, heißt Rhetorik«.

[1] In erster Linie ist hier an Arbeiten gedacht, die das 17. Jahrhundert insgesamt behandeln; zu den Spezialuntersuchungen von Meier-Lefhalm (1958; über Angelus Silesius) und Ott (1960; über Abraham a Santa Clara) vgl. unten S. 81 u. 82.

[2] R. Hildebrandt-Günther, Antike Rhetorik und deutsche literarische Theorie im 17. Jahrhundert (Marb. Beitr. z. Germanistik. 13), Marburg 1966; J. Dyck, Ticht-Kunst. Deutsche Barockpoetik und rhetorische Tradition (Ars Poetica. 1), Bad Homburg v. d. H. usw. 1966; die Untersuchung von L. Fischer (1968) wurde bereits genannt.

[3] Vgl. u. S. 55.

[4] Da sich das Problem ›Barockrhetorik‹ offenbar mehr und mehr auf dieses Gebiet verschiebt, ist eine etwas ausführlichere Behandlung notwendig.

»In einer Zeit, deren historisches Interesse auf allen Gebieten nicht das kleinste Theilchen Vergangenheit unberücksichtigt läßt, mußte es doppelt auffallen, das umfangreiche und bedeutende Feld litterargeschichtlicher Forschung, an welches vorliegender Versuch herantritt, gänzlich brach liegen zu sehen«[5]. Das Erstaunen, das Karl Borinski zu Beginn seines 1886 erschienenen Buchs über ›Die Poetik der Renaissance‹ äußert[6], hätte noch vor wenigen Jahren – mutatis mutandis – eine Monographie über ›Die Rhetorik des Barock‹ einleiten können. Borinski nennt zwei Hauptgründe für die Vernachlässigung seines Stoffgebiets: die Internationalität der Renaissance-Poetik, die sich wie die Literatur der Zeit »darauf beschränkt, das Material des Auslands, sowie die umlaufenden classischen Gemeinplätze oft in crudester Form zusammenzustellen. Also nicht blos ihre übergroße Quantität, sondern grade ihre geringe Qualität läßt sie dem Deutschen merkwürdig erscheinen«[7]. Und die zweite Ursache: »ihre negative Bedeutsamkeit für unsere große classische Litteratur. Von ihrer Ueberwindung hat letztere ihren Ausgang genommen«[8].

Borinskis Versuch (dem sich 1914 die speziellere Darstellung der ›Antike in Poetik und Kunsttheorie‹ anschloß)[9] blieb fast vier Jahrzehnte lang ohne tiefer reichenden Einfluß auf die Erforschung der Literatur des 17. Jahrhunderts[10]. Ausländerei, Antikisieren, Durchschnittlichkeit und Regelwesen – nichts mußte der aufkommenden Barockforschung so zuwider sein wie die literarische Theorie der Epoche. Nur an Opitzens schmalem ›Buch von der Deutschen Poeterey‹ konnte man schlechterdings nicht vorbeisehen; es war denn auch schon 1876 gewürdigt worden, als Nr. 1 die ›Neudrucke deutscher Litteraturwerke‹ zu eröffnen[11]. Es blieb bis 1966[12] unter Hunderten

---

[5] Borinski, Die Poetik der Renaissance ..., S. XI.
[6] Das Handbuch (das bezeichnenderweise aufgrund einer Preisaufgabe der philosophischen Fakultät der Universität München zustande kam) bedeutete tatsächlich einen völligen Neuanfang; es ist wegen seines Materialreichtums bis heute nützlich geblieben.
[7] A.a.O., S. XII.
[8] Ebda. Borinski bestätigt übrigens die schon erwähnte Tatsache, daß »Kunst und Mode« der Epoche längst »eine Wiedergeburt gefeiert« haben (a.a.O., S. XI).
[9] Die Antike in Poetik und Kunsttheorie vom Ausgang des klassischen Altertums bis auf Goethe und Wilhelm von Humboldt, Bd. 1, Leipzig 1914; der zweite Band folgte Leipzig 1924 (beides im Nachdr. Darmstadt 1965).
[10] Lediglich für die Dramentheorie zeigt sich vereinzelt Interesse.
[11] Hrsg. v. W. Braune, dann mehrfach verbessert; neu hrsg. v. R. Alewyn (NdL, N.F. 8), Tübingen 1963 (²1966).
[12] Erscheinungsjahr des Nachdrucks von Buchner, ›Anleitung Zur Deutschen Poeterey‹, hrsg. v. M. Szyrocki (Dt. Neudr., R.: Barock. 5).

von Nachdrucken und Neudrucken (mit Texten auch zweiten und dritten Ranges) die einzige deutsche Poetik des 17. Jahrhunderts[13]. Eine Rhetorik ist bis heute nicht nachgedruckt worden[14].

Simple Tatsachen solcher Art – sie wären in vielfacher Weise zu ergänzen – bestimmen den Gang der Forschung oft mehr, als man gemeinhin annehmen möchte; vor allem aber sind sie ein vielsagendes Indiz für die Wertschätzung, die bestimmten historischen Phänomenen entgegengebracht wird, nicht zuletzt im Fall der Barockforschung. Hatte man sich schon der Poetik des 17. Jahrhunderts nur zögernd und widerwillig angenommen, so wußte man mit den zahllosen Rhetoriken, die bei der wissenschaftlichen Arbeit (in Bibliothekskatalogen oder auch durch Querverweise) notwendig immer wieder begegneten, erst recht nichts anzufangen; ›Rhetorik‹ schreckte nur ab. Es nützte nichts, daß beispielsweise Eduard Norden bereits 1898 darauf hinwies, die gelehrten Poetiken der ›Renaissancezeit‹, insbesondere Scaligers (auf den sich ja Opitz ständig beruft), seien »ganz auf rhetorischer Basis aufgebaut«[15]. Selbst Borinski würdigt die Rhetorik kaum eines Wortes, und er geht erst dann etwas näher auf sie ein, als es gänzlich unvermeidbar wird: im Umkreis von Christian Weise[16].

Der desolate Zustand dauert – von partiellen Ausnahmen abgesehen[17] – bis gegen Ende der 20er Jahre, bis zu jener Zeit also, in der einzelne Forscher wie Günther Müller entschlossen das expressionistische Erbe der literarischen Barockbewegung abzuschütteln und die spezifische Andersartigkeit des 17. Jahrhunderts zu erkennen suchen. 1928 erscheint Hennig Brinkmanns Buch ›Zu Wesen und Form mittelalterlicher Dichtung‹. Während man bisher im Zusammenhang des Rhetorischen gelegentlich von humanistischen oder auch antiken Relikten gesprochen hatte, konstatiert Brinkmann, weit über den An-

---

[13] Gelegentliche Wiedergabe von Auszügen (etwa aus Harsdörffers ›Poetischem Trichter‹, hrsg. v. R. Marquier, Berlin 1939) verbesserte die Situation kaum. Anders steht es mit dem kürzlich erschienenen, sorgfältig zusammengestellten Auswahlband: Poetik des Barock. Hrsg. v. M. Szyrocki (RK. 508/9 = Dt. Lit. 23), o.O. 1968.

[14] Für die Reihe der ›Deutschen Neudrucke‹ vorgesehen ist Meyfart, ›Teutsche Rhetorica‹. Nützlich wären zumindest auch Nachdrucke des ›Politischen Redners‹ von Weise sowie einer lateinischen Standard-Rhetorik (etwa Vossius, ›Rhetorice contracta‹).

[15] Die antike Kunstprosa, 2 Bde., Leipzig ²1909; dort Bd. 2, S. 904.

[16] Die Poetik der Renaissance ..., S. 340ff.

[17] Sie kommen aus dem Bereich der historischen Pädagogik, bleiben aber für die Literaturwissenschaft praktisch ohne Wirkung.

laß seiner Untersuchung hinaus, im Bereich der Poetik »von der Antike bis ins 18. Jahrhundert ... die alles beherrschende Macht der Rhetorik«[18].

Eine ganze Reihe von Arbeiten zur Literaturtheorie des 17. Jahrhunderts versuchen in den Jahren um 1930, den vor allem durch Brinkmann und Müller gegebenen Anregungen zu folgen[19]; und an einzelnen Stellen wird notwendigerweise auch Rhetorisches herangezogen, etwa in den Untersuchungen von Brates[20], Wendland[21] und Roseno[22]. Die Tradition aber, um die es Brinkmann ging, bleibt weitgehend im dunklen. Lediglich Wolfgang Kayser unternimmt in seiner bereits früher genannten Dissertation (1932) den Versuch eines kompilatorisch-andeutenden Überblicks über die Geschichte der Rhetorik von der Antike bis ins 17. Jahrhundert[23]. Als fünf Jahre später Bruno Markwardt den ersten Band seiner ›Geschichte der deutschen Poetik‹ vorlegt, in dem die Ergebnisse des neuen Interesses an der Literaturtheorie zusammengefaßt werden (›Barock und Frühaufklärung‹, 1937)[24], kann von einer – auch im Rahmen der Poetik – angemessenen Behandlung der Rhetorik noch immer keine Rede sein.

Weitausgreifende, das 17. Jahrhundert allerdings kaum berührende Entwürfe von Klaus Dockhorn zum Problem der ›rhetorischen Tradition‹, kurz vor und einige Jahre nach Kriegsende veröffentlicht (1944 und 1949)[25], blieben auf germanistischem Gebiet zunächst fast

---

[18] Zu Wesen und Form mittelalterlicher Dichtung, S. 33. Die Wertung des Phänomens Rhetorik (bzw. rhetorische Poesie) kommt der Auffassung von Günther Müller sehr nahe: »Wir sind durch die Erlebnistheorie für das Verständnis dieser Kunst verdorben« (a.a.O., S. 10).

[19] Zu den Gottsched-Arbeiten von Grosser (1932) und Wechsler (1933) s. u. S. 58 Anm. 91.

[20] G. Brates, Die Barockpoetik als Dichtkunst, Reimkunst, Sprachkunst, ZfdPh 53, 1928, S. 346ff.; ders., Hauptprobleme der deutschen Barockdramaturgie in ihrer geschichtlichen Entwicklung, Diss. Greifswald 1935.

[21] U. Wendland, Die Theoretiker und Theorien der sogen. galanten Stilepoche und die deutsche Sprache. Ein Beitrag zur Erkenntnis der Sprachreformbestrebungen vor Gottsched (Form u. Geist. 17), Leipzig 1930.

[22] A. Roseno, Die Entwicklung der Brieftheorie von 1655–1709 (Dargestellt an Hand der Briefsteller von Georg Philipp Harsdörffer, Kaspar Stieler, Christian Weise und Benjamin Neukirch), Diss. Köln 1933.

[23] Die Klangmalerei bei Harsdörffer, S. 18ff. (vgl. S. 88ff. u. 114ff.).

[24] Geschichte der deutschen Poetik. Bd. 1: Barock und Frühaufklärung (Grundr. d. germ. Philol. 13/1), Berlin u. Leipzig 1937.

[25] Wordsworth und die rhetorische Tradition in England, Nachr. Göttingen, Phil.-hist. Kl. 1944, S. 255ff.; Die Rhetorik als Quelle des vorromantischen Irrationalismus ... (1949). Beide Arbeiten jetzt in: Macht und Wirkung der Rhetorik (vgl. o. S. 21 Anm. 100).

ohne Wirkung. Und es ist nahezu kurios, daß selbst die Musikwissenschaft noch vor der literarischen Barockforschung die rhetorische Theorie auf breiter Grundlage einbezog. Nach ersten Hinweisen Arnold Scherings[26] erschien bereits 1941 eine umfangreiche Arbeit über ›Die Beziehungen zwischen Musik und Rhetorik im 16. bis 18. Jahrhundert‹ von Hans Heinrich Unger[27]; 1944 folgte ein prinzipieller Aufsatz ›Musik und Rhetorik‹ von Wilibald Gurlitt[28]. Mittlerweile gehört die Berücksichtigung der Rhetorik (insbesondere der Figurenlehre und der Inventionstechnik, aber auch etwa der Affektenlehre) zum methodischen Grundbestand bei der Erforschung der Barockmusik und ihrer Theorie[29].

b. Komparatistische Impulse

Es bedurfte wiederum der Sachkenntnis und des energischen Einsatzes von Ernst Robert Curtius, damit auch in der germanistischen Barockforschung allmählich die Bereitschaft zunahm, sich mit der rhetorischen Tradition näher zu befassen. Ihre Bedeutung für die mittelalterliche und frühneuhochdeutsche Literatur war von Germanisten wie Gustav Ehrismann[30] und Konrad Burdach[31] – Hennig Brinkmann nicht zu vergessen – längst erkannt worden. Unter vorwiegend mediävistischem Aspekt hatte auch Curtius seit dem Ende der 30er Jahre in zahlreichen Arbeiten immer wieder auf die geschichtliche Größe Rhe-

---

[26] Die Ergebnisse mehrerer Aufsätze sind zusammengefaßt in: Das Symbol in der Musik, Leipzig 1941; vgl. auch Curtius, S. 87.

[27] Die Beziehungen zwischen Musik und Rhetorik im 16. bis 18. Jahrhundert, Diss. Berlin 1941.

[28] Musik und Rhetorik. Hinweise auf ihre geschichtliche Grundlageneinheit, Helicon 5, 1944, S. 67ff.; vgl. von demselben u. a.: Vom Klangbild der Barockmusik, in: Die Kunstformen des Barockzeitalters, S. 227ff.

[29] Hingewiesen sei nur auf folgende Arbeiten: G. Toussaint, Die Anwendung der musikalisch-rhetorischen Figuren in den Werken von Heinrich Schütz, Diss. Mainz 1949; H. H. Eggebrecht, Heinrich Schütz. Musicus poeticus (Kl. Vandenhoeck-R. 84), Göttingen 1959; H. Rauhe, Dichtung und Musik im weltlichen Vokalwerk Johann Hermann Scheins. Stilistische und kompositionstechnische Untersuchungen zum Wort-Ton-Verhältnis im Lichte der rhetorisch ausgerichteten Sprach- und Musiktheorie des 17. Jahrhunderts, Diss. Hamburg 1960; C. Dahlhaus, Gefühlsästhetik und musikalische Formenlehre, DVjs 41, 1967, S. 505ff. (auch zur Rhetorik). Ein Versuch von literaturwissenschaftlicher Seite: W. Flemming, Die Fuge als epochales Kompositionsprinzip des deutschen Barock, DVjs 32, 1958, S. 483ff.

[30] Studien über Rudolf von Ems. Beiträge zur Geschichte der Rhetorik und Ethik im Mittelalter (SB Heidelberg, Phil.-hist. Kl. 1919/8), Heidelberg 1919.

[31] Reformation, Renaissance, Humanismus, Leipzig ²1926.

torik hingewiesen[32], und 1948 erscheint sie in Curtius' Hauptwerk schließlich als eine der Hauptsäulen »der abendländischen Tradition..., soweit sie sich in der Literatur bezeugt«[33]. Obwohl die Darstellung der Rhetorik selbst nur ausblicksweise in die Neuzeit hineinreicht, erweist sich bei Curtius die Fruchtbarkeit des rhetorisch-traditionalen Aspekts auch für die neueren Philologien immer von neuem, nicht zuletzt im Zusammenhang mit der Manierismus- und der Toposforschung[34]: »die Rezeption der antiken Rhetorik hat weit über das Mittelalter hinaus den künstlerischen Selbstausdruck des Abendlandes mitbestimmt. Die Rhetorik war noch im 17. und 18. Jahrhundert eine anerkannte, eine unentbehrliche Wissenschaft«[35]. Und mit dem Blick auf die desperate Situation der Rhetorik in Deutschland betont Curtius: »Den romanischen Völkern ist die Rhetorik durch natürliche Anlage und durch das Erbe Roms vertraut«[36].

Der inneren Logik dieser Situation entsprechend, stellen ein Mediävist, Leonid Arbusow[37], und ein Romanist, Heinrich Lausberg[38], noch in den Jahren 1948/49 zwei schmale Handbücher bereit, die wenigstens das elementare Rüstzeug für rhetorische Analysen vermitteln. Den Begriff der ›rhetorischen Tradition‹ freilich machen sie durch ihre karge Systematik nicht unbedingt verlockender[39]. Auf die Barockforschung beginnen jedoch auch Curtius' Anregungen nur sehr langsam zu wirken. Bezeichnenderweise auf romanischem Boden und mit vorwiegend romanischer Perspektive versucht 1954 zum ersten Mal ein internationaler Kongreß, das Thema ›Rhetorik und Barock‹ eingehender zu diskutieren[40]. Unter den qualitativ sehr ungleichen,

---

[32] Vor allem: Dichtung und Rhetorik im Mittelalter, DVjs 16, 1938, S. 435ff.; Zur Literaturästhetik des Mittelalters, ZfrPh 58, 1938, S. 1ff., 129ff., 433ff. (u. a. Auseinandersetzung mit H. H. Glunz, Die Literarästhetik des Mittelalters, Bochum-Langendreer 1937); Rhetorische Naturschilderung im Mittelalter, RF 56, 1942, S. 219ff.

[33] Curtius, S. 11.

[34] Vgl. jetzt den kritischen Überblick von W. Veit, Toposforschung, DVjs 37, 1963, S. 120ff.

[35] Curtius, S. 88.

[36] A.a.O., S. 72. Vgl. die im gleichen Tenor gehaltenen Ausführungen von Norden, Die antike Kunstprosa, Bd. 1, S. 2f.

[37] Colores rhetorici. Eine Auswahl rhetorischer Figuren und Gemeinplätze als Hilfsmittel für akademische Übungen an mittelalterlichen Texten, Göttingen 1948 (2., durchges. u. verm. Aufl., hrsg. v. H. Peter, 1963).

[38] Elemente der literarischen Rhetorik. Eine Einführung für Studierende der romanischen Philologie, München 1949 (2., wesentl. erw. Aufl. 1963).

[39] Am ehesten noch Arbusow durch die häufige Konfrontation antiker und mittelalterlicher *exempla*.

[40] Retorica e Barocco. Atti del III Congresso Internazionale di Studi Umanistici

oft noch spekulativ-tastenden ›contributi‹ (auch zur bildenden Kunst) sind für den traditionalen Aspekt der Barockrhetorik vor allem zwei Vorträge über Gracián[41] und Tesauro[42] (hier war ja die Forschung bereits seit längerem im Gange) sowie einer über ›Aristotelismo e Barocco‹ von Bedeutung; im zuletzt genannten Beitrag versucht Guido Morpurgo Tagliabue[43], das breite klassisch-aristotelische Fundament der Seicento-Rhetoriker, ihre spezifischen Wirkungsintentionen und ihr souveränes, ›barockes‹ Verfügen über das traditionelle Instrumentarium aufzuzeigen.

Für die deutschen Rhetoriker des 17. Jahrhunderts ist Entsprechendes auch nach einem weiteren Jahrzehnt noch nicht geleistet. Die Arbeit von Ursula Stötzer über ›Deutsche Redekunst im 17. und 18. Jahrhundert‹ (1962)[44] gibt zwar einleitend einen Abriß der ›antiken Rhetorik‹ und im ersten Hauptteil eine ›Geschichte der Theorie aus den Redelehrbüchern des 17. und 18. Jahrhunderts‹, aber die beiden Komplexe bleiben so gut wie völlig voneinander isoliert, und überdies wird die Verfasserin keinem von beiden gerecht: der Antike nicht, weil nur Kompendien z.T. unsachgemäß ausgeschrieben werden, dem 17. und 18. Jahrhundert nicht, weil eine schmale Auswahl von Redelehrbüchern[45] einseitig unter pseudomarxistischen Gesichtspunkten interpretiert wird[46].

Damit verglichen, war Böckmanns Darstellung des 17. Jahrhunderts (1949)[47] in der Auswertung der rhetorischen Theorie bereits unendlich viel weiter fortgeschritten. Vor allem die bestimmende Funktion der Rhetorik in der Stillehre hatte er überzeugend aufgezeigt[48]. Nur war der geschichtliche Horizont zu eng geblieben; kaum einmal erscheint bei Böckmann hinter dem Humanismus des 16. Jahrhunderts die Antike. 1960 veröffentlichte Lausberg sein bewundernswür-

---

Venezia 15–18 giugno 1954, a cura di E. Castelli, Roma 1955. Das gemeinsame Schicksal von ›Rhetorik‹ und ›Barock‹ im deutschen Vorurteil skizziert mit wenigen Worten H. G. Gadamer, Bemerkungen ueber den Barock, a.a.O., S. 61ff.

[41] M. Batllori, Gracián y la retórica barroca en España, a.a.O., S. 27ff.

[42] C. Vasoli, Le imprese del Tesauro, a.a.O., S. 243ff.

[43] Aristotelismo e Barocco, a.a.O., S. 119ff. (es ist mit fast achtzig Seiten der weitaus umfangreichste Beitrag des Bandes).

[44] Deutsche Redekunst im 17. und 18. Jahrhundert, Halle 1962.

[45] Aus dem 17. Jahrhundert sind nur drei Rhetoriker herangezogen: Meyfart, Kindermann und Weise.

[46] Dazu auch Dyck, S. 18f.

[47] Vgl. o. S. 30f.

[48] Böckmann, S. 339ff.

diges ›Handbuch der literarischen Rhetorik‹[49], das vor allem dem klassischen Philologen und dem Romanisten[50] die Materie der rhetorischen Theorie mit minutiöser Ausführlichkeit, aber auch – wie man zu Recht gesagt hat[51] – in unhistorischer Systematik darbot.

Die nunmehr unumgängliche Aufgabe, auch die literarische Theorie des 17. Jahrhunderts auf Elemente der rhetorischen Tradition hin zu untersuchen, war durch die systematische Anlage des Lausbergschen Handbuchs nicht gerade erleichtert. Das wird an der ersten hier zu besprechenden Arbeit aus dem Wendejahr 1966 deutlich spürbar: Renate Hildebrandt-Günther, ›Antike Rhetorik und deutsche literarische Theorie im 17. Jahrhundert‹[52]. Gegenüber Stötzer ist nicht nur die Textgrundlage entschieden verbreitert[53], auch die Konfrontation von Antike und Barock wird konsequenter durchgeführt. Man erhält einen Eindruck vom Stoff der Rhetoriken und Poetiken des 17. Jahrhunderts[54] und erkennt die unlösbare Verflechtung der beiden Bereiche. Aber es bleibt bei einer nützlichen Materialsammlung[55]. Und von einer wirklichen Tradition, ihren geschichtlichen Wandlungen und Umdeutungen, wird kaum etwas erkennbar. In dieser Beziehung waren die spezielleren Monographien von Marianne Wychgram[56] und Ulrich Schindel[57] zur Wirkungsgeschichte Quinti-

---

[49] Handbuch der literarischen Rhetorik. Eine Grundlegung der Literaturwissenschaft, 2 Bde., München 1960.

[50] Während französische Literaturtheorie sowie Beispiele aus der tragédie classique in großer Fülle ausgebreitet werden, erscheint die deutsche Literatur des 17. Jahrhunderts überhaupt nicht.

[51] Vgl. die Rezensionen von A. Rüegg, ZfrPh 77, 1961, S. 550f.; K. Dockhorn, GGA 214, 1962, S. 177ff.; W. Schmid, Arch. f. d. Studium d. neueren Sprachen 200, 1964, S. 451ff.

[52] Vgl. o. S. 46 Anm. 2.

[53] Die Verfasserin greift in einem einleitenden Kapitel (S. 15ff.) sogar bis ins 15. Jahrhundert zurück (von Wyle, Riederer usw.; zu Riederers ›Spiegel der waren Rhetoric‹ wird eine Inhaltsübersicht gegeben, S. 143ff.).

[54] Der erste Hauptteil geht autorenweise vor, der zweite Hauptteil nach systematischen Gesichtspunkten.

[55] Dies gilt vor allem beim zweiten Hauptteil mit seiner an Lausberg orientierten Paragraphen-Scholastik.

[56] Quintilian in der deutschen und französischen Literatur des Barock und der Aufklärung (F. Mann's Pädagog. Magaz. 803), Langensalza 1921; besonders aufschlußreich die Darstellung, wie die Wertschätzung Quintilians in der Zeit des Hoch- und Spätbarock zurückgeht (S. 23ff.).

[57] Demosthenes im 18. Jahrhundert. Zehn Kapitel zum Nachleben des Demosthenes in Deutschland, Frankreich, England (Zetemata. 31), München 1963; mit zahlreichen Ausblicken auch auf das 17. Jahrhundert.

lians und Demosthenes' (auch der Aufsatz von Herman Meyer über
›Schillers philosophische Rhetorik‹)[58] bereits ergiebiger gewesen.

Die Arbeit von Hildebrandt-Günther zeigte, daß angesichts der
völligen Vernachlässigung des Forschungsgebiets eine Beschränkung
auf einzelne zentrale Themen vorerst das Sinnvollste war[59]. Dieser
Einsicht folgt die gleichfalls 1966 erschienene Dissertation von Joachim Dyck, ›Ticht-Kunst. Deutsche Barockpoetik und rhetorische
Tradition‹[60]. Aufbauend auf einer Analyse der beiden Zentralberei-
che *inventio* und *elocutio*[61], schreitet die Arbeit fort zum ›Selbstverständnis des Dichters‹, das einleuchtend als ein ›Argumentationssystem‹
gefaßt wird[62], und zur ›christlichen Literaturtheorie‹. Zwar war der
letztgenannte Themenkomplex schon von Böckmann angesprochen
worden (eine Auseinandersetzung mit ihm fehlt bei Dyck)[63], aber
erst jetzt sind die historischen Linien konsequent bis hin zur Patristik
durchgezogen; ein weiterer wichtiger Bereich rhetorischer Tradition
(vor allem Eduard Norden hatte Vorarbeiten geleistet)[64] ist für das
17. Jahrhundert entdeckt[65]. Auf einzelne Punkte – wie die Vernachlässigung der ›poetischen Tradition‹ (besonders Horaz) gegenüber der
rhetorischen (Cicero)[66] – wird noch einzugehen sein. Doch der Zu-

---

[58] Schillers philosophische Rhetorik (1959), in: Zarte Empirie. Studien zur Literaturgeschichte, Stuttgart 1963, S. 337ff. (›Schillers Quintilian-Lektüre‹, S.
360ff.; ›Die Bedeutung der Rhetorik für Schillers künstlerisches Selbstverständnis‹, S. 368ff.).

[59] Das gleiche gilt für die bereits genannte, auch in den ›Marburger Beiträgen zur
Germanistik‹ erschienene Arbeit von Linn, Studien zur deutschen Rhetorik und
Stilistik im 19. Jahrhundert (1963).

[60] Vgl. o. S. 46 Anm. 2; vorausgegangen war der Aufsatz: Ornatus und Decorum im protestantischen Predigtstil des 17. Jahrhunderts, ZfdA 94, 1965, S. 225ff.

[61] ›Erfindung und Topik‹, S. 40ff.; ›Rhetorische Stillehre‹, S. 66ff.

[62] Dyck versucht damit insbesondere der oft beobachteten Tatsache zu entsprechen, »daß der gleiche Autor dieselbe Frage an verschiedenen Stellen verschieden beantwortet« (S. 113); er entgeht dadurch der Gefahr gewaltsamer Harmonisierung. Das Thema wurde von Dyck weiter verfolgt in dem Aufsatz: Apologetic argumentation in the literary theory of the German Baroque, JEGP 68,
1969, S. 197ff.

[63] Böckmann wird in dem betreffenden Abschnitt nicht einmal genannt. Auch in
der Bewertung Alsteds (den Dyck als wichtigsten Repräsentanten christlicher
Literaturtheorie des 17. Jahrhunderts herausstellt) war Böckmann, S. 342ff.
vorangegangen.

[64] Im zweiten Band der ›Antiken Kunstprosa‹.

[65] Dazu auch die 1966 erschienene Arbeit von Schings (u. S. 55 Anm. 70).

[66] Unten S. 235. Es handelt sich vor allem um Dycks These (S. 113ff.), das Viel-
seitigkeitsideal (Gelehrsamkeit etc.) sei erst im 17. Jahrhundert aus der rhetorischen Tradition (Cicero, Quintilian) auf den Dichter übertragen worden. Die
These, mittlerweile auch von anderen Autoren übernommen, ist in der von Dyck
vorgetragenen Form nicht haltbar.

wachs an geschichtlicher Erkenntnis ist unbestreitbar. Ein Handbuch wie dasjenige von Markwardt (1958 in Überarbeitung, 1964 als Nachdruck erschienen) muß nun schlechterdings als überholt gelten.

Daß die Rhetorik mit ihrer von der Antike herkommenden Tradition zu den Fundamenten der Literaturtheorie auch des 17. Jahrhunderts gehört, war durch die Arbeiten von Curtius, Dockhorn[67], Friedrich, Lausberg[68] und Munteano[69] inzwischen zu einem Axiom geworden. Die Verklammerung von Rhetorik und Poetik (bzw. Poesie) wird denn auch in vier anderen aus dem Jahr 1966 stammenden Arbeiten (von Schings[70], van Ingen[71], Wiedemann[72] und Windfuhr[73]) mit begrüßenswerter Entschiedenheit festgestellt, z. T. sogar ausführlich begründet[74].

Je enger die beiden Bereiche in der Perspektive der Forschung zusammenrückten, desto dringlicher stellte sich die Frage, wodurch Poesie und Rhetorik in der literarischen Theorie der Barockzeit noch zu unterscheiden sind[75]. Vermittelt die Poetik als *specifica* lediglich Vers- und Gattungslehre? Es ist das Verdienst der Dissertation von Ludwig Fischer (›Gebundene Rede‹, 1968)[76], mit Hilfe der zeitgenös-

---

[67] Zu den bereits genannten Arbeiten kommen: ›Memoria‹ in der Rhetorik, Arch. f. Begriffsgesch. 9, 1964, S. 27ff. (Macht und Wirkung der Rhetorik, S. 96ff.), vor allem aber die ausführliche Rezension von Gadamer, Wahrheit und Methode: GGA 218, 1966, S. 169ff. (unter dem Leitthema ›Rhetorik‹ zu einer eigenständigen Abhandlung amplifiziert). Gadamer nahm die Anregungen auf: Rhetorik, Hermeneutik und Ideologiekritik. Metakritische Erörterungen zu ›Wahrheit und Methode‹ [bisher unveröffentlicht], in: Kleine Schriften, Bd. 1, Tübingen 1967, S. 113ff.

[68] Vgl. den Artikel ›Rhetorik‹ in: Das Fischer Lexikon. Literatur 2/2, S. 474ff. (mit einer etwas unglücklicher Scheidung von ›Verbrauchsrede‹ und ›Wiedergebrauchsrede‹).

[69] B. Munteano, L'Abbé Du Bos esthéticien de la persuasion passionnelle, RLC 30, 1956, S. 318ff.; Principes et structures rhétoriques, RLC 31, 1957, S. 388ff.; Humanisme et rhétorique. La survie littéraire des rhéteurs anciens, Rev. d'Hist. Litt. de la France 58, 1958, S. 145ff.

[70] H.-J. Schings, Die patristische und stoische Tradition bei Andreas Gryphius. Untersuchungen zu den Dissertationes funebres und Trauerspielen (Kölner germanist. Stud. 2), Köln u. Graz 1966, S. 1ff.: ›Barockliteratur und Tradition‹.

[71] F. van Ingen, Vanitas und Memento mori in der deutschen Barocklyrik, Groningen 1966, S. 28ff.: ›Poetik und Rhetorik‹.

[72] Wiedemann, Johann Klaj ..., S. 85ff.: ›Poeta Rhetor‹.

[73] Windfuhr, S. 78ff.: ›Rhetorik der Metaphorik‹ (vgl. auch die Einleitung, S. 1ff.).

[74] So besonders bei van Ingen und Wiedemann.

[75] Die Darstellung von Hildebrandt-Günther, die diese Frage am eingehendsten behandelt (S. 33ff.), bleibt ganz unbefriedigend (vgl. schon die Grundthesen bei der Musterung der einzelnen Autoren: ›kein wesentlicher Unterschied‹; ›Propädeutik‹; ›wiederum kein wesentlicher Unterschied‹ usw.).

[76] Oben S. 38 Anm. 36.

sischen Begriffe ›poetischer Geist‹, ›Stil‹, ›Inhalt‹, ›Absehen‹, ›Freiheit‹
die – in der Theorie formulierten – Differenzierungen herausgearbei-
tet zu haben[77]. Noch wichtiger fast erscheint der Versuch, in Stil-,
Gattungs- und *aptum*-Lehre die Wandlungen der rhetorischen Tradition von Aristoteles über Cicero und Quintilian, Patristik, Mittelalter und Humanismus bis zum Ausgang des 17. Jahrhunderts auf-
zudecken[78]. Dabei wird zum ersten Mal auch Christian Weise eingehender berücksichtigt[79], und es zeigt sich, daß er sowohl in der Plu-
ralisierung der Stiltheorie als auch in der allmählichen Paralysierung
der *aptum*-Lehre den eigentlichen Kulminationspunkt der Epoche
bildet[80].

c. Theorie und literarische Praxis

Die Arbeit stellt freilich auch vor ganz neue Probleme. Vergegenwärtigt man sich in vollem Umfang die Abhängigkeit der Literaturtheorie des 17. Jahrhunderts von der rhetorischen Tradition, wie sie
in den letzten Jahren aufgezeigt wurde, so muß man einen absolut
klassizistischen Grundriß konstatieren. Vor allem Dyck weist immer
wieder darauf hin[81]. Aber auch Fischer, dem es mehr um die Wandlungen der Theorie geht[82], hebt hervor, daß die meisten Theoretiker
der Barockzeit sich nur durch leichte Variationen und Nuancen von
der klassischen Überlieferung (auch voneinander) abheben[83]; erst gegen Ende der Epoche machen sich entscheidende Verschiebungen bemerkbar[84]. Der Begriff einer ›Barockpoetik‹, den noch Dyck im Un-

---

[77] Fischer, S. 37ff.; als Ausgangspunkt dienen die ›Definitionen von Dichtung und
Beredsamkeit‹ (S. 22ff.).
[78] ›Die Stillehre und ihre Verbindung mit der Gattungslehre‹, S. 99ff.; ›Die Lehre
vom ›Angemessenen‹, S. 184ff. Im Grunde ist erst hier Curtius' Forderung
nach Kontinuität in der historischen Analyse erfüllt.
[79] Dyck hatte ihn völlig ausgeklammert.
[80] Vgl. auch u. S. 167ff.
[81] Seine Fragestellung war von vornherein so gewählt, daß »die ›klassische‹ Linie«
hervortrat (Dyck, S. 21).
[82] Vgl. die prinzipielle Absetzung von Dyck: Fischer, S. 2f. Anm. 10. und Dycks
Replik: Rez. Fischer, ZfdA 98, 1969, S. 68ff. (dort S. 84f.). Von der Stilpraxis
her sieht sich auch Windfuhr mehrfach veranlaßt, den Theoretikern »ihre humanistischen Lippenbekenntnisse nicht zu glauben« (S. 341).
[83] A.a.O., S. 3: »aus der noch so geringfügigen Variation des Tradierten läßt sich
allenfalls, wenn man es überhaupt fassen kann, etwas heraushören, das man als
bezeichnend für die Ausprägung der Literaturtheorie des Barock hinstellen
könnte« (mit Hinweis auf Windfuhr, S. 17).
[84] Vgl. besonders S. 245ff. sowie die ›Folgerungen‹, S. 262ff.

tertitel seiner Arbeit verwendet[85] (auch bei Fischer kommt er vor)[86], scheint also einen inhaltlichen Sinn kaum mehr zu besitzen. Etwas überspitzt und mit den Kategorien von Curtius formuliert: einer manieristischen Dichtung entspricht eine wesenhaft klassische bzw. klassizistische Literaturtheorie[87] (bei der Beschäftigung mit dem Bildungswesen des 17. Jahrhunderts wird sich diese Diskrepanz noch krasser zeigen). Jeder, der sich zunächst ausschließlich mit den poetischen Theorien – nicht den *exempla* – eines Opitz, Buchner, Harsdörffer oder Zesen beschäftigen würde, wäre völlig überrascht, wenn er anschließend eine Tragödie von Gryphius, einen ›Heldenbrief‹ von Hofmannswaldau oder gar ein Gedicht von Kuhlmann läse (ähnliche Gedankenexperimente ließen sich für das Gebiet der Rhetorik entwickeln)[88].

Dieser wohl nicht unwesentlichen Problematik scheint man sich bei dem neu erwachten Interesse für die Literaturtheorie des 17. Jahrhunderts noch kaum bewußt geworden zu sein. Daß dieser Bereich – insbesondere die rhetorische Theorie und ihre Tradition – endlich einmal systematisch angegangen wurde, war ein notwendiger und, wie sich zeigte, ergebnisreicher Schritt. Im Grunde holte man für die deutsche Literatur des 17. Jahrhunderts nach, was für die romanischen und angelsächsischen Literaturen z. T. schon vor Jahrzehnten geschehen war[89]. Freilich bleiben noch eine Fülle von Aufgaben. Während zu einzelnen Poetikern neuere Spezialuntersuchungen vorliegen[90],

---

[85] Eine gewisse Paradoxie liegt darin, daß es Dyck gerade um das klassische bzw. klassizistische Element geht.

[86] Fischer, S. 9 u. ö. Hildebrandt-Günther hingegen meidet diesen Begriff (vgl. schon die Fassung des Titels), verzichtet natürlich auf das Wort ›Barock‹ auch nicht ganz.

[87] Sehr bezeichnend, daß Dyck – ohne nähere Begründung – den Spieß umdrehen möchte: »Die Dichter des 17. Jahrhunderts in Deutschland sind klassizistischer, als man gemeinhin zugeben will« (S. 21; ›die‹ Dichter sicher nicht!).

[88] Die ›Leichabdanckungen‹ des Andreas Gryphius, an Meyfart gemessen; oder eine emblematische Seckendorff-Rede auf dem Hintergrund der Theorie Kindermanns.

[89] Nur wenige Monographien seien hier hervorgehoben: I. Söter, La doctrine stylistique des rhétoriques du dix-septième siècle, Budapest 1937; K. R. Wallace, Francis Bacon on communication and rhetoric, Chapel Hill 1943 (über Bacon weit hinausgreifend); Y. Le Hir, Rhétorique et stylistique de la Pléiade au Parnasse, Paris 1960; B. Weinberg, A history of literary criticism in the Italian Renaissance, 2 Bde., Chicago 1961; W. S. Howell, Logic and rhetoric in England, 1500–1700, New York 1961; Historical studies of rhetoric and rhetoricians. Ed. R. F. Howes, Ithaca/N.Y. 1961. Hinzu kommen eine Fülle von historischen Aufsätzen vor allem aus der ›New Rhetoric‹-Bewegung der USA sowie aus der romanistischen *argutia*-Forschung.

[90] S. Ferschmann, Die Poetik Georg Philipp Harsdörffers. Ein Beitrag zur Dich-

fehlen sie für die wichtigsten Rhetoriker wie etwa Meyfart, Kindermann, Vossius oder Weise[91].

Eine der dringendsten Aufgaben aber ist die konsequente Untersuchung des Verhältnisses von Theorie und Praxis aufgrund der ›rhetorischen‹ Erkenntnisse der letzten Jahre[92]. Zwar sind bereits früher hin und wieder Textanalysen unter rhetorischem Aspekt versucht worden (wobei es meist bei der Feststellung rhetorischer Figuren blieb; davon wird noch zu sprechen sein). Doch eine wirkliche Konfrontation rhetorischer *doctrina* und rhetorischer *elaboratio* – man denke an das so problematische Beispiel Cicero![93] – ist noch ein Desiderat; auch die von Dyck abgedruckten *exempla*[94] (meist aus den Lehrbüchern) haben höchstens illustrative Funktion und betreffen im wesentlichen Topen und Dispositionsschemata.

---

tungstheorie des Barock, Diss. Wien 1964; H. Zeman, Kaspar Stieler. Versuch einer Monographie und ›Die Dichtkunst des Spaten 1685‹, Diss. Wien 1965; U. Maché, Zesens Hoch-Deutscher Helikon. Poetik zwischen Opitz und Gottsched, Diss. Princeton 1963 (vgl. das Selbstreferat: Germanistik 6, 1965, S. 299); ders., Zesen als Poetiker, DVjs 41, 1967, S. 391ff.

[91] Zu der neuen, primär pädagogisch orientierten Weise-Monographie von Horn s. u. S. 136. Notwendig wäre eine umfassende Darstellung von Weises System mit seinen Wandlungen sowie eine (Fischers Ergebnisse einbeziehende) genauere Bestimmung seiner geschichtlichen Position. Bei den Rhetorikern der Aufklärung verhält es sich ähnlich. Nur zu Gottsched wurden schon Anfang der 30er Jahre zwei gründliche Vorarbeiten geleistet: B. Grosser, Gottscheds Redeschule. Studien zur Geschichte der deutschen Beredsamkeit in der Zeit der Aufklärung, Diss. Greifswald 1932; G. Wechsler, Johann Christoph Gottscheds Rhetorik, Diss. Heidelberg 1933. Eine vorzügliche Basis für weitere Untersuchungen bietet jetzt: E. A. Blackall, Die Entwicklung des Deutschen zur Literatursprache 1700 –1775. Mit einem Bericht über neue Forschungsergebnisse 1955–1964 von D. Kimpel, Stuttgart 1966. In den Gesamtdarstellungen des 17. Jahrhunderts werden die beiden Hauptbereiche der literarischen Theorie noch immer sehr unterschiedlich behandelt. So stehen bei Szyrocki, Die deutsche Literatur des Barock, S. 19ff. Poetik und Rhetorik nahezu gleichberechtigt nebeneinander; bei Pascal, German literature in the sixteenth and seventeenth centuries, S. 71ff. sind im Abschnitt ›Literary theory and problems‹ nur die Poetiken berücksichtigt.

[92] Ausgangsfrage dabei: welche Lehrbücher sollen mit welchen Texten verglichen werden? Personalunion von Theoretiker und Praktiker ist nur scheinbar der Idealfall.

[93] Bekanntlich hat man sich mehrfach vergebens bemüht, Theorie und Praxis Ciceronischer Prosa in Einklang zu bringen. Zur Orientierung vgl. die Abschnitte ›Ciceros Theorie der Rhetorik‹ und ›Ciceros Redekunst‹ bei M. L. Clarke, Die Rhetorik bei den Römern. Ein historischer Abriß, Göttingen 1968, S. 70ff.

[94] Z. B. Dyck, S. 48ff., 57ff., 87, 148. Vgl. auch Windfuhr, S. 68ff. u. 114ff. (›Praktische Übungen‹).

d. Die Tradition der ›exempla‹

Dem oben mit bewußter Überspitzung formulierten Problem von
klassizistisch-traditioneller Rhetoriktheorie und barocker Praxis wird
man nur beikommen, wenn man die ›rhetorische Tradition‹ nicht länger auf die Theorie reduziert und begrenzt. Seit Jahrzehnten ist diese
Tendenz zu beobachten. Selbst Dockhorn, der ja zu den verdienst-
vollsten Entdeckern des Aspekts ›rhetorische Tradition‹ gehört, meint
damit praktisch immer nur die Tradition der Theorie. Rhetorik als
Disziplin jedoch beruht seit der Antike nicht auf einer Zweiheit von
doctrina und *elaboratio*, sondern auf der Dreiheit von *doctrina* (bzw.
praecepta), *exempla* und *imitatio*[95]. Und dieses Grundschema bestimmt in vollem Umfang noch die Barockzeit[96]. Jedem gelehrten
Autor des 17. Jahrhunderts ist es durch seinen Bildungsgang – das
wird der dritte Teil dieser Arbeit zeigen – in Fleisch und Blut übergegangen. Sofern man sich also entschließt, nicht bloß immanent zu
interpretieren, sondern (unter vielen möglichen transzendentalen
Kategorien) auch die Tradition einzubeziehen[97], darf es nicht bei den
rhetorisch-poetischen *praecepta* bleiben; auch nach den *exempla* ist
zu fragen[98]. Vorbild kann im Einzelfall ein bestimmter Text der antiken oder neueren Literatur sein, ein Gedicht, ein Brief, eine Rede,
es kann ein bestimmter Autor sein, mehrere Autoren oder auch nur
eine Stilrichtung.

Um das abstrakt Skizzierte durch einige Beispiele kurz zu verdeut-
lichen: wer einen Lohensteinschen Entschluß- oder Rache-Monolog
nach Pathosformen, rhetorischen Figuren und lehrbuchmäßigen Glie-
derungstypen interpretieren würde, käme sicher zu wichtigen Einsichten in die rhetorische Struktur des Textes; aber er würde dessen
spezifische Geschichtlichkeit verfehlen, wenn er nicht zugleich die

---

[95] K. Barwick, Die Gliederung der rhetorischen τέχνη und die horazische Epistula ad Pisones, Hermes 57, 1922, S. 1ff.

[96] Unten S. 241ff.

[97] Ein begrüßenswertes Dokument dieser Interpretationsmethode ist der neue
Band: Die Dramen des Andreas Gryphius. Eine Sammlung von Einzelinterpretationen. Hrsg. v. G. Kaiser, Stuttgart 1968.

[98] Zu den antiken Grundlagen der imitatorischen Haltung informativ A. Reiff,
Interpretatio, imitatio, aemulatio. Begriff und Vorstellung literarischer Abhängigkeit bei den Römern, Diss. Würzburg 1959. Für die Renaissance ist das Problem mehrfach erörtert worden: H. Gmelin, Das Prinzip der imitatio in den
romanischen Literaturen der Renaissance, RF 46, 1932, S. 83ff.; J. v. Stackelberg,
Das Bienengleichnis. Ein Beitrag zur Geschichte der literarischen Imitatio, RF
68, 1956, S. 271ff.; H. Mainusch, Dichtung als Nachahmung. Ein Beitrag zum
Verständnis der Renaissancepoetik, GRM, N.F. 10, 1960, S. 122ff.

stilprägenden Vorbilder Gryphius und Seneca mit einbezöge[99]. Oder ein anderes Beispiel: zahllose Liebesgedichte des 17. Jahrhunderts – man denke an Fleming oder Hofmannswaldau – sind im Schema ›Abriß einer Liebsten‹ oder ›Beschreibung vollkommener Schönheit‹ gehalten, und wieder lassen sich in den poetisch-rhetorischen Lehrbüchern Deskriptionsanweisungen finden, die in vielen Einzelheiten mit diesen Gedichten übereinstimmen; aber als eigentlicher historischer Kontext hat der Petrarkismus zu gelten, dessen *exempla* ein ganzes System rhetorischer Sprach- und Kompositionsformen tradieren[100]. Ähnlich steht es mit der für die Barockepoche so charakteristischen Schäferdichtung[101].

Scheint in den bisher genannten Fällen der Spielraum noch relativ groß, so ist der Interpret z. B. bei Rachels vierter Satire (›Die Kinder-Zucht‹)[102] gleichsam in die Enge getrieben. Er könnte den Aufbau analysieren, Stilebenen scheiden, gnomisch-sententiöse Formen feststellen und die rhetorisch-aggressive Schärfe der Kritik beschreiben (die Lehrbücher würden im übrigen wenig dabei helfen)[103]; das alles aber bliebe inadäquat ohne die entscheidende Erkenntnis: der Text ist nach der vierzehnten Satire Juvenals gearbeitet[104], von dorther stammt das meiste, was man an rhetorischer Satirenkunst bei Rachel

---

[99] Zuerst konsequent durchgeführt von P. Stachel, Seneca und das deutsche Renaissancedrama. Studien zur Literatur- und Stilgeschichte des 16. und 17. Jahrhunderts (Palaestra. 46), Berlin 1907, S. 282ff. Im Prinzip ist bereits Gottsched bei der Interpretation Lohensteins so verfahren (wenn auch mit anderen Absichten): ›Versuch einer Critischen Dichtkunst‹, Leipzig ⁴1751, S. 368f.

[100] Grundlegend (zuerst 1932 erschienen) H. Pyritz, Paul Flemings deutsche Liebeslyrik (Palaestra. 234), Göttingen ²1963; vgl. auch Windfuhr, S. 228ff. Inzwischen wurde ein neuer, rhetorisch höchst ergiebiger Bereich erschlossen: J.-U. Fechner, Der Antipetrarkismus. Studien zur Liebessatire in barocker Lyrik (Beitr. z. neueren Lit.gesch., F. 3, Bd. 2), Heidelberg 1966; ders., Von Petrarca zum Antipetrarkismus. Bemerkungen zu Opitz' ›An eine Jungfraw‹, Euphorion 62, 1968, S. 54ff.

[101] Hierzu fehlen neuere Analysen. Unter dem Gesichtspunkt der *imitatio* wichtig G. Heetfeld, Vergleichende Studien zum deutschen und französischen Schäferroman. Aneignung und Umformung des preziösen Haltungsideals der ›Astrée‹ in den deutschen Schäferromanen des 17. Jahrhunderts, Diss. München 1954.

[102] ›Teutsche Satyrische Gedichte‹, Frankfurt 1664, S. 25ff.

[103] Die *praecepta* sind bei der Gattung Satire meist relativ knapp gehalten.

[104] In der Vorrede zu den ›Satyrischen Gedichten‹ (fol. 10ª) gibt Rachel sein Vorbild (Juv. 14) selbst an; vgl. auch die Angabe der wichtigsten Parallelstellen im Neudruck, hrsg. v. K. Drescher (NdL. 200–202), Halle 1903, S. 40ff. Über die Wirkung Juvenals in der Barockepoche: G. Highet, Juvenal the satirist, Oxford 1960, S. 215ff. (neben Rachel auch Abraham a Sancta Clara, Gracián u. a.).

beobachtet. Die ›scharfsinnig‹ steigernde Pointe in Opitzens Epigramm ›Vber seiner Bühlschafft Bildnüß‹ ist dem Muster Martials (10,32) verpflichtet[105]. Solche Beispiele ließen sich vermehren (vgl. etwa den an Statius orientierten langen ›Hochzeitsglückwunsch‹ von Birken)[106], und die Skala der Abhängigkeit von konkreten Mustern würde von der leichten Anspielung bis zur Übersetzung reichen, auch über Gattungsgrenzen hinweg (Weises Gedicht ›Unvermuthende Betrachtung des hereinbrechenden Alters‹ stellt eine modernisierende, poetische Paraphrase von Seneca, epist. 1,12 dar; Topen und rhetorisches Dispositionsschema sind dorther genommen)[107].

Doch auf die imitatorische Bindung an ein bestimmtes Muster, einen bestimmten Text oder auch nur einen Gattungskomplex (Hofmannswaldaus ›Helden-Briefe‹ nach Ovids ›Heroides‹)[108] kommt es im gegenwärtigen Zusammenhang gar nicht an. Bekanntlich gehört das kontaminierende Verfahren[109], gehören die *loci communes*, ›Schatzkammern‹, Florilegien und dergleichen (ein noch kaum untersuchter Bereich rhetorisch-poetischer Handbücher)[110] sowie die in den letzten Jahren neu erschlossenen Emblembücher[111] zum selbstver-

---

[105] ›Weltliche Poëmata‹, 2. Teil, Frankfurt 1644, S. 390 (Erstfassung 1624); zu Martial vgl. R. Levy, Martial und die deutsche Epigrammatik des siebzehnten Jahrhunderts, Diss. Heidelberg 1903, S. 26.

[106] ›Guelfis oder NiderSächsischer Lorbeerhayn‹, Nürnberg 1669, S. 39ff. (nach Statius, silv. 1,2).

[107] Nachgewiesen von E. Jacobsen, Christian Weise und Seneca, Orbis Litterarum 8, 1950, S. 355ff. (nur zu dem genannten Gedicht). Unter dem Gesichtspunkt des ›Wechsels der Gattung‹ sind die Umdichtungen von Seneca-Briefen (oder Partien daraus) besonders aufschlußreich, s. etwa Hofmannswaldaus Gedicht über Epist. 26: ›Herrn von Hoffmannswaldau und andrer Deutschen … Gedichte erster theil‹, Leipzig 1697, S. 235f.

[108] H. Dörrie, Der heroische Brief. Bestandsaufnahme, Geschichte, Kritik einer humanistisch-barocken Literaturgattung, Berlin 1968, bes. S. 89ff. zu den prinzipiellen Problemen der *imitatio*.

[109] Bildlich gefaßt im Bienengleichnis, vgl. den oben genannten Aufsatz von Stackelbergs.

[110] Als wichtigstes Vorbild dienen das ganze 17. Jahrhundert hindurch die ›Adagia‹ des Erasmus (Näheres zum 16. Jahrhundert bei P. Joachimsen, Loci communes. Eine Untersuchung zur Geistesgeschichte des Humanismus und der Reformation, Luther-Jb. 1926, S. 27ff.); mit Beginn des 17. Jahrhunderts treten neben die lateinischen Sammlungen mehr und mehr auch deutsche (Zincgref, Lehmann, Treuer, Harsdörffer, Tscherning, Neumark, Männling usw.; einiges verzeichnen Windfuhr, S. 68ff.; van Ingen, S. 34ff.).

[111] A. Schöne, Emblematik und Drama im Zeitalter des Barock, München 1964 (S. 17ff. eine ›Einführung‹); P. Vodosek, Das Emblem in der deutschen Literatur der Renaissance und des Barock, Jb. des Wiener Goethe-Vereins 68, 1964, S. 5ff.; Emblemata. Handbuch zur Sinnbildkunst des XVI. und XVII. Jahrhunderts. Hrsg. v. A. Henkel u. A. Schöne, Stuttgart 1967 (dort erschöpfende

ständlichen Instrumentarium der Barockautoren. Für das oben angesprochene Problem von Theorie und Praxis ist es viel entscheidender, ob überhaupt literarische *exempla* vorhanden sind, an deren *imitatio* sich ›barocke‹ Tendenzen entfalten können.

Einer dieser für das 17. Jahrhundert ›exemplarischen‹ Bereiche ist die – in welcher Weise auch immer – rhetorisch geprägte silberne Latinität, die seit der zweiten Hälfte des 16. Jahrhunderts mit neuer Bewußtheit und neuem stilistischem Sensorium rezipiert wird: vor allem Tacitus und Seneca für die Prosa, Ovid, Seneca, Lucan, Martial, Juvenal, Statius, Claudian für die Poesie[112]. Nicht zufällig sind in den bereits genannten Beispielen gerade diese Namen begegnet. In Deutschland gehören insbesondere Friedrich Taubmann (der Lehrer und Wittenberger Vorgänger Buchners)[113] sowie sein Schüler Kaspar von Barth[114] zu den Initiatoren des neuen Interesses an der silbernen Latinität. In Leiden und Löwen wirkte Justus Lipsius als führender Kopf einer Tacitusrenaissance, die ihre literarisch-stilistische Wirkung (vor allem die Arbeiten von Croll haben das nachgewiesen)[115] bald in ganz Europa ausübte. Für Italien und Spanien ist das neue Interesse an nichtklassischer römischer Dichtung bereits im Zusammenhang des Manierismus berührt worden. Während noch in Vidas Urteil Ovid, Lucan, Statius und Claudian als degeneriert zu gelten hatten, sind sie bei den Manieristen des Seicento zu begehrten Stilvorbildern avanciert; Marino und Tesauro stellen Ovid sogar über Vergil[116].

Bibliographie). Für Einzelprobleme wichtig auch D. W. Jöns, Das ›Sinnen-Bild‹. Studien zur allegorischen Bildlichkeit bei Andreas Gryphius (Germanist. Abh. 13), Stuttgart 1966.

[112] Musterbeispiel für die umfassende Orientierung an einer antik-humanistischen Gattungstradition (mit Schwerpunkt in der silbernen Latinität) ist François Vavasseur [Franciscus Vavassor], ›De epigrammate liber‹, Paris 1669, S. 165ff.

[113] Auf Taubmann geht auch die Errichtung einer Professur für Poesie an der Wittenberger Universität zurück (1595). Von dieser Position aus wirkte Taubmann propagandistisch für die kaiserzeitliche Dichtung (und bezeichnenderweise für den nichtklassischen Plautus).

[114] J. Hoffmeister, Kaspar von Barths Leben, Werke und sein ›Deutscher Phönix‹ (Beitr. z. neueren Lit.gesch. 19), Heidelberg 1931; von Barth veranstaltete u. a. auch Statius- und Claudian-Ausgaben.

[115] Sie gehen bis auf das Jahr 1914 zurück und sind jetzt gesammelt in: M. W. Croll, Style, rhetoric and rhythm. Ed. by J. M. Patrick and R. O. Evans, Princeton 1966 (vgl. insbesondere: Juste Lipse et le mouvement anticicéronien à la fin du XVIe et au début du XVIIe siècle, S. 7ff.; ›Attic prose‹ in the seventeenth century, S. 51ff.; Attic prose: Lipsius, Montaigne, Bacon, S. 167ff.).

[116] Dies zeigt der materialreiche Vortrag von E. Paratore, L'influenza della letteratura latina da Ovidio ad Apuleio nell'età del manierismo e del barocco, in:

Die Frage der Kausalität darf bei alledem nicht überzogen werden. Selbstverständlich sind die nichtklassischen, barocken Stilintentionen nicht durch die Rezeption der silbernen Latinität ›erzeugt‹ worden (Ovid, Lucan und Statius gehören bekanntlich schon bei Dante zur *bella scuola* der sechs größten antiken Dichter)[117]; das Verhältnis von Empfänglichkeit und Produktion ist dialektischer Art[118]. Aber schon das Faktum, daß ein nichtklassischer Bereich von *exempla* neu erschlossen wird, an dem sich die *imitatio* orientieren kann, ist für die auf dem Boden der Rhetorik stehende Barockliteratur von kaum zu unterschätzender Bedeutung.

Mit dem geschichtlichen Komplex der rhetorisierten silbernen Latinität öffnet sich neben der literarischen Theorie ein zweiter fundamentaler, bisher aber weitgehend vernachlässigter Bereich rhetorischer Tradition. Solange die Rhetorik als eine maß- und normgebende Disziplin bestand, erschöpfte sie sich nie in der Tradierung einer bloßen Theorie; konkrete Gestalt gewann sie erst durch die Bindung an einen bestimmten Kanon von *exempla*[119]. Bis in welche Subtilitäten hinein das System von *praecepta* sich ausbauen und formulieren läßt, zeigt die Geschichte der Rhetorik immer wieder, nicht zuletzt in der systembesessenen Barockepoche[120]. Aber nie kann es gelingen,

---

Manierismo, barocco, rococò, S. 239ff. Es ist charakteristisch, daß gerade in der italienischen Forschung der Barockbegriff bereits früh auf kaiserzeitliche Dichtung angewendet wurde, etwa von H. Gobliani, Il Barochismo in Seneca e in Lucano, Messina 1938 (vgl. die bereits genannte Arbeit von Wanke, die beide Autoren jetzt ›manieristisch‹ interpretiert). Auf die traditionalen Zusammenhänge wies bereits E. Fraenkel, Lucan als Mittler des antiken Pathos, Vortr. d. Bibl. Warburg 4, 1924, S. 229ff. (jetzt auch in: Kleine Beiträge zur klassischen Philologie, Bd. 2, Roma 1964, S. 233ff.).

[117] Vgl. Curtius, S. 27ff. (›Dante und die antiken Dichter‹). Unter Berufung auf die mittelalterliche Kontinuität bestreitet deshalb Schings, Die patristische und stoische Tradition ..., S. 6 Anm. 20 eine wirkliche ›Neuentdeckung‹ der silbernen Latinität im 17. Jahrhundert.

[118] Curtius neigte bei solchen Fragen (in berechtigter Opposition gegen das ahistorische Spontaneitäts-Denken) bisweilen zu etwas vorschneller, vereinfachender Kausallösung, so S. 285: »Wenn die Spanier des 17. Jahrhunderts zwei so erklügelte und gesuchte Metaphern wie ›Wassersucht‹ und ›Vogelzither‹ verwenden und wenn die lateinischen Dichter des 12. Jahrhunderts das auch tun, so genügt diese Tatsache allein (!), um die Abkunft des spanischen ›Barock‹ aus der mittellateinischen Theorie und Praxis zu erweisen«. Friedrich formuliert im allgemeinen vorsichtiger, er rechnet sowohl mit einem ›internen Heranwachsen‹ wie mit ›Dispositionen‹, auch bei der Rezeption der kaiserzeitlichen Literatur im 17. Jahrhundert (Epochen ..., S. 593ff., bes. 613f.).

[119] Grundlegend für die damit verbundenen Probleme ist das 10. Buch von Quintilians ›Institutio oratoria‹ (s. besonders 10, 1, 2f.).

[120] Vgl. Nietzsches oben zitierte Charakteristik der ›barocken‹ Philosophie auf

die *elaboratio* völlig zu programmieren; stets liegt die letzte Entscheidung bei *aptum* und *iudicium*, und diese beiden Instanzen objektivieren sich in den *exempla*, nicht in den *praecepta*[121]. Im Fall des Briefstils etwa wird das *iudicium* sich verschieden entscheiden können, je nachdem ob das *exemplum* Cicero oder das *exemplum* Seneca zugrundegelegt wird; ein Huldigungsgedicht kann sich am Maßstab Horaz oder auch an Statius oder Claudian orientieren. Figurenlehre, Affektenlehre und Gattungslehre etwa brauchen sich dabei kaum zu ändern; sie behalten ihre ›Klassizität‹[122].

Hier liegt der eigentliche Grund für jenes seltsame, scheinbar schizophrene Verhältnis von Theorie und Praxis in der Literatur des 17. Jahrhunderts. Goethe, Burckhardt und Nietzsche bereits waren sich darin einig, daß ›barocke‹ bzw. ›manieristische‹ Züge nur auf der Basis eines klassizistischen Systems entstehen, durch Grenzüberschreitungen der Norm, und seien sie auf den ersten Blick noch so gering. Beim Umspringen der Quantität in die Qualität genügen Nuancen[123].

Für eine Literaturauffassung, die – wie diejenige des 17. Jahrhunderts – auf dem Prinzip der *imitatio* aufbaut[124], bedeutet eine Verschiebung im Grundbestand der *exempla* Entscheidendes[125]. Die deut-

---

dem Hintergrund der jetzt erschlossenen rhetorischen Theorie des 17. Jahrhunderts.

[121] Die Schwierigkeiten der theoretischen Fixierung zeigt mit aller Deutlichkeit Fischer, S. 184ff. (dort weitere Literatur). In der Zeit des Humanismus kam es sogar vor, daß die *exempla* über die *doctrina* gestellt wurden, so im Fall Cicero. Man hört »oft die Meinung, man lerne die Redekunst besser aus Cicero's Reden als aus seinen Theorien«: G. Vogt, Die Wiederbelebung des classischen Alterthums oder Das erste Jahrhundert des Humanismus, 2 Bde., Berlin ⁴1960 (dort Bd. 2, S. 442).

[122] Damit soll nicht gesagt werden, daß diese drei Gebiete die ganze rhetorische Theorie ausmachen; sie lassen nur besonders klar den instrumentalen Charakter wichtiger Bereiche der *doctrina* erkennen (im Zusammenhang des Bildungswesens wird das Problem ›Propädeutik‹ noch ausführlicher behandelt werden).

[123] Das Revolutionäre des Tristan-Akkords besteht in einer leichten chromatischen Verschiebung des harmonischen Systems.

[124] Die von Opitz in der ›Poeterey‹ vertretene Auffassung, man müsse von den Alten »den rechten grieff« erlernen (fol. C3ᵇ, in der Forschung häufig auf die Theorie eingeengt), gehört zum Grundbestand der Rhetoriken und Poetiken des 17. Jahrhunderts; auch hier tritt erst bei Weise eine wesentliche (›politisch‹ motivierte) Umwertung ein.

[125] Selbstverständlich vollzog sich diese Verschiebung nicht ohne Widerstände, vor allem von seiten des konservativen Humanismus (dazu u. S. 255f.). Es ist bezeichnend, wie noch Weise um das prinzipielle Recht kämpft, den lateinischen Stil nicht nur aus dem ›goldenen‹ Zeitalter Ciceros zu wählen, sondern auch »ex argenteo Senecae« (Thema der Vorrede zu ›De poesi hodiernorum politicorum‹, Jena u. Helmstedt 1678; das Zitat fol. 6ᵃ; vgl. auch ›Curiöse Gedancken Von Deutschen Brieffen‹, Dresden 1691, S. 416f.: Seneca, Curtius und

sche Barockforschung hat dem noch kaum Aufmerksamkeit geschenkt. Während Williamson die Rezeption des senecanischen Prosastils in ihrer tiefgreifenden Wirkung auf die englische Literatur des 16. und 17. Jahrhunderts untersuchte[126], während Croll die Bedeutung der ›anti-ciceronianischen‹ Tacitusrenaissance für die Ausbildung der ›barocken‹ Prosa Englands und Frankreichs darstellte[127], ist für den Bereich der deutschen Barockliteratur nichts dergleichen geschehen[128]. Vielleicht an erster Stelle wäre auch hier die Wirkung des Tacitus zu analysieren[129], dessen Stilvorbild (unter dem Begriff der *brevitas* oder ›Kurzbündigkeit‹)[130] sich vor allem in der Romanprosa zunehmender Beliebtheit erfreut, man denke etwa an Zesens ›Assenat‹[131]. Aber auch Gryphius' Prosa-Vorrede zum ›Papinian‹ verrät in ihrem komma-

---

Lipsius als Vorbilder eines knappen, ›sententiösen‹ Stils). Unter den Barockautoren steht Weise mit seiner Tendenz zu einer nichtklassischen Lateinpraxis keineswegs allein.

[126] G. Williamson, Senecan style in the seventeenth century, Philol. Quart. 15, 1936, S. 321 ff.; dann erweitert zu: The Senecan amble. A study in prose form from Bacon to Collier, Chicago 1951. Weitere Literaturangaben zur »Unterscheidung zwischen einem ciceronianischen und einem senecanischen ... Prosastil in der modernen Literatur« bei Blackall, S. 418 (hinzuzufügen D. L. Clark, Ancient rhetoric and English Renaissance literature, Shakespeare Quart. 2, 1951, S. 195 ff.).

[127] Vgl. den oben zitierten Sammelband ›Style, rhetoric, and rhythm‹. Für die Geschichte der Barockforschung ist es bemerkenswert, daß Croll Ende der 20er Jahre den mißverständlichen Begriff ›Attic prose‹ durch ›Baroque prose‹ bzw. ›Baroque style‹ ersetzte (so z. B. in dem 1929 erschienenen Aufsatz: The Baroque style in prose, a.a.O., S. 207 ff.).

[128] Einen Versuch, den Einfluß lateinischer Tradition auf die deutsche Prosa des 16. Jahrhunderts zu zeigen, unternahm H. Gumbel, Deutsche Sonderrenaissance in deutscher Prosa. Strukturanalyse deutscher Prosa im sechzehnten Jahrhundert (Dt. Forschungen. 23), Frankfurt a. M. 1930, bes. S. 23 ff.

[129] Dies fordert auch L. Forster, Nachwort zum Faksimiledruck von: Justus Lipsius, Von der Bestendigkeit (Sammlg. Metzler. 45), Stuttgart 1965, S. 26*.

[130] Zur Tradition dieser Kategorie vgl. Curtius, S. 479 ff. (›Kürze als Stilideal‹); H. Rüdiger, Pura et illustris brevitas, in: Konkrete Vernunft. Festschr. f. E. Rothacker, Bonn 1958, S. 345 ff. »Wer schreibt kürzer/ als Salustius und Tacitus?«, heißt es, der communis opinio gemäß, bei Kindermann-Stieler, ›Teutscher Wolredner‹, Wittenberg 1680, S. 23. Häufig wird *brevitas* auch als Generalnenner für die gesamte silberne Latinität benutzt, so in Vossius' Schulrhetorik (s. u. S. 274).

[131] Es ist der erste von Zesens Altersromanen (vgl. G. Müller, Deutsche Dichtung ..., S. 245) und zeigt beim Vergleich mit den früheren deutliche Spuren eines an Tacitus orientierten Lakonismus (vgl. auch Flemming, Das Jahrhundert des Barock, in: Annalen ..., S. 382). Zur bisherigen Forschung s. V. Meid, Nachwort zum Faksimiledruck der ›Assenat‹ (Dt. Neudr., R.: Barock. 9), Tübingen 1967, S. 3 ff. In der Vorrede zur ›Assenat‹ betont Zesen zusätzlich die Nähe seiner Darstellung zur Historiographie (fol. VI^a ff.) – ein wichtiges Moment, das auch die Stilform mit legitimieren soll.

tisch-elliptischen, zu gewählter *obscuritas* tendierenden Stil deutlich das tacitische Muster[132]. Stachels verdienstvoller Versuch über ›Seneca und das deutsche Renaissancedrama‹ (vom Jahre 1907) fand keine Nachfolge[133]. Was man sonst an gelegentlichen Hinweisen in der Forschung findet, steht meist unter der wenig glücklichen Konzeption des ›Nachlebens‹[134] (das entsprechende englische Wort ›influence‹ trifft auch den imitatorischen Aspekt der Tradition wesentlich besser).

Die einzige Arbeit, die einen exemplarischen Ausschnitt aus diesem weiten Gebiet entschlossen aufgegriffen hat, ist die Habilitationsschrift von Karl Otto Conrady: ›Lateinische Dichtungstradition und deutsche Lyrik des 17. Jahrhunderts‹ (1962)[135]. Vier geschichtliche Stufen versucht Conrady mit Hilfe von Einzelinterpretationen sichtbar zu machen: ›klassische römische Lyrik‹ (wesentlich Horaz, dazu Elegiker); ›nachklassische Lyrik‹ (Statius, Claudian, Sidonius); ›neulateinische Lyrik‹ (besonders Lotichius, Celtis, Schede Melissus, Taubmann); ›deutsche Lyrik des 17. Jahrhunderts‹ (Opitz, Gryphius). Die Ergebnisse, die beim Vergleich der beiden ersten Stufen gewonnen werden, sind im Prinzip nicht neu: zunehmende ›Rhetorisierung‹ der Dichtung seit Ovid, spürbar vor allem an der Tendenz zu ›Aufweitung‹, ›Häufung‹, ›Künstelei‹[136]. Um so überraschender wird das Bild beim ›Sprung‹[137] in die Zeit des Humanismus: neben Gedichten, in denen die klassische, horazische, ›mittlere‹ Ebene des Sprechens nicht verlassen wird[138], finden sich immer häufiger Texte, in denen die Rhetorisierung der kaiserzeitlichen Poesie nicht nur imitiert, sondern durch ›insistierende Nennung‹, verschiedene Formen der Häufung, Asyndetik, ›Künsteleien‹, Pointenspiel und aufgeschwellte Metaphorik konsequent weiterentwickelt ist: ›barocke‹ Poesie im 16. Jahrhun-

---

[132] Szyrocki–Powell 4, S. 163ff.
[133] Oben S. 60 Anm. 99. Durch ein halbes Jahrhundert Forschung zur Barocktragödie ist das Buch freilich in vielem überholt; auch ist es oft zu stark dem bloßen ›Quellen‹-Denken verhaftet. Dies gilt noch stärker für die bereits genannte Arbeit von Levy zu Martial im 17. Jahrhundert (kaum mehr als eine Materialsammlung).
[134] Die Entwicklung dieses Forschungszweiges beschreibt Schindel, Demosthenes im 18. Jahrhundert, S. 1ff.
[135] Lateinische Dichtungstradition und deutsche Lyrik des 17. Jahrhunderts (Bonner Arb. z. dt. Lit. 4), Bonn 1962.
[136] A.a.O., S. 103ff. Für einzelne dieser Züge (besonders bei Statius) verwendet Conrady auch bereits den Begriff ›manieristisch‹ (im Anschluß an Curtius und Hocke; Friedrichs Statius-Aufsatz erscheint erst ein Jahr danach).
[137] So bezeichnet Conrady (S. 114) selbst seine Methode.
[138] Als Hauptbeispiel dient die Elegie I 1 des Lotichius.

dert[139]. Das Weitere ergibt sich nahezu von selbst; die deutschsprachige Lyrik des 17. Jahrhunderts entsteht auf dem Boden der neulateinischen Poesie, wobei Opitz mehr den klassizistischen Pol[140], Gryphius durch weitere »Intensivierung rhetorischer Formungen«[141] den eigentlich barocken Pol verkörpert.

Conradys Ergebnisse haben mit Recht Aufmerksamkeit erregt[142]; vor allem die Verschiebung der Barock-Perspektive bis weit ins 16. Jahrhundert hinein veränderte das Bild der geschichtlichen Entwicklung nicht unwesentlich und stellte den Sinn des Barockbegriffs erneut in Frage. Auch die Kategorie der ›lateinischen Tradition‹ schien (trotz Wentzlaff-Eggeberts Gryphius-Arbeit von 1936)[143] erst jetzt in ihrer vollen Relevanz entdeckt[144], freilich nur ausschnittsweise und in zwangsläufig starker Abstraktion: nicht berücksichtigt ist das von Curtius so entschieden ins Blickfeld gerückte Bindeglied Mittelalter[145], das Zusammenspiel mit anderen Traditionen und Vorbildern wie Petrarkismus[146] oder Pléiade-Dichtung[147], auch die zweite Hälfte des 17. Jahrhunderts, der ganze Bereich der Prosa – und die Tradition der rhetorischen Theorie.

---

[139] Vgl. den Kommentar zu einem Gedicht des Marullus: »Ein ›barockes‹ Gedicht kann nicht barocker sein« (a.a.O., S. 146).

[140] Von »der deutschsprachigen ›Opitz-Ebene‹ des 17. Jahrhunderts« spricht Conrady vorgreifend S. 120; ausgeführt S. 195ff.

[141] A.a.O., S. 222ff.

[142] Exemplarisch genannt sei die ausführliche Rezension von L. Forster, GGA 216, 1964, S. 63ff.

[143] F.-W. Wentzlaff-Eggebert, Dichtung und Sprache des jungen Gryphius. Die Überwindung der lateinischen Tradition und die Entwicklung zum deutschen Stil (Abh. Berlin, Phil.-hist. Kl. 1936/7), Berlin 1936; jetzt in 2., stark erweiterter Auflage Berlin 1966 (dort S. 129ff. eingehende Auseinandersetzung mit Conrady).

[144] Vgl. die Forschungsberichte: K. O. Conrady, Die Erforschung der neulateinischen Literatur. Probleme und Aufgaben, Euphorion 49, 1955, S. 413ff.; J. Ijsewijn, De studie van de neolatijnse letterkunde: resultaten en opgaven (Handelingen XVII der Koninglijke Zuidnederlandse Maatschappij voor Taal- en Letterkunde en Geschiedenis), Brüssel 1963; ders.: De studie van de neolatijnse letterkunde: bibliografisch supplement (Handelingen XIX ...), Brüssel 1965.

[145] Die Grenze zur Antike zieht Conrady im 5. Jahrhundert bei Sidonius (S. 105ff.). Als Grund für die Aussparung des Mittelalters dient die »Geringschätzung, mit der die Neulateiner das Mittelalterliche bedenken« (S. 114).

[146] Vgl. die oben genannten Arbeiten.

[147] Die Notwendigkeit, neben der lateinischen Tradition das Vorbild Frankreich mit einzubeziehen (vgl. schon Opitz, ›Buch von der Deutschen Poeterey‹, passim), zeigt A. Beckmann, Motive und Formen der deutschen Lyrik des 17. Jahrhunderts und ihre Entsprechungen in der französischen Lyrik seit Ronsard (Hermaea, N.F. 5), Tübingen 1960.

e. Ein Beispiel: das Geleitgedicht

Es ist bezeichnend für die Situation, in der sich die traditional orientierte Erforschung der deutschen Barockrhetorik gegenwärtig befindet, daß aus verschiedenen Richtungen gleichsam Stichgräben vorgetrieben werden; aber sie sind noch weitgehend voneinander isoliert. Wie ein Zusammenspiel der traditionalen Methoden möglicherweise erreicht werden könnte, sei an einem vergleichsweise einfachen, überschaubaren Beispiel noch kurz angedeutet: dem Geleitgedicht (Propemptikon)[148].

Aus den natürlichen Gegebenheiten der archaischen griechischen Gelegenheitspoesie (im vorgoetheschen Sinn)[149] hervorgewachsen und bei Sappho[150], Alkaios[151] und Solon[152] zum ersten Mal als eigenständige Gattung erkennbar[153], wird das Propemptikon in der hellenistischen Dichtung ›literarisiert‹ und zum Gegenstand des poetischen Spiels[154]. Römische Dichtung (Lucilius, Helvius Cinna, Horaz, Elegiker, Ovid, Statius)[155] und späthellenistische Rhetorik (besonders Menander, ein Vertreter der Zweiten Sophistik)[156] entwickeln – in einem schwer bestimmbaren Verhältnis zueinander stehend[157] – feste Topiken und Aufbauschemata, die dann gemeinsam tradiert (Paulinus von Nola, Sidonius u. a.) und vom Humanismus (Vida, Scaliger) rezipiert

---

[148] Eine Spezialuntersuchung liegt nur für den Bereich der Antike vor: F. Jäger, Das antike Propemptikon und das 17. Gedicht des Paulinus von Nola, Diss. München 1913 (in Einzelheiten der Interpretation mittlerweile überholt, für die griechische Lyrik schon seinerzeit unvollständig).

[149] Vgl. R. Haller, Artikel ›Gelegenheitsdichtung‹, RL ²I, S. 547ff.; außerdem H. Rüdiger, Göttin Gelegenheit. Gestaltwandel einer Allegorie, Arcadia 1, 1966, S. 121ff.

[150] Fr. 5 und 15 Lobel-Page. Dazu W. Schadewaldt, Sappho, Potsdam 1950, S. 134ff. Eine parodierte Form bereits bei Archilochos (Fr. 79a Diehl).

[151] Fr. 286a Lobel-Page. Dazu Verf., Neuere Alkaios-Papyri aus Oxyrhynchos (Spudasmata. 14), Hildesheim 1966, S. 3ff.

[152] Fr. 7 Diehl.

[153] E. Burck, Artikel ›Propemptikon‹, Lexikon der Alten Welt, Zürich u. Stuttgart 1965, Sp. 2447 nimmt dies erst für die Zeit des Hellenismus an.

[154] Die Entwicklung ist bereits im attischen Drama erkennbar (Euripides, Aristophanes); die spärlichen Reste aus der hellenistischen Dichtung stammen von Erinna, Theokrit, Kallimachos, Parthenios.

[155] Einzelnachweise in der genannten Arbeit von Jäger, S. 15ff.

[156] Rhetores Graeci III, p. 395ff. Spengel; vgl. R. Volkmann, Die Rhetorik der Griechen und Römer, Leipzig ²1885, S. 350f.

[157] Wahrscheinlich spiegeln die propemptischen Anweisungen Menanders eine bereits seit langem bestehende rhetorische Tradition; aber für den klaren Nachweis eines Einflusses dieser Tradition auf die erhaltenen römischen Propemptika reichen die Zeugnisse nicht aus.

werden. Vor allem durch Scaligers Vermittlung[158] dringen *exempla* (besonders Horaz[159] und Statius[160]) und *praecepta* (meist nach Menander) als geschlossener rhetorisch-poetischer Komplex in die Literatur des 17. Jahrhunderts ein[161]. Rhetoriken und Poetiken (Vossius[162], Birken[163], Morhof[164], Weise[165], Omeis[166] u. v. a.) bauen diese Theorie unter Berücksichtigung neuerer *exempla* aus; zahlreiche Autoren (darunter Opitz, Fleming, Dach, Kaldenbach, Tscherning, Birken, Hofmannswaldau, Mühlpfort, Weise und Neukirch)[167] pflegen die Gattung des Propemptikon als festen Bestandteil des Kanons rhetorisierter Gelegenheitsdichtung. Noch als Klopstock im Jahre 1751, vom dänischen König eingeladen, nach Kopenhagen reist, widmen ihm Gleim[168] und Zachariae[169] Geleitgedichte, die deutlich in der hier skizzierten Tradition stehen[170].

Die Interpretation wird also, wenn sie sich geschichtlich orientiert, im Prinzip stets beide rhetorischen Traditionen, die der Theorie und die der Praxis, zu berücksichtigen haben. Über die sinnvollste Methodik auf diesem Gebiet rhetorisch-traditionaler Forschung wird nur die Erfahrung entscheiden können. In jedem Fall aber dürfte es angebracht sein, auch unter dem Aspekt der Tradition die Stilphänomene nicht zu isolieren[171]. Am Beispiel der Rezeption der kaiserzeitlichen, silbernen Latinität wird dies sofort einsichtig. Keiner der Autoren erregt nur seiner rhetorischen, barocken oder auch manieristischen

---

[158] ›Poetices libri septem‹, (Lyon) 1561, S. 156f.
[159] Carm. 1,3 (für Vergil) und epod. 1 (für Maecenas); vgl. epod. 10.
[160] Silv. 3,2 (für Maecius Celer). Das Gedicht (143 Hexameter) enthält praktisch die gesamte propemptische Tradition.
[161] Hinweise auf die späthumanistische Praxis bei E. Trunz, Der deutsche Späthumanismus um 1600 als Standeskultur, Zs. f. Gesch. d. Erz. u. d. Unterr. 21, 1931, S. 17ff.; jetzt in: Deutsche Barockforschung, S. 147ff. (dort S. 164 u. 179).
[162] ›Rhetorice contracta‹, Leipzig 1660, S. 181ff.
[163] ›Teutsche Rede-bind- und Dichtkunst‹, Nürnberg 1679, S. 279ff.
[164] ›Polyhistor‹, Lübeck ³1732, S. 695f.
[165] ›De poesi hodiernorum politicorum‹, Jena u. Helmstedt 1678, S. 261ff.; vgl. ›Curiöse Gedancken von Deutschen Versen‹, Leipzig ³1702, S. 126ff.
[166] ›Gründliche Anleitung zur Teutschen accuraten Reim- und Dicht-Kunst‹, Nürnberg 1704, S. 179ff.
[167] Der Überfülle des Materials wegen sei hier nur auf die von Omeis, a.a.O., S. 180 zusammengestellten Quellenangaben verwiesen.
[168] ›Oden nach dem Horaz‹, Reutlingen 1795, Bd. 2, S. 287.
[169] ›Poetische Schriften‹, Karlsruhe 1777, S. 423ff.
[170] Dabei überwiegt freilich das Vorbild Horaz, vgl. E. Stemplinger, Das Fortleben der horazischen Lyrik seit der Renaissance, Leipzig 1906, S. 79ff.
[171] Zur Frage nach dem sozialen und pädagogischen ›Kontext‹ der Barockrhetorik s. u. S. 133ff.

Stilqualitäten wegen im 17. Jahrhundert ein neues Interesse; jeder von ihnen wird zugleich rezipiert im Zeichen einer geschichtlichen, sozialen, weltanschaulichen Verwandtschaft: Tacitus als Historiker einer monarchischen Epoche[172], Seneca als Verkörperung des Stoizismus[173], Juvenal als pessimistischer Zeitkritiker[174], Statius und Claudian als Vertreter höfischer Poesie[175].

5. ›Rhetorik‹ und ›Barockliteratur‹: die Notwendigkeit einer Neuorientierung

a. Aporien inadäquater Rhetorikbegriffe

»Es mag wohl kaum einen literarischen Hauptbegriff geben, der im Laufe der kurzen Zeitspanne, die uns von der Goethezeit trennt, so stark dem Verfall und der Aushöhlung anheimgefallen wäre wie ...

---

[172] Dazu die Arbeiten von Croll sowie J. von Stackelberg, Tacitus in der Romania. Studien zur literarischen Rezeption des Tacitus in Italien und Frankreich, Tübingen 1960 (wichtig auch für Deutschland). Ein Sonderfall ist das Interesse Seckendorffs (des Theoretikers und Praktikers der absolutistischen Staatsform) für Lucan (den Verehrer der Republik); vgl. F. Gundolf, Seckendorffs Lucan (SB Heidelberg, Phil.-hist. Kl. 1930/31, Abh. 2), Heidelberg 1930.

[173] Schings, Die patristische und stoische Tradition ... (mit weiterer Literatur). Der Doppelaspekt gilt sogar noch für die Sekretariatkünste: Seneca ist nicht nur beliebtes Stilmuster, er zeigt auch, »wie wir leben sollen«; davon »sind des Senecae Bücher überreich/ und daher einem Sekretarien sehr nöthig und nützlich zulesen« (Stieler, ›Teutsche Sekretariat-Kunst‹, 2. Teil, Nürnberg 1673, S. 141).

[174] Highet, Juvenal the satirist, S. 215ff.

[175] An Claudian läßt sich dies am besten zeigen. T. Birt, Vorrede zur Claudian-Ausgabe in MGHist., auct.ant. X, Berlin 1892, S. Iff. erfaßt nur die Zeit bis zum 11. Jahrhundert. Für die allmähliche Aufwertung Claudians im Zeitalter des Humanismus vgl. Enea Silvio Piccolomini: »Claudianum et qui argonauticum scripsit minime contemnendos iudicauerim« (›Opera‹, Basel 1551, S. 984; aus ›De liberorum educatione‹, a.a.O., S. 965ff.). Entscheidend für die deutsche Barockliteratur wurde wohl das Urteil Scaligers (›Poetices libri septem‹, S. 321ff.; von Scaliger stammt bekanntlich auch eine Claudian-Ausgabe). Großer Beliebtheit erfreute sich der ›Raub der Proserpina‹ (Hofmannswaldau, Lohenstein, Neukirch; Morhof hielt ein Kolleg darüber). Neukirch empfahl dem, der »ein galanter dichter« werden will, unter den lateinischen Vorbildern »auffs höchste den Claudianus« (Vorrede zur Sammlung ›Herrn von Hoffmannswaldau ... Gedichte‹, 1. Teil, Leipzig 1697, fol. b7ᵃf.). Für Balde (s. u. S. 375) und Weise (s. u. S. 262) standen mehr die höfischen Enkomien im Vordergrund (dazu jetzt H. L.Levy, Themes of encomium and invective in Claudian, TAPhA 89, 1958, S. 336ff. mit weiterer Literatur). Weise, ›Kurtzer Bericht vom Politischen Näscher‹, Leipzig u. Zittau 1680, S. 140 erkannte im zweiten Buch der ›Laudes Stilichonis‹ eine hochaktuelle »Idea boni Aulici«.

der Begriff der Rhetorik«. Was Herman Meyer vor einem Jahrzehnt feststellen mußte, als er Schillers philosophische Rhetorik analysierte[1], scheint für den Bereich der literarischen Barockforschung schon nicht mehr zuzutreffen. Aus einem unverstandenen, unbequemen und folglich verdrängten Phänomen ist ein Schlüsselbegriff geworden. »So ist für den Barock überhaupt eine rhetorisch-dialektische Äußerungsweise kennzeichnend«, heißt es in einer neueren Gryphius-Monographie[2], und ein anderer Autor bezeichnet »die rhetorische Grundhaltung« geradezu als »das Kernproblem der Barockdichtung«[3].

Die Berufung auf den von Günther Müller postulierten ›rhetorischen Grundzug‹ bzw. die ›rhetorische Grundhaltung‹ wurde während der letzten Jahre fast zu einem Topos in Arbeiten über die Literatur des 17. Jahrhunderts[4]. In keinem anderen Zweig der Germanistik scheint der Siegeszug der Kategorie Rhetorik derart eindrucksvoll wie in der Barockforschung. So begrüßenswert und notwendig es war, daß der Rhetorikbegriff (wenigstens innerhalb der Wissenschaft) allmählich von seinen pejorativen Akzenten befreit wurde, so unbestreitbar ist die Gefahr, daß er jetzt lediglich zu einem nebulösen Modewort nach Art des Barockbegriffs wird[5]. Die bedeutungsvoll klingende, aber sachlich abstruse Prägung ›Para-Rhetorik‹[6] zeigt vielleicht am deutlichsten, welchen Mißverständnissen der Rhetorikbegriff auch bei solchen Autoren ausgesetzt ist, die ihm nicht von vornherein ablehnend gegenübertreten[7].

Vergleichsweise einfach dürfte die inhaltliche Fixierung auf dem Gebiet der Literaturtheorie des 17. Jahrhunderts sein: Rhetorik umfaßt denjenigen Lehr- und Wissensstoff, den die verschiedenen Arten von ›Rhetoriken‹ (unter Titeln wie ›Ars rhetorica‹, ›Institutio orato-

---

[1] Schillers philosophische Rhetorik, S. 350f. Vgl. Gadamer, Bemerkungen ueber den Barock, S. 61: »Auf dem Begriff der Rhetorik und des Rhetorischen lag fuer das deutsche Wertbewusstsein ... anderthalb Jahrhunderte lang ein negativer Akzent. In der Ueberwindung des barocken Stilideals hatte Goethe Epoche gemacht«.

[2] W. Flemming, Andreas Gryphius. Eine Monographie (Sprache u. Lit. 26), Stuttgart usw. 1965, S. 39.

[3] Van Ingen, S. 47 (»Das Barock ist geradezu die Epoche der Allherrschaft der Rhetorik«, ebda.).

[4] Häufig wird das Thema im Zusammenhang der ›Distanzhaltung‹ bzw. der ›Nicht-Erlebnisdichtung‹ angeschnitten oder löst gar diesen älteren Topos ab.

[5] Auch die so verdienstvolle (und in Deutschland kaum beachtete) amerikanische ›Rhetorik‹-Bewegung hat dieser Gefahr nicht ganz ausweichen können.

[6] Oben S. 38.

[7] Vgl. Hockes Versuch, die Bedeutung der Rhetorik auch für die Moderne herauszustellen: Manierismus in der Literatur, S. 62ff.

ria‹, ›Anweisung zur Oratorie‹, ›Deutscher Redner‹ usw.) in enger Anlehnung an die antik-mittelalterlich-humanistische Tradition vermitteln; als Sonderformen gehören hierzu auch Briefsteller[8] sowie die Predigtlehren[9]. Schwieriger wird die Definition in dem Augenblick, wenn man, von der Basis der Lehrbücher ausgehend, den Begriff ›rhetorisch‹ auf konkrete Texte oder Stiltendenzen überträgt.

Die wenigen Arbeiten, die in den letzten Jahren einen solchen Versuch unternommen haben, zeigen deutlich eine Tendenz, das Rhetorische auf normative Sprachregelung oder gar auf Klassizismus zu beschränken. So geht zum Beispiel Windfuhr völlig zu Recht von der Voraussetzung aus: »In der Zeit vom Humanismus bis zum Rokoko bewegen sich Betrachtung und Praxis der Bildlichkeit überwiegend in den Bahnen der Rhetorik«[10]. Und er stellt beim Vergleich mit früheren Epochen fest: »In der Barockzeit werden auch Bildbereiche zu einem guten Teil rhetorisiert, die vorher außerhalb gestanden hatten: mystische, biblische und umgangssprachliche«[11]. Windfuhr versteht Rhetorik also wesentlich als normative literarische Disziplin[12]. Bei dem weiteren Überblick über das 17. Jahrhundert aber heißt es auf einmal: »Einzelne Mystiker und Altprotestanten, die Altdeutschen und Pietisten lehnen den rhetorischen Stil aus verschiedenen Gründen ab und setzen sich für eigene Formen der Bildlichkeit ein«[13].

Der Satz ist in zweifacher Hinsicht unzutreffend (und zugleich charakteristisch für weitverbreitete Vorstellungen). Erstens pflegten beispielsweise ›die Pietisten‹ Rhetorik durchaus als normative, auch die Bildlichkeit einschließende Disziplin, sogar mit besonderem pädagogischen Einsatz[14]; von Ablehnung schlechthin kann also keine Rede

---

[8] Vgl. u. S. 155 ff.
[9] Für das 17. Jahrhundert ist dieses Gebiet noch kaum erschlossen. Erste Hinweise in der schon genannten Arbeit von Dyck, Ornatus und Decorum im protestantischen Predigtstil des 17. Jahrhunderts; vgl. auch die weiter unten angegebene Literatur zur Leichenpredigt.
[10] Windfuhr, S. 1 (es ist der erste Satz der Einleitung; der zweite: »Weder vorher noch nachher ist die Geschichte der deutschsprachigen dichterischen Metaphorik so eng mit den rhetorischen Grundsätzen verbunden«, ebda.).
[11] A.a.O., S. 2. Daß die Bildlichkeit der Mystik in vorbarocker Zeit ›außerhalb‹ der Rhetorik gestanden hat (vgl. auch G. Müller, Deutsche Dichtung ..., S. 204), ließe sich bezweifeln; vgl. etwa K. Brethauer, Die Sprache Meister Eckeharts im Buch der göttlichen Tröstung, Diss. Göttingen 1931; A. Korn, Das rhetorische Element in den Predigten Taulers, Diss. Münster 1927.
[12] Dies bestätigt sich auf breiter Basis im Kapitel ›Rhetorik der Metaphorik‹ (Windfuhr, S. 78 ff.).
[13] A.a.O., S. 2 f.
[14] Vgl. Franckes Ordnung für das Pädagogium in Glaucha, auszugsweise abge-

sein. Zweitens gibt es »den rhetorischen Stil« überhaupt nicht, auch nicht in der Barockepoche, und auch nicht in der Theorie; gerade die Arbeit von Fischer hat gezeigt, welch eine Fülle von ›rhetorischen Stilen‹ die Theorie – vor allem in der zweiten Hälfte des 17. Jahrhunderts – ermöglicht[15]. Windfuhr meint eine bestimmte (von ihm des näheren beschriebene) Tendenz zur metaphorischen Fülle und Steigerung und setzt sie kurzerhand mit ›rhetorisch‹ gleich[16].

Anders akzentuiert, aber gleichermaßen unsachgemäß scheint der Rhetorikbegriff in Wiedemanns Klaj-Monographie. Hier führt die schon erwähnte starke Abhängigkeit von der ›Pararhetorik‹-Konzeption Hockes praktisch dazu, daß Rhetorik mit Klassizismus identifiziert wird[17]. Dabei bringt Wiedemann eine ganze Reihe konkreter sprachlicher Beobachtungen, die sich auch von den Rhetoriklehrbüchern her interpretieren ließen. Wenn Klajs Stilkunst trotzdem mit dem Begriff ›Rhetorik‹ nicht mehr zu fassen sein soll, weil eine innere (durch die Vorstellung ›Engelsmusik‹ repräsentierte)[18] Sprachkraft sie übersteigert, so hat dies konsequenterweise für die gesamte hoch- und spätbarocke Literatur zu gelten. Vor allem ein Autor wie Abraham a Sancta Clara, der ja schlechterdings alle Regeln des Klassizismus durchbricht[19], müßte ganz aus dem Bereich der Rhetorik ausscheiden.

Aber welchen Sinn soll ein Rhetorikbegriff noch haben, der einem Abraham a Sancta Clara nicht mehr gerecht wird? Angesichts dieser Aporie dürfte es zweckmäßig sein, sich der Konzeption Nietzsches zu erinnern, die nicht primär von der Vorstellung eines starren, ein-

---

druckt bei E. Garin, Geschichte und Dokumente der abendländischen Pädagogik 3. Von der Reformation bis John Locke (rde. 268/69), Reinbek 1967, S. 223ff.

[15] Fischer, S. 147ff.

[16] Sehr bezeichnend ist das Resümee, das Windfuhr (S. 3) für die genannten oppositionellen Gruppen zieht: »im ganzen wirkt sich ihr antirhetorischer Einsatz für den Barockstil nachteilig aus«. Ähnlich wie bei Hocke, nur von der entgegengesetzten Position aus wird hier der Rhetorikbegriff eingeengt, so daß schließlich Manieristen auf der einen, Mystiker, Altprotestanten, Altdeutsche und Pietisten auf der anderen Seite sich in Opposition zur ›Rhetorik‹ befinden – wobei Rhetorik einmal als Klassizismus, einmal als Barock verstanden wird.

[17] Wiedemann, Johann Klaj . . . , S. 85ff.

[18] A.a.O., S. 57ff. Näher ausgeführt in dem Beitrag: Engel, Geist und Feuer. Zum Dichterselbstverständnis bei Johann Klaj, Catharina von Greiffenberg und Quirinus Kuhlmann; in: Literatur und Geistesgeschichte. Festschr. f. H. O. Burger. Hrsg. v. R. Grimm u. C. Wiedemann, Berlin 1968, S. 85ff.

[19] Selbst Günther Müller konstatiert deshalb bei ihm eine »nicht eigentlich rhetorische Predigtkunst« (Deutsche Dichtkunst . . . , S. 228; ›nicht eigentlich‹ meint hier: ›nicht im engeren, disziplinären Sinne‹).

gefahrenen Regelsystems, sondern von der Wirkungsintention des Sprachkünstlers ausging[20]. In dem Willen, das Gegenüber zu erreichen, anzusprechen, zu beeinflussen, zu bewegen, erkannte er die eigentliche Wurzel der Rhetorik. Es ist für ihn die gleiche Kraft, die – in einer bestimmten geschichtlichen Situation – zur Durchbrechung der klassischen Norm und damit zum ›Barockstil‹ führt.

b. Die Kategorie des Intentionalen

In der Überzeugung, daß rhetorische Sprachkunst nach ›Wirkung‹ strebt und ›Zwecke‹ verfolgt, stimmt Nietzsche nicht nur mit den antiken Rhetorikern überein[21], sondern auch mit der gesamten literarischen Theorie des 17. Jahrhunderts[22]. Ob *movere, persuadere, flectere, docere* oder *delectare* (mit ihren deutschen Äquivalenten) – stets wird Sprachkunst als intentionale Kunst definiert. Die Zeugnisse dafür sind Legion. Nach Meyfart bedeutet Redekunst: »also reden/ daß die jenigen/ an welche die Rede geschicht/ nach Gelegenheit der Zeit/ sittiglich und gewaltiglich überredet werden«[23]. Und nach Opitz ist »vberredung vnd vnterricht auch ergetzung der Leute ... der Poeterey vornemster zweck«[24]. Aber diese Theoreme werden nicht nur in den Lehrbüchern als Teile eines – mit Dyck zu reden – Argumentationssystems pflichtgetreu wiederholt, sondern sie begegnen immer wieder auch an Stellen, die von keinem unmittelbaren Systemzwang bestimmt zu sein scheinen:

> »Komt/ komt und höret an das liebliche Vermögen/
> Das unser Sprache hat die Hertzen zu bewegen/
> Hört dem Poeten zu/ was in gebundner Weiß
> In unsrer Mutterzung erlange klugen preiß«,

so endet das Einladungsgedicht, das Dilherr 1644 zur Aufführung von Klajs Redeoratorium ›Aufferstehung Jesu Christi‹ verfaßt[25]. Und

---

[20] Oben S. 15f.

[21] Vgl. die Übersicht bei H. Hommel, Artikel ›Rhetorik‹, Lexikon der Alten Welt, Sp. 2611ff. (bes. Sp. 2611f.); auch Volkmann, Die Rhetorik der Griechen und Römer, S. 2ff. Die Tradition verfolgt bis ins 19. Jahrhundert: Dockhorn, Die Rhetorik als Quelle des vorromantischen Irrationalismus in der Literatur- und Geistesgeschichte.

[22] Dyck, S. 33ff. u. 79ff.; Fischer, S. 83ff.

[23] ›Teutsche Rhetorica‹, Frankfurt a. M. 1653, S. 58.

[24] ›Buch von der Deutschen Poeterey‹, fol. B4ª u. B4ᵇ.

[25] Zitiert nach Wiedemann, Johann Klaj ..., S. 35.

74

Rist gibt als erfahrener Schauspieler und Stückeschreiber eine beredte Darstellung des Theaters, dessen Wirkung so überwältigend ist, »daß ein Mensch den anderen durch seine Rede, Sitten und Bewegung kan zwingen, daß er seine Neigung nach des Spielers eigenem Belieben muß richten«[26].

So verschieden der Ansatzpunkt bei Opitz, Dilherr und Rist sein mag (die Namen ließen sich ohne Schwierigkeit durch andere ersetzen), so selbstverständlich vertreten alle drei die Auffassung, daß auch Poesie auf Wirkung angelegt ist: nicht nur das Drama oder das Redeoratorium, sondern selbstverständlich auch die Lyrik. Nach Buchner ist es »des Poeten Ambt .../ daß er zugleich belustige und lehre/ welches eben der Zweck ist/ dahin er allezeit zielen soll«[27]. Wie auch immer der ›Zweck‹ der Poesie definiert wird: daß sie überhaupt mit einem ›Zweck‹ verbunden sein soll, ist seit zwei Jahrhunderten in Deutschland zutiefst suspekt[28].

Für das 17. Jahrhundert ist es ein Axiom[29]. Es ist der eigentliche Kern jenes vielbesprochenen ›rhetorischen Grundzugs‹ der Barockdichtung, nicht bloß im Sinne einer bestimmten normativen Sprachregelung – worin sich Rhetorik angeblich erschöpfen soll –, sondern als fundamentale sprachliche Kraft, die Poesie und Beredsamkeit verbindet. Dabei ist es primär nicht wichtig, ob die Poesie ihres göttlichen Ursprungs wegen[30] über die Beredsamkeit gestellt wird (wie z. T. bei Harsdörffer)[31] oder als deren ›Dienerin‹ gilt (wie bei Weise)[32]. Das entscheidende und für nachgoethesches Literaturverständnis so

---

[26] Zitiert nach Flemming, Das schlesische Kunstdrama, S. 129f. Im Kontext ist deutlich das Vorbild der aristotelischen Tragödientheorie zu erkennen.

[27] ›Anleitung Zur Deutschen Poeterey‹, Wittenberg 1665, Teil II, S. 32. Hier ist Horaz Vorbild.

[28] Vgl. die oben S. 12ff. gegebenen Zitate von Goethe, Kant, Hegel, Adam Müller usw. Demgegenüber begegnet gerade ›Beredtheit‹ auch als Lyriker-Tugend, so in dem Grabgedicht auf Fleming, abgedruckt in: Fleming, ›Teütsche Poemata‹, Lübeck (1642), S. 670 (Autor: »C. H. Z.«).

[29] Fischer, S. 83ff.

[30] Als Ausgangspunkt dient regelmäßig die demokriteisch-platonische Konzeption des ἐνθουσιασμός (bzw. *furor poeticus*). Häufig wird Platon in diesem Zusammenhang ausdrücklich erwähnt, so schon bei Opitz, ›Buch von der Deutschen Poeterey‹, fol. B1ᵃ. Über den Argumentationscharakter auch dieses Theorems Dyck, S. 116ff.

[31] Die bekannteste Stelle: »OBwol der Redner fast alle Zierlichkeit deß Poeten gebraucht/ so ist doch seine Kunst gegen jenen zu achten/ als das Gehen gegen dem Dantzen« (›Poetischer Trichter‹, 2. Teil, Nürnberg 1648, S. 1). Harsdörffers Bewertung der beiden Künste ist aber nicht einheitlich, vgl. Hildebrandt-Günther, S. 46ff.; präziser Fischer, S. 37ff.

[32] ›Curiöse Gedancken Von Deutschen Versen‹, Leipzig ⁸1702, Teil II, S. 16 u.

befremdliche Moment liegt darin, daß beide, Poesie und Beredsamkeit, als *eloquentia ligata* und *eloquentia soluta*[33] unter einen gemeinsamen rhetorischen Begriff subsumiert werden[34]: als zweckgerichtete, intentional bestimmte Sprachkunst.

Für die Dichtung des Barock, insbesondere die Lyrik, sind die Konsequenzen aus dieser Auffassung erst teilweise gezogen worden. Wenn Conrady in einem gesonderten Abschnitt über ›nicht-lyrische Lyrik‹ mit Recht gegen Staigers romantisch-anthropologischen Lyrikbegriff opponiert[35], so führt er dabei im Grunde Günther Müllers Konzeption der ›Distanzhaltung‹ fort (die, in rhetorischen Kategorien gesprochen, auf der Trennung von *res* und *verba* beruht)[36]. Auch beginnt sich mittlerweile die Einsicht durchzusetzen: »Eine Unterscheidung zwischen sog. Gelegenheitsdichtung und sog. Erlebnisdichtung aufgrund des Fehlens bzw. Vorhandenseins der inneren Beteiligung des Dichters ist für das 17. Jahrhundert ein sinnloses Unternehmen«[37].

Doch das rhetorisch Zweckgerichtete, Intentionale der Barocklyrik will nicht nur gleichsam ex negatione verstanden sein. Die dialogischen, auf das Gegenüber zielenden Sprachzüge vieler Barockgedichte wären als positive, zueinander gehörige, typische Phänomene zu interpretieren. Einiges davon erfaßt Conradys Begriff des ›Deiktischen‹[38], und August Langen hat in seinem Buch ›Dialogisches Spiel‹

55f. Zur ›galanten‹ Version dieser Theorie bei Hunold-Menantes (Poesie als »eine galante Art der Eloquentz«) und bei Neumeister vgl. van Ingen, S. 28 Anm. 3 und Markwardt, S. 315. Das Einteilungsprinzip gilt entsprechend auch für die *exempla*: Johann Georg Pritius, ›Proben der Beredtsamkeit‹, Leipzig 1702 umfaßt sowohl Reden als auch Gedichte.

[33] Bei der Erörterung dieser (vor allem von Masen gebrauchten) Formel wird durchweg übersehen, daß bereits im Taciteischen ›Dialogus‹ (4,2; 10,4) *eloquentia* als Oberbegriff für Dichtung und Beredsamkeit verwendet wird (wohl vor allem durch die Position des Maternus evoziert, der seinen Übergang von der Rhetorik zur Poesie verteidigen will).

[34] Das Begriffspaar hat sich bekanntlich als ›Poesie‹ (bzw. Dichtung) und ›Beredsamkeit‹ (bzw. Prosa) bis ins 19. Jahrhundert hinein gehalten und die Einteilung des Gesamtgebietes Literatur bestimmt. Die komplizierten Umschichtungsvorgänge, die sich in den rhetorischen Zentralbegriffen zwischen Antike, Barockzeit und Gegenwart vollzogen haben (darunter die vorübergehende Reduktion des Wortes *rhetorica* auf Theorie oder gar auf Stillehre) können hier nicht im einzelnen dargestellt werden; einiges bei Stötzer, Deutsche Redekunst ..., S. 95ff.; Fischer, S. 22ff.; Jens, Von deutscher Rede, passim.

[35] Conrady, S. 52ff. (der Begriff ›Rhetorik‹ oder ›rhetorisch‹ erscheint in diesem Zusammenhang nicht).

[36] Dazu a.a.O., S. 46f.

[37] Van Ingen, S. 49 (für van Ingen ist ›Distanzhaltung‹, im Anschluß an Günther Müller, das wichtigste Charakteristikum rhetorischen Sprechens, a.a.O., S. 47ff.).

[38] Conrady, S. 177ff. u. ö. Für den dialogischen, intentionalen Zug der antiken

(1966)[39] auf die Bedeutung des ›Wechselgesangs‹ in der Barocklyrik hingewiesen. Als rhetorische Einheit aber begegnen diese Züge nur in der anregenden komparatistischen Studie ›Baroque lyric poetry‹ von Lowry Nelson (1961)[40]. Deutlich von der amerikanischen Rhetorikforschung beeinflußt, definiert er »the rhetorical situation« als »the complex and dynamic relationship between speaker, audience, and reader«[41], faßt die Situation – etwas mißverständlich – als ›drama‹[42] und interpretiert mit Hilfe dieses Modells ausgewählte Gedichte von Ronsard, Marino, Góngora, Milton, Donne, Gryphius[43] und anderen. Nelson beobachtet beim Vergleich mit der Renaissancedichtung ein Zunehmen der ›dramatischen‹ Elemente wie »assertions, questions, and exclamations; particularization of time and place; repetition and emphasis«, auch Heranziehung von »opposite or alternative«[44]. Viele dieser Züge sind längst beobachtet und – etwa im Fall der Fragen und Ausrufe – als rhetorische Figuren katalogisiert worden. Aber erst Nelson versucht sie wirklich als rhetorische, intentionale, ›dramatische‹ Einheit zu fassen.

Manches an diesem Versuch mag noch etwas zu spekulativ, zu vorschnell verallgemeinert sein[45], die Konzeption an sich verspricht brauchbare Ergebnisse. Nicht zuletzt das riesige, vielverlachte Gebiet

---

Lyrik überhaupt vgl. den neuerdings wenig beachteten Aufsatz von R. Heinze, Die Horazische Ode (1923), in: Vom Geist des Römertums. Ausgewählte Aufsätze. Hrsg. v. E. Burck, Darmstadt ⁸1960, S. 172ff. (das dort Entwickelte wäre einmal für die Barocklyrik zu realisieren).

[39] Oben S. 20 Anm. 99. Langen behandelt vor allem Echogedichte, Schäferpoesie, Redeoratorien, ›Gesprächgedicht‹, Gesellschaftslied und Jesusminne (a.a.O., S. 48ff.); kennzeichnend ist insgesamt »ein Sprechen von Partner zu Partner und ein Mitteilungsdrang« (a.a.O., S. 45). Langens Theorie von der Abfolge monologischer und dialogischer Lyrik (a.a.O., S. 27) läßt sich allerdings unter historischem Aspekt nicht halten.

[40] Baroque lyric poetry, New Haven u. London 1961; dazu im einzelnen G. Müller-Schwefe, The European approach to Baroque, Philol. Quart. 45, 1966, S. 419ff. (dort S. 427ff.).

[41] Baroque lyric poetry, S. 91.

[42] In der Lyrik bedeutet ›drama‹ nach Nelson »the full use of the ›rhetorical members‹ (speaker, audience, reader) or, more generally, the ›rhetorical situation‹ of a poem« (a.a.O., S. 17 Anm. 27).

[43] Die Einbeziehung deutscher Barocklyrik (auch Fleming und Kuhlmann werden zitiert) in eine komparatistische Arbeit nichtdeutscher Provenienz ist ein ausgesprochenes Rarum.

[44] A.a.O., S. 92. Nelson erinnert in diesem Zusammenhang an die zentrale Rolle des Theaters in der Barockzeit.

[45] So folgert er z. B. aus einem Vergleich zwischen Gryphius und Marino: »At its best, German Baroque poetry is rich in vivid rhetorical situations. Especially characteristic is the use of questions and exclamations« (a.a.O., S. 99).

der Anlaß- bzw. Gelegenheitspoesie[46] könnte davon profitieren, denn die meisten Gelegenheitsgedichte setzen tatsächlich eine ›dramatische‹ Situation voraus, sie wurden vorgetragen, und vor allem wenn der Adressat (wie es häufig geschah) ein einflußreicher Gönner war, mußte alle rhetorisch-poetische Kunst aufgeboten werden, um ihn für sich einzunehmen[47]. Akzeptiert man einmal diesen ›niederen‹ Zweck (von Opitz bis Günther mußten sich ihm fast alle großen Barockautoren unterwerfen) und die dazu notwendige τέχνη[48], so wird sich vielleicht ein neues Sensorium bilden, das aus dem Wust der Überlieferung die wirklich gelungenen Stücke – nicht nur die scheinbar ›empfundenen‹, ›erlebten‹ – herauszuheben vermag.

c. Literarische Zweckformen

Wer rhetorische Zweckformen a priori aus seinem Gesichtskreis verbannt, wird kaum einer Epoche der deutschen Literaturgeschichte so wenig gerecht werden wie der Epoche des Barock. Seit Jahren diskutiert man über Sinn und Möglichkeiten einer Reform des Literaturbegriffs, dessen Reduktion auf die Dreiheit von Lyrik, Epik, Dramatik[49] mehr und mehr als unbefriedigend empfunden wird. Friedrich Sengles 1967 erschienener Vortrag über die ›literarische Formenlehre‹[50] darf sowohl unter dem Aspekt der Rhetorik wie unter dem der Barockliteratur besondere Aufmerksamkeit beanspruchen. »Die ganze große Welt der literarischen Zweckformen soll rehabilitiert werden!«[51], fordert er, und immer wieder weist er darauf hin, daß die Rhetorik früher einmal alle die sträflich vernachlässigten Formen wie

---

[46] Außer der o. S. 68 Anm. 149 genannten Literatur vgl. van Ingen, S. 45ff.
[47] Auch im bürgerlichen oder gelehrten Bereich gilt, was Günther Müller (Höfische Kultur ..., S. 138) anläßlich der höfischen Gelegenheitspoesie feststellt: »Der Spott über die ›Gelegenheitscarmina‹, offenbar eine nachhöfische ›Konvention‹, ist auch da, wo er auf die abgesunkenen Erzeugnisse bürgerlicher Geselligkeit geht, wohlfeil und spottet seiner selbst, er weiß nicht wie, denn er bemerkt gar nicht, daß die in diesem Fall echte, nämlich die höfische Gelegenheit Gemütsoffenbarungen zu Lächerlichkeiten stempeln würde, daß sie Repräsentation verlangt«.
[48] Vgl. das oben über das Propemptikon exemplarisch Gesagte.
[49] Kodifiziert vor allem durch Staigers ›Grundbegriffe der Poetik‹. Die historische Bedingtheit dieser Einteilung zeigt jetzt K. R. Scherpe, Gattungspoetik im 18. Jahrhundert. Historische Entwicklung von Gottsched bis Herder (Stud. z. Allg. u. Vergl. Lit.wiss. 2), Stuttgart 1968.
[50] Die literarische Formenlehre. Vorschläge zu ihrer Reform (Dichtg. u. Erkenntnis. 1), Stuttgart 1967.
[51] A.a.O., S. 15.

Brief oder Rede, Dialog oder Historiographie mit umfaßt habe[52]. Doch auch die Dichter selbst hätten sich von den Zweckformen zurückgezogen; er denkt an »überhebliche Lyriker wie Stefan George«[53] oder an die Überschätzung des Dramas seit Lessing: »Hundert Jahre lang haben nun die deutschen Dichter kein höheres Ziel, als ein Drama zu schreiben«[54].

Von den Autoren des Barockzeitalters läßt sich Analoges nicht behaupten, denn die Poesie war noch nicht durch die Aura des selbstgenügsamen schönen Spiels von den Niederungen der prosaischen Literatur getrennt. Kein Poet brauchte um sein Ansehen zu bangen, wenn er sich in rhetorischer Zweckprosa versuchte; ja es scheint so, als habe man gerade seinen Stolz daran gesetzt, auch auf diesem Gebiet sein Talent öffentlich (d. h. nicht zuletzt: durch den Druck der Texte) zu beweisen. Je eigenartiger dieser Ehrgeiz dem heutigen Betrachter erscheint, desto klarer zeigt sich, wie inadäquat gerade im Fall der Barockliteratur eine Beschränkung auf die geläufige Gattungsdreiheit Epik, Lyrik, Dramatik ist[55]. Nicht nur, daß von Opitz über Buchner, Logau, Gryphius und Klaj bis zu Lohenstein, Hallmann, Assig und Bohse viele Barockpoeten die Gattung der Leichenrede[56] beherrschten. Auch auf dem Gebiet der Konsolationsprosa[57] haben sich einige versucht, darunter Opitz, Buchner, Spee und Czep-

---

[52] Besonders a.a.O., S. 6f. Eigenartig demgegenüber die These, humanistisches Gymnasium und klassische Philologie (als Bildungsmächte) hätten durch die Betonung der ›Gattungsreinheit‹ die Reduktion der Formenfülle mitverschuldet (a.a.O., S. 20); gerade die »naiven literarischen Maßstäbe der Antike und der Antiketradition« (ebda.) haben mit aller Selbstverständlichkeit auch Historiographie, Brief, Rede, Dialog usw. umfaßt.

[53] A.a.O., S. 9.

[54] Ebda.

[55] Im Rahmen des hier gegebenen Überblicks sind vor allem solche Arbeiten genannt, die eine weitere bibliographische Orientierung ermöglichen; die prekäre Lage des gesamten Forschungsgebiets kann dabei nur bedingt erkennbar werden.

[56] A. Herrmann, Eine lateinische Leichenrede Opitzens, Arch. f. Litt.gesch. 9, 1880, S. 138ff.; A. G. de Capua, Eine Leichenrede Friedrichs von Logau, Arch. f. d. Studium d. neueren Sprachen 196, 1959/60, S. 147ff. Weitere Angaben, insbesondere zu Gryphius, folgen unten.

[57] Über die antike Tradition: R. Kassel, Untersuchungen zur griechischen und römischen Konsolationsliteratur (Zetemata. 18), München 1958; zur Theorie der *consolatio* und zu ihrer Behandlung innerhalb der antiken Rhetorik vgl. auch J. F. Mitchell, Consolatory letters in Basil and Gregory Nazianzen, Hermes 96, 1968, S. 299ff. Die Topik der *consolatio mortis* behandelt eingehend van Ingen, S. 130ff. (bes. Lyrik). Nicht bei van Ingen: A. Stössel, Die Weltanschauung des Martin Opitz, besonders in seinen Trostgedichten in Widerwärtigkeit des Krieges, Diss. Erlangen 1922; E. Rosenfeld, Theologischer Prozeß. Die Rinteler Hexentrostschrift – ein Werk von Friedrich von Spee, DVjs 29, 1955, S. 37ff.

ko. Und man ist nicht wenig überrascht, selbst in der Erbauungsliteratur[58] neben Gerhard, Herberger, Drexel, Martin von Cochem und
Prokop von Templin so bekannte Barockdichter wie Arndt, Buchholtz, Scheffler, Stieler und Männling zu finden, dazu (hauptsächlich
als Übersetzer tätig) den weltgewandten Harsdörffer; und schließlich: »Der bedeutendste Erbauungsschriftsteller unter den deutschen
Dichtern des Barock ist Zesen«[59].

Die kurze Aufzählung mag genügen, um zu zeigen, wie selbstverständlich die Personalunion von Poet und Zweckprosaist in der Barockzeit war. Daß hier neben bedeutender Poesie nur minderwertige
Alltagsprosa vergraben liegen sollte, ist jedenfalls nicht a priori wahrscheinlich. Im Grunde aber müßte es gar nicht erst des Hinweises auf
den Zusammenhang mit der Poesie bedürfen, um Interesse für das
große Gebiet der rhetorisch-prosaischen Zweckformen zu wecken.
»Überblickt man die Blütezeiten der abendländischen Beredsamkeit,
dann erweist es sich schnell, daß die Rhetorik immer dort das Gesicht
einer Epoche bestimmt hat, wo vorhandene Antagonismen in öffentlichem Streit Profil und Konturen gewannen«[60]. Daß die Barockzeit
mit ihren tiefen politischen und konfessionellen Spannungen zu eben
diesen Epochen gehört[61], braucht kaum näher ausgeführt zu werden.
Freilich, große politische Beredsamkeit konnte – im Gegensatz etwa
zu England[62] – innerhalb des absolutistischen Staatssystems nicht entstehen, das haben die Theoretiker der Beredsamkeit selbst betont[63];
ein Mann wie Seckendorff blieb letztlich eine Ausnahme[64]. Um so

---

[58] C. Grosse, Die alten Tröster. Ein Wegweiser in die Erbauungsliteratur der evangelisch-lutherischen Kirche des 16.–18. Jahrhunderts, Hermannsburg 1900;
Viëtor, Probleme der deutschen Barockliteratur, S. 45ff. (erster Überblick unter
dem Gesichtspunkt der Barockforschung); Böckmann, S. 329ff.; F. W. Wodtke,
Artikel ›Erbauungsliteratur‹, RL ²I, S. 393ff.; V. Meid, Sprichwort und Predigt im Barock. Zu einem Erbauungsbuch Valerius Herbergers, Zs. f. Volkskunde 62, 1966, S. 209ff. (wichtige Hinweise!).
[59] Viëtor, a.a.O., S. 50.
[60] Jens, Von deutscher Rede, S. 23.
[61] Hübscher wollte daraus in seinem schon genannten Aufsatz (1922) sogar das
›antithetische Lebensgefühl‹ des Barock ableiten.
[62] Die umfangreiche Literatur hierüber – vor allem aus der angelsächsischen Rhetorikforschung – verzeichnen J. W. Cleary and F. W. Habermann, Rhetoric
and public address. A bibliography, 1947–1961, Madison and Milwaukee 1964.
[63] Unten S. 163ff.
[64] Auch seine politischen Reden aus den Jahren 1660–85 (›Teutsche Reden‹,
Leipzig 1686) sind unter rhetorischem Aspekt noch nicht analysiert. Reichhaltiges Material für das 17. Jahrhundert bietet Johann Christian Lünig, ›Grosser
Herren, vornehmer Ministren, und anderer berühmten Männer gehaltene Reden‹, 12 Tle., Leipzig 1732–38 (¹1707–31). Die Interpretationsversuche von

heftiger entluden sich die Spannungen, vor allem während des Dreißigjährigen Krieges[65], auf dem Gebiet der Flugblattliteratur, der ›Zeitungen‹, ›Relationen‹ und Postillen[66].

Das ganze Jahrhundert aber ist geprägt durch die konfessionelle
Streitliteratur, bei der sich auf der einen Seite vor allem die rhetorisch
durchgebildeten Jesuiten – Scheffler unterstützte sie nach seiner Kon-
version[67] –, auf der anderen Seite die protestantischen Kontroverstheologen gegenüberstanden[68]; selbst Böhme bediente sich bei der Behauptung seiner mystischen Position der Form der *apologia*[69]. Und
nicht zuletzt schlagen sich die wissenschaftlich-literarischen Umwälzungen des 17. Jahrhunderts in einer Fülle disputatorisch fundierter
Streitschriften nieder[70]; man denke nur an die beiden ersten Hamburger Literaturfehden, um Schupp in den 5oer Jahren, um Wernicke,
Hunold und Postel am Ende des Jahrhunderts[71]. Der Marburger Professor Eloquentiae und Hamburger Prediger Schupp ist der schwer
überbietbare, allerdings rhetorisch noch kaum gewürdigte Meister
dieses Genres[72].

Stötzer, Deutsche Redekunst ..., S. 151ff. u. 231ff. erfassen nahezu ausschließlich Redner des ausgehenden 17. und des 18. Jahrhunderts.

[65] Andere wichtige Komplexe bilden die Türkenkriege und die Kriegszüge Lud-
wigs XIV; hieraus entstanden so bekannte Flugschriften wie Abraham a Sancta
Clara, ›Auff auff/ Ihr Christen‹ (1683) oder Johann Grob, ›Treu-gemeinter
Eydgnösischer Auffwecker‹ (1688).

[66] Die gründlichste Darstellung: G. Rystad, Kriegsnachrichten und Propaganda
während des Dreißigjährigen Krieges. Die Schlacht bei Nördlingen in den
gleichzeitigen, gedruckten Kriegsberichten, Lund 1960 (mit ausführlicher Bibliographie). Seitdem erschienen u. a. W. A. Coupe, Broadsheets of the ›Alamodezeit‹, GLL 14, 1960/61, S. 282ff.; ders., The German illustrated broadsheet in
the seventeenth century. Historical and iconographical studies, 2 Bde. (Bibliographica Aureliana. 17 u. 20), Baden-Baden 1966/67; J. Jansen, Patriotismus
und Nationalethos in den Flugschriften des 30jährigen Krieges, Diss. Köln 1964.

[67] E. O. Reichert, Johannes Scheffler als Streittheologe. Dargestellt an den konfessionspolemischen Traktaten der ›Ecclesiologia‹, Gütersloh 1967. Das schein-
bare Paradoxon von Mystik und Streitliteratur entschärft sich auf dem Hintergrund der Rhetorik: E. Meier-Lefhalm, Das Verhältnis von mystischer Innerlichkeit und rhetorischer Darstellung bei Angelus Silesius, Diss. Heidelberg
1958 (bes. S. 13ff. zur Grundlage der *elegantia*).

[68] Zum Komplex der Kontroverstheologie u. S. 396ff.

[69] ›APOLOGIA. Oder Schutzrede Zu gebürlicher ablehnung/ des schrecklichen
pasquilles ...‹ (1624); jetzt (neuentdeckt) in: Jacob Böhme, Die Urschriften.
Hrsg. v. W. Buddecke, Bd. 2, Stuttgart-Bad Cannstatt 1966, S. 251ff. (mit Anmerkungen S. 437ff.).

[70] Als Vorbild werden dabei meist die ›Epistulae obscurorum virorum‹ erkennbar, vor allem in den akademischen Streitschriften.

[71] Eine Darstellung dieser beiden Streite sowie ein genauer Vergleich mit demjenigen Lessings ist wünschenswert.

[72] Vor allem die ›Erste und Eylfertige Antwort. Auff M. Bernhard Schmitts

Die Bedeutung der Predigt braucht hier vielleicht am wenigsten eigens hervorgehoben zu werden. Obwohl diesem Gebiet in Deutschland noch längst nicht der Platz eingeräumt worden ist, den es beispielsweise in Frankreich oder England bereits einnimmt[73], sind zumindest einzelne Kanzelredner des 17. Jahrhunderts wie Abraham a Sancta Clara[74], Martin von Cochem, Prokop von Templin[75] und Angelus von Schorno[76] näher untersucht worden[77]; auch erfreuen sich Auswahlbände zur Barockpredigt bereits einiger Beliebtheit[78]. Und vor allem die (geistliche oder weltliche) Leichenrede ist in den letzten Jahren auf breiterer Basis untersucht worden[79]; allein zu Gryphius' Leichabdankungen sind seit 1964 drei Arbeiten erschienen[80] (während z. B. Lohensteins große Totenrede auf Hofmannswaldau noch immer nicht rhetorisch analysiert worden ist).

Discurs de Reputatione Academicâ‹, Altena 1659 ist in Witz, Gelehrsamkeit und Wechsel der Töne ein Virtuosenstück sondergleichen.

[73] Ein längeres Kapitel über Predigt des 17. Jahrhunderts findet sich in den meisten guten Literaturgeschichten dieser Länder.

[74] H. Ott, Das Verhältnis Publizistik und Rhetorik dargestellt am Beispiel der Predigten Abrahams a Sancta Clara, Diss. Wien 1960 (dort die wichtigste ältere Literatur; die Darstellung selbst: eine unbrauchbare Kontamination von unverstandenen Formeln der Kommunikationsforschung mit allgemeinen Aussagen über Rhetorik; keinerlei konkrete Ergebnisse).

[75] Zu diesen beiden u. S. 326f.

[76] L. Signer, Die Predigtanlage bei P. Michael Angelus von Schorno, Diss. Freiburg i. d. Schw. 1933.

[77] Guter Überblick über die ältere katholische Predigtforschung in der Einleitung von G. Korte, P. Christian Brez O. F. M. Ein Beitrag zur Erforschung des Barockschrifttums (Franziskan. Forschungen. 1), Werl i. W. 1935, bes. S. 3ff. Zur stärker vernachlässigten protestantischen Predigt des 17. Jahrhunderts Näheres bei Dyck, Ornatus und Decorum ... Vgl. auch G. Merkel, Artikel ›Predigt/ Rede‹, in: Das Fischer Lexikon. Literatur 2/2, S. 442ff.

[78] Bayerische Barockprediger. Ausgewählte Texte und Märlein. Besorgt v. G. Lohmeier, München 1961; Auszug daraus als: Geistliches Donnerwetter. Bayerische Barockpredigten. Hrsg. v. G. Lohmeier (dtv. 460), München 1967; Predigtmärlein der Barockzeit. Exempel, Sage, Schwank und Fabel in geistlichen Quellen des oberdeutschen Raumes. Hrsg. v. E. Moser-Rath, Berlin 1964 (dort auch ausführliche Bibliographie).

[79] F. Roth, Literatur über Leichenpredigten und Personalschriften (Schrifttumberichte z. Genealogie u. z. ihren Nachbargebieten. 12), Neustadt 1959; E. Winkler, Die Leichenpredigt im deutschen Luthertum bis Spener (Forschungen z. Gesch. u. Lehre des Protestantismus. 10/34), München 1967 (auf mehreren neuen Dissertationen aufbauend).

[80] U. Stötzer, Die Trauerreden des Andreas Gryphius, Wiss. Zs. d. M.-Luther-Univ. Halle–Wittenberg, Gesellsch.- u. sprachwiss. R. 11, 1964, S. 1731ff.; Schings, Die patristische und stoische Tradition bei Andreas Gryphius. Untersuchungen zu den Dissertationes funebres und Trauerspielen (1966); M. Fürstenwald, Andreas Gryphius – Dissertationes Funebres. Studien zur Didaktik der Leichabdankungen (Abh. z. Kunst-, Musik- u. Lit.wiss. 16), Bonn 1967.

Für das Gesamtbild der Barockliteratur bleiben alle diese Gebiete nach wie vor an der Peripherie; nicht einmal die unmittelbaren Auswirkungen der Zweckprosa auf die Dichtung (Streitszenen im Drama, erbauliche Lyrik, Dialogtechniken, Predigtparodien usw.)[81] sind konsequent untersucht[82]. Die bereits erwähnte, vor kurzem erschienene Einführung in ›Die deutsche Literatur [nicht Dichtung!] des Barock‹ von Marian Szyrocki (1968) teilt sich in die vier Hauptabschnitte: ›Einleitung‹, ›Lyrische und epische Dichtung‹, ›Das Drama‹, ›Der Roman‹; von dem ganzen hier – noch durchaus unvollständig[83] – abgesteckten Komplex kaum ein Wort[84]. Friedrich Bouterweks ›Geschichte der Poesie und Beredsamkeit‹ war vor 150 Jahren schon weiter gewesen[85]. Nicht zufällig hat gerade Günther Müller, der die Formel vom ›rhetorischen Grundzug‹ der Barockepoche prägte, mit Nachdruck auf die Unbrauchbarkeit des landläufigen Literaturbegriffs für diese Epoche hingewiesen und die Unterscheidung von drei ›Strukturarten‹ der Literatur vorgeschlagen: »Gebrauchsliteratur, Repräsentationsliteratur, Expressionsliteratur«[86].

---

[81] Als Beispiel sei nur der Schluß von Reuters ›Der ehrlichen Frau Schlampampe Krankheit und Tod‹ (1696) genannt, der dann zu der virtuosen Predigtparodie ›Letztes Denck- und Ehren-Mahl‹ (1697) ausgebaut wird.

[82] Eine der wenigen Ausnahmen: V. Meid, Zesens Romankunst, Diss. Frankfurt a. M. 1965 (mit dem Nachweis, daß Herberger als Quelle für den ›Simson‹ gedient hat; vgl. auch den bereits genannten Aufsatz von Meid sowie die mit Erbauungsliteratur arbeitende Untersuchung von H.-H. Krummacher, Andreas Gryphius und Johann Arndt. Zum Verständnis der ›Sonn- und Feiertags-Sonette‹, in: Formenwandel. Festschr. f. P. Böckmann, Hamburg 1964, S. 116ff.).

[83] Man denke an den riesigen, völlig vernachlässigten Komplex der Briefliteratur (mit seinen Auswirkungen auf poetische Episteln und vor allem auf die Romantechnik). K. Hechtenberg, Der Briefstil im 17. Jahrhundert. Ein Beitrag zur Fremdwörterfrage, Berlin 1903 ist kaum mehr als ein schmaler Katalog; am besten immer noch G. Steinhausen, Die Geschichte des deutschen Briefes, 2 Bde., Berlin 1889–91. Unergiebig W. Grenzmann, Artikel ›Brief‹ (Neuzeit), RL ²I, S. 187ff.

[84] Die Kautel, es sei »keine Geschichte der Dichtung des 17. Jahrhunderts« beabsichtigt (Die deutsche Literatur des Barock, S. 7), schwächt den Tatbestand nicht ab.

[85] Der das 17. Jahrhundert vor allem betreffende Band: Geschichte der Poesie und Beredsamkeit seit dem Ende des dreizehnten Jahrhunderts, Bd. 10 (= Gesch. d. dt. Poesie u. Bereds., 3. Buch), Göttingen 1817; zu Bouterweks Literaturbegriff auch Sengle, Die literarische Formenlehre, S. 6.

[86] Höfische Kultur ..., S. 137. Näher ausgeführt a.a.O., S. 83: »Wie Predigtkunst und Dichtkunst, so gehören auch Briefkunst und Kanzleikunst, gehört nicht nur politischer Vortrag, sondern ebenso die Kunst der gesellschaftlichen Unterhaltung und des gelehrten Gesprächs zum Herrschaftsgebiet der Rhetorik«.

d. Aufgaben

Realisiert hat man diesen Vorschlag ebensowenig[87] wie das Programm, das in Günther Müllers Konzeption der Barockrhetorik beschlossen lag. Zu diesem Programm gehörte als eine der vordringlichsten Aufgaben die Untersuchung des sozialen und bildungsgeschichtlichen Kontexts der Rhetorik[88]. Hier ist fast alle Arbeit erst noch zu leisten. Selbst so elementare Aufgaben wie die Darstellung der rhetorischen Ausbildung bedeutender Barockautoren (für Milton[89] und Racine[90] beispielsweise schon geschehen) sind nicht in Angriff genommen[91], geschweige denn Analysen zur sozialen Differenzierung rhetorischer Stile im 17. Jahrhundert[92].

Der Katalog der Desiderate soll hier nicht unmäßig ausgedehnt werden, vieles wurde in den vorausgehenden Kapiteln bereits genannt: Untersuchung des Verhältnisses von rhetorischer Theorie und Praxis, konsequente Einbeziehung auch der praktisch-rhetorischen Tradition, Befreiung von unfruchtbar engen Rhetorikbegriffen, Analyse der rhetorischen Zweckformen, Darstellung der Rhetorik als Bildungsdisziplin. Kein einzelner wird imstande sein, alle diese Aufgaben zu bewältigen. Aber es ist möglicherweise sinnvoll, daß sie im Zeichen des neu aufgekommenen Interesses an der Rhetorik einmal skizziert werden.

Auf dem Gebiet der rhetorischen Theorie des 17. Jahrhunderts ist in den letzten Jahren unzweifelhaft das meiste geleistet worden; vor

---

[87] Sehr bezeichnend z. B. die Weigerung, das rhetorische Genus Streitschrift unter den Begriff ›Literatur‹ zu fassen, bei K. Lazarowicz, Verkehrte Welt. Vorstudien zu einer Geschichte der deutschen Satire (Hermaea, N.F. 15), Tübingen 1963, S. 169 (zu Lessings ›Anti-Goeze‹-Briefen): sie »sind streng genommen gar keine spezifisch literarischen, sondern rhetorische Gebilde«. Rhetorik gehört also nicht zur Literatur!

[88] Besonders deutlich formuliert: Deutsche Dichtung ..., S. 204ff.; Höfische Kultur ..., S. 82ff.

[89] E. M. W. Tillyard, John Milton. Private correspondences and academic exercises, Cambridge 1932; D. L. Clark, John Milton at St. Paul's school: A study of ancient rhetoric in English Renaissance education, New York 1948; ders., Milton's rhetorical exercises, QJS 46, 1960, S. 297ff.

[90] P. France, Racine's rhetoric, Oxford 1965 (vor allem die beiden ersten Kapitel).

[91] Zu Schillers rhetorischer Schulung vgl. den bereits genannten Aufsatz von Herman Meyer.

[92] Der prinzipiellen Notwendigkeit, die Literatur des 17. Jahrhunderts stärker ihrer sozialen Abstufung nach zu gliedern, ist in vorbildlicher Weise bereits Schönes neuartige Barock-Anthologie von 1963 gefolgt. Dort könnte auch die Rhetorikforschung ansetzen.

allem ihre Geschichtlichkeit, ihre Verpflichtung gegenüber der Tradition hat sich gezeigt. Die rhetorische Textinterpretation wird den neuen Erkenntnissen über kurz oder lang, und sei es nur in kleinen Schritten, folgen müssen. Doch die Gefahr ist nicht abzuweisen, daß dabei die Rhetorik erneut als ein zwar sorgfältig ausgebautes, aber seltsam schemenhaftes, wurzelloses System erscheint. So dürfte es im Augenblick zu den vordringlichsten Aufgaben gehören, die unlösbare Verankerung der Rhetorik im Bildungswesen des 17. Jahrhunderts – mit dem ständigen Blick auf die Literatur der Epoche – so umfassend wie möglich darzustellen. Institutionen mit ehrwürdiger Tradition (zu ihnen gehört der weitaus größte Teil des Bildungswesens der Barockzeit) unterliegen bekanntlich einer außergewöhnlichen Schwerkraft. Aber die Tatsache, daß die Rhetorik ein entscheidendes Element dieser Tradition darstellt, reicht nicht aus, den ›rhetorischen Grundzug‹ der Barockzeit zu begründen. Günther Müller bezeichnete ihn als »notwendiges Zubehör ihrer tragenden, ihrer besten Kräfte«[93]. Jeder Versuch, diese ›Kräfte‹ zu definieren, führt leicht in die Spekulation. Die einleuchtendste und zugleich variabelste Definition haben die Menschen des 17. Jahrhunderts selbst gegeben, nicht als erste, aber doch mit einer Entschiedenheit, die sie von der Tradition abhebt: die Welt ist ein Theater, der Mensch ein Schauspieler.

---

[93] Deutsche Dichtung ..., S. 205.

Exkurs

›Theatrum mundi‹. Der Mensch als Schauspieler

a. Was ist die Welt?

Was ist die Welt? Die Frage wird von den Autoren des 17. Jahrhunderts mit einer Häufigkeit und Dringlichkeit gestellt wie kaum eine andere. In den Antworten spiegelt sich die Vielfalt der Lebensauffassungen, die das Barockzeitalter bestimmen, eingespannt in die Polarität von Weltflucht und Weltbejahung, Jenseitshoffnung und Diesseitigkeit, Determinismus und Autonomie. Auch die Chiffren und Metaphern, deren sich die Barockpoeten zur Artikulierung ihres Weltverständnisses bedienen, erscheinen zahllos und verwirrend, zumal wenn sie (etwa in Hofmannswaldaus berühmtem Gedicht ›Die Welt‹)[1] nach dem ›Summationsschema‹ vor dem Leser ausgebreitet werden. Doch in einer einzigen Antwort dürften alle partiellen Antworten ihren gemeinsamen Nenner finden: die Welt ist ein Theater.

---

[1] ›Vermischte Gedichte‹ (in: ›Deutsche Übersetzungen Und Getichte‹, Breslau 1684), S. 46:
      »WAs ist die Welt/ und ihr berühmtes gläntzen? ...«.
A.a.O., S. 47 ein Gedicht gleichen Themas (›Die Welt‹ bzw. ›Lust der Welt‹):
      »WAs ist die Lust der Welt? nichts als ein Fastnachtsspiel/ ...«
Vgl. ferner ›Gebrauch der Welt‹, a.a.O., S. 48:
      »WAs ist die Welt? ein Ball voll Unbestand/ ...«.
Unter den vielen in Thema und Form verwandten Barockgedichten seien nur genannt:
Gryphius, ›Menschliches Elende‹ (Szyrocki-Powell 1, S. 35; vgl. 1, S. 9):
   »WAs sind wir menschen doch? ein wohnhaus grimmer schmertzen ...«.
dazu die Ode (Szyrocki–Powell 2, S. 10f.):
      »WAs ist die Welt/
      Die mich bis her mit jhrer pracht bethöret? ...«.
Harsdörffer, ›Das Leben deß Menschen‹ (›Nathan und Jotham‹, Nürnberg 1650, fol. T VIª):
         »Das Leben ist
      Ein Laub/ das grunt und falbt geschwind ...«.

Die These besitzt europäische Gültigkeit, und der consensus gentium wird durch berühmte Stimmen repräsentiert:

>>All the worlds a stage,
And all the men and women merely players<<,

räsonniert Jaques in Shakespeares >As you like it<, das am Beginn des neuen Jahrhunderts steht (1599/1600)[2]. Und der gefangene Segismundo aus Calderóns >La vida es sueño< (1635) verkündet im Traum:

>>Salga a la anchurosa plaza
Del gran teatro del mundo
Este valor sin segundo ...<<[3].

Vom spanischen Theater geprägt, läßt auch Corneilles Freund und Bewunderer Rotrou den Helden seiner Tragödie >Le véritable Saint-Genest< (1645)[4] das Thema variieren:

>>Le monde périssable et sa gloire frivole
Est une comédie où j'ignorais mon rôle<<[5].

Und Vondel faßt es in ein Epigramm, das über dem Haupteingang des ersten niederländischen Nationaltheaters (Amsterdamer >Schouwburg<, 1638) angebracht wurde:

>>De weereld is een speeltooneel,
Elck speelt zijn rol en krijght zijn deel<<[6].

Nur wenig später (1643) erscheint – ebenfalls in den Niederlanden – Gryphius' Sonett >Ebenbildt vnsers lebens<:

---

[2] II 7. Text nach: The complete works. A new edition, edited with an introduction and glossary by P. Alexander, London and Glasgow 1965, S. 266. Zu den Quellen des Jaques-Monologs vgl. T. W. Baldwin, William Shakespeare's >Small latine and lesse greeke<, Bd. 1, Urbana/Ill. 1944, S. 652ff.

[3] Jornada III. Text nach: Obras completas, Bd. 1 (>Dramas<), ed. L. Astrana Marín, Madrid 1951, S. 242 (>Es erscheine auf dem weiten Schauplatz des großen Welttheaters dieser Mut ohnegleichen ...<). Zur Literatur s. u. S. 97.

[4] Gedruckt erst 1647. Vorbild ist >Lo fingido verdadero< von Lope de Vega.

[5] IV 4. Text nach der Einzelausgabe des >Saint-Genest< von R. W. Ladborough, Cambridge 1954, S. 156. Die Problematik des Kontexts erörtert eingehend P. Bürger, Illusion und Wirklichkeit im >Saint Genest< von Jean Rotrou, GRM, N. F. 14, 1964, S. 241ff. (mit weiterer Literatur; s. bes. S. 261f.). Vgl. jetzt auch E. M. Szarota, Künstler, Grübler und Rebellen. Studien zum europäischen Märtyrerdrama des 17. Jahrhunderts, Bern u. München 1967, S. 43ff.

[6] De Werken. Volledige en geïllustreerde tekstuitgave in tien deelen. 3. Teil. Hrsg. v. C. G. N. de Vooys, Amsterdam 1929, S. 512 (>Die Welt ist ein Theater, jeder spielt seine Rolle und erhält seinen Anteil<). Das Epigramm wurde 1637 verfaßt. Ob die berühmte Inschrift im Londoner Globe Theatre (1599; s. u. S. 91) als Vorbild gedient hat?

»DEr Mensch das spiel der zeit/ spielt weil er alhie lebt.
Im schaw-platz dieser welt ...«[7].

Lohenstein nimmt das Stichwort im Widmungsgedicht zur ›Sophonisbe‹ (1680) auf:

»Für allen aber ist der Mensch ein Spiel der Zeit.
Das Glücke spielt mit ihm/ und er mit allen Sachen.
...
Und unsre kurtze Zeit ist nichts als ein Getichte.
Ein Spiel/ in dem bald der tritt auf/ bald jener ab«[8].

Und wenn es schließlich bei Hofmannsthal heißt:

»Was ist die Welt? Ein ewiges Gedicht ...«[9],

so werden noch einmal Spannweite und geschichtliche ἐνέργεια jener
›barocken‹ Konzeption erkennbar, die Calderóns ›El gran teatro del
mundo‹ ebenso umfaßt wie das ›Salzburger Große Welttheater‹[10].
   Die Reihe der Zeugnisse aus dem 17. Jahrhundert ließe sich beinahe beliebig fortsetzen, und immer wieder würde auch die Internationalität der Theatermetapher sichtbar werden, nicht zuletzt in der
lateinischen Jesuitendichtung; so am Schluß von Avancinis ›Geno-
veva‹:

»Sic per vices
Dolor et voluptas, gaudium et luctus sibi
Mundi theatrum vendicant«[11].

Daß vor allem die Dramatiker mit Vorliebe das Bild vom ›Welttheat-
ater‹ verwendet haben[12], ist durch die Perspektive des pro domo, der
Werbung für das eigene Metier, nur unzureichend erklärt. Erst auf
dem Hintergrund einer für die ganze Epoche gültigen Weltsicht konn-

---

[7] Szyrocki–Powell 1, S. 58. Das Gedicht steht im ersten Buch der ›Sonnete‹,
Leiden 1643.
[8] Just 3, S. 246 u. 251. Zum Leben als ›Gedicht‹ vgl. L. Spitzer, Die Literarisierung des Lebens in Lope's Dorotea (Kölner romanist. Arb. 4), Bonn u. Köln
1932.
[9] Gesammelte Werke in Einzelausgaben. Hrsg. v. H. Steiner. Gedichte und lyrische Dramen, Frankfurt a. M. 1963, S. 467. Vgl. die Worte der Mimin Bacchis:
»Das Leben aber, von dem ihr schwatzt, ohne es zu kennen, ist in Wahrheit
ein Mimus« (›Die Mimin und der Dichter‹, aus: ›Timon der Redner‹), Gesammelte Werke ..., Lustspiele IV, 1956, S. 432.
[10] Vgl. Curtius, S. 152ff.; ders., George, Hofmannsthal und Calderón, in: Kritische Essays zur europäischen Literatur, Bern 1950, S. 172ff.; jetzt vor allem
E. Schwarz, Hofmannsthal und Calderón, 's-Gravenhage 1962.
[11] V 16. ›Poesis dramatica‹, 5. Teil, Rom 1686, S. 210.
[12] Allein aus Shakespeare wären mindestens vierzehn wichtige Stellen zu nennen,
vgl. A. Righter, Shakespeare and the idea of the play, London ²1964.

te die Metapher eine derart prinzipielle Bedeutung erlangen. »Ein jedes Zeitalter«, konstatiert Richard Alewyn, »schafft sich ein Gleichnis, durch das es im Bild seine Antwort gibt auf die Frage nach dem Sinn des Lebens … Die Antwort des Barock lautet: Die Welt ist ein Theater. Großartiger kann man vielleicht von der Welt, aber schwerlich vom Theater denken«[13].

b. Rhetorik als theatralische Verhaltensweise

Großartiger – so möchte man diesen Gedanken weiterführen – kann man auch von der Rhetorik kaum denken. Denn wenn das Leben ein Theater ist, so ist der Mensch ein Schauspieler, der in Rede, Mimik und Gestik seinen Part vor den anderen zu spielen hat. Sein Sprechen ist theatralisch bestimmt: »parler, c'est agir«, heißt es in einem Traktat aus der Mitte des 17. Jahrhunderts[14]. Hier ist auf die kürzest mögliche Formel gebracht, was den eigentlichen Wurzelboden der Barockrhetorik darstellt. Sie ist auf Mitspielen, auf Kommunikation ausgerichtet[15], ein eminent soziales Phänomen, dessen Eigenart erkannt sein will. So wenig der Schauspieler sich isolieren und sich auf sich selbst zurückziehen kann, so wenig kann es der *homo eloquens* des 17. Jahrhunderts. Nicht allein durch die Fähigkeit, sich sprachlich zu äußern, ist sein Menschsein gekennzeichnet, sondern durch die stete Notwendigkeit, zu agieren, zu schauspielern, seine Rolle zu spielen im Ganzen des Welttheaters.

Was Günther Müller den »unprivaten, unhäuslichen, öffentlichen, repräsentativen Charakter der echten Barockkultur« genannt hat[16], findet in dieser Welt- und Lebensauffassung seine tiefere Begründung.

[13] R. Alewyn–K. Sälzle, Das große Welttheater. Die Epoche der höfischen Feste in Dokument und Deutung (rde. 92), Hamburg 1959, S. 48.
[14] Abbé d'Aubignac, ›La pratique du théâtre‹, Paris 1657, S. 370 (zitiert nach P. France, Racine's rhetoric, Oxford 1965, S. 2).
[15] Als Prinzip beispielsweise formuliert von Simon Dach (Ziesemer 1, S. 66):
  »Die Red ist uns gegeben,
  Damit wir nicht allein
  Vor uns nur sollen leben
  Und fern von Leuten sein …«.
[16] Deutsche Dichtung …, S. 205. Ähnlich W. Flemming, Einführung in: Das Schlesische Kunstdrama, DLE, R. Barock. Barockdrama, Bd. 1, Darmstadt ²1965 (Leipzig ¹1930), S. 6; er hebt »die Extravertiertheit als ein konstitutives Merkmal der Epoche« hervor. »Nicht auf ein verfeinertes Innenleben ging die Tendenz des barocken Menschentyps, sondern auf Bedeutung im öffentlichen Leben; man wollte etwas darstellen, eine Rolle spielen: alles Ausdrücke, die vom Theater genommen sind« (ebda.).

Denn ›repräsentieren‹ heißt ja nichts anderes als ›darstellen‹, Theater spielen im Sinne Calderóns:

>»toda la vida humana
>representaciones es«[17].

Kostüm, Gebärde und Mienenspiel (oder Maske) gehören so unabdingbar zur Schauseite des Welttheaters wie die Fassade zum Schloß und zur Kirche oder wie das ausgeschmückte Titelblatt zum Buch. Der Mensch aber repräsentiert nicht nur durch seine sichtbare Erscheinung. Sein *specificum* ist die Fähigkeit zur Rhetorik, zur wirkenden Rede, die über Leben und Tod entscheidet. Gryphius hat dieses *humanum* im ersten Reyen des ›Leo Armenius‹ beispielhaft für das Barockjahrhundert dargestellt[18]:

>»Das Wunder der Natur/ das überweise Thier
>Hat nichts das seiner zungen sey zugleichen
>Ein wildes Vieh' entdeckt mit stummen zeichen
>Deß innern hertzens sinn; mit worten herrschen wir!
>...
>Deß Menschen leben selbst; beruht auf seiner zungen.
>...
>Deß Menschen Todt beruht auff jedes Menschen zungen.
>...
>Dein Leben/ Mensch/ vnd todt hält stäts auf deiner Zungen«[19].

Die These von der schöpferischen und zugleich vernichtenden Macht der menschlichen Rede stützt sich auf zwei lange Exempelreihen, in denen – von der Freundschaft über den Krieg bis zur Erkenntnis des Sternenlaufs – die ganze Vielfalt und Weite der Weltszene aufgefächert wird[20]. Doch wie verhält sich der selbstbewußte Satz »mit worten herrschen wir!« zu jenem schon zitierten Sonett ›Ebenbildt vnsers lebens‹, in dem der Mensch lediglich als »das spiel der zeit ... Im schaw-platz dieser welt« bezeichnet wird? Und wie steht es mit der

---

[17] ›El gran teatro del mundo‹, in: Obras completas, Bd. 3 (›Autos sacramentales‹), ed. A. Valbuena Prat, Madrid 1952 (dort S. 208; ›das ganze menschliche Leben ist Theater [Aufführungen]‹). Ähnlich S. 204: »es representación la humana vida«. Dazu K. Vossler, Südliche Romania, Leipzig ²1950, S. 265.

[18] Verf., Gryphius und die Macht der Rede. Zum ersten Reyen des Trauerspiels ›Leo Armenius‹, DVjs 42, 1968, S. 325ff.

[19] Szyrocki–Powell 5, S. 24f. Die humanistische Grundüberzeugung ist hier verbunden mit biblischer Spruchtradition (Sprüche Salomos 18,21); auch Seckendorff, ›Teutsche Reden‹, Leipzig 1686, S. 6 weist ausdrücklich auf diese Autorität hin: »Tod und Leben stehet in der Zungen Gewalt«.

[20] Verf., a.a.O., S. 335ff.

Fülle der anderen Autoren, die das Bild vom Welttheater verwenden? Meinen sie alle das gleiche?

Auf den ersten Blick ist die Theatermetapher derart einprägsam und überzeugend, daß sie einer näheren Erläuterung kaum zu bedürfen scheint; und die Forschung hat denn auch das Bild zumeist undifferenziert stehen gelassen. Erst bei genauerer Analyse seiner Geschichte wird erkennbar, welch eine Fülle von Deutungsmöglichkeiten es gibt – eine Vielfalt, die zu Beliebtheit und Verbreitung der Metapher entscheidend beigetragen haben dürfte. Was wird im Welttheater gespielt? Tragödie oder Komödie oder beides? Wird stets das gleiche Stück gespielt, oder wechselt der Spielplan? Wer sind die Zuschauer? Wer kennt die Texte? Wer ist der Spielleiter? Und wer ist der Autor? Vor allem die beiden letzten Fragen – oft werden sie in eins zusammengezogen – sind immer wieder aufgeworfen worden, denn sie machen die eigentliche Sinnfrage aus. Die wohl klarste Antwort darauf hat Calderón in ›El gran teatro del mundo‹ gegeben: Gott ist Autor, Spielleiter und Zuschauer zugleich, er allein garantiert Sinn und Ablauf des Welttheaters.

Ernst Robert Curtius hat als einer der ersten versucht, diese so charakteristisch ›barocke‹ Deutung der »Schauspielmetaphern« in den Zusammenhang einer weit zurückreichenden antik-christlichen Tradition zu stellen[21]. Indem er bei der platonischen Vorstellung von der ›göttlichen Marionette‹ ansetzte[22], konnte er einen kontinuierlichen Strang »theozentrischer« Auffassung nachweisen, der über Augustin und andere frühchristliche Autoren ins Mittelalter führt und dort im ›Policraticus‹ (1159) des Johannes von Salisbury seinen Gipfelpunkt erreicht[23]. Daß Spanien mit seiner spezifischen Nähe zur mittelalterlichen Tradition diese Deutung dann in die Neuzeit und zumal in die Barockliteratur hinüberführt[24], ergibt sich bei Curtius als überzeugende Konsequenz.

Bedenklich hingegen erscheint Curtius' Neigung, die theozentri-

---

[21] Curtius, S. 148ff.
[22] ›Gesetze‹, p.644 d/e und 803 c. Dazu jetzt H. Görgemanns, Beiträge zur Interpretation von Platons Nomoi (Zetemata. 25), München 1960, 160f.
[23] Ergänzungen bei W. Krause, Die Stellung der frühchristlichen Autoren zur heidnischen Literatur, Wien 1958, bes. S. 100 zu Tertullian, ›De spectaculis‹.
[24] Deutschland, Frankreich und England werden a.a.O., S. 150f. ebenfalls kurz gestreift. Der Denkspruch im Londoner Globe Theatre (»Totus mundus agit histrionem«) stammt nach Curtius »aus dem ›Policraticus‹ ... Das ›Globe Theatre‹ stand also im Zeichen des mittelalterlichen englischen Humanisten« (S. 150f.). Auch hier ist somit die geschichtliche Kontinuität für Curtius gesichert.

sche Interpretation der Schauspielmetaphern geschichtlich zu verabsolutieren; auch die neueren Arbeiten von Vilanova[25], Sofer[26], Jacquot[27], Stroup[28] und Warnke[29] folgen – trotz Modifizierung im einzelnen – immer noch weitgehend dieser Auffassung. Sie ist von Curtius' Ansatzpunkt her an sich verständlich: »Der tiefsinnige Gedanke, den Platon einmal hinwarf und der in der ungeheuren Fülle seines Werkes wie verloren ruht; der dann aus dem Theologischen ins Anthropologische gewendet und moralisch trivialisiert wurde – erfährt eine leuchtende Palingenesie im katholischen Spanien des 17. Jahrhunderts«[30].

Doch was hier als vorübergehende ›Trivialisierung‹ abgetan wird, stellt einen weit zurückreichenden, durchaus eigenwertigen Zweig der Tradition dar. Man könnte ihn, im Anschluß an Curtius, als die ›anthropologische‹ oder auch ›immanent-deskriptive‹ Auffassung der Theatermetapher bezeichnen. Charakteristischerweise erfährt auch diese Tradition im 17. Jahrhundert eine ›leuchtende Palingenesie‹, und wie sich noch zeigen wird, ist dies nicht unwesentlich für das Verständnis der Barockrhetorik.

Wo man lediglich auf die transzendentale Sinngebung des Welttheaters starrt, kommt zwar das platonisch-christlich-mittelalterliche Moment der allumfassenden Determination zu seinem Recht. Aber würde die Ausrichtung auf Gott als den absoluten Herrn der Welt nicht weitaus angemessener durch ein Bild aus dem Bereich des Musikalischen (Instrumentalisten, Chor) ausgedrückt? Prokop von Templin, der große Barockprediger, hat es – nach dem Vorbild des »cantate domino«[31] – mit seinem Gedicht ›Gott lobende Welt-Music‹ ver-

---

[25] A. Vilanova, El tema del gran teatro del mundo, Boletín de la Real Acad. de Buenas Letras de Barcelona 23, 1950, S. 153ff.

[26] J. Sofer, Bemerkungen zur Geschichte des Begriffs ›Welttheater‹, Maske und Kothurn 2, 1956, S. 256ff. (ohne Kenntnis der Untersuchung von Curtius; das Resümee: »Gesehen wird dieses Schauspiel von einer höheren metaphysischen Warte, einem göttlichen Wesen ...«, S. 268).

[27] J. Jacquot, ›Le théâtre du monde‹ de Shakespeare à Calderón, RLC 31, 1957, S. 341ff.

[28] T. B. Stroup, Microcosmos. The shape of the Elizabethan play, Lexington/Kent. 1965, S. 7ff. (›The world as stage‹).

[29] F. J. Warnke, The world as theatre: Baroque variations on a traditional topos, in: Festschr. f. E. Mertner, München 1969, S. 185ff. (ohne Kenntnis von Jacquot und Stroup).

[30] Curtius, S. 152.

[31] Das biblische Motiv verbindet sich hier mit der alten (vor allem stoischen) Vorstellung von der kosmischen Musik.

sucht[32]. Doch zur epochalen Metapher wurde nicht die ›Weltmusik‹, sondern das ›Welttheater‹: weil nur hier der Mensch wirklich als agierende *persona* in Erscheinung tritt, als Schauspieler, als Rhetor.

Die Frage nach dem Sinn des Welttheaters braucht dabei keineswegs auf rein immanenter Ebene entschieden zu werden. Gott kann Autor, Spielleiter und Zuschauer sein, und doch bleibt dem Menschen die Aufgabe gestellt, seine Rolle so gut und überzeugend als möglich zu spielen[33]. Oft genügt eine leichte Akzentverschiebung, um hinter der ›anthropologischen‹ Deutung die ›theonome‹ aufscheinen zu lassen, und vice versa. Gerade in der Barockliteratur zeigt sich immer wieder, daß diese doppelte Interpretationsmöglichkeit gar nicht als Widerspruch empfunden wird, sondern als wechselseitige Ergänzung zweier Perspektiven. Sie ist die natürliche Konsequenz einer umfassenden, reich fazettierten Vorstellung vom Welttheater. Wohl kein Autor hat sie mit solcher Präzision und Virtuosität darzustellen vermocht wie Gracián. Und keiner hat dem Selbstverständnis der deutschen Barockrhetorik so entscheidend vorgearbeitet wie er. Dort, wo sie ihre überzeugendste theoretisch-pädagogische Ausformung erhält, bei Christian Weise, wird den jungen Akteuren der Weltszene gezeigt, »wie sie dermaleins im Theologischen oder Politischen theatro mit ihrer Person auskommen sollen«[34]. Mit einem Hinweis auf Calderóns ›Gran teatro del mundo‹ und mit dem Etikett ›Trivialisierung‹ wäre hier wenig geholfen. Die Konzeption eines Gracián oder Weise läßt sich nur auf dem Hintergrund einer vielschichtigen historischen Entwicklung verstehen, während deren sich mehrere feste Vorstellungsmodelle von der Rolle des Menschen im Welttheater herausgebildet haben.

---

[32] Abgedruckt bei Cysarz, Barocklyrik 3, S. 142:
> »... Ja fürwar die gantze Welt
> Ist ein Music wolbestellt/
> ...
> Der Erdboden haltet auß/
> Raumt vns willig ein das Hauß/
> Drinn wir musiciren;
> Die Göttliche Fürsehung
> Thut mit jhrer Anstellung
> Den Tact darzu geben ...«.

[33] Vgl. u. S. 108ff.

[34] ›Curieuser Körbelmacher‹, Görlitz 1705, Vorrede, fol. a4ᵃ.

c. Stoische und satirische Tradition

Daß die Auffassung des Menschen als einer Marionette Gottes selbst innerhalb eines theonomen Systems nur eine extreme Möglichkeit darstellt, zeigt sich bereits bei Platon. Den beiden Zitaten aus den ›Gesetzen‹, von denen Curtius ausging, steht eine (vielleicht schon durch Demokrit[35] beeinflußte) Stelle aus dem ›Philebos‹ gegenüber, an der es primär keineswegs um die göttliche Determinierung des Weltgeschehens geht, sondern um die täglich zu beobachtende Mischung von Lust (ἡδονή) und Schmerz (λύπη) ›in dem ganzen Trauerspiel und Lustspiel des Lebens‹[36]. Die Verschiebung der Perspektive von der Theodizee zur Deskription der menschlichen Szene ist deutlich. Unter den nachplatonischen philosophischen Systemen der Antike hat sich bezeichnenderweise vor allem die kaiserzeitliche Stoa gern der Schauspielmetapher bedient. Denn hier, insbesondere bei Seneca, Epiktet und Marc Aurel (auch Boethius)[37], ist sie in idealer Weise dazu geeignet, den durchgängigen Dualismus von Weltbestimmung und Selbstbestimmung darzustellen[38].

Der Mensch hat sich auf der Bühne des Weltgeschehens zu bewähren, als Schauspieler oder auch als Soldat (wie eine andere beliebte Metapher lautet)[39]. Die Frage nach der maßgeblichen Instanz freilich läßt sich in vielen Fällen nicht eindeutig beantworten. Selbst wenn ὁ θεός, *deus*, *fatum* oder *providentia* als Orientierungspunkte genannt

---

[35] Demokrit, Fragment B 115 (*84) Diels-Kranz (Ὁ κόσμος σκηνή. ὁ βίος πάροδος. ἦλθες, εἶδες, ἀπῆλθες. ›Die Welt eine Bühne. Das Leben ein Auftritt. Du kommst, siehst, gehst‹ wird in den motivgeschichtlichen Arbeiten durchweg als frühester Beleg zitiert (z. B. Jacquot, a.a.O., S. 348; Stroup, a.a.O., S. 7, mit entstelltem Text), ist aber sicher unecht. Zum ›Democritus ridens‹ vgl. u. S. 95.

[36] ›Philebos‹, p. 50 b (τῇ τοῦ βίου συμπάσῃ τραγῳδίᾳ καὶ κωμῳδίᾳ). Curtius, S. 148 subsumiert auch diese Stelle unbedenklich unter die theozentrische Deutung (»durch Gott bewegt‹).

[37] Die zahlreichen Stellen verzeichnet P. Barth, Die Stoa. Völlig neu bearb. v. A. Goedeckemeyer (Frommanns Klassiker der Philosophie. 16), Stuttgart 6 1946. Seneca: S. 366 (Anm. 187), 367 (Anm. 204), 369 (Anm. 349). Epiktet: S. 372 (Anm. 67 u. 70). Marc Aurel: S. 377 (Anm. 180). Zu Boethius vgl. Curtius, S. 149.

[38] Zur Vorstellung vom kosmischen Schauspiel s. u. S. 147.

[39] Seneca, epist. 65,18; 96,5; 120,12.18; de benef. 5,2,4; dial. 2,19,3; 7,15,5ff. u. ö. (umfassende Materialsammlung bei D. Steyns, Etude sur les métaphores et les comparaisons dans les oeuvres en prose de Sénèque le philosophe [Université de Gand. Recueil de trav. publ. par la fac. de philos. et lettres. 33], Gand 1906, S. 5ff., 16ff., 42ff.). Epiktet, ›Diatriben‹ 1,9,16; 3,22,4; Marc Aurel, ›Selbstbetrachtungen‹ 3,4,6; 3,16,4; 6,42f.; 7,45. Für die christliche Rezeption wichtig ist Hiob 7,1: »Militia est vita hominis super terram«.

werden: es liegt beim einzelnen, zur Erkenntnis des jeweils ›Angemessenen‹ vorzudringen. »Quomodo fabulae, sic vita: non quam diu, sed quam bene acta sit, refert. Nihil ad rem pertinet quo loco desinas. Quocumque voles desine: tantum bonam clausulam inpone«, so fordert Seneca im 77. Brief an Lucilius[40]. Das »quam bene« und das »Quocumque voles« begründen den Spielraum des Menschen auf dem Welttheater. Schon Ciceros wahrer *sapiens* lebt in der Überzeugung »mediocrium nos esse dominos, ut, si tolerabiles sint, feramus, si minus, animo aequo e vita, cum ea non placeat, tamquam e theatro exeamus«[41].

Vor dem Horizont des Todes, des Abtretens von der Bühne, enthüllt sich die Theaterhaftigkeit des Lebens am unbarmherzigsten. Aber was der Weise mit Würde und mit dem Bewußtsein der inneren Freiheit auf sich nimmt, ist auch ins Grotesk-Makabre stilisierbar; so bei Augustus, der – jedenfalls nach Sueton[42] – kurz vor seinem Tode um einen Spiegel bittet, seine Haare ordnen und seine Wangen glätten läßt, um schließlich seine Freunde zu fragen, »ecquid iis videretur mimum vitae commode transegisse«[43].

Der Anreiz zur breiteren, desillusionierenden Beschreibung des Lebenstheaters ist in dieser Szene bereits erkennbar, und es verwundert nicht, daß sich vor allem die Satire des Themas mit Vorliebe angenommen hat. Stoische und kynische[44] Topologie fließen hier in einen Traditionsstrom ein, dessen Wirkungen noch bis ins 17. Jahrhundert (und darüber hinaus) deutlich spürbar sind. Eines der beliebtesten und meist imitierten Muster hat Horaz mit seinem ›Democritus ridens‹ geschaffen[45]. Die klassische Darstellung jedoch, gleichsam die ›Schatzkammer‹ aller satirischen Schauspielmetaphorik, stammt von dem Rhetor Lukian. In seinem Dialog ›Menippos oder Nekyomantie‹ läßt

---

[40] Epist. 77,20. Vgl. vor allem epist. 80,7, wo Seneca darauf hinweist, er benutze den Theatervergleich gern (»Saepius hoc exemplo mihi utendum est«).

[41] De fin. 1,49. Vgl. Cato maior 18,65: »cum in vita, tum in scaena«.

[42] De vita Caes. 2,99.

[43] Vgl. auch Senecas theatralischen (vor allem an Sokrates orientierten) Tod in der Schilderung durch Tacitus, ann. 15,60ff.

[44] R. Helm, Lucian und Menipp, Leipzig u. Berlin 1906, bes. S. 17ff.

[45] Epist. 2,1,194ff. Zu den Einzelheiten (u. a. kynische Tradition) vgl. den Kommentar von A. Kießling-R. Heinze zu den ›Briefen‹, Berlin ⁷1961, S. 232ff. Über die weitere Entwicklung des Topos (kombiniert mit dem ›weinenden Heraklit‹) vor allem in der bildenden Kunst: E. Wind, The Christian Democritus, Journ. of the Warburg Inst. 1, 1937/38, S. 180ff.; W. Weisbach, Der sogenannte Geograph von Velasquez und die Darstellungen des Demokrit und Heraklit, Jb. d. Preuß. Kunstsammlungen 49, 1948, S. 141ff. Zur Wiederaufnahme in der Satire bei Erasmus, Lauremberg, Logau u. a. s. u. S. 101 und 115.

er, als Teil der Unterweltsvision, auch die zahllosen Rollen des menschlichen Lebens vorüberziehen[46]; das ›Schicksal‹ (ἡ Τύχη) verteilt sie unter den Menschen (mancher erhält nacheinander mehrere Rollen)[47], aber von einer wesenhaft theonomen Sinngebung kann keine Rede mehr sein. Auf dem Boden einer radikalen Diesseitigkeit hat sich bereits hier eine der reizvollsten und folgenreichsten Variationen des Themas ›Welttheater‹ herausgebildet: die Sichtweise der Narrenrevue[48].

Im Jahre 1506 übersetzen Erasmus und Thomas Morus einige Dialoge Lukians ins Lateinische. Schon bald darauf (1509) begegnet im ›Moriae encomium‹[49] des Erasmus die ganze Fülle der antiken Schauspielmetaphorik[50]. Auch die zuschauenden Götter fehlen nicht. Aber ebensowenig wie Lukians Τύχη garantieren sie den Sinn des Weltgeschehens. Ihnen bleibt lediglich die Aufgabe, das Bild vom Welttheater zu komplettieren und durch ihr Hohnlachen die Narrheit (*stultitia, moria*) des menschlichen Treibens umso unbarmherziger bloßzustellen[51]. Im Grunde jedoch ist es ein Theater von Menschen für Menschen, seine Darstellung zielt auf das ›Anthropologische‹: »Porro mortalium vita omnis quid aliud est, quam fabula quaepiam, in qua alii aliis obtecti personis procedunt, aguntque suas quisque partes...?«[52].

Spätestens zur Zeit des Erasmus – doch sicher nicht allein durch seine Vermittlung (vgl. Brants ›Narrenschiff‹ von 1494)[53] – wird die

---

[46] ›Menippos‹, Kap. 16.
[47] Das ›Schicksal‹ fungiert dabei als ›Chorege‹ (χορηγεῖν), der einen ›Festzug‹ (πομπή) zusammenstellt.
[48] Prinzipielles dazu jetzt bei U. Gaier, Satire. Studien zu Neidhart, Wittenwiler, Brant und zur satirischen Schreibart, Tübingen 1967, bes. S. 215ff. u. S. 329ff. (mit Hinweisen auf die römische Satire; die Wirkung Lukians wäre noch genauer zu verfolgen).
[49] Die Titelgebung differiert bekanntlich in den einzelnen Ausgaben (›Stultitiae laus‹, ›Encomium morias‹ etc.). Im folgenden zugrundegelegt die kommentierte Edition: Μωρίας ἐγκώμιον. Stultitiae laus ... Recogn. et adnot. I. B. Kan, Hagae-Com. 1898.
[50] Schon in der ›Praefatio‹ (an Thomas Morus) begegnet das Demokrit-Motiv (Kan, S. II). »Die Welt als die Bühne der allgemeinen Torheit«, so charakterisiert J. Huizinga die *declamatio* in ihrer Gesamtheit (Europäischer Humanismus: Erasmus. Übers. v. W. Kaegi [rde. 78], Hamburg 1958, S. 63).
[51] Besonders in Kap. 48: »Quin etiam incredibile sit dictu, quos risus, quos ludos, quas delitias homunculi quotidie praebeant superis ... Nec est aliud spectaculum illis suavius. Deum immortalem, quod theatrum est illud, quam varius stultorum tumultus?« (Kan, S. 97).
[52] Kap. 29 (Kan, S. 48f.).
[53] Zum »narren dantz« als Grundform: U. Gaier, Studien zu Sebastian Brants Narrenschiff, Tübingen 1966, S. 182ff.

deskriptiv-satirische Variante des ›Welttheater‹-Motivs europäisches Gemeingut. Im 17. Jahrhundert gehört sie zum Grundbestand der satirischen und pikaresken Literatur und wirkt mit an der Formung des barocken Weltverständnisses. Schon Sancho Pansa hat die »comparación« (des Lebens mit dem Theater) ›viele und verschiedene Male gehört‹, als Don Quijote sie ihm mit weitschweifigen und beredten Worten als abgeklärte Weisheit zu verkaufen sucht[54]. Nach dem gleichen Prinzip wie bei Lukian und Erasmus läßt Cervantes die hohen und niederen, prächtigen und weniger prächtigen, stets aber zeitlichgebundenen Rollen der Menschen Revue passieren, mit dem Schluß: »Pues lo mismo ... acontece en la comedia y trato de este mundo«[55].

So hat sich die satirisch-deskriptive Sichtweite des *theatrum mundi* längst etabliert[56], als Calderón, an die theozentrische Tradition des christlichen Mittelalters anknüpfend, sein majestätisches Bild vom ›gran teatro del mundo‹ entwirft[57]. Nicht als ob die beiden Perspektiven schlechthin unvereinbar wären! Daß es Übergänge gibt und Möglichkeiten der Vermittlung, hatte sich schon in der Antike gezeigt, insbesondere beim stoischen Bild vom Welttheater. Auch diese Ansätze, die Fragen nach Autonomie und Heteronomie, kommen in Spanien wieder zur Geltung, explizit bereits bei Juan Luis Vives: »Comoedia, vita humana. Est enim ceu ludus quidam, in quo unusquisque agit personam suam. Danda est opera, ut moderatis affectibus transigatur, nec cruenta sit catastrophe, aut funesta, qualis solet esse in tragoediis; sed laeta, qualis in comoediis«[58].

»Danda est opera, ut moderatis affectibus transigatur« – der stoische Akzent ist unüberhörbar[59]. Viel wird den schauspielerischen Fähigkeiten des Menschen auf der Weltszene zugemutet; aber es herrscht auch Vertrauen in seine innere Kraft. »Quocumque voles desine«,

---

[54] Teil 2, Kap. 12.
[55] Text nach: Obras completas, ed. A. Valbuena Prat, Madrid 1962, S. 1310 (›Also geschieht das gleiche beim Theaterspiel und im Treiben dieser Welt‹).
[56] Gerade deshalb läßt sie sich auch bereits als ›literarisches Klischee‹ verspotten; doch ist sie damit noch nicht auf bloßen ›modischen Redeschmuck‹ reduziert, wie Curtius meint (S. 151).
[57] Hierzu jetzt H. Ochse, Studien zur Metaphorik Calderóns (Freib. Schriften z. roman. Philol. 1), München 1967, mit weiterer Literatur; vgl. besonders S. 15ff. (›Die Welt als Schöpfung‹) u. S. 35ff. (›Das Pathos der Welt‹).
[58] ›Opera‹, Bd. 2, Basel 1555, S. 101 (aus ›Satellitium animi, vel symbola‹).
[59] An Seneca erinnert auch die Formulierung. Vgl. epist. 77,20 (»Quomodo fabula, sic vita«) und 80,7 (»hic humanae vitae mimus, qui nobis partes quas male agamus adsignat«).

hatte Seneca gesagt[60]. Vives stimmt mit ihm überein in der Überzeugung, daß der Ausgang des Dramas weitgehend in der Hand des Akteurs liegt. Das Spiel ist nicht abgekartet, sondern offen. Der Mensch ist aufgerufen, seinen Part würdig zu agieren.

Mit der biblisch-christlichen Sinndeutung des Welttheaters steht diese Konzeption weder in völligem Einklang noch in offenem Konflikt. Sie ist ein Teil jener im Zeichen von Renaissance und Humanismus entstandenen Synthese von Christentum und Stoizismus[61], der auch die Barockforschung in den letzten Jahren wieder größere Aufmerksamkeit geschenkt hat[62]. Eine der Schlüsselfiguren ist Justus Lipsius[63], für den es, wie er selbst bekannte, nach der Heiligen Schrift keine nützlichere und bessere Lektüre gab als die Schriften Senecas[64]. In seinem Hauptwerk ›De constantia‹[65] macht Lipsius nun auch mit dem Bild vom Welttheater auf geistreiche Weise Ernst, indem er den Menschen zur Geduld mahnt (Text nach der Übersetzung von Viritius): »Warumb bistu dann in diesem der Welt Spiel auff GOtt vngedültiger/ als sonsten auff einen Poeten? ... Dann vnser Herr Gott ist ein guter Poet/ vnd wird die Leges dieser Tragoedien nicht leichtlich brechen«[66]. Daneben aber steht – mit einer Unvermitteltheit, die schon zu Lipsius' Zeiten heftige Kritik von christlicher Seite hervorrief – die alte ›heidnisch‹-stoische Schicksalsdeutung, in der dem Menschen sein Spielraum erhalten bleibt: »so ist das Fatum gleichsam ein

---

[60] Epist. 77,20.
[61] Vgl. L. Zanta, La renaissance du stoïcisme au XVIe siècle (Bibl. litt. de la Renaiss., N. S. 5), Paris 1914.
[62] In der hohen Barocktragödie, insbesondere bei Gryphius, war die Synthese bereits früher konstatiert worden; vgl. Stachel, Seneca und das deutsche Renaissancedrama, passim. Neurdings vor allem Heckmann, Elemente des barocken Trauerspiels, S. 42ff. und Schings, Die patristische und stoische Tradition ..., S. 182ff. (mit weiterer Literatur).
[63] Wichtig die Monographie von J. L. Saunders, Justus Lipsius. The philosophy of Renaissance stoicism, New York 1955.
[64] Vgl. Hofmannswaldaus Epigramm auf Seneca, ›Poetische Grab-Schriften‹ (in: ›Deutsche Übersetzungen Und Getichte‹, Breslau 1684), S. 108:
»Der Heyden halber Christ/ der Klugen halber GOtt ...«.
[65] ›Von der Bestendigkeit‹ [›De constantia‹]. Faksimiledruck der deutschen Übersetzung des Andreas Viritius ... Hrsg. v. L. Forster (Sammlg. Metzler. 45), Stuttgart 1965; das Nachwort (S. 19*ff.) gibt auch einen kurzen Überblick über Leben und Werk sowie weitere Literatur. Zu Lipsius' Einwirkung auf die deutsche Barockliteratur ausführlich G. Schönle, Deutsch-niederländische Beziehungen in der Literatur des 17. Jahrhunderts (Leidse Germanist. en Anglist. Reeks. 7), Leiden 1968, S. 59ff.
[66] A.a.O., S. 109^b u. 110^a.

Vortäntzer/ der das Seil füret in diesem Welttantz/ doch so/ das auch wir vnser wollen vnd nicht wöllen frey haben«[67].

Daß diese Überzeugung einen Großteil der Barockliteratur (insbesondere Tragödie und Roman) entscheidend geprägt hat, ist oft betont worden. Vor allem die so charakteristischen Entscheidungsmonologe mit ihrem weit ausladenden Pathos[68] sind nur als Manifestationen der Spielfreiheit angemessen zu verstehen. Der Held braucht Raum um sich her, Raum zur Aktion, damit seine Größe sich erweisen kann – und Raum zur Expression, damit seine Rolle sich sprachlich entfalten kann[69].

Hier läßt sich der Zusammenhang von Schauspielmetaphorik und rhetorischer Sprachkunst einmal unmittelbar greifen. Aber nicht auf solche partiellen Verknüpfungen kommt es bei der Frage nach der Barockrhetorik an, sondern auf die umfassende theatralische Weltsicht, die dem Barockzeitalter eigen ist.

d. Theatralik und Rollenspiel im Weltverständnis des 17. Jahrhunderts

Erst jetzt, nachdem die anthropologische Auffassung der Schauspielmetaphorik (wesentlich repräsentiert durch Stoizismus und Satire) als vollwertiges und eigenständiges Korrelat zur christlichen Theozentrik dargestellt ist, dürften die Voraussetzungen gegeben sein, um die schier unabsehbare Fülle und Vielschichtigkeit der barocken Schauspielmetaphorik zu interpretieren. Doch warum – so ist zunächst zu fragen – waren die Menschen des Barockzeitalters beinahe vernarrt in die Vorstellung vom *theatrum mundi*, warum spielten sie die Schauspielmetaphorik immer wieder bis in feinste Nuancen durch? Weil das ›Welttheater‹ für sie keine beliebige, ersetzbare Bildkonstruktion war, sondern Wirklichkeit. »Cette époque, qui a dit et

---

[67] A.a.O., S. 63ᵇ. Das Bild erinnert an Lukians Τύχη in der Funktion des ›Choregen‹ (s. o. S. 96) sowie an den »choragus« bei Erasmus (Kap. 29; Kan, S. 49).

[68] D. Wintterlin, Pathetisch-monologischer Stil im barocken Trauerspiel des Andreas Gryphius, Diss. Tübingen 1958; zur Ergänzung vgl. E. Verhofstadt, Stilistische Betrachtungen über einen Monolog in Lohensteins ›Sophonisbe‹, Revue des langues vivantes 25, 1959, S. 307ff.

[69] »Selbst der Monolog im Drama setzt noch ein lauschendes Theater voraus. Während er einer Iphigenie innere Sammlung bedeutet auf den göttlichen Kern in der Menschenbrust, zeigt Lehrhaftigkeit und Rhetorik ihn im 17. Jahrhundert als Ansprache an die Zuhörer« (W. Flemming, Die Auffassung des Menschen im 17. Jahrhundert, DVjs 6, 1928, S. 403ff.; dort S. 410).

99

cru, plus que toute autre, que le monde est un théâtre et la vie une comédie où il faut revêtir un rôle, était destinée à faire de la métaphore une réalité«[70].

Dieses Ineinander von Metaphorik und Realität wurde am eindrucksvollsten erfahrbar in den höfischen Festen, deren Grundzüge vor allem Richard Alewyn und Karl Sälzle beschrieben haben[71]. Man begnügte sich keineswegs immer damit, in der Geschlossenheit der riesigen Prunksäle alle *vanitates*, alle *gloria mundi* zu entfalten[72]. Bei besonderen Anlässen konnte nicht genug ›Welt‹ in den festlichen Bereich hereingenommen werden: Schloß und Gärten, Parks und Teiche – von vornherein theatroid angelegt – verwandelten sich in eine einzige riesige Szenerie; und wo sogar ganze Landschaften, wo schließlich durch das Feuerwerk auch der Himmel in das Festprogramm einbezogen wurde, war die Entgrenzung des Rahmens vollkommen. Die sichtbare Welt selbst war zur Bühne geworden[73].

Zeuge dieses *theatrum mundi* zu sein, war kein Privileg weniger Auserwählter. Denn bei aller höfisch-absolutistischen Zentrierung gehörten die breiten Volksschichten als Zuschauer (und als Staffage) unabdingbar dazu[74]. Daß sie durch solche Demonstrationen höfischer Pracht nicht wenig verwöhnt waren, läßt sich leicht denken. Das gleiche aber gilt für die Theaterleidenschaft im engeren Sinne. Wandertruppen, Schultheater und Ordensdrama lebten davon, daß die Schaulust der Menschen, insbesondere ihre Gier nach Illusion, unersättlich war[75].

---

[70] J. Rousset, La littérature de l'âge baroque en France. Circé et le paon, Paris 1963, S. 28.

[71] Das große Welttheater (zuerst 1959). Vgl. jetzt auch F. Sieber, Volk und volkstümliche Motivik im Festwerk des Barock. Dargestellt an Dresdner Bildquellen, Berlin 1960; J. Schlick, Wasserfeste und Teichtheater des Barock, Diss. Kiel 1963.

[72] Zur Entstehung des weltlichen Festraums im Zeitalter des Barock s. Alewyn, a.a.O., S. 30ff. u. 41ff.

[73] Für die dekorative Metaphorik zeigt Analoges Windfuhr, S. 251f. (»Wie die Parkanlagen als Fortsetzung bewohnter Räume unter freiem Himmel erscheinen, so überträgt man Architekturvorstellungen auch auf fernergelegene Objekte wie den Himmel und die freie Natur«, S. 251).

[74] Vgl. Alewyn, a.a.O., S. 23ff. und die genannte Arbeit von Sieber (insbesondere zum Kontakt der verschiedenen sozialen Schichten im Zeichen des ›Escapismus‹).

[75] Hierzu besonders Eugen Gottlob Winklers Skizze über Lope de Vega (anläßlich von Vosslers Monographie; Dichtungen, Gestalten und Probleme. Nachlaß. Hrsg. v. W. Warnach u. a., Pfullingen 1956, S. 402ff. »Lopes Theater ist einst ebenso wirklich gewesen wie die Täglichkeit jener barocken Zeit ... Theater war für den damaligen Zuschauer alles andere als Kunst in unserem Sinne; die

»Quia mundus vult decipi, decipiatur«, lautet ein im 17. Jahrhundert gern zitiertes Wort[76]. Nicht von ungefähr ist die Illusionsbühne eine der großen Errungenschaften des Barockzeitalters. Es erübrigt sich, im gegenwärtigen Zusammenhang näher auf die Technik der Barockbühne einzugehen[77]. »Niemals vorher und niemals nachher ist das Theater einer so sündhaften Verschwendung gewürdigt worden«[78]. Je größer der Aufwand, desto vollkommener die Repräsentation des *theatrum mundi*. Prinzipiell mußte alles darstellbar sein, dafür sorgten Masken und Kostüme, Kulissen und Maschinen, Soffiten und Prospekte. Nichts ›Weltliches‹ war der Bühne fremd, und zur ›Welt‹ gehörten – besonders im Jesuitentheater – auch Himmel und Hölle mit ihren Figuren[79].

Eingebunden in den Raum der Bühne, wurde das Welttreiben durchschaubar; das einzelne Geschehen erhielt repräsentativen Rang im Hinblick auf das *theatrum mundi*. Besonders bezeichnend sind die engen Beziehungen zwischen dem Theater und der graphischen Ausgestaltung der Embleme, worauf vor allem Albrecht Schöne hingewiesen hat: »Das Emblembild erscheint als Miniaturbühne«[80]. So wie die theatralische Handlung emblematische Bedeutung gewinnt, präsentiert sich das Emblem theatralisch. Und es ist nur konsequent, wenn Emblemsammlungen mit dem Anspruch herausgegeben werden, die Ganzheit des Welttheaters zu erfassen: ›Le Theatre des bons engins‹, ›Theatrum Emblematicum‹, ›Theatrum Vitae Humanae‹ und ähnlich lauten die Titel[81].

Was in der Emblematik so auffällig hervortritt, ist im Grunde ein

---

Wirklichkeit der Bühne war für ihn dieselbe wie die, die ihn umgab ... Und für Lope wieder war seine Wirklichkeit schon vorgeformtes Theater«, a.a.O., S. 405).

[76] Beispielsweise bei Schupp, ›Abgenöthigte Ehren-Rettung‹, in: ›Schrifften‹, S. 634 (im Zusammenhang mit Feuerwerk). Vgl. die anonyme Schrift ›Wohlgemeyntes ... und Gründliches Bedenken‹, Augsburg 1693, Neudr. S. 40 (»das bekante dictum« hier in der Form »Mundus vult decipi, decipiatur ergo«, zitiert im Zusammenhang mit »dem gleißnerischen Genio Seculi«).

[77] Kindermann, Theatergeschichte Europas, Bd. 3, bes. S. 349ff. (mit weiterer Literatur).

[78] Alewyn, a.a.O., S. 50.

[79] Vgl. Gryphius' Bühnenanweisung zur ›Catharina von Georgien‹: »Vber dem Schau-Platz öffnet sich der Himmel/ vnter dem Schau-Platz die Helle« (Szyrocki–Powell 6, S. 139). Calderóns ›El gran teatro del mundo‹ mit seiner Zweiteilung der Bühne in Himmel und Erde ist das bekannteste Beispiel dieser ›ganzheitlichen‹ Theaterkonzeption.

[80] Emblematik und Drama ..., S. 219.

[81] Ebda.

Wesenszug weitester Bereiche der Barockmalerei. Insbesondere auf den Tafelbildern erinnert »alles an das Dasein auf einer Bühne. Denn diese Figuren existieren nicht nur für sich selber, sondern sie stellen sich gleichzeitig dar«; der Mensch erscheint als »ein Schauspieler im besten Sinne des Wortes, nämlich als Träger einer ihm aufgetragenen Rolle und eingespannt in ein Dasein, das immer wieder an eine Bühne erinnert«[82].

Wenn unter den bildenden Künsten die Malerei zur breiten Darbietung von Welt besonders prädestiniert ist, so erfüllt in der Literatur vor allem der Roman diese Funktion. Insbesondere der höfische Roman bedient sich bis zum Exzeß malerischer und theatralischer Darstellungsweisen. Häufig deutet sich das bereits in der Topik an, mit der man den Roman – durch Titel oder Vorrede – dem Leser präsentiert: »HJer stellet sich/ unser vor etlichen Jahren gethanen Vertröstung nach/ nunmehr der Großmüthige Arminius auf den Schau-Platz der Welt«, so beginnt der ›Vorbericht an den Leser‹ zu Lohensteins ›Arminius‹[83]. Und das Titelblatt von Moscheroschs ›Gesichten Philanders von Sittewalt‹ (nach Quevedo) verheißt unter anderem, hier werde »Aller Welt Wesen ... offentlich auff die Schauw geführet«[84].

Die Erzähltechnik selbst entspricht dem aufs genaueste. Schon bei Zesen, der mit seiner ›Adriatischen Rosemund‹ (1645) den ersten selbständigen deutschen Barockroman entwirft, ist die theatralische Tendenz voll ausgeprägt. Vorliebe für figurative Szenen, Dominanz des Visuellen, Tendenz zum bühnenhaften Bildausschnitt sind Grundkennzeichen seines Romanstils[85]. Die Figuren sprechen und gebärden sich ›repräsentativ‹, wie Schauspieler auf dem Theater – eine Technik, die dann in Ziglers ›Asiatischer Banise‹ noch gesteigert wird[86]. Doch wie der Erzähler als Arrangeur des Geschehens an die Stelle Gottes

---

[82] R. Zürcher, Der barocke Raum in der Malerei, in: Die Kunstformen des Barockzeitalters, S. 169ff. (dort S. 175f.; verifiziert an den Tafelbildern Watteaus). Vgl. Kindermann, a.a.O., S. 20: »Der Lebensgestus des ganzen Zeitalters ist ... theatralisch, im Gegensatz zum schlichten, selbst im Pathetischen linearen ... Lebensgestus des Reformationszeitalters«.

[83] ›Großmüthiger Feldherr Arminius oder Herrmann‹, Bd. 1, Leipzig 1689, ›Vorbericht ...‹ (nicht von Lohenstein), fol. b4ᵃ.

[84] ›Visiones de Don Quevedo. Wunderliche vnd Warhafftige Gesichte Philanders von Sittewalt‹, Straßburg ²1642.

[85] H. Will, Die Gebärdung in den Romanen Philipps von Zesen, Neue Jb. f. d. klass. Altertum, Gesch. u. dt. Lit. u. f. Pädagogik 27, 1924, S. 112ff.

[86] E. Schwarz, Der schauspielerische Stil des deutschen Hochbarock. Beleuchtet durch Heinrich Anshelm von Ziglers ›Asiatische Banise‹, Diss. Mainz 1956.

tritt, wie der Autor sich zum *deus alter* erhebt, zeigen am eindrücklichsten die Romane des Herzogs Anton Ulrich von Braunschweig[87]. Aus olympischer Perspektive und mit imperatorischer Geste lenkt und ordnet er die ungeheuren Massen von *dramatis personae*. Und jede einzelne Figur, vom Sklaven bis zum Kaiser, erhält – mit fein bemessener Abstufung[88] – ihren spezifischen Spielraum, um ihren Part im Ganzen des *theatrum mundi* zu agieren.

Es wäre eine erfolgversprechende Aufgabe, die theatroiden Züge und vor allem das Phänomen des Rollenspiels durch die einzelnen Literaturgattungen des Barock zu verfolgen. Nicht nur in Drama und Roman, selbst in der Lyrik böten sich dazu vielfältige Ansatzpunkte; etwa bei jener beliebten Gattung von ›Grabschriften‹, in denen Repräsentanten eines bestimmten Berufs oder auch einer Weltanschauung die Summe ihres Lebens ziehen, ihre ›Rolle‹ formulieren[89]. Neben der epigrammatischen Pointierung machen vor allem das Sprechen in der ersten Person[90] und die revueartige Häufung der Figuren den spezifischen Reiz dieser Rollengedichte aus. In ihnen kristallisiert sich die verwirrende Fülle des Welttheaters zu scharf umrissenen, typischen, durchschaubaren Figuren.

Am konsequentesten jedoch prägt sich der Rollentrieb in der Schäferdichtung aus[91], wo er nicht nur lyrische Gattungen wie Ekloge oder Madrigal bestimmt, sondern auch Großformen wie Roman und Oper, ja ganze Festspiele. Weite Kreise der höfischen und bürgerlichen Gesellschaft des Barock geben sich dieser Maskerade mit einer schier un-

---

[87] Vgl. vor allem G. Müllers Interpretation der ›Aramena‹ (Deutsche Dichtung ..., S. 246ff.); auch C. Heselhaus, Anton Ulrichs Aramena. Studien zur dichterischen Struktur des deutsch-barocken ›GeschichtGedicht‹ (Bonner Beitr. z. dt. Philol. 9), Würzburg 1939.

[88] Dies zumal in der ›Römischen Octavia‹ mit ihren zahllosen Teilhandlungen und Episoden; H. G. Haile, Octavia: Römische Geschichte. Anton Ulrich's use of the episode, JEGP 57, 1958, S. 611ff.

[89] Am ausgeprägtesten in den ›Poetischen Grab-Schrifften‹ (1643) Hofmannswaldaus, nach dem Vorbild Martials sowie nach den *epitafii giocosi* von Loredano und Michiele (›Cimiterio‹, 1635); dazu K. Friebe, Christian Hofman von Hofmanswaldaus Grabschriften, Progr. Greifswald 1893.

[90] Mit individueller Nuancierung begegnet es in Flemings berühmter ›Grabschrifft‹ für sich selbst (›Teütsche Poemata‹, Lübeck [1642], S. 670): »... Ich sag' Euch gute Nacht/ und trette willig ab«.

[91] Darauf ist oft hingewiesen worden, z. B. von Cysarz, Deutsche Barockdichtung, S. 29f.: »Der Schäfer, das ist ein verkleideter ›Galan‹ ... Überall steht der Einzelne als rund umrissene, bühnenfertige Figur in stilisierter Pose vor seinem Hintergrund«. Zur Maskenhaftigkeit vgl. H. Meyer, Der deutsche Schäferroman des 17. Jahrhunderts, Diss. Freiburg i. B. 1928, S. 15ff. (›Die Schäfermaske‹).

erschöpflichen Lust zur Rolle hin. Und je befremdlicher dem heutigen Betrachter das barocke Schäferwesen erscheint, desto klarer wird erkennbar, wie tief das spielerische Element in der Barockkultur verwurzelt ist[92]. Das Schäferwesen bildet nur die besondere Ausprägung einer für die gesamte Epoche charakteristischen Neigung[93]. Und am Ende des Jahrhunderts stellt ein geistlicher Vertreter des Bukolischen, Laurentius von Schnüffis[94], den allgemeinen Spieltrieb seiner Zeit nun auch vor den Hintergrund des *theatrum mundi*: »Die Welt unter denen Menschen ist anders nichts als ein eitel Spielwerck/ wie auf einer Schau-Bühne/ wo man eine Comoedie agiret/ allerhand Abwechslungen und Spiele fürgestellt werden«. So resümiert er in der ›Vor-Ansprach‹ zu seinen ›Lusus mirabiles orbis ludentis‹[95].

Die Grundfigur der *lusus orbis* ist also – wie beim Schäferwesen – das Spiel im Spiel, die ›potenzierte Illusion‹[96]. Damit aber ist dieser Versuch einer Bestandsaufnahme wieder beim Barocktheater angelangt, bei einem Motiv, das seit jeher als charakteristisch für die Dramatik des 17. Jahrhunderts gegolten hat, für Shakespeare, Lope de Vega, Rotrou, Calderón, Corneille, Molière, Bidermann, Gryphius, Weise – um nur die bekanntesten zu nennen[97]. Wenn schon das Welttreiben als Ganzes ein Theater darstellt, so muß auch die Bühne den Spielcharakter des Lebens zum Vorschein kommen lassen. ›Dasein heißt eine Rolle spielen‹: dieser Satz steht, wie Heinz Otto Burger gezeigt hat[98], ebenso über Bidermanns ›Philemon Martyr‹[99] (um

---

[92] J. Huizinga, Homo Ludens. Vom Ursprung der Kultur im Spiel (rde. 21), Reinbek 1966, S. 174ff. (›Spielgehalt des Barock‹).

[93] Vielleicht am deutlichsten wird dies bei den Nürnbergern und insbesondere bei Harsdörffer: eine literarische Form wie die ›Frauenzimmer-Gesprechspiele‹ (oder auch ›Der Gedichte-Zuwurf‹ im 3. Band von Anton Ulrichs ›Aramena‹) entspringt der gleichen spielerischen Grundkraft wie die großen ›Schäfereyen‹.

[94] Zur eigentümlichen Mischung des Schäferlichen und des Geistlichen bei Schnüffis jetzt D. Breuer, Der Philotheus des Laurentius von Schnüffis. Zum Typus des geistlichen Romans im 17. Jahrhundert (Dt. Stud. 10), Meisenheim a. Glan 1969, S. 29ff.

[95] Erschienen Augsburg 1703 (postum; Laurentius starb 1702); dort fol.)(5ªf.

[96] Alewyn, Das große Welttheater, S. 66ff.

[97] Vgl. R. J. Nelson, Play within a play, New Haven 1958; jetzt auch Szarota, Künstler, Grübler und Rebellen, passim (mit weiterer Literatur).

[98] Dasein heißt eine Rolle spielen. Das Barock im Spiegel von Jacob Bidermanns ›Philemon Martyr‹ und Christian Weises ›Masaniello‹, in: ›Dasein heißt eine Rolle spielen‹. Studien zur deutschen Literaturgeschichte (Lit. als Kunst), München 1963, S. 75ff. Zum Problem ›Schauspieler seiner selbst‹ vgl. auch J. Rütsch, Das dramatische Ich im deutschen Barock-Theater (Wege z. Dichtg. 12), Horgen-Zürich u. Leipzig 1932, S. 155ff.

[99] Vgl. Szarota, a.a.O., S. 7ff. (ohne Berücksichtigung der Arbeit Burgers).

1618) wie über Weises ›Masaniello‹[100] (1682), er steht am Beginn und am Ausgangspunkt des Barockjahrhunderts.

e. Christliche, stoizistische und satirisch-pikareske Perspektive des barocken Welttheaters

Daß die Vorstellung vom menschlichen Leben als einem Theaterspiel für die Autoren des 17. Jahrhunderts weit mehr als eine bloße Metapher bedeutet, dürfte der vorige Abschnitt gezeigt haben. Aber so nachdrücklich dies im Hinblick auf die Entfaltung der Barockrhetorik hervorzuheben ist, so wenig darf das ›Theatralische‹ auf das bloße Phänomen ›Öffentlichkeit‹ reduziert werden[101]. Es geht nicht um ein abstraktes, egalitäres Verhaltensmodell. Gerade die Vielfalt der möglichen Perspektiven und Sinngebungen macht den Reiz des *theatrum mundi* aus. Erst durch die Spielweise der Akteure und durch den Blickwinkel der einzelnen Zuschauer wird die Ganzheit des Welttheaters konstituiert.

Solcher Differenzierung und Nuancierung der barocken Positionen hat die geschichtliche Entwicklung der Schauspielmetaphorik entscheidend vorgearbeitet. Bereits eine kurze Bestandsaufnahme der wichtigsten Zeugnisse aus der deutschen Barockliteratur[102] erweist, wie unzureichend die Beschränkung auf den theozentrischen Zweig der metaphorischen Tradition notwendigerweise ist, selbst bei dezidiert christlichen Autoren. Schon die Vorstellung von Gott (und den Engeln) als dem Zuschauer der Weltszene ist keineswegs fester Bestandteil der barocken Theatermetaphorik[103]. Die wenigen Belege

---

[100] Hinzuzunehmen das Stück vom ›Niederländischen Bauer‹ (enthalten in: ›Neue Proben von der vertrauten Redens-Kunst‹, Dresden u. Leipzig 1700).

[101] Dazu könnte die o. S. 89 zitierte Auffassung G. Müllers verleiten.

[102] Die Vorarbeiten zu diesem so oft als charakteristisch ›barock‹ bezeichneten Gegenstand sind auffallend spärlich. Neben verstreuten Hinweisen (bei denen meist immer die gleichen wenigen Beispiele weitergereicht werden) gibt es nur eine einzige (kaum beachtete) einschlägige Arbeit: L. Buzás, Der Vergleich des Lebens mit dem Theater in der deutschen Barockliteratur (Spec. Diss. Fac. Philos. Reg. Hung. Univ. Elis. Quinq. 208), Pécs 1941 (schmal, aber hilfreich; unzureichend in Dokumentation, Interpretation und Orientierung an der Forschung). Die o. S. 92 genannte Untersuchung von Sofer läßt die Barockepoche fast unberücksichtigt, die speziell auf ›Barock‹ ausgerichtete Arbeit von Warnke klammert den deutschen Bereich aus.

[103] Trotzdem wird der theozentrische Bezug immer wieder – wie bei Curtius – verabsolutiert; so bei Schöne, Emblematik und Drama ..., S. 221: »Im Sinnbild des Theaters hat diese Zeit selbst die Welt gedeutet und das Leben verstanden als ein Rollen- und Maskenspiel, als das Spiel der Menschen vor dem himmlischen Herrn und seinem Hofstaat«.

hierfür verraten durchweg eine tröstende Absicht: »Es sehen unsern Schmertzen zu alle heilige Engel: Welchen wir ein Schau-Spiel worden«, sagt Gryphius in den ›Dissertationes Funebres‹[104] (offensichtlich in Anlehnung an biblische Vorstellungen)[105]. Zuversichtlicher klingt es in Avancinis ›Pietas victrix‹:

>»Ex alto Deus
>Qui spectat orbem, tolerat innocuos premi
>Quandoque, sed non opprimi«[106].

Und in Birkens christianisierter Poetik[107] ist Gott sogar als Zuschauer der irdischen Theateraufführungen gedacht; wenn die heidnischen Götter von der Bühne verschwinden, »werden wir erlangen/ daß auch Gott und seine Engel unsre Spielschauer seyen/ und Wolgefallen daran haben«[108]. Gott bleibt präsent, er stellt eine wesentliche Instanz dar, aber nur selten ist von einer unmittelbaren Einwirkung auf die irdische Szene die Rede. Wenn Gryphius einmal klagt:

>»Bald denck ich/ wie mit mir der himmel spielen kan/
>Von dem ich minder noch weiß etwas zu verlangen«[109],

so ist es ein andermal nur die »zeit«, die mit dem Menschen ›spielt‹[110]. Es dominiert das Empfinden, daß der Mensch in ein Spiel verstrickt ist; aber Gott kann dabei durchaus an den Rand des Spielhorizonts rücken, wie in Czepkos großem Gedicht ›Spiele wohl! Das Leben ein Schauspiel‹:

>»Was ist dein Lebenslauff und Thun, o Mensch? ein Spiel.
>Den Inhalt sage mir? Kinds, Weibs und Tods Beschwerde.
>Was ist es vor ein Platz, darauff wir spieln? Die Erde.
>Wer schlägt und singt dazu? Die Wollust ohne Ziel.
>
>Wer heißt auff das Gerüst' uns treten? Selbst die Zeit.
>Wer zeigt die Schauer mir? Mensch, das sind bloß die Weisen,
>Was ist vor Stellung hier? Stehn, schlaffen, wachen, reisen,
>Wer theilt Gesichter aus? Allein die Eitelkeit.

[104] Ausgabe Leipzig 1667, S. 363.
[105] 1. Kor. 4,9; vgl. Schöne, a.a.O., S. 221 Anm. 3.
[106] III 5, ›Poesis dramatica‹, Teil 2, Köln 1675, S. 184.
[107] Auf die durch und durch christliche Prägung hat vor allem Markwardt, S. 116ff. hingewiesen.
[108] ›Teutsche Rede-bind- und Dicht-Kunst‹, Nürnberg 1679, S. 330.
[109] Szyrocki–Powell 1, S. 126 (›Auf ein Jungfern-Spiel‹).
[110] A.a.O., S. 33 (›Es ist alles eitell‹). Vgl. auch Schefflers Spruch ›Gott spielt mit dem Geschöpfe‹ (aus dem ›Cherubinischen Wandersmann‹, Held 3, S. 64).

Wer macht den Schau Platz auff? Der wunderbare Gott.
Was vor ein Vorhang deckts? Das ewige Versehen.
Wie wird es abgeteilt? Durch leben, sterben, flehen.
Wer führt uns ab, wer zeucht uns Kleider aus? Der Tod.

Wo wird der Schluß erwartt des Spieles? in der Grufft.
Wer spielt am besten mit? Der wol sein Ammt kan führen.
Ist das Spiel vor sich gut? Das Ende muß es zieren.
Wenn ist es aus? o Mensch! wenn dir dein JESUS rufft«[111].

Selbst dem gläubigen Christen bereitet es sichtlich Schwierigkeiten,
das Motiv vom *theatrum mundi* in streng theozentrischer Gleichnis-
form durchzuziehen[112].

Eins freilich prägt Czepkos Gedicht von der ersten bis zur letzten
Zeile: die düstere Grundstimmung. Keiner der großen Barockautoren
hat sie bohrender, insistierender ausgesprochen als Andreas Gryphius:

»Spilt den dis ernste spiell: weil es die zeit noch leidet«,

heißt es in dem zu Anfang zitierten Sonett ›Ebenbildt vnsers lebens‹[113]. Fast immer wenn Gryphius sich der Schauspielmetaphorik
bedient (sie ist ein charakteristischer Teil seiner Bildsprache)[114], versteht er sie im ernsten Sinne[115].

»Was ist dieß Leben doch? Ein Trawrspiel ist zu nennen«,

so reagiert Rist auf die Nachricht von der Ermordung Wallensteins[116].
Und der große Krieg ist auch für Gryphius immer wieder Anlaß, die
Welt als düstere Szene zu schildern, Deutschland als »Schawplatz
der Eitelkeit«[117]. Blickt er auf die Geschichte zurück, so erscheint sie

---

[111] Milch 1, S. 22.
[112] Die erotematische Grundform erfordert natürlich eine gewisse Variation. Aber
es ist doch auffallend, daß der eigentliche ›Theaterbetrieb‹ weitgehend von
Mächten wie ›Zeit‹, ›Eitelkeit‹, ›Tod‹ bestritten wird, von Mächten also, die
(wie sich noch zeigen wird) leicht säkularisierbar sind.
[113] Szyrocki–Powell 1, S. 58.
[114] Durchaus unzureichend die vier Belege bei Windfuhr, S. 185, mit der eigenartigen Charakterisierung: »Die Theatermetapher benutzt er nicht, um nebenbei
dekorative Effekte zu erzielen wie andere Barockdichter, sondern überwiegend
im Sinne von ›ernstem spiell‹ . . .« (soll die Metapher sonst ›dekorativen‹ Zwek-
ken dienen, und bei wem?).
[115] Ebenso sein Sohn Christian in einer Ode (›Poetische Wälder‹, Frankfurt u.
Leipzig 1698, S. 773ff.). Vgl. Schefflers Gedicht ›Der Welt Tun ist ein Trauerspiel‹ aus dem ›Cherubinischen Wandersmann‹ (Held 3, S. 156).
[116] Cysarz, Barocklyrik 1, S. 236 (›Als die wunderbahre/ oder vielmehr ohnver-
hoffte Zeitung erschallete/ daß der Hertzog von Friedland zu Eger wehre er-
mordet worden‹).
[117] Vorrede zum ›Leo Armenius‹, Szyrocki–Powell 5, S. 3. Ähnlich die Worte des
Juxton aus dem 5. Akt des ›Carolus Stuardus‹:

ihm ebenfalls »als Nacheinander und Nebeneinander trauriger, nie-
derschmetternder Geschehnisse«[118]. Das Geschichtsdrama bringt also
– pointiert ausgesprochen – Tragödien auf die Bühne, die bereits einmal über die Bühne des *theatrum mundi* gegangen sind[119]. Was für
das Drama gilt, darf auch für die Erzählkunst gelten: »jämmerliche
Mordgeschichte/ so sich theils zu unsrer Väter/ theils zu unsren Zeiten begeben«, faßt Harsdörffer zusammen zum ›Grossen SchauPlatz
Jämerlicher Mordgeschichte‹[120] (nicht unähnlich den Emblemsammlungen mit ihren ›theatralischen‹ Titeln).

Doch wie Harsdörffer als Gegenstück hierzu einen ›Grossen Schau-
Platz Lust- und Lehrreicher Geschichte‹ anbieten kann[121], so ist auch
die christliche Perspektive des Welttheaters nicht prinzipiell auf eine
tragische Deutung festgelegt. Schon Johannes von Salisbury muß sich

---

> »Den Schau-Platz muß mein Fürst zum letztenmahl beschreiten.
> Den Schau-Platz herber Angst vnd rauher bitterkeiten.
> Den Schau-Platz grimmer Pein!«

(Szyrocki–Powell 4, S. 49). Vgl. auch das berühmte Gedicht ›Menschliches
Elende‹:

> »WAs sind wir menschen doch? ein wohnhaus grimmer schmertzen.
> ...
> Ein schawplatz herber angst ...«

(Szyrocki–Powell 1, S. 9 bzw. 35; dazu F. G. Cohen, Andreas Gryphius' Sonnet
›Menschliches Elende‹: Original and final form, GR 43, 1968, S. 5ff.).

[118] W. Vosskamp, Untersuchungen zur Zeit- und Geschichtsauffassung im 17.
Jahrhundert bei Gryphius und Lohenstein (Lit. u. Wirklichkeit. 1), Bonn 1967,
S. 131. Zur »Charakterisierung geschichtlicher Situationen und Ereignisse« als
›Trauerspiel‹ verzeichnet Vosskamp, a.a.O., S. 133 Anm. 127 sieben Stellen aus
den Trauerspielen. Vgl. auch W. Flemming, Andreas Gryphius, S. 108 (mit Hinweis auf Merians ›Theatrum Europaeum‹, das auch die Gegenwart theatralisch
darbietet).

[119] Diese Sichtweise am deutlichsten in Gryphius' Epigramm ›Auff das zubroche-
ne Colossaeum‹ (Szyrocki–Powell 2, S. 214; dazu Vosskamp, a.a.O., S. 133); es
wäre zu vergleichen mit Hofmannswaldaus Gedicht ›Die allgemeine Vergänglichkeit‹:

> »Diß was Vespasian zum Schauplatz ihm erkohren ...«

(›Begräbnüß Gedichte‹ [in: Deutsche Übersetzungen Und Getichte‹, Breslau
1684], S. 39). Schon Chytraeus behandelte (1562ff.) Thukydides unter dem Leit-
gedanken: »Die Geschichte ist ein Gemälde und Theater des menschlichen Lebens, welches auf alle Zeiten paßt« (Paulsen 1, S. 351).

[120] Hamburg 1650. Das Zitat aus der ›Zuschrifft‹, fol.) (V[b]. Vgl. Rist, ›Poetischer Schauplatz/ Auff welchem allerhand Waaren Gute und Böse Kleine und
Grosse Freude und Leid-zeugende zu finden‹, Hamburg 1646.

[121] Frankfurt [4]1660. Zur Erzählform vgl. E. Kappes, Novellistische Struktur bei
Harsdörffer und Grimmelshausen unter besonderer Berücksichtigung des Großen
Schauplatzes Lust- und Lehrreicher Geschichte und des Wunderbarlichen Vogel-
nestes, Diss. Bonn 1954.

in einem gesonderten Kapitel – Curtius hat darauf hingewiesen[122] – mit dem Thema ›De mundana comedia vel tragedia‹ auseinandersetzen. Er läßt die Entscheidung offen und folgt damit letztlich der platonischen Einsicht, daß das *theatrum mundi* aus Tragödie und Komödie ›gemischt‹ sei[123]. »Die Welt ist eine Spiel-buene/ da immer ein Traur- und Freud-gemischtes Schauspiel vorgestellet wird«, so lautet die Antwort des Poetikers Birken[124]. Und für Avancini machen sich auf dem Welttheater »Dolor et voluptas, gaudium et luctus« abwechselnd den Platz streitig[125].

Ob ›Trauerspiel‹ oder ›Mischspiel‹: der Christ ist aufgerufen, sich seiner Rolle bewußt zu werden[126] und sie angemessen zu agieren. »Spilt den dis ernste spiell«, heißt es bei Gryphius[127]. »Hath God made this World his Theatre ... and wilt thou play no part?«, fragt John Donne in einer Predigt vom Jahre 1616[128]. Doch das Bewußtsein, einen von außen verliehenen Part zu spielen, ist nicht an eine spezifisch christliche Motivation gebunden:

> »DJe Person/ die ich jetzt führe/ auff dem Spielplatz dieser Welt/
> Wil ich nach Vermügen führen/ weil sie mir so zugestellt;
> Denn ich hab sie nie gesucht ...«[129].

---

[122] S. 149; vgl. Jacquot, a.a.O., S. 354f.

[123] Vgl. auch Epiktet, ›Diatriben‹ 1, 29,41f.: ›Mensch, da hast du deinen Stoff und deine Fabel. Nun rede etwas, damit wir wissen, ob du ein Tragöde bist oder ein Spaßmacher‹ (πότερον τραγῳδὸς εἶ ἢ γελωποιός).

[124] ›Vor-Ansprache zum Edlen Leser‹, in: Anton Ulrich, ›Die Durchleuchtige Syrerinn Aramena‹, 1. Teil, Nürnberg 1669, fol.) (IIIa. Diese Auffassung vom Welttheater entspricht übrigens der Theorie der ›Tragico-Comoedie‹, wie sie Birken in seiner Poetik entwirft (s. Markwardt, S. 118). Schon Merian spricht 1631 von der »großen Tragi-Comoedia, so noch in der Welt agiret wird« (s. Vosskamp, a.a.O., S. 132 Anm. 123).

[125] Vgl. o. S. 88.

[126] Die Probleme dieses Bewußtwerdens hat Burger vor allem an Bidermanns ›Philemon Martyr‹ dargestellt (a.a.O., S. 75ff.). Auch in Bidermanns ›Cosmarchia‹ spielen sie eine wichtige Rolle, vgl. die Schlußworte des *angelus tutelaris* über die Selbsttäuschung des Menschen:
> »Beatum talis esse existimat:
> Ludíque se nescit, dum apprimè luditur«
(V 10; Text nach den ›Ludi theatrales sacri‹, Teil 1, S. 213).

[127] Vgl. o. S. 107.

[128] »A Sermon Preached at Pauls Cross to the Lords of the Council, and other Honorable Persons, 24. Mart. 1616. [1616/17]« (The sermons of John Donne. Ed., with introd. and crit. apparatus, by G. R. Potter and E. M. Simpson, Bd. 1, Berkeley and Los Angeles 1962, S. 183ff.; das obige Zitat S. 207, mit Donne's Marginalie »Plato«).

[129] ›Deutsche Sinn-Getichte Drey Tausend‹, Breslau (1654), Drittes Tausend, ›Zu-Gabe‹, S. 231.

Logaus Rechenschaft zielt – wie die des Christen – auf richtige Selbsteinschätzung (»nach Vermügen«), auf *constantia*, auf Bewährung. Wieder einmal zeigt sich, wie nahe *miles Stoicus* (dies nur als Abbreviatur)[130] und *miles Christianus*[131] benachbart sind. Es ist lediglich eine Frage der Nuancierung, ob das Ausharren in der Rolle mehr auf Gottes Zuschauen hin ausgerichtet ist – wie z. B. in Bidermanns ›Calybita‹[132] – oder ob es sein Gewicht wesentlich in sich selbst trägt:

> »Ein ieder sey bedacht, wie er das Lob erwerbe,
> Daß er in Mannlicher postur vnd stellung sterbe,
> An seinem orth besteh fest mit den Füssen sein«[133].

Die bildende Kunst zeigt (insbesondere in den Skizzen und Illustrationen zum Theater), wie solche ›Mannliche postur vnd stellung‹ schauspielerisch zu denken ist[134]. Der Mensch, der seine Rolle in die Hand nimmt und standhaft agiert, ist das genaue Gegenteil einer Marionette, jenes Symbols, das nach Rudolf Majut »nur in Zeitläuften wirkungskräftig werden« kann, »die mit sich selbst zerfallen oder in heftiger Gärung sind«[135]. Wenn der Mensch sich einmal als Spielball der Weltszene empfindet, steht dahinter nicht die Erfahrung letzter Sinnlosigkeit und Zerrissenheit (wie etwa bei Figuren Büchners oder des Sturm und Drang), sondern Erkenntnis der Vergänglichkeit, wie in Hofmannswaldaus ›Klagelied über das unbeständige Gelück‹:

> »Bin ich der Sternen Gauckelspiel?
> ...
> Ich bin ein Ball/ den das Verhängnüs schläget;
> Des Zufalls Spiel; ein Schertz der Zeit«[136].

---

[130] Vgl. o. S. 94.
[131] Im Sinne von Hiob 7,1. Der Begriff ist bekanntlich durch Erasmus und Luther besonders in das Bewußtsein des 16. und 17. Jahrhunderts gedrungen.
[132] Der *angelus tutelaris* zu Calybita:
   »Spectavit pugnas tuas Numen, quas fortiter
   Pugnasti. Imminet finis laborum: dabitur praemium«
   (V 10; a.a.O., Teil 2, S. 289).
[133] Zincgref, ›Eine Vermanung zur Dapfferkeit‹, in: Auserlesene Gedichte Deutscher Poeten gesammelt von Julius Wilhelm Zinkgref. Hrsg. v. W. Braune (NdL. 15), Halle 1879, S. 65.
[134] Vgl. die Reproduktionen und Photographien bei Flemming, Deutsche Kultur ..., S. 3ff.
[135] Lebensbühne und Marionette. Ein Beitrag zur seelengeschichtlichen Entwicklung von der Geniezeit bis zum Biedermeier (Germ. Stud. 100), Berlin 1931, S. 71.
[136] ›Vermischte Gedichte‹ (in: ›Deutsche Übersetzungen Und Getichte‹), S. 40. Metaphern aus dem Bereich der Gesellschaftsspiele begegnen in diesem Zusammenhang häufig; vor allem ›Ball‹ und ›Kugel‹. Vgl. Gryphius:

Über die Bedeutung der *vanitas* als Grunderfahrung des 17. Jahrhunderts braucht hier nicht gesprochen zu werden[137]. Daß zu ihrer Formulierung kein Bildbereich so prädestiniert ist wie der des Spiels und des Theaters, liegt auf der Hand. Oft genügt eine leichte Akzentuierung, um an den theatralischen Zügen der Weltszene das Scheinhafte besonders hervortreten zu lassen: so der Zusatz »merely« in der zitierten Partie aus Shakespeares ›As you like it‹[138]. Um das im engeren Sinne Theatralische aber legt sich ein ganzer Kranz metaphorischer Chiffren wie ›Jahrmarkt‹[139], ›Fastnachtsspiel‹[140], ›Posse‹[141] oder auch ›Traum‹[142], allesamt den Illusionscharakter des Welttreibens ins Licht kehrend[143].

Eine eigentümliche Dialektik von Lust an der Illusion und Lust an der Desillusionierung bestimmt – charakteristisch für ›barockes‹ Weltverhalten überhaupt – diesen ganzen Bildbereich. Es gibt den betroffenen Hinweis auf das Transitorische des menschlichen Rollenspiels:

> »WAs sind wir menschen doch? ...
> Ein baall des falschen glücks«

(Szyrocki–Powell 1, S. 35). Oder Abraham a Sancta Clara, der das Leben mit dem ›Kögel-Spiel‹ vergleicht: »In diesem Welt-Spiel/ habt ihr König und grosse Herren absonderliche Ehr und Respect/ und scheinet/ als seyt ihr dem Glück über den Sack kommen/... es ist aber euer vermaschkertes Leben ein blosses Spiel« (›Grosse Todten-Bruderschafft‹, Wien 1681, S. 22ff.).

[137] Vgl. jetzt vor allem van Ingen, passim (bes. S. 61ff.) und für Gryphius: Jöns, Das ›Sinnen-Bild‹, S. 242ff.; B. L. Spahr, Gryphius and the crisis of identity, GLL, N. S. 22, 1969, S. 358ff.

[138] Oben S. 87.

[139] Das bekannteste Beispiel: Calderóns ›El gran mercado del mundo‹; vgl. Gryphius: ›Marckt der Welt‹ (Szyrocki–Powell 1, S. 196, nach Matth. 20,1ff.); zu Canitz (›Der Hof‹) s. u. S. 122.

[140] Vgl. die beiden o. S. 86 Anm. 71 angeführten Stellen von Hofmannswaldau: »nichts als ein Fastnachtsspiel«, »ein Ball voll Unbestand«; ebenso Canitz (›Der Hof‹), u. S. 122.

[141] Abraham a Sancta Clara: u. S. 122. Vgl. Philippe Quinault, ›Les rivales‹ (1652; V 7):
> »La vie est une farce et le monde un théâtre«.

[142] Am bekanntesten wiederum: Calderóns ›La vida es sueño‹. Vgl. die Schlußverse des ›Chorus mortualis‹ in Bidermanns ›Cenodoxus‹:
> »Vita enim hominum,
> Nil est nisi somnium«

(IV 8; ›Ludi theatrales sacri‹, Teil 1, S. 137). Ähnlich der ›Chorus lugubris octo puerorum‹ in Bidermanns ›Belisarius‹:
> »AH miserandae somnia vitae«

(II 9; a.a.O., S. 26). Ferner Gryphius (Szyrocki–Powell 1, S. 9 bzw. 35), Fleming (»diß Leben/ das ich führ' ist recht ein Traum zu nennen«, ›Teütsche Poemata‹, S. 274) u. v. a.

[143] Zur ›Vergänglichkeitsmetaphorik‹ insgesamt Windfuhr, S. 184ff.

>Mein/ wo bleiben die gebehrden/
die so weit geholet werden
hier auf erden?«[144].

Es gibt aber auch das geradezu gierige Wegreißen der Maske:

>Allo! hinweck Allawaster Gesicht/
Mit Spiegel und mit Kampl/
Eur schön Gestalt überredt mich nicht«[145].

Und es gibt die freiwillige Selbstenthüllung:

>Ich lasse dich ietzund mich ohne Maßque schauen«[146].

Die endgültige, unabweisbare Desillusionierung bringt der Tod.
Wie sehr er die Schauspielmetaphorik evoziert, zeigten schon die antiken Zeugnisse (insbesondere Cicero und Seneca)[147]. Für die Autoren
der Barockzeit ist die Gleichsetzung von Lebens-Ende und Spiel-Ende
völlig geläufig:

>Und wenn der Tod auslescht uns unsre Lebenslampe/
Hernach ists mit uns auch/ wie dieses Schauspiel/ aus«.

So schließt Christian Reuters >Schlampampe<[148], den beliebten Vergleich bereits leicht persiflierend. Meist wird noch mindestens ein
typisches >Bühnen<-Element mitgenannt, oft das Zuziehen des Vor-
hangs[149], häufiger noch und eindringlicher – weil mit dem Leben unmittelbarer verbunden – das Kostüm:

---

[144] Zesen, >Verachtung der nichtigen/ flüchtigen welt-freude< (Cysarz, Barock-
lyrik 2, S. 97).
[145] Abraham a Sancta Clara, >Mercks Wienn<, Wien 1680, S. 48. Vgl. Lohenstein,
>Sophonisbe<, Reyen zum vierten Akt:
>Wol! wir wolln bald des Engels Schönheit sehn!
Ich muß ihr den geborgten Rock ausziehen«
(Just 3, S. 331; »die Larve wegzuzihn«, a.a.O., S. 342). Schefflers Distichon >Der
Larvenmensch< aus dem >Cherubinischen Wandersmann< (Held 3, S. 181). Die
Geste der Demaskierung ist alt: »omnia istorum personata felicitas est. Con-
temnes illos si despoliaveris« (Seneca, epist. 80,8).
[146] Hofmannswaldau, >Helden-Briefe< (in: >Deutsche Übersetzungen Und Ge-
tichte<), S. 40 (>Ermegarde an Rudolphen<). Weitere Beispiele aus den >Helden-
Briefen< bei Buzás, a.a.O., S. 69. Vgl. auch die Schlußszene aus Gryphius'
>Cardenio und Celinde<, wo Olympia vor Cardenio ihre eigene Nichtigkeit be-
kennt (»deß Gesichtes Larv« hat ihn gefangen; Szyrocki–Powell 5, S. 166).
[147] Vgl. o. S. 94f.
[148] >La Maladie & la mort de l'honnete Femme. das ist: Der ehrlichen Frau
Schlampampe Krankheit und Tod< (1696); in der >Schlampampe<-Ausgabe v.
R. Tarot (Reclams Univ.-Bibl. 8712–14), Stuttgart 1966, S. 172.
[149] Canitz: s. u. S. 114. Hofmannswaldau, >Helden-Briefe< (in: >Deutsche Übersetzungen Und Getichte<), S. 41:

>Nemt Kleid und Mantel hin! wenn sich das Schaw-Spil endet/
Wird der geborgte Schmuck/ wohin er soll/ gesendet!«[150].

Es sind Worte, mit denen Gryphius' Papinian sich auf seinen nahen
Tod vorbereitet. Ist das Vorstellungsmodell einmal akzeptiert, so muß
es nicht nur für die Rollen der Großen, Mächtigen gelten, sondern
auch für die der Geringeren, Unscheinbareren. Es ist demnach nur
konsequent, wenn – mit Harsdörffer zu reden – die ganze Welt ein
»Schauplatz genennet wird/ darauff nicht nur Könige/ Fürsten und
Herren/ wie in den Trauerspielen/ sondern auch Edele/ Burger/
Bauren/ wie in den Freudenspielen erscheinen/ biß solchen offt veränderten Personen/ der Todt die Larvenkleider endlich außziehet«[151].
Was diese Definition gegenüber den bisherigen Zitaten vor allem
auszeichnet, ist die katalogartige Breite, mit der die Skala der typischen Rollen im Welttheater entfaltet wird. Es bedarf nur der sinn-
lichen Konkretisierung und einer ausgeprägten Tendenz zur Desillusionierung, um zur Narrenrevue zu gelangen. »Nemo ex istis quos
purpuratos vides felix est, non magis quam ex illis quibus sceptrum
et chlamydem in scaena fabulae adsignant: cum praesente populo lati
incesserunt et coturnati, simul exierunt, excalceantur et ad staturam
suam redeunt«[152]. Durchleuchtung der Weltszene und ihrer prächtigen

_____

>Der Fürhang fällt herab/ das Spiel ist ausgemacht/
Die Lampen leschen aus ...«
Unbarmherzig die Formulierung im Brief der Elisabeth Charlotte von der
Pfalz (18. Sept. 1691): »... man macht uns gehen hier- und daher, allerhand
Rollen spielen. Und darnach fallen wir wieder auf einmal und das Spiel ist aus.
Der Tod ist Polichinel, der ein jedem seinen Stoß gebt und vom Theater weg-
stößt« (zitiert nach Majut, a.a.O., S. 20). Vgl. Abraham a Sancta Clara: »es ist
aber euer vermaschkertes Leben ein blosses Spiel/ so dem der Todt ein End
macht/ wirfft man euch samt andern unter die Erd« (>Grosse Todten-Bruder-
schafft<, S. 24).
[150] Szyrocki–Powell 4, S. 248. Fast gleich die Topik in der Schlußszene von >Car-
denio und Celinde<:
»dieser Liljen Pracht/
Deß Halses Elffenbein sind nur geborgte Sachen
Wenn das gesteckte Ziel mit mir wird ende machen«
(Szyrocki–Powell 5, S. 166).
[151] >Der Grosse Schau-Platz Lust- und Lehrreicher Geschichte<, >Zuschrifft<,
fol. aVᵃ.
[152] Seneca, epist. 76,31. Die Purpurkleider begegnen in der weiteren Tradition
immer wieder als Kennzeichen der großen Rollen. Zu Tirso de Molina vgl. die
folgende Anmerkung. Auch in Gryphius' Gedicht >Ebenbildt vnsers lebens< heißt
es:
»Der trägt ein purpur-kleidt/ vnd jener gräbt im sande«
(Szyrocki–Powell 1, S. 58).

Figuren vom Spielende her: das ist, von Lukian über Erasmus bis zu Cervantes, Tirso de Molina, Grimmelshausen und Abraham a Sancta Clara die wichtigste Technik der satirischen *theatrum mundi*-Darstellung.

Keiner spielt ewig Theater, meint Don Quijote. Ob König, Kaiser, Papst, Ritter, Hofdame, ob Gauner, Betrüger, Kaufmann, Soldat, Vertrauter, Verliebter: »a todos les quita la muerte las ropas que los diferenciaban, y quedan iguales en la sepultura«[153]. Und wie eine makabre Explikation hierzu lesen sich Abrahams Totentanz-Strophen aus ›Mercks Wienn‹. Junge und Alte, Helden und Gelehrte, Schöne und Reiche, sie alle müssen sterben; selbst die »fromme Clerisey« muß einmal Kleid und Titel ablegen:

> »Ihr alle seyd vorm Tod nicht frey/
> Man macht kein neuen Possen«[154].

So unabweisbar diese Sicht des Welttheaters auch ist, die Konsequenz kann durchaus verschieden sein. Abrahams *memento mori* schließt mit der Mahnung, daß »Gott strafft wegen der Sünden«. Bei Gryphius ist das Motiv der Erlösung vom Trauerspiel des Lebens und das Eingehen in die Ewigkeit besonders stark ausgeprägt[155]. Auf der anderen Seite gibt es, dem *carpe diem* verwandt, das Sichbesinnen auf die eigene Rolle und auf die Frist, die dem einzelnen gesetzt ist:

> »Wol dem/ der seine Roll’ ihm läst befohlen seyn/
> Und denckt: Es reist der Tod Spiel und auch Spiel-Platz ein«[156].

Ähnliches wie Hofmannswaldau rät auch Canitz dem Schauspieler der Weltszene:

> »Spiel noch so lang und gut die Rolle hier auf Erden,
> Der Schauplatz muß einmal doch zugezogen werden«[157].

---

[153] Teil 2, Kap. 12 (Valbuena Prat, S. 1310; ›Ihnen allen zieht der Tod die Kleider aus, die sie voneinander unterschieden, und im Grab sind sie gleich‹). Ein hiermit z. T. wörtlich übereinstimmendes längeres Zitat aus Tirso de Molina bringt Vossler, Südliche Romania, S. 187f. (ohne freilich auf die Cervantes-Parallele hinzuweisen).

[154] ›Mercks Wienn‹, S. 30. Vgl. die o. S. 111 Anm. 136 zitierte Stelle aus ›Große Todten-Bruderschafft‹.

[155] Das irdische Trauerspiel wird somit zum Vorspiel der Ewigkeit; Stellen bei Buzás, a.a.O., S. 54f.

[156] Hofmannswaldau, ›Begräbnüß Gedichte‹ (in: ›Deutsche Übersetzungen Und Getichte‹), S. 19 (es sind die Schlußverse des Gedichts ›Schau-Bühne des Todes‹).

[157] ›Gedichte‹. Hrsg. v. J. U. König, Berlin u. Leipzig ²1734, S. 224 (erste – postume – Gedichtausgabe 1700).

Solche Wendungen der persönlichen *peroratio* oder *adhortatio* finden ihre notwendige Ergänzung, wenn nicht gar Voraussetzung in der *descriptio* des theatralischen Welttreibens. Wie aber läßt sich seine Buntheit und Fülle einfangen? Abraham wählt – wie schon Lukian – die Revue der Toten. Indem er sie an sich vorüberziehen läßt, bewahrt er der Deskription die Sicherheit und Schärfe der Perspektive, nicht anders als Horazens ›Democritus ridens‹[158] oder etwa der Wirt Goodstock in Ben Jonsons ›The new inn‹[159] – nur daß diese beiden sich am Anblick der Welt eher belustigen:

»Why will you envy me my happiness?«[160].

Es ist das gleiche, was die Götter bei Erasmus taten. Wie ihnen, so zeigt sich das *theatrum mundi* dem erfahrenen und gelassenen Beobachter als eine einzige Narrenrevue. Logau hat es auf eine kurze Formel gebracht:

> »DJe Welt spielt manches Spiel;
> Sie spiele was sie wil/
> Sind Narren immer viel«[161].

Daß dem Blickwinkel des ruhenden Beobachters sich jeweils nur ein relativ enger Weltausschnitt darbietet, ist evident. Erst derjenige, der sich ins Welttreiben hineinbegibt, hat wirkliche ›Erfahrung‹. Und auf ›erfahrene‹ Realität war das 17. Jahrhundert gierig wie kaum eine andere Epoche[162]. Hier lag nun die große Chance des pikarischen Ro-

---

[158] Vgl. o. S. 95. Als Motiv aufgenommen z. B. von Johann Lauremberg in ›Van Allemodischer Kleder-Dracht‹ (›Veer Schertz Gedichte‹, o. O. 1652, S. 18); von Logau in ›Zeit-Wandel‹ (›Deutscher Sinn-Getichte Drey Tausend‹, Breslau [1654], 2. Tausend, S. 197); von Schupp in ›Deutscher Lucianus‹ (1659; ›Schrifften‹, S. 813); von Scheffler im ›Cherubinischen Wandersmann‹ (Held 3, S. 268). Zu Tschernings Satire ›Democritus‹ (1656) vgl. H. H. Borcherdt, Andreas Tscherning. Ein Beitrag zur Literatur- und Kultur-Geschichte des 17. Jahrhunderts, München–Leipzig 1912, S. 170f.

[159] Gleich die Eingangsszene exponiert ihn als Zuschauer mit festem ›Sitz‹:
> »I have got
> A seat to sit at ease here, in mine inn,
> To see the comedy«

(I 1; Plays. In two volumes. Introd. by F. E. Schelling, Bd. 2, London u. New York 1966, S. 435).

[160] Ebda. Als Überschrift für die erste Ausgabe von ›Bartholomew fair‹ (1631) benutzt Ben Jonson ein zurechtgestutztes Zitat aus Horaz, epist. 2,1,194ff. (Demokrit-Perspektive; falsch verstanden von Stroup, a.a.O., S. 210).

[161] ›Deutscher Sinn-Getichte Drey Tausend‹, 3. Tausend, S. 82 (›Der Welt Comedien-Spiel‹). Vgl. 3. Tausend, S. 167 (›Zu-Gabe‹, Nr. 244).

[162] Vgl. M. Mitrovich, Deutsche Reisende und Reiseberichte im 17. Jahrhundert. Ein kultur-historischer Beitrag, Diss. Urbana/Ill. 1963 (DA 24, 1963, S. 2038).

mans und vor allem des seit Heliodor beliebten Reisemotivs. Die Romane mit ihrer ›theatralischen‹ Materialfülle bilden das charakteristische Gegenstück zum repräsentativen Ausschnitt, den das Theater bot. An die Zentralfigur aber waren vor allem zwei Forderungen zu stellen: sie durfte sich – obwohl sie sich mitten ins Welttreiben hineinzubegeben hatte – den Blick nicht verstellen lassen.

Das vielleicht bezeichnendste Beispiel für dieses Problem bietet Grimmelshausens ›Wunderbarliches Vogelnest‹[163]. Indem die Hauptfigur durch das Nest je nach Wunsch unsichtbar wird, kann sie sich entziehen und behält zugleich ihre Scharfsicht. Der Spruch zum Titelkupfer sagt es deutlich:

> »Ich Schau durch ein Vogel-Nest die krumme Wege an,
>   Welche die Welt hingeht,
>   Die gleichwohl durch ein Ferrnglaß, das kind nit sehen kan
>   Weils voller Schämbärt steht«[164].

Die »Schämbärt‹ – das sind die Masken, mit denen sich die Menschen auf dem Welttheater tarnen[165].

Aber der Held braucht sich nicht notwendig darauf zu beschränken, Beobachter zu sein und die Rollen der anderen zu durchleuchten. Er kann sie auch selbst durchspielen: wie Simplicius Simplicissimus. Als Spielleiter fungiert bei ihm Baldanders; er hat seinen Akteur »mehr als ander Leut bald groß/ bald klein/ bald reich bald arm/ bald hoch bald nider/ bald lustig bald traurig/ bald böß blad gut/ und in summa bald so und bald anders gemacht«[166]. Wenn dieser Rollenwechsel immer wieder gelingt so deshalb, weil die Welt ein einziges großes Theater darstellt[167] – und weil Simplicissimus ein grandioser

---

[163] ›Das wunderbarliche Vogel-Nest‹, o.O. 1672 (vgl. den Neudruck des ersten Teils. Hrsg. v. J. H. Scholte [NdL. 288–291], Halle 1931). Dazu die o. S. 108 Anm. 121 genannte Dissertation von Kappes.

[164] Text nach dem von Scholte als C bezeichneten Tübinger Exemplar, das im Titelkupfer einen vollständigeren Wortlaut bietet als die (nach Scholte) ›editio princeps‹ A (dort fehlt zu Beginn der dritten Zeile das »Die«).

[165] Auf dem Titelkupfer sind solche Masken zu einem Haufen übereinandergetürmt.

[166] ›Der Abenteurliche Simplicissimus Teutsch …‹. Hrsg. v. R. Tarot (Grimmelshausen. Gesamm. Werke in Einzelausgaben), Tübingen 1967, S. 506 (›Continuatio‹). Zur Funktion des Baldanders: H.-U. Merkel, Maske und Identität in Grimmelshausens ›Simplicissimus‹, Diss. Tübingen 1964, S. 140ff.

[167] Der Roman als Ganzes bietet »ein Welttheater von einer Buntheit und Größe, wie es in der deutschen Literatur fast ohne Beispiel dasteht«; E. Ermatinger, Weltdeutung in Grimmelshausens Simplicius Simplicissimus (Gewalten u. Gestalten. 1), Berlin–Leipzig 1925, S. 5.

Schauspieler ist[168]. Am Ende freilich steht die Absage an dieses Theater: »Behüt dich Gott Welt/ dann mich verdreußt deine Conversation ...«[169]. Von der pessimistischen Position eines Gryphius ist dieser *contemptus mundi* kaum mehr weit entfernt. ›Es ist alles eitell‹[170],
so klingt es dort wie ein Orgelpunkt. ›Der Wahn betreügt‹, steht als
Motto über dem ›Simplicissimus‹[171]. Ob christlich oder stoizistisch,
asketisch oder hedonistisch, satirisch oder pikaresk – die barocken
Deutungsversuche des *theatrum mundi* konvergieren in der Erkenntnis der *vanitas mundi*.

f. Der Hof als vollkommenes Abbild des ›theatrum mundi‹

Je vielfältiger und differenzierter sich das Vorstellungsmodell *theatrum mundi* in den verschiedenen Bereichen der deutschen Barockliteratur darbietet, desto nachdrücklicher darf man es – mit Alewyn –
als ›die Antwort des Barock‹ auf die Frage nach dem Wesen des Lebens bezeichnen[172]. Gerade weil auch Bereiche wie Satire oder pikari-
scher Roman (die bei so mancher ›Barock‹-These stillschweigend ausgeklammert werden müssen) auf eigenständige Weise zur Formulierung des ›theatralischen‹ Weltbildes beitragen, ist es legitim, hier von
einer epochalen Grundvorstellung zu sprechen. Die entscheidende Bestätigung dafür gibt das Bild des Hofes. Denn er, als Richtpunkt und
wichtigste Instanz der höfischen Barockkultur, ist Theater in höchster Potenz:

> »Kein Leben aber stellt mehr Spiel und Schauplatz dar/
> Als derer/ die den Hof fürs Element erkohren«[173].

Dies gilt zunächst in dem Sinne, daß man am Hof ständig den
Blicken der Öffentlichkeit ausgesetzt ist. »DEr Hof ist ein erhabener

---

[168] Was er nicht zuletzt beim Komödienspiel im Louvre beweist.
[169] Tarot, S. 460. Ausgelöst wird diese Absage bekanntlich durch »etlich Schrifften
    deß Quaevarae«, die »so kräfftig waren/ mir die Welt vollends zu erleiden«
    (a.a.O., S. 457). Dazu G. Weydt, ›Adjeu Welt‹. Weltklage und Lebensrückblick
    bei Guevara, Albertinus, Grimmelshausen, Neophilologus 46, 1962, S. 102ff. Zum
    contemptus mundi vgl. auch van Ingen, S. 301ff.
[170] So der Titel des berühmten frühen Sonetts (Szyrocki–Powell 1, S. 33f.).
[171] M. Koschlig, ›Der Wahn betreügt‹. Zur Entstehung des Barock-Simplicissimus,
    Neophilologus 50, 1966, S. 324ff.
[172] Siehe o. S. 89.
[173] Lohenstein, Widmungsgedicht zur ›Sophonisbe‹ (Just 3, S. 249). Zur Bedeu-
    tung dieser Vorstellung für die Barocktragödie vgl. W. Benjamin, Ursprung des
    deutschen Trauerspiels. Revid. Ausg., besorgt v. R. Tiedemann, Frankfurt a. M.
    1963, S. 90ff.

Schauplatz/ auf welchen aller Welt Augen gerichtet sind. Will man nun sich dahin begeben/ so muß gewißlich einer mit grosser Vorsicht seine Person zu agiren wissen«[174]. ›Erhaben‹ aber ist der Hof vor allem durch den Glanz, den die Person des Regenten um sich her verbreitet und den das absolutistische Staatsdenken als Abglanz der göttlichen Machtvollkommenheit versteht[175]. Wie weit die Konsequenzen dieses ›Abbild‹-Denkens reichen können, zeigt sich am Beispiel der (bewußt akzentuierenden) Darstellung Rists: »Nicht nur sage ich/ das das Hofeleben das AllerEdelste Leben der gantzen Welt sei/ sondern ich schätze es noch viel höher/ ja/ darf mich wol erkühnen/ es ein recht Göttliches Leben zu nennen. Den/ einmahl ist unläugbar/ das die grosse Potentaten vom heiligen Geiste selber/ Götter genennet werden/ den/ gleich wie GOtt im Himmel/ also regiren grosse Herren auf Erden: Sind nun diselben Götter/ ey/ so mus auch ja ihr Leben/ ein Göttliches/ und demnach das AllerEdelste Leben der gantzen Welt sein«[176]. Zum Repräsentationskreis dieses ›Lebens‹ aber gehört untrennbar (und das ist charakteristisch für höfisch-absolutistisches Denken) »die Göttliche Hofhaltung droben im Himmel«, die bei den irdischen Herrschern durch »Aufwährter und Hofeleute« dargestellt wird[177].

So partizipiert nicht nur der Souverän, sondern auch der Hof als Ganzes an der ›Welthaftigkeit‹ der göttlichen Sphäre und ist schon dadurch über die Gewöhnlichkeit der irdischen Szenerie ›erhaben‹. Das einzelne Mitglied des Hofes aber wird – nach der beliebten Bildvorstellung der Zeit – von der ›Sonne‹ des Fürsten am unmittelbarsten beschienen[178] und ist damit als Akteur auf erhobener Bühne qualifiziert. Es braucht kaum betont zu werden, wie leicht das höfische Denken sich des sakralen Überbaus entledigen und allein aus der

---

[174] Bohse (Talander), ›Der getreue Hoffmeister adelicher und bürgerlicher Jugend‹, Leipzig 1706, S. 415.
[175] Grundlegend hierzu Seckendorffs ›Teutscher Fürsten-Stat‹, Frankfurt a. M. 1656 u. ö. Für das Drama vgl. besonders H. Hildebrandt, Die Staatsauffassung der schlesischen Barockdramatiker im Rahmen ihrer Zeit, Diss. Rostock 1939. Einen Überblick über die Grundthesen gibt Flemming, Deutsche Kultur ..., S. 113ff.
[176] ›Das AllerEdelste Leben der gantzen Welt‹, Hamburg 1663, S. 169. Es handelt sich um eine Lobrede auf das »Hofe-Leben«, im Zusammenhang eines Gespräch-Spiels.
[177] A.a.O., S. 169f.
[178] Vgl. das bei Windfuhr, S. 160 zitierte Beispiel aus Riemers ›Uber-Reichem Schatz-Meister‹ (1681).

Machtvollkommenheit des Regenten Glanz und Sonderstellung ableiten kann[179]. Auch dann bleibt der Hof »Schauplatz/ auf welchen aller Augen gerichtet sind«. Er bleibt Bühne, und er verfügt über die Mittel, um Theater außerhalb des Theaters zu spielen. Was dazu an äußerer Prachtentfaltung notwendig ist, schildern die großen höfischen Romane des 17. Jahrhunderts. Logau versucht, aus eigener praktischer Erfahrung die wichtigsten Teile des Fundus in einer kurzen Liste zusammenzustellen:

> »Mäntel/ zum bedecken;
> Larven/ zum verstecken;
> Röcke/ zum verkleiden
> [... acht weitere Punkte]
> Mehr noch solche Sachen
> Sind bey Hof im Hauffen«[180].

Statt ›Hofe-Werckzeug‹ hätte Logau auch ›Schauspiel-Werckzeug‹ als Titel über diese Verse setzen können.

Aber es dürfen keine Requisiten und Kostüme aus der Mottenkiste sein, sondern solche, die Reichtum und Macht des Hofes demonstrieren, d. h. neue, moderne, ›alamodische‹ Kleider. Das zeigt sich vor allem bei den (beinahe in Permanenz gefeierten) Hoffesten[181]: »da müssen die Pagen, Lakkeien und andere Aufwährter/ mit ihren a la mode Kleideren/ Farben und Livreen herüm lauffen/ ... und ist des Prachtes kein Ende«[182]. Doch ›à la mode‹ heißt: Orientierung an Frankreich, an der ›großen Welt‹. Nach der Devise »Paris est un petit monde« (man denke an Johann Grobs Epigramm dieses Titels)[183] versuchen die einzelnen Höfe nun wieder ein ›klein Paris‹ zu werden. Für die Repräsentanz des Hofes im Hinblick auf das Welttheater ist dies von großer Bedeutung. Denn nicht allein (oder: nicht mehr) auf die Welthaftigkeit des göttlichen Vorbildes gründet sich jetzt die exemplarische Sonderstellung des Hofes, sondern auf die Weltläufigkeit des Fürsten und seiner Hofhaltung. Der Hofmann wird zum ›Weltmann‹. Nur er ist wirklich Mensch, während – nach Rists *laudator aulae* – »der grössteste Theil der Menschen nur halbe Menschen

---

179 Zum Problem der ›Säkularisation‹ s. o. S. 92f.
180 ›Deutscher Sinn-Getichte Drey Tausend‹, 2. Tausend, S. 140f.
181 Vgl. die Darstellungen von Sälzle in: Alewyn-Sälzle, Das große Welttheater, S. 76ff. Texte auch bei Schöne, Das Zeitalter des Barock, S. 344ff.
182 Rist, a.a.O., S. 206.
183 ›Dichterische Versuchgabe‹, Basel 1678, S. 45f. Dementsprechend heißt z. B. auch Byzanz im ›Leo Armenius‹ »Die kleine Welt« (Szyrocki-Powell 5, S. 49).

sind/ dieweil sie bei Hofe gahr selten/ oder auch wol niemahlen gewesen«[184].

In der Kleidung läßt sich das Maß der Weltläufigkeit am unmittelbarsten ablesen. ›Modernität‹ (das ›Alamodische‹), Kostümierung und Theatralik sind voneinander nicht zu trennen; sie sind fast auswechselbar. Wie sich das Bühnenhafte des Hoflebens besonders eindringlich in der Mode manifestiert[185], so sieht man umgekehrt im Modischen vorzugsweise das theatralische Element. Ganz in diesem Sinne eröffnet Johann Lauremberg sein Scherzgedicht ›Van Allemodischer Kleder-Dracht‹ mit einem gelassen-ironischen Blick auf das Welttheater:

> »OFtmals bin ick in twifel geseten/
> Vnd hebbe mi darin nicht kond tho richten weten/
> Wen ick bedachte/ wo de Lüde sick qvelen/
> Vnd eine Comedie na der andern spelen/
> Vp dem groten Teater disser Welt/
> Dar ein jeder de Person ageert de em gefelt«[186].

Das scheint ihm der angemessene Hintergrund zu sein, um von seinem eigentlichen Gegenstand zu handeln:

> »Van uthlendischen Habit/ und nie Kleeder Drachten«[187].

Sie sind – so lautet Laurembergs Grundthese – dem Adel und der höfischen Welt durchaus angemessen, nur beim schlichten Bürger sind sie »Doerheit und lecherlike Maneren«[188].

Die Vorzugsstellung des Hofes im Ganzen des Welttheaters wird also nicht angetastet, sondern gerade bestätigt; die Sichtweise ist nicht ›antihöfisch‹, sondern dezidiert ›höfisch‹. Doch während Lauremberg primär das Bürgertum anzusprechen bestrebt ist und von der

---

[184] A.a.O., S. 205. Vgl. G. Müller, Höfische Kultur ..., in: Deutsche Barockforschung, S. 201: »Vom ›Menschen‹ wird nur das Höfische ernst genommen, weil nur der Höfling als sozusagen eigentlicher Mensch genommen wird«.

[185] Alewyn, Das große Welttheater, S. 33ff.

[186] ›Veer Schertz Gedichte‹, o.O. 1652, S. 17f. Dazu K. Peter, Der Humor in den niederdeutschen Dichtungen Johann Laurembergs (Mitteldt. Forschungen. 47), Köln u. Graz 1967, S. 14ff.

[187] A.a.O., S. 18. Vgl. auch Logaus Epigramm ›Fremde Tracht‹ (›Deutscher Sinn-Getichte Drey Tausend‹, 2. Tausend, S. 239 ›Zu-Gabe‹, Nr. 177).

[188] Ebda. Die entscheidende Passage:
> »De Göttlicke Wyßheit hefft idt so ordineret,
> Dat de Adel Stand schal syn höger respecteret,
> Als ein Börger edder Middelstands Person/
> Einem jeden schal men sine Ehre andohn«
(ebda.).

bürgerlichen Ebene zum Hof hinaufschaut[189], schildert Logau die höfische Szene als Adliger aus höfischer Perspektive[190]. Und er spart
nun ebensowenig mit Kritik wie Lauremberg in seiner Sphäre; schon
im Gedicht ›Hofe-Werckzeug‹ war die kritische Tendenz deutlich zu
spüren. Ging es dort vor allem um das theatralische Verkleidungs-
Instrumentarium, so nimmt er in einem anderen Gedicht (›Frantzö-
sische Bräuche‹) Mimik und Gestik der Hofszene als alamodische Im-
portware aufs Korn:

> »ICh kan es wol gestehen/ daß zierliche Geberden/
> Und höfliches Verhalten in Franckreich kündig werden:
> Diß aber kümt zu wichtig/ daß gar nichts sonst soll tügen
> Was Deutsche für sich selbsten an eigner Art vermügen«[191].

›Alamodekritik‹[192] und ›Hofkritik‹[193] sind die beiden großen geschichtlichen Komplexe, in deren Zusammenhang sowohl Logaus als
auch Laurembergs Verse zu interpretieren wären. Das kann hier nicht
die Aufgabe sein; es geht allein um den welthaften und den theatralischen Aspekt. Auch zeigt sich, wie fest der Hof als Abbild des Welttheaters im Denken der Zeit verwurzelt ist. Wenn Logau – der hier
für viele ähnlich Denkende steht – die allzu starke Bindung an das
französische Vorbild anprangert, so kritisiert er gerade dasjenige Element, in dem sich die Weltläufigkeit des Hofes manifestiert: nach
Logaus Ansicht hat sie ihre Grenze überschritten, ist ins ›Mondäne‹
und damit in eine gefährliche Scheinhaftigkeit umgeschlagen.

In der Scheinhaftigkeit des Hoflebens aber spiegelt sich die *vanitas*
des Welttheaters schlechthin:

> »ANders seyn/ vnd anders scheinen:
> Anders reden/ anders meinen«,

so beginnt Logaus Gedicht ›Heutige Welt-Kunst‹[194]. Zu Kostüm und
Gebärde als den theatralischen Symptomen einer tiefreichenden
Scheinhaftigkeit kommt nun die Rede. Sie ist bloßes Rollenspiel, wie
man es überall in der ›Welt‹ lernen kann, besonders aber am Hof:

---

[189] W. H. Fife, Johann Lauremberg, son of the folk, GR 30, 1955, S. 27ff.
[190] Er kennt das Hofleben seit frühester Jugend. Seine Hof-Laufbahn begann er
in Brieg als Page der Herzogin Dorothea Sibylla.
[191] A.a.O., 3. Tausend, S. 105. Zur ›französischen‹ Gebärdung vgl. auch Simon
Dach: Ziesemer 2, S. 328.
[192] E. Schmidt, Der Kampf gegen die Mode in der deutschen Literatur des siebzehnten Jahrhunderts, in: Charakteristiken, Bd. 1, Berlin ²1902, S. 60ff.
[193] Grundlegend immer noch Vogt, Die gegenhöfische Strömung in der deutschen
Barockliteratur (zu Logau: S. 31ff.).
[194] A.a.O., 1. Tausend, S. 210.

>Ich bin von Hofe kommen
Hab Hofart angenommen.
Was meine Zunge spricht,
Will drum das Herze nicht«[195].

Dieser Antagonismus von ›Zunge‹ und ›Herz‹ wird mehr und mehr zum Topos der Hofkritik im 17. Jahrhundert[196]:

>Was dient bey Hoff am meisten; der Kopff? nicht gar/ die Zunge:
Was dient bey Hoff am treusten; das Hertz? O nein/ die Lunge«[197].

Immer wieder erscheint in diesem Zusammenhang auch der Vorwurf, es fehle an deutscher ›Treu und Redlichkeit‹[198]. Kritik des höfischen Rollenspiels und Kritik der höfischen Moral gehen ineinander über. Wie der Hof den theatralischen Schein in potenzierter Form darbietet, so auch den lasterhaften Lebenswandel:

>Ein stetes Fastnacht-Spiel, da Tugend wird verhönt,
Obgleich das Laster selbst von ihr die Maske lehnt«[199].

Noch schärfer als Canitz in seinem Gedicht ›Der Hof‹ faßt es Gryphius im ›Leo Armenius‹:

>Was ist der hof nunmehr als eine Mördergruben?
Als ein Verräther platz? ein Wohnhauß schlimmer Buben?«[200].

---

[195] Aus Greflinger, ›Seladons wankende Liebe‹, zitiert nach G. Müller, Deutsche Dichtung ..., S. 216. Ähnlich die Darstellung des ›Hoff-Herrn‹ bei Abraham a Sancta Clara, ›Judas Der Ertz-Schelm‹, 2. Teil, Baden im Ergöw 1689, S. 262f.

[196] Schon Theobald Hock, ›Schönes Blumenfeldt‹, o.O. 1601 (das sich laut Titel insbesondere an »Hoff-Practicanten« wendet) hebt mehrfach darauf ab, z. B. in dem Gedicht ›Von der Welt Hoffart vnd Boßheit‹ (S. 26):
>Ohn Rew vnd Laide/
Zu Hoff man jetzt verkehret/
Wer schwetzen kan der wird auffs höchst geehret«.

[197] Logau, ›Hofe-Glieder‹ (›Deutscher Sinn-Getichte Drey Tausend‹, 3. Tausend, S. 77).

[198] Breit ausgeführt z. B. in Enoch Gläsers Gedicht ›Deutsche Redlichkeit‹ (Cysarz, Barocklyrik 1, S. 202f.) und immer wieder bei Abschatz (vgl. das bei Cysarz, Barocklyrik 2, S. 236 abgedruckte Gedicht). Über den Zusammenhang mit der Hofkritik: E. M. Metzger, Zum Problem ›höfisch-antihöfisch‹ bei Hans Aßmann Freiherr von Abschatz, Diss. Buffalo/N.Y. 1967 (DA 28, 1967, S. 1823 A). Den »Ton reaktionärer Biederkeit« hebt auch G. Müller hervor, Einleitung zum Neudruck von ›Anemons und Adonis Blumen‹ (NdL. 274–277), Halle 1929, S. LXXXVI. Zur ›Altdeutschen Opposition‹ Windfuhr, S. 351ff.

[199] Canitz, ›Gedichte‹, S. 272. Vgl. Lohenstein (über den Hof):
>Die Laster sind verlarvt hier in der Tugend Kleid«
(Widmungsgedicht zur ›Sophonisbe‹; Just 3, S. 249).

[200] Szyrocki–Powell 5, S. 7f. Ein Gegenbild wird im ›Papinian‹ entworfen:

Vom ›AllerEdelsten Leben der gantzen Welt‹ bis zur ›Mördergrube‹[201]: eine wahrlich reichhaltige Skala, so vielfältig wie die Deutungen des Welttheaters selbst. Nur ist alles um einen Grad pointierter, um jenen Grad, der den Hof als *exemplum* des Welttheaters über die Normalität hinaushebt. So repräsentiert der Hof einerseits als Mikrokosmos die Fülle und den Reichtum der Welt, er bildet sie ab; er ist »ein kleiner Begriff oder Zusammenfassung diser gantzen Welt/ woselbst man alle die Herligkeiten kan sehen/ die sonst auf dem gantzen Erdboden sind zufinden«[202]. Andererseits aber muß auch der umgekehrte Weg legitim sein, der Schluß vom Hof auf die Welt. Diesen Weg hat vor allem die Moralkritik gern gewählt. So wird Hofkritik zur umfassenden Zeitkritik[203]. Scheinhaftigkeit und Theatralik der Hofszene findet man allenthalben auch auf der Weltszene: »Was die Höflichkeit betrifft/ besteht solche nur in der Zungen/ und äußerlichen Schein/ das Hertz aber waißt von keiner Höflichkeit ... so muß ich bekennen/ daß die Höflichkeit groß in Teutschland worden/ massen die Treu/ und Redlichkeit gar selten zu finden«. Laurentius von Schnüffis, der mit diesen Worten eine seiner Romanfiguren katechisieren läßt[204], spricht aus Hof- und Schauspieler-Erfahrung[205]. Er selbst hat die Konsequenz gezogen und die Hofszene verlassen[206]. Ein junger Adliger, der aus fremden Ländern heimkehrt, erhält bei ihm den gleichen Rat:

> »Lieber frey allein/
> Als zu Hofe seyn
> Mit göldiner Dienstbarkeit umbgeben/
> Das einsamb Leben!

»Wie selig ist der Hof und Macht/
...
Der nicht nach leichtem Glück und hohen Aemptern steht ...«
(Szyrocki–Powell 4, S. 181).

[201] Moscherosch, ›Visiones de Don Quevedo‹, Straßburg 1640, S. 406 (aus der ›Hoff-Schule‹): »DUlce bellum inexpertis. So gehet es mit dem Hoffleben auch. Wer es von aussen ansihet vnd nicht kennet/ der meynet wunder was darhinter seye. Aber/ Aula Orcus est expertis: Zu Hoff/ zu Höll«.

[202] Rist, a.a.O., S. 205.

[203] Auch hierin folgt die deutsche Hofliteratur – wie in so vielem – einer europäischen, vor allem durch Spanien (Guevara) geprägten Tradition.

[204] ›Mirantische Wald-Schallmey‹, Konstanz 1688, S. 241.

[205] Er war u. a. Schauspieler am Hoftheater des Erzherzogs Ferdinand Karl in Innsbruck.

[206] Zunächst wurde er Priester und Kaplan des Grafen von Hohenems, trat dann in den Kapuzinerorden ein (Breuer, Der Philotheus des Laurentius von Schnüffis, S. 196ff.).

Wo kein Hofes-Pracht/
Recht glückseelig macht/
Hofe gute Nacht«[207].

Es ist die höfische Version jener Wahl, die Simplicissimus am Ende
seiner Lebensreise trifft: ›Adjeu Welt!‹.

g. Gracián

Spanien, das Land, in dem die theozentrische Auffassung vom Welttheater ihre klassische Gestalt gewinnt, bringt auch den Autor hervor,
in dessen Werk sich die anthropologischen Einzeldeutungen zur klassischen Synthese zusammenfinden: Baltasar Gracián[208]. Ein kurzer
Blick auf seine Hauptschriften, insbesondere ›El Criticón‹, läßt bereits
die wichtigsten Traditionen der Theatermetaphorik deutlich erkennbar hervortreten[209].
Die stoische Deutung der menschlichen Rolle begegnet immer wieder (vor allem auf Seneca[210] und Boethius[211] zurückweisend) in der

---

[207] ›Philotheus. oder deß Miranten durch die Welt/ unnd Hofe wunderlicher
Weeg‹, (Hohenems) 1665, S. 102. Vgl. Seckendorffs Resümee im Alter von
sechzig Jahren (›Teutsche Reden‹, Leipzig 1686, ›Vorrede‹, S. 21): »Alles woran
man sich zu Hoffe ergetzet/ darbey ich bey jungen Jahren freylich auch nicht
gar unempfindlich gewesen/ das ist mir verleidet«.

[208] Alle Zitate im folgenden nach: Obras completas. Estudio preliminar, edición,
bibliografía y notas de A. del Hoyo, Madrid ²1960. Zum ›Oráculo manual‹
vgl. auch die ausführlich kommentierte Einzelausgabe von M. Romera-Navarro,
Madrid 1954. Deutsche Übersetzungen nach: Criticón oder Über die allgemeinen
Laster des Menschen. Erstmals ins Deutsche übertragen v. H. Studniczka. Mit
einem Essay ›Zum Verständnis des Werkes‹ und einer Bibliographie v. H. Friedrich (RK. 2), Hamburg 1957 (Teilübersetzung); Handorakel und Kunst der
Weltklugheit ... übersetzt v. Arthur Schopenhauer. Mit einem Nachwort hrsg.
v. A. Hübscher (Reclams Univ.-Bibl. 2771/72), Stuttgart 1964.

[209] Graciáns besondere Position innerhalb der Geschichte der Theatermetaphorik
wird in den Spezialuntersuchungen (Curtius, Vilanova, Jacquot, Stroup etc.; s.
o. S. 92) nicht erkennbar – sofern sein Name dort überhaupt erscheint. Einige
Bemerkungen (ohne den geschichtlichen Hintergrund) bei H. Jansen, Die
Grundbegriffe des Baltasar Gracián (Kölner romanist. Arb., N. F. 9), Genève
u. Paris 1958, S. 167f. (›Die Welt als Bühne‹); K. Heger, Baltasar Gracián.
Estilo lingüístico y doctrina de valores. Estudio sobre la actualidad literaria del
Conceptismo (Publ. del Centenario de Balt. Grac. 2), Zaragoza 1960, S. 36ff.
(bes. zum ›Criticón‹). Vgl. ferner Burger, Dasein heißt eine Rolle spielen, S. 88f.

[210] Vgl. o. S. 94f. mit Anm. 39f. Auf Seneca, epist. 96 weist auch Friedrich, a.a.O.,
S. 218 hin. Zur Seneca-Rezeption im Spanien des 17. Jahrhunderts vgl. jetzt
A. Rothe, Quevedo und Seneca. Untersuchungen zu den Frühschriften Quevedos
(Kölner romanist. Arb., N. F. 31), Genève u. Paris 1965.

[211] Heger, a.a.O., S. 102ff.

Maxime des »vivere militare est«[212]; und sie wird expliziert durch Wissen, Erkenntnis, Weisheit, Selbstbeherrschung als Fundamente des richtigen Weltverhaltens[213]. Die satirisch-deskriptive Sichtweise manifestiert sich nicht nur in Narrenrevue und Reisemotiv des ›Criticón‹ (wobei auch Lukian als Vorbild dient)[214], sondern in der Grundtendenz des Graciánischen Gesamtwerks: als durchdringend scharfe, erbarmungslos nüchterne Analyse der menschlichen Szene. Die höfische Ausrichtung des Weltverständnisses ist für den Spanier Gracián (zumal in der Tradition Guevaras) eine nahezu selbstverständliche Voraussetzung[215], programmatisch formuliert im Vorwort zum ›Criticón‹: was er bieten will, ist »filosofía cortesana«[216].

Nur der christlichen Deutung[217] scheint er in seiner Darstellung des Welttheaters kaum noch Spielraum zu lassen; der tiefverwurzelte Pessimismus gegenüber dem menschlichen Treiben[218] ist vielleicht das christlichste Element seiner Lebenslehre. Der mit bohrender Eindringlichkeit sich wiederholende Prozeß des ›desengaño‹ jedoch (›Enttäuschung‹, ›Desillusionierung‹, ›Ernüchterung‹)[219], in manchem der ›vanitas‹-Position eines Gryphius oder Grimmelshausen vergleichbar, ist durchaus untheologisch: nicht gegenchristlich, aber die Theologie beiseitelassend. »Hanse de procurar los medios humanos como si no

---

[212] Hauptstelle (konzeptistisch zugespitzt) ›Oráculo manual‹, Nr. 13 (del Hoyo, S. 154): »milicia es la vida del hombre contra la malicia del hombre«. (›Ein Krieg ist das Leben des Menschen gegen die Bosheit des Menschen‹). Zwar steht dahinter auch das Wort aus Hiob 7,1 (s. o. S. 94; vgl. Friedrich, a.a.O., S. 218). Aber die charakteristische, weit zurückreichende stoische Tradition verwehrt es, hier »eine Transposition aus dem geistlichen in den weltlichen Bezirk« zu konstatieren (wie Jansen, a.a.O., S. 122 versucht). Vgl. im übrigen schon den Autor des ›Guzmán de Alfarache‹ (1,1,7): »La vida del hombre es milicia« (Vossler, Südliche Romania, S. 298).

[213] Einzelheiten bei W. Krauss, Graciáns Lebenslehre, Frankfurt a. M. 1947, S. 107ff.

[214] Vgl. besonders Heger, a.a.O., S. 36ff. (›La peregrinación alegórica . . .‹).

[215] Krauss, a.a.O., S. 77ff.; Friedrich, a.a.O., S. 217f.

[216] »Esta filosofía cortesana, el curso de tu vida en un discurso, te presento hoy, letor juicioso . . .« (del Hoyo, S. 519; ›Diese höfische Philosophie, der Gang deines Lebens in eine Abhandlung gebracht, biete ich dir jetzt an, verständiger Leser . . .‹). Das wichtigste ›höfische‹ Kapitel ist ›crisi‹ 11 des ersten Buches: »El golfo cortesano« (del Hoyo, S. 620ff.; ›Das Meer des Hoflebens‹).

[217] Heger, a.a.O., S. 107ff. (›Cristianismo de Gracián‹).

[218] F. Maldonado, Gracián como pesimista y político, Salamanca 1916.

[219] G. Schröder, Baltasar Graciáns ›Criticón‹. Eine Untersuchung zur Beziehung zwischen Manierismus und Moralistik (Freib. Schriften z. roman. Philol. 2), München 1966, S. 83ff.

hubiese divinos, y los divinos como si no hubiese humanos: regla de gran maestro, no hay que añadir comento«[220].

Den wohl tiefgründigsten und überzeugendsten ›Kommentar‹ zu diesem Aphorismus bietet gleich die zweite ›crisi‹ des ersten Buches des ›Criticón‹: »El gran teatro del universo«[221]. Es ist Graciáns gültige, geistreich-verhüllende Antwort auf die Einzeltraditionen der Theatermetaphorik. Als Spiegel und als Medien möglicher Welterkenntnis sind sie in sein Werk eingegangen, aber keiner einzelnen unter ihnen hat er sich ganz verschrieben. Er gibt eine Deutung des Welttheaters, die sozusagen jenseits aller Partialdeutungen steht und sie doch zugleich alle umschließt[222].

Andrenio erfährt das Welttheater im Traum[223], in einer von allem Irdischen gelösten Realitätsebene. Und er erfährt es nicht als Fülle des menschlichen Welttreibens, sondern – einer vor allem stoischen Vorstellung entsprechend[224] – als Schauspiel des Kosmos, mit Sonne und Mond in der Funktion zweier alternierender ›Präsidenten‹. Gott ist der »Supremo Artífice« dieses Theaters; aber nicht auf ihn ist das Schauspiel ausgerichtet, sondern auf den Menschen hin, dem Gott alles unterstellt hat: »llegué a asormarme del todo a aquel rasgado balcón del ver, y de él tendí la vista aquella vez primera por este gran teatro de tierra y cielo«[225]. Schauen und immer wieder bewunderndes Schauen, reine Kontemplation ist die Reaktion des Menschen vor dem

---

[220] ›Oráculo manual‹, Nr. 251 (del Hoyo, S. 216; ›Man wende die menschlichen Mittel an, als ob es keine göttlichen, und die göttlichen, als ob es keine menschlichen gäbe. Große Meisterregel, die keines Kommentars bedarf‹). Der ›große Meister‹ ist Graciáns Ordensvater Ignatius von Loyola, vgl. den Kommentar von Romera-Navarro, S. 484f. Durch allzu konsequente Auslegung jesuitischer ›Diesseitigkeit‹ geriet Gracián bekanntlich in Konflikt mit seinem Orden. Über sein Verhältnis zum Orden vgl. besonders M. Batllori, Gracián y el barroco (Storia e Letteratura. 70), Roma 1958 (mit neuen Dokumenten).

[221] Del Hoyo, S. 525ff.

[222] Curtius, S. 151 erwähnt das Kapitel ebenfalls kurz (in zwei Sätzen), wobei sofort spürbar wird, daß er bei seinem Verständnis der Schauspielmetaphorik mit dem ›Universaltheater‹ nichts anzufangen weiß.

[223] Großes Vorbild ist natürlich (kosmisches Schauspiel!) das ›Somnium Scipionis‹.

[224] Seneca-Stellen bei Barth–Goedeckemeyer, Die Stoa, S. 367 Anm. 204. Die Wurzeln der Vorstellung reichen weit zurück, bis zu Platon und Heraklit (die Welt als ›spielender Knabe‹ u. dgl.); zur Kosmosschau vgl. R. Harder, Über Ciceros Somnium Scipionis (1929), in: Kleine Schriften. Hrsg. v. W. Marg, München 1960, S. 354ff. (bes. S. 374f.).

[225] Del Hoyo, S. 526 (›ich hielt von jenem weit aufgetanen Balkon des Sehens Ausschau. Ich richtete den Blick jenes erste Mal auf dieses gewaltige Schauspiel von Erde und Himmel‹).

Universaltheater; die alte, im griechischen Denken wurzelnde, genuin göttliche *actio* ist auf den Menschen übergegangen[226].

Einwirken und Gestalten liegen außerhalb des Horizonts, der Andrenios Traum bestimmt. Und am Ende steht auch hier die Ernüchterung: »Que aun el Sol«, sagt Crítilo, »a la segunda vez ya no espanta, ni a la tercera admira«[227]. Das Irdische verlangt sein Recht, der sich regende Hunger beschleunigt den ›Abstieg zur Erde‹. Der Schluß der ›crisi‹ ist auf eigentümliche Weise schwebend und weiterleitend: »otra vez te convido a nuevas admiraciones, aunque en maravillas terrenas«[228].

Es ist ein doppelbödiges Kapitel, das mehr verschweigt als ausspricht – kaum ein Satz, der nicht näherer Interpretation bedürfte. Gott wird in seiner vollen Majestät bestätigt und doch gewissermaßen am Bühnenausgang des Welttheaters wieder entlassen. Der Mensch ist als der eigentliche Zuschauer vorgestellt und wird doch zuletzt auf das Irdische verwiesen. Aber wer nun regiert die irdische Szene? Die Antwort gibt, wiederum sinnreich und hintergründig, die zwölfte ›crisi‹ des zweiten Buchs: »El trono del mando«[229].

Künste und Wissenschaften stehen im Wettkampf um den Titel einer ›Königin‹, einer ›Sonne der Vernunft‹, einer »augusta emperatriz de las letras«. Zuerst erweist man – der kanonischen Rangfolge entsprechend – der Theologie Reverenz, dann melden sich nacheinander die Vertreter der Philosophie, der ›humaniora‹ (»Humanidad«), Jurisprudenz, Medizin, Poesie und Astrologie. Am Schluß aber, als *contrarium* zur göttlichsten und erhabensten Wissenschaft, zur Theologie, meldet sich die irdischste von allen: »He que para vivir y para valer, decía un ateísta, digo un estadista, a la Política me atengo; ésta es la ciencia de los príncipes, y así ella es la princesa de las ciencias«[230].

Die gleiche Verschränkung von Klimax und Antiklimax wie im Kapitel über das Universaltheater bestimmt den Aufbau dieser Szene: der Weg vom Göttlichsten zum Irdischsten führt zugleich vom Entrücktesten zum Wesentlichsten. Doch der Streit ist erst bis zur – un-

---

[226] Zur Umdeutung bei Donne und Comenius s. u. S. 147.
[227] Del Hoyo, S. 531 (›Selbst die Sonne ... erregt ja schon beim zweiten Male kein Staunen mehr und beim dritten keine Bewunderung‹).
[228] Ebda. (›ein andermal lade ich dich ein zu neuem Staunen, wenn auch nur vor irdischen Wundern‹).
[229] A.a.O., S. 804ff. (›Der Thron der Herrschaft‹).
[230] A.a.O., S. 805 (›Ach was, um zu leben und etwas zu gelten‹, sagte ein Politiker, will sagen ein Atheist, ›halt' ich mich an die Politik: sie ist der Fürsten Wissenschaft, mithin der Wissenschaften Fürstin‹).

ausgesprochenen – Vorentscheidung gelangt. Der Großkanzler der Künste und Wissenschaften, der Präsident der Akademie, will das Urteil fällen. Diesen Augenblick gestaltet Gracián mit aller retardierenden Raffinesse. Der Präsident zieht »un libro enano« hervor, »no tomo, sino átomo«, ein Bändchen von kaum mehr als zwölf Blatt; und er preist es als »la corona del saber«[231], als »la ciencia de ciencias«, als ›Kompaß‹ der Verständigen. Und dann fährt er fort: »Este sí que es el plático saber, ésta la arte de todo discreto ... ésta la quel del polvo de la tierra levanta un pigmeo al trono del mando ...; Oh, qué lición ésta del valer y del medrar!«[232]. Auf dem Höhepunkt der Erwartung nennt er dann den Titel: es ist eine Schrift des großen Luis Vives, ›De conscribendis epistolis‹[233]. Im Gelächter des Auditoriums geht die Übersetzung ›Briefe‹ bereits unter, erst nach einiger Zeit kann der Präsident mit Ernst und Nachdruck hinzufügen: »no hay otro saber en el mundo todo como el saber escribir una carta; y quien quisiere mandar, platique aquel importante aforismo: ›Qui vult regnare, scribat‹, quin quiere reinar, escriba«[234].

Man muß sich diese Partien des ›Criticón‹ wenigstens andeutungsweise vergegenwärtigen, um die einzigartige Kraft praktischer Intellektualität und geschichtlicher Synthese zu spüren, die Graciáns gesamte Lebenslehre bestimmt[235]. Sie stellt innerhalb der Barockepoche den überzeugendsten und folgenreichsten Versuch dar, dem Menschen seine ›schauspielerischen‹ Entfaltungsmöglichkeiten auf dem Welttheater ins Bewußtsein zu rufen. Und wenn man den inneren Sinn, die Spiegel-Funktion der anthropologischen Theatermetaphorik erkannt hat, wird man vom Ausgang des Streits der *artes* kaum überrascht sein. Wo der Mensch sich als Schauspieler versteht, ist das Wort

---

[231] Ebda. (›ein kleinwinziges Buch ..., keinen Band, keinen Tomus, nein, ein Atom ...; ... der Weisheit Krone‹).

[232] A.a.O., S. 806 (›Das, ja das hier ist das praktische [Lesart: ›práctico‹] Wissen, eines jeden Klugen Kunst ... das ist's, was einen Knirps aus dem Erdenstaub emporhebt zum Throne der Herrschaft. Oh, welch eine Lehre ist das zum Geltung-Erlangen und zum Gedeihen!‹).

[233] Zuerst Köln 1537. Die Schrift ist (im Umfang von 25 Seiten) enthalten im 1. Band der ›Opera‹, Basel 1605, S. 59ff.

[234] Del Hoyo, S. 806 (›es gibt auf der ganzen Welt keine andere Wissenschaft, die der Fähigkeit des Briefschreibens gleichkäme. Und wer herrschen will, der handle nach dem bedeutsamen Denkspruch: Qui vult regnare, scribat – wer herrschen will, der schreibe‹).

[235] Den Zusammenhang von Moralistik und literarischem Manierismus versucht jetzt (am Beispiel des ›Criticón‹) die oben genannte Arbeit von Schröder aufzuzeigen.

sein spezifisches, sein eigentlich ›humanes‹ Medium[236]. Aber nicht diese ›humanistische‹ Basis (unmißverständlich bezeichnet durch Vives als den größten Humanisten Spaniens) ist das Entscheidende, sondern der persönliche Werkzeug-Charakter der Sprache. Wer sie beherrscht, beherrscht die Menschen, er besitzt den Schlüssel, der zum Erfolg im ›politischen‹ Welttheater verhilft.

Darin liegt der eigentliche *scopus* jener parabelartigen Erzählung vom Streit der Künste und Wissenschaften. Denn die Anweisung zum Briefschreiben ist ja nichts anderes als eine provokativ unscheinbare Repräsentantin der *artes dicendi*[237]. Unscheinbar freilich nur auf den ersten Blick. Immerhin ist es die *ars dictandi* (oder *dictaminis*) gewesen, die das Erbe der klassischen Rhetorik durch die Jahrhunderte des Mittelalters am treuesten bewahrt und weitergegeben hat[238]. Und was noch wesentlicher erscheint: sie hat, als kanzlistische Disziplin, seit jeher am unmittelbarsten im Kontakt zur jeweiligen politischen, juristischen Realität gestanden. Damit ist sie geradezu prädestiniert, den ›politischen‹ Aspekt der *artes dicendi* zu demonstrieren[239]. Denn deren Wirkungsbereich – das wird durch den Verlauf des Streits impliziert – liegt in der ›Politik‹, im innerweltlichen Miteinander und Gegeneinander der Menschen.

Der göttliche Kosmos mit seinem blendenden Schauspiel jedoch wird indifferent für den, der sich, als Atheist, im irdischen Welttheater zu bewähren und durchzusetzen sucht, in eben jenem Theater, das den eigentlichen Gegenstand des ›Criticón‹ bildet[240]. Nicht um die bloße Deskription der Weltszene und ihrer Figuren geht es dabei.

---

[236] Vgl. o. S. 90.

[237] Eine präzise Parallele – aus dem Bereich der ›artes vivendi‹ – bringt die elfte ›crisi‹ des ersten Buches (›El Golfo cortesano‹) mit dem ›Galateo cortesano‹ von della Casa: ebenfalls ein winziges Bändchen, aber unverkäuflich, weil unschätzbar an Wert. Sein Inhalt: »arte de ser persona« (del Hoyo, S. 627).

[238] Als eigenständiger Komplex vor allem seit dem 11. Jahrhundert greifbar. Literatur s. u. S. 156f.

[239] Dies wird bestätigt durch andere Stellen aus Graciáns Werk, so den 148. Aphorismus des ›Oráculo manual‹, wo dem Briefschreiben – wie der Konversation – eine besondere ›Behutsamkeit‹ auferlegt wird: »es necesaria la advertencia para escribir una carta« (del Hoyo, S. 191; ›es ist Behutsamkeit nötig, einen Brief zu schreiben‹). Im ›Discreto‹ hebt Gracián die Briefkunst – wiederum zusammen mit der Konversationskunst – von der bloßen Stubengelehrsamkeit ab (»erudición de pedantes y gramáticos«) und preist sie als »ciencia usual« (del Hoyo, S. 91; ›Bildung von Pedanten und Grammatikern‹; ›nützliche Wissenschaft‹).

[240] Dargeboten wird es, gemäß satirischer Tradition, als »Maskenzug der Bilder« (Friedrich, a.a.O., S. 223). Aufgabe des Beobachters ist: »Erspähen der wahren Gesichter hinter den Masken, der Herzen unter den Prunkkleidern« (ebda.).

Andrenio soll lernen. Er wird zum Demonstrationsobjekt Graciánischer Lebenslehre. Geleitet durch Crítilo, den Erfahrenen, Gereiften,
lernt er, das Welttheater in seiner ›aparencia‹ zu durchschauen[241],
nach dem Grundsatz: »Las cosas no pasan por lo que son, sino por lo
que parecen«[242]. Damit aber kommt dem Erkenntnis- und Urteilsvermögen entscheidende Bedeutung zu, es wird zum Hebel des Erfolgs:
»Hombre juicioso y notante. Señoréase él de los objectos, no los objectos dél«[243].

In dieser Maxime ist die ganze Dialektik der Lebenslehre enthalten,
das Wechselspiel von Selbsterkenntnis und Welterkenntnis, Selbstbeherrschung und Weltbeherrschung. »Qui vult regnare . . .«, zitiert der
Akademie-Präsident, und der entschlossene Wille, sich nicht beherrschen zu lassen, sondern selbst die Oberhand zu gewinnen, bildet die
Triebfeder alles Handelns. Doch das bedeutet zunächst: richtige Einschätzung seiner Zeit, »Conocer las eminencias de su siglo«[244]. Und
im Einzelfall bedeutet es: richtige Einschätzung des jeweiligen Gegenübers, »Comprehensión de los genios con quien trata: para conocer
los intentos«[245]. Daraus ergeben sich die praktischen Konsequenzen.
Man hat mit der Zeit zu leben (»Vivir a lo plático«), mit dem Augenblick (»Vivir a la ocasión«)[246] und vor allem mit den Wünschen und
Eigenheiten der Partner auf der Weltszene: »Saber hacerse a todos.
Discreto Proteo: con el docto, docto, y con el santo, santo«[247].

Mit der Kunst des Sichanpassens (»Saberse atemperar«)[248] sind
Selbsteinschätzung und vor allem Selbstkontrolle dialektisch verbun-

---

[241] Daher sowohl der Titel ›Criticón‹ als auch der Name ›Crítilo‹ als auch die
Bezeichnung ›crisi‹ für die einzelnen Stationen.
[242] ›Oráculo manual‹, Nr. 130 (del Hoyo, S. 186; ›Die Dinge gelten nicht für das,
was sie sind, sondern für das, was sie scheinen‹). Dazu Schröder, a.a.O., S. 83ff.
Die nachfolgenden Zitate entstammen dem ›Oráculo manual‹.
[243] Nr. 49 (del Hoyo, S. 165; ›Scharfblick und Urteil. Wer hiermit begabt ist, be-
meistert sich der Dinge, nicht sie seiner‹).
[244] Nr. 203 (del Hoyo, S. 205; ›Das ausgezeichnet Große seines Jahrhunderts kennen‹). Zur Bedeutung von ›Eminenzen und Perfektionen‹: Krauss, a.a.O.,
S. 142f.
[245] Nr. 273 (del Hoyo, S. 222; ›Die Gemütsarten derer, mit denen man zu tun
hat, begreifen: um ihre Absichten zu ergründen‹).
[246] Nr. 120 und 288 (del Hoyo, S. 183 u. 225; ›Sich in die Zeiten schicken‹ und
›Nach der Gelegenheit leben‹).
[247] Nr. 77 (del Hoyo, S. 173; ›Sich allen zu fügen wissen: ein kluger Proteus: gelehrt mit dem Gelehrten, heilig mit dem Heiligen‹). Über die berühmte Paulini-
sche Anweisung hinaus scheint hier wieder (wie bei der ›Meisterregel‹, s. o.
S. 126) Ignatius von Loyola als Vorbild gedient zu haben; vgl. Romera-Navarro,
S. 162 zur Stelle.
[248] Nr. 58 (del Hoyo, S. 167; ›Sich anzupassen verstehen‹).

den. Erfolg hat nur, wer sich theatralisch gibt, wer sich beobachtet weiß: »Obrar siempre como a vista«[249]. Nicht Selbstaufgabe, sondern gerade Selbstdarstellung ist die Devise der ›filosofía cortesana‹. Erst wenn man seine Rolle bewußt in die Hand nimmt, bewahrt man sich die Autonomie des stoischen Weisen (»Bástese a si mismo el sabio«)[250], wird man ›persona‹[251].

Bei diesem Zentralbegriff, aus dem eine ganze »arte de ser persona« entwickelt wird, zeigt sich noch einmal, mit welcher Unerbittlichkeit und Konsequenz Gracián die Vorstellung vom Welttheater ›ausphilosophiert‹[252]. Es ist nicht lediglich geistreicher Spieltrieb, was ihn dazu veranlaßt. Die innere Legitimation erblickt er – man darf sagen: mit Recht – im Charakter seiner Epoche, des Barockzeitalters: »Todo está ya en su punta, y el ser persona en el mayor«[253]. Der Satz steht programmatisch am Beginn des ›Oráculo manual y Arte de prudencia‹. Die ›Kunst der Weltklugheit‹ ist der wohl genialste Versuch eines Barockautors, mit Hilfe einer emanzipierten, ihrer selbst bewußt gewordenen praktischen Vernunft das menschliche Schauspielerdasein zum persönlichen, ganz und gar säkularen Bühnenerfolg zu führen.

---

[249] Nr. 297 (del Hoyo, S. 227; ›Stets handeln, als würde man gesehn‹).
[250] Nr. 137 (del Hoyo, S. 187; ›Der Weise sei sich selbst genug‹).
[251] Vgl. Schröder, a.a.O., S. 118ff. (Die ›persona‹ Graciáns und der *sapiens* Senecas), auch Jansen, a.a.O., S. 10ff. Auf das Prozessuale des Personwerdens hat vor allem Krauss (a.a.O., S. 108) hingewiesen mit der Beobachtung, daß ›persona‹ bei Gracián auch im Komparativ und Diminutiv erscheinen kann.
[252] Burger, Dasein heißt eine Rolle spielen, S. 88f. hat mit Recht auf den theatralischen Ursprungs des Wortes *persona* hingewiesen (»Vom Theater ist das Wort Person für eine Rolle, die man spielt, aufs Leben übertragen worden«, a.a.O., S. 89).
[253] Nr. 1 (del Hoyo, S. 151; ›Alles hat heutzutage seinen Gipfel erreicht, aber die Kunst, sich geltend zu machen, den höchsten‹). Zu Graciáns ›Zeitbewußtsein‹ vgl. Krauss, a.a.O., S. 72ff. (bes. S. 87ff.).

Zweiter Teil

Soziale Aspekte
der Barockrhetorik

1. Die ›politische‹ Bewegung

a. Ursprung und Ausweitung des Begriffs

Wilhelm Dilthey hat in seinen Studien zu ›Weltanschauung und Analyse des Menschen seit Renaissance und Reformation‹[1] die »eigentümlichste Funktion der Anthropologie des 17. Jahrhunderts« darin gesehen, daß sie – Ansätze des vorausgehenden Jahrhunderts weiterentwickelnd – »eine Theorie der Lebensführung« begründete[2]. Geprägt wird sie durch das »neue Wissen um den Menschen«[3], durch ›Rationalismus‹, ›Naturrecht‹ und vor allem: durch die neue »Autonomie der moralischen Vernunft«[4]. Es ist der geschichtliche Zusammenhang, in dem auch die Lebenslehre Graciáns[5] gesehen werden muß – und die Wiederentdeckung der Rhetorik als eines ›politischen‹ Mediums.

Als Christian Weise im Jahre 1677 mit seinem ›Politischen Redner‹ den Anstoß zu einer wahren Flut deutschsprachiger Rhetoriken und Briefsteller gibt, hat sich das ›Politische‹ schon den Rang eines werbewirksamen Moveworts erobert: Inbegriff einer modernen, weltläufigen, auf Erfolg ausgerichteten Lebens- und Menschenauffassung[6]. Im Zusammenhang des ›Criticón‹ war dieser neue, eigentüm-

---

[1] Vereinigt im 2. Band seiner ›Gesammelten Schriften‹, Leipzig u. Berlin ³1923.

[2] A.a.O., S. 479.

[3] A.a.O., S. 417.

[4] A.a.O., S. 261.

[5] Von Dilthey eigenartigerweise überhaupt nicht berücksichtigt.

[6] Eine gründliche Untersuchung dieses vielschichtigen Komplexes existiert noch nicht. Als erster Versuch einer Orientierung gedacht (aber an der Oberfläche bleibend und in den Wertkategorien fragwürdig): Steinhausen, Galant, curiös und politisch. Drei Schlag- und Moveworte des Perrücken-Zeitalters (o. S. 24 Anm. 13); zu Steinhausens Sichtweise vgl. besonders S. 33: »Es ist das jene niedrige, äußerliche und unsittliche Lebensauffassung, die für das 17. Jahrhundert so ungemein bezeichnend ist«. Einzelnes auch bei B. Zaehle, Knigges Umgang

lich ›diesseitige‹, selbstbewußte Ton in den Worten des ›Politikers‹ bereits angeklungen. Aber so sehr die ›politische‹ Bewegung auch in Deutschland – vor allem seit den 80er Jahren – durch den Einfluß Graciáns gefördert wurde[7], ist doch der Bedeutungsgehalt des Wortes nicht seine originale Schöpfung[8].

Die Anfänge der Entwicklung reichen weit zurück ins 16. Jahrhundert. Jahrhundertelang war ›Politik‹ in enger Anlehnung an Platon und Aristoteles als Lehre von den Staatsformen betrieben worden, und insbesondere die Fürstenspiegel hatten im Sinne des Gottesgnadentums und der christlichen Ethik auch auf die Praxis der einzelnen Herrscher einzuwirken versucht. Deskription und Analyse der politischen Realität aber gehörten nicht zur Aufgabe der Disziplin ›Politik‹. Dies wandelte sich erst im Zeichen jener Revolution des Staatsdenkens, die vor allem mit Machiavellis ›Il Principe‹ (1513) verbunden ist. Nun wurde ›Politik‹, auf dem Hintergrund des modernen (zumal in Italien und Frankreich ausgebildeten) Machtstaates, als ein eigenständiger, von christlicher Ethik und Theologie durchaus unabhängiger, säkularer Bereich entdeckt[9]. Dementsprechend tritt jetzt ›Politik‹ als anthropologisches Fach immer häufiger in betonten Gegensatz oder zumindest in ein Komplementärverhältnis zur Theologie[10]. Aus dem Prinzip der moral-indifferenten, autonomen *ratio status*[11] entwickelte sich eine neue, ebenso skrupellos praktizierte wie leidenschaftlich bekämpfte[12] ›politische‹ Konzeption.

---

mit Menschen und seine Vorläufer. Ein Beitrag zur Geschichte der Gesellschaftsethik (Beitr. z. neueren Lit.gesch., N. F. 22), Heidelberg 1933, S. 67ff. Aus der Literatur zu Weise und Thomasius (in der vom ›Politischen‹ natürlich auch bisweilen die Rede ist) hervorzuheben: H. A. Horn, Christian Weise als Erneuerer des deutschen Gymnasiums im Zeitalter des Barock. Der ›Politicus‹ als Bildungsideal (Marb. Pädagog. Stud. 5), Weinheim/Bergstr. 1966, S. 45ff.

[7] Dazu K. Borinski, Baltasar Gracian und die Hoflitteratur in Deutschland, Halle 1894 (vgl. u. S. 142f.).

[8] So scheint es z. T. bei Krauss, Graciáns Lebenslehre, etwa S. 79: »Gracián gibt dem Politischen einen neuen Bereich des Bedeutens. Politik ist angewandtes Wissen vom Menschen«.

[9] Vgl. G. Ritter, Die Dämonie der Macht. Betrachtungen über Geschichte und Wesen des Machtproblems im politischen Denken der Neuzeit, Stuttgart ⁵1947, S. 37ff.; F. J. Conde, El saber político en Maquivelo, Madrid 1948.

[10] Dazu Dilthey, a.a.O., S. 269ff. u. 439ff. (mit Hinweisen auf die Bedeutung der stoischen Tradition).

[11] F. Meinecke, Die Idee der Staatsräson in der neueren Geschichte. Hrsg. u. eingel. v. W. Hofer (Werke. 1), München ³1963.

[12] »Jederman schilt jhn/ vnd jederman practicirt jhn« (Zincgref, ›Der Teutschen Scharpfsinnige kluge Sprüch‹, Straßburg 1626, S. 302; dictum des berühmten Historikers und Philologen Janus Gruter).

Nach Deutschland dringt sie, synchron mit der Entstehung des absolutistischen Fürstenstaates, vor allem in der zweiten Hälfte des 16. Jahrhunderts. Die neuen Formen des fürstlichen Regiments wie des zwischenstaatlichen diplomatischen Verkehrs[13], ebenfalls weitgehend von Italien und Frankreich her rezipiert, erfordern immer dringender auch einen besonderen, auf der Höhe der Zeit befindlichen, in ›politischen‹ Dingen geschulten Personenkreis. So erhält beispielsweise auch Gargantua in Fischarts ›Geschichtklitterung‹ (1582/90) einen modernen Präzeptor: »der verstund sich umb Politisch leben«[14]. Innerhalb der weitverbreiteten ›Hofschul‹-Literatur wird ebenfalls mehr und mehr das ›politische‹ Element hervorgehoben, etwa im ›Aulicus politicus‹ des Eberhard von Weyhe (1596)[15]. Und schließlich nimmt auch das Universitätsfach ›Politik‹ einen ungeahnten Aufschwung[16]. Neben die traditionelle Form eines überzeitlichen, aristotelischen Typendenkens oder gar an dessen Stelle tritt nun eine moderne, auch die Wirklichkeit des neuzeitlichen Machtstaates einbeziehende Staatstheorie, die mit neuem Stolz und neuem Selbstbewußtsein den Titel ›Politica‹ führt[17].

Aus der wahren Flut ›politischer‹ Literatur, die sich etwa seit der Jahrhundertwende auch über Deutschland ergießt[18], heben sich Autoren wie Justus Lipsius[19], Georg Schönborner[20], Johann Heinrich

---

[13] Detaillierter Überblick über die neuere Literatur bei W. Janssen, Die Anfänge des modernen Völkerrechts und der neuzeitlichen Diplomatie. Ein Forschungsbericht, DVjs 38, 1964, S. 450ff. u. 581ff. (bes. S. 624ff.: ›Die Anfänge der neuzeitlichen Diplomatie‹).

[14] Johann Fischart, ›Geschichtklitterung‹ (Gargantua). Text der Ausgabe letzter Hand von 1590. Mit einem Glossar hrsg. v. U. Nyssen. Nachw. v. H. Sommerhalder ... 2 Bde., Düsseldorf 1963/64 (dort Bd. 1, S. 210).

[15] Vgl. Burger, Dasein heißt eine Rolle spielen, S. 88 (unter Berufung auf Forster, The temper ...).

[16] H. Maier, Die Lehre der Politik an den deutschen Universitäten vornehmlich vom 16. bis 18. Jahrhundert, in: Wissenschaftliche Politik. Eine Einführung in Grundfragen ihrer Tradition und Theorie. Hrsg. v. D. Oberndörfer (Freib. Stud. z. Politik u. Soziol.), Freiburg i. B. 1962, S. 59ff.

[17] Dabei ist das Fach ›Politik‹ häufig mit der ›Ethik‹ kombiniert, z. B. 1614 in Jena (vgl. W. Erman–E. Horn, Bibliographie der deutschen Universitäten, Bd. 1, Leipzig u. Berlin 1904, S. 640).

[18] Sie wird erfaßt von Gabriel Naudaeus, ›Bibliographia politica‹, Wittenberg 1641 (eine Neuauflage besorgte Conring, Helmstedt 1663). Am Ende des Jahrhunderts heißt es: »Hoc autem et superiori seculo magno conatu et certamine compendia politica scribi coepta sunt, iisque orbis ad nauseam vsque impletus« (Johann Andreas Bose, ›De prudentia et eloquentia civili comparanda diatribae isagogicae‹, Jena 1699, S. 3).

[19] Zu seiner Schrift ›Politica‹ (1612) vgl. Dilthey, a.a.O., S. 290f. und jetzt vor allem G. Oestreich, Justus Lipsius als Theoretiker des neuzeitlichen Machtstaa-

Boecler[21] und Hermann Conring besonders heraus. Vor allem der Letztgenannte, auch als ›Vater der deutschen Rechtsgeschichte‹ bekannt[22], bestimmt in ständiger kritischer Auseinandersetzung mit Machiavelli (dem er 1661 eine eigene Schrift widmet)[23] die ›deutsche‹ Vorstellung von der *ratio status*[24]. Im Mittelpunkt der Diskussion steht das alte, schon von Cicero als staatsmännische Kardinaltugend gepriesene[25], durch Machiavelli mit einem dezidiert diesseitigen, moral-autonomen Akzent versehene Prinzip der *prudentia*. Als Gegenbegriff zur *pietas* (oder auch zur *clementia*) als dem traditionell christlichen Postulat ist sie – über das speziell Staatstheoretische hinaus – zum Fundament einer neuen, emanzipierten Ethik und Lebenslehre geworden.

b. Die prudentistische Moral

Warum sollten Handlungsmaximen und Lebensformen, wie sie durch die Gegebenheiten der ›politischen‹ Szene erzwungen werden, nicht auch für die allgemeine *vita civilis* gelten dürfen? Die Frage war zusätzlich legitimiert durch jene (oben dargelegte) Vorstellung, daß der Hof, als der eigentliche Ort des politischen Geschehens, das Ganze der Weltszene abbilde bzw. ›repräsentiere‹. Hier liegt der Ursprung des modernen, in der zweiten Hälfte des 16. Jahrhunderts sich herausbildenden und weit bis ins 18. Jahrhundert hinein wirksamen ›politischen‹ Lebensideals. »Also lehret Politica ferner, wie er sich auch in vita civili gegen andern Menschen verhalten solle«, konstatiert be-

---

tes, HZ 181, 1956, S. 31ff.; Schönle, Deutsch-niederländische Beziehungen ..., S. 35ff.
[20] Der Gönner des jungen Andreas Gryphius konnte sein Hauptwerk, die ›Politicorum libri septem‹ (zuerst 1609), bis zu seinem Tode siebenmal auflegen lassen (Einzelheiten bei Szyrocki, Der junge Gryphius, S. 110ff.).
[21] Eine Spezialität dieses Straßburger Professors (zu Gryphius' Bekanntschaft mit ihm vgl. DVjs 42, 1968, S. 340f.) war die ›politische‹ Interpretation antiker Historiker (›Dissertationes politicae ad selecta veterum historicorum loca‹, 1674).
[22] Vgl. E. Wolf, Große Rechtsdenker der deutschen Geistesgeschichte, Tübingen ³1951, S. 217ff.
[23] ›Animadversiones politicae in Nicolai Machiavelli librum de principe‹; ein Jahr zuvor hatte er den ›Principe‹ in einer lateinischen Übersetzung herausgebracht. Dazu auch Horn, Christian Weise ..., S. 46 (mit Anm. 5).
[24] R. Zehrfeld, Hermann Conrings (1606–1681) Staatenkunde. Ihre Bedeutung für die Geschichte der Statistik ... (Sozialwiss. Forschungen. 1,5), Berlin u. Leipzig 1926.
[25] Besonders ›De republica‹, Buch 6.

reits 1622 der Verfasser eines Traktats über ›Aulico-Politica‹[26]. Und kaum drei Jahrzehnte später heißt es, daß nunmehr »unzehlich viel Ethiken und Politiken in allerley Sprachen geschrieben, wie ein Welt- und Hofmann beschaffen und mit allen Tugenden begabt seyn solle«[27].

Bedenkt man, welche Tugenden die Ethik der lutherischen Ortho- doxie und der gegenreformatorischen römischen Kirche von dem Menschen forderte, so wird die Faszination verständlich, die von der neuen, an Weltläufigkeit und Selbstherrlichkeit des Hoflebens orien- tierten Lebenslehre ausging. Auch als Gegenbild zu ›Schulfüchserei‹ und ›Pedanterie‹, den Entartungsformen des konservativen Humanis- mus, wird die Gestalt des ›Politicus‹ positiv bewertet, z.B. von Schupp[28]. Sie ist der Inbegriff einer Lebensform; »Cavalier und Poli- tici«[29] rücken nahe aneinander. Und Conring wird bestätigt, daß nach landläufiger Auffassung »politicus aut homo civilis est quisquis morum aliqua urbanitate et cultu valet prae reliquis«[30].

Daß schließlich modische Kleidung und weltmännisches Gebaren in den Augen vieler genügten, um einen Menschen ›politisch‹ zu nen- nen[31], verwundert nicht (etwa seit den 70er Jahren tritt hierfür im- mer häufiger auch das Modewort ›galant‹ ein)[32]. So sehr diese Ver- äußerlichung des Lebensideals von den Einsichtigen (wie etwa Con- ring) bedauert wurde, die eigentliche Gefahr lag in der Trivialisie- rung der moralischen Prinzipien des ›Politicus‹. War man schon ge- gen die Skrupellosigkeit oder gar Antichristlichkeit[33] des machiavel-

---

[26] Zitiert nach Steinhausen, a.a.O., S. 30 Anm. 4.

[27] Vorrede zur deutschen Übersetzung des ›Honneste Homme‹ von Faret, Leip- zig 1650 (a.a.O., S. 30). Eines der am weitesten verbreiteten ›politischen‹ Lehr- bücher dieser Art war der ›Politische Weltmann‹ des Martin Husanus, zuerst 1643 erschienen (vgl. Goedeke ²III, S. 281) und noch 1700 wieder aufgelegt. Auch Emblembücher und Impresensammlungen führten das ›Politische‹ jetzt gern im Titel, etwa Peter Isselburgs ›Emblemata politica‹ (Nürnberg 1617) oder die Bücher von Zincgref oder de Montenay (genauere Angaben bei Henkel- Schöne, Emblemata, S. XLVff.).

[28] ›Corinna‹ (1660), in: ›Schrifften‹, S. 467f. u. ö.

[29] Schupp, ›Deutscher Lucianus‹, a.a.O., S. 808.

[30] ›De civili prudentia‹, Helmstedt 1662, S. 2.

[31] Ebda.: »quique adeo in communi vita sese gerit, qua incessu, qua sermone, qua gestu«. Auch auf diese Dinge legten die ›politischen‹ Lehrbücher natürlich großen Wert, so Johann Wolfgang Christstein, ›Der heutige Weltmann in sei- nem politischen Habit‹, o. O. 1675. Zum Begriff des ›alamodichen Politicus‹ vgl. Zaehle, Knigges Umgang mit Menschen ..., S. 67.

[32] Es gibt dem ›Politischen‹ noch einen speziell französischen Akzent; vgl. u. S. 179.

[33] Als Mißbrauch des Wertprädikats politicus faßt Conring die areligiöse Kon-

listischen Staatsdenkens leidenschaftlich zu Felde gezogen (die Auseinandersetzung dauert während des ganzen 17. Jahrhunderts an)[34],
so drohte nun, vor allem aus christlicher Perspektive gesehen, auch
die individualistische Variante der *prudentia*-Moral[35] das gesellschaftliche Leben zu vergiften. Sehr bald bildete sich, weitgehend konform
mit der allgemeinen ›Hofkritik‹[36], ein fester Katalog moralischer Vor-
haltungen heraus:

> »ANders seyn/ vnd anders scheinen:
> Anders reden/ anders meinen:
> Alles loben/ alles tragen/
> Allen heucheln/ stets behagen/
> Allem Winde Segel geben:
> Bös- vnd Guten dienstbar leben:
> Alles Thun vnd alles Tichten
> Bloß auff eignen Nutzen richten;
> Wer sich dessen wil befleissen
> Kan Politisch heuer heissen«.

So lautet Logaus bereits kurz berührtes Gedicht ›Heutige Welt-
Kunst‹[37]. An einer anderen Stelle rechnet Logau noch schärfer mit
den ›Politikern‹ ab (›Ein Welt-Mann‹):

zeption: »INvaluit hodie tetra quaedam et horribilis acceptio vocis politici, qua
is demum ita audit qui ad commodum reipublicae unice omnia sic dirigit, ut
pietatem divinumque cultum huic postponat imo habeat insuper. Qua accep-
tione Politicus omnis est ἄθεος, et politica est peritia prae utilitate reipublicae
Deum religionemque omnem aspernendi« (›De civili prudentia‹, S. 5f.).

[34] Auch bei Gracián ist der antimachiavellistische Ton unüberhörbar, bereits in
›El Héroe‹ (1637); vgl. Heger, Baltasar Gracián, S. 140ff. (›Gracián y Machiavelli‹). Selbst der Begriff des ›político‹ (oder ›estadista‹) kann bei ihm unter diesem Gesichtspunkt einen abwertenden Akzent erhalten (Krauss, Graciáns Lebenslehre, S. 171 Anm. 27).

[35] Zu einem Hauptvertreter dieser ›Glücks‹-Lehre wurde Christian Georg von
Bessels ›Politischer Glücks-Schmied‹, der 1666 als Raubdruck erschien und dann
1681 in Frankfurt unter dem Titel ›Neuer Politischer Glücks-Schmied‹ auch
legitim aufgelegt wurde.

[36] Sehr bezeichnend dafür ein Brief des Pegnitzschäfers Martin Kempe über Georg Neumark (den langjährigen Sekretär der ›Fruchtbringenden Gesellschaft‹):
er leihe überall Geld und zahle es dann nicht zurück. »Aber das heist hofmän-
nisch und politisch, hatte bald gesagt, praktisch seyn« (Brief vom 22. Juni 1668,
zitiert nach Spahr, The archives of the Pegnesischer Blumenorden, S. 59). Abraham a Sancta Clara wendet den Gedanken auf seine Weise ins Etymologisch-
Spielerische: »Von Polliceri kombt Politicus her/ deßwegen diser vil verspricht/
vnd wenig halt« (›Judas Der Ertz-Schelm‹, 2. Teil, S. 138).

[37] ›Deutscher Sinn-Getichte Drey Tausend‹, 1. Tausend, S. 210. Vgl. Hofmannswaldau, ›Vermischte Gedichte‹ (in: ›Deutsche Übersetzungen Und Getichte‹),
S. 38:

> »Bey verkehrten Spiele singen/
> Sich bezwingen/

»Was heist politisch seyn? Verdeckt im Strauche liegen/
Fein zierlich führen um/ vnd höflich dann betriegen«[38].

Und Simon Dach faßt das gleiche in die Form des ›Adjeu Welt‹ (oder
›Adjeu Hof‹):

>»GVte Nacht, du falsches Leben,
>Das man jetzt Politisch nennt!«[39].

Schon um die Jahrhundertmitte[40] ist also die individualistisch-utilita-
ristische Variante der ›politischen‹ Bewegung in Deutschland so weit
vorgedrungen, daß sie heftige Gegenreaktionen auslöst.

Nicht nur die Vertreter des Prinzips der ›Rechtlichkeit‹ oder
›Redlichkeit‹ fühlen sich herausgefordert[41], sondern vor allem die de-
zidierten Christen. Die betonte Weltlichkeit, Diesseitigkeit mancher
›Politici‹ muß sie noch zusätzlich reizen[42]. Dabei kommen Tendenzen zum Vorschein, die sich – in der Gegenüberstellung von ›Theologie‹ und ›Politik‹ – bereits während des 16. Jahrhunderts ankündigten.
Mehr und mehr wird jetzt der ›Politicus‹ Konträrbegriff zum ›Geistlichen‹[43]; und schließlich spricht man sogar von ›politischen‹ Berufen: es »müssen alle diejenigen Politici heißen, die in öffentlichen Be-
dienungen, die nicht geistlich sind, stehen. Denn man theilet alle Aemter ein in weltliche und geistliche, und wer ein weltliches bekleidet,
der hat bei dem Pöbel die Ehre, ein Politicus zu heissen«[44].

Reden was uns nicht gefällt/
Und bey trüben Geist und Sinnen
Schertzen können/
Ist ein Schatz der klugen Welt«.

[38] Logau, a.a.O., 2. Tausend, S. 17. Vgl. das Gedicht gleichen Titels (mit Martial
3,63 als Vorbild) von Johann Grob, ›Dichterische Versuchgabe‹, S. 96.
[39] Ziesemer 2, S. 327 (›Falschheit‹, ›lügen‹, ›Heucheley‹ sind Leitmotive des sechs-
strophigen Gedichts). Wenn die von Ziesemer im Kommentar (a.a.O., S. 392)
als ›Parodie‹ zitierten Verse sich bereits auf Dach beziehen, so müßte dessen
Gedicht 1640 oder früher entstanden sein.
[40] Logau stirbt 1655, Dach 1659; die Zeugnisse können aber (s. die vorige Anmerkung) wesentlich älter sein. Conrings ›De civili prudentia‹ stammt von 1662.
[41] Vgl. o. S. 136f.
[42] Nicht zuletzt aus diesem Grunde benutzt man für den Bereich des öffentlichen
Lebens gern auch den moralisch unbelasteteren Begriff ›Policey‹ (etwa Meyfart,
›Teutsche Rhetorica‹, Frankfurt a. M. 1653, S. 35).
[43] Etwa in Schupps Unterscheidung »zwischen der Politischen und Theologischen
Hoffart« (›Freund in der Noht‹, o. O. 1658, S. 57). Bezeichnend auch der Titel
einer 1680 erschienenen Sammlung nichtgeistlicher Trauerreden: ›Schlesische
Schatz-Kammer unterschiedener Trauer-Reden und Abdanckungen von Politicis gehalten‹, Breslau 1680 (T. Georgi, Allgemeines europäisches Bücher-Lexicon,
4. Teil, Leipzig 1756, S. 31).
[44] Christoph August Heumann, ›Der Politische Philosophus‹, Frankfurt u. Leipzig
1714, Vorrede (zitiert nach Steinhausen, a.a.O., S. 27). Vgl. auch Hallbauers

Versucht man nun, für die Jahre um 1660 eine erste semantische Bilanz des Wortes ›politisch‹ und seiner Umgebung zu ziehen, so könnte man fünf Hauptbedeutungen herausheben[45]. 1. Es gibt ›Politik‹ nach wie vor als Lehre von den Staatsformen und ihren Gesetzen, nun freilich vor allem auf die Wirklichkeit der modernen Machtstaaten ausgerichtet. 2. Als ›Politicus‹ gilt, wer mit staatlichen, vor allem diplomatischen Aufgaben betraut ist. 3. In betontem Gegensatz zur Geistlichkeit können auch allgemein die weltlichen Berufe als ›politisch‹ bezeichnet werden. 4. Als ›Politicus‹ gilt, wer sich in Kleidung und Umgangsformen höfisch-weltmännisch zu geben weiß. 5. ›Politisch‹ handelt, wer in ›kluger‹, auch skrupelloser Weise, unter konsequenter Ausnutzung sich bietender Gelegenheiten seinen individuellen Erfolg, sein irdisches ›Glück‹ sucht.

c. Die Gracián-Rezeption in Deutschland und die ›Politisierung‹ des Welttheaters

Dies ist – in groben Zügen – der Stand der ›politischen‹ Bewegung, als im Jahre 1672 zum ersten Mal ein Werk Graciáns (›El Político Don Fernando el Católico‹, übersetzt von Lohenstein: »Staats-kluger Catholischer Ferdinand‹) auch auf deutsch erscheint[46]. Mit der Rezeption Graciáns im Deutschland des 17. Jahrhunderts ist nun ein Thema angesprochen, das noch immer keine systematische, klärende Untersuchung gefunden hat. Ein bereits 1894 von Karl Borinski vor-

---

›Anleitung zur Politischen Beredsamkeit Wie solche Bey weltlichen Händeln ... üblich‹, Jena u. Leipzig 1736. In den allgemeinen Sprachgebrauch dringt die Unterscheidung offenbar zu Anfang des 18. Jahrhunderts, doch läßt sie sich bis ins 17. Jahrhundert zurück verfolgen: »Was heist Politisch? Es heist ... im gantzen Wandel der jenigen conform leben/ die sich im weltlichen Stande gegen den geistlichen Personen einiger Freyheit gebrauchen« (Weise, ›Curieuse Fragen über die Logica‹, Leipzig 1696, S. 620).

[45] Vgl. die – im einzelnen anders abgegrenzten – sechs Bedeutungen, die Heumann (a.a.O.) angibt. An Heumann sind wiederum z. T. die Artikel ›Politick‹ und ›Politicus‹ bei Zedler 28, 1741, Sp. 1525ff. orientiert.

[46] Näheres bei H. von Müller, Bibliographie der Schriften Daniel Caspers von Lohenstein, 1652–1748, in: Werden und Wirken. Festschr. f. K. W. Hiersemann, Leipzig u. Berlin 1924, S. 184ff. (dort S. 234ff.). In der Literatur wird die Übersetzung häufig – nach einem späteren Druck – auf 1676 datiert (von Newald, S. 332 sogar auf 1679). Lohenstein widmete sie, als der Herzog Christian zu Liegnitz 1672 gestorben war, dessen noch unmündigem Sohn Georg Wilhelm. Die ausführliche ›Zuschrifft‹ gibt interessante Einblicke in Lohensteins Verhältnis zum Habsburgischen Kaiserhaus. Vgl. auch E. M. Szarota, Lohenstein und die Habsburger, Colloquia Germanica 1, 1967, S. 263ff.

gelegter Versuch[47] bietet zwar reiches (chaotisch ausgeschüttetes) Material[48], geht aber in seinen Konstruktionen und Schlußfolgerungen zu weit[49], so daß Egon Cohn schließlich in das entgegengesetzte Extrem verfiel und einen wesentlichen Einfluß Graciáns schlechthin verneinte[50]. In der Tat werden die beiden für die Lebenslehre entscheidenden Werke Graciáns, ›Oráculo manual‹ und ›Criticón‹, erst in den 8oer und 9oer Jahren einem breiteren deutschen Publikum bekannt[51], zunächst in französischer Bearbeitung[52], dann auch in (aus dem Französischen übersetztem) deutschem Text[53]. Doch ist durch diese Feststellung das Problem nicht erledigt. Gerade im Zusammenhang der gemeineuropäischen Hofliteratur kann der indirekte Einfluß Graciáns noch erheblich weiter zurückreichen, und da während

[47] Vgl. o. S. 136 Anm. 7.
[48] Lohensteins ›Político‹-Übersetzung fehlt darunter (besonders bedauerlich, weil Lohenstein – im Gegensatz zu den späteren Übersetzern – noch unmittelbar auf den spanischen Text zurückgreift).
[49] Ausgangspunkt der Darstellung ist die These, Gracián sei »der Vater der beiden wichtigsten Elemente der modernen Bildung, der Erkenntnis des Geschmacks und jener bewussten Praxis der Weltklugheit, die man im 17. Jahrhundert Politik nennt«. Daß der Satz in puncto ›Politik‹ – jedenfalls für Deutschland – so nicht zu halten ist, hat sich bereits gezeigt.
[50] Gesellschaftsideale und Gesellschaftsroman des 17. Jahrhunderts (1921), besonders S. 210f. (Vgl. auch Zaehle, Knigges Umgang mit Menschen ..., S. 69 und Wendland, Die Theoretiker und Theorien ..., S. 25). Kurze Überblicke gaben inzwischen H. Tiemann, Das spanische Schrifttum in Deutschland von der Renaissance bis zur Romantik (Ibero-Amerikan. Stud. 6), Hamburg 1936, S. 49ff.; E. Schramm, Die Einwirkung der spanischen Literatur auf die deutsche, in: Dt. Philol. im Aufriß ²III, Sp. 147ff. (dort Sp. 153f.; knappe Literaturangaben Sp. 169).
[51] Sicher unzutreffend also die Feststellung von Horn, Christian Weise ..., S. 51: »Das Handorakel Gracians war im 17. Jahrhundert in Deutschland weit verbreitet« (das kann höchstens für die beiden letzten Jahrzehnte gelten).
[52] Das ›Oráculo manual‹ gab Amelot de la Houssaie unter dem Titel ›L'homme de cour‹ heraus, zuerst Paris 1684; Neuauflagen erschienen das ganze 18. Jahrhundert hindurch (sie sind verzeichnet in der o. S. 124 Anm. 208 genannten ›Oráculo‹-Ausgabe von Romera-Navarro, S. XXIX). Vgl. V. Bouillier, Notes critiques sur la traduction de l'Oráculo Manual par Amelot de la Houssaie, Bulletin hispanique 35, 1933, S. 126ff. ›El Criticón‹ erschien in französischer Übersetzung als ›L'Homme détrompé, ou le Criticon de Baltasar Gracian‹, Paris 1696 (Autor: Guillermo de Maunory).
[53] Den Amelot übersetzte Adam Gottfried Kromayer als ›L'Homme de cour, oder Balthasar Gracians Vollkommener Staats- und Weltweise‹, Leipzig 1686; ein Jahr darauf erschien, übersetzt von Johann Leonhard Sauter, ›L'Homme de Cour, oder der heutige politische Welt – und Staat Weise‹, Frankfurt u. Leipzig 1687 (vgl. wiederum Romera-Navarro, a.a.O., S. XXIX). Ein Jahrzehnt später folgte (anonym) auch ›Des berühmten spanischen Jesuiten Balthasar Gracians Criticon von den allgemeinen Lastern der Menschen‹, Frankfurt u. Leipzig 1698.

der zweiten Hälfte des 17. Jahrhunderts – zumal in Adelskreisen[54] – die Spanischkenntnisse spürbar zunehmen, ist in einzelnen Fällen auch mit originaler Lektüre zu rechnen[55].

Für die Entstehung des ›politischen‹ Romans wäre eine Klärung dieser Fragen von großer Bedeutung. Bereits in Weises ›Drey Haupt-Verderbern‹ von 1671, vor allem aber in seinem ›Politischen Näscher‹ (1675 erschienen, doch vielleicht früher entstanden) hat Borinski Einflüsse des ›Criticón‹ aufzuzeigen versucht[56], während Arnold Hirsch – offenbar ohne Borinskis Arbeit zu kennen – den Namen Gracián nicht einmal erwähnt[57]. Wie dessen unmittelbare oder mittelbare Wirkung auch immer zu bewerten sein mag[58], im gegenwärtigen Zusammenhang geht es vor allem um die exemplarische Bedeutung Graciáns für die neue diesseitige, durch ›Klugheit‹ bestimmte Konzeption des Weltverhaltens. Und so wenig er als Schöpfer des anthropologischen ›Politik‹-Begriffs gelten kann, so unbestreitbar verdankt ihm die ›politische‹ Lebenslehre ihre klassische, auch über die Jahrhunderte hinweg – man denke an Schopenhauer[59] – faszinierende Gestalt als »la princesa de las ciencias«[60].

Ihre enge Verquickung mit einer neuen, ›personalistisch‹ bestimmten Deutung des *theatrum mundi* ist kein belangloser Zufall, sondern ein erneuter Beweis dafür, wie tief das barocke Weltverständnis im Theatralischen verwurzelt ist. Und nicht von ungefähr läßt sich nun auch bei dem Autor, der als einer der ersten nachweisbar von Gra-

---

[54] Zur Pflege moderner Sprachen vgl. u. S. 378. Einzelheiten über den Spanischunterricht des jungen Adligen gibt Christian Schröter, ›Kurtze Anweisung zur Information Der Adlichen Jugend‹, Leipzig 1704, S. 5.

[55] Spanisch lesen können z. B. Harsdörffer, Scheffler, Lohenstein, Christian Gryphius, Thomasius.

[56] Baltasar Gracian …, S. 118ff. Zaehle, Knigges Umgang mit Menschen …, S. 87 hält – bei kritischerer Grundeinstellung – daran fest: »Trotz alles Unterschiedlichen, das nicht übersehen werden soll, ist des Gemeinsamen so viel – vor allem die Tendenz, den Roman auf das Gebiet der Politik hinüberzuleiten –, daß man ein bewußtes Zurückgreifen Weises auf Gracian mit Bestimmtheit annehmen darf«.

[57] Bürgertum und Barock im deutschen Roman. Ein Beitrag zur Entstehungsgeschichte des bürgerlichen Weltbildes. 2. Aufl. besorgt v. H. Singer (Lit. u. Leben, N. F. 1), Köln u. Graz 1957, S. 40ff. Borinski wird an keiner Stelle zitiert.

[58] Schramm, a.a.O., Sp. 154 sieht hier mit Recht eine Aufgabe, die noch zu lösen ist: »Die Einzelheiten, so z. B. die Bedeutung des ›Criticón‹ für den politischen Roman Christian Weises, bedürfen sorgfältiger Überprüfung«.

[59] A. Morel-Fatio, Gracián interprété par Schopenhauer, Bulletin hispanique 12, 1910, S. 377ff. Vgl. V. Bouillier, Baltasar Gracián et Nietzsche, RLC 6, 1926, S. 381ff.

[60] Unter dieser Perspektive freilich könnte man Gracián wohl als ›Vater der Politik‹ bezeichnen.

cián beeinflußt ist, bei Lohenstein, die prudentistische Version der Theatermetaphorik beobachten:

»Wer niemals thöricht spielt/ die Klugheit oft verstellt/
Aus Thorheit Vortheil macht/ ist Meister in der Welt«[61].

So heißt es in dem schon mehrfach zitierten Widmungsgedicht zur ›Sophonisbe‹[62], das mit seinen 276 Alexandrinern eine einzige große Explikation des Themas ›die Welt ist ein Schauspiel‹ darstellt. Die beiden Verse enthalten Graciáns Lebenslehre in nuce[63]: das Leben ist ein Spiel; die Welt ist eine Narrenrevue (durch ›Thorheit‹ bestimmt); man muß daraus ›klug‹ seinen Vorteil ziehen, ohne seine Taktik zu erkennen zu geben; man darf nicht selbst der Torheit verfallen; so macht man sich die Welt untertan. Es genügt, zunächst einmal nur diese zwei Verse mit der Trauerspiel-Metaphorik eines Gryphius zu konfrontieren, um auf einen Blick den grundlegenden Wandel des Welttheater-Verständnisses zu bemerken, der sich im Zeichen des ›Politischen‹ vollzogen hat.

»DEr Mensch das spiel der zeit/ spielt weil er alhie lebt«,

resümiert Gryphius zu Beginn des Sonetts ›Ebenbildt vnsers lebens‹[64]. Lohenstein scheint im ›Sophonisbe‹-Gedicht zunächst das gleiche auszusagen:

»Für allen aber ist der Mensch ein Spiel der Zeit«.

---

[61] Just 3, S. 247.
[62] Das Stück wurde 1666 abgeschlossen zur Heirat Kaiser Leopolds I mit der spanischen Infantin Margareta Teresia, der Tochter Philipps IV (vgl. W. Kayser, Lohensteins ›Sophonisbe‹ als geschichtliche Tragödie, GRM 29, 1941, S. 2off.). Gedruckt wurde es erst 1680, und aus dieser Zeit dürfte auch das Widmungsgedicht stammen.
[63] Bisher kaum beachtet ist die Tatsache, daß Lohenstein in den Anmerkungen zur ›Sophonisbe‹ gleich zweimal, jeweils mit genauer Quellenangabe, aus Graciáns ›Político‹ zitiert (zu Vers 156 und 613 des fünften Akts; Just 3, S. 402 und 409). Vor allem das zweite Zitat hängt mit dem Anlaß des Stücks (s. die vorige Anm.) unmittelbar zusammen: »Wie durch des Fernandi Catholici Heyrath mit der Isabella aus Castilien/ und seine Thaten die Spanische Monarchie gegründet/ und durch Verheyrathung seiner Tochter Johannae mit Philippo auf das Ertzhaus Oesterreich versetzet worden/ ist bekand« (Just 3, S. 401f.; es folgt das Gracián-Zitat). Daß Lohenstein den ›Político‹ bereits 1666 gelesen hat, ist durch diese (nachträgliche) Anmerkung natürlich nicht bewiesen. Eine Chronologie der Beziehungen Lohensteins zum Kaiserhaus versucht E. Verhofstadt, Daniel Casper von Lohenstein: Untergehende Wertwelt und ästhetischer Illusionismus. Fragestellung und dialektische Interpretation, Brugge 1964, S. 53; zum weiteren Rahmen vgl. die genannte Arbeit von Szarota, Lohenstein und die Habsburger.
[64] Szyrocki–Powell 1, S. 58.

Doch mit unüberhörbarer Akzentuierung setzt er hinzu:

>»Das Glücke spielt mit ihm/ und er mit allen Sachen«[65].

Fortuna bleibt eine nicht zu unterschätzende Macht, aber es gilt sie zu >korrigieren<, sich ihrer zu bedienen, >mit allen Sachen< zu spielen. Der Mensch vermag Gelegenheiten und Augenblicke auszunutzen, um das Spiel zu seinen Gunsten zu wenden:

>»So gehts! Ein Augenblick verkehret Glück und Spiel/
Wenn man mit Feind und Glutt so langsam künsteln wil«[66].

Es bedarf einer Kunstfertigkeit, jener >arte de prudencia<, die schließlich zum Erfolg auf der Weltbühne führen muß[67].

Von passiver, resignierender Hingabe an das irdische Theater kann freilich auch bei Gryphius nicht durchweg die Rede sein:

>»Spilt den dis ernste spiell: weil es die zeit noch leidet«[68],

ermahnt er die Menschen, und in >Cardenio und Celinde< preist der Chor >die Zeit< als höchsten Schatz des Menschen:

>»Wer die recht braucht/ trotzt Tod vnd Noth/ vnd Neid
Vnd baut jhm selbst den Thron der Ewigkeit«[69].

Doch gerade gegen eine solche Vertröstung des Menschen auf ein eschatologisches, transzendentales τέλος richtet sich – mehr oder weniger ausdrücklich – die >politische< Lehre[70]. Bei Gracián wird der Perspektivenwechsel im Kapitel vom >Universaltheater< hintersinnig be-

---

[65] Just 3, S. 246.
[66] >Epicharis< III 2 (Just 2, S. 203). Voraus geht – eine kurze Szene steht dazwischen – der Reyen »Der Klugheit; Des Gelückes/ Der Zeit/ Des Verhängnüßes« (a.a.O., S. 198ff.) Zu diesem Reyen s. Verhofstadt, a.a.O., S. 149ff.
[67] Ganz in diesem Sinne (Prämiierung für eine gute Bühnenleistung wie beim Schultheater) ist auch das bei Flemming, Deutsche Kultur ..., S. 32 zitierte Gedicht von Titz zu verstehen:
>»Ich seh, wie in der Welt wir armen Menschen pflegen
Bald dies bald jenes Kleid, itzt an-, itzt abzulegen.
Ich schätze den für klug und gebe dem den Preis
Der die Person hier recht und wohl zu spielen weiß«.
[68] Szyrocki–Powell 1, S. 58.
[69] Szyrocki–Powell 5, S. 140.
[70] Vosskamp hat durch die vergleichende Gegenüberstellung von Gryphius und Lohenstein gezeigt, wie die »Dialektik von Zeit und Ewigkeit« durch eine »Polarität von Zeit ... und ... Vernunft« ersetzt wird. »Vernunft gilt es nicht nur dem dauernden Wandel der Zeit entgegenzusetzen, sondern zugleich ins Spiel der Zeit zu bringen, d.h. Vernunft erhält die Funktion einer mitspielenden Macht, die dem Menschen zur Verfügung steht« (a.a.O., S. 209).

gründet[71]. Nun braucht die Konzeption eines Universaltheaters, bei dem der Mensch als Zuschauer gedacht ist, an sich noch nicht unchristlich oder gar gegenchristlich zu sein. John Donne hat (ausgehend von 1. Kor. 13,12) eine ganze Predigt[72] auf dem Gedanken aufgebaut: »The whole frame of the world is the Theatre, and every creature the stage, the medium, the glasse in which we may see God«[73]. Auch Comenius beispielsweise kennt das Weltganze als ein Theater, das Gott zur Demonstration seiner Weisheit dem Menschen eingerichtet hat[74]. Aber davon ist bei Lohenstein keine Rede mehr. Er klammert Gott, fast noch entschiedener als Gracián, aus dem Universaltheater gänzlich aus:

> »Ist der Natur ihr Werck nicht selbst ein stetig Spiel?
> Der Sterne Lauf beschämt den Klang der süssen Seiten.
> Der Thier-Kreiß steckt so wol der Sonne nicht ein Ziel/
> ...
> Wie spielt nicht die Natur auf Erden? ...«[75].

Die konsequente Säkularisierung, die sich in einer solchen Verschiebung der Theatermetaphorik ausdrückt[76], stieß – wie schon angedeutet – vor allem unter gläubigen Christen auf entschiedenen Widerstand. Es gab jedoch auch Versuche, die Vereinbarkeit von Christentum und ›Politik‹ nachzuweisen, so den emblematischen Fürstenspiegel ›Idea de un príncipe político christiano‹ (zuerst München 1640) des lange Zeit in Deutschland tätigen Diplomaten Diego de Saavedra Fajardo[77]. Wie er mit Nachdruck gegen eine machiavellistische Ver-

---

[71] Oben S. 126ff.

[72] Osterpredigt 1628 (Potter-Simpson 8, S. 219ff.).

[73] A.a.O., S. 224. Donne beruft sich dabei u. a. auf Thomas von Aquin: »Aquinas calls this Theatre, where we sit and see God, the whole world« (a.a.O., S. 233; eine Marginalie Donne's dazu lautet: »Theatrum, Mundus«).

[74] Es ist eine Grundvorstellung des ›Orbis sensualium pictus‹ (1658); vgl. Garin 3, S. 38.

[75] Just 3, S. 245f. (einen Einfluß Graciáns erwägt hier auch Vosskamp, a.a.O., S. 132 Anm. 124, unter Hinweis auf Studniczkas ›Criticón‹-Übersetzung, S. 13). Zur Auffassung der Natur als ›Festpracht‹ und zu ihrer Einbeziehung in die Bühne (vor allem beim spanischen Drama) vgl. Benjamin, Ursprung des deutschen Trauerspiels, S. 91f.

[76] Die Säkularisierung des Theaters bei Lohenstein hat vor allem Hankamer nachdrücklich hervorgehoben (z. B. Deutsche Gegenreformation ..., S. 313: »Lohenstein hat das Trauerspiel in seinem ganzen Sinn und Gefüge säkularisiert. Aus dem Bereich der Gegenreformation ... tritt es durch ihn in das weltliche Barock«).

[77] Der Text der ›Idea‹ auch zugänglich in: Obras completas. Recopilación, estudio preliminar, prólogos y notas de A. González Palencia, Madrid 1946, S. 143ff. (dort S. 47ff. auch eine eingehendere Darstellung von Saavedras Zeit in Deutschland). Eine lateinische Version, ›Idea principis Christiano-Politici‹, er-

rohung des staatlichen Lebens ankämpft, so ist auch Gracián sichtlich bemüht, einer Verflachung der individual-›politischen‹ Lebenslehre vorzubeugen, sie an das Ideal des ›discreto‹ zu binden[78]. Und
eben diese Tendenz kehrt nun auch im ›Sophonisbe‹-Gedicht wieder.
Am Beispiel des Mannes, dem er das Stück widmet[79], möchte Lohenstein zeigen,

> »Daß auch der Hof Gestirn und solche Lichter leide;
> Die's Glücke nicht verrückt/ kein Finsternis versehrt/
> Daß Tugend unbefleckt besteh in Würd und Seide;
> Daß Höfligkeit nicht steck aufrichtge Seelen an/
> Daß Spiel und Weißheit sich gar schicklich paaren kan«[80].

Es ist nicht ohne Bedeutung, daß dort, wo zum ersten Mal ein unmittelbarer Einfluß der Lebenslehre Graciáns greifbar wird[81], gleich
auch Maß, Moralität und ›Diskretion‹ in den Vordergrund rücken.
Denn im Einsatz für diese Ziele, gegen die amoralische Trivialisierung
des ›politischen‹ Lebensideals, sehen ja auch die beiden wichtigsten
propagatores politicae in Deutschland eine ihrer Hauptaufgaben:
Weise und Thomasius. Für Thomasius ist der Rückgriff auf den originalen Gracián-Text entscheidende Voraussetzung des Weges zur
wahren ›Politik‹. Aus eben diesem Grund zieht sich durch die berühmte Vorlesung von 1687[82] wie ein Leitmotiv die Kritik an der Einseitigkeit und Unzulänglichkeit der Amelotschen ›Oráculo‹-Bear-
beitung[83].

---

schien Köln 1650; eine deutsche Version: ›Ein Abriss Eines Christlich-Politi-
schen Printzens‹, Amsterdam 1655 (vgl. Henkel–Schöne, Emblemata, S. LXIII)
u. ö.

[78] Heger, Baltasar Gracián, S. 145ff.

[79] Es ist Franz Freiherr von Nesselrode, Bücherliebhaber, Mäzen, langjähriger
Kammerherr Leopolds I. Lohenstein selbst war 1675 in diplomatischer Mission
vom Kaiser empfangen worden und hatte den Titel eines Kaiserlichen Rats
erhalten.

[80] Just 3, S. 249f. Zur Frage des Machiavellismus in Lohensteins Dramen vgl. E.
Lunding, Das schlesische Kunstdrama. Eine Darstellung und Deutung, København 1940, S. 103ff. u. 108ff.

[81] Zur Bedeutung der spanischen ›Politik‹ für den ›Arminius‹ (1689/90) vgl. L.
Laporte, Lohensteins Arminius. Ein Dokument des deutschen Literaturbarock
(Germ. Stud. 48), Berlin 1927, S. 45ff. Daß Lohenstein bei der Konzeption des
›Arminius‹ den ›Politico Christiano‹ des Saavedra »vor Augen« hatte, konsta-
tierte bereits Borinski, a.a.O., S. 116 Anm. 2.

[82] Titel: »Welcher Gestalt man denen Frantzosen in gemeinem Leben und Wandel
nachahmen solle? ein Collegium über des Gratians Grund-Reguln/ Vernünfftig/
klug und artig zu leben«. Nach den Ausgaben von 1687 und 1701 unter dem
Titel ›Von Nachahmung der Franzosen‹ hrsg. v. A. Sauer (Dt. Litt.denkm. des
18. u. 19. Jh.s, N. F. 1), Stuttgart 1894.

[83] Die Kritik beginnt schon beim Titel ›L'Homme de cour‹, der nach Thomasius'

Im Jahre 1698 erscheint (nach dem ›Oráculo manual‹, 1687) zum ersten Mal auch ›El Criticón‹ in deutschem Text[84]. Schon kurz darauf faßt Christian Gryphius, von diesem Versuch enttäuscht, den Plan einer eigenen Übersetzung[85]. Schon allein das Vorhaben verdient Aufmerksamkeit. Stellt man sich für einen Augenblick, im Gedankenexperiment, den Vater Gryphius als Gracián-Übersetzer vor, so werden noch einmal – wie bei dem Vergleich mit Lohenstein – die tiefgreifenden Veränderungen bewußt, die im Lauf einer einzigen Generation eingetreten sind[86]. Vor allem von Weise und Thomasius nachhaltig gefördert und auf ein neues, literarisch wie lebensphilosophisch anspruchsvolles Niveau gehoben, ist die ›politische‹ Bewegung während der drei letzten Jahrzehnte des 17. Jahrhunderts zu einem integralen Bestandteil des geistigen Lebens geworden.

Wie weit Christian Gryphius seinen Übersetzungsplan schließlich verwirklicht hat, ist nicht mehr festzustellen[87]. Das Motiv jedoch, das in ihm den Plan aufkommen ließ, hat er noch 1698 in einem Schulactus deutlich ausgesprochen. Es ist das gleiche wie bei Thomasius: Kritik am Unverstand vieler (sogar spanischer) Leser und an der Unfähigkeit der Übersetzer. Vor allem Amelot de la Houssaie nimmt er sich vor: »Keiner aber hat es schlimmer gemacht als der Frantzose in der vor einem Jahr herausgekommenen Übersetzung des ersten Theiles, in dem er nach der schönen Art seiner Herren Landes-Leute, was er nicht verstand, aussen gelassen, manchmal ganz wider des Autoris Meinung laufende Dinge hineingeflickt«[88]. Und wie zum Beweis, daß er selbst den Spanier verstanden habe, läßt er in dem darauf folgenden Actus den Chor ein Stück ›politischer‹ Lebenslehre verkünden:

»DJese Welt ist eine Bühne/
...
Wer das Spiel nicht lernt verstehen/
Muß mit eignem Blutt besprizt...

Auffassung (vgl. später auch Schopenhauer) viel zu eng gefaßt ist und die allgemeine Gültigkeit der Lebensphilosophie Graciáns verdeckt.

[84] Vgl. o. S. 143 Anm. 53.
[85] Borinski, a.a.O., S. 143f. berichtet darüber kurz.
[86] Sie zeigen sich nicht zuletzt in den Schulactus des Sohnes: »Seine Aufgabe sieht Christian Gryphius darin, die Mitmenschen zu ermahnen und zu einem besseren Verhältnis zum Zeitlichen zu erziehen« (D. Eggers, Die Bewertung deutscher Sprache und Literatur in den deutschen Schulactus von Christian Gryphius [Dt. Stud. 5], Meisenheim a. Glan 1967, S. 43).
[87] Im Nachlaß auf der Breslauer Stadtbibliothek hat Borinski keine Entwürfe oder Notizen finden können.
[88] Zitiert nach Borinski, a.a.O., S. 144 (aus dem Nachlaß).

...
SChicket euch recht in die Leute/
    Theilt das Spiel vernünftig ein/
Denn verseht ihr etwas heute/
    Dörft' es morgen schlimmer seyn.
Seyd nicht furchtsam/ nicht verwegen/
    Führt die Handlung mit Bedacht/
Und nehmt/ weil daran gelegen/
    Zeit und Ort sehr wohl in acht«[89].

2. Die Rhetoriken des 17. Jahrhunderts und das ›gemeine Leben‹

a. Äußeres ›aptum‹ und soziale Isolation

Im ersten Hauptteil des ›Orator‹ gibt Cicero, unmittelbar anknüpfend an die Definition des *eloquens*[1], eine kurze Darstellung der prinzipiellen Probleme, vor die der Redner immer von neuem durch die Realität der *vita* gestellt wird. Diese Skizze, zentriert um den Begriff des ›äußeren πρέπον‹ bzw. *aptum*[2], könnte als Motto über einer Sozialgeschichte der Rhetorik stehen[3], und es ist kaum Zufall, daß einzelne der Ciceronischen Kategorien sich eng mit der ›politischen‹ Konzeption eines Christian Gryphius oder Gracián berühren: »est eloquentiae sicut reliquarum rerum fundamentum sapientia. Ut enim in vita sic in oratione nihil est difficilius quam quid deceat videre. Πρέπον appellant hoc Graeci, nos dicamus sane decorum ... Est autem quid deceat oratori videndum non in sententiis solum sed etiam in verbis. Non enim omnis fortuna, non omnis honos, non omnis auctoritas, non omnis aetas nec vero locus aut tempus aut auditor omnis eodem aut verborum genere tractandus est aut sententiarum semperque in omni parte orationis ut vitae quid deceat est considerandum;

---

[89] Der Chortext (von Borinski nicht herangezogen) ist enthalten in: ›Poetische Wälder‹, Frankfurt u. Leipzig 1698, S. 773f. Die Zuordnung zu dem Actus, den Borinski zitiert, ergibt sich aus Gryphius' eigenen Angaben, a.a.O., S. 707ff.

[1] »Erit igitur eloquens ... is qui in foro causisque civilibus ita dicet, ut probet, ut delectet, ut flectat« (Orator 21,69).

[2] Lausberg § 1057.

[3] Sie wird wahrscheinlich noch auf lange Zeit hinaus ein Desiderat bleiben; Ansätze mit betont ›freiheitlicher‹ Orientierung (im Sinne des Taciteischen ›Dialogus‹) bei A. Damaschke, Geschichte der Redekunst. Eine erste Einführung, Jena 1921.

quod et in re de qua agitur positum est et in personis et eorum qui dicunt et eorum qui audiunt«[4].

Als das ›Schwierigste‹ in der Praxis des Redners bezeichnet es Cicero, sich jeweils an *tempus, locus, personae, auditores* u. dgl. anzupassen[5], ihnen gegenüber das πρέπον zu wahren; als ausschlaggebend für den Erfolg, ja für Tod und Leben des Menschen auf der Weltbühne bezeichnet es der ›Politiker‹ Christian Gryphius, »Zeit und Ort sehr wohl in acht« zu nehmen, sich »recht in die Leute« zu ›schicken‹ (man denke an Goethes Begriff des ›Schicklichen‹ als des künstlerischen ›aptum‹)[6]. Nichts ist so selbstverständlich – könnte man sagen – wie die Forderung, daß der Redner nicht zu jeder Gelegenheit und vor jedem Publikum in der gleichen Weise rede und daß auch die rhetorische Theorie diesem Axiom gerecht werde[7]. Solange sich Theorie und politisch-forensische Praxis (wie bei Cicero oder bei den Rhetoren der attischen Polis) in enger Wechselwirkung befinden[8], stellt sich hier wenigstens prinzipiell kein unüberwindliches Problem.

Aber das sind bekanntlich die selteneren Phasen in der Geschichte der Rhetorik. Spätestens mit dem Beginn der römischen Kaiserzeit, als die *ars bene dicendi* sich vom Forum in die Rhetorenschulen zurückzieht und den Kontakt zur *vita communis* mehr und mehr verliert[9], zeigt sich mit aller Schärfe, was es bedeutet, eine ehrwürdige, aus politischen Ursprüngen sich herleitende Tradition zu pflegen und weiterzuentwickeln. Spätere Epochen stehen, unter wechselnden Vor-

---

[4] Orator 21,70f.

[5] In der früheren Schrift ›De oratore‹ begegnen die gleichen Kategorien auf die *genera dicendi* bezogen (3,55,210): »perspicuum est, non omni causae nec auditori neque personae neque tempori congruere orationis unum genus«; zu den Differenzen zwischen ›Orator‹ und ›De oratore‹ in dieser Hinsicht vgl. J. Lücke, Beiträge zur Geschichte der genera dicendi und genera compositionis, Diss. Hamburg 1952, S. 87ff. Die Kategorie *persona* bezieht sich im übrigen nicht nur auf die Zuhörer, sondern auch auf den Redner selbst (Lausberg § 1057).

[6] Oben S. 17f.

[7] Ein Überblick über die Entwicklung des πρέπον-Begriffs von Platon bis ins 17. Jahrhundert (mit Schwergewicht auf dem ›inneren‹ Aspekt und der ethischen Bedeutung des Wortes) bei Fischer, S. 191ff. (dort auch die ältere Literatur).

[8] Dabei sind weder Personalunion von Theoretiker und Praktiker noch absolute Gleichzeitigkeit von Theorie und Praxis notwendig (eines der Hauptziele des ›Orator‹ ist bekanntlich die Rechtfertigung von Ciceros früherer rhetorischer Tätigkeit).

[9] Kurze Darstellung der Probleme bei Clarke, Die Rhetorik bei den Römern, S. 131ff. (mit weiteren Hinweisen).

aussetzungen, im Grunde immer wieder vor der gleichen Fragestellung; auch sie ist eine Konstante der ›rhetorischen Tradition‹.

Die Erforschung der rhetorischen Theorie des 17. Jahrhunderts
hat von diesem Kardinalproblem bisher fast völlig abstrahiert[10].
Theoreme und Systeme scheinen von Autor zu Autor, von Lehrbuch
zu Lehrbuch weitergegeben zu werden, ohne daß ein Zusammenhang
mit der historischen Gesamtentwicklung, mit den sozialen und politischen Veränderungen der Epoche erkennbar ist[11]. In der Tat bleiben zwei der wichtigsten Träger der rhetorischen Tradition, Gymnasium und Universität, das ganze Barockjahrhundert hindurch in einem eigentümlich starren Konservatismus befangen[12]. Das Latein als
absolut beherrschendes Medium der *eloquentia* sichert eine – auch
ständische – Exklusivität[13], innerhalb deren sich die rhetorische
Sprachpflege nahezu autonom entfalten kann.

Daraus folgt freilich keineswegs, daß der gesamte Komplex des
›äußeren *aptum*‹, von dem Cicero (ebenso wie etwa Aristoteles oder
Quintilian) gesprochen hatte, in der humanistischen Rhetoriktheorie
ausgeklammert blieb[14]. Die umfangreiche Pathoslehre beispielsweise,
die sich ja mit der affektiven Beeinflussung des jeweiligen Publikums
beschäftigt[15], ist regelmäßig in den Lehrbüchern enthalten[16]. Auch
die reich differenzierte Kasuistik der Rede-Anlässe gehört zum festen Pensum des rhetorischen Unterrichts im 17. Jahrhundert. Aber
das alles ließ sich so gut wie ausschließlich mit Hilfe antiker *exempla*

---

[10] Es scheint als Problem auch nicht einmal erkannt zu sein, selbst in der schon
genannten Monographie von Stötzer nicht (Deutsche Redekunst im 17. und 18.
Jahrhundert), die ja dezidiert ›sozial‹ ausgerichtet ist. Die von Stötzer mehrfach (bes. S. 59ff.) betonte Unterdrückung bzw. Nichtexistenz der Redefreiheit
im feudal-absolutistischen 17. Jahrhundert ist als Faktum bekannt und stellt
nur einen Teilaspekt des hier angesprochenen Problems dar.

[11] Dies mag zum Teil damit zusammenhängen, daß praktisch alle Autoren –
Stötzer ausgenommen – die Rhetoriktheorie nicht an und für sich, sondern
nur im Hinblick auf die Poetik untersuchen.

[12] Unten S. 244ff.

[13] Ironische Spiegelung dieser Exklusivität bei Goethe: »Der Schulmann, indem
er Lateinisch zu schreiben und zu sprechen versucht, kommt sich höher und
vornehmer vor, als er sich in seinem Alltagsleben dünken darf« (Maximen und
Reflexionen, Nr. 1029; Hamb. Ausg. 12, S. 511).

[14] Gerade weil die ›Klassiker‹ der antiken Rhetoriktheorie (nicht der Auctor ad
Herennium) auch das allgemeine Problem des ›äußeren *aptum*‹ eingehend behandelt hatten, mußte es in den humanistischen Kanon eingehen.

[15] Zur Tradition dieses Teils der Rhetoriktheorie eingehend Dockhorn, Die Rhetorik als Quelle des vorromantischen Irrationalismus ..., passim.

[16] Vgl. die im dritten Teil der vorliegenden Arbeit gegebenen Überblicke über die
Lehrbücher von Vossius, Soarez, Kaldenbach usw.

und *praecepta* bestreiten, im Unterricht selbst wie in der gelehrten
›Berufspraxis‹. Das literarische Leben des Humanismus mit seinen
typischen Anlässen, seiner Gelegenheitspoesie und seiner Gelegenheitsrhetorik[17], hatte sich ja gerade am Muster der Antike gebildet,
und je vollkommener das Vorbild imitiert wurde[18], desto stolzer war
das Bewußtsein der eigenen ›humanistischen‹ Fähigkeiten.

Zwar ist schon früh auch innerhalb des Humanismus selbst die
Warnung vor allzu sklavischer *imitatio* der Antike zu hören. So vertritt etwa der alternde Erasmus im ›Ciceronianus‹ (1527)[19] die Ansicht, von einem *apte dicere* könne man erst dann sprechen, »si sermo
noster personis et rebus praesentibus congruat«[20]. Doch richtet sich
diese Mahnung in erster Linie gegen den radikalen Ciceronianismus
sowie gegen paganistische Tendenzen[21], keineswegs etwa geht es Erasmus um ›Modernität‹ schlechthin oder gar um die Orientierung an
der politischen Realität seiner Zeit. Das gleiche gilt für die humanistische Rhetorik bis weit ins 17. Jahrhundert hinein. Das alte, seit
Aristoteles gültige Schema von gerichtlicher, beratender und epideik-
tischer Rede wird sorgfältig weitergegeben[22], und bei der Lektüre der
antiken Autoren leistet es seine guten Dienste. Selbst die Verschieden-
heiten der Staatsform werden berücksichtigt; in der weitverbreiteten
Schulrhetorik von Vossius[23] heißt es etwa: »Adhaec prudentis est oratoris, videre, utrum dicat in μοναρχία, sive unius principatu, an
ἀριστοκρατία sive optimatium imperio, an δημοκρατία, sive populi
potestate«[24]. Und es wird kurz erklärt, auf welche Machtverteilung
der Redner jeweils zu achten habe[25].

---

[17] Darüber (neben Jacob Burckhardts noch immer faszinierender Darstellung in
der ›Cultur der Renaissance‹) die materialreiche Arbeit von Trunz, Der deutsche Späthumanismus um 1600 als Standeskultur, in: Deutsche Barockforschung,
S. 147ff.

[18] G. Streckenbach, Stiltheorie und Rhetorik der Römer als Gegenstand der imitatio im Bereich des deutschen Humanismus, Diss. Berlin 1932.

[19] T. Zielinski, Cicero im Wandel der Jahrhunderte, Leipzig ³1912, S. 185f.

[20] ›Opera omnia‹, Bd. 1, Leiden 1703, S. 991 C.

[21] Huizinga, Europäischer Humanismus: Erasmus, S. 149ff.

[22] Es gehört zum Stoff der rhetorischen Lehrbücher und wird meist gleich zu Anfang als Teil der *inventio* abgehandelt. Melanchthons Einführung einer vierten
Gattung, des *genus didascalicum* (so bereits in ›De arte rhetorica libri tres‹,
1519), ist ein Sonderfall und hat sich jedenfalls in den Lehrbüchern nicht durchgesetzt.

[23] Unten S. 265ff.

[24] ›Rhetorice contracta‹, Leipzig 1660, S. 138 (bezeichnenderweise an die Affektenlehre angehängt).

[25] Die Erläuterung stellt praktisch einen knapp gefaßten Ausschnitt aus der po-

Doch hier zeigt sich vielleicht am deutlichsten die prinzipielle Isolierung der humanistisch-lateinischen Rhetoriktheorie von der politischen, sozialen Realität des 17. Jahrhunderts. Denn zum einen wird der lateinisch ausgebildete Gelehrte zeitlebens an ein absolutistisches Staatswesen gebunden bleiben[26]. Zum andern wird sich seine rednerische Praxis im wesentlichen auf die Fest- und Prunkrede beschränken[27], auf die autarkste, zeitloseste unter den drei klassischen Redegattungen[28]. Und sein Publikum wird – aus Gelehrten bestehen, aus Leuten jedenfalls, die Latein können und den gleichen Unterricht genossen haben wie er.

Der große, vor allem am Beispiel Ciceros studierte Bereich der politischen, ›beratenden‹ Rede entfällt[29], nicht nur weil Politik den Fürsten und dem Adel vorbehalten bleibt und weil dort *eloquentia latina* grundsätzlich nicht gefragt ist, sondern weil absolutistische Kabinettspolitik kein öffentliches *genus deliberativum* benötigt: wo »der Regent keine völlige Botmäßigkeit/ sondern das Volck etwas Freyheit und Macht zu sprechen gehabt/ da hat man es erst durch Vorhaltung vernünfftiger Ursachen zum Gehorsam bewegen müssen/ und also Reden und Vermahnungen bedürfft«; wo aber »ein einiger König/ Fürst oder Herr blosser Dinge zu befehlen gehabt/ der hat mit wenig Worten sagen können/ was er haben wolle/ ohne Noth/ daß er aufftreten und seinen Unterthanen viel zureden und vorstellen dörffen/ sie zum Gehorsam zu bewegen. Er hat nicht viel Worte mehr bedurfft/ als ein Hauptmann/ wann er seine Compagnie exerciret oder commandiret«[30].

---

litischen Theorie der Staatsformen dar (»In Monarchia Rex imperat. Ubi Orator spectat custodiam principis ...« usw.; ebda.).

[26] Die prinzipielle Möglichkeit, innerhalb des internationalen humanistischen Lateinreichs auch einmal mit anderen Staatsformen in Berührung zu kommen (etwa in England), ändert daran nichts.

[27] Die Beredsamkeit des Predigers und des Juristen wird noch zu erörtern sein; in beiden Fällen war das humanistische Bildungswesen für die rhetorische Schulung nicht unmittelbar zuständig.

[28] Die besondere Langlebigkeit des γένος ἐπιδεικτικόν, seine relative Unabhängigkeit gegenüber politischen Entwicklungen betont schon Curtius, S. 163ff. (vgl. auch S. 78).

[29] Dabei bildet die Lektüre Ciceronischer Reden, von der Unterstufe des Gymnasiums an bis zur Universität, gerade den konstantesten Teil des *exempla*-Kanons, im Griechischunterricht nur unwesentlich ergänzt durch ausgewählte Reden von Isokrates und Demosthenes (Übersichten bei Schindel, Demosthenes im 18. Jahrhundert, S. 30ff.).

[30] Seckendorff, ›Teutsche Reden‹, Leipzig 1686, S. 38 (aus dem »Discurs an statt einer Vorrede/ Von der Art/ Beschaffenheit und Nutzen der Reden/ welche bey sonderbarer Gelegenheit öffentlich gehalten werden müssen ...«, a.a.O., S. 29ff.).

Die historisierende Distanzierung, mit der hier der gelehrte Politiker und langjährige Kanzler Herzog Ernsts des Frommen, Seckendorff[31], über das Verhältnis von Staatsform und Beredsamkeit spricht, darf nicht darüber hinwegtäuschen, daß der zweite Teil des Zitats weithin auch für Seckendorffs Gegenwart gilt[32]. Seine eigenen Reden, in ihrer Verbindung von absoluter Treue zum Landesfürsten, staatstheoretischer Gelehrsamkeit und sprachlicher Souveränität ohnehin eine Seltenheit der Epoche, sind nur im allerweitesten Sinne als ›beratend‹ anzusprechen[33]; ihre Grundstruktur ist epideiktisch-bestätigend, ganz vereinzelt wird einmal die Absicht erkennbar, offensichtlich aufgetretene Spannungen zwischen dem Fürsten und den Landständen auszugleichen[34]. Doch alle diese epideiktischen Reden sind – das betont Seckendorff ausdrücklich, und man wird unwillkürlich an Bismarck erinnert[35] – »nicht nach der Kunst der Rhetoric abgefasset«, d. h. nicht nach den Regeln der humanistisch-traditionellen Schuldisziplin[36].

b. Die kanzlistische Tradition

Noch einmal, nun aus der Sicht des praktizierenden, gelehrten Politikers (von den ungelehrten Politikern gar nicht zu reden), wird die

---

Vgl. Jens, Von deutscher Rede, S. 18 (im Hinblick auf Gottscheds Analyse der gesellschaftlichen Misere): »wo Gewalt herrscht, braucht der Rhetor sich keine Mühe zu machen, die Hörer mit kunstreicher Suade auf seine Seite zu bringen; er kann es einfacher haben; der Säbel ersetzt das Argument und den Beweis«.

[31] Zur Biographie: E. Lotze, Veit Ludwig von Seckendorff, Diss. Erlangen 1911.

[32] Seckendorff selbst zog wenige Jahre nach dem Westfälischen Frieden die staatstheoretische Bilanz (›Teutscher Fürsten-Stat‹, zuerst Frankfurt 1655); sie behielt, umgearbeitet und erweitert, ihre Geltung bis weit ins 18. Jahrhundert hinein. Über das Zusammenspiel der einzelnen Verfassungsorgane vgl. F. Hartung, Deutsche Verfassungsgeschichte vom 15. Jahrhundert bis zur Gegenwart, Stuttgart 7 1959, S. 94ff. (mit ausführlichen Quellen- und Literaturhinweisen).

[33] Die beratende Funktion besteht wesentlich in dem wiederholten Appell zur Wahrung der konstitutionellen Harmonie durch konformes politisches Handeln; so bereits 1665 in der Antrittsrede vor Moritz von Sachsen (›Teutsche Reden‹, S. 281ff.) und noch 1685 in der großen Landtagsrede (a.a.O., S. 337ff.).

[34] Rede am Schluß des Landtags von 1678, a.a.O., S. 315ff. Sehr bezeichnend für die politische Funktion der ›Teutschen Reden‹ ist die Tatsache, daß Seckendorff einmal im Namen des Fürsten, einmal im Namen der Landstände spricht; er ist ›Repräsentant‹, Rollenträger.

[35] Vgl. Jens, Von deutscher Rede, S. 25.

[36] ›Teutsche Reden‹, S. 43; ähnlich a.a.O., S. 61: »vielweniger habe ich mich an die Schul-Reguln gebunden/ ob sie mir gleich bey gar zarter Jugend beybracht worden/ denn ich habe im eilfften Jahre meines Alters schon angefangen/ Lateinische Oratiunculas per omnia genera zu componiren/ und memoriter zu

Isolation der antik-humanistisch orientierten Rhetoriken vom ›gemeinen Leben‹ klar erkennbar. Doch sie sind nicht die einzigen Träger der antiken Tradition. Einen zweiten, eigenständigen Bereich, in dem die antike Rhetorik weiterwirkt, bilden die *artes dictaminis*[37]. Sie jedoch haben seit ihrer mittelalterlichen Hochblüte[38] den Kontakt zur *vita communis* nie verloren; denn nur als Instrumentaldisziplinen der täglichen Praxis – sei sie privater oder auch offizieller politischer Art – besaßen sie überhaupt eine Daseinsberechtigung. In der Arbeit der Kanzlisten konnte auch das juristische Erbe der antiken Rhetorik[39] virulent werden. Jahrhundertelang waren Rhetorik und Jurisprudenz untrennbar miteinander verbunden, bis zur Austauschbarkeit[40]. Den *artes dictaminis* oblag die Umsetzung der politischen, juristischen, ständischen Realität in die Sprache[41].

»Anders schreibt man an einen Fürsten/ anders an einem Edelmann/ anders an einen Burger/ und wieder anders an einen Bauren«, dies ist, mit den Worten Harsdörffers im ›Teutschen Secretarius‹ (1655)[42], die Grundvoraussetzung aller Briefsteller der Antike[43]. Die

---

recitiren ... Wer also meine Reden nach den legibus Rhetoricis examiniren wolte/ der würde vergebliche Arbeit haben/ oder Defecten genug zu verzeichnen finden«. Wie weit dies tatsächlich zutrifft, ob sein Redestil nicht doch ›gelehrter‹ ist, als Seckendorff wahrhaben möchte, wäre nur durch eingehende Analyse zu klären. Die Tendenz aber ist deutlich: Absetzung von der ›pedantischen‹ Schuloratorie.

[37] Aus diesem großen, noch sehr ungleichmäßig bearbeiteten Komplex kann im folgenden nur das Notwendigste, für die Situation des 17. Jahrhunderts Wesentliche hervorgehoben werden.

[38] L. Rockinger, Briefsteller und formelbücher des eilften bis vierzehnten jahrhunderts, 2 Abtlg.en (Quellen z. bayr. u. dt. Gesch. 9), München 1863/64 (Nachdr. New York 1961); A. Bütow, Die Entwicklung der mittelalterlichen Briefsteller bis zur Mitte des 12. Jahrhunderts, mit besonderer Berücksichtigung der Theorien der ars dictandi, Diss. Greifswald 1908; C. S. Baldwin, Medieval rhetoric and poetic (to 1400), New York 1928 (Nachdr. Gloucester/Mass. 1959), S. 208ff.; C. H. Haskins, Studies in medieval culture, New York 1929, S. 170ff.

[39] Für den römischen Bereich grundlegend J. Stroux, Römische Rechtswissenschaft und Rhetorik, Potsdam 1949.

[40] Für Mittelalter und frühe Neuzeit fehlen dazu fast alle Vorarbeiten.

[41] Diesen Aspekt der Briefsteller-Tradition illustriert (mit Beispielen auch aus der Gegenwart) D. Brüggemann, Vom Herzen direkt in die Feder. Die Deutschen in ihren Briefstellern (dtv. 503), München 1968.

[42] ›Der Teutsche Secretarius‹, Nürnberg 1656, Teil 3, S. 76. J. B. Neveux, Un ›Parfait secrétaire‹ du XVIIe siècle: ›Der Teutsche Secretarius‹ (1655), EG 19, 1964, S. 511ff. hebt freilich hervor (bes. S. 520), daß Harsdörffer nicht als Autor des ›Secretarius‹ gesichert ist.

[43] Es gilt mutatis mutandis; die sorgfältige Berücksichtigung der Sozialordnung gehört zum Kernstück bereits der griechischen Briefsteller: H. Rabe, Aus Rhetoren-Handschriften. 9. Griechische Briefsteller, Rhein. Mus. f. Philol., N. F.

für den Redner oft so schwierige Aufgabe (vgl. das Zitat aus dem
›Orator‹), einem vielschichtigen oder gar heterogenen Publikum gerecht zu werden, reduziert sich für den Kanzlisten oder Briefschreiber
im allgemeinen auf einen einzigen Adressaten. Um so strenger freilich gilt ihm gegenüber das Gesetz des *apte dicere*[44], am deutlichsten
sichtbar in den Titulaturen[45]. Mögen die Dispositionsschemata und
die Techniken des ›Florierens‹ sich über lange Perioden hin gleich
bleiben[46], jede Veränderung in der konstitutionellen Ordnung oder
in der sozialen Stufenfolge muß sorgfältig registriert und sprachlich
realisiert werden.

So ist es auch selbstverständlich, daß mit dem Vordringen des
Deutschen in der offiziellen Urkundensprache – seit dem 13. Jahrhundert[47] – die *artes dictaminis* ebenfalls nach und nach eingedeutscht
werden[48] (bekanntlich bildet die Prager Kanzlei eines der wichtigsten
Zentren frühneuhochdeutscher rhetorisierter Prosa)[49]. Im 17. Jahrhundert war man sich dieser im Zeichen der *artes dictaminis* und der
Jurisprudenz stehenden Anfänge deutscher Kunstprosa durchaus bewußt, wobei es von sekundärer Bedeutung ist, daß man statt Friedrichs II oder Ludwigs des Bayern gern Rudolf von Habsburg an den
Anfang stellte. In der Zeit »des dreyzehenden Seculi«, so lautet die
communis opinio, sei »die Teutsche Sprache schon so reich an Worten
und Redens-Arten gewesen/ daß man angefangen allerley Briefe und
Contracten darinnen zu schreiben/ biß endlich/ wie man meynt/
durch öffentliche Reichs-Satzungen bey Käyser Rudolffs des Ersten
Zeiten das Latein in Cantzeleyen und bey Contracten gar abge-
schafft worden«[50].

64, 1909, S. 284ff.; A. Brinkmann, Der älteste Briefsteller, Rhein. Mus. f. Philol.,
N. F. 64, 1909, S. 310ff.
[44] Fischer, S. 211f.
[45] Sie sind vor allem bei der *salutatio* und bei der *subscriptio* zu beachten, können freilich auch in den Text selbst eingestreut werden (dazu gibt es mitunter
gesonderte Regeln).
[46] Reiches Beispielmaterial bei Arbusow, Colores rhetorici.
[47] Näheres (mit umfangreichen Literaturangaben) verzeichnet A. Bach, Geschichte
der deutschen Sprache, Heidelberg ⁸1965, S. 172ff. u. 222f.
[48] Hierzu jetzt die grundlegende Arbeit von R. M. G. Nickisch, Die Stilprinzipien
in den deutschen Briefstellern des 17. und 18. Jahrhunderts (Palaestra. 254),
Göttingen 1969, S. 17ff.
[49] Die vor allem mit dem Namen Konrad Burdachs verbundene Forschung über
diesen wichtigen Komplex findet sich bei Bach, a.a.O., S. 246ff. (auch zur Frage
der Rhetorik im ›Ackermann von Böhmen‹).
[50] Seckendorff, ›Teutsche Reden‹, S. 40f. (besonders wichtig auch der Hinweis
auf die vorbereitende Rolle der geistlichen Beredsamkeit, a.a.O., S. 40).

Das entscheidende Resultat dieser Entwicklung besteht darin, daß die erste deutschsprachige Rhetoriktheorie aus den *artes dictaminis* hervorgeht[51]. Der antik-mittelalterlichen Tradition folgend, sind die seit dem Ende des 15. Jahrhunderts erscheinenden deutschen Briefsteller und Kanzleibücher in einen theoretischen und einen praktischen (aus Mustern zusammengestellten) Teil gegliedert. Dem entspricht die übliche Titelgebung ›Rhetorik und Formulare‹[52], ein Brauch, den Johann Rudolph Sattler bis weit ins 17. Jahrhundert fortführt[53].

Die Beziehungen zwischen deutschsprachig-kanzlistischer und lateinisch-humanistischer Rhetoriktheorie sind nicht mit wenigen Worten zu umschreiben[54]. Jedenfalls sicherte die Abfassung lateinischer Epistolarien auf antiker Basis (Erasmus machte 1522 den Anfang)[55] dem Humanismus auch im Bereich der *ars epistolandi* seine Autonomie[56]. Sie beweist sich nicht zuletzt darin, daß noch während des ge-

---

[51] P. Joachimsohn, Aus der Vorgeschichte des ›Formulare und Deutsch Rhetorica‹, ZfdA 37, 1893, S. 24ff. Ein nützliches chronologisches Verzeichnis der deutschsprachigen Rhetoriken seit 1484 gab — wohl als erster — Gottsched, ›Versuch einer deutschen Redner-Bibliothek‹, in: ›Akademische Redekunst‹, Leipzig 1759, S. 16ff. (die meisten Titel in Gottscheds eigenem Besitz).

[52] So z. B. bei Heinrich Geßler (1493), Alexander Hugen (1528), den anonymen Kompendien ›Rhetoric vnd Teutsch Formular‹ (1537) und ›Notariat vnd Rhetoric Teutsch‹ (1544), Ludwig Fruck (1530), dem anonymen ›Notariat vnnd Teutsche Rhetoric‹ (1571), Abraham Saur (1588); dagegen wählt Johann Peter Zwengel ›Teutsche Rhetoric‹ als Haupttitel (1588) und gibt erst im Untertitel die Spezifikation ›FormularCantzley und Notariatbuch‹. Den besten Überblick (mit genauer Titelaufnahme) geben Fischer, S. 280ff. und Nickisch, a.a.O., S. 248ff.

[53] Noch 1640 erscheint in Basel seine ›Teutsche Rhetorick vnd Epistelbüchlein‹ (dazu Stötzer, Deutsche Redekunst ..., S. 66), um die Mitte der 50er Jahre dann endgültig abgelöst durch die neuen Briefsteller von der Art des Harsdörfferschen ›Secretarius‹.

[54] Das wichtigste Faktum dürfte der Einfluß des Frühhumanismus auf Theorie und Praxis der Kanzlisten in Prag, Schwaben und am Oberrhein sein. Eine umfassende Darstellung der Zusammenhänge gibt jetzt H. O. Burger, Renaissance, Humanismus, Reformation. Deutsche Literatur im europäischen Kontext (Frankf. Beitr. z. Germanistik. 7), Bad Homburg v. d. H. usw. 1969, bes. S. 246ff.

[55] Eine erste Fassung von ›De conscribendis epistolis‹ (›Opera omnia‹, Bd. 1, Leiden 1703, Sp. 341ff.) reicht bis in die Zeit vor 1500 zurück (Huizinga, Europäischer Humanismus: Erasmus, S. 87f.). Auf Erasmus folgen Vives (1537; vgl. o. S. 128f.), Verepaeus (1571), Erythraeus (1576), Lipsius (1591) und Junius (1592). Allein das Handbuch des Verepaeus wurde im 16. Jahrhundert mehr als 15mal aufgelegt, vgl. Trunz, Der deutsche Späthumanismus ..., in: Deutsche Barockforschung, S. 180.

[56] Zu Lipsius' Versuch, den klassizistisch-oratorischen Ton zu dämpfen und das gesprächshafte Element wieder stärker hervorzuheben, vgl. jetzt E. C. Dunn, Lipsius and the art of letter-writing, Studies in the Renaiss. 3, 1956, S. 145ff.

samten 17. Jahrhunderts die Brieflehre des Erasmus für Theorie und Praxis der Humanisten maßgeblich bleibt[57].

c. Muttersprachliche Rhetoriktheorie

Auf der anderen Seite kann von einer eigenständigen, das ganze Gebiet der *eloquentia* umfassenden deutschen Rhetoriktheorie noch keine Rede sein. Es fehlte vor allem der Impuls der politischen Beredsamkeit, der in England schon früh die Ausbildung einer muttersprachlichen Theorie vorantrieb (etwa bei Cox, Wylson oder Sherry). So notwendig und geschichtlich bedeutsam die Vorstöße eines Niclas von Wyle[58] und Friedrich Riederer[59] im letzten Drittel des 15. Jahrhunderts auch waren, sie hatten zunächst nur die Aufgabe, das antikhumanistische Rhetoriksystem zu ›übersetzen‹, ›einzudeutschen‹, und zwar ohne Rücksicht darauf, ob das Resultat »dem gemainen ... man unverstentlich« sein würde[60]. Selbst der Versuch Kaspar Goldtwurms (1545)[61], das aus Cicero, Quintilian und Erasmus abstrahierte Rhetoriksystem durch muttersprachliche *exempla* (häufig aus der Luther-Bibel) von innen her aufzufüllen und dabei nach Möglichkeit die Eigenarten des Deutschen sichtbar werden zu lassen, blieb zunächst ohne Nachfolge und wurde bald vergessen[62]. In der Theorie jedenfalls war der Graben zwischen Humanismus und Muttersprache noch zu tief (daß in der Praxis rhetorische Techniken längst souverän gehandhabt wurden, hat Ulrich Gaier am Beispiel des ›Narrenschiffs‹ von Sebastian Brant gezeigt)[63]. Der Impuls zum entscheidenden Durchbruch kommt, wie es scheint, von Poesie und Poetik.

»ES ist numehr durch alle Länder der Teutschen bekant .../ wel-

---

[57] So noch bei Morhofs ›De ratione conscribendarum epistolarum‹, Lübeck 1694. Vgl. auch ›Polyhistor‹, Lübeck ³1732, S. 270ff.

[58] ›Transzlatzion oder Tütschungen‹, unter dem Titel ›Translationen von Niclas von Wyle‹, hrsg. v. A. v. Keller (BLVS. 57), Stuttgart 1861.

[59] ›Spiegel der waren Rhetoric. vß M. Tulio C. vnd andern getütscht‹, Freiburg i. B. 1493; die Gliederung ist – mit Ausschluß des Formularbuchs – abgedruckt bei Hildebrandt-Günther, S. 143ff. (zur Frage, ob Riederer bereits auf Wyle zurückgreift: a.a.O., S. 128 Anm. 39). Kayser, Die Klangmalerei bei Harsdörffer, S. 107: »die erste vollständige deutsche Rhetorik« (im 16. Jahrhundert sechs weitere Auflagen).

[60] Niclas von Wyle, a.a.O., S. 7.

[61] ›Schemata Rhetorica, Teutsch‹, (Marburg 1545).

[62] Vgl. Fischer, S. 145.

[63] Außer der schon genannten Habilitationsschrift (Studien zu Sebastian Brants Narrenschiff, 1966) vgl. dens., Rhetorische Form in Sebastian Brants ›Narrenschiff‹, DVjs 40, 1966, S. 538ff.

cher Gestalt die liebliche und löbliche Poeterey in unserer angebornen Muttersprache/ durch Beförderung weitberümter und Edler Männer jhre holdseelige Zunge angestimmet/ und die bißhero unbewuste Zierlichkeit mit Verwunderung der Gelehrten/ und Bestürtzung der Jdioten offenbaret hat«. Mit diesen Worten beginnt Meyfart die Vorrede zu seiner 1634 erschienenen ›Teutschen Rhetorica‹[84]. Genau ein Jahrzehnt zuvor hatte Opitz die ›Stiftungsurkunde‹ der barocken Kunstdichtung geschaffen; mittlerweile war das Fehlen eines analogen Lehrbuchs auf dem Gebiet der Rhetorik evident geworden[85], und so wird das Vorbild Opitz bei Meyfart auch immer wieder deutlich erkennbar[66].

Daß ausgerechnet ein Geistlicher den Versuch unternimmt (der dann auf Jahrzehnte hinaus maßgebend bleibt)[67], ist kein Zufall. Schon Goldtwurm hatte – selbst ein Geistlicher – seine deutschen ›Schemata Rhetorica‹ mit dem ausdrücklichen Hinweis angepriesen, sie könnten »allen Predicanten ... nützlich vnd hoch von nöten sein«[68]. Auch der geistlichen Beredsamkeit – als dem dritten wichtigen Zweig antiker rhetorischer Tradition[69] – fehlte noch immer eine muttersprachliche Theorie, obwohl die Praxis bereits große Prediger hervorgebracht hatte, die mitten im ›gemeinen Leben‹ standen, wie etwa Berthold von Regensburg oder Luther[70]. Die homiletische Theorie sollte noch bis zum Beginn des 18. Jahrhunderts lateinisch bleiben[71]. Aber auch von einer deutschen ›Rhetorica‹ kann die Predigt

---

[64] Zitiert wird hier und im folgenden nach der Ausgabe Frankfurt a. M. 1653 (das bereits gegebene Zitat: S. 1). Vorausgegangen war ein lateinisches Florilegium unter dem Titel ›Melleficium oratorium‹, 2 Bde., Leipzig 1628/33.

[65] Vgl. die nachträgliche Vorrede des Verlegers Georg Müller zur Ausgabe von 1653 (fol. a II*ff.).

[66] Dazu vor allem O. Harnack, Opitz und Meyfart, Arch. f. d. Studium d. neueren Sprachen u. Literaturen 123 (N. F. 23), 1909, S. 151ff.

[67] In späteren Rhetoriken und besonders Poetiken wird bei der Figuren- und Tropenlehre immer wieder auf Meyfart verwiesen (z. T. sogar als Begründung dafür, daß dieses Stoffgebiet ausgeklammert wird).

[68] Text des Titelblatts.

[69] Ausführliche Literaturangaben zu den mittelalterlichen *artes praedicandi* bei Fischer, S. 16. Wichtigster Vermittler der Tradition auch für das 17. Jahrhundert wurde Melanchthon, dazu U. Schnell, Die homiletische Theorie Philipp Melanchthons, Diss. Rostock 1965. Vgl. auch die oben S. 82 gegebenen Hinweise zur Predigt des 17. Jahrhunderts.

[70] Den besten neueren Überblick vermittelt I. Weithase, Zur Geschichte der gesprochenen deutschen Sprache, 2 Bde., Tübingen 1961.

[71] »Eine deutsche Homiletik gibt es, so viel ich sehe, erst mit Chr. E. Simonetti, ›Vernünftige Anleitung zur geistlichen Beredsamkeit‹. Göttingen 1712« (Fischer, S. 16 Anm. 36). Die ›Eindeutschung‹ der einzelnen Zweige der rhetorischen

profitieren, so meint Meyfart, sie kann an kunstmäßiger ›Wol-Reden-heit‹ gewinnen, und diese »stehet sehr wol an den Bischofen und Pre-digern« (Thema eines ganzen Kapitels)[72].

Meyfarts Intentionen gehen allerdings noch wesentlich weiter. »Wenn es durch die Vnmügligkeit geschehen könte/ were zuwün-schen/ daß ich [sic!] den Auditorn der Academien und Gymnasien/ in den Choren der Kirchen und Capellen/ in den Pallästen der Mo-narchen und Potentaten/ in den Sälen der Cantzleyen und Rathäuser auffzöge die Wöl-Redenheit«[73]. Und der politischen Gegenwartssi-tuation sucht Meyfart dadurch gerecht zu werden, daß er das ganze zweite Kapitel dem Nachweis widmet, »Wie nützlich vnd herrlich die Wol-Redenheit in dem Kriegswesen sey«[74].

Hier scheint also endlich die unselige Esoterik der humanistischen Konzeption durchbrochen, eine deutschsprachige Rhetorik als un-verzichtbares Element des sozialen, politischen Lebens postuliert. Die Analyse der Realität freilich fällt kaum anders aus als bei Seckendorff: »die Fürsten samt den Edlen sitzen und schweigen wie die Götzen/ die Gelehrten samt den Schreibern stehen und reden wie die Menschen«[75]. Das ganze traditionell-topische Arsenal, das Meyfart zum Beweis von Macht und Größe der Eloquenz aufbietet[76], ändert an dieser Realität wenig. Denn Meyfart bietet nur eine – in ihrer Art verdienstvolle – Stillehre[77], ohne daß ein Weg aufgezeigt würde, der auch bisher Uninteressierte an die ›Wol-Redenheit‹ heranführen könnte[78].

Theorie vollzieht sich also in folgender Reihenfolge: *ars dictaminis, ars rhetori-ca, (ars poetica), ars praedicandi.*

[72] Kapitel 3, ›Teutsche Rhetorica‹, S. 26ff. Wie bei Goldtwurm ist auch im Titel bereits der ›geistliche‹ Nutzen angekündigt.

[73] A.a.O., S. 6f. (statt »ich« muß es offensichtlich heißen: ›in‹).

[74] A.a.O., S. 10ff. Seltsam mißverstanden von Stötzer, Deutsche Redekunst …, S. 68: »Mit der Macht der Rede dem Frieden dienen, das ist der Sinn dieses Kapitels«.

[75] ›Teutsche Rhetorica‹, S. 28. Eines der wenigen von Meyfart beigezogenen Bei-spiele aus der aktuellen Politik (S. 31) soll zeigen, wie angenehm ein Monarch überrascht ist, wenn ihm eine Botschaft »in teutscher Wol-Redenheit« überbracht wird.

[76] Die Selbstgenügsamkeit dieses ›Argumentationssystems‹ zeigt sich am deutlich-sten in der *descriptio* der Wolredenheit als geschmückter Jungfrau nach bib-lischem Vorbild (a.a.O., S. 7ff.). Der Verleger Müller stößt übrigens bei seiner später eingefügten Vorrede in das gleiche Horn.

[77] Klar formuliert S. 57: »In jetzigem Wercke wollen wir zu der Teutschen Wol-Redenheit den Grund legen/ und allein die RedeKunst/ (welche vor sich nur ein Teil ist/ das zu der gantzen WolRedenheit dienet) erklären«.

[78] Die Fehldeutung des Meyfartschen Kompendiums bei Stötzer (»Nach antikem

Die Diskrepanz zwischen rhetorischem Allmachtsanspruch und
›gemeinem Leben‹ mußte dadurch nur noch offensichtlicher werden.
Der humanistische *eloquentia*-Betrieb jedoch stellte sich dieser Wirklichkeit nicht, sondern war sorgfältig auf seine Autonomie bedacht.
Kein Autor hat diesen Zustand – aus bester Sachkenntnis heraus –
so unbarmherzig bloßgestellt wie der Marburger Rhetorikprofessor
Schupp in seiner satirischen Rede ›Ineptus orator‹. Die Rede erschien
1638 als Einzeldruck und war offenbar so vielen aus der Seele gesprochen, daß bereits 1642 eine dritte Auflage nötig wurde[79]; Balthasar Kindermann hat den Text später (1660) ins Deutsche übersetzt
und dadurch noch weiteren Kreisen zugänglich gemacht[80].

Den Hauptinhalt der Rede bilden die satirisch-positive Darstellung rhetorischer Entartungserscheinungen (wie etwa der überquel-
lenden Metaphorik, des gespreizten Ausdrucks oder der Sachferne)[81]
und ihre Verteidigung mit Hilfe einer Reihe numerierter Argumen-
te[82]. Die Rede ist geschrieben, so betont Schupp, »damit ich entweder
möchte wiederlegt werden/ oder die studierende Jugend zur Wolredenheit auffmuntern/ welche heutiger Zeit hin und wieder gelobet
wird/ aber doch sehr feyeren muß«[83]. Das ist nicht zuletzt gegen
Meyfarts Lobeshymnen gerichtet, die mehr an einem topischen
Wunschdenken als an der Wirklichkeit orientiert waren. Dementsprechend ist Schupps Analyse der Ausgangslage um so schärfer: »In
Schulen sind wir die allerberühmtesten Redner/ kommen wir aber

---

Vorbild wollte Meyfart ein deutsches Redelehrbuch schaffen«, Deutsche Redekunst …, S. 67) korrigierte bereits Dyck, S. 19. Vgl. auch Kayser, Die Klangmalerei bei Harsdörffer, S. 109.

[79] Schupp nahm die Rede dann auch in das ›Volumen orationum solemnium et
panegyricarum‹ auf (Giessen 1658), wo sie mit anderen zeitkritischen Analysen
zusammensteht.

[80] Angebunden an Kindermanns ›Deutschen Redner‹, Wittenberg 1660 unter dem
Titel: »Der Ungeschickte Redner/ mit Einwilligung seines Meisters übersetzt«.
Nach dieser Übersetzung (³1665) wird hier zitiert.

[81] »Deine Rede sey allezeit Metaphorisch« (fol. a VIIᵃ); erhebe dich über das
Volk, »so kanst du allezeit die Kunst-Wörter und Erfindungen der Poeten/ und
andere aufgeblasene Worte … mit untermischen« (fol. a VIIIᵇ) usw. Zu
Schupps Bedeutung für die Kritik an der barocken Bildlichkeit vgl. Windfuhr,
S. 353ff.

[82] Fol. b IIᵃff. (7 Punkte).

[83] Fol. c VIIᵃ. Hier ist die protreptische Absicht des Rhetorikprofessors beson-
ders klar ausgesprochen. Freilich fühlte sich Schupp dabei »völlig als Stimme des
Predigers in der Wüste« (Wechsler, Johann Christoph Gottscheds Rhetorik,
S. 93).

auffs Rath-Hauß/ oder in die Kirche/ so verursachen wir entweder ein Gelächter oder ein Mitleiden«[84].

Einen Alternativentwurf freilich bietet Schupp in dieser Rede nicht[85], doch scheint durch sie immerhin das allgemeine Bewußtsein von der Notwendigkeit einer Reform gestärkt worden zu sein[86]. Evident ist dies bei Daniel Richter, der im Jahre 1660 seinen ›Thesaurus oratorius novus‹ veröffentlicht[87] und sich darin mehrfach zu Schupp als seinem Vorbild bekennt[88]. Was er von Meyfarts Lob der Beredsamkeit denkt, sagt der erste Satz der Vorrede unmißverständlich: »ICh halte darfür/ daß es gar unnöhtig/ mit vielen Worten darzuthun/ wie vortrefflich und nutzlich/ sowol zu Friedens- als Kriegeszeiten/ die Beredtsamkeit seye/ und wie sie fast alles/ was sie nur wolle/ bey den Menschen/ insonderheit bey dem gemeinen Mann/ thun könne«[89]. Statt der sklavischen Repetition antiker Beispiele solle man lieber die gegenwärtigen Bedingungen der Beredsamkeit analysieren, da »dieselbe/ wie andere Sachen/ auch nach den Seculis und Umbständen sich richten und in etwas ändern muß. Wir leben alle meist jetzo unter einem Monarchico statu, also wird die Art zu reden/ so Demosthenes und Cicero meistentheils zu dem gemeinen Volck in statu Democratico, oder Aristocratico gethan/ uns nicht bequem fallen«[90].

Die Synopse von Staatsverfassung und Beredsamkeit ist zwar im Prinzip nicht neu[91], aber eine wesentliche Konsequenz hatte man bis-

---

[84] Das Thema mußte natürlich die Satiriker besonders reizen, vgl. etwa Johann Lauremberg, ›Veer Schertz Gedichte‹, o. O. 1652, S. 66 (es spricht ein humanistisch-rhetorisch Gebildeter):
»Wat ick nu noch kan/ werd my weinig nütte/
Ick kan wedder Speck darvor köpen noch Grütte«.
[85] »Ich will unsere Redner beschreiben/ nicht wie sie sollen beschaffen seyn/ sondern wie sie itzund sind« (›Der Ungeschickte Redner‹, fol. a IIIIb).
[86] Auch in einzelnen schulkritischen Schriften der Zeit wird der Aspekt des ›gemeinen Nutzens‹ immer häufiger hervorgehoben, so in der ›Encyclopaedia scholastica‹, Nürnberg 1665: es werde viel zu viel an Grammatik, Dialektik und Rhetorik getrieben, doch sollten alle Stände von der Schule profitieren – »darum alle Lehr auf den Brauch/ zum gemeinen Besten/ gerichtet werden muß« (MGPaed. 42, S. 513).
[87] Auf Richters Rhetorik hat als erster Dyck, S. 31f. hingewiesen (»Ich werde an anderer Stelle eine eingehende Würdigung geben«, a.a.O., S. 31 Anm. 2).
[88] ›Thesaurus oratorius novus‹, Nürnberg 1660, bes. S. 6, 13, 15f., 203 und passim.
[89] A.a.O., fol. A IIa.
[90] A.a.O., fol. A IIaf. Selbst für die Dramentheorie ist der Unterschied nach Richters Ansicht von Bedeutung; vgl. a.a.O., S. 209f. (mit dem hier ausgeschriebenen Zitat z. T. wörtlich übereinstimmend).
[91] Vgl. das bereits angeführte Beispiel aus der Schulrhetorik des Vossius.

her nicht gezogen. Richter hingegen leitet sogar fundamentale Stil-unterschiede daraus ab: daß nämlich »dem gemeinen Volck alles gar weitläufftig und deutlich; hergegen aber hohen Standspersonen/ Räh-ten und Bedienten jetziger Zeit alles viel nervoser und kürtzer vorge-bracht werden muß«[92]. Hinter dieser Forderung stehen ganz offen-sichtlich die neuen, meist unter die Begriffe *argutia* oder *brevitas* sub-sumierten Tendenzen des ›politischen‹ Hofstils, der seit einem Jahr-zehnt auch in Deutschland Fuß gefaßt hatte[93].

Daß dieses aufmerksame Beobachten der ›vita communis‹ nicht die einzige Leistung des Richterschen Rhetoriklehrbuchs ist, zeigt ein Vergleich mit Meyfart. Der auffälligste Unterschied besteht darin, daß Richter nicht nur die Stillehre[94], sondern das gesamte Pensum der humanistischen Rhetoriken einschließlich der *actio* und *pronuntiatio* bietet[95]. Erst dadurch wird es zu einem wirklichen Redelehrbuch, mit zahlreichen (z. T. auf Schupp zurückgehenden)[96] methodischen Ver-besserungen, mit Hervorhebung der Realien[97] und nicht zuletzt: mit programmatischem Hinweis auf deutsche *exempla*[98].

Ausgedruckt sind sie nicht. Da jedoch gerade auf diesem Gebiet der gelehrte Unterricht keine Hilfestellung leistete[99], bedeutete der ebenfalls 1660 publizierte ›Deutsche Redner‹ von Balthasar Kinder-mann eine willkommene Ergänzung[100]. Denn die *exempla*, übersicht-lich nach Rede-Anlässen geordnet, stellen den weitaus größten Teil

---

[92] ›Thesaurus oratorius novus‹, fol. A III[a].
[93] Oben S. 139, unten S. 369ff. Die beiläufige Unterscheidung eines »kurtzen oder langen Styli« (a.a.O., S. 109) deutet in ähnliche Richtung.
[94] Ihre Traditionsgebundenheit hebt Fischer, S. 161 hervor.
[95] Er fügt sogar noch einen ganzen Komplex von Sonderformen an (S. 189ff.), die überlicherweise nicht zum Stoff der Rhetoriken gehören, wie ›Gebet‹, ›Soli-loquium‹, ›Gesang‹, ›Auffzug‹, ›Roman‹, ›Historia‹, und vor allem einen län-geren Abschnitt über ›Lust- und Trauerspiele‹ (S. 208ff.).
[96] Besonders in Kapitel 7 (›Von denen Zubereitungen und Vbungen/ so ad Elo-cutionem dienen‹, S. 30ff.).
[97] A.a.O., S. 22ff.
[98] Zwar ist Richters »Vorhaben sowol auf die teutsche als lateinische Beredtsam-keit gerichtet« (a.a.O., S. 8), aber die Muttersprache muß intensiver geübt wer-den, weil »ein Teutscher viel öffter in derselben etwas vorzubringen hat/ als in der lateinischen/ oder in andern Sprachen« (ebda.). Den Theologen wird natür-lich vor allem Luther anempfohlen, während »ein Jurist und Politicus ... die Reichs-Abschiede und Acta politica« studieren soll (a.a.O., S. 9).
[99] Die lateinischen Rhetoriker standen, was die *exempla* angeht, vor einer prinzi-piell anderen Situation. Niemand brauchte z. B. Cicero-Reden in größerem Um-fang abzudrucken, die Texte waren überall zugänglich.
[100] Hier zugrundegelegt die 3. Auflage, Wittenberg 1665.

des umfangreichen Bandes dar (über 700 Seiten)[101], während der reinen Theorie – die im Vergleich zu Richter von geringer Bedeutung ist – nur wenig Platz eingeräumt wird[102]. Die Vielfalt der dargebotenen Beispiele zeigt nun auch, wie weitgehend sich neben der Predigt mittlerweile die deutschsprachige Gelegenheitsrhetorik etabliert hat[103], wobei den Sprachgesellschaften ein wesentliches Verdienst zufallen dürfte[104]. Freilich, Topoi, Dispositionsschemata und Stilebenen dieser Reden zu Taufe, Verlobung, Hochzeit, Begräbnis, Empfang, Abschied usw. sind bis ins einzelne hinein durch das humanistische Vorbild bestimmt[105]. Ähnliches zeigt sich um die Jahrhundertmitte in einzelnen Briefstellern und deren immer umfangreicher werdenden theoretischen Partien, etwa in Harsdörffers ›Teutschem Secretarius‹[106].

Im höfisch-politischen Bereich jedoch hat sich ein rhetorisches Zeremoniell herausgebildet, das der humanistischen Tradition gegenüber deutlich ein Eigenrecht beansprucht. Dies wird schon daran erkennbar, daß neben den allgemeinen, sämtliche Stände umfassenden Briefstellern auch solche Handbücher erscheinen, die speziell ›politischen‹ Aufgaben und ›politischen‹ Stiltendenzen gewidmet sind, so Christoph Lehmanns ›Florilegium Politicum‹ (1639) oder Martin Zeillers ›606 Episteln oder Send-Schreiben Von allerhand Politischen Sachen‹ (²1656/57)[107]. Auf dem Gebiet der *artes dictaminis* repräsentieren sie jene (noch näher darzustellende) Tendenz zu einer höfischen Rheto-

---

[101] Einen ähnlichen Umfang und eine ähnliche Aufgabe hat Kindermanns ›Deutscher Poet‹, Wittenberg 1664.

[102] »Kindermanns Rhetorik ist nichts weiter als eine Beispielsammlung von Reden für alle Zwecke. Es verwundert daher nicht, wenn keine Stillehre erscheint« (Fischer, S. 163).

[103] Seit etwa 1670 erscheinen dann auch immer häufiger einzelne Sammlungen von Reden (nicht nur von Leichabdankungen); vgl. die von Gottsched ›Akademische Redekunst‹, S. 20f. zusammengestellten Titel.

[104] Weithase 1, S. 108ff.

[105] Entsprechendes gilt für Kindermanns Sammlung ›Der Deutsche Poet‹. Die gemeinsame rhetorische Basis von Gelegenheitsdichtung und Gelegenheitsrede wird auf kaum eine andere Weise so unmittelbar einsichtig wie bei einem Vergleich der beiden Kindermannschen Handbücher.

[106] Vgl. W. Risse, Georg Philipp Harsdörffer und die humanistische Tradition, in: Worte und Werte. Festschr. f. B. Markwardt, Berlin 1961, S. 34ff.; Nickisch, a.a.O., S. 77ff.

[107] Lehmanns ›Florilegium‹ ist zwar kein eigentliches Briefbuch, wird aber in der ›politischen‹ Briefstellerei besonders gern ausgeschrieben. Die Zeillersche Sammlung erschien seit 1640 in Teilstücken von je 100 ›Episteln‹, wurde dann 1648 zum erstenmal als Ganzes herausgegeben.

rik[108], die sich am Ausgang des 16. Jahrhunderts bereits abzeichnet und dann in den 40er und 50er Jahren des 17. Jahrhunderts ihren eigentlichen Aufschwung nimmt.

Ein rhetorisches Kerngebiet dieser Bewegung ist die Kunst des ›Komplimentierens‹[109], d. h. des sprachlichen Umwerbens einer hochstehenden Persönlichkeit unter sorgfältiger Beachtung ihres Ranges und ihrer individuellen Neigungen oder Abneigungen. Die *artes dictaminis* mögen im Ansatz ähnliche Aufgaben gehabt haben, können aber keineswegs als Oberbegriff dieser neuen europäischen Hofstilkunst gelten[110]. Denn sie ist primär auf Mündlichkeit ausgerichtet, sie ist neben *ars praedicandi*, humanistischer Schulrhetorik und *ars dictaminis* ein neues rhetorisches Teilgebiet, das bald auch durch eigene Handbücher repräsentiert wird[111]. Georg Greflingers ›Ethica complementoria‹ von 1645[112] ist in Deutschland vermutlich das erste Beispiel einer bis weit ins 18. Jahrhundert hinein[113] reichenden Kette von Komplimentierbüchern.

Auf dem Hintergrund dieser selbstbewußten, zweckgerichteten, höfischen, ›politischen‹ Rhetorikkonzeption mutet selbst das ›moderne‹ Lehrbuch eines Daniel Richter seltsam altmodisch und zurückgeblieben an. Richter wollte »dem Ingenio dieses Seculi«[114] entsprechen und war doch im Grunde den humanistischen Bahnen gefolgt. Er hatte alte Zöpfe beseitigt und manches Methodische verbessert, aber er

---

[108] Unten S. 369ff.

[109] Dazu B. Ristow, Artikel ›Komplimentierbuch‹, RL ²I, S. 879ff.; Steinhausen, Die Geschichte des deutschen Briefes, Bd. 2, S. 51ff.; Zaehle, Knigges Umgang mit Menschen . . ., bes. S. 79ff.

[110] Das Komplimentieren war natürlich bald – als ein Teil des Alamodewesens – scharfer Kritik ausgesetzt, so 1644 in Christoph Schorers ›Teutschem vnartigem Sprach- Sitten vnd Tugendverderber‹ (Newald, S. 303: »Früher sagte man ja oder nein, und es galt, jetzt verbirgt man seine wahre Gesinnung hinter einer Menge von Komplimenten, aus denen keiner klug wird«). Johann Lauremberg verlegt das Komplimentieren in seinem Scherzgedicht ›Van Almodischer Sprake und Titeln‹ sogar in den Pferdestall (›Veer Schertz Gedichte‹, S. 54).

[111] Sie sind verzeichnet bei H. Hayn, Die deutsche Räthsel-Litteratur. Versuch einer bibliographischen Übersicht bis zur Neuzeit. Nebst einem Verzeichnisse deutscher Loos-, Tranchir- und Complimentir-Bücher, Centralbl. f. Bibl.wesen 7, 1890, S. 551ff.

[112] Vgl. u. S. 381.

[113] Über den Komplimentierstil des 18. Jahrhunderts H. Sperber, Zur Sprachgeschichte des 18. Jahrhunderts. II., ZfdPh 54, 1929, S. 8off.; vgl. jetzt auch Blackall, S. 69ff.

[114] Text des Titelblatts.

hatte – und darin liegt wohl der Grund für seine geringe Resonanz[115]
– keine durchschlagend neue soziale Zielsetzung anzubieten.

d. Neubeginn im Zeichen des ›Politischen‹

Das gelang erst Christian Weise[116]. Ihm gehört das Verdienst, die prak-
tisch-intellektuelle Dynamik der ›politischen‹ Bewegung, wie sie Gracián am überzeugendsten repräsentiert, in die deutsche Rhetoriktheorie des 17. Jahrhunderts geleitet zu haben. 1677 erschien der ›Politische Redner‹. Während der drei darauf folgenden Jahrzehnte werden
mindestens dreimal so viele deutschsprachige Rhetorikhandbücher
aller Art veröffentlicht wie in der ganzen Zeit seit Beginn des Barockjahrhunderts[117] – ein vordergründiges Faktum vielleicht, auch eine
Entwicklung, bei der das bloß Modische und das Geschäft eine wesentliche Rolle spielen. Aber zugleich ist unbestreitbar, daß die Rhetorik als lehrbare Disziplin nun auf eine ganz neue Weise in das ›gemeine Leben‹ eindringt, neue Publikumsschichten gewinnt. Und wenn
man bedenkt, daß die Theoretiker der frühen Aufklärung, von Fabricius über Hallbauer bis hin zu Gottsched, bei aller Opposition gegen Weise doch seine propagandistisch-publizistischen Methoden in
modifizierter Form weiterführen[118], so wird wenigstens andeutungs-

---

[115] Der ›Thesaurus oratorius novus‹ ist 1662 noch einmal aufgelegt worden, »aber
offenbar danach schnell vergessen worden« (Fischer, S. 160). Nicht einmal der
sorgfältig sammelnde und dokumentierende Gottsched erwähnt ihn (er fehlt
auch in dessen ›Redner-Bibliothek‹).

[116] Außer den bereits genannten Arbeiten von Horn und Hirsch vgl. im folgenden
besonders M. Wünschmann, Gottfried Hoffmanns Leben und Bedeutung für das
Bildungswesen und die pädagogische Theorie seiner Zeit, mit eingehender Be-
rücksichtigung seines Zittauer Vorgängers und Lehrers Christian Weise. Ein
Beitrag zur Geschichte der Pädagogik und des Schul- und Bildungswesens im
17. und 18. Jahrhunderte. I. Teil. 1. Hälfte, Diss. Leipzig 1895; O. Kaemmel,
Christian Weise. Ein sächsischer Gymnasialdirektor aus der Reformzeit des 17.
Jahrhunderts, Leipzig 1897.

[117] Eine genauere Aufstellung darüber fehlt ganz (Goedeke ²III verzeichnet die
Kompendien nur sporadisch). Die hier versuchte Schätzung beruht (neben Weise) vor allem auf den Titeln von Stieler (nach 1677), Riemer, Bohse (Talander),
Hunold (Menantes), Francisci, Neukirch, Weidling und Lange (bis 1708). Berücksichtigt man außerdem die hohen Auflagen, die einzelne Titel im Gegensatz
zu den vorweisianischen Rhetoriken erreichen, so wird der Unterschied noch
eklatanter.

[118] Einen Eindruck davon vermittelt schon das Quellenverzeichnis bei Wechsler,
Johann Christoph Gottscheds Rhetorik, S. VIIff.; vgl. außer der Monographie
von Grosser auch E. Reichel, Gottsched, 2 Bde., Berlin 1908/12 (dort bes. Bd. 2,
S. 50ff.).

weise die geschichtliche Wirkung erkennbar, die von der Aktivität des Weißenfelser Rhetorikprofessors und Zittauer Gymnasialrektors ausging. Sie bedeutete die Wiederentdeckung einer rhetorischen Dimension[119].

Schon der Werbetext des Titelblatts[120] war in seiner ständischen Ausrichtung ein absolutes Novum bei Rhetoriken: »Kurtze und eigentliche Nachricht/ wie ein sorgfältiger Hofmeister seine Untergebene zu der Wolredenheit anführen soll«. Zwar wiesen Goldtwurm und Meyfart auf die Nützlichkeit ihrer Kompendien für den geistlichen wie den weltlichen Bereich hin, und Kindermann versprach Information über Reden »so wol bey hohen/ als niedrigen Mannes- und Weibes-Personen«[121] (Richter hob nur allgemein die ›Modernität‹ seiner Konzeption hervor)[122], aber keiner redete so unmittelbar den im adligen Haus unterrichtenden Hofmeister an[123]. Das taten bisher allenfalls die sogenannten ›Hof-Schulen‹, in denen das korrekte und erfolgreiche Benehmen bei Hof gelehrt wurde[124].

Doch mit der höfischen Ebene begnügt sich Weise nicht. Als eigentlichen Stoff gibt er an: »1. Auff was vor ein Fundament eine Schul-Rede gesetzt ist; 2. Worinnen die Complimenten bestehen; 3. Was Bürgerliche Reden sind; 4. Was bey hohen Personen/ sonderlich zu Hofe/ vor Gelegenheit zu reden vorfällt«[125]. Ein so vielschichtiges Programm hatte noch kein Rhetoriker des 17. Jahrhunderts angekündigt: humanistische Schuloratorie und höfisches Komplimentierwesen, bürgerliche Beredsamkeit und höfische Gelegenheitsrhetorik. Hinzu kommen – auf dem Titelblatt nicht eigens verzeichnet – ein langer Abschnitt ›Von der Ubung im Brief-schreiben‹[126] und ein noch längeres Kapitel ›Von Studenten-Reden‹[127], d. h. über akademische

---

[119] Noch der Gottschedianer Daniel Peucer rechnet Weise neben Luther und Opitz unter die drei großen »Beförderer der Beredtsamkeit« (›Anfangs-Gründe der teutschen Oratorie‹, Naumburg 1739, S. 23 f.).

[120] Hier zugrundegelegt die Ausgabe Leipzig 1681.

[121] ›Der Deutsche Redner‹, Titelblatt.

[122] ›Thesaurus oratorius novus‹, Titelblatt: »nach dem Ingenio dieses Seculi«.

[123] Zu den Aufgaben des Hofmeisters u. S. 374ff. Bereits 1675 hatte Weise, als erste theoretische Schrift nach den drei ›politischen‹ Romanen, ein Handbuch für den Geschichtsunterricht veröffentlicht: ›Der Kluge Hoff-Meister‹, Frankfurt u. Leipzig 1675.

[124] Zaehle, Knigges Umgang mit Menschen ..., S. 29ff.

[125] ›Politischer Redner‹, Titelblatt.

[126] A.a.O., S. 219ff. Später ausführlich behandelt in den beiden Briefstellern (1691 und 1693).

[127] A.a.O., S. 845ff.

Beredsamkeit. Mit Ausnahme der Predigt (weltliche Leichabdankungen laufen unter ›bürgerlichen Reden‹)[128] sind also sämtliche wichtigen rhetorischen Disziplinen der Zeit – außerdem noch die Logik[129] – zum ersten Mal vereinigt, unter ›politischer‹ Zielsetzung.

»Das ist gewiß/ wer ein gelehrter Politicus heissen wil/ der muß bey guter Zeit auff sein Mund-Werck bedacht seyn«[130], so formuliert Weise den pädagogischen Kernpunkt seines Programms. Es scheint utopisch zu sein, denn Meyfart, Schupp und Richter hatten deutlich genug erkennen lassen, wie kläglich es um die ›Gelehrsamkeit‹ und insbesondere um die ›Wolredenheit‹ der meisten Regenten steht. Doch an sie denkt Weise primär nicht; er meint jene neue, breite Schicht der Beamtenaristokratie, die sich – im Zug der Festigung des Territorialfürstentums nach dem Westfälischen Frieden – überall an den größeren Höfen gebildet hatte[131] und zwischen den überkommenen Antagonismen von feudalistischem Adelsbewußtsein und humanistischem Gelehrtenstolz Orientierung suchte[132]. Als Diplomaten, Berater und Verwaltungsfachleute waren die (oft nicht aus dem Geburtsadel stammenden) Angehörigen dieser neuen Schicht immer unentbehrlicher geworden[133], und dieses Bewußtsein, verbunden mit der täglichen Erfahrung der Abhängigkeit vom Souverän, hatte wesentlich zur Ausbildung der bereits geschilderten ›politischen‹ Lebenslehre in Deutschland beigetragen.

Für Weise ist die soziale Zwischenstellung der ›Politici‹ ein entscheidender Ansatzpunkt[134]. Vom einfachen Bürgertum hebt sich der ›Politicus‹ durch den höfischen Glanz ab und durch das weltmännische, ja weltlich-selbstherrliche Element der Hofszene[135] (hier liegt

---

[128] A.a.O., S. 439ff. (mit über 300 Seiten der weitaus umfangreichste Abschnitt innerhalb der ›bürgerlichen Reden‹). Über die *oratoria ecclesiastica* handelt auch Weise, der Tradition entsprechend, nur lateinisch: ›Institutiones oratoriae‹, Leipzig 1687, S. 737ff.

[129] ›Politischer Redner‹, S. 41ff. (nur propädeutisch: ›Von der Ubung mit dem Syllogismo‹); vgl. dann ›Curieuse Fragen über die Logica‹, Leipzig 1696 (dazu Kaemmel, Christian Weise, S. 53).

[130] ›Politischer Redner‹, Vorrede, fol. 4ᵃ.

[131] Dazu O. Hintze, Der österreichische und der preußische Beamtenstaat im 17. und 18. Jahrhundert, HZ 86, 1900, S. 401ff.; Hirsch, Bürgertum und Barock ..., S. 40ff.; Flemming, Deutsche Kultur ..., S. 42ff. u. 145ff.

[132] Vgl. u. S. 369ff.

[133] Hartung, Deutsche Verfassungsgeschichte (⁷1959), S. 109ff.

[134] Zu Weises persönlichen Kontakten mit dieser Schicht vgl. das nachfolgende Kapitel.

[135] In den ›Curieusen Fragen über die Logica‹, S. 620 grenzt Weise den geistlichen und den weltlichen Lebenswandel voneinander ab, unter ›politischem‹ Gesichtspunkt.

der tiefere Grund dafür, daß die geistliche Rhetorik im ›Politischen Redner‹ keinen Platz finden kann)[136]. Gegenüber dem traditionell erzogenen Hochadel jedoch hat der ›Politicus‹ den Vorzug größerer Beweglichkeit, was Gelehrsamkeit betrifft. Nicht nur daß in der Staatsverwaltung immer mehr geschulte Juristen benötigt werden – daher die weitverbreitete Gleichsetzung von ›Jurist‹ und ›Politicus‹[137] –; immer häufiger geschieht es auch, daß die Tendenz des Regenten zur ›Repräsentation‹ die diplomatischen Empfänge und Verhandlungen, die Kanzleien und Kabinette, die Landtage und Hoffeste zu Gelegenheiten rhetorischer Prachtentfaltung werden läßt[138]. Ein äußeres Zeichen für das Aufblühen repräsentativer Beredsamkeit – auch über den Bereich des Hofes hinaus – ist die Publikation mehrerer großer Redensammlungen in den Jahren nach 1670[139]. Daß sich auch Auswüchse bald bemerkbar machen, verwundert nicht. So resümiert Seckendorff skeptisch: es »ist an unsern Teutschen Höfen/ wie auch bey Ehren-Sachen/ insgemein das lange Wort-machen und Sprüch-sprechen ... dermassen auffkommen/ daß es an manchem Ort (wo die alte Weise noch gültig ist) vor eine grosse Ungeschicklichkeit solte gehalten werden/ wann man davon abstehen/ und mit vielen vergeblichen Umschweiffen weitläufftig und verdrießlich herschwatzet. Gleichwohl ist der Gebrauch ein Tyrann/ welcher alles bezwinget«[140].

Die Einzelheiten dieser Entwicklung sind kaum untersucht[141]. Von einem Teil der neuen Hofrhetorik, dem *sermo publicus*, gibt die große Lünigsche Sammlung eine lebendige Vorstellung[142]. Auch die Dekrete

---

[136] Sie ist dementsprechend auch in Hallbauers ›Anleitung zur Politischen Beredsamkeit‹, Jena u. Leipzig 1736 nicht vertreten (dafür eine eigene Schrift: ›Nöthiger Unterricht zur Klugheit erbaulich zu predigen ...‹, Jena 1723).

[137] Etwa Richter, ›Thesaurus oratorius novus‹, S. 9. Weise, ›Der Grünenden Jugend Nothwendige Gedancken‹, Leipzig 1690 (¹1675), S. 316. Vgl. noch den Artikel ›Politicus‹ in: Zedler 28, 1741, Sp. 1528.

[138] Einiges bei Alewyn–Sälzle, Das große Welttheater; Flemming, Deutsche Kultur ..., S. 248ff.

[139] Verzeichnet bei Gottsched, ›Redner-Bibliothek‹, S. 20f.

[140] ›Discurs an statt einer Vorrede‹ zu: ›Teutsche Reden‹, S. 50 (Seckendorff spricht sich selbst übrigens von solchen Tendenzen nicht frei).

[141] Ansatzpunkte bei Stötzer, Deutsche Redekunst ..., S. 151ff. (bei Weithase 1, S. 108ff. fehlt ein Abschnitt ›Hof‹); zur Metaphorik der Hofdichtung Windfuhr, S. 154ff. (›Tropische Hofgesellschaft‹).

[142] Johann Christian Lünig, ›Grosser Herren, vornehmer Ministren, und anderer berühmten Männer gehaltene Reden‹, 12 Tle., Leipzig ¹1707–31 (mehrfach aufgelegt).

und diplomatischen Briefwechsel haben sich zum Teil erhalten[143]. Was im Dialog, vor allem im *sermo secretus* hinter verschlossenen Türen geredet wurde, ist verloren und allenfalls an den Komplimentierbüchern und höfischen Romanen abzulesen[144].

Die Tatsache allein, daß an den Höfen die deutsche Sprache mehr und mehr als Medium der Repräsentation entdeckt wird, ist im gegenwärtigen Zusammenhang von Bedeutung. Denn dadurch wird nun auch die rhetorische Befähigung des einzelnen – im Sinne Graciáns – zu einer ›politischen‹ Qualität. Wer sich auf rhetorische Repräsentation versteht, hält damit eine Waffe »ad conservationem sui ipsius«[145] in der Hand: sei es daß er sich einem Konkurrenten gegenüber behauptet, sei es daß er bei einem Vorgesetzten, einem Gönner oder gar beim Regenten selbst eine ›gute Opinion‹ erweckt[146]. Rhetorik, die sich zu ›insinuieren‹ weiß, wird zum Hebel des individuellen Erfolgs[147]. Was von Autoren wie Meyfart nur als Theorem – unter Berufung auf antike Autoritäten – weitergegeben worden war[148], hat reale Anwendungsmöglichkeiten erhalten.

Die längste Erfahrung auf dem Gebiet des sprachlichen Repräsentierens besaßen die Kanzleien; immer wieder wird auf sie hingewiesen, wenn es um die Orientierung an einer Sprachnorm geht[149], auch

---

[143] Sie sind aber bisher ausschließlich unter historischen Gesichtspunkten analysiert worden.

[144] Daß Gespräche und Briefe in den höfischen Romanen Mustercharakter hatten, wurde oft betont; ein genauer Vergleich mit Komplimentierbüchern und Briefstellern steht freilich noch aus. Zur Forschungslage beim ›galanten‹ Roman, der sich für einen Vergleich geradezu anbietet, s. H. Singer, Der galante Roman (Sammlg. Metzler. 10), Stuttgart 1961, S. 7ff.

[145] Weise, ›Vorbericht/ Darinn absonderlich von dem jüngst versprochenen Galanten Hoff-Redner gehandelt wird‹, in: ›Politische Nachricht von Sorgfältigen Briefen‹, Dresden u. Leipzig 1701, fol. 7ᵃ.

[146] Vgl. den Untertitel des ›Gelehrten Redners‹, Leipzig 1693.

[147] Die knappste Fassung dieser Konzeption gibt der Titelkupfer zu Weises ›Curiösen Gedancken von Deutschen Brieffen‹, Dresden 1691: Hauptgegenstand die Schreibfeder, darüber der Text »QUID SINE ME?« (Einfluß des Gracianischen ›Criticón‹?).

[148] Meyfart, ›Teutsche Rhetorica‹, S. 29: »Cicero ein vortrefflicher Römer saget nicht unbillig/ es weren zwey Mittel/ durch welche sich jemand auß der untersten Schnödigkeit/ zu der höchsten Würdigkeit hervor zu wircken/ glücklich versichern dürffte: Nemlich durch Liebligkeit der Zungen/ und Strengigkeit der Waffen«.

[149] So von Gueintz, Schupp, Harsdörffer, Leibniz u. a.; s. Bach, Geschichte der deutschen Sprache (⁸1965), S. 339f. Vgl. Weise, ›Curiöse Gedancken von Deutschen Brieffen‹, S. 295: »Ein Politicus gewöhne sich an die artigen Schrifften«, besonders an Texte »aus den Sächsischen und Brandeburgischen Cantzleyen« (dabei geht es natürlich auch um eine Orientierung innerhalb der verschiedenen

außerhalb der eigentlich höfischen Sphäre. Ein rhetorisches Gesamt-system jedoch, das auch den Gesetzen der Mündlichkeit gerecht zu werden vermochte, existierte nur im Bereich des humanistischen *elo-quentia*-Betriebs (der später noch eingehender darzustellen sein wird)[150]. Er ist die selbstverständliche und durch keine Alternative gefährdete Basis der Weiseschen Rhetorikkonzeption[151]. Daher han-delt der erste große Abschnitt des ›Politischen Redners‹ von den ›Schul-Reden‹[152]. Sie haben nach Weises Auffassung durchaus ihren Nutzen erwiesen, obwohl man »im gemeinen Leben/ solche in eben dieser Form und Gestalt nicht anzuwenden pflegt«[153].

Schuloratorie ist also für Weise kein humanistischer Selbstzweck, sondern reine Propädeutik. Als solche muß sie auf das Notwendigste reduziert werden, »weil ein grosser Unterschied ist/ ob einer wil Elo-qventiae Professor werden/ oder ob er nur im Politischen Leben einen geschickten Redner bedeuten will«[154]. Konsequenz dieser Einsicht sind eine ganze Reihe methodisch-didaktischer Verbesserungen, die später als *methodus Weisiana* Schule machen: Knappheit und Faß-lichkeit der Regeln, Vorrang des gut gewählten Beispiels, Realien-fülle, Lockerheit des Lernvorgangs, bei dem auch das Lachen nicht verpönt ist, Realistik der Übungssituation usw.[155]. Viele Anregungen

---

Dialekte). Auch der Poet wurde auf die »Cancelleyen« hingewiesen, »welche die rechten lehrerinn der reinen sprache sind« (Opitz, ›Buch von der Deutschen Poeterey‹, fol. F 4b).

[150] Unten S. 241ff.

[151] Das ist nicht immer mit der nötigen Klarheit gesehen worden, vor allem von denen, die Weise für die ›Aufklärung‹ in Anspruch nehmen wollen (dazu unten).

[152] ›Politischer Redner‹, S. 2ff.; die Übungspunkte: ›Perioden‹ (Satzbildung), ›Übersetzen‹, ›Chrie‹, ›Syllogismus‹, ›argutiae‹, ›loci topici‹, ›ganze orationes‹. Diese Übungen werden »in Schulen nach Anleitung der Rhetorica getrieben« (a.a.O., S. 2).

[153] Ebda. Weises Behauptung, seine Schüler lernten nichts, »welches man im ge-meinen Leben nicht wieder anbringen könte« (›Curiöse Gedancken von Deut-schen Brieffen‹, fol. a 6a), trifft demnach für die Elementarstufe nur bedingt zu. Entscheidend ist, ob der Übungsstoff der Fortgeschrittenen im ›gemeinen Leben‹ verwendet werden kann.

[154] ›Politischer Redner‹, fol. 4b (deutlicher Seitenhieb gegen humanistische Selbstgenügsamkeit).

[155] Systematische Zusammenfassung der pädagogischen Grundsätze in ›Vertraute Gespräche/ Wie Der geliebten Jugend Im Informations-Wercke Mit allerhand Oratorischen Handgriffen Möchte gedienet und gerathen seyn‹, Leipzig 1697 (Zitate im folgenden nach Wünschmann, Gottfried Hoffmanns Leben ...). Außer Wünschmanns Überblick vgl. (knapper gefaßt) Horn, Christian Wei-se ..., S. 132ff.

empfängt Weise aus dem Bereich der Reformpädagogen von Bacon[156] bis Schupp, doch in seiner ›politischen‹ Zielstrebigkeit und Weite ist dieser Entwurf von 1677 – jedenfalls in der Kette der deutschen Rhetoriken – ein Neubeginn.

Das zeigt sich noch deutlicher an der Komplimentierkunst als dem zweiten propädeutischen Fach. Für Humanisten alten Schlages mußte es ein Greuel sein, ihre Schuloratorie neben diese Modedisziplin gestellt zu sehen[157]. Hinzu kommt die fast brutale Offenheit, mit der Weise den Stoff als Instrument des persönlichen Erfolgsstrebens darstellt: »COmplimenten sind dergleichen Reden/ damit in der Conversation, der Mangel würcklicher Auffwartung gleichsamb ersetzt und vollgefüllet wird. Und dannenhero ein zukünfftiger Politicus Ursache hat/ bey guter Zeit solcher Ubung nachzudencken«[158]. Aber gerade unter dem Gesichtspunkt des Erfolgs beim Gegenüber dringt Weise immer wieder auf vernünftige Kürze und warnt anhand durchschlagender Beispiele[159] vor forcierter Umständlichkeit, die nur komisch wirkt. Eine eigens zu Übungszwecken verfaßte umfangreiche ›Complimentir-Comödie‹[160] soll auf die ›politische‹ Wirklichkeit vorbereiten.

›Politik‹ aber – und das ist vielleicht der geschichtlich folgenreichste Teil von Weises Konzeption – bestimmt nicht nur das Hofleben. Der Hof stellt ›Politik‹ in höchster Potenz dar, er ist auch der stets gegenwärtige Orientierungspunkt, so wie der Hofmeister als Adressat des ganzen Rhetoriklehrbuchs fungiert. Doch vom Hof reicht eine vielfältig abgestufte Skala sozialer Kommunikationsmöglichkeiten bis hinunter ins Bürgertum. Gerade die Vertreter der neuen Beamtenaristokratie stehen immer wieder vor der Aufgabe, nicht nur unter-

---

[156] Bacon wird von Weise mehrfach ausdrücklich zitiert, so schon ›Politischer Redner‹, fol. 5ᵃ. Zu Bacons Einfluß im Deutschland des 17. Jahrhunderts (auch die Rhetorik berührend) Cohn, Gesellschaftsideale und Gesellschaftsroman ..., S. 211.

[157] Zwei Jahre vor dem ›Politischen Redner‹ war eine Weißenfelser Abhandlung erschienen (›De moralitate complimentorum‹, Weißenfels 1675), in der Weise das Komplimentieren, richtig gehandhabt, als unentbehrliches Fundamentalfach verteidigte.

[158] ›Politischer Redner‹, S. 161.

[159] Besonders drastisch der Trinkspruch a.a.O., S. 162f. sowie die Aufforderung zum Tanz, a.a.O., S. 163.

[160] A.a.O., S. 294ff. Aus dieser Komödie können auch »eine oder etliche Scenen herauß gezogen/ und mitten in der Studier-Stube mit lebendigen Ceremonien geübet werden« (a.a.O., fol. 6ᵇf.). Die ›Complimentir-Comödie‹ wurde bald auch – gegen Weises Intention – als selbständiges Stück aufgeführt.

einander und ›nach oben‹, sondern auch ›nach unten‹ hin rhetorisch zu kommunizieren, ob schriftlich oder mündlich[161]. Ist ›politische‹ Rede einmal als kluge, weltmännische, transhumanistische, auf Erfolg ausgerichtete Rede entdeckt und konzipiert, so erscheint eine Übertragung dieser Konzeption in den rein bürgerlichen Bereich verlockend. In der Entwicklung des Begriffs ›politisch‹, wie sie oben dargestellt wurde, war diese Möglichkeit, ja die Ausdehnung auf menschliches Zusammenleben schlechthin[162], sehr wohl enthalten. So bezeichnet Weise später als ›politische‹ Reden »entweder in weitläufftigen Verstande ... alle Orationes civiles .../ welche sich in der menschlichen Gesellschaft hin und wieder gebrauchen lassen«, oder auch nur diejenigen, die »von einem ... Hof-Redner/ und zwar in öffentlichen Affairen erfordert werden«[163].

Wie groß das Unbehagen der Rhetoriker über den Zustand der bürgerlichen Beredsamkeit war, hat sich vor allem bei Schupp und Richter gezeigt. Weise bestätigt auf seine Art, daß von vielen nicht einmal die elementarsten rhetorischen Aufgaben in der Muttersprache bewältigt werden, etwa bei der Aussage vor Gericht, und daß man nicht früh genug mit der Schulung beginnen kann[164]. Einfachheit und Klarheit sind die Grundvoraussetzungen einer ›politischen‹ Rhetorik im bürgerlichen Bereich. Schon bei den ›Complimenten‹ (in deren Zusammenhang auch das Briefschreiben abgehandelt wird)[165] nennt

---

[161] Vgl. besonders die von Weise a.a.O., S. 205ff. (Complimente) u. S. 886ff. (Hofreden) angeführten Beispiele, dazu S. 999ff.: ›Von Politischen Reden zwischen Hohen und Niedrigen‹.

[162] Weise greift dabei, um das Allgemein-Gesellschaftliche des Begriffs ›Politik‹ zu illustrieren, mehrfach auf das griechische Wort πολιτικός zurück (bei Staatstheoretikern wie Conring oder Lipsius war dies seit jeher üblich), so in ›Neue Proben von der vertrauten Redens-Kunst‹, Dresden u. Leipzig 1700, fol. a 6ᵇ und in ›Institutiones oratoriae‹, Leipzig 1687, fol. 8ᵇ: Griechen und Römer als πολιτικώτατοι.

[163] ›Oratorisches Systema‹, Leipzig 1707, S. 563f. Im ›weitläufftigen Verstande‹ gebraucht dann auch Hallbauer den Begriff ›politischer Redner‹; er definiert ihn als einen, »welcher bey allen im gemeinen Wesen vorkommenden Fällen geschickt zu reden im Stande sey« (›Anleitung zur Politischen Beredsamkeit‹, Jena u. Leipzig 1736, S. 40). Hier hat Weise unverkennbar Schule gemacht.

[164] ›Der Kluge Hoff-Meister‹, Frankfurt u. Leipzig 1676, fol. 5ᵇ: »Einem jungen Menschen muß die Zunge gelöset werden/ daß er geschickt und ordentlich von den Sachen reden kan/ die er gesehen hat. Und man gehe nur in die Richter-Stuben/ und höre/ wie bißweilen auch kluge und eingebildete Leute/ wenn sie von gesehenen und gehöreten Dingen ein Zeugniß beybringen sollen/ alles unter einander werfen«.

[165] Weise bedient sich dabei der alten Definition des Briefs als eines schriftlichen Gesprächs (mit einem Abwesenden): »Gleichwie eine Complimente eine Rede

Weise immer wieder auch bürgerliche Beispiele, die in ihrer höfisch gemeinten Metaphorik und Floskelhaftigkeit den ›politischen‹ Effekt verfehlen[166]. Das gleiche gilt nun für die bürgerlichen Gelegenheitsreden, »welche unter den Bürgen [sic!] und Privat-Personen/ oder daß ich noch deutlicher rede/ welche nicht zu Hofe oder gegen hohe Standes-Personen gehalten werden«[167].

Je entschiedener Weise in diesem Bereich zu ›Deutlichkeit‹ und ›Kürze‹ mahnt[168], desto vorsichtiger ist er bei der Aufstellung von Vorschriften für die Hofleute selbst. Er bekennt offen, der betreffende Abschnitt sei »etlicher massen unvollkommen geblieben«, nicht zuletzt deshalb, weil die Hofleute ungehalten werden, »wenn man sich zu tieff in ihr Gehäge einlassen wil«; sie seien immer bestrebt, »vor der Schule etwas eigenes« zu haben[169], also etwas, das nicht jeder einfach lernen könne. Ein später von Weise angekündigter und skizzierter ›Galanter Hoff-Redner‹[170] ist nie als Ganzes erschienen[171]. Im übrigen betont Weise schon 1677, die Hofleute hätten »so viel Concepte und Nachrichte vor Augen .../ daß sie eines gedruckten Buches nit bedürffen«[172].

---

ist des gegenwärtigen an den gegenwärtigen, also ist ein Brief eine Compliment des Abwesenden an den Abwesenden« (›Politischer Redner‹, S. 219). Auf diesem Wege wird die Komplimentierkunst mit der traditionellen rhetorischen Systematik verbunden.

[166] A.a.O., S. 162ff. u. ö.

[167] A.a.O., S. 433.

[168] Dies weniger durch abstrakte Regelsetzung, sondern durch Auswahl und Kommentierung der *exempla*. Vgl. den Gesamteindruck, wie ihn Samuel Grosser, ›Vita Christiani Weisii‹, Leipzig 1710, S. 46 für den ›Politischen Redner‹ formuliert: »Monstrabat veram elocutionis majestatem, non in turgida et affectata verborum elatione, sed nativa proprietate atque perspicuitate latitantem«.

[169] ›Politischer Redner‹, fol. 5ª. Riemer, ›Standes-Rhetorica‹, Leipzig 1685, S. 1 redet dies – ohne Weise zu nennen – getreulich nach: »DEr Hoff hat seine eigene Sprache. Und wer mit Regenten/ oder vor denenselbigen etwas reden wil; muß seine Schul-Rethorica (sic!) zu Hause lassen«. Weiter: »Und kan ich nicht leugnen/ daß dergleichen Personen bey Hofe/ vor der Schule etwas eigenes haben müssen«. Der Text enthält noch eine Reihe weiterer wörtlicher Übernahmen.

[170] Oben S. 171 Anm. 145.

[171] Die Tatsache, daß Weise in Zittau weniger unmittelbaren Kontakt zum Hof hatte als in Weißenfels, dürfte dabei eine wesentliche Rolle gespielt haben.

[172] ›Politischer Redner‹, S. 886. In der Vorrede (fol. 5ªf.) formuliert er noch prinzipieller: »der Hof hat keine eigne Invention, keine sonderliche Disposition; sondern das gantze Werck bestehet in gewissen Worten und Redens-Arten/ welche durch die Gewonheit angenommen/ und eben durch diese variable Gebieterin geändert werden«. Auch später hebt er immer wieder hervor, daß man den Hofstil eigentlich nur im Umgang mit Hofleuten bzw. ›Politici‹ erlernen

e. Der Weisesche Impuls und seine Folgen

Dieser Scheu des Bürgerlichen Christian Weise vor einer rhetorischen Reglementierung des Hofes entspricht auch die Wirkung des ›Politischen Redners‹. So stolz Weise darauf sein konnte, zum ersten Mal die verschiedenen rhetorischen Teilgebiete, von der Schuloratorie bis zur Hofrede, im Zeichen der ›politischen‹ Lebenslehre vereinigt zu haben, für das gehobene Bürgertum war der Entwurf attraktiver als für den Hofmann[173]. Jetzt erst gab es die von vielen (u. a. von Schupp) gewünschte höfisch (weil ›politisch‹) orientierte Rhetoriktheorie, die wenigstens eine Ergänzung zur Humanistenrhetorik, wenn nicht gar eine Konkurrenz für sie bedeutete[174]. »Diu fuit ante ipsum desideratus talis labor«, heißt es bei Morhof[175]. »Ac profecto plane publici saporis erat opus isthoc oratorium«, berichtet Weises Schüler und Biograph Grosser. »Tot enim illud occupabant manus, tot velut famelici poscebant animi, ut, exemplaribus statim distractis, alia post aliam editio deproperanda esset«[176].

Wie grundlegend sich durch das Erscheinen des ›Politischen Redners‹ die Situation auf dem Gebiet der Rhetoriken gewandelt hatte, zeigt vielleicht am deutlichsten die Neubearbeitung des Kindermannschen Rede-Handbuchs durch Kaspar Stieler (1680)[177]. Der rührige Poet und Literaturtheoretiker hatte sich schon in seiner ›Teutschen Sekretariat-Kunst‹ (1673/74) der ›politischen‹ Tugend gegenüber aufgeschlossen gezeigt und gefordert: »Ein Sekretarius muß politisch seyn«[178]. Nach Weises Vorstoß mußte dies erst recht für den Redner

---

könne (z. B. ›Curiöse Gedancken von Deutschen Brieffen‹, S. 292f.; ›Gelehrter Redner‹, fol. a 4b).

[173] Es ist das gleiche Bild, das auch die praktische pädagogische Tätigkeit Weises kennzeichnet: er ist stolz auf jeden Adligen, der seine Schule besucht; aber der eigentliche Stamm der Schülerschaft rekrutiert sich aus dem Bürgertum, das für den höfisch-weltmännischen Anstrich der Weiseschen Pädagogik überaus empfänglich ist.

[174] Über die Einführung Weisescher Lehrbücher (auch des ›Politischen Redners‹) an Schulen seiner Zeit vgl. Kaemmel, Christian Weise, S. 66.

[175] ›Polyhistor‹, Lübeck ³1732, S. 956.

[176] ›Vita Christiani Weisii‹, S. 46. Folgende Auflagen konnte ich bisher ermitteln: 1677, 1679, 1681, 1684, 1688, 1691, 1694, 1696, 1701. Bereits in der Vorrede zum ›Neu-Erleuterten Politischen Redner‹ (¹1684) spricht Weise nicht ohne Stolz von der »offtmaligen Auflage« des ›Politischen Redners‹ (Leipzig 1696, fol. 3b).

[177] ›Herrn Baltasar Kindermanns Teutscher Wolredner ... gebessert und ... gemehret von dem Spaten‹, Wittenberg 1680.

[178] ›Teutsche Sekretariat-Kunst‹, 2. Teil, Nürnberg 1673, S. 305 (marg.). Wie der

gelten. Trotzdem konnten viele von Kindermanns bürgerlichen *exempla* beibehalten werden, auch die Grundeinteilung des Kompendiums[179]. Aber die Theorie war entschieden zu erweitern, z. B. um den ganzen Bereich des Komplimentierens, und dabei greift Stieler mehrfach auf Weise zurück[180]. So kann er schließlich den aufgeschwellten (und etwas disproportionierten) Band erneut auf den Markt bringen mit dem wichtigen Zusatz – der an Richter erinnert –: »Nach heutiger Politischen Redart gebessert«[181].

Weise hatte diese ›politische Redart‹ nicht geschaffen, aber er hatte sie in Verbindung mit einer reformierten und instrumentalisierten humanistischen Methodik[182] zu einem neuen, attraktiven Lehrgebiet gemacht, das dem individuellen Erfolgsstreben eines breiten Publikums entgegenkam. So ist es nur verständlich, daß bald schon andere Autoren – ähnlich wie im Fall des ›politischen Romans‹[183] – auf ihre Art an dem neuen rhetorischen Interesse zu partizipieren versuchen; der ›Politische Redner‹ konnte nur ein Anfang sein. Während Stieler seine Produktion an rhetorischen Handbüchern, in sinnvoller Ergänzung zu Weise, wesentlich auf das Gebiet der Epistolographie und der Sekretariatkünste beschränkt[184], bemüht sich Weises Amtsnach-

---

Kontext zeigt, verwendet Stieler den Begriff hier im Sinn von ›diplomatisch‹, ›geschickt‹ (sonst zieht der Sekretarius nur »Undank/ Vorwurf und Verschmähung« auf sich, ebda.).

[179] 1. Buch: Verlobungen, Hochzeiten; 2. Buch: Taufen, Begräbnisse; 3. Buch: Empfänge, Huldigungen, Glückwünsche usw.

[180] Vgl. etwa ›Teutscher Wolredner‹, S. 18f. (›Perioden‹ als Ausgangspunkt), 23, 32, 37 usf., besonders aber S. 41, wo es um das Komplimentieren geht: »Herr Christian Weise hat in seinem politischen Redner damit den ganzen zweiten teil angefüllet; und die Ehre davon getragen/ daß er der erste hiervon geschrieben/ und also den Kranz dißfals erlanget/ welchen ihm ieder wolgesinter Teutscher billig gönnet«.

[181] Titelblatt.

[182] Noch im Weise-Artikel des Zedler 54, 1747, Sp. 1057ff. (dort Sp. 1060) wird hervorgehoben: »So viel ist gewiß, daß er eine beliebte Methode, die deutsche Oratorie vorzutragen, erfunden . . . hat«.

[183] Vgl. o. S. 144.

[184] Außer der bereits erwähnten ›Teutschen Sekretariat-Kunst‹ (die noch 1726 in vierter Auflage erschien!) seien ›Der Teutsche Advokat‹ (1678) und ›Der Allzeitfertige Secretarius‹ (1679) genannt. Fischer, S. 243f. vermutet in der *aptum*-Theorie der ›Teutschen Sekretariat-Kunst‹ (die Orthographie des Titels schwankt) einen Einfluß Weises, ohne ihn behaupten zu wollen. Da jedoch Fischer die Ausgabe von 1681 zugrundelegt und Stieler seine Kompendien meist sehr rasch auf den neuesten Stand gebracht hat, dürfte der Einfluß sicher sein (aus Stielers früherer Theorie läßt sich die wichtige *aptum*-Nuance nicht erklären).

folger in Weißenfels, Johannes Riemer[185], vor allem um den Ausbau der Redekünste im engeren Sinn (darunter auch des Komplimentierens)[186]. Seine Tendenz freilich, in Distanzierung von der Atmosphäre der bürgerlich-humanistischen Schulstuben Rhetorik möglichst vornehm und leicht oder gar unterhaltend und amüsant erscheinen zu lassen, hat etwas Aufdringliches, Marktschreierisches, das selbst Weise nicht unbedingt angenehm sein mußte. Hatte ihn mit Riemer zunächst eine enge Freundschaft verbunden – er widmete Riemer nach der Rückkehr in die Heimatstadt sogar die Abschieds- und die Antrittsrede[187] –, so scheint sich das Verhältnis aus dem angedeuteten Grund bald abgekühlt zu haben. Man gewinnt den Eindruck, als ignoriere Weise seinen Adepten, um nicht gegen ihn polemisieren zu müssen[188].

Den wichtigsten Zweig der neuen Rhetorikbewegung jedoch bilden neben Weise die ›Galanten‹, vor allem August Bohse (Talander)[189] und Christian Hunold (Menantes)[190], auch die literarischen Anfänge Benjamin Neukirchs[191] gehören hierher. Hauptkennzeichen der – vergleichsweise gut erforschten[192] – galanten Rhetorik ist die Orientie-

---

[185] A. F. Kölmel, Johannes Riemer 1648–1714, Diss. Heidelberg 1914; vgl. auch Hirsch, Bürgertum und Barock ..., S. 60ff.

[186] Vgl. die Bibliographie bei Kölmel. Die wichtigsten Titel: ›Lustige Rhetorica Oder Kurtzweiliger Redner‹ (1681); ›Uber-Reicher Schatz-Meister Aller ... Complimente‹ (1681); ›Standes-Rhetorica‹ (1685); ›Neu-aufgehender Stern-Redner‹ (1689). Die Kompendien erschienen, mit veränderten Titeln, durchweg in mehreren Auflagen.

[187] ›Orationes duae‹, Zittau 1678. Wo Riemer seinerseits den Namen Weises einmal nennt (meist schreibt er ohne einen solchen Hinweis ab), werden die eigene Person und Position tunlichst hervorgehoben: »Herr Weise/ mein vormahliger Collega, welcher der Politischen Rede-Kunst ein herrliches Liecht angezündet/ ist in der Vorrede zu seinem Politischen Redner/ mit mir gleicher Meynung ...« (›Neu-aufgehender Stern-Redner, Leipzig 1689, S. 5; als Weise seinen ›Politischen Redner‹ verfaßte, war Riemer noch gar nicht in das Rhetorikgeschäft eingestiegen!).

[188] Polemik gegen den früheren Freund und Kollegen hätte in Weißenfels und bei anderen sicher Unwillen erregt; da war das Übergehen der diplomatischste Weg. Bei dem Wechsel von Weises Einstellung ist auch zu bedenken, daß Riemer mit der rhetorischen Schriftstellerei in großem Umfang erst begann, als die beiden nicht mehr nebeneinander arbeiteten.

[189] E. Schubert, Augustus Bohse, genannt Talander. Ein Beitrag zur Geschichte der galanten Zeit in Deutschland (Bresl. Beitr. z. Lit.gesch. 27), Breslau 1911.

[190] H. Vogel, Christian Friedrich Hunold (Menantes), Diss. Leipzig 1897.

[191] W. Dorn, Benjamin Neukirch. Sein Leben und seine Werke. Ein Beitrag zur Geschichte der 2. schlesischen Schule (Lit.hist. Forschungen. 4), Weimar 1897.

[192] Grundlegend ist die bereits mehrfach zitierte Monographie von Wendland, Die Theoretiker und Theorien der sogen. galanten Stilepoche und die deutsche Sprache (materialreich und weit ausgreifend; die Ansetzung einer galanten ›Stilepoche‹ freilich ist problematisch, es handelt sich nur um eine literarische

rung an der französischen Hofkultur, nicht etwa das Erotisch-Spielerische schlechthin[193]. Vereinfachend könnte man sagen: ›galant‹ bedeutet so viel wie ›politisch‹, nur mit stark französisierendem Akzent. Schon um die Mitte des Jahrhunderts hat sich bekanntlich das Französische an den deutschen Höfen weithin etabliert; das betrifft insbesondere die Abfassung von Briefen. Beliebtester Briefsteller wird der ›Secrétaire de la cour‹ von de la Serre (seit 1638 erscheint das Buch auch in deutschen Übersetzungen, 1645 unter dem bezeichnenden ›politischen‹ Titel ›A La Modischer Secretarius Das ist Politischer Hoff-stylus‹). Gegenüber der gänzlich französischen Briefpraxis oder der bloßen Übersetzung französischer Muster bemühen sich die Galanten gerade darum, auch das Deutsche – mit viel Französisch durchsetzt – als Medium eines weltmännischen Briefstils anziehend zu machen. Nicht zufällig veröffentlicht Talander zunächst einen Briefsteller (1690)[194], erst danach wird auch die ›Redekunst‹ einbezogen (1692)[195]. Wie entscheidend hier Weises ›politische‹ Rehabilitierung einer deutschsprachigen Rhetorik vorgearbeitet hat, wird auf Schritt und Tritt erkennbar[196]. Auch manche parallele Entwicklung innerhalb der ›politischen‹ und der ›galanten‹ Bewegung fällt auf, z. B. das Vorangehen des Romans[197], vor allem aber die dezidiert utilitaristische Zielsetzung; Talander empfiehlt seinen ›Getreuen Wegweiser

Strömung neben anderen). Von dem noch intensiveren Interesse der Forschung am galanten Roman hat die rhetorische Theorie wenig profitiert. Vgl. die Übersichten in dem Realienbuch von Singer, Der galante Roman; ferner W. Flemming, Artikel ›Galante Dichtung‹, RL ²I, S. 522ff.

[193] Daß auch diese Tendenz vorhanden war und den Galanten Probleme stellte, zeigt etwa die abwehrende Geste von Menantes in der Vorrede zur ›Allerneuesten Art/ höflich und galant zu Schreiben‹, Hamburg 1739, fol. A 2ª: »ich bitte/ mich entschuldiget zu halten/ wenn ich mein Naturel nicht zwingen kan/ immer über verliebten Materien zu liegen« (gemeint ist auch und vor allem die Romanproduktion).

[194] ›Der allzeitfertige Briefsteller‹, Frankfurt u. Leipzig 1690; weitere Briefsteller Bohses: ›Des Galanten Frauenzimmers Secretariat-Kunst‹ (1692); ›Curieuß-beqvemes Hand-Buch allerhand auserlesener Send-Schreiben ...‹ (1697); ›Gründliche Einleitung zum Teutschen Briefen‹ (1700). Sehr früh schon trat Neukirchs ›Anweisung zu Teutschen Briefen‹ (1695) als erfolgreiche Konkurrenz daneben (⁹1760!). 1702 erschienen zum ersten Mal ›Die Allerneueste Art Höflich und Galant zu schreiben‹ von Hunold (ebenfalls häufig aufgelegt, bis 1739).

[195] Bohse, ›Getreuer Wegweiser zur Teutschen Rede-Kunst und Brieffverfassung‹, Leipzig 1692; die Redekunst für sich: ›Gründliche Einleitung zur teutschen Oratoria‹ (1702); vgl. Hunold, ›Einleitung zur Teutschen Oratoria und Brief-Verfassung‹ (1703).

[196] Wendland, a.a.O., S. 32ff. Vgl. jetzt auch Nickisch, a.a.O., S. 115ff.

[197] Weises erster ›politischer‹ Roman (›Die drey Hauptverderber ...‹) erscheint

zur Teutschen Rede-Kunst und Brieffverfassung‹ mit dem Satz: »eine eintzige nette Rede oder wohl eingerichteter Brieff hat wohl ehe einem seine gantze Beförderung erworben«[198].

Obwohl Weise seit den 90er Jahren immer häufiger auch selbst das Wort ›galant‹ verwendet[199] (teils als Synonym für ›politisch‹[200] oder ›polit‹[201], teils als Bezeichnung für das Exklusive, besonders Vornehme)[202], hat er sich mit den Galanten nie identifiziert[203], ebensowenig wie mit Riemer oder den anderen, die man bald als ›Weisianer‹ zu apostrophieren pflegte (etwa Christian Weidling[204], Christian Schröter[205] oder Gottfried Lange[206]). Je mehr sich zeigte, daß durch den ›Politischen Redner‹ eine ganze Modewelle mit z. T. unerfreulichen extremistischen Tendenzen ausgelöst worden war, desto weniger konnte man es Weise verdenken, daß er sich auch selbst immer wieder zu Wort meldete. Dabei ist besonders aufschlußreich zu beobachten, wie die zahlreichen rhetorischen Handbücher, die bis kurz vor Weises Tod (1708) erscheinen, sämtlich aus konkreten Ansätzen des ›Politischen Redners‹ hervorwachsen[207].

1671, Bohses erster ›galanter‹ Roman (›Liebes-Cabinet der Damen ...‹) 1685. In beiden Fällen schließt sich gleich eine Serie weiterer Romane an.

[198] ›Getreuer Wegweiser zur Teutschen Rede-Kunst und Brieffverfassung‹, Vorrede, fol.) : (6ª.

[199] ›Politische Fragen‹, Dresden 1691, fol. a 4ᵇ (›Politica‹ als »galante Disciplin«); ›Curiöse Gedancken Von Deutschen Brieffen‹, Titelblatt (»Die galante Welt«) etc.

[200] Vgl. Hirsch, Bürgertum und Barock ..., S. 52. Als Modewort tritt ›galant‹ etwa seit 1670 auf, s. Zaehle, Knigges Umgang mit Menschen ..., S. 67; M. von Waldberg, Die galante Lyrik, Straßburg 1885, S. 7.

[201] Der Begriff ›polit‹ hat wie ›galant‹ einen besonderen französisch-höfischen Ton, s. den Artikel ›Polit‹ in: ›Curieuse Gedancken von den Nouvellen oder Zeitungen‹, Leipzig u. Coburg, 1706 (¹1703; deutsche, erweiterte Fassung von ›De lectione novellarum‹; Weißenfels 1676), S. 129. Weise verwendet aber auch die lateinische Form, im Sinne von ›anspruchsvoll‹, ›gehoben‹: ›Epistolae selectiores‹, Budissin 1716, S. 71 (»a vita politiori«).

[202] So vor allem für bestimmte Bildungsdisziplinen, die über die elementaren Bedürfnisse hinausgehen, etwa – vom ›Politicus‹ her gesehen – das Lateinische (›Vertraute Gespräche ...‹, S. 143) oder die Poesie (Titelblatt zu Weises Poetik: »In dem galantesten Theile der Beredsamkeit«).

[203] Auf der anderen Seite bekundeten ihm die Galanten ihre Verehrung, etwa Bohse 1697 mit der Widmung des ›Curieuß-beqvemen Hand-Buchs‹ (s. o.).

[204] ›Oratorischer Hofmeister‹, Leipzig 1698.

[205] ›Gründliche Anweisung zur deutschen Oratorie‹, Leipzig 1704.

[206] ›Einleitung zur Oratorie‹, Leipzig 1706. Zahlreiche Bücher sowohl der Galanten als auch der Weisianer im weiteren Sinne erschienen bei den gleichen Verlegern (Gleditsch, Fritsch in Leipzig) wie diejenigen Weises.

[207] Vgl. die oben gegebenen Hinweise zu den einzelnen Abschnitten des ›Politischen Redners‹.

Diese *rhetorica*, die wiederum nur einen Teil von Weises fast unübersehbarer ›politischer‹ Schriftstellerei bilden[208], lassen sich in etwa fünf Gruppen ordnen: 1. deutschsprachige Redelehrbücher und Systematiken für ein breiteres Publikum (›Neu-Erleuterter Politischer Redner‹, 1684; ›Gelehrter Redner‹, 1692; Vorbericht zum ›Galanten Hoff-Redner‹, 1693[209]; ›Oratorische Fragen‹, 1706; ›Oratorisches Systema‹, 1707); 2. lateinische Lehrbücher vorwiegend für den Schulgebrauch (›De poesi hodiernorum politicorum‹, 1678[210]; ›Institutiones oratoriae‹, 1687[211]; ›Subsidium juvenile‹, 1689; dazu ›Curiöse Gedancken von der Imitation‹, 1698); 3. eine Poetik (›Curiöse Gedancken Von Deutschen Versen‹, 1691) sowie eine ausführliche ›Prosodie‹ als Anhang zu ›Der Grünenden Jugend Nothwendige Gedancken‹ (1675)[212]; 4. zwei Briefsteller (›Curiöse Gedancken Von Deutschen Briefen‹, 1691; ›Politische Nachricht von Sorgfältigen Briefen‹, 1693); 5. Ausgaben einzelner oder mehrerer Dramen mit eingehendem rhetorischem Vorwort (›Lust und Nutz der Spielenden Jugend‹, 1690; ›Freymüthiger und Höfflicher Redner‹, 1693; ›Nachbars Kinder‹, 1699; ›Neue Proben von der vertrauten Redens-Kunst‹, 1700; ›Curieuser Körbelmacher‹, 1705).

Daß nicht auf jeder Seite dieses epochemachenden rhetorischen Oeuvres neue Themen und Konzeptionen begegnen, braucht kaum betont zu werden[213], Weise beherrscht die rhetorischen Techniken der *variatio* und der *amplificatio* recht gut; mitunter scheinen gar nur die *exempla* ausgewechselt oder aufgestockt[214]. Aber das ist lediglich ein

---

[208] Wenigstens die wichtigsten Titel seien kurz genannt: ›De bono politico‹ (1671), ›Der Kluge Hoff-Meister‹ (1675), ›Summa politica‹ (1676), ›Schediasma curiosum de lectione novellarum‹ (1676), ›Compendium politicum‹ (1682), ›Teutsche Staats-Geographie‹ (1686), ›Politische Fragen‹ (1691), ›Nucleus politicae‹ (1691), ›Nucleus ethicae‹ (1694), ›Ausführliche Fragen/ über die Tugend-Lehre‹ (1696).

[209] Enthalten in: ›Politische Nachricht von Sorgfältigen Briefen‹ (›Vorbericht‹).

[210] Hierher könnte man auch ›De moralitate complimentorum‹ (1675) rechnen, obwohl es sich nur um eine *dissertatio* handelt.

[211] Möglicherweise schon 1686 erschienen, die Widmung datiert vom 30. September 1686 (vgl. die ›Curiösen Gedancken Von Deutschen Versen‹, die (mit Widmung vom 29. September 1691) noch im Jahr 1691 erschienen.

[212] ›Der Grünenden Jugend Nothwendige Gedancken‹, Leipzig 1690, S. 305ff. Weises Romantheorie enthält der ›Kurtze Bericht vom Politischen Näscher‹ (1680). Zur Theatertheorie vgl. die Vorreden der einzelnen Dramenausgaben.

[213] Wirklich verstehbar wäre das schriftstellerische Lebenswerk Weises nur im Zusammenhang der polyhistorischen Produktion des 17. Jahrhunderts; doch genauere Untersuchungen zu diesem ganzen Komplex liegen noch nicht vor.

[214] Meist zum Zweck größerer Aktualität; je ›politischer‹, an der Gegenwart

Teilaspekt. Denn Weise geht es vor allem darum, die verschiedenen Publikumsschichten, die nun einmal vorhanden sind, zu berücksichtigen und für eine ›politische‹ Rhetorik zu gewinnen: Adel, Bürgertum, Gelehrte, Schule. Darüber hinaus und quer durch alle Schichten hindurch möchte Weise besonders die Jugend ansprechen, und nicht nur in den Schulbüchern. An den Briefstellern zeigt sich dies am deutlichsten; waren die vorweisianischen Epistolarien – auch diejenigen Harsdörffers und Stielers – durchweg für ›Secretarii‹ gedacht, also für beamtete Schreiber[215], so verspricht schon Weises erster Briefsteller allgemeine Auskunft darüber, »Wie ein junger Mensch ... Die galante Welt wohl vergnügen soll«[216]. Dieses Eingehen auf das Publikum gehört zu den entscheidenden Verdiensten Weises und hat die Integration der neuen Rhetorik in das ›gemeine Leben‹ erst eigentlich ermöglicht.

Was Weise mit seinen verschiedenen Rhetoriken gegenüber den einzelnen Leserschichten praktiziert, fordert er von denen, die bei ihm lernen wollen, als ›politische‹ Grundtugend: sorgfältige Beobachtung und Einschätzung des Gegenübers, Berücksichtigung der Position, der Auffassungsgabe und – soweit möglich – der individuellen Neigungen; mit einem Wort: des ›äußeren aptum‹[217]. In der Theorie war das Prinzip des äußeren aptum, wie angedeutet, seit jeher erörtert oder gar ausdrücklich hervorgehoben worden, auch bei den deutschsprachigen Rhetorikern. So fordert etwa Meyfart – bezeichnenderweise wiederum unter Berufung auf die Autorität Scaliger –, der Redner solle nicht nur nach seinem eigenen ›Bedüncken‹ reden, sondern nach »des Zuhörers (Er sey Richter/ Beysitzer/ Adel/ Pöbel) gefallen«[218]; Voraussetzung aber sei, daß der Redner nicht nur sein

---

orientierter die Schriften sind, desto schneller veralten sie (besonders deutlich bei den Briefstellern sowie bei den chronologischen, geographischen Titeln und bei den ›Zeitungs‹-Anleitungen).

[215] Vgl. auch Roseno, Die Entwicklung der Brieftheorie ..., S. 5f.; Nickisch, a.a.O., S. 77ff.

[216] ›Curiöse Gedancken Von Deutschen Brieffen‹, Titelblatt. Der moderne Begriff ›Anleitung zum Selbststudium‹ wäre durchaus angebracht, vgl. Weises Erläuterung in ›Vertraute Gespräche ...‹, fol. a 4ªf. (Wünschmann, Gottfried Hoffmanns Leben ..., S. 101 Anm. 85).

[217] Zum folgenden Fischer, S. 245ff.

[218] ›Teutsche Rhetorica‹, S. 58. Vgl. Richter, ›Thesaurus oratorius novus‹, S. 1f.: »Es ist gar ein unfruchtbares Beginnen/ wenn ein Redner oder Scribent nur seine Kunst/ und dieses/ wozu er geführet und Lust hat/ will sehen lassen/ und sich gar nicht nach den Begierden und Verstand derer/ die ihn anhören/ oder seine Schriften lesen sollen/ richten will«.

›Vorhaben‹ und die ›Sache‹ genau erwäge, sondern auch »die Zuhörer noch fleissiger betrachte/ und seine Person am allerfleissigsten«[219].

Wesentliche Konsequenzen hatte die Verkündung des Theorems nicht[220]. Um so bedeutsamer scheint es, wenn ein Praktiker der politischen Rede wie Seckendorff (der zu Weises großen Vorbildern gehört)[221] die Wahrung des ›äußeren *aptum*‹ fordert, und zwar mit allen Anzeichen der persönlichen Erfahrung[222]: »Es muß sich aber ein Orator aulicus vel politicus, was die Stärcke der Sprache belangt/ nach dem Ort und den Leuten richten/ wo und bey welchen er redet. Die Sprache muß gelinder seyn in einem Fürstl. Gemach/ wo nechst dem Regenten nur einige nahe stehende Leute zugegen sind/ anders und stärcker/ wann man auff die Gassen/ von Fenstern herab/ oder in einem grossen Saal redet/ wo der Raum grösser ist/ und etlich hundert oder tausend Personen/ theils in der Ferne stehen«[223]. Seckendorffs lange Vorrede zu den ›Teutschen Reden‹ ist voll solcher z. T. elementarer, aber desto wertvollerer *praecepta*, die unmittelbar aus der höfisch-politischen Realität der zweiten Hälfte des 17. Jahrhunderts gewonnen sind[224].

Es ist bezeichnend, daß Weise im ›Politischen Redner‹ den Aspekt des ›äußeren *aptum*‹ vor allem dort zur Geltung kommen läßt, wo er die verschiedenen Bereiche der höfischen Rhetorik behandelt: die Lehre von der *insinuatio* findet sich im Abschnitt über das ›Komplimentieren‹[225], die Affektenlehre im Abschnitt über die ›Hoff-re-

---

[219] Meyfart, a.a.O., S. 58. Zu *actio* und *pronuntiatio* als Exponenten der ›Angemessenheit‹: Kindermann, ›Der Deutsche Redner‹, fol.) (VIᵃf.

[220] Demgegenüber spielt im Drama und seiner Theorie der Teilaspekt ›personales *aptum*‹ (Bindung des Sprachstils, der Stilebene an den Stand des Sprechenden) auch während des 17. Jahrhunderts bekanntlich eine wichtige Rolle, s. Opitz, ›Buch von der Deutschen Poeterey‹, fol. F 1ᵃff.; Buchner, ›Kurzer Weg-Weiser zur Teutschen Tichtkunst‹, Jena 1663, S. 44.

[221] ›Curiöse Gedancken Von Deutschen Brieffen‹, S. 295: »des weltberühmten Herrn von Seckendorff deutsche Reden« (die Reden waren fünf Jahre zuvor erschienen); ›Oratorisches Systema‹, S. 483: »der unvergleichliche Seckendorff«; s. auch ›Epistolae selectiores‹, S. 91 (Brief vom 5. 6. 1686). Bei den Galanten setzt sich die Seckendorff-Verehrung fort, vgl. Talander, ›Getreuer Wegweiser ...‹, fol.) : (7ᵃ.

[222] So etwa auch Luther: Tischreden 2, S. 44 u. ö.

[223] ›Teutsche Reden‹, ›Discurs‹, S. 65f. Sehr charakteristisch ist hier – wie auch immer wieder bei Weise – die Unterscheidung von *sermo secretus* (oder *privatus*) und *sermo publicus* (vgl. besonders a.a.O., S. 16!).

[224] Das schließt gelegentliche Anklänge an die rhetorische Theorie (die Seckendorff sehr wohl kannte) keineswegs aus, s. die ganze Partie a.a.O., S. 46ff. (auch S. 65ff.).

[225] ›Politischer Redner‹, S. 182ff. (›Von der Insinuation‹). Über die *insinuatio*

den‹[226]. Wie bei Gracián ist der Hof Ausgangspunkt und Modell des klugen, aufmerksamen, berechnenden, ›politischen‹ Weltverhaltens. Doch für Weises Stellung in der Geschichte der Rhetoriktheorie ist eine andere Gemeinsamkeit mit Gracián entscheidender: die konsequente Transposition der ›politischen‹ Weltsicht in ein System praktikabler Vorschriften[227].

Das theoretisch-rhetorische Gerüst, das die einzelnen *praecepta* ordnet und begründet, ist im ›Politischen Redner‹ nur erst angedeutet. Es systematisch auszubauen, wird zu einer Hauptaufgabe der oben genannten Einzelschriften, insbesondere der Briefsteller. Ins Zentrum rückt – wie bei Gracián[228] – der alte rhetorische Schlüsselbegriff des *iudicium*[229]. Während das *iudicium internum* ein angemessenes Verhältnis von *res* und *verba* zu gewährleisten hat, befindet das *iudicium externum* über das eigentlich ›politische‹ Moment der Sprache[230]: über Anlaß, Ort, Zeit und vor allem (mit Hilfe der sogenannten ›Personal-Politica‹)[231] über das Eingehen auf die Person, bei der man sich einen Effekt erhofft[232].

---

handelte bereits das erste Kapitel von ›De moralitate complimentorum‹ ausführlich (mit Rückgriff auf Cicero, de invent. 1,29). Auf die dort entwickelte Einteilung der Komplimente in *propositio* und *insinuatio* ist Weise besonders stolz, vgl. ›Politischer Redner‹, fol. 4ᵇ (auch ›Curiöse Gedancken Von Deutschen Brieffen‹, S. 393).

[226] ›Politischer Redner‹, S. 888ff. (›Von der Ubung mit den Affecten‹). Weise steht hier offensichtlich unter dem Einfluß französischer ›Hoflehren‹; der ›Traité de la Cour‹ von Du Refuge (1616; von Harsdörffer 1667 übersetzt!) war auf dem Gebiet der höfischen Affektenlehre führend (»Zum erstenmal wird in einem Lehrbuch der gesellschaftlichen Bildung eine ausführliche Beschreibung und Analyse der Affekte und ihrer Ursachen gegeben«, Zaehle, Knigges Umgang mit Menschen ..., S. 54). Bei Weise fließen also rhetorische und höfische Affektenlehre wieder zusammen.

[227] Die erste ausdrückliche Bezugnahme auf Gracián (in Amelots Übersetzung) steht bezeichnenderweise im Zusammenhang mit der *politica specialis* und *personalis*: ›Gelehrter Redner‹, fol. a 7ᵇf.

[228] »Hombre juicioso y notante« ist eine der Fundamentalbestimmungen des ›politischen‹ Menschen (o. S. 130).

[229] Dazu kurz ›Politischer Redner‹, S. 302; erste wichtige Stelle: ›Neu-Erleuterter Politischer Redner‹, S. 210ff. Vgl. Fischer, S. 246ff.

[230] ›Curiöse Gedancken Von Deutschen Brieffen‹, S. 275ff. Daß die Unterscheidung von *internum* und *externum* noch geläufig war, zeigt Meyfarts Zitat aus Scaliger: »ob du zwar von jnnen in deiner Kunst das Ziel hast erreichet/ hast du doch von aussen in dem Werck das Ziel verloren« (›Teutsche Rhetorica‹, S. 58; ›von innen‹ heißt: der Sache gemäß, ›von aussen‹: den Zuhörern gemäß).

[231] ›Politische Fragen‹, S. 518; ›Vorbericht ... von dem ... Galanten Hoff-Redner‹, in: ›Politische Nachricht von Sorgfältigen Briefen‹, fol. 7ᵃ.

[232] Klassische Definitionen im ›Vorbericht‹, a.a.O., fol. 6ᵃff.

Dazu freilich genügen die alten Ständebücher und Titularien längst nicht mehr[233]. Nur wer sich auf die Individualität des Gegenübers einzustellen weiß, wer dessen Vorlieben und Gewohnheiten mit Graciánischer Scharfsicht und Unerbittlichkeit beobachtet, wird Erfolg haben[234]. Elastizität ist unabdingbare Voraussetzung des ›Politicus‹[235], Elastizität auch im Sprachlichen. Die ganze verwirrende Vielfalt, ja Inkonsequenz der Weiseschen Stillehre[236] hat hier ihre eigentliche Wurzel. Wie auch immer die Epitheta der einzelnen Stile heißen mögen, ob ›sententiös‹, ›kurz‹, ›galant‹, ›scharfsinnig‹, ›hoch‹, ›poetisch‹, ›lustig‹, ›oratorisch‹, ›leicht‹ oder auch einfach ›politisch‹[237] – mit den traditionellen Schemata ist hier nur noch vereinzelt Ordnung zu schaffen. Aber nicht durch die bloße Lust am Zerschlagen der Tradition[238] wird Weises Stillehre bestimmt, auch nicht durch die Tendenz zur regellosen ›Natürlichkeit‹[239], sondern durch die Absicht, der ganzen Buntheit (oder gar Heterogenität) der Stile während des Hoch- und Spätbarock gerecht zu werden[240].

Schon in der ersten rhetorischen Einzelschrift, die auf den ›Politischen Redner‹ folgt, ›De poesi hodiernorum politicorum‹ (1678), ist dies klar erkennbar. Wenn das ganze Buch einem einzigen Stil, dem *stylus argutus*, vorbehalten bleibt, dann »non qvod velim omnes Politicos in hoc genere versari, sed qvod hodiernis moribus praecipua negotiorum Politicorum judicia hoc charactere solent concipi«[241].

---

[233] Deutlich ausgesprochen schon ›Politischer Redner‹, S. 193; dann ›Curiöse Gedancken Von Deutschen Brieffen‹, fol. a 5ᵃ u. ö.

[234] ›Vorbericht‹, a.a.O., fol. 6ᵃf.

[235] Vgl. die oben S. 130f. zitierten Maximen Graciáns, besonders: »Vivir a lo plático«, »Vivir a la ocasión«, »Saber hacerse a todos«, »Saberse amtemperar«. Die Regel »con el docto, docto« könnte geradezu als Wahlspruch für Weises ›Gelehrten Redner‹ gelten.

[236] Fischer, S. 176ff.; Nickisch, Die Stilprinzipien ..., S. 101ff.

[237] Am buntesten ist die stilistische Palette – der Materie entsprechend – in den Briefstellern.

[238] Vgl. das unten über Weises Verhältnis zur Antike Gesagte.

[239] Das Problem der ›Natürlichkeit‹ oder gar ›Individualität‹ der Sprache in Weises Theorie und Praxis ist ein wichtiger Sonderkomplex, der im gegenwärtigen Zusammenhang nicht behandelt werden kann.

[240] Zu den zahlreichen Mißverständnissen, denen Weises Stiltheorie in der Forschung ausgesetzt war, gehört auch die Deutung als ›antirhetorisch‹ bei Roseno, Die Entwicklung der Brieftheorie ..., S. 26 u. ö. Gerade weil bei Weise alles auf bewußte, effektbezogene Sprachgebung zielt, ist seine Stiltheorie eminent ›rhetorisch‹.

[241] Praefatio, fol. 4ᵃ. Aus dem gleichen Grund enthält auch bereits der ›Politische Redner‹ ein längeres Kapitel ›Von der Ubung mit den Argutiis‹ (S. 6ff.). Der *stylus argutus*, so hebt Weise hervor, habe sich bereits weithin durchge-

Nicht aus diktatorischer Willkür behandelt Weise den ›scharfsinnigen‹ Stil so ausführlich, sondern weil ein ›Politicus‹, der Erfolg haben will, diesen Stil beherrschen muß[242]. Ähnlich steht es mit dem ›Gelehrten Redner‹ von 1692. Geschichtlich gesehen ist das Buch ein bedeutsames Zeugnis dafür, wie das ›gelehrte‹ Element allmählich auch im höfisch-politischen Bereich an Reputation gewinnt. Die Legitimation zur monographischen Behandlung aber besteht für Weise ausschließlich darin, daß »etliche Patronen/ die wol gar über unser Glücke zu gebieten haben/ auff gelehrte Sachen incliniren«[243].

Auch die Poesie, von Weise hauptsächlich als Gelegenheitsdichtung verstanden[244], kann solche guten Dienste leisten[245]. Schon von Opitz – aber nicht erst von ihm – wird das gefällige *carmen* bedenkenlos als wirksames Mittel der sozialen Selbstbehauptung und der Insinuation bei einflußreichen Gönnern eingesetzt[246]. Und Harsdörffer bestätigt, man könne sich dadurch »aller Orten ... in Freud und Leid/ angenem und beliebet machen: gestalt solche Kunst heutzutag bey vielen Fürstenhöfen ... rühmlich getrieben wird«[247]. Und wenn nun Weise die Poesie als »Dienerin der Beredsamkeit« bezeichnet[248], so denkt er dabei zwar zunächst an ihre propädeutische Aufgabe bei der rhetori-

---

setzt, »nachdem der unvergleichliche Emanuel Thesaurus in Savoyen eine höchstrühmliche Probe von dieser sinnreichen Redens-Arten erwiesen hat« (a.a.O., S. 61; auch das Verdienst Masens würdigt Weise an dieser Stelle). Zur *argutia*-Bewegung allgemein vgl. o. S. 44ff.

[242] Der Stil entspricht dem Hang der Zeit zur *adulatio* (vgl. die Bedeutung der ›flatterie‹ am Hof Ludwigs XIV) und bildet als prosaische Übung eine Ergänzung zur höfischen Poesie: »hodierni seculi indoles, qvae, qvo magis ad argutam adulationem propendet, eo minus ad molestiores Poëtarum leges adstringi cupit« (›De poesi hodiernorum politicorum‹, fol. 4ª).

[243] ›Gelehrter Redner‹, fol. a 4ª. Weise schränkt allerdings ein, er könne nicht jedem »Garantie leisten .../ daß er aus diesem Buche den Ruhm einer gelehrten und politen Beredsamkeit davon tragen möchte«; erst »ein gutes Naturell«, unterstützt durch »gute Conversation«, führten zum Erfolg (a.a.O., fol. a 4ᵇ).

[244] Das zeigt sich klar am Inhalt der ›Curiösen Gedancken Von Deutschen Versen‹ (1691).

[245] Mit Gracián zu reden, ist sie wie die Briefkunst eine ›ciencia usual‹ (o. S. 129). ›Von dem Nutzen der Deutschen Verse‹ handelt bei Weise das erste Kapitel des zweiten Poetik-Teils (2, S. 1ff.).

[246] Die theoretische Begründung: ›Buch von der Deutschen Poeterey‹, fol. B 2ᵇff.

[247] ›Poetischer Trichter‹, 1. Teil, Nürnberg 1650, ›Vorrede‹, fol. VIª. Die übliche Abgrenzung einer besonderen Gruppe von ›Hofpoeten‹ seit dem Ausgang des 17. Jahrhunderts (Canitz, Neukirch, Besser, König usw.) ist durchaus willkürlich.

[248] ›Curiöse Gedancken Von Deutschen Versen‹, 2. Teil, S. 16.

schen Stilbildung[249]. Dienerin ist sie aber auch, weil der ›Politicus‹ in erster Linie Redner ist; konsequenterweise gelten in Weises Poetik ausdrücklich diejenigen als Vorbild, »welche/ Von der klugen Welt/ nicht als Poeten/ sondern als polite Redner sind aestimirt worden«[250]. Die Poesie steht zusammen mit den einzelnen rhetorischen Künsten in Hilfsfunktion zu der einen großen Aufgabe des ›Politicus‹: dem Erfolg.

Ist dieser reine Instrumentalcharakter der Weiseschen Rhetoriktheorie einmal erkannt, so klärt sich auch das vielumstrittene Verhältnis Weises zur antiken Tradition. »Er kannte ... die alten Griechen und Römer nicht«, verkündet Gottsched in der ›Akademischen Redekunst‹[251], und viele haben es ihm nachgeredet. Ein einziger Blick in Weises Schulbücher, insbesondere in die ›Curiösen Gedancken von der Imitation‹[252], genügt zur Widerlegung Gottscheds[253]. Allerdings, gegen die »blinde Admiration der Antiqvität«[254] hat sich Weise stets gewehrt, vor allem im Namen der Jugend, deren rhetorische Schulung nicht Selbstzweck sein, sondern der Vorbereitung auf das ›gemeine Leben‹, auf die ›politische‹ Wirklichkeit dienen soll[255].

Damit aber erhält auch der alte Topos von der Bindung der Beredsamkeit an die Staatsform eine neue Bedeutung. Zum ersten Mal in

---

[249] Vgl. ›Enchiridion Grammaticum‹, Dresden 1705 (¹1681), S. 91: »Poësis est clavis eloquentiae«; ›Curieuse Fragen über die Logica‹, Leipzig 1696, S. 910: »Die poetischen Exercitia müssen als Progymnasmata gerühmet werden/ welche den Stylum in prosa zu einiger perfection bringen lernen« (dazu auch Wünschmann, Gottfried Hoffmanns Leben ..., S. 58ff.; Hildebrandt–Günther, S. 6off.).

[250] ›Curiöse Gedancken Von Deutschen Versen‹, Titelblatt. Also wird Poesie auch nur als »Nebenwerck« gelernt, denn die jungen Leute sollen »lieber den Namen eines guten Predigers/ Hoff-Raths/ Advocatens/ Rathherrns/ Secretarii und dergleichen/ als eines guten Poetens verdienen« (a.a.O., 2. Teil, S. 15f.).

[251] ›Akademische Redekunst‹, Leipzig 1759, S. 13; ähnlich schon im ›Versuch einer Critischen Dichtkunst‹, Leipzig ⁴1751, S. 642: ihm seien »überhaupt die Regeln der alten Redekunst und Poesie unbekannt gewesen«. Noch die Weise-Darstellung bei Blackall, S. 113ff. ist deutlich durch Gottscheds Perspektive geprägt.

[252] Das Buch ist unmittelbar aus der Schulpraxis hervorgegangen, und Weise betont ausdrücklich, daß sein Unterricht keineswegs nur »in etlichen Deutschen Reden/ oder in unzeitigen Disciplinen besteht/ sondern daß wir den besten Auctoribus dergestalt zu Leibe gehen/ daß uns so wol in der Ordnung als in der eussersten elocution nichts unbekant verbleibet« (Vorrede, S. 4).

[253] Vgl. auch Grossers Bericht über Weises intensive Autorenkenntnis (›Vita Christiani Weisii‹, S. 63).

[254] ›Curiöse Gedancken Von Deutschen Brieffen‹, S. 536.

[255] A.a.O., fol. a 6ª; ›Epistolae selectiores‹, S. 71 u. ö. Selbst die ›Curiösen Gedancken von der Imitation‹ sollen zeigen, wie die lateinischen Autoren »von der Politischen Jugend mit Nutzen gelesen« werden können (Titelblatt).

der deutschen Rhetoriktheorie werden daraus praktische Konsequenzen gezogen: »bey diesen Monarchischen Zeiten wollen die Aristocratischen und Democratischen Künste von Rom und aus Griechenland nicht allemal zulangen«, heißt es in der Vorrede zur Dramensammlung ›Neue Proben von der vertrauten Redens-Kunst‹[256]; »niemand wird bey den wichtigsten Staats-Handlungen auch wohl in gemeinen Angelegenheiten sehr avanciren/ wenn er seinen Vortrag nach dem Ciceronianischen oder nach den Aristotelischen Leisten einrichten wolte«[257]. Damit sind die antiken Redner und Rhetoriker keineswegs abgetan. Man kann an ihnen aufs eindrucksvollste studieren, was – unter anderen Bedingungen – ›politische‹ Beredsamkeit heißt[258], man sollte sich ihre Schätzung der Muttersprache zum Vorbild nehmen[259] und nicht zuletzt ihren Realitätssinn: »Aristoteles et Cicero nihil videntur proposuisse, quod e Schola transferri non posset ad vitam«[260].

Weil sich jedoch die *vita* gewandelt hat, muß man nach neuen Wegen suchen, um die Jugend auf diese *vita* angemessen vorbereiten zu können. Das Schultheater[261], mit aktuellen, ›politischen‹ Prosa-Stücken[262] versehen, übertrifft an Lebendigkeit und Effizienz alle anderen Übungsmöglichkeiten; denn das Leben selbst ist Theater:

> »Das Spiel der Schule weist vergnüglich uns an;
> Wie ieder in der Welt vernünftig spielen kan«,

---

[256] Fol. a 3ᵃf. Den Lehrbuchverfassern, die sich sklavisch an die antiken *exempla* halten, wirft er vor, sie leiteten nur zur *eloquentia* »nach Gelegenheit des dahmaligen Staates« an; die Folge: »damit sind viel nothwendige Dinge von der heutigen Verfassung zurücke blieben« (›Oratorisches Systema‹, S. 4).

[257] ›Neue Proben von der vertrauten Redens-Kunst‹, fol. a 3ᵇ.

[258] ›Curiöse Gedancken von der Imitation‹, S. 68f. Vgl. auch die Kennzeichnung des Tacitus als ›Psalter der Politiker‹: ›Politische Fragen‹, S. 475.

[259] Weise betont dies wieder in deutlicher Kritik an den engstirnigen Humanisten: »sie haben sich die Muttersprache leichter gemachet als Cicero, welcher auff seine Latinität, als ein gebohrner Lateiner/ ziemlichen Fleiß hat spendiren müssen« (›Curiöse Gedancken Von Deutschen Brieffen‹, S. 2). Es ist ein Zentralgedanke schon des Opitzschen ›Aristarchus‹ (1617).

[260] ›Epistolae selectiores‹, S. 91. Daß der kaiserzeitliche Quintilian in diesem Zusammenhang nicht genannt wird, könnte Absicht sein.

[261] Unten S. 212f. und S. 309f.

[262] Für den ›Lebens‹-Bezug ist die prosaische Gestalt wesentlich. Aber nicht nur den Vers lehnt Weise für das Schultheater ab, sondern auch den »Pickelhering oder sonst die lustige Person/ sie mag heissen wie sie wil/ ... da doch im gemeinen Leben solche Leute niemals mitunter lauffen« (›Lust und Nutz der Spielenden Jugend‹, Vorrede, fol. 4ᵇ). Im Eintreten für die Prosa war ihm übrigens schon Daniel Richter vorausgegangen (›Thesaurus oratorius novus‹, S. 215:

heißt es bei Weises Zeitgenossen Lohenstein[263], der wie er durch die Schule der ›politischen‹ Bewegung gegangen ist. Und der Adlige Samuel von Butschky, Kenner des ›politischen‹ Lebens und Verfasser einer ›Hochteutschen Cantzley‹[264], fragt in dem gleichen Jahr 1677, in dem der ›Politische Redner‹ erscheint: »Sollte der ein Politicus sein, ... der in diesem Schauspiel des gemeinen Lebens eine ide Person zu spilen weis?«[265].

Für Christian Weise ist das keine Frage. Sein ganzer pädagogischer Einsatz gilt ja dem Ziel, den künftigen ›Politicus‹ wirklich zu jeder Rolle geschickt zu machen, und seien die Stilformen noch so vielfältig. Auf dem Theater kann der Heranwachsende diese Vielfalt der Welt kennenlernen und sich an ihr erproben[266]. So wird der Weisianische ›Politicus‹, sei er bürgerlicher oder adliger Abstammung, zur theatralischen Präfiguration Wilhelm Meisters[267].

»Nun redet ja weder ein gemeiner noch vornehmer Mann mit dem andern Versweise/ sondern in soluta Oratione«; außer dem Vorbild der Antike gebe es keinen stichhaltigen Grund für den Vers). Die praktische Konsequenz zieht auch hier wieder erst Weise.

[263] Just 3, S. 247 (Widmungsgedicht zur ›Sophonisbe‹).

[264] Zuerst: Zeitz 1659.

[265] Aus ›Pathmos‹, zitiert nach Burger, ›Dasein heißt eine Rolle spielen‹, S. 89. Die gleiche Vorstellung liegt zugrunde, wenn Stieler (im ›Teutschen Wolredner‹, S. 18) von dem rhetorischen Adepten spricht, »welcher in dem gemeinen Wesen eine Person darstellen will«.

[266] Weises Zittauer Nachfolger Gottfried Hoffmann hat diese Überzeugung an seine Schüler weitergegeben: »wer auf dem Theatro den Schlüssel zu menschlichen Gemüthern findet, und brauchen gelernt, der kann einst auf der Kanzel und Katheder, ja in täglicher Konversation diesen nöthigen Kunstgriff auf gehörige und anständige Weise desto leichter anbringen« (Vorrede zu ›Eviana‹, Leipzig 1696, zitiert nach W. Eggert, Christian Weise und seine Bühne [Germanisch u. Dt. 9], Berlin und Leipzig 1935, S. 319).

[267] Über die ›spielende‹, schauspielende Aneignung der Welt vgl. W. Kayser, Goethe und das Spiel, in: Kunst und Spiel. Fünf Goethe-Studien (Kl. Vandenhoeck-R. 128/9), Göttingen 1961, S. 30ff. (dort S. 45f. auch zum *theatrum mundi*).

3. Der Werdegang eines großen Barockrhetorikers: Christian Weise

a. Weise und die Geschichte der Rhetorik

»Multum ergo debet nostro WEISIO tot scriptis utilissimis nobilitata Eloquentia. Debet ipsi, quod Alumnos hac aetate format, nihil nisi publici saporis animo concipere et eloqui studentes: quod non scholae situm et squalorum olent publice prolata, verum Oratoris forti atque Auditoris exspectationi congruunt: quod incultam olim et neglectam Germanorum lingvam, aeque ac Latinam in possessionem ac familiarem usum traxit: quod scriptorum recentissimorum innutrita floribus, non tam mellitos spargere verborum globulos, quam verba rebus praestantissimis, velut papavere et Sesamo, condire didicit: quod denique hoc pacto, non, ut olim obsoletis, et vel ab Evandri seculo inepte repetitis rebus, lingvas calamosque onerat: sed, universum literatum orbem pervagata, colligit divitas, Orationis, non secus ac gemmas auri, dignitatem atque pretium aucturas«[1].

Weises Bedeutung innerhalb der Geschichte der Rhetorik und sein Verhältnis zur Tradition dürften kaum knapper und treffender darzustellen sein als durch dieses Resümee, das Samuel Grosser am Schluß eines Überblicks über die Schriften seines Lehrers versucht[2]. »Non se condidisse novum quoddam regnum eloquentiae«, habe er angesichts der großen Schar von ›Weisianern‹ betont, »sed tantum fines hujus disciplinae vere regiae, ex usu et necessitate, protulisse«; er sei nicht »inventor«, sondern »interpres«, nicht »detegens«, sondern »retegens«[3].

Eine ›Wiederentdeckung‹ bedeutete Weises Konzeption der ›politischen‹ Rhetorik in der Tat. Aber es war keine Wiederentdeckung aus Büchern. Ihre Dynamik erwuchs aus der real erprobten ›politi-

---

[1] Grosser, ›Vita Christiani Weisii‹, S. 65.

[2] Grosser gehörte während seiner Zittauer Gymnasialzeit (er hatte zunächst das Gymnasium in Brieg besucht) zu Weises engerem Schülerkreis. Als Weise 1683 seinen Freund Balbinus in Prag besuchen wollte, war Grosser als Begleiter ausersehen (er berichtet darüber a.a.O., S. 82ff.). Später wird er, als einer der entschiedensten ›Weisianer‹, Rektor in Altenburg (1691), dann in Görlitz (1695). Näheres zu ihm bei G. F. Otto, Lexikon der seit dem funfzehenden Jahrhunderte verstorbenen und jeztlebenden Oberlausizischen Schriftsteller und Künstler, Bd. 1, Görlitz 1800, S. 527ff.

[3] Grosser, a.a.O., S. 66. Vgl. ›Oratorische Fragen‹, fol. a 7ª: »Meine Regeln sind nicht mein: denn sie stecken in den ältesten Büchern«.

schen‹ Lebenslehre. Jedes Teilgebiet, ob Stiltheorie oder Realienwesen, Brieflehre oder Schultheater, Didaktik oder Muttersprache, ist nur von diesem Zentrum her wirklich zu verstehen: Rhetorik als Instrument und zugleich als vornehmster Ausdruck eines ganzheitlichen Lebens- und Bildungsideals.

Damit aber rückt Weise in die Reihe jener Rhetoren, die ihr Metier als universale, den ganzen Menschen betreffende Disziplin propagiert haben. Freilich, der ausgeprägt utilitaristisch-individualistische Zug läßt ihn einem Sophisten des fünften vorchristlichen Jahrhunderts[4] verwandter scheinen als einem Cicero[5] oder gar Quintilian[6]. Unter dem traditionalen Aspekt wird auch noch einmal die Differenz gegenüber der rhetorischen Bildungsidee des Humanismus erkennbar. Die humanistische *eloquentia*-Konzeption dringt trotz ihrer lebenskundlichen Ansätze[7] nicht ins ›politische‹ Leben vor; sie bleibt wesenhaft autonom.

Die Konsequenz mag paradox anmuten: gerade durch ihre ›politische‹ Modernität ist Weises rhetorische Konzeption ›antiker‹ als die der Humanisten, ›antiker‹ jedenfalls, wenn man an Gorgias, Isokrates, Aristoteles oder Cicero denkt. In der Topologie der humanistischen Imitationstheorie gibt es das Schema der ›hypothetischen Wiederkehr‹ oder ›Auferstehung‹ eines antiken Autors[8]. Auch auf Weise hat man es angewendet. Seine von Witz und ›politischer‹ Realität durchtränkten Komödien würden von Aristophanes, wenn er wiederkäme, geradezu als die eigenen betrachtet werden, so heißt es einmal[9]. Vielleicht

---

[4] Immer noch nicht überholt: H. Gomperz, Sophistik und Rhetorik. Das Bildungsideal in seinem Verhältnis zur Philosophie des V. Jahrhunderts, Leipzig u. Berlin 1912; vgl. K. Ries, Isokrates und Platon im Ringen um die Philosophie, Diss. München 1959.

[5] H. K. Schulte, Orator. Untersuchungen über das ciceronianische Bildungsideal (Frankf. Stud. z. Rel. u. Kultur d. Ant. 9), Frankfurt a. M. 1935; K. Barwick, Das rednerische Bildungsideal Ciceros (Abh. Leipzig, Phil.-hist. Kl. 54/3), Leipzig 1963.

[6] B. Appel, Das Bildungs- und Erziehungsideal Quintilians nach der institutio oratoria, Donauwörth 1914; A. Gwynn, Roman education from Cicero to Quintilian, Oxford 1926, S. 180ff.; Clarke, Die Rhetorik bei den Römern, S. 155ff.

[7] Etwa bei Niclas von Wyle, ›Translatzion‹ (v. Keller, S. 204; nach Enea Silvio Piccolomini): »alle leere und underwysung rechtz lebens in kunst der geschrift und besonder latinischer wird begriffen«.

[8] Die Vorstellung hat in der Antike selbst ihre Wurzeln, man denke vor allem an die ›Frösche‹ des Aristophanes oder auch (einen anderen Typus repräsentierend) den Homer-Traum zu Beginn der ›Annalen‹ des Ennius.

[9] Erdmann Neumeister, ›Specimen dissertationis historico-criticae de poetis Germanicis hujus seculi praecipuis‹, o. O. 1695, S. 114: »Ipse quidem Aristophanes,

noch stolzer jedoch wäre Weise auf die postume Verknüpfung mit den antiken Rhetoren gewesen: wenn sie zurückkehrten, »multos forte alios in spuriorum numero haberent, hunc germanum filium agnoscerent«[10].

Mobilisierung der ursprünglichen intentionalen Kräfte antiker Rhetorik, in Opposition zu ihren etablierten Sachwaltern – so ließe sich Weises Ausgangspunkt, stark vereinfacht, definieren. In einer Epoche, die so tief vom ständischen Ordo-Denken geprägt ist wie die Barockzeit, bedurfte es dazu einer vitalen Erfahrung, die über die Grenzen der humanistischen Gelehrtenzunft selbst hinausreicht[11]. Der Werdegang des Rhetors Weise läßt diesen Erfahrungsprozeß mit nahezu musterhafter Vollständigkeit nachvollziehen; nicht im Sinne eines goethezeitlichen Bildungsromans, sondern jener bürgerlichen, diesseitigen, lehrreichen, rational durchschaubaren Lebensläufe[12], die Weise selbst als erster – über Grimmelshausen hinausgehend – in den ›Ertz-Narren‹ dargestellt hat.

Aber nicht nur für den Aufstieg einer neuen selbstbewußten, bürgerlichen Schicht im letzten Drittel des 17. Jahrhunderts ist dieser Lebenslauf exemplarisch[13]. In dem Augenblick, wo die sozialen Energien der ›politischen‹ Bewegung über die Grenzen von Hof, Adel, akademischer Gelehrtenzunft, Bürgertum und Schule hinausdrängen und die alte Ordnung sich zu verschieben beginnt, wird noch einmal und vielleicht schärfer als je zuvor deren Aufriß erkennbar: eine Schematik, die für die Entfaltungsmöglichkeiten der Rhetorik während des ganzen 17. Jahrhunderts bestimmend war[14].

Atticae quondam elegantiae architectus, si, ab inferis resurgens, in haec talia incideret, nonne aut pro suis agnosceret, aut animae suae vim dimidiumque in Weisium transmigrasse suspicaretur?«.

[10] Grosser, a.a.O., S. 67. Auch Weise selbst hebt einmal die Verwandtschaft seiner schriftstellerischen Tätigkeit mit derjenigen von Aristoteles, Cicero und Quintilian hervor: ›Vertraute Gespräche‹, fol. a 3b (Wünschmann, a.a.O., S. 46.).

[11] Dazu das nachfolgende Kapitel.

[12] Vgl. Hirsch, Bürgertum und Barock ..., S. 56f.

[13] So Hirsch, a.a.O., S. 42.

[14] Die wichtigsten Quellen im folgenden: ein ausführlicher Rückblick Weises auf seinen rhetorischen Werdegang (»qvibus ego mediis Oratoriam excoluerim«) in der Praefatio zu ›Institutiones oratoriae‹ (1687), fol. 4aff.; verstreute Äußerungen in Weises sonstigen Schriften; die bereits mehrfach zitierte Biographie Grossers; die Monographien von Wünschmann, Kaemmel und vor allem von Horn (sehr eingehend, wenngleich nicht immer zuverlässig; breiteste Materialkenntnis, mit Einbeziehung der Zittauer Christian-Weise-Bibliothek).

b. Schüler, Student, Magister

Als Christian Weise am 30. April 1642 in Zittau geboren wurde[15], war zwar der große Krieg noch nicht beendet – und der Wunsch nach Frieden blieb ein charakteristisches Leitmotiv in Weises Schriften –, doch erholte sich die Oberlausitz besonders rasch von den Kriegsfolgen[16]. Die Prosperität dieser Städtelandschaft, durch weitreichende Handelsbeziehungen vor allem zu Holland und England gefördert, wurde später eine wesentliche Voraussetzung für Weises pädagogisch-rhetorische Aktivität[17].

Der Vater Elias Weise, aus einfachen Verhältnissen stammend[18], war seit 1639 als ›Collega Tertius‹ am Zittauer Gymnasium tätig und hatte sich u. a. als Verfasser einer lateinischen Grammatik (›Enchiridion Grammaticum‹)[19] hervorgetan. Beide Eltern stammten von böhmischen Exulanten ab, einer in jener Gegend starken Volksgruppe (mit eigenen ›böhmischen Gassen‹ u. dgl.)[20], und vermittelten dem Sohn den Geist eines entschiedenen Protestantismus.

Für die Jugendjahre Weises wurde neben der sorgfältigen religiösen Erziehung die Atmosphäre des Gymnasiums bestimmend, noch bevor die eigentliche Schulzeit begann. Den ersten Unterricht erteilte der Vater zu Hause, wobei auf dem Lateinischen natürlich das Hauptgewicht lag[21]. Es verging kein Tag, an dem nicht eine *epistola*, eine *chria* oder der Teil einer *oratiuncula* abzufassen war[22]. Als

---

[15] Seine Generation (in Klammern Geburtsjahre): Abraham a Sancta Clara (1644), Abschatz (1646), Christian Gryphius (1649), Haugwitz (1645), Leibniz (1646), Morhof (1639), Mühlpfort (1639).

[16] Horn, Christian Weise ..., S. 30ff.

[17] Wichtig ist dabei der enge Zusammenhalt zwischen Zittau, Bautzen (Budissin), Görlitz, Lauban, Löbau und Kamenz (Sechsstädtebund seit 1346); von dort kamen zahlreiche Schüler Weises, dort bekleideten ›Weisianer‹ einflußreiche pädagogische Ämter.

[18] Weises Großvater war »einfacher Gartenbesitzer« in einem Dorf in der Nähe Zittaus (Kaemmel, Christian Weise, S. 10).

[19] Die Grammatik wird später von dem Sohn überarbeitet und erweitert (»Nunmehr aber nicht allein mit Regeln und Exempeln mercklich erweitert/ sondern auch mit einer ausführlichen Manuduction an die Informatores selbst vermehret«, Titelblatt; Dresden 1681). Die erste Fassung der Grammatik stammte von Weises Lehrer Keimann, s. Vorrede, fol. A 2ª.

[20] Kaemmel, a.a.O., S. 9. Zu dem Komplex jetzt auch L. Richter, Das Zittauer Gymnasium als Mittler tschechisch-slowakisch-deutscher Wissenschafts- und Kulturbeziehungen in der Periode des Wirkens von Christian Weise und Christian Pescheck 1678–1744, Diss. Berlin (HU) 1963.

[21] Grosser, ›Vita Christiani Weisii‹, S. 9.

[22] ›Institutiones oratoriae‹, fol. 4ᵇ.

besonders wichtig galt dabei die *dictio extemporanea*, die spontane, freie Äußerung zu einem vorgegebenen *argumentum*, ohne überzogene Ambitionen[23]; als wichtigste Übungstechnik diente die *chria oratoria*[24]. Weises eigene Berichte darüber sind allerdings so offensichtlich durch die *pietas* bestimmt, daß man einzelnes nur mit Vorbehalt aufnehmen wird[25]. Trotzdem ist es durchaus möglich, daß wesentliche Grundzüge der späteren *methodus Weisiana* aus dem väterlichen Unterricht hervorgegangen sind. Dies gilt z. B. auch für die Bewertung der Muttersprache; sorgsam achtete der Vater darauf, »ne tum Latini tum vernaculi Sermonis omitteretur cultura«[26].

Mit sieben Jahren kam Christian offiziell zur Schule. Doch es scheint, als habe ihn der Vater bereits vorher gelegentlich dorthin mitgenommen, »et sic non discendi saltem, verum etiam docendi viam ipsi statim praemonstrabat«[27]. Im Alter von sieben Jahren erhielt Weise seine erste pädagogische Aufgabe, er wurde als Repetitor für die im Haus wohnenden – durchweg älteren – Pensionäre herangezogen[28]. Folgt man Weises eigener Darstellung, so hat auch während der Gymnasialzeit die häusliche Anleitung durch den Vater den Vorrang behalten[29]. Zu den schon genannten Übungen kommen das regelmäßige Exzerpieren und Paraphrasieren[30] sowie das Predigtreferat und das ungezwungene Vortragen von Muretus-Reden[31], mit dem Ergebnis: »Ich habe es meinem sel. Herrn Vater zudancken/ daß er mich von Jugend auf an solchen freyen Meditationibus niemahls verhindert hat ... so werde ich ietzo [1706] gewahr/ daß ich im neundten und zehndten Jahre vielmahl etwas von dem Naturel verrathen habe/ darauf ich mich noch der Zeit verlassen muß«[32].

---

[23] Ebda.
[24] A.a.O., fol. 4ᵃ.
[25] So z. B. die Betonung der ›oratorischen‹ Chrie (ebda.) gegenüber der ›Aphthonianischen‹.
[26] A.a.O., fol. 4ᵇ. Vgl. a.a.O., fol. 5ᵃ die Klage, das Deutsche müsse »in Scholis passim frigere«.
[27] Grosser, a.a.O., S. 6.
[28] Ebda.: »repetendarum lectionum praeerat exactor blandus pariter et rigidus«.
[29] Es scheint charakteristisch, daß das erste der vier ›Vertrauten Gespräche‹ (1697; Weises ausführliche Pädagogik-Darstellung) zum Thema hat: ›Von der Klugheit eines Rechtschaffenen Vaters‹ (bewußtes Gegenstück zur ›Mutterschul‹ des Comenius?). Vgl. auch den langen Brief über den Vater (nach dessen Tod) ›Epistolae selectiores‹, S. 26ff. (vom 28. 4. 1679).
[30] Grosser, a.a.O., S. 11.
[31] ›Institutiones oratoriae‹, fol. 4ᵇ; dabei vermieden: »verborum et formularum servilis repetitio« (ebda.).
[32] ›Oratorische Fragen‹, S. 499.

Aus dem Schulunterricht selbst erwähnt Weise vor allem die intensive Lektüre der beliebten ›Colloquia‹ des Erasmus; bereits mit fünfzehn oder sechzehn Jahren habe er sie fast auswendig beherrscht[33]. Während dieser letzten Jahre hatte Weise, wie üblich, auch Unterricht beim Rektor des Gymnasiums[34]. Christian Keimann, Schüler August Buchners und angesehener Poet[35], bildete nun endlich ein gewisses Gegengewicht zum übermächtigen Einfluß des Vaters. Bei Keimann rundete Weise auch seine Kenntnisse im Fach Rhetorik ab[36], besonders hervorzuheben ist die Vorliebe des Rektors für ein zeitgemäßes Schultheater[37].

Mit einer Valediktionsrede ›De pietate‹[38], einem im Stil der Zeit nicht gerade anspruchslosen Thema, verließ Weise zu Ostern 1660 die Schule und bezog bald darauf die Universität Leipzig. Angesichts der sehr beschränkten finanziellen Möglichkeiten des Vaters[39] bedeutete die Existenz dieser Universität – Leipzig war mit Zittau durch die Zugehörigkeit zum Haus Sachsen verbunden – einen ausgesprochenen Glücksfall; ein Studium in Leiden beispielsweise[40] hätte aus eigenen Mitteln nie finanziert werden können. Als ›Zentrum des Handels und der Musen‹[41] vermittelte Leipzig dem begabten und fleißigen, ja streberhaften[42] Lateinschüler zum ersten Mal das unmittelbare Erlebnis des Weltläufigen, Großzügigen (des ›klein Paris‹). »Lipsia liberiorem auram mihi aperuit«, schrieb Weise später an Balbinus[43].

Das sichere Fundament an Wissen, das Weise mitbrachte (auch Geschichte und etwas Philosophie gehörten dazu)[44], konnte jetzt seine Nützlichkeit erweisen. Doch der Wunsch des Vaters, Christian solle

---

[33] ›Curieuse Fragen über die Logica‹, S. 915; ›Oratorische Fragen‹, S. 721.
[34] Der Rektor unterrichtete im allgemeinen nur in der Prima, vereinzelt auch in der Sekunda.
[35] T. Gärtner, Christian Keimann, Mitt. d. Ges. f. Zittauer Gesch. 5, 1908, S. 28ff. Weise hat ihm später auch die *parentatio* gehalten.
[36] Vgl. ›Politischer Redner‹, S. 62.
[37] Außer der Arbeit von Gärtner vgl. auch Newald, S. 394.
[38] Kaemmel, Christian Weise, S. 12.
[39] Der ›Tertius‹ wurde überall besonders schlecht bezahlt.
[40] Daß so viele bedeutende Schlesier der Barockzeit in Leiden studierten, war freilich nicht nur Bildungsluxus; Schlesien besaß im 17. Jahrhundert keine Landesuniversität.
[41] »Germaniae totius forum et emporium celebratissimum, Musarum matrem fidelissimam« nennt es Grosser, a.a.O., S. 17f.
[42] Christian soll sich vom Spiel mit den Kameraden weitgehend ferngehalten (»periisse tempus omne reputabat, quod non studiis tribueretur«, a.a.O., S. 7) und vor allem den Kontakt mit Älteren gesucht haben (a.a.O., S. 14).
[43] ›Epistolae selectiores‹, S. 58.
[44] ›Institutiones oratoriae‹, fol. 4b.

Theologie studieren[45], läßt – zum ersten Mal erkennbar – einen Konflikt entstehen[46]; denn den Sohn zieht es sehr bald mehr zur Jurisprudenz als zur Theologie. Nicht als ob anti-religiöse Affekte dabei ausschlaggebend gewesen wären; die in Leipzig mit besonderer Strenge gehütete lutherische Orthodoxie wirkte auf Weise ganz offensichtlich hemmend, abstoßend im Vergleich zur weltnahen, realistischen Rechtswissenschaft[47].

Doch zum Studieren kam Weise vorerst wenig. Nach der Inskription als Mitglied der ›Meissnischen Nation‹[48] wurde er sogleich von den älteren Studenten (den ›alten Häusern‹) mit Beschlag belegt. Den Gebräuchen des herrschenden ›Pennalismus‹ entsprechend[49] – auch Goethe lernte sie in Leipzig kennen – mußte der Anfänger den Älteren zu einer ganzen Reihe oft entwürdigender ›Dienstleistungen‹ zur Verfügung stehen, außerdem als beliebtes Objekt ihrer »insolentia non multum distans ab injuria et maleficio«[50]. Der kleine, etwas schwächliche Studiosus wäre dem wohl kaum gewachsen gewesen, und glücklicherweise erkannte ihn der Senior der Meissner bei dem obligatorischen Antrittsbesuch als »majorem et robustiorem animo, quam corpore«[51].

In diesem Augenblick begann Weises literarische Laufbahn. Er mußte mit Handschlag versprechen, »se ad carmina, in usum aut oblectamentum popularium elaboranda, ad nutum cujusque, qui, ipsius artem et ingenium exploraturus, quicquam metrici laboris postulasset, citra tergiversationem promptum fore, et expositum«[52]. Weniger die *paupertas* (wie bei Horaz)[53] als die körperliche *debilitas* zwang ihn zum Verseschreiben im Dienst der ›alten Häuser‹. Sehr rasch arbeitete sich Weise in die Tradition des Leipziger Gesellschaftslieds[54] ein. Er

---

[45] Der Vater hatte (in Jena) selbst Philologie, Philosophie und Theologie studiert (so Kaemmel, a.a.O., S. 10).
[46] Daß bereits in Zittau Zweifel aufgetaucht waren, deutet Weise nur ganz vorsichtig an (›Institutiones oratoriae‹, fol. 5ᵃ).
[47] Das gleiche gilt für die Leipziger scholastische Philosophie (dazu unten).
[48] Die Studentenschaft war landsmannschaftlich korporiert.
[49] Drastische Schilderungen überall in Schupps pädagogischen und zeitkritischen Schriften.
[50] Grosser, a.a.O., S. 18.
[51] A.a.O., S. 19.
[52] A.a.O., S. 19. Weise selbst übergeht in den ›Institutiones oratoriae‹ den ganzen Komplex geflissentlich.
[53] Epist. 2,2,5ff.
[54] Die Blütezeit war Ende der 20er Jahre mit dem Kreis um Georg Gloger (gest. 1631) verbunden gewesen. Zur Tradition: M. Platel, Vom Volkslied zum Gesellschaftslied, Bern 1939. Der Begriff ›Gesellschaftslied‹ ist freilich seit langem

lernte die Topen und Schemata, die Kasuistik und ihre Floskeln, vor allem aber den forciert-frischen Ton dieses Genres beherrschen und war dabei offensichtlich so erfolgreich, daß er, wie er selbst berichtete[55], pro Tag oft ein rundes Dutzend solcher Gelegenheitsprodukte abliefern mußte[56].

Weise ist später von ihnen als von *juvenilia* abgerückt[57]. Immerhin vermittelten sie ihm eine »erste Bekantschafft in der Welt«[58] (sie erschienen noch 1668 in Leipzig unter dem Titel ›Der grünenden Jugend überflüssige Gedancken‹)[59] und hatten darüber hinaus für die Ausbildung seines Sprachvermögens keine geringe Bedeutung: Schreiben auf Bestellung, Ausrichtung nach den Wünschen des Auftraggebers (wobei man den Ghostwriter nicht zu sehr merken durfte), rasches Erfassen des *casus* – alles das kam später auch dem Rhetor Weise zugute; seine These von der Poesie als der Dienerin der Beredsamkeit[60] hat jedenfalls hier ihre Wurzel. Wie bewußt er seine Sprachschulung betrieb und wie umittelbar er dabei das ›Leben‹ seiner täglichen Umwelt einzubeziehen versuchte, zeigt sich noch an einer anderen Stelle. In der Vorrede zur ›Comödienprobe‹ (1695) berichtet er, wie er von seinem Studentenzimmer aus die Unterhaltungen und Streitereien zwischen Wirtinnen, Köchinnen und Waschfrauen belauschte, und wie er jeweils »aus allen Discursen das Kräftigste nachschrieb«[61]. Vor allem die Komödienproduktion hat davon profi-

---

umstritten, vgl. jetzt wieder C. Petzsch, Einschränkendes zum Geltungsbereich von ›Gesellschaftslied‹, Euphorion 61, 1967, S. 342ff.

[55] ›Curiöse Gedancken Von Deutschen Versen‹, 2. Teil, S. 53. Weises Darstellung der Gelegenheitspoesie allgemein ist deutlich durch die Leipziger Erfahrungen bestimmt: wie »im vorigen seculo die Gewonheit aufkommen war«, zu allen möglichen Anlässen lateinische oder griechische Verse zu produzieren, ob sorgfältig ausgearbeitet oder hingeworfen, so halte man es jetzt auch mit der Muttersprache; »so bald ein neuer casus auff die Bahne kömmt/ so müssen viel Bogen fertig seyn/ die der Buchdrucker kaum auff einmahl bezwingen kan/ und der occupatste Mann soll sich mitten in seiner Verrichtung von seinen nöthigen meditationibus entbrechen/ und was hinschreiben« (a.a.O., S. 51f.).

[56] Grosser, a.a.O., S. 20 spricht von zehn Aufträgen und mehr; Weise habe gearbeitet wie Herkules in den Diensten der Omphale.

[57] ›Curiöse Gedancken Von Deutschen Versen‹, 1. Teil, S. 394.

[58] Ebda.

[59] Weitere Auflagen: 1671, 1673, 1677, 1678, 1680, 1684, 1691, 1701, 1723; vgl. M. v. Waldberg, Einleitung zum Neudruck der Ausgabe von 1678 (NdL. 242–5), Halle 1914, S. X. Auch ›Der Grünenden Jugend Nothwendige Gedancken‹, Leipzig 1690 (¹1675) enthalten Gelegenheitsgedichte aus der Leipziger Zeit (z. B. stammt der Text S. 112 von 1662, S. 121ff. von 1664).

[60] Oben S. 186.

[61] Zitiert nach J. Wich, Studien zu den Dramen Christian Weises, Diss. Erlangen-Nürnberg 1962, S. 46.

tiert[62], aber das früh ausgebildete Sensorium für soziale Sprachschichten wurde schließlich auch für seine rhetorische Konzeption bestimmend.

Nach einem Jahr *servitium* unter der Tyrannis des Pennalismus[63] durfte sich Weise endlich ganz seinem Studium widmen[64]. Das Baccalaureat, schon am 30. April 1661 abgelegt, war bei seinen Kenntnissen und Fähigkeiten kein Problem. ›Philosophie‹ trieb er bei Jacob Thomasius (dort gehörte Leibniz, der Ostern 1661 immatrikuliert worden war, zu seinen Mitschülern)[65], bei Rappolt und bei Alberti[66]. Mit jugendlichem *impetus* arbeitete er sich in den Stoff des gängigen Aristotelismus ein und hätte sich fast »in Scholasticorum castra« ziehen lassen[67]. Es ist charakteristisch für Weise, daß er noch im Rückblick beklagt, durch die *subtilitas* der Methoden sei ihm zeitweilig der Stil verdorben worden und habe bedenklich zur *scabrietas* tendiert[68]. Doch Thomasius zeigte ihm »sobriam philosophandi rationem«, und Rappolt wies ihn, als Gegengewicht, »ad Musas et cultiores literas«[69].

Das größte Verdienst aber schreibt Weise seinem Lehrer Christian Friedrich Franckenstein zu, der seit 1652 ›Professor linguae latinae

---

[62] Unten S. 309f. Wie ergiebig speziell das Leipziger Wirtinnen-Milieu für einen Komödienschreiber sein konnte, zeigt sich dann einige Jahrzehnte später bei Christian Reuter.

[63] So Grosser, a.a.O., S. 19f.

[64] Nur mit dieser Einschränkung kann die generelle Behauptung von Horn gelten: »Er vernachlässigte aber nie sein Studium, sondern betrieb es mit größtem Fleiß« (Christian Weise ..., S. 14).

[65] Über persönliche Beziehungen zu Leibniz ist nichts Genaueres auszumachen. Zwei Hochzeitsgedichte Weises, eines für Leibniz' älteren Stiefbruder Johann Friedrich, eines für Leibniz' Schwester Anna Catharina (enthalten in ›Der grünenden Jugend überflüssige Gedancken‹, S. 146ff. und 131ff.), genügen nicht zu der Annahme, Weise sei mit der Familie Leibniz ›befreundet‹ gewesen (so Wünschmann, Gottfried Hoffmanns Leben ..., S. 94 Anm. 16); sie sind im Rahmen von Weises umfangreichen gelegenheitspoetischen Verpflichtungen zu sehen. Daß Weise und Leibniz sich – zumindest bei Thomasius – persönlich begegnet sind, dürfte allerdings wahrscheinlich sein; vgl. auch Horn, a.a.O., S. 18.

[66] ›Institutiones oratoriae‹, fol. 5ª; Grosser, a.a.O., S. 22.

[67] ›Institutiones oratoriae‹, fol. 5ª. Weise benutzte dabei u. a. die kanonischen Lehrbücher von Arriaga und Suarez (ebda.); völlig mißverstanden von Horn, a.a.O., S. 18: Weise habe diese Methode abgelehnt, »deren Hauptvertreter in Leipzig der Jesuit Suarez war, den er zu Beginn seines Studiums eifrig gehört hatte« (Suarez war bereits 1617 gestorben; dazu noch die Vorstellung: ein Jesuit als Hochschullehrer in Leipzig!).

[68] ›Institutiones oratoriae‹, fol. 5ª.

[69] Ebda.

et historiarum‹ war und 1661 gerade als Rektor amtierte[70].
»FRANCKENSTEINIUS Historiam et Politicam fugitivo hactenus oculo
perlustratam, propius commendabat«[71]. Damit trat zum ersten Mal
jenes für die Geistesgeschichte des 17. Jahrhunderts so folgenreiche
Fach ›Politik‹ in Weises näheren Gesichtskreis, freilich noch nicht mit
der universal-lebensphilosophischen Geltung im Sinne Graciáns, sondern als realistische Staatslehre im Sinne eines Lipsius oder Conring[72].
Das rasch geweckte Interesse Weises für dieses Fach förderte
Franckenstein zusätzlich dadurch, daß er dem begabten Studenten
auch seine reichhaltige Privatbibliothek zugänglich machte[73] (wie der
›Politiker‹ Schönborner dem jungen Andreas Gryphius).

Theologie hat Weise, dem Wunsch des Vaters entsprechend, zwar
ebenfalls gehört (bei Carpzov, Löffler und Kromayer)[74], aber mehr
als das Nötigste scheint er nicht getan zu haben, erst recht nicht,
nachdem er sich für ›Politik‹ engagiert hatte. Daneben beschäftigte
ihn weiterhin die Jurisprudenz, das Fach also, das ursprünglich sein
Studienwunsch gewesen war; die Vorlesungen von Born und Eckolt[75]
bildeten eine sinnvolle Ergänzung zur ›Politik‹ Franckensteins.

Über die Grenzen der einzelnen Fachgebiete hinweg aber beschäftigte ihn die Kardinalfrage, wie denn jene intensive rhetorische Schulung, die er von frühester Zeit an erhalten hatte, zu mobilisieren, mit
materia anzureichern bzw. praktisch zu verwerten sei. Die ersten Erfahrungen waren wenig ermutigend. Das scholastische Subtilitäten-
system suggerierte dem jungen Studiosus, »pro concretis in praxi
occurrentibus, theoreticam abstrahendi vanitatem« zu verehren[76].
Um so befreiender wirkte auf Weise die Begegnung mit den eigentlichen Realfächern. Born und Eckolt zeigten ihm, »quid ad fori nostri
eloquentiam pertineret«[77], und im Hinblick auf sein Lieblingsfach,

---

[70] Vgl. ADB 7, 1878, S. 244f.
[71] ›Institutiones oratoriae‹, fol. 5b.
[72] Oben S. 137ff. Franckenstein war auch »Anhänger der damals beliebten politischen Auslegung der alten Historiker« (ADB, a.a.O., S. 245). 1679 ließ er ›Gru-
teri discursus politici in Tacitum‹ drucken. Grosser, a.a.O., S. 24f. gerät im Zusammenhang Franckensteins offenbar etwas ins Phantasieren und möchte Weises spätere ›politische‹ Lebenslehre bereits dort beginnen lassen.
[73] ›Institutiones oratoriae‹, fol. 5a.
[74] Grosser, a.a.O., S. 23. Carpzov (mit dem Weise auch später noch in Kontakt
blieb) vertrat das Fach Dogmatik, Löffler Kontroverstheologie, Kromayer
Schriftauslegung und Kirchengeschichte.
[75] ›Institutiones oratoriae‹, fol. 5b.
[76] A.a.O., fol. 5a.
[77] A.a.O., fol. 5b.

die ›Politik‹, erkannte er »propositis negotiorum civilium casibus ... majoris pretii fore verborum elegantias, quae rebus nobilioribus, ac in politica hominum societate celebratis adhiberentur«[78]. Selbst die moralischen Disputationen Albertis waren ihm auf seiner Suche nach oratorischen Vorbildern nützlich: »quae cum in se continerent solidioris eloquentiae materiam, tacitè monebant, quibus subsidiis emergere posset orator«[79].

Es liegt nahe, solche Äußerungen als Projektionen einer späteren Auffassung in die Studienzeit zu interpretieren, und für einzelne Formulierungen mag das auch zutreffen. Doch gerade die Details, die Weise berichtet[80], lassen erkennen, daß für ihn die Praktizierbarkeit von Rhetorik wirklich eine Kernfrage des Studiums war. Sorgfältige Beobachtung der Lehrer und Erprobung der eigenen Kräfte gingen Hand in Hand. Schon in seiner ersten Leipziger Zeit suchte sich Weise nach Möglichkeit jemanden, »der aus Hoffnung viel Weißheit zu begreiffen/ die gedult fassete/ und mich alle Tage eine Stunde anhörete«[81]. Weise dozierte meist über Stoffe, die er selbst am gleichen Tag von einem der Magister gelernt hatte, und erwarb sich auf diese Weise nicht nur praktische Erfahrung, sondern auch ein einigermaßen kompetentes Urteil. Während er z. B. an Rappolt den klaren, bedächtigen Vortrag schätzte[82] und an Alberti die disputatorische *facundia*[83], benutzte er die philosophischen Kollegs des Thomasius – der Stoff war ihm wenigstens in den Grundlagen schon vertraut – zu einer besonderen Art des *exercitium*[84].

Weise merkte sich jeweils den für die nächste Vorlesung vorgesehenen Stoff[85]: »die Stunde zuvor spatzierte ich auf einem Saale/ da mich kein Mensch hören oder verstören kunte/ und versuchte/ ob ich

---

[78] Ebda.
[79] Ebda. Vgl. die Darstellung in der Vorrede zu ›Politische Fragen‹, fol. b 4ª: die meisten seiner Disputationen waren »auf lauter practicable Dinge so wol in Ethicis, als in Historicis und Politicis, eingerichtet«.
[80] Wie bei der Schilderung seiner ersten Studienzeit (Gelegenheitsdichtung usw.) ist zu bedenken, daß zahlreiche seiner Studienfreunde noch am Leben waren (mit einigen stand Weise in Briefwechsel) und eine gewisse Kontrollinstanz darstellten.
[81] ›Neu-Erleuterter Politischer Redner‹, S. 650.
[82] ›Politischer Redner‹, S. 553ff.
[83] ›Institutiones oratoriae‹, fol. 5ᵇ; vgl. ›Politische Fragen‹, fol. b 4ª.
[84] ›Neu-Erleuterter Politischer Redner‹, S. 650f.
[85] Ob ihn Thomasius jeweils vorher ankündigte, ist nicht ganz ersichtlich. Doch lag die Gliederung der Materie meist ohnehin schon fest (die Lehrbücher hatten einen relativ uniformen Aufbau).

wol das Caput, welches solte erkläret werden/ mit geschickten Worten ausführen möchte«[86]. Blieb er stecken, so war es keine Blamage, brachte er den Vortrag gut zustande, so bedeutete es einen zusätzlichen *stimulus*. In jedem Fall aber – und das war das Wichtigste – verglich er anschließend »den Discurs im Collegio« mit seinen eigenen »Erroribus«[87]. Doch stellte er dabei nicht nur fest, daß Thomasius »auch in diesen Stücke als ein vollkommener Professor Eloquentiae zu halten war«, sondern versuchte das Ganze anschließend zu Hause noch einmal[88]. Der Nutzen dieser Übung zeigte sich bald, und »so durffte ich hernachmals in Collegiis activis, wie sie genennet werden/ der Worte halben wenig bekümmert seyn«[89].

Am 25. Mai 1663, also drei Jahre nach der Immatrikulation, erwarb Weise den Titel eines Magisters der Philosophie[90], und bald darauf begann er mit eigenen Vorlesungen. Die Zusammenstellung der Lehrgebiete war ein Programm: »Eloquentiam, doctrinam Morum, aut Prudentiam Civilem [›Politik‹]: vel Historiam et ejus adminicula imo Poësin etiam tractare cupienti offerebat operam«[91]. Daß er sich großen Zulaufs erfreuen konnte, verwundert bei seinen rhetorischen Fähigkeiten kaum[92]. Aber auch die Theorie, die er zu lehren hatte, scheint er sich nicht leicht gemacht zu haben. Er gesteht selbst, daß er vorher, besonders in der Poesie, mehr *empirice* vorgegangen war, »ingenii potius, quam artis aliquo subsidio«[93].

Zum systematischen Ausbau seiner aus der Praxis gewonnenen Einsichten blieb ihm reichlich Zeit. Daneben tat er sich besonders bei Disputationen hervor: »non magis adversariorum captiosis laqueis se callide expediebat, quam in oppugnandis eorum sententiis tela in

---

[86] A.a.O., S. 650.
[87] A.a.O., S. 651.
[88] Ebda.
[89] Ebda. Weise empfiehlt diese ›Trockenübungen‹ den angehenden Studiosi nachdrücklich und erinnert zugleich daran, wie »der alte Mathesius in D. Luthers Hause eine Anzahl Töpfe um sich herum gesetzet/ und denselben als vernünfftigen Köpfen gepredigt hatte« (a.a.O., S. 652).
[90] Grosser, a.a.O., S. 26.
[91] Ebda.
[92] Gelobt werden »docendi ... perspicuitas, dexteritas, soliditas et suavitas« (a.a.O., S. 27).
[93] ›Institutiones oratoriae‹, fol. 6ª. Er wußte zwar von den *exempla* her, »quid pro loci, temporis, argumentice conditione posset dici« (durch seine Gelegenheitspoesie!), aber er war unsicher, »quorsum singula essent referenda, quibusve regulis auditor excitari deberet aut confirmari« (ebda.; das Problem einer theoretischen Fixierung des ›äußeren *aptum*‹). Ausführlicher dazu Grosser, a.a.O., S. 27.

ipsos vibrabat aegre retundenda«[94]. Sein Ziel war die akademische Laufbahn. Zweimal, 1666 und 1668, disputierte er *pro loco*, d.h. mit der Absicht, in die Fakultät aufgenommen zu werden[95]. Aber der Erfolg blieb aus. Vielleicht verfügte Weise nicht über die nötigen (auch verwandtschaftlichen) Beziehungen[96], vielleicht hatte er einflußreiche Gegner. In zwei Versionen wird überliefert, ein Theologe[97] habe die Aufnahme in die Fakultät aus persönlicher Aversion vereitelt. Eine dieser beiden Versionen, durch den Meininger Hofprediger Johann Caspar Wetzel erhalten[98], ist auch für den Rhetor Weise bezeichnend und sei hier kurz zitiert: »er wäre auch ohnstreitig Professor Academicus zu Leipzig geworden/ wenn nicht D. Schertzer aus heiml. Groll/ den er gegen Weisen trug/ weil dieser einsmahls jenem in einer Disputation scharff opponiret/ und desselben Dialectum, da Schertzer Weisio auf ein gewisses Argument mit dem est blasphämia, spöttlich negando widerhohlet/ darwider gewesen«[99].

c. Höfisch-politische Erfahrungen

Was auch immer seiner akademischen Laufbahn im Wege gestanden haben mag, Weise dürfte erleichtert gewesen sein, als er nach fünfjähriger Magistertätigkeit im Jahre 1668 das Angebot erhielt, eine Sekretärsstelle beim Grafen Simon Philipp von Leiningen in Halle zu übernehmen[100]. Weise sagte zu. Er hat den Wechsel von Leipzig

---

[94] A.a.O., S. 28.

[95] Die Themen: ›Idea boni historici‹ und ›De judicio historici‹ (vgl. Grosser, a.a.O., S. 181). Die Disputationen sind in der Zittauer Christian-Weise-Bibliothek erhalten, s. Horn, Christian Weise ..., S. 209 Anm. 52.

[96] Die Geschlossenheit der Leipziger ›Gelehrtenoligarchie‹ hebt Kaemmel, Christian Weise, S. 16 hervor.

[97] Sein Name wird im einen Fall genannt (Schertzer, s. das Folgende), im anderen Fall ist nur »von einem gewißen Professore Theologico« die Rede (so bei Johann Hübner, dessen nur handschriftlich erhaltene Weise-Biographie Horn, a.a.O., S. 19 zitiert).

[98] Sie wird üblicherweise (auch bei Horn) nach Zedler 54, 1747, Sp. 1060 gegeben, ist dort aber – ohne Quellenangabe – fast wörtlich abgeschrieben aus Wetzel, ›Hymnopoeographia‹, Herrnstadt 1724 (¹1718), S. 379.

[99] Text nach Wetzel. Weise selbst hat sich zu der Angelegenheit offenbar nie schriftlich geäußert. Schertzer erwähnt er einmal 1681 (in einem Brief an Balbinus) im Zusammenhang der Leipziger Scholastik: »Regnabat tum Scherzerus, Philosophiae Scholasticae fautor egregius« (›Epistolae selectiores‹, S. 58). Zu Schertzers Rolle als gefürchteter Streittheologe (er polemisierte u. a. gegen Pufendorf, auch gegen Scheffler!) vgl. ADB 31, 1890, S. 137f.

[100] ›Institutiones oratoriae‹, fol. 6ᵃ: »illustrissimis auspiciis abripiebar in Aulam Halensem«. Auf welchen Wegen ihn das Angebot erreichte oder ob er sich etwa um eine solche Stellung bereits bemüht hatte, ist nicht ersichtlich.

zum Hallenser Hof später als den entscheidenden Sprung von der Theorie in die Praxis gedeutet[101]. Der Kontrast muß tatsächlich denkbar scharf gewesen sein. So beflügelnd die *liberior aura* Leipzigs zunächst auf ihn gewirkt hatte, sein bewegliches Naturell und vor allem seine realistisch-›politischen‹ Neigungen konnten in der dortigen akademischen Atmosphäre auf die Dauer nicht zur Entfaltung kommen. Weises Aufgaben im Dienst Leiningens (er war erster Minister des Herzogs August von Sachsen-Weißenfels und Administrator des Erzbistums Magdeburg) waren zwar nicht mit besonderen Vollmachten verbunden, aber nun bot sich die Möglichkeit, die bisher nur aus der Ferne imaginierte administrative Hofpraxis unmittelbar kennenzulernen[102]. Weise hatte in der Kanzlei des Grafen die laufenden Verwaltungsgeschäfte zu erledigen, d. h. vor allem Besucher zu empfangen und die umfangreiche Korrespondenz zu bestreiten[103]. Außerdem mußte er bei den Kabinettssitzungen Protokoll führen[104] und bekam somit auch Einblick in die Willensbildung der Exekutive. Alles das kannte er bislang nur aus mehr oder weniger abstrakten Lehrbüchern der ›Politik‹; »quotidiano usu exercere poterat Civilis Prudentiae Praecepta, quae in Academia non perfunctorie didicerat«[105]. Insbesondere aber bot sich ihm reichlich Anschauungsmaterial für die in Leipzig immer wieder ventilierte Frage nach einer lebendigen, nützlichen, sacherfüllten, ›politischen‹ Beredsamkeit, und er erkannte, »quantum vel distaret vel conveniret Scholasticorum et Politicorum eloquentia«[106].

Bei dieser kritischen Auseinandersetzung mit dem eigenen humanistisch-akademischen Fundament half ihm einer der einflußreichsten Männer am Hallenser Hof[107], der Freiherr Georg Dietrich von Rondeck. Der erfahrene Hofmann und Diplomat[108], der nichts ertragen konnte, »quod speciem haberet vanitatis«[109], ein Feind des ›Pedantismus‹, war offensichtlich beeindruckt von Weises vorzüglichen Kennt-

---

[101] Ebda.
[102] Erst jetzt zeigte sich, »quid veri nominis Politico sciendum et perficiendum esset« (Grosser, a.a.O., S. 30).
[103] Kaemmel, Christian Weise, S. 16. Einen informativen Überblick über das, was damals von einem Hofsekretär erwartet wurde, gibt die Widmungsvorrede zu Stielers ›Teutscher Sekretariat-Kunst‹, Nürnberg 1673, fol.):(Ibff.
[104] Kaemmel, a.a.O., S. 16.
[105] Grosser, a.a.O., S. 30.
[106] ›Institutiones oratoriae‹, fol. 6a.
[107] Während der Sekretärszeit Weises war er Präsident des ›Geheimen Rats‹.
[108] »Heros longo rerum aulicarum usu subactissimus« (Grosser, a.a.O., S. 31).
[109] ›Institutiones oratoriae‹, fol. 6a.

nissen, von seiner *facundia* und von der *promptitudo* seiner Amtsführung[110]; er bemühte sich, diese ›politische‹ Begabung planmäßig zu fördern. In zahlreichen Gesprächen korrigierte er vor allem Weises akademische Vorstellungen von der ›politica‹; er wies ihn darauf hin »vulgares Politicos libellos partem Civilis doctrinae praecipuam, de legum et consiliorum fontibus, incultam reliquisse: et sic corpus edidisse, cui desit anima«[111]. Weise beherzigte die Ratschläge Rondecks und arbeitete sich systematisch in das Realfach ›statistica‹ ein, das auch seiner täglichen Praxis zugute kam (später verfaßte er sogar ›statistische‹ Abhandlungen und Kompendien)[112].

Wie entscheidend die erste unmittelbare Begegnung mit der politischen Hofpraxis – nach der Zittauer Schulzeit und der Leipziger akademischen Welt – seinen Werdegang beeinflussen mußte, braucht kaum hervorgehoben zu werden. Noch ein Jahr vor seinem Tod, als er im ›Oratorischen Systema‹ die Summe seiner ›politisch‹-rhetorischen Tätigkeit zieht, weist er auf den Wert dieser Erfahrungen hin[113]: »Ich muß selbst bekennen/ wenn ich nicht über ein Jahr in Qualite eines Secretarii zu Hofe gewesen wäre/ da ich manchmahl auf curieuse Reden zu dencken hatte/ mein politischer Redner würde mir in vielen Stücken etwas schlechter gerathen seyn«[114].

Als Leiningen 1670 ins Feldlager zog, ließ sich Weise (der an einem Fußleiden laborierte)[115] von guten Freunden abraten, dem Grafen zu folgen. Er quittierte in Ehren[116] den Dienst. Noch einmal zog ihn

---

[110] Grosser, a.a.O., S. 31.

[111] A.a.O., S. 31f.

[112] Der wichtigste Titel: ›Idea doctrinae statisticae‹, 1670.

[113] Etwa zur gleichen Zeit, in der Vorrede zur Epigramm-Ausgabe von 1704, betont der Weltmann Wernicke den prinzipiellen Vorteil derjenigen Poeten, die »entweder selbst von hohem Stande gebohren sind, und eine gleichmässige Aufferziehung gehabt haben; oder mit dergleichen Personen eine lange Zeit umgegangen, und folgends eine vollkommene Wissenschaft der Welt, derer Gebräuche, Sitten und Sprachen sich an Höfen erworben haben« (Epigramme. Hrsg. u. eingel. v. R. Pechel [Palaestra. 71], Leipzig 1909, S. 121).

[114] ›Oratorisches Systema‹, S. 610. Vor allem auch in den Briefstellern wird die eigene Sekretariatspraxis immer wieder erkennbar. Vgl. etwa ›Curiöse Gedancken Von Deutschen Brieffen‹, fol. a 7ᵃ: ich wähle den Weg, »welchen die rechten Practici, in Geistlichem und Weltlichem Stande/ gesuchet haben«; a.a. O., S. 295: als Sprachmuster wähle man »etwas aus den Sächsischen und Brandeburgischen Cantzleyen«.

[115] Horn, Christian Weise . . ., S. 210 Anm. 66 (nach dem Manuskript von Hübner).

[116] Das betont Grosser, a.a.O., S. 33: »honesta missione impetrata«; es ist wichtig für die spätere erneute Kontaktaufnahme im Zusammenhang der Berufung nach Weißenfels.

die Universitätswelt an, aber nun mußte es das Zentrum der politischen und rhetorischen Wissenschaften, Helmstedt, sein. Dort lehrten Conring[117] und Schrader[118], und an sie versuchte sich Weise sogleich anzuschließen. Was er sich davon versprach (einen letzten Versuch einer akademischen Laufbahn?), wird nicht ganz klar. Jedenfalls gewann er bald die freundschaftliche Achtung der beiden Gelehrten[119], und schon nach wenigen Monaten empfahlen sie ihn dem Baron Gustav Adolf von der Schulenburg, der für zwei ihm anvertraute junge Adlige (von Asseburg) einen Hofmeister suchte[120].

Die Stelle konnte selbstverständlich nur eine Übergangslösung sein, aber Weise blieb wenigstens im Adelsbereich, der ihn so sehr anzog, und konnte vor allem seine ausgeprägten pädagogischen Talente wieder erproben; vielleicht reizte ihn auch die Nähe Schulenburgs, der als bedeutender politischer Redner galt[121]. Ein kleiner, abgelegener Ort im Magdeburgischen (Amfurt) wurde nun Weises Wohnsitz; das versprach gegenüber den vielen Verpflichtungen in Leipzig und Halle einiges an *otium*[122]. Weise nutzte es vor allem zum intensiven Studium des Realfachs Geschichte, speziell der neueren Geschichte[123]; hierzu hatten offensichtlich Conring und Schrader die Anregung gegeben[124]. Neben Jurisprudenz, ›Politik‹ und ›Statistik‹ trat mit dem Fach Geschichte nun eine vierte Realdisziplin, die als Materie einer auf die *vita* bezogenen Beredsamkeit dienen kann. Weise erprobte diese Materie als Abwechslung im täglichen Hofmeister-Unterricht[125], stellte sich umfangreiche historische *thesauri* zusammen und legte so

---

[117] Grosser spricht von ihm als »Politicorum ejus aetatis Aristarcho« (a.a.O., S. 33); vgl. o. S. 138.

[118] »Eloquentiae Civilis Professori peritissimo et diligentissimo« (ebda.); von seiner Bedeutung als Rhetoriker wird noch im Zusammenhang der Universitätslehrstühle die Rede sein.

[119] Wohl etwas übertreibend behauptet Grosser, ihre Zuneigung sei so groß gewesen, »ut in familiari amicitia neminem WEISIO anteponerent« (ebda.).

[120] Zum Hofmeisteramt unten S. 374ff.

[121] In seiner eigenen Schilderung leitet Weise unmittelbar von Schrader zu Schulenburg über.

[122] Grosser, a.a.O., S. 34.

[123] »Wer das neue nicht erkandt hat/ wird von dem alten schlecht judiciren«, heißt es im ›Klugen Hoff-Meister‹, S. 15 (vgl. das Folgende).

[124] Zu Conring vgl. Wünschmann, a.a.O., S. 72. Von Schrader erwähnt Weise selbst die ›Hypotheses‹, eine Sammlung von Redeübungen nach der Reformationsgeschichte des Sleidanus (›Institutiones oratoriae‹, fol. 6b).

[125] Grosser, a.a.O., S. 34: »ne seriis jucunda interponere omitteret, addebat Praeexercitationes Geographico-Historicas«.

den Grund für seinen ersten nichtpoetischen schriftstellerischen Erfolg: den ›Klugen Hoff-Meister‹, der 1675 zum ersten Mal erschien[126].

Die unorthodoxe, weltliche Form, in der Weise seinen Unterricht gestaltete, scheint den Argwohn einiger Geistlicher der Umgegend hervorgerufen zu haben[127]. Als einer dieser Kritiker sich zur persönlichen Diskussion bewegen ließ, gelang es Weise, ihn »dergestalt in die Schule zu führen, daß er unsern Weisen gewonnen geben und die Schwäche seiner Wissenschafft gestehen muste«[128]. Bei Schulenburg selbst drängten die Kritiker vergeblich auf Weises Entlassung[129], denn ähnlich wie Rondeck war er offenbar von dem Format des jungen Gelehrten angetan, der in so ungewohnter Weise humanistisch-akademische Gelehrsamkeit mit solider Realienkenntnis und politisch-weltläufiger *eloquentia* verband.

Wohl aus dem gleichen Grund gewährte Schulenburg ihm Einblick in seine eigene rhetorische Werkstatt, was für Weise um so reizvoller sein mußte, als überall in der Provinz die »solennis ... eloquentia« Schulenburgs gerühmt wurde[130]. Weise durfte mehrfach vor dem eigentlichen Vortrag die sorgfältige *praemeditatio* der Rede studieren[131] und konnte dann genau beobachten, wie Schulenburg den Entwurf in lebendige ›politische‹ Rede umsetzte. So verstand es Weise, selbst die Hofmeisterzeit im abgelegenen Amfurt für seine Idee einer *eloquentia politica* zu nutzen.

d. Die Professur an der Ritterakademie

Vom weiteren Werdegang des Rhetors Weise her gesehen, erscheint diese Zeit (etwa ein halbes Jahr) wie eine Phase des Atemholens vor dem Höhepunkt. Ende Juli 1670 erhielt Weise einen Ruf als Professor der Politik, Rhetorik und Poesie[132] an das ›Gymnasium illustre Augusteum‹ in Weißenfels, das erst wenige Jahre zuvor (1664) durch

---

[126] Ebda.: »libellus magno omnium applausu publice receptus«; ähnlich noch Zedler 54, 1747, Sp. 1059. Das Buch erreichte mindestens elf Auflagen, vgl. die Angaben bei Hirsch, Bürgertum und Barock ..., S. 49 Anm. 56.
[127] Grosser, a.a.O., S. 34f.
[128] Zedler 54, 1747, Sp. 1059.
[129] Grosser, a.a.O., S. 35. Weise schweigt von der ganzen Angelegenheit.
[130] A.a.O., S. 38f. ›Institutiones oratoriae‹, fol. 6b: »facundiae laudem«.
[131] Ebda.
[132] »Politices, Eloquentiae Poesiosque Professorem designatum esse« (Grosser, a.a.O., S. 40); diese Reihenfolge der Fächer findet sich auch sonst in den Zeugnissen.

den Herzog August von Sachsen-Weißenfels[133] gegründet und ganz im Stil einer Ritterakademie aufgezogen worden war[134]. Daß die Wahl auf Weise fiel, hängt unzweifelhaft mit seinen Beziehungen zum Hallenser Hof zusammen[135], insbesondere zu Rondeck, der als Oberinspektor der Weißenfelser Adelsschule fungierte[136]. Doch wird man auch sagen dürfen, daß Weise – unabhängig von dieser Unterstützung – für die ihm zugedachte Aufgabe der richtige, wenn nicht gar der beste Mann war.

Der Ruf nach Weißenfels mußte Weise als ›Chance seines Lebens‹ erscheinen, und obwohl die hohen Erwartungen, die man in ihn setzte, eine nicht geringe Verpflichtung bedeuteten, nahm er das Angebot ohne langes Zögern an. Bereits am 9. August wurde er in Weißenfels feierlich eingeführt[137] und hielt seine Antrittsrede ›De conjunctione politices, eloquentiae et poeseos‹. Das Bildungsprogramm der Institution Ritterakademie, der sich Weise einzuordnen hatte, wird später noch eingehender erläutert werden[138]. Weises Fächer gehörten zu den gelehrten *studia*, denen die ritterlichen *exercitia* (Reiten, Fechten, Tanzen usw.) gegenüberstanden. Daß ihm der ganze Komplex adlig-höfischer Regeln und Gewohnheiten mittlerweile geläufig war[139], dürfte seine Arbeit wesentlich erleichtert haben, im Gegensatz zu manchem anderen Gelehrten, der sich als Lehrer an einer Adelsschule erst mühsam eingewöhnen mußte.

Die schwierigste und vordringlichste Aufgabe, vor der Weise jetzt stand, war die Umsetzung seiner ›politisch‹-rhetorischen Vorstellungen in einen systematischen Unterricht. Seine Leipziger Vorlesungs- und Übungsentwürfe waren durch die inzwischen gewonnenen Erfahrungen und Erkenntnisse definitiv überholt[140], eine geschlossene neue Theorie existierte noch nicht. Weise hat das später offen einge-

---

[133] Der Herzog war als besonders kunstsinnig und bildungsfreudig bekannt; er gehörte auch zur ›Fruchtbringenden Gesellschaft‹.
[134] R. Rosalsky, Geschichte des akademischen Gymnasiums zu Weissenfels, Progr. Weissenfels 1873, S. 11ff.
[135] Vgl. schon Kaemmel, Christian Weise, S. 18.
[136] Horn, Christian Weise ..., S. 24.
[137] Grosser, a.a.O., S. 40.
[138] Unten S. 377ff.
[139] Ob er in Amfurt auch *exercitia* unterrichtet hatte oder ein anderer diese Aufgabe übernommen hatte (eine solche Teilung kam gelegentlich vor), ist nicht auszumachen.
[140] Allgemeiner formuliert: »excutiebat omnen, quem sibi collegerat, doctrinae apparatum« (Grosser, a.a.O., S. 41).

standen und betont, daß erst der Zwang des Lehrens ihn zum allseitigen Durchdenken seiner Ansätze veranlaßte[141]. Als Grundeinsicht brachte er mit nach Weißenfels, daß *perfecta loquendi facultas* nur dann entstehen könne, »si artificium veniret ab Oratoria, res et tractandi decor à politicâ«[142].

Das theoretische Gerüst der Rhetorik durfte also keinesfalls über Bord geworfen werden, es war nur von unnützer Scholastik zu befreien und nach einer *facilis methodus* darzubieten[143]. Auf der anderen Seite schien es Weise unumgänglich, nützliche Realien vor allem ›politischer‹ Art in die Oratorie hereinzunehmen[144] (im Stundenplan der Ritterakademie waren sie ohnehin vertreten). Und vor allem: als Medium der *eloquentia* durfte das Deutsche, die Sprache der *vita communis*, nicht länger ausgeschlossen werden. Als Leitsatz stand über alledem: »Scholam et Vitam, Latinitatem et vernaculam ... conjungere diligentius«[145].

Die methodischen Konsequenzen daraus mußten freilich erst Stück für Stück erprobt und systematisiert werden. Weise hebt nachdrücklich hervor, daß er jedes noch so einleuchtende Theorem stets am konkreten *exemplum* gemessen habe, um keiner Täuschung zu unterliegen[146]. Er benutzte zu diesen Experimenten vor allem die ›Privatlektionen‹, in denen er weniger an Vorschriften gebunden war; aus solchen ›collegia privata‹ ist schließlich der ›Politische Redner‹ hervorgegangen[147].

---

[141] ›Institutiones oratoriae‹, fol. 7ᵃ.

[142] A.a.O., fol. 6ᵇ. Die Dreierkombination ›Politik‹, ›Eloquenz‹ und ›Poesie‹ scheint in Weißenfels erst durch Weise geschaffen worden zu sein. Nach den Statuten von 1664 ist ›Politica‹ ein Lehrgebiet des ›Professor Philosophiae Moralis‹ (Rosalsky, a.a.O., S. 24).

[143] ›Institutiones oratoriae‹, fol. 7ᵃ. Weise scheint damals (wieder oder zum ersten Mal?) intensiv die Schriften von Boecler, Boxhorn und Bose studiert zu haben. Er mußte aber enttäuscht erkennen »illos ... instruere virum, qui potuisset apud priscos esse eloquens« (a.a.O., fol. 8ᵇ); vor allem hätten sie sich nicht bewußt gemacht, daß die Alten die *progymnasmata* bereits voraussetzten (ebda.).

[144] In der Einladungsschrift zu einem Weißenfelser Actus von 1672 faßt Weise das alte ›Sachen statt Wörter!‹ in diese Form:

> »Wir sollen zuvor aus auff Kunst und Sprachen gehen:
> Jedoch was nützt uns das bloße Wörter-Spiel/
> Wo keine Sachen sind davon man reden wil?«

(›Der Grünenden Jugend Nothwendige Gedancken‹, S. 88).

[145] ›Institutiones oratoriae‹, fol. 7ᵃ.

[146] A.a.O., fol. 9ᵃ.

[147] Grosser, a.a.O., S. 45 bezeichnet das Buch als »Collegiorum, quae privatis Au-

Die *fama* von Weises modernem, lebensnahem, lebendigem, nützlichem Unterricht verbreitete sich sehr rasch[148]. Auch von weither schickte man Schüler nach Weißenfels, und »generosissimi« waren darunter[149]. Doch der Unterricht bildete nur einen Teil von Weises pädagogischer Aktivität; alle vier großen ›politischen‹ Romane erschienen während der Weißenfelser Zeit[150] und sollten dazu beitragen, die neue ›politische‹ Lehre – nun immer mehr im Sinne Graciáns[151] – in breiten, auch und vor allem nichtadligen Kreisen bekannt zu machen. Vorbild für das erste Glied in dieser Reihe, den ›Politischen Näscher‹, war das ›Satyricon‹ Barclay's[152]; es erschien Weise als besonders geeignet, um Anschluß an die europäisch-höfische Romankunst zu finden. Das *ridendo dicere verum* etablierte sich auch als Unterrichtsprinzip[153]. Aber Weise verstand es zugleich, sein Ansehen als weltmännischer Gelehrter durch eine Fülle von *dissertationes, disputationes* und *actus* im Rahmen der Schule auszubauen. ›Politik‹ ist auch dabei das beherrschende Thema[154].

Aus der Fülle bedeutender Persönlichkeiten, mit denen Weise aufgrund seiner geachteten Position verkehrte, seien nur zwei herausgehoben, weil sie für die Ausbildung seiner politischen Rhetorik von Bedeutung wurden. Der Geheime Rat Gebhard von Alvensleben[155], Jurist, Hofbeamter und Diplomat im Dienst Herzog Augusts, seit 1668 im Ruhestand lebend, ließ seine Söhne von Weise unterrichten[156] und interessierte ihn bei häufigen Begegnungen für das Realienfach der Genealogie bzw. Heraldik, das fortan in Weises rhetorischer

---

ditoribus exercitandis aperuerat, foecundam sobolem«. Vgl. auch die Andeutungen Weises in der Vorrede zum ›Politischen Redner‹.
[148] Grosser, a.a.O., S. 40.
[149] Ebda.
[150] Hirsch, Bürgertum und Barock ..., S. 44ff. Der bisherigen communis opinio nach hat Weise die Romane auch in Weißenfels verfaßt. Die von Horn benutzte Biographie Hübners datiert jedoch die Abfassung in die Amfurter Zeit, und Horn schließt sich dem ohne nähere Begründung an (Christian Weise ..., S. 23). Aber wie kann Weise innerhalb eines halben Jahres neben seiner täglichen Hofmeisterarbeit, den Geschichtsstudien und den Reisen mit Schulenburg auch noch vier ausgewachsene Romane geschrieben haben? Die Frage der Chronologie bedürfte näherer Prüfung (Grosser jedenfalls scheint auch die Abfassung der Romane in die Weißenfelser Zeit zu setzen, vgl. vor allem S. 43).
[151] Aus der Darstellung von Hirsch wird das (ohne jede Erwähnung Graciáns) klar erkennbar.
[152] Grosser, a.a.O., S. 43. Auch diesen Hinweis hat Hirsch nicht aufgenommen.
[153] A.a.O., S. 42.
[154] Vgl. den Überblick bei Horn, a.a.O., S. 26.
[155] ADB 1, 1875, S. 376f.
[156] ›Institutiones oratoriae‹, fol. 7ᵃ.

Theorie und Praxis als vornehme Disziplin einen festen Platz erhielt. Auch sein ›effektiver‹, ›nervoser‹ Sprachstil beeindruckte Weise[157]. Folgenreicher noch war die Begegnung mit dem hochgebildeten, weitgereisten Diplomaten Johann Helwig Sinold (gen. Schütz)[158], der insbesondere über eine genaue Kenntnis des Wiener Hofs und der Romania verfügte. Durch ihn scheint Weise zum ersten Mal intensiver mit der romanischen (vor allem italienischen) *argutia*-Bewegung in Kontakt gekommen zu sein[159]. Sie beeindruckte Weise besonders wegen ihrer Bindung an das praktische, politische Leben; denn die Romanen[160], so betont er, »operam dant, ut è vita captent dicendi occasionem, è Schola, h. e. è curiosa eruditione, verborum suas argutias«[161].

›Politik‹, *oratoria*, ›politische‹ Rhetorik, Hofkunst, Muttersprache, reformierte Methodik, Realdisziplinen, *argutia*, *vita*: in den Weißenfelser Jahren geschah die entscheidende, epochemachende Synthese. Die sieben Jahre zwischen Amtsantritt und Erscheinen des ›Politischen Redners‹ sind für einen πολυγράφος wie Weise eine ungewöhnlich lange Zeit; sie deutet etwas von den sozialen, weltanschaulichen, pädagogischen Widerständen an, die sich der Synthese entgegenstellten. Nachdem sie einmal vollzogen war, schien das Weitere nur noch eine Frage der Explikation zu sein, und in der Tat hat sich Weises rhetorische Schriftstellerei Zug um Zug aus den Ansätzen des ›Politischen Redners‹ entwickelt[162].

e. Rückkehr in die bürgerlich-gelehrte Sphäre

Als am 9. Mai 1678 der Rektor des Zittauer Gymnasiums, Christoph Vogel, starb[163], dürfte der Kandidat für die Nachfolge bald festgestanden haben. Nicht nur der Stolz auf den in der ›großen Welt‹ so erfolgreichen Sohn der Stadt war dabei ausschlaggebend; durch den ›Politischen Redner‹ und durch seine Unterrichtspraxis hatte sich Weise auch als Pädagoge von hohen Qualitäten empfohlen. Ihm selbst

---

[157] Ebda. Auf die deutschen politischen Reden von Alvensleben bezieht sich Weise auch im ›Politischen Redner‹, S. 972f.; vgl. ›Curiöse Gedancken Von Deutschen Brieffen‹, S. 295.
[158] ADB 34, 1892, S. 397ff. (»einer der geschicktesten Staatsmänner seiner Zeit«, a.a.O., S. 399).
[159] ›Institutiones oratoriae‹, fol. 7ᵃ.
[160] Er nennt hier nur »Galli« und »Itali«.
[161] Ebda.
[162] Die wichtigsten Stellen wurden oben bereits genannt.
[163] Kaemmel, Christian Weise, S. 22.

wird die Entscheidung weniger leicht gefallen sein als beim Wechsel vom Hofmeisterdienst zur Professur an der Adelsschule Weißenfels. Wenn er sich zuletzt doch zur Rückkehr an seine alte Schule entschloß, so hat neben der Anhänglichkeit an die Heimat sicher auch die Aussicht auf eine unabhängige Position dazu beigetragen (in Weißenfels war er einer von mehreren, in Zittau konkurrenzloser Scholarch)[164].

Nach achtzehn Jahren Abwesenheit[165] kehrte Weise in seine Heimatstadt zurück und wurde vom ›consul regens‹ feierlich als Rektor des Gymnasiums eingeführt, an dem sein Vater noch immer tätig war[166]. Die Antrittsrede hielt Weise ›De gymnasii rectore‹[167], und die Schwierigkeiten der Umstellung scheinen ihm von vornherein bewußt gewesen zu sein. Daß er sich nun nicht in einen Lateinschulrektor alten Stils verwandeln würde, hatte der Zittauer Rat bei der Berufung einkalkulieren müssen. Doch Weise tastete die Schulordnung von 1594, die noch immer in allem Wesentlichen gültig war[168], vorerst nicht an. Seine Hauptaufgabe sah er darin, die in Weißenfels entwickelte rhetorische Konzeption behutsam dem traditionell-humanistischen Rahmen einzugliedern[169], wieder zunächst mit Hilfe der Privatlektionen. Nur der in jeder Hinsicht synthetische Charakter der Weiseschen Rhetorik[170] konnte einen solchen Versuch überhaupt sinnvoll und realisierbar erscheinen lassen. Während die Humanisten nicht gewagt hatten, die Rhetorik »extra scholarum limina proferre«[171], ging es Weise darum, einerseits dem höfischen Element eine solidere humanistische Basis zu geben[172], andererseits die traditionelle rhetorische Pädagogik im Zeichen ›politischer‹ Zwecke dem Leben

---

[164] Grosser, a.a.O., S. 51 beschreibt Weises Schwanken, ob er die nicht leichte Aufgabe übernehmen solle. Kurz zuvor war Weises erste Frau (Regina, geb. Arnold) gestorben, die er 1671 geheiratet hatte; Weise scheint erwogen zu haben, deshalb um Aufschub der Entscheidung zu bitten (ebda.).
[165] Weise war in der Zwischenzeit nicht mehr in Zittau gewesen.
[166] Der Vater wurde ein Jahr später in einer von Rührung geprägten Feier emeritiert (Grosser, a.a.O., S. 74f.).
[167] Publiziert noch im gleichen Jahr zusammen mit der Weißenfelser Abschiedsrede: ›Orationes duae‹, Zittau 1678.
[168] Kaemmel, a.a.O., S. 31.
[169] Treffend Kaemmel, a.a.O., S. 43: »kein Revolutionär, sondern ein Reformator«.
[170] Vgl. o. S. 167ff.
[171] Grosser, a.a.O., S. 61.
[172] Vgl. ›Kurtzer Bericht vom Politischen Näscher‹, Leipzig u. Zittau 1680, S. 131: »wer seine Künste nicht aus dem Lateinischen sucht/ der kan im Deutschen hernach gar selten zu rechte kommen« (zitiert nach Wünschmann, Gottfried Hoffmanns Leben . . . , S. 51).

nutzbar zu machen[173]. Das alles mußte – wie unter anderen Bedingungen in Weißenfels – praktisch erprobt und gelehrt werden: »Practica doceri debent practicè«, verkündete Weise[174]. Auch der ›Politische Redner‹ war dementsprechend zu ergänzen und (wiederum mit Weises Worten) »aliquanto propiùs cum Schola« zu verknüpfen[175].

Das fast unüberschaubare Arbeitsprogramm, das Weise sich setzte, kann hier nicht einmal in seinen wichtigsten Einzelheiten dargestellt werden, zumal darüber Untersuchungen vorliegen[176]. Neben den normalen und den ›extraordinären‹ Unterrichtsstunden, neben den Predigtübungen für angehende Theologen (in jedem Sommer)[177] und den zahlreichen Schulreden (die Weise ihres exemplarischen Aspekts wegen besonders sorgfältig ausarbeiten mußte)[178] ist das Schultheater vielleicht der charakteristischste Teil von Weises rhetorischer Pädagogik[179]. Daß auch hier die traditionellen Texte[180] nicht ausreichen würden, um Weises ›politische‹ Intentionen wirksam werden zu lassen, war von vornherein evident. Sprache und *argumentum* mußten

---

[173] ›Institutiones oratoriae‹, fol. 10ªf.

[174] A.a.O., fol. 10ᵇ. »Nam Oratorem facit non febriculosa ea regularum notitia, quam ediscendo vel aqvirit, vel aqvivisse videtur, sed perpetua Exemplorum applicatio, per quam vivere demum solent regulae« (a.a.O., fol. 10ª).

[175] A.a.O., fol. 9ª. Das Ergebnis war der ›Neu-Erleutete Politische Redner‹ (ebda.). Vgl. die Vorrede dazu (1684): durch meine zwanzigjährige rhetorische Praxis bin ich »manchen Kunst-Griffe näher kommen .../ sonderl. weil ich die Regeln aus dem Politischen Redner durch tägl. Exempel auf die Probe gesetzt habe« (fol. 3ᵇ).

[176] Die Monographien von Wünschmann, Kaemmel und Horn.

[177] Die *exercitia concionatoria* waren in Zittau bereits Tradition; Weise mochte sich ihr nicht widersetzen, scheint aber auch keine besondere Energie darauf verwendet zu haben; vgl. die Bemerkungen ›Curieuse Fragen über die Logica‹, S. 803 u. ö.

[178] Weise betont, daß man von ihm erwartete, er werde seine eigenen Regeln doch wohl in mustergültiger Form erfüllen (›Neu-Erleuterter Politischer Redner‹, S. 221). Aufschlußreich in diesem Zusammenhang die Beschreibung von Weises Vortrag: »Eloquium commendabat vox acuta et satis sonora, verba nec trahens, sed articulate, quamvis gutture nonnumquam leniter stridente, promens ac enuncians. Lingva peregrino idiomati perinde ac vernaculo familiter adsveverat; ita, ut facilitati expeditae et sponte fluenti non adscita, sed nativa svavitas inesset« (Grosser, a.a.O., S. 97).

[179] Grundlegend Eggert, Christian Weise und seine Bühne (1935; dort die ältere Literatur); an neueren Arbeiten vgl. außer Horn, Christian Weise ..., S. 112ff. und der schon genannten Monographie von Wich (Interpretationen der wichtigsten Stücke) noch F. J. Neuß, Strukturprobleme der Barockdramatik (Andreas Gryphius und Christian Weise), Diss. München 1955; zu den Lustspielen auch H. Hartmann, Die Entwicklung des deutschen Lustspiels von Gryphius bis Weise (1648–1688), Diss. Potsdam 1960.

[180] Vgl. unten S. 310ff.

aus dem ›Leben‹ und für das ›Leben‹ ausgewählt, d. h. von Weise selbst erarbeitet werden. »So habe ich die unvergleichliche Gedult über mich genommen/ bey gesuchten Neben-Stunden/ ohne den geringsten Abgang meiner ordinair- und extraordinair-Arbeit alle Jahr 3. Spiele meinem Amanuensi in die Feder zu dictiren«[181]; und um der Fülle der Realität gerecht zu werden, richtete Weise die Stoffwahl von Anfang an so ein, »daß erstlich etwas Geistliches aus der Bibel/ darnach was Politisches aus einer curiösen Historie/ letztlich ein freyes Gedichte« aufgeführt wurde[182]. Nicht ohne Stolz betont Weise noch drei Jahre vor seinem Tod, daß er sich »biß auf diese Stunde noch keiner fremden invention bedienet habe«[183].

Die Kritik blieb freilich nicht aus. Wie man schon in Amfurt von geistlicher Seite Anstoß an seiner modernen, weltläufigen Unterrichtsmethode genommen hatte, so meinten jetzt ängstliche Bewahrungspädagogen, die z. T. recht drastischen Komödien Weises seien wohl doch zu lebensvoll, und außerdem stehe das Komödienschreiben einem protestantisch-humanistischen Schulrektor nicht an[184]. »In regard meiner Profession«, replizierte Weise selbstsicher, »ist mirs keine Schande/ wenn die Leute sprechen/ ich könne Comödien machen. Denn sie geben mir ein Zeugniß/ daß ich mich in den Stylum, in den Unterscheid der Gemüther/ in die Affecten/ und in die politische Oratorie finden kan«[185].

Für viele war gerade diese ›politische‹ Elastizität Weises dem Leben gegenüber das eigentlich Anziehende. Von weither schickten Eltern, nicht zuletzt Angehörige des Adels, ihre Kinder zu Weise in den Unterricht[186] (es herrschte im allgemeinen Freizügigkeit der Schul-

---

[181] ›Lust und Nutz der Spielenden Jugend‹, Dresden u. Leipzig 1690, Vorrede, fol. 3ᵃ.

[182] A.a.O., fol. 3ᵇ.

[183] ›Curieuser Körbelmacher‹, Görlitz 1705, fol. a 4ᵇ. Wieviele Stücke er insgesamt geschrieben hat, ist nicht ganz gesichert. Dreißig erschienen im Druck, fünfzehn gingen verloren, zehn sind handschriftlich erhalten (in Zittau, vgl. Horn, a.a.O., S. 114). Demgegenüber erklärt Weise noch 1705, »nicht einmal den vierdten Theil« seiner dramatischen Produktion habe er drucken lassen (›Curieuser Körbelmacher‹, fol. a 5ᵃ).

[184] Am nachdrücklichsten wurde diese Auffassung von den Pietisten vertreten (einige Kritiker Weises nennt Horn, a.a.O., S. 117f.).

[185] ›Lust und Nutz der Spielenden Jugend‹, fol. 2ᵃf. Näheres dazu im Kapitel über das protestantische Schultheater u. S. 304ff.

[186] Beispiele bei Kaemmel, a.a.O., S. 29 und Horn, a.a.O., S. 162ff. Haupteinzugsgebiet war natürlich – neben Zittau selbst – die Lausitz, so daß Weise von Grosser mit dem Titel »Lusatiae profecto communis Praeceptor« bedacht wurde (Grosser, a.a.O., S. 3).

wahl). Sein Nachfolger Gottfried Hoffmann hat ausgerechnet, daß insgesamt »12808 Untergebene/ darunter 1 Grafe/ 5 Barones/ 92 Adliche Söhne/ 1709 auswärtiger und grossentheils ausländischer vornehmer Eltern Kinder« seine Schule durchlaufen haben[187]. An zahlreichen Orten bildeten sich Zentren ›Weisianischer‹ Pädagogik, z. T. von ehemaligen Schülern Weises, z. T. auch nur von Lesern seiner Schriften aufgebaut[188]. Die Bilanz von Weises Wirkung (mit ihrem so auffällig ›seminaristischen‹[189] Zug) sieht zehn Jahre nach seinem Tod folgendermaßen aus: »Er stund dem Zittauischen Gymnasio 30. Jahr lang mit grossem Nutzen vor/ und hat in solcher Zeit so viele vortreffliche Schul-Leuthe gezeuget/ daß fast wenige Schulen in Teutschland mehr anzutreffen/ darinnen nicht seither ein Weisianer dociret/ oder man wenigstens dessen Methode in der teutschen Oratorie und Poesie beliebet hat«[190].

Weises eigener Entwicklungsgang ist durch diese Resonanz wesentlich beeinflußt worden, denn sie bestätigte ihm, daß er ein wirklich neues, praktikables Konzept gefunden hatte, auf das ein breites Publikum längst gewartet hatte[191]. So sehr er sich über gelegentlichen Mißbrauch des Begriffs ›Weisianer‹ ärgerte[192], so entschieden er sich gegen die Herausgabe fremder Arbeiten unter seinem Namen wehren mußte[193] — seine eigene Schriftstellerei wurde dadurch nicht gehemmt, sondern eher angespornt. Sie füllte ihn, zusammen mit den stolz und pedantisch eingehaltenen täglichen Pflichten[194], völlig aus. Was für seine ›politische‹ Rhetorik an sozialer, welthafter Erfahrung notwendig war, meinte er zu kennen. So hat es ihn zum Reisen auch kaum

---

[187] Zitiert nach Wünschmann, Gottfried Hoffmanns Leben ..., S. 132 Anm. 350.
[188] Einen ersten Überblick versuchte Wünschmann, a.a.O., S. 83ff.; Ergänzendes bei Horn, a.a.O., S. 168ff.
[189] Wünschmann, a.a.O., S. 83.
[190] Wetzel, ›Hymnopoeographia‹ (¹1718), S. 379f.
[191] Die gleiche Situation zeigte sich bereits auf dem Gebiet der Rhetoriklehrbücher.
[192] »Non desunt passim, qui Weisianos sese nominant, cujus tituli gloriola carere libenter velim« (›Epistolae selectiores‹, S. 260).
[193] Ein besonders temperamentvoller Ausbruch des Protests 1684 in der Vorrede zum ›Neu-Erleuterten Politischen Redner‹, fol. 5ᵃf. Um dem zu begegnen, gab Weise seit 1684 in gewissen Zeitabständen kurze Überblicke über die Titel, die als ›echt‹ gelten durften; so noch zuletzt in der Vorrede zum ›Oratorischen Systema‹ (1707).
[194] Über seinen genau festgelegten Tagesablauf Grosser, a.a.O., S. 100. Seine schriftstellerische Tätigkeit versuchte er sogar pflichtgetreu in den Hintergrund zu rücken: Gottes Hilfe sei näher, »wenn man in seinem Amte was zu treiben pfleget/ als wenn man die Welt mit blossen Schrifften zu vergnügen dencket« (›Curiöse Gedancken Von Deutschen Brieffen‹, Vorrede, fol. a 5ᵇ).

gelockt; erwähnenswert sind lediglich ein Besuch in Prag (1684)[195] bei dem verehrten Freund Balbinus sowie ein Aufenthalt in Leipzig (1688), den einige ehemalige Schüler und sogar ausländische Gäste zu einer Demonstration der Hochachtung benutzten[196].

Einen viel wesentlicheren Anteil an der sukzessiven Ausformung des Systems der ›politischen‹ Rhetorik hatte der umfangreiche Briefwechsel[197] mit hervorragenden Gelehrten in ganz Deutschland und darüber hinaus[198]. Die Beteiligung an den ›Acta Eruditorum‹ seines Studienfreundes Otto Mencke brachte ihn in Kontakt mit allen wichtigen Neuerscheinungen (Weise selbst rezensierte u. a. 1686 Seckendorffs ›Teutsche Reden‹)[199]. Der Austausch mit Schulmännern wie Ludovici in Schleusingen (einem der häufigsten Adressaten) förderte die Erweiterung und Formulierung der *methodus Weisiana*, und der intensive Briefverkehr mit dem Jesuiten Balbinus in Prag konfrontierte den Zittauer Schulrektor immer wieder mit einer Rhetorikauffassung, die sich ebenfalls vom traditionellen Humanismus abzuheben versuchte, nicht zuletzt durch ihre ›manieristischen‹ Tendenzen[200].

f. Das Problem der sozialen und epochalen Zuordnung

Die Vielfalt der sozialen, weltanschaulichen und literarischen Einflüsse, die sich in Weises Rhetorik überschneiden, scheint verwirrend; in der deutschen Literatur des 17. Jahrhunderts jedenfalls stellt sie ein Novum dar. Seit langem ist es eine beliebte Streitfrage, ob Weise

---

[195] Grosser, a.a.O., S. 82ff. Vgl. auch Weises Brief an Balbinus vom 17. 11. 1684 im Rückblick auf die Reise: ›Epistolae selectiores‹, S. 60f. (»Saepe mihi gratulor, vidisse Pragam, et in ea Balbinum meum ... Tu efficis, ut totus sim amor ...«).

[196] Kaemmel, Christian Weise, S. 57 u. 60. Schon 1686 studierten in Leipzig über fünfzig Schüler Weises (a.a.O., S. 40).

[197] Die postume Sammlung ›Epistolae selectiores‹, 1716 von Gottfried Hoffmann herausgegeben, umfaßt nur einen Bruchteil des Erhaltenen (Wünschmann und Horn haben zusätzlich einiges aus dem Nachlaß mitgeteilt). Unter den wenigen überlieferten Briefcorpora des 17. Jahrhunderts ist dasjenige Weises – neben Buchner – vielleicht das interessanteste; eine Erschließung des Materials wäre sehr zu wünschen.

[198] Einen guten Überblick über die wichtigsten Briefpartner gibt jetzt Horn, a.a.O., S. 148ff.

[199] Vgl. Weises Brief an seinen früheren Lehrer Carpzov (der selbst einer der eifrigsten Mitarbeiter der ›Acta‹ war) vom 5. 6. 1686, ›Epistolae selectiores‹, S. 91. Zur Rezension Weisescher Schriften in den ›Acta‹ s. Richter, Das Zittauer Gymnasium ..., S. 65.

[200] Unten S. 362f.

überhaupt noch zum ›Barock‹ gehöre oder nicht bereits zur ›Aufklärung‹. Vor allem jede periodische Literaturgeschichtsschreibung muß hier eine Entscheidung treffen[201]. Während sich die meisten Gesamtdarstellungen, von Günther Müller (1926–28)[202] bis Marian Szyrocki (1968)[203], für ›Barock‹ entscheiden[204], wählen Autoren wie Fritz Brüggemann (1928)[205] oder Rudolf Haller (1967)[206] ›Aufklärung‹ als zugehörigen Epochenbegriff. Das bedeutet keine bloße Äußerlichkeit; es ergibt sich ein anderes geschichtliches Bild, wenn Weise neben Lohenstein, Kuhlmann und Abraham a Sancta Clara[207] steht, als wenn man ihn im Zusammenhang mit Gottsched, Brockes oder den Bremer Beiträgern behandelt.

Die Lösung des Problems scheint darin zu liegen, daß man Weise als eine Figur des ›Übergangs‹ darstellt, die aus dem Barock hervorgeht und ›aufklärerische‹ Züge trägt. An Weises Lyrik mit ihrer Tendenz zur ›Mediokrität‹ und ›Simplizität‹ hat man seit jeher etwas Unbarockes oder gar Antibarockes erkennen wollen[208], schon die Literaturkritik der frühen Aufklärung stempelte den ›Weisianismus‹ zum Gegenpol des ›Lohensteinianismus‹[209]. Auch Weises dramatische Pro-

---

[201] Für die Literaturhistoriker des 19. Jahrhunderts freilich ergab sich hier noch kaum ein Problem, da die Zäsuren im allgemeinen bei Klopstock oder Goethe auf der einen Seite, bei Opitz oder dem Dreißigjährigen Krieg auf der anderen Seite lagen (neben Bouterwek, Gervinus und Scherer vgl. vor allem Lemckes schon zitierte Monographie ›Von Opitz bis Klopstock‹, 1871).

[202] Deutsche Dichtung..., S. 220 u. ö. (mit Einschränkungen).

[203] Die deutsche Literatur des Barock, S. 140ff., 221ff., 251f. (unter Betonung der »Sonderstellung«).

[204] Z. B. Cysarz, Hankamer, Flemming und die meisten Herausgeber von Anthologien; Newald in seiner Skepsis gegenüber dem Barockbegriff umgeht die Schwierigkeit.

[205] DLE, R. Aufklärung, Bd. 1: Aus der Frühzeit der deutschen Aufklärung. Christian Thomasius und Christian Weise. Hrsg. v. F. B., Leipzig 1928 (vgl. aber in der gleichen Sammlung den Abdruck von Weises ›Der niederländische Bauer‹, in: R. Barock. Barockdrama. 4. Hrsg. v. W. Flemming, 1931).

[206] Geschichte der deutschen Lyrik vom Ausgang des Mittelalters bis zu Goethes Tod (Sammlg. Dalp. 101), Bern u. München 1967, S. 212ff.

[207] Ihm kommt auch Weises Lebenszeit am nächsten (Abraham 1644–1709; Weise 1642–1708).

[208] Theoretische Grundlage ist die vielzitierte und später oft kritisierte Regel: »Welche Construction in prosä nicht gelitten wird/ die sol man auch in Versen darvon lassen« (›Curiöse Gedancken Von Deutschen Versen‹, 1. Teil, S. 141). Die Rezeption dieser Regel – deren Weisescher Ursprung lange bewußt blieb – behandelt eingehend Blackall, S. 159ff.

[209] Etwa Gottsched, ›Versuch einer Critischen Dichtkunst‹, S. 257 bei der Charakteristik der ›prosaischen‹ Lyrikergruppe, die Weise anführt: »Sie wollten die hochtrabende lohensteinische Schreibart meiden; und fielen in den gemeinen prosaischen Ausdruck: so, daß endlich ihre Gedichte nichts, als eine abgezählte

duktion hat man vom 18. Jahrhundert her zu verstehen versucht, etwa als Vorstufe zur sächsischen Familienkomödie[210]; in den letzten Jahren sind auch Züge der Empfindsamkeit beobachtet worden[211]. Vor allem aber der ›politische‹ Roman Weises scheint in seiner bürgerlichen Zielsetzung über den Kreis des Barock hinauszuführen.

Arnold Hirsch, der als erster diesen Komplex eingehender behandelt und am Rande auch Weises rhetorische Schriften mit einbezogen hat[212], versteht ›Bürgertum‹ und ›Barock‹ geradezu als kontradiktorische Begriffe, jedenfalls so, daß alles Bürgerliche wesentlich als Vorbereitung des 18. Jahrhunderts erscheint. Die grundsätzliche Problematik dieser Auffassung kann hier nicht näher erörtert werden. Ihr gegenüber gelten die gleichen Einwände wie gegenüber der Überbetonung des Höfischen in Günther Müllers Barockbegriff[213]. Nicht nur, daß unter solchen Vorzeichen z. B. das weite Gebiet der Satire nicht adäquat erfaßt werden kann[214]; gerade die noch zu erörternde gelehrte Grundlage der deutschen Barockliteratur ist eine primär bürgerliche Grundlage, mag sie im einzelnen auch noch so stark höfisch überformt werden. Doch Hirsch geht es vor allem um die neue, selbstbewußte Diesseitigkeit, die sich in Weises ›politischer‹ Konzeption manifestiert[215], und dieses Emanzipatorische gilt ihm als der eigentliche Kern, als die spezifische Leistung des Bürgertums bei der Überwindung des Barock.

Hier regt sich in der Tat ein wesenhaft aufklärerisches Element, und zugleich ist damit das Zentrum von Weises ›politischer‹ Lebensarbeit angesprochen. Weise zeigt unverkennbar die Züge eines *homo novus*, seine zielstrebige Selbstbildung entspricht dem Grundsatz Gra-

---

Prose geworden«. Ein anderer, gern auf Weise angewendeter Begriff der Zeit ist ›Wasserpoesie‹.

[210] So schon P. Schlenther, Fau Gottsched und die bürgerliche Komödie. Ein Kulturbild aus der Zopfzeit, Berlin 1886, S. 88ff.

[211] H. O. Burger, Die Geschichte der unvergnügten Seele (1959), in: ›Dasein heißt eine Rolle spielen‹, S. 120ff.; besonders die schon genannte (bei Burger angefertigte) Dissertation von Wich, Studien zu den Dramen Christian Weises (1962), S. 141ff.

[212] Bürgertum und Barock ..., S. 49f.

[213] Wie eindeutig Hirschs Barockbegriff ›höfisch‹ geprägt ist (und demjenigen Müllers nahekommt), zeigt sich gleich zu Beginn des Weise-Kapitels (a.a.O., S. 40).

[214] Dazu Vogt, Die gegenhöfische Strömung in der deutschen Barockliteratur, passim.

[215] »In den letzten drei Jahrzehnten des 17. Jahrhunderts wird der Grund zu der modernen diesseitigen Kultur Deutschlands gelegt« (Hirsch, a.a.O., S. 43).

ciáns: »Tratar con quien se pueda aprender«[216]. Aber: »ich bin kein Sclave von fremden Gedancken/ und in diesen Menschlichen Dingen/ die von unserer Vernunfft dependiren/ gilt der Locus Autoritatis bey mir so viel/ als ich in der Praxi und in der nützlichen Probe selbst fortkommen kan«[217]. Dieser Satz Weises steht nicht etwa im Zusammenhang einer moralphilosophischen Erörterung, sondern in der Vorrede zu den ›Curiösen Gedancken Von Deutschen Brieffen‹; er bezeichnet präzise die Stellung Weises zur literarischen Tradition der Antike, des Humanismus und des Barock. »Non alligo me ad unum aliquem ex Oratoribus: est et mihi aliquod censendi jus«, soll Weise gesagt haben[218]; es ist das Prinzip seiner rhetorischen Stillehre. Man könnte es subjektivistisch nennen oder auch individualistisch, ebenso wie seine ganze Philosophie des ›Erfolgs‹ (bzw. ›Glücks‹)[219] individualistisch ist[220].

Doch hat sie damit auch gleich als bürgerlich zu gelten, wie Hirsch meint? Ist das emanzipatorische, säkularisatorische Element der Weiseschen ›Politik‹ ein spezifisch bürgerliches Element? Ein Blick auf die Geschichte der ›politischen‹ Bewegung, wie sie oben dargestellt wurde[221], zeigt sofort die Fragwürdigkeit dieser Auffassung. An den Höfen, im Bewußtsein der absolutistisch-feudalistischen Machtvollkommenheit, wurde die Idee des ›politischen‹ Handelns geboren, und dort, wo sie ihre überzeugendste lebensphilosophische Fassung erhält, bei Gracián, ist sie alles andere als bürgerlich[222].

Auch unter diesem Aspekt zeigt sich wieder, wie wenig es angängig ist, Barock, Transzendentismus und Höfisches auf der einen, Bürgertum, Immanentismus und ›Politik‹ auf der anderen Seite als Antagonismen gegeneinander auszuspielen. Was schon aus der Analyse der *theatrum mundi*-Vorstellung als unabweisbare Einsicht folgte: die Prävalenz einer immanent-deskriptiven Weltsicht und die Unvollkom-

---

[216] ›Oraculo‹, Nr. 11 (del Hoyo, S. 154).
[217] ›Curiöse Gedancken Von Deutschen Brieffen‹, fol. a 6ª.
[218] Grosser, ›Vita Christiani Weisii‹, S. 63f.
[219] Am deutlichsten im Titel des ›Gelehrten Redners‹: »Wenn er zur Beförderung seines Glückes die Opinion eines Gelehrten vonnöthen hat«.
[220] Bezeichnend ist dabei die ›gemeinschaftsideologische‹ Absicherung: »die grosse Societät« könne »schwerlich ... conserviret werden/ wofern sich ein ieglicher insonderheit nicht um seine Conservation bekümmern will« (›Politische Nachricht von Sorgfältigen Briefen‹, Dresden u. Leipzig 1701, ›Vorbericht‹ fol. 6ª).
[221] Oben S. 135ff.
[222] Hirsch ist der Entstehung des modernen ›Politik‹-Begriffs nicht nachgegangen, sondern setzt erst dort ein, wo sich Teile des Bürgertums für ›politisches‹ Handeln zu interessieren beginnen.

menheit einer generalisierenden theozentrisch-christlichen Interpretation[223], wird erneut bestätigt. Für das Verständnis von ›Politik‹ und Rhetorik im 17. Jahrhundert ist das von fundamentaler Bedeutung. Wo antik-humanistische Sprachkunst und christliches Jenseitspathos als polare Konstituentien der Barockliteratur postuliert werden wie in der Darstellung Paul Böckmanns[224], hat ein ›politisch‹ geprägter, säkularisierter Autor wie Lohenstein keinen Platz[225]; eigentlich müßte er zur ›Aufklärung‹ gerechnet werden[226].

Erst wenn man diese Aporien durchdenkt, die aus der engen, einseitigen Fixierung von Barock, Bürgertum, Hof und ›Politik‹ erwachsen, wird auch verstehbar, welche Position die Weisesche Rhetorik innerhalb der Barockliteratur einnimmt – und wie überhaupt der Werdegang des Rhetors Weise möglich war. An Spannungen war dieses Leben nicht arm: Humanismus und Realismus, Antike und Moderne, Christlichkeit und Weltlichkeit, Akademisches und Weltmännisches, Bürgertum und Hof kreuzten sich immer wieder in Weises unmittelbarer Erfahrung[227]. Daß daraus kein Konglomerat entstand, sondern eine Synthese epochaler Grundkräfte, wurde erst möglich durch die Idee des ›Politischen‹. Sie öffnete dem Bürgertum und der Gelehrtenwelt einen zweckhaften rhetorischen Bereich, der beiden bislang verschlossen war. Aber das geschah nicht durch bloße Orientierung am Hof[228], sondern durch Einbeziehung des Hofes selbst in eine variable Skala humanistisch fundierten, ›politisch‹ mobilisierten Sprachverhaltens. Daher reicht es ganz und gar nicht aus, Weise

---

[223] Oben S. 91f.
[224] Vgl. die Auseinandersetzung mit Böckmanns Position o. S. 30f. Ähnlich wie Böckmann hebt Erich Trunz das »Streben zu Gott durch das All« als Charakteristikum des Barock hervor (Weltbild und Dichtung im deutschen Barock, in: Aus der Welt des Barock, Stuttgart 1957, S. 1ff.; dort S. 3).
[225] Daß er bei Böckmann völlig ausgeklammert ist, wurde bereits hervorgehoben.
[226] Wie Weise, den Böckmann, S. 488ff. innerhalb des Aufklärungs-Kapitels behandelt (mit der Kennzeichnung: »Übergangssituation«). Die Analogie der emanzipatorischen Tendenzen zwischen Lohenstein und Weise zeigt sich auch in der Darstellung von Wich, a.a.O., S. 7ff. (unter der Leitvorstellung: ›Emanzipation von der metaphysischen Weltdeutung des Hochbarock‹; Vergleichspunkt ist allerdings – wie auch bei Neuß – nicht Lohenstein, sondern Gryphius).
[227] Den Versuch, das ›Vorwiegen‹ jeweils eines bestimmten sozialen Bereichs in Weises Dichtung nachzuweisen, unternimmt K. Schaefer, Das Gesellschaftsbild in den dichterischen Werken Christian Weises, Diss. Berlin (HU) 1960. Wie inadäquat die Beschränkung auf die ›dichterischen‹ Werke ist, zeigt sich am Ergebnis: bis zur Rückkehr nach Zittau dominiere (im epischen und lyrischen Genre) das bürgerliche Leben, bis 1687 (im Drama) das Höfische, dann im Spätwerk wieder das bürgerliche Klassenbewußtsein.
[228] So Hirsch, a.a.O., S. 51.

schlechthin mit Prosaistik oder Vernunftkunst zu identifizieren und ihn zum Gegenpol des spätbarocken Schwulstes zu machen[229]. Man braucht nur den ›Politischen Redner‹ oder einen der Briefsteller unbefangen genug zu lesen, um festzustellen, daß hier höfischer ›Schwulst‹ und bürgerliche ›Mediokrität‹ (und noch eine Fülle weiterer Nuancen) nebeneinander stehen[230]; denn beide werden zum Erfolg im »Politischen theatro«[231] der Zeit benötigt. So wird man Weises rhetorischer Konzeption nur gerecht, wenn man sie als Synthese versteht. Daß Weise diese Synthese als erster und – wie seine geschichtliche Wirkung zeigt – überzeugend zu vollziehen verstand, macht ihn zu einem großen Barockrhetor.

4. Die gelehrte Grundlage der deutschen Barockliteratur

a. Traditionelle Deutungen

Christian Weise ist innerhalb der deutschen Literatur des 17. Jahrhunderts unzweifelhaft eine der modernsten, fortschrittlichsten Gestalten: reformerisch in seiner Pädagogik, aufklärerisch in seiner Haltung zur Tradition, säkularisatorisch in seiner ›politischen‹ Erfolgsmoral und ihren Konsequenzen. Aber selbst wenn er sich – wie Christian Thomasius[1] – auch im Kavaliershabit des ›Politicus‹ zu bewegen verstand[2], zeigen doch seine rhetorische Schriftstellerei und vor

---

[229] Das mag für Weises Lyrik noch angehen, und bezeichnenderweise ist sie es, auf die sich Gottsched in dem oben zitierten Passus aus der ›Critischen Dichtkunst‹ bezieht. Im übrigen aber zeigen sich in den Äußerungen der Aufklärer über Weise immer wieder eklatante Widersprüche (der Punkt wäre genauer darzustellen); oft genug wird Weise z. B. mit dem ›Schwulst‹ der Galanten auf eine Ebene gestellt. Es kommt stets darauf an, welchen Teil von Weises Schriftstellerei man meint, jede Verabsolutierung eines Bereichs oder gar einer Stilform führt sofort zu Verzerrungen.

[230] Hier zeigt sich vielleicht am deutlichsten, wie inadäquat bei Weise ein Alternativdenken ist.

[231] ›Curieuser Körbelmacher‹, fol. a 4ª.

[1] Er bestieg »zur Vorlesung und Disputation das Katheder im bunten Modekleid mit Degen und zierlichem goldenem Gehänge« (Paulsen 1, S. 537); seine Frau wurde von Francke »um ihres Kleiderluxus willen« sogar von der Kommunion ausgeschlossen (ebda.).

[2] So vielleicht in Weißenfels, wenn nicht schon in Halle. Sein Porträt, das in den postumen Ausgaben seiner Schriften mehrfach gedruckt wurde (auch bei Horn als Vorsatzblatt verwendet), stammt offenbar aus der letzten Lebenszeit und zeigt ihn in Amtstracht. Die angehenden ›Politici‹ unter seinen Schülern hat er mehrfach auf die Wichtigkeit ›moderner‹ Kleidung hingewiesen (vgl. ›Curieuse

allem sein Lebenslauf, wie selbstverständlich und fest er zugleich in der gelehrten Welt verwurzelt blieb. Auch darin darf er als Repräsentant seiner Epoche gelten, und seine so erstaunlich breite und nachhaltige Wirkung ist nur möglich gewesen, weil er die gelehrte Grundlage der Literatur seiner Zeit nicht negierte, sondern auf überzeugende Weise zu instrumentalisieren verstand.

»Mit dem Anfange des 17. Jahrhunderts ungefähr eröffnet sich das, was ich die gelehrte Periode unserer Poesie genannt habe«, stellt bereits August Wilhelm Schlegel in seinen Vorlesungen zur ›Geschichte der romantischen Literatur‹ fest (1802/03)[3], und seitdem ist diese These unzählige Male wiederholt worden. »Die vom Humanismus heraufgeführte Dichtung ist in einem Maße Bildungsdichtung, wie keine Zeit in Deutschland, weder vorher noch nachher, es gewollt hat«, heißt es bei Hankamer (1935)[4], und bei Viëtor (1928): »Bildung und Fertigkeit sind die Voraussetzungen des gestaltenden Verfahrens damaliger Poesie«[5]. Für Szyrocki (1968) ist die »deutschsprachige Dichtung der Barockepoche ... das Werk von gelehrten Männern«[6], und Alewyn (1965) bezeichnet sie sogar, an Trunz anknüpfend, als das »Monopol einer exklusiven kosmopolitischen Gelehrtenzunft«[7].

Ist aber damit nicht lediglich ein akzidentielles, vordergründigbiographisches Moment bezeichnet? Welche Bedeutung hat es für die Barockliteratur selbst? Am sinnfälligsten scheint es sich in den so charakteristischen, umfangreichen gelehrten Anmerkungen mancher Autoren des 17. Jahrhunderts niederzuschlagen, etwa bei Opitz, Gryphius, Tscherning, Zesen, Lohenstein, Kuhlmann oder Wernicke. Und die Anmerkungen sind wiederum nur Hinweis auf die in den Texten selbst verarbeitete mythologische, geographische, historische, genealogische, philologische Gelehrsamkeit. Zesens ›Kurtzbündige Anmärkungen‹ zur ›Assenat‹ umfassen nahezu ein Viertel des Gesamttexts,

---

Fragen über die Logica‹, S. 621ff.); der ›Politische Redner‹ bestimmt für die Komplimentier-Übungen: es »mussen die Untergebenen in ihren Hüten/Degen/ und Stäben erscheinen/ damit sie bey der Action auch dieses lernen/ wie ein zierlicher Redner die Hände/ den Hut/ die Handschuch und alles unter wärender Rede führen soll« (fol. 6ª).

[3] Kritische Schriften und Briefe. Hrsg. v. E. Lohner. Bd. 4: Geschichte der romantischen Literatur (Sprache u. Lit. 20), Stuttgart 1965, S. 59.
[4] Hankamer, S. 79.
[5] Probleme der deutschen Barockliteratur, S. 12.
[6] Die deutsche Literatur des Barock, S. 19.
[7] Vorwort zu: Deutsche Barockforschung, S. 12 (mit Bezug auf Trunz, Der deutsche Späthumanismus um 1600 als Standeskultur).

ähnlich verhält es sich bei Lohenstein. Eichendorffs oft zitiertes Wort von den Barockromanen als ›toll gewordenen Enzyklopädien‹ scheint mutatis mutandis auch für andere Bereiche der Literatur des 17. Jahrhunderts zu gelten; nicht nur für Lehrgedichte wie Opitzens ›Vesuvius‹ oder für Tschernings ›Lob des Weingottes‹, sondern sogar für Epigramme: Kuhlmann muß seinem Erstlingswerk ›Unsterbliche Sterblichkeit‹ (Grabschriften) sieben Seiten ›Anmerckungen‹ beifügen, um die verschiedenen Anspielungen zu erklären, und Wernicke setzt sogar auf das Titelblatt seiner Sammlung von 1704 die Angabe: »Mit durchgehenden Anmerckungen und Erklärungen« (die z. T. den Umfang kleiner Traktate annehmen).

Über Beobachtungen solcher Art geht im allgemeinen die Erörterung des ›gelehrten‹ Elements in der Barockliteratur nicht hinaus, und dementsprechend wertet man es als mehr oder weniger bedauerliches, wenngleich nicht wegzuleugnendes Phänomen. Die ästhetischen Ausgangspositionen näher zu diskutieren, ist hier nicht der Ort; das könnte nur innerhalb einer noch zu schreibenden Geschichte des gelehrten Dichtungsideals (und seines Niedergangs seit der Geniezeit)[8] geschehen. Die Philologie des 19. Jahrhunderts war sich mit August Wilhelm Schlegel nicht nur in der Konstatierung der ›gelehrten Epoche‹ einig (»Rücktritt der Dichtung aus dem Volke unter die Gelehrten«, lautet die Hauptüberschrift bei Gervinus)[9], sondern auch in ihrer Bewertung: »Die gelehrten Dichter waren allein maßgebend, und sie verachteten die bestehende einheimische Poesie, statt sie zu veredeln«, stellt Scherer fest[10]. Als besonders charakteristischer Aspekt der literarischen Gelehrtheit gilt die Bindung an die antiken Vorbilder, wie sie namentlich Cholevius systematisch dargestellt hat[11]. Schon Schlegel

---

[8] Unter vielen charakteristischen Zeugnissen sei eines der wichtigsten wenigstens kurz zitiert. In Herders ›Journal meiner Reise im Jahr 1769‹ gehört die Überwindung der ›Gelehrsamkeit‹ (und ihre Umwandlung in ›Bildung‹) zu den Zentralpunkten; Herder wünscht, er hätte seine Jugend nicht mit der alten, verstaubten Schulgelehrsamkeit zugebracht: »Ich wäre nicht ein Tintenfaß von gelehrter Schriftstellerei, nicht ein Wörterbuch von Künsten und Wißenschaften geworden, die ich nicht gesehen habe und nicht verstehe: ich wäre nicht ein Repositorium voll Papiere und Bücher geworden, das nur in die Studierstube gehört« (Suphan 4, 1878, S. 347).

[9] G. G. Gervinus, Geschichte der poetischen National-Litteratur der Deutschen, 3. Teil, Leipzig 1838, S. 3ff. Ähnlich Goedeke ²III, S. 1: »eine Dichtung . . ., die weder geübt noch verstanden werden konnte, wenn gelehrte Bildung nicht voraufgegangen war«.

[10] W. Scherer, Geschichte der deutschen Literatur, Berlin ¹⁴1921 (¹1883), S. 318.

[11] C. L. Cholevius, Geschichte der deutschen Poesie nach ihren antiken Elementen, 2 Teile, Leipzig 1854/56; dort bes. 1. Teil, S. 307ff.: »Vierte Periode. (Das 17.

geht es darum, zu zeigen, »wie alle unsere Dichter insofern gelehrt oder literarisch zu Werke gingen, daß sie fremde Muster vor Augen hatten«[12]. Koberstein legt dieses Verfahren als Unfähigkeit aus und meint, die ›Gelehrten‹ hätten nicht verstanden, »den gesunden und tüchtigen Kern der Volksdichtung, die sie vorfanden, ... zu würdigen ... Was während dieses ganzen Zeitraums in deutscher gebundener oder ungebundener Rede abgefasst wurde, bietet im Allgemeinen nur eine Reihe von unvolksthümlichen, theils einseitigen und misslungenen, theils ganz verkehrten Bestrebungen und von Verirrungen des Geschmacks und des künstlerischen Urtheils dar«[13]. Diese Verirrungen mußten überwunden werden, »bevor die Literatur eine reichere Befruchtung empfangen, und in sie ein mehr selbständiger und mehr volksthümlicher Geist einkehren konnte, der sie bessere Wege finden liess und ihrer wahren Bestimmung zuführte«[14].

Die Parallelität in der Beurteilung des ›rhetorischen‹ und des ›gelehrten‹ Elements (als Gegensatz zum ›natürlichen‹, ›volkstümlichen‹) dürfte evident sein[15]. Und es sind die gleichen Ausnahmen, die man aus der gelehrten, rhetorischen Wüstenei der Barockliteratur als wohltuende Oasen heraushebt, an erster Stelle natürlich Grimmelshausen; so August Wilhelm Schlegel: »der allerdings sehr merkwürdige Simplicissimus, eines der gelesensten Bücher in der zweiten Hälfte des 17. Jahrhunderts, hat nichts mit der gelehrten Schulbildung, die von jenen Autoren (meistens Philologen) zu ihren Arbeiten benutzt ward, zu schaffen, sondern ist aus einer gescheiten Ansicht der Sitten und Zeitgeschichte geschöpft«[16]. Und im Blick auf die Opitzianer faßt Schlegel zusammen: »Kurz, es fehlte gleich von vorne herein, an einem eigentümlichen poetischen Fond, und so konnte echte Poesie nur als Ausnahme zum Vorschein kommen, die Schule selbst war durchaus nicht poetisch«[17].

---

und die erste Hälfte des 18. Jahrh.) Die antike Poesie als Muster für die Form mit der Beschränkung auf das Technische‹.

[12] Schlegel, a.a.O., S. 78.

[13] A. Koberstein, Grundriss der Geschichte der deutschen Nationalliteratur, umgearb. v. K. Bartsch, Bd. 2, Leipzig ⁵1872 (¹1827), S. 5 u. 3.

[14] A.a.O., S. 3f.

[15] Vgl. o. S. 22ff.

[16] Schlegel, a.a.O., S. 69. Zur Frage, ob Grimmelshausen wirklich »nichts mit der gelehrten Schulbildung« zu tun hat, vgl. unten.

[17] Ebda. Schlegel wendet sich freilich auf der anderen Seite gegen den »Irrtum« einer »Klasse von Schriftstellern ..., welche behaupteten, die Poesie solle gar keine Kunst, sondern ein besinnungsloser, fast unbewußter Erguß der Natur sein« (a.a.O., S. 78).

Wie im Fall des ›Rhetorischen‹ kann man sich nicht deutlich genug die Vorurteile gegenüber dem ›Gelehrten‹ ins Bewußtsein rufen, denn sie sind weitgehend noch die Vorurteile der Gegenwart. Zwar hat man sich, nicht zuletzt unter dem Einfluß moderner Dichtungstheorien, mehr und mehr auch für das Rationale, Gemachte, Technische der Barockliteratur zu interessieren versucht[18]; aber dem ›Gelehrten‹ gegenüber herrscht immer noch eine seltsame Verlegenheit. Ein einziges Beispiel – die Ansicht eines profunden Kenners der Materie – soll dies noch kurz erläutern. In seiner Darstellung ›Deutsche Kultur im Zeitalter des Barocks‹ möchte Willi Flemming das ständische Fundament der Barockliteratur von dem des 16. Jahrhunderts unterscheiden: »Die eigentlich kulturschöpferische Schicht ist also vorwiegend der modern gebildete Beamte. Ganz verkehrt ist es, ihn als ›Gelehrten‹ zu bezeichnen, wie man früher die Barockliteratur als Gelehrtenmache auffaßte. War im 16. Jahrhundert der Pastor besonders als Kulturerzieher der Nation hervorgetreten, indem er in deutscher Sprache das Kirchenlied und das Erbauungsbuch pflegte, so hielt sich der damals neu entstandene Stand der weltlichen Gelehrten als nobilitas literaria in Distanz mit seiner neulateinischen Poesie. Das wird jetzt als Pedanterie verspottet. Jetzt schreibt man meist deutsch und fühlt sich nicht als Fachgelehrter, sondern als Träger und Mehrer moderner Kultur, im Dienst des Staates. Der Jurist, dazu der Gymnasial- und Universitätslehrer, auch die Theologen, sie alle fühlen sich als Beamte«[19].

Fast jeder Satz dieses Passus wäre anzuzweifeln, angefangen bei dem Beamten-›Gefühl‹ (das in breiterem Ausmaß erst seit der zweiten Hälfte des 17. Jahrhunderts erkennbar wird) über die Situierung der neulateinischen Poesie[20] bis zur Definition des ›Gelehrten‹. Flemmings Haltung ist deutlich apologetisch bestimmt; sie geht davon aus, daß »man früher die Barockliteratur als Gelehrtenmache auffaßte«. Also muß das gelehrte Element nach Möglichkeit eliminiert werden, und dazu dient der Begriff des ›Beamten‹. Hier liegt das entscheidende Mißverständnis; denn weder im 16. noch im 17. Jahrhundert bedeutete ›Gelehrter‹ das, was Flemming darunter versteht: den ›Fachgelehr-

[18] Dies gilt vor allem für das in den letzten Jahren intensivierte Interesse an der literarischen Theorie des 17. Jahrhunderts, die ja ihrem Wesen nach ›technische‹ Anweisung zur Produktion darstellt; man denke aber auch etwa an den neu erschlossenen Bereich der Emblematik.
[19] Deutsche Kultur ..., S. 44.
[20] Dahinter steht die Vorstellung von der ›Überwindung‹ der lateinischen Tradition, s. u. S. 251ff.

ten‹. ›Gelehrt‹ waren alle, die Gymnasium und Universität durchlaufen hatten; wichtigstes Kennzeichen ihrer *eruditio* war das Lateinische. »Den bürgerlichen Berufen nach, auf welche sie sich verteilten, waren sie Geistliche, Richter, Lateinlehrer, Hochschullehrer,
fürstliche und städtische Beamte und Ärzte«[21].

b. *Literarische Kunstübung und ständische Basis*

In diese Kategorie gehören zunächst einmal alle bedeutenden bürgerlichen Barockautoren, ausgenommen Jakob Böhme und etwa der
Schweizer Epigrammatiker Johann Grob[22]. Selbst Grimmelshausen
hat immerhin die Lateinschule in Gelnhausen besucht und war später,
als Schreiber und als Sekretär[23], mit Stieler zu reden wenigstens ein
»halbgelehrter« Mann[24] (im Kirchenbuch wird er »honestus et magno
ingenio et eruditione« genannt[25]). Der Mythos vom bloßen ›Bauernpoeten‹ Grimmelshausen ist jedenfalls längst nicht mehr aufrecht zu
erhalten[26].

Die soziale Position der großen und für die Barockliteratur entscheidenden Klasse gelehrter Autoren bildete sich im Lauf des 16.
Jahrhunderts; Erich Trunz hat im einzelnen dargestellt, wie die Gelehrten sich während der Epoche des Späthumanismus mehr und mehr
darum bemühten, »gesellschaftlich eine geschlossene Gruppe zu bilden und als solche einen hohen Rang einzunehmen«[27]. Dabei kam es
darauf an, sich einerseits vom einfachen Bürgertum – u. a. durch be-

---

[21] Trunz, Der deutsche Späthumanismus um 1600 als Standeskultur, in: Deutsche
   Barockforschung, S. 155.
[22] Zwar war Grob von Beruf Kaufmann, aber schon früh hatte er durch den
   Ortsgeistlichen Lateinunterricht erhalten, und später erwarb er sich – wie nicht
   zuletzt die Epigramme zeigen – eine vorzügliche gelehrte Bildung. Einzelheiten
   in der Grob-Ausgabe von A. Lindqvist (BLVS. 273), Leipzig 1929, S. 4ff.
[23] Die Unterscheidung ist wichtig, weil sie einen Aufstieg bedeutet (der Schreiber
   arbeitete unter dem Sekretär). Zur Selbstdarstellung Grimmelshausens vgl. jetzt
   die wichtige Arbeit von M. Koschlig, ›Edler Herr von Grimmelshausen‹. Neue
   Funde zur Selbstdeutung des Dichters, Jb. d. Dt. Schiller-Ges. 4, 1960, S. 198ff.
[24] So im Untertitel zum ›Allzeitfertigen Secretarius‹ (1680): »Anweisung/ auf
   was maasse ein jeder halbgelehrter bey Fürsten/ Herrn ... einen ... Brief schreiben und verfassen könne«.
[25] Newald, S. 371.
[26] M. Koschlig, Der Mythos vom ›Bauernpoeten‹ Grimmelshausen, Jb. d. Dt.
   Schillerges. 9, 1965, S. 33ff.
[27] Trunz, a.a.O., S. 149.

stimmte Privilegien[28] – abzusetzen, andererseits als ›geistiger Adel‹ dem Geburtsadel angenähert zu werden.

Ein Hauptmittel des sozialen Aufstiegs, ja das eigentliche *specificum* der Gelehrten waren die Fähigkeiten auf rhetorisch-poetischem Gebiet[29]. Immer weitere Teile des Adels, bis hinauf zu Fürsten und Königen, ließen sich mit den Produkten der gelehrten Feder huldigen, und auch das Patriziertum war dafür nicht unempfänglich. Ob dabei der jeweilige Gönner nur als Adressat der Widmung oder gar als enkomiastischer Gegenstand der Arbeit selbst erschien – ein äußerliches, aber wesentliches, die Differenz gegenüber den Ungelehrten[30] begründendes Kennzeichen war (mit wenigen Ausnahmen)[31] die Latinität.

Als die Opitz-Generation daran ging, nun auch die Muttersprache programmatisch in den Bereich gehobener Sprachkunst hereinzunehmen, ergab sich eine doppelte Aufgabe: die prinzipielle Propaganda für Nutzen und Würde des gelehrten Metiers, insbesondere der Poesie, war konsequent weiterzuführen (denn erst einzelne Angehörige des Adels und des Patriziertums hatten sich gewinnen lassen)[32]; darüber hinaus aber mußte die mühsam errungene, so stark vom Lateinischen abhängende Exklusivität der gelehrten Literatur auch auf die Muttersprache ausgedehnt werden[33]: es »ist fast nohtwendig/ daß ein Gelehrter seine Muttersprache gründlich verstehe/ und derselben Poëterey nicht unwissend sey«[34]. Die ausgefeilte, oft ermüdende Umständ-

---

[28] Einige von ihnen sind, im Anschluß an Stephanis ›Tractatus de nobilitate‹ (1677), aufgezählt bei Trunz, a.a.O., S. 150f.

[29] Einzelheiten im dritten Teil dieser Arbeit; zur Orientierung vgl. Paulsen 1, S. 53ff.

[30] Sie wurde den angehenden Humanisten von frühester Zeit an ins Bewußtsein gerufen; so ermahnt etwa Sturm seine ›pueri‹ (1538), »ut vivendi ratione, ita enim cultu et oratione, atque moribus studiosi ab indoctis differant« (Vormbaum 1, S. 658).

[31] Unter den bedeutenden Gelehrten, die am Ende des 16. Jahrhunderts gelegentlich auch deutsche Gedichte verfaßten, sind Schede Melissus, Denaisius und Habrecht.

[32] »Seit die geistige Führung in Deutschland von den Städten an die Höfe übergegangen war, war die gesellschaftliche Rehabilitierung des Dichterstandes aus der verachteten Pritschmeisterei ein entscheidendes Lebensproblem der neuen Dichtung geworden« (Alewyn, Vorbarocker Klassizismus und griechische Tragödie, S. 6f.). Zur Situation im 16. Jahrhundert vgl. V. Hall, Scaliger's defense of poetry, PMLA 63, 1948, S. 1125ff.; zum 17. Jahrhundert den bereits zitierten Aufsatz von Dyck, Apologetic argumentation in the literary theory of the German Baroque (1969).

[33] C. von Faber du Faur, Der Aristarchus. Eine Neuwertung, PMLA 69, 1954, S. 566ff.

[34] Harsdörffer, ›Poetischer Trichter‹, 1. Teil, Vorrede, fol.) (V^b.

lichkeit der Argumentation in Widmungen[35] und theoretischen Abhandlungen der gelehrten Barockautoren – nicht nur der Frühzeit – ist ohne diesen Hintergrund kaum zu verstehen.

Die Führung in diesem Kampf um die Anerkennung muttersprachlicher gelehrter Kunstübung liegt zunächst eindeutig bei der Poesie, und was Opitz in Widmungen, Vorreden und in seiner Poetik an werbenden Formeln prägt, begegnet während des gesamten 17. Jahrhunderts in zahllosen Variationen[36]. Besonders charakteristisch ist dabei das Bestreben, die Begriffe des ›Vornehmen‹ und des ›Gelehrten‹ möglichst eng miteinander zu verzahnen. Im ›Buch von der Deutschen Poeterey‹ beginnt dies schon mit der Anrede an die Ratsherren von Opitzens Heimatstadt Bunzlau: »EHrenveste/ Wolweise/ Wolbenambte vnd Wolgelehrte in sonders günstige HErren«[37]. ›Wolgelehrt‹ begegnet also bereits als ein Prädikat, durch das man den hohen Herren schmeicheln kann. Doch Opitz versteht es, zugleich sich selbst zu schmeicheln, indem er – nach altbekanntem Brauch – sein Buch als von anderen erbeten hinstellt, darunter »auch vornemen Leuten«[38]. Damit ist der Ansatzpunkt für zwei Hauptzwecke der Poetik fixiert: »die jenigen vor derer augen diese vorneme wissenschafft ein grewel ist zue wiederlegen/ ... die gelehrten aber vnd von natur hierzue geartete gemüter auff zue wecken«[39].

›Vornehme Wissenschaft‹ und ›gelehrte Gemüter‹ – Gegenstand und Adressat werden als einander würdig dargestellt, Kunstdichtung soll die sozialen Grenzen zwischen den Gelehrten und den Vornehmen überspringen. Aber mit den Patriziern von Bunzlau begnügt sich Opitz nicht; erst wenn auch hoher und höchster Adel, ja die Fürsten selbst gewonnen sind, ist die Rehabilitierung der gelehrten Kunst-

---

[35] Dieses auf den ersten Blick abschreckende Gebiet wäre für das 17. Jahrhundert einmal genau zu untersuchen (auch unter rhetorischem Aspekt). Einiges zur Topologie der Dedikation bei A. Gramsch, Artikel ›Widmungsgedicht‹, RL ¹III, S. 501ff.; K. Schottenloher, Die Widmungsvorrede im Buch des 16. Jahrhunderts (Reformationsgeschichtl. Stud. u. Texte. 76/77), Münster 1953; P. Bissels, Humanismus und Buchdruck. Vorreden humanistischer Drucke in Köln im ersten Drittel des 16. Jahrhunderts, Nieuwkoop 1965.

[36] Vgl. etwa zu Zesen: Maché, Zesen als Poetiker, S. 410ff.

[37] Die Reihenfolge der Epitheta ist identisch mit derjenigen der eigentlichen Widmung. Vgl. noch die Formel, mit der Otto Prätorius die ›Anleitung Zur Deutschen Poeterey‹ seines Schwiegervaters Buchner dediziert (1665): »Dem HochEdlen/ Vesten und Hochgelahrten/ Herrn Petro Werdermannen/ Churfürstl. Durchl. zu Sachsen Hochbestalltem Cammer-Rath ...«.

[38] ›Buch von der Deutschen Poeterey‹, fol. A 2ᵃ.

[39] Ebda.

poesie vollzogen[40]. Die Vorrede zu den ›Weltlichen Poemata‹ von 1644, an den Fürsten Ludwig zu Anhalt-Köthen als den Präsidenten der ›Fruchtbringenden Gesellschaft‹ gerichtet, ist fast ganz dem Thema gewidmet, »daß gelehrter Leute Zu- vnnd Abnehmen auff hoher Häupter vnd Potentaten Gnade/ Mildigkeit vnd Willen sonderlich beruhet«[41]. Dabei stellt die Berufung auf antike oder christliche Vorbilder – nach Art der Fürstenspiegel – ein durchschlagendes Argument dar. »Von den Römern/ vnd zwar jhrer Poeterey allein/ zu sagen/ so haben jhre Keyser diese Wissenschafft so lange in jhren Schutz vnd Förderung genommen/ so lange jhr Reich vor Einfall Barbarischer Völcker vnd eigener Nachlässigkeit bey seinen Würden verblieben ist«[42] (die Mahnung scheint deutlich). Strahlendstes Beispiel ist natürlich Augustus, der selbst »ein artlicher vnd sinnreicher Poet« war[43]. Aber auch »der gelehrte Fürst Leo der Zehende« kann als Vorbild dienen[44], und zuletzt rückt der Angeredete selbst in die Reihe der *exempla*: »Daß nun Eure Fürstl. Gnade auch der Poesie die hohe Gnade vnd Ehre anthut/ folget sie dem rühmlichen Exempel oben erzehlter Potentaten so verstorben sind/ vnd giebet selber ein gut Exempel denen die noch leben«[45].

Opitzens eigene höfische Erfolge vor allem in Liegnitz, Weißenburg, Wien, Brieg und Danzig haben der planmäßig propagierten Ideologie des vornehm-gelehrten Poetentums zusätzlichen Nachdruck verliehen. Deutlichste Manifestation dieser Annäherung des Gelehrten an den Adel war Opitzens Nobilitierung im Jahre 1627; später folgten als hervorragende Vertreter deutscher Gelehrtenpoesie Rist (1646), Zesen (1653) und Birken (1655)[46]. Doch so stolz bereits Opitz

---

[40] C. von Faber du Faur, Monarch, Patron und Poet, GR 24, 1949, S. 249ff.
[41] ›Weltliche Poemata‹, Frankfurt a. M. 1644, fol.) (II[b].
[42] Ebda. Ähnlich bereits in den Vorreden zu den ›Trojanerinnen‹ (1625) und zur ›Antigone‹ (1636).
[43] ›Weltliche Poemata‹, fol.) (III[a] (»Darumb ist sein Hoff auch ein Auffenthalt vnd Zuflucht gewesen aller Poeten«, ebda.).
[44] A.a.O., fol.) (IX[b].
[45] A.a.O., fol.) (XII[a]. Die gleiche Argumentation in der Vorrede zu ›Zlatna‹ (1623; ›Weltliche Poemata‹, 1. Teil, Frankfurt a. M. 1644, bes. S. 194): »daß sich auch bey wehrendem zweiffelhafftigem Zustande noch vornehme Leute finden lassen/ die sich deß Studierens vnd derselben Liebhabere trewlich annehmen. Vnter denen mein geehrter Herr billich zum ersten soll gerechnet werden/ als welcher an Gunst vnd Zuneigung gegen die Gelehrten alle andere jhres Standes ... vberwindet«.
[46] Rist wurde sogar zum kaiserlichen Pfalzgrafen ernannt (1654, mit dem traditionellen Recht zur Dichterkrönung) – eine Auszeichnung, die im 16. Jahrhundert durchweg nur »besonders hohe Rechtsgelehrte und ganz hohe Theologen

die Würde des ›gemachten‹ Adels[47] gegenüber dem Geburtsadel verteidigte[48], fast wichtiger noch war es, daß immer mehr Angehörige
der Aristokratie statt des bloßen Rezipierens gelehrter Kunstübung
sich selbst an das Produzieren wagten[49]. Aus dem Hochadel sind vor
allem Fürst Ludwig von Anhalt und Herzog Anton Ulrich von
Braunschweig zu nennen[50]; altem Adel entstammen Assig, Czepko,
Dohna, Greiffenberg, Haugwitz, Logau, Rosenroth, Seckendorff,
Spee und von dem Werder[51]; mit Abschatz, Hohberg und Zigler sind
sogar drei Reichsfreiherren vertreten; der jüngere Adel ist durchaus
in der Minderzahl, wird freilich durch so glanzvolle Namen wie Hofmannswaldau und Lohenstein repräsentiert[52].

Welche Möglichkeiten die Angehörigen der Aristokratie besaßen,
sich gelehrte Bildung anzueignen, wird im Zusammenhang der
Adelserziehung behandelt werden[53]. Jedenfalls stand außer Zweifel,
daß nur die hoffähig gewordene Gelehrtenliteratur als Grundlage und
Vorbild dienen konnte, auch wenn das Bestreben erkennbar wird,
sich durch Sujet und schriftstellerische ›Souveränität‹ über den gelehrten Durchschnitt zu erheben. So wird z. B. der höfische Roman
naturgemäß zu einer besonders beliebten Gattung des schriftstellern-
den Adels[54], und wo man sich – vor allem seit der Jahrhundertmitte –
häufiger auch an lyrischen Formen versucht, geschieht dies unter
ostentativer Kennzeichnung als ›Neben-Werck‹[55].

---

erhielten« (Trunz, a.a.O., S. 151). Auch Omeis erhielt (1691) die Pfalzgrafen-
   würde, nachdem er den Kaiser Leopold mehrfach in Huldigungsgedichten gefeiert hatte (ADB 24, 1887, S. 348).

[47] Ein Lieblingsthema Logaus: ›Deutscher Sinn-Getichte Drey Tausend‹, 1. Tausend, S. 56; 3. Tausend, S. 32 und S. 101.

[48] Flemming, Deutsche Kultur ..., S. 40.

[49] Auch hierzu fehlen gründliche literatursoziologische Untersuchungen. Das Folgende gibt nur einen kurzen, orientierenden Überblick über die wichtigsten
   Namen, ohne jeden Anspruch auf Vollständigkeit.

[50] Eine charakteristische Gruppe ›fürstlicher Dramatiker‹ (Newald, S. 84ff.) war
   im 16. Jahrhundert vorausgegangen, allerdings weniger mit gelehrten Ambitionen, sondern volkstümliche Überlieferungen weiterführend.

[51] Vgl. Barth, Franckenberg, Kuffstein, Löwenhalt, Löwenstern, Scherffenstein,
   Stubenberg, Zinzendorf; später Besser, Canitz, König.

[52] Bei diesen beiden wurden jeweils erst die Väter nobilitiert. Vgl. jetzt F. Heiduk,
   Das Geschlecht der Hoffmann von Hoffmannswaldau, Schlesien 13, 1968,
   S. 31ff.

[53] Unten S. 367ff.

[54] Freilich genießt der Adel auch hier kein absolutes Privileg; neben Anton Ulrich, Hohberg und Zigler sowie den Neuadligen Zesen und Lohenstein behaupten sich Buchholtz und sogar Grimmelshausen (E. E. Gaggl, Grimmelshausens
   höfisch-historische Romane, Diss. Wien 1954).

[55] So besonders bei Hofmannswaldau, Lohenstein und Canitz. Vgl. exemplarisch

Für die höfische Prägung weiter Bereiche der deutschen Barockliteratur und für die Aufwertung gelehrter Kunstübung schlechthin wurde dieses intensive Partizipieren einzelner Adliger an der literarischen Produktion von großer Bedeutung. Aber auf lange Zeit hinaus blieben es einzelne; in den Augen vieler Adelsfamilien war die Beschäftigung mit dem gelehrten Metier der Literatur nach wie vor nicht standesgemäß[56]. Der von Opitz inaugurierten gelehrten Propaganda blieb ein breites Feld, nicht zuletzt im Fall der Redekunst, die so lange hinter der Poesie zurückhing. »Die Wol-Redenheit stehet sehr wol an Fürsten und Edlen/ Ist auch billig/ daß solche vor vielen andern derselbigen sich befleissigen«, verkündet Meyfart im dritten Kapitel seiner ›Teutschen Rhetorica‹ (1634), die Opitzische Werbung fortsetzend[57]. Aber auch die gelehrte Poesie muß weiter verteidigt werden; noch der ›Vorbericht‹ zu Lohensteins ›Arminius‹ (1689) läßt die Absicht erkennen, die adligen Vorurteile ihr gegenüber aus dem Weg zu räumen[58].

Je näher die gelehrte Kunstübung an die Sphäre des Adels herangerückt wird, desto entschiedener muß sie sich vom ›Pöbel‹, vom gemeinen Volk abheben, zumal da im Zeichen der Muttersprache das Lateinische nicht mehr die bequeme, eindeutige Barriere der voropitzischen Zeit darstellt[59]. Das »Odi profanum volgus et arceo« gehört, unterschiedlich scharf akzentuiert, auch im 17. Jahrhundert zur

---

Lohensteins Vorrede zu den ›Blumen‹, in: [Werke], Breslau 1680: die Poesie habe ihm »selbte nur als blosse Neben-dinge einen erleuchternden Zeit-Vertreib/ nicht aber eine beschwerliche Bemühung abgegeben« (fol.):(4ᵃ). »Uber dies habe ich aus der Tichter-Kunst niemals ein Handwerck gemacht« (fol.):(6ᵇ). Selbst Weises Definition der Poesie als ›Nebenwerck‹ steht unter dem Einfluß dieser Tendenz zur Vornehmheit. Das gleiche gilt später für Johann Burckhard Mencke (Philander von der Linde) und für Hagedorn. Besonders wichtig ist die Deklarierung der Poesie als ›Nebenwerck‹ dem Altadligen Logau: immer wieder bezeichnet er sie als »Nacht-Gedancken« (›Deutscher Sinn-Getichte Drey Tausend‹, 3. Tausend, S. 147) oder ähnlich, am entschiedensten a.a.O., S. 176:
»Ich schreibe Sinn-Getichte/ die dürffen nicht viel Weile
(Mein andres Thun ist pflichtig) sind Töchter freyer Eile«.

[56] Dazu u. S. 369ff.
[57] ›Teutsche Rhetorica‹, S. 26. Wo überhaupt auf Beredsamkeit Wert gelegt wird, bleibt sie den ›Gelehrten‹ überlassen: »Ebener massen bringet es gar schlechte Ehre wenn Fürsten und Herren ... bey Botschafften/ Rathschlagungen/ Gerichten/ Zusammenkunfften nichts kluges reden/ ... sondern mit den Gelehrten und Dienern sich behelffen« (a.a.O., S. 29).
[58] ›Arminius‹, Leipzig 1689, ›Vorbericht an den Leser‹ (nicht von Lohenstein selbst), besonders fol. c 1ᵇ.
[59] Auf der anderen Seite ist die muttersprachliche Kunstpoesie nun auch den nicht humanistisch gebildeten Adligen unmittelbarer zugänglich, somit noch attraktiver.

Grundposition des gelehrten Dichters[60]; selbst der Kaufmann und Autodidakt Johann Grob macht sich in dem Epigramm ›Mißbrauch der Dichterei‹ diese Haltung zu eigen:

»Das ungelehrte volk weiß nicht zu unterscheiden«[61].

Diese Distanz gegenüber dem ›Volkstümlichen‹ haben die Literarhistoriker des 19. Jahrhunderts durchaus zutreffend beschrieben. Der »rauhe/ dumme Herr Omnis« erscheint auch in Harsdörffers ›Poetischem Trichter‹[62], und Birken fragt: »Wer für Herrn Omnis schreibt/ ist der Gelehrt zu nennen?«[63]. Nicht nur in der Wortwahl hüte man sich vor Vulgarismen, »darob sich ein Gelehrter erröthen/ und etwas Schimpfs uns zugezogen werden muß«[64]. Das gesamte Schaffen des gelehrten Dichters ist nur für seinesgleichen bestimmt bzw. für Höherstehende, die von der Sache etwas verstehen. So heißt es bei Buchner: die Poeten haben »ihr Absehen nicht so sehr auf den gemeinen Pöbel/ der nichts verstehet/ und Unflath oft mehr/ als Reinligkeit liebet/ als auf Leute/ die etwas wissen/ und ein gerechtes Urtheil fällen können/ ob aller Unsauberkeit auch einen Ekel schöpfen«[65]. Und Grob gibt sich gleichermaßen elitär: »ich habe längsten gelernet eines einzigen kunstverständigen urteil/ so er mit unumfangenem herzen giebet/ höher zu halten/ als das verachtliche geschwäze hundert ungeschikter tadler«[66].

Obwohl die Erzeugnisse des gelehrten Poeten auch in das gesamte »weite gefilde der gelehrten welt« hinausgehen[67], genießt der engste Freundeskreis eindeutig die Vorzugsstellung. Die Freundschaftspoesie der Sprachgesellschaften und Dichterkreise bietet dazu unerschöpf-

---

[60] Es wird übrigens auch häufig von den Theoretikern zitiert, z. B. von Buchner, ›Anleitung Zur Deutschen Poeterey‹, S. 28.

[61] ›Poetisches Spazierwäldlein‹, o. O. 1700, S. 132.

[62] ›Poetischer Trichter‹, 3. Teil, Nürnberg 1653, S. 379. In der Vorrede zum 1. Teil (Nürnberg 1650, fol. V^a) beschwert sich Harsdörffer über den Unverstand des breiten Publikums, das lieber den Possenreißern nachläuft: »Einen Poeten aber/ dessen Kunst ferne von deß Pövels Thorheit ist/ wollen sie noch wissen/ noch hören«.

[63] ›Teutsche Rede-bind- und Dicht-Kunst‹, Nürnberg 1679, S. 165 (möglicherweise ist Birken hier von seinem Nürnberger Kunstgenossen Harsdörffer beeinflußt).

[64] Buchner, ›Anleitung ...‹, S. 31.

[65] A.a.O., S. 27f. Zum ›Elite‹-Denken in der Poetik des 17. Jahrhunderts eingehend Dyck, S. 129ff.

[66] ›Poetisches Spazierwäldlein‹, ›Vorrede‹, fol. 3^b.

[67] Zesen, ›Hochdeutsche Helikonische Hechel‹ (1668), zitiert nach Fischer, S. 43.

liches Anschauungsmaterial[68]; erst recht wo es sich nicht um lokale Zusammenschlüsse handelt (Straßburg, Hamburg, Königsberg, Nürnberg), sondern um Freundschaften über weite Entfernungen hin, spielt die Gemeinsamkeit der gelehrten Kennerschaft eine wichtige Rolle[69]. Es ist oft betont worden, wie stark das poetische ›Zunftwesen‹ – z. T. mit alten Traditionen[70] – die deutsche Barockliteratur geprägt hat[71]. Und selbst der Höherstehende wird, sofern möglich, gern in diesen besonderen Bereich der Freundschaft hereingenommen: »GElehrter Herr/ Vertrawter Freundt vnd Bruder ...«[72].

c. Das gelehrte Wissen

Schon von ihrem sozialen Kontext her ist also die Poesie – sofern sie den Titel ›Poesie‹ verdient[73] – als ein ›gelehrtes‹ Metier definiert, und zwar so wesentlich, daß für manchen Theoretiker erst ein Poet »zugleich auch ein volkomner Gelehrter« wird[74]. Noch für Gottsched »ist gewiß die Poesie eine von den wichtigsten freyen Künsten, ja der vornehmste Theil der Gelehrsamkeit«[75]. Die Ponderierung mag bei einzelnen Autoren verschieden sein; das gelehrte Element ist von der Poesie nicht zu trennen, selbst bei Mystikern und Satirikern nicht, die so häufig von der communis opinio abzuweichen scheinen. »Es ist keine Wissenschafft höher/ ... als di hoch-ädele Vers-kunst«, heißt es bei Kuhlmann[76]. Rachel entfaltet in einer langen Satire, von seinem

---

[68] H. H. Weil, The conception of friendship in German Baroque literature, GLL 13, 1960, S. 106ff.; H. Wilms, Das Thema der Freundschaft in der deutschen Barocklyrik und seine Herkunft aus der neulateinischen Dichtung des 16. Jahrhunderts, Diss. Kiel 1963 (an Trunz' Untersuchungen zum Späthumanismus anknüpfend).

[69] Bemerkungen dazu bei Conrady, S. 300ff. (›Gebildete Freundschaft‹).

[70] So besonders in Nürnberg. Im Programm der Pegnitzschäfer hat man »nicht mit Unrecht eine Hebung des Meistergesanges in einen gelehrt-höfischen Kreis gesehen« (Newald, S. 212).

[71] Das Wichtigste bereits 1886 bei Borinski, Die Poetik der Renaissance, S. 247ff. (›Zunftpoeten und Poetenzünfte‹).

[72] So apostrophiert Opitz in der Vorrede zum ›Jonas‹ (1628) den Adligen Georg Köhler von Mohrenfeldt (›Geistliche Poemata‹, o. O. 1638, S. 56).

[73] Die Unterscheidung des ›Poeten‹ vom bloßen ›Verseschmied‹ kann hier nicht näher verfolgt werden. Einzelne Theoretiker (wie Buchner und Zesen) sind deutlich bestrebt, das Wort ›Poet‹ als Ehrentitel zu reservieren; schon Opitz knüpft dabei im Motto zu seiner Poetik an Horaz an (A. p. 86ff.).

[74] Zesen, a.a.O. (nach Fischer, S. 82).

[75] ›Versuch einer Critischen Dichtkunst‹ (⁴1751), S. 67.

[76] ›Sonnenblumen‹ (1671), zitiert nach W. Dietze, Quirinus Kuhlmann. Ketzer und Poet (Neue Beitr. z. Lit.wiss. 17), Berlin 1963, S. 93 (vgl. a.a.O., S. 92ff. den Abschnitt ›Wissenschaft und Poesie‹).

verehrten Lehrer Tscherning ausgehend, das Bild des gelehrten Poeten[77], und Johann Lauremberg ergänzt es aus der ›volkstümlichen‹
Perspektive:

> »Ick bin ein Poet nu van velen Jahren/
> In der edlen Poësie gelehrt und erfahren«[78].

Die wichtigste inhaltliche Bestimmung, mit der man im 17. Jahrhundert die Gelehrtheit des Poeten zu beschreiben pflegt, ist sein ma-
teriales Vielwissen, seine Polyhistorie bzw. Polymathie. »Es muß ein
Poet ein vielwissender/ in den Sprachen durchtriebener und allerdinge erfahrner Mann seyn«[79]: so oder ähnlich heißt es bei nahezu allen
Poetikern der Barockzeit[80]. Die Wissensgebiete können im einzelnen
verschieden abgegrenzt und bewertet sein, doch gehören meist Sprachen, ›Künste‹ und Historie zum festen Grundbestand[81]. Die gleiche
Forderung wie für den gelehrten Poeten gilt für den ›Secretarius‹[82]
und vor allem für den Redner: »Zu der WolRedenheit gehöret die
Erfahrung in den Geschichten/ in den Welthändeln/ in Geistlichen
Sachen/ in Philosophischen/ doch freundlichen Zanckereyen und
viel andere Stücke«[83]. Was Meyfart hier als Idealbild hinstellt, wird

---

[77] ›Teutsche Satyrische Gedichte‹, Frankfurt 1664, S. 100ff. (›Achte Satyra: Der
Poet‹). Symptomatisch ist wieder die Hervorhebung der sozialen Reputation
der Poesie, besonders beim Hochadel:
> »Mein Tscherning/ höchster Freundt/ ihr Meister in den tichten/
> Der ihr ein treflich Werk selbst machen könt und richten/
> Den die gelahrte Kunst hat Welt-berühmt gemacht
> Und hoch bey Königen und Fürsten aufgebracht«.

[78] ›Veer Schertz Gedichte‹, o. O. 1652, S. 72; vgl. die enge Verklammerung von
›Poet‹ und ›Gelehrtem‹ wenige Zeilen darauf (S. 73):
> »Sindt gy en Poët und gelehrder Mann«.

[79] Klaj, ›Lobrede der Teutschen Poetery‹, Nürnberg 1645, S. 5.

[80] Vgl. Dyck, S. 122ff.; Fischer, S. 61ff.

[81] Häufig wird nur allgemein die Universalität als solche hervorgehoben, wie bei
Klaj durch das Wort »allerdinge«. Vgl. wiederum noch Gottsched, ›Versuch einer
Critischen Dichtkunst‹, S. 105: »So wird denn ein Poet ... sich nicht ohne eine
weitläuftige Gelehrsamkeit behelfen können. Es ist keine Wissenschaft von seinem Bezirke ganz ausgeschlossen«.

[82] Stieler, ›Teutsche Sekretariat-Kunst‹, Bd. 1, Nürnberg 1673, Vorrede, fol.):(
III[a]f. Der Katalog ist eindrucksvoll: »Die Wißenschaft des offen- und sonder-
baren Rechts kan wol einen Doctor machen/ ein Secretarius aber muß über die-
selbe auch ein guter Redner/ fertiger Sprachmeister/ und kluger Statskündiger
seyn/ die Geschichte muß er auf den Nagel hersagen/ der Fürsten und Landes
... Angelegenheiten verstehen/ Geistlicher und Weltlicher Dinge Eigenschaften/
Natur und Wesen/ Vor- und Nachteil unterscheiden/ und hierüber zugleich des
Hofbrauchs/ im Reden und Handeln/ samt der bey der Kanzeley gewöhnlichen
Schreib-art/ mächtig seyn können«.

[83] Meyfart, ›Teutsche Rhetorica‹, S. 57. Eine gewisse akademische Akzentuierung
(Disputationsthemen, Kontroverstheologie) ist nicht zu überhören.

später von Weise unter Betonung der Realien systematisch ausgebaut und mit Vorliebe durch die schlagende Maxime begründet: »Wer nun viel reden sol/ muß viel wissen oder viel lügen«[84]. Noch in Hallbauers ›Anleitung Zur Politischen Beredsamkeit‹ heißt es dementsprechend: »Wenn wir uns einen politischen Redner vorstellen, welcher bey allen im gemeinen Wesen vorkommenden Fällen geschickt zu reden im Stande sey; so muß er ausser Historie, Chronologie, Genealogie, Geographie, Heraldik, Philosophie, und einer zulänglichen Einsicht in die Grundsätze der geoffenbarten Religion, hauptsächlich die Rechts-Gelahrtheit, und die Staats- und Policey-Wissenschaft besitzen«[85].

Die Theorie bestätigt also nur, was sich an den Texten der gelehrten Autoren des 17. Jahrhunderts ohnehin ablesen läßt: das oft etwas naiv anmutende Ausbreiten positiven Wissens hat nicht zuletzt als Manifestation des Gelehrtenstolzes zu gelten. Es beruht nicht notwendigerweise auf originaler Kenntnis der Quellen. Wie schon im 16. Jahrhundert werden oft genug nur *loci communes* und ›Schatzkammern‹ aller Art ausgeschrieben[86]. Aber der Eifer, mit dem man die Ergebnisse des Sammelfleißes nun auch zu dokumentieren sucht[87], stellt eine Eigenheit des 17. Jahrhunderts dar, und sie ist nicht auf das rhetorisch-poetische Gebiet beschränkt, eher wäre die Relation umzukehren: die literarische Kunstübung der Barockepoche ist ein so fundamental gelehrtes Metier, daß sie auf ihre Weise den polyhistorischen Wissenschaftsbetrieb des 17. Jahrhunderts zu repräsentieren hat[88].

Für die Literaturtheorie des 17. Jahrhunderts jedoch scheint – den Untersuchungen der letzten Jahre nach zu schließen[89] – ein anderer, traditioneller Gesichtspunkt maßgebend zu sein. Nachdem Conrady bereits 1962 kurz darauf hingewiesen hatte, wie ähnlich die Konzeption des vielwissenden Poeten dem oratorischen Idealtyp Ciceros oder

---

[84] ›Curieuse Fragen über die Logica‹, S. 658 u. ö. Es handelt sich um ein Sprichwort, das in ähnlicher Form auch etwa bei Moscherosch und Logau begegnet.
[85] Jena u. Leipzig 1736, S. 40 (das Weisianische Vorbild ist deutlich).
[86] In diesem Zusammenhang hat van Ingen, S. 37 mit Recht auf die Bedeutung des ›Bienengleichnisses‹ für das gelehrte Dichten hingewiesen.
[87] Vor allem in den schon genannten umfangreichen Anmerkungsapparaten.
[88] Zum Polyhistorismus der ausgehenden Barockepoche und seiner Weiterentwicklung in der ersten Hälfte des 18. Jahrhunderts jetzt anregende Bemerkungen bei C. Wiedemann, Polyhistors Glück und Ende. Von Daniel Georg Morhof zum jungen Lessing, in: Festschr. G. Weber (Frankf. Beitr. z. Germanistik. 1), Bad Homburg v. d. H. usw. 1967, S. 215ff.
[89] Vgl. o. S. 54ff.

Quintilians sei[90], verfolgte Dyck (1966) diesen Aspekt der ›rhetorischen Tradition‹ konsequent weiter mit dem Ergebnis, daß im 17. Jahrhundert das enzyklopädische Bildungsideal von der Rhetorik auch auf die Poesie übertragen worden sei[91]; andere Autoren haben die These inzwischen übernommen[92]. Der historische Zusammenhang an sich ist unbestreitbar, mehrfach beziehen sich die Theoretiker der Barockzeit auf das Programm Ciceros und Quintilians[93]. Doch das taten bereits die Humanisten des 16. Jahrhunderts – ohne dadurch zu jenem ausgeprägten Polyhistorismus zu gelangen, der für die Barockautoren kennzeichnend ist; erst auf dem gelehrtengeschichtlichen, wissenschaftsgeschichtlichen Hintergrund wird die Entwicklung voll verständlich[94].

Ein zweiter Einwand gegen Dycks These betrifft die Bewertung der poetischen Tradition. Nach Dyck muß es so scheinen, als sei erst durch die Rhetorik das Element des ›Wissens‹ in die Poesie bzw. Poetik hineingekommen, jedenfalls für das 17. Jahrhundert[95]. Doch spätestens bei den Alexandrinern (wenn nicht schon bei Euripides und vor allem bei Pindar)[96] ist das Ideal des *poeta doctus*[97] voll ausgeprägt[98], und von dorther wirkt es nachhaltig auf Theorie und Praxis der römischen Poesie, von Catull über Horaz, Properz, Ovid und Seneca bis hin zu Claudian. Das Problem kann hier nicht näher verfolgt werden[99]. Entscheidend ist, daß die Autoren des 17. Jahrhunderts in einzelnen großen Vertretern der römischen Poesie bereits

[90] Conrady, S. 44 (im Anschluß an Harsdörffer und Klaj).
[91] Dyck, S. 124ff. »Nicht einem ungefähren, zeittypischen Bildungshunger wird hier also das Wort geredet, sondern das Ideal der Vollkommenheit wird der rhetorischen Tradition entnommen und auf den Dichter übertragen« (a.a.O., S. 124).
[92] So Fischer, S. 82f.; Szyrocki, Nachwort zu: Poetik des Barock (1968), S. 256.
[93] Vgl. außer Dyck und Fischer auch Wiedemann, a.a.O., S. 218f.
[94] Ihn hinter dem Einfluß der rhetorischen Tradition zurücktreten zu lassen, ist aber gerade Dycks Absicht (s. das oben gegebene Zitat: Dyck, S. 124).
[95] Fischer, S. 83 Anm. 54: »Übertragung des Ideals vom Rhetor auf den Dichter im Barock« (unter Hinweis auf Dyck); noch schärfer Szyrocki, a.a.O., S. 256.
[96] Für die archaische Epoche vgl. H. Maehler, Die Auffassung des Dichterberufs im frühen Griechentum bis zur Zeit Pindars (Hypomnemata. 3), Göttingen 1963.
[97] Der Begriff wurde hier bisher bewußt gemieden, da er leicht zu Mißverständnissen führt, vor allem in seiner Anwendung auf das 17. Jahrhundert.
[98] Einiges bei E. Howald, Der Dichter Kallimachos von Kyrene, Erlenbach–Zürich 1943, S. 65ff.
[99] Es soll Gegenstand einer gesonderten Untersuchung sein; zur Orientierung sei noch hingewiesen auf W. Kroll, Studien zum Verständnis der römischen Literatur, Stuttgart 1924, S. 24ff.

klassische *exempla* gelehrten Dichtens vor Augen hatten[100]. Seine Theorie vermittelte vor allem Horaz[101], und was speziell ›material-reiche‹ Poesie bedeutete, konnte man an den antiken Lehrgedichten studieren.

Am Beispiel des gelehrten Dichtungsideals zeigt sich wieder, daß erst im Zusammenspiel von Rhetorik und Poesie, von Tradition und epochaler Gesamtentwicklung die Geschichtlichkeit der Barocklitera-tur erfaßt werden kann. In der Antike ist auch eine wichtige soziale Funktion des gelehrten Dichtens vorgeprägt, die über den subjekti-ven Wissensstolz weit hinausreicht. Wie das antike Lehrgedicht – aber nicht nur dieses – haben weite Bereiche der gelehrten Poesie des 17. Jahrhunderts die Aufgabe, positive Kenntnisse zu vermitteln[102]. Am deutlichsten wird dies beim Roman[103]. Was den heutigen Leser bei-spielsweise an den häufigen Exkursen als weitschweifige Materialfülle stört, wurde von den Zeitgenossen oft als gelehrte oder ›curiöse‹ Kost-barkeit[104], als willkommene Möglichkeit der Wissenserweiterung emp-funden, nicht zuletzt vom weiblichen Publikum, das keinen Zugang zu den normalen Bildungswegen hatte[105] (aber auch von solchen, de-nen die realienarme humanistische Bildung nicht genügte).

d. Die Lehrbarkeit der Sprachkunst

Für den gelehrten Literaten selbst aber ist der entscheidende Bereich des ›Wissens‹ seine eigene rhetorisch-poetische Kunst. Damit ist ein Problem berührt, das unter dem polaren Begriffspaar *ingenium* (bzw.

---

[100] Zur Bedeutung der *imitatio* o. S. 59ff.

[101] Hinzu kommen eine Reihe wichtiger theoretischer Äußerungen in der ›gelehr-ten‹ Poesie seit Catull.

[102] In der literarischen Theorie ist die Aufgabe durch das Stichwort *docere* fest verankert; zur Problematik der ›didaktischen‹ Literatur im heutigen Verständ-nis vgl. Sengle, Die literarische Formenlehre, S. 10ff.

[103] Das Problem, daß der Roman nicht im strengen Sinne zur ›Poesie‹ gehört, kann hier ausgeklammert bleiben.

[104] So auch bei Grimmelshausen, wenn er nach Gelehrtenart ein italienisches Kom-pendium ausschreibt (dazu eingehend Böckmann, S. 448ff.).

[105] Um so wichtiger erschien es z.B. Harsdörffer, auch den ›Frauenzimmer-Ge-sprechspielen‹ umfangreiche gelehrte Quellenangaben beizugeben. Der ›Pöbel‹ freilich wurde schon durch die Exklusivität des Wissens abgeschreckt, vgl. die genüßlich-hochmütige Darstellung Bessers (nach van Ingen, S. 34):

> »Das Dichten ist die Kunst und Mutter bester Künste/
> . . .
> Sie ist von Wissenschafft und Weißheit ein Gespinste,
> Das über den Begriff gebückten Pöbels geht«.

natura) und *ars* die Geschichte der literarischen Theorie seit der Antike wesentlich geprägt hat[106] und im 17. Jahrhundert von Poetikern und Rhetorikern immer wieder neu und z. T. leidenschaftlich diskutiert wird[107]. So verwirrend die Fülle von Argumenten und Auslegungen auch sein mag, als Grundanschauung der meisten Autoren darf gelten, daß – wie schon bei Horaz[108] – *ingenium* und *ars* zusammenwirken müssen, wenn ein gelehrtes Kunstwerk entstehen soll; oder mit den Worten Harsdörffers: »Die Natur ist eine Meisterin/ den hurtigen Feuergeist anzubrennen/ die Kunst aber gleichsam das fette Oel/ durch welches solcher Geist weitstralend erhellet/ und Himmelhoch aufflammet«[109].

Das ist zwar primär auf die Poesie gemünzt und entspricht einer verbreiteten Tendenz, dem Dichter einen besonderen ›poetischen Geist‹ zuzuschreiben[110] (beliebter Spruch: ›orator fit, poeta nascitur‹)[111]. Aber es gibt ebenso die These: »Die Beredsamkeit an ihr selbst ist eine Gabe Gottes und der Natur«[112], und besonnene Kritiker haben nachdrücklich vor einer Verselbständigung oder Überbewertung des rein ›Poetischen‹ gewarnt. So stellt Lohenstein in seiner großen ›Lob-Rede‹ auf Hofmannswaldau fest: »Zwar nichts anders als tichten können/ ist eben so viel als ein Kleid allein von Spitzen tragen. Die Weißheit und ernste Wissenschafften müssen der Grund/ jenes der Ausputz seyn/ wenn ein gelehrter Mann einer Corinthischen Seule gleichen sol«[113]. Schottel formuliert noch schärfer: »Es muß aber ein jeder Gekk nicht so fort jhm einbilden/ er sey ein Himmel-Gelehrter und Göttlicher Poet«[114].

---

[106] Zum ersten Mal formuliert scheint es bei Isokrates (13,17; 15,187); die wichtigsten Stellen aus der römischen Tradition (mit weiterer Literatur) bei Fischer, S. 37 Anm. 1.

[107] Dyck, S. 116ff.; Fischer, S. 37ff. Vgl. auch G. Gersh, The meaning of art and nature in German Baroque, Comparative Lit. Stud. 4, 1967, S. 259ff.

[108] Die Ausgewogenheit der beiden Elemente in der Dichtungsauffassung des Horaz betont E.-R. Schwinge, Zur Kunsttheorie des Horaz, Philologus 107, 1963, S. 75ff.

[109] ›Poetischer Trichter‹, 1. Teil, Vorrede, fol. VI^b. Diesen wichtigen Aspekt vernachlässigt der schon zitierte Aufsatz von Brates, Die Barockpoetik als Dichtkunst, Reimkunst, Sprachkunst (1928).

[110] Im einzelnen dargestellt von Fischer, S. 37ff.

[111] Zitiert z. B. von Birken, ›Teutsche Rede-bind- und Dicht-Kunst‹, S. 167.

[112] Harsdörffer, ›Poetischer Trichter‹, 3. Teil, fol. III^b.

[113] ›Lob-Rede Bey ... Herrn Christians von Hofmannswaldau ... Leichbegängnüße‹, Breslau 1679, fol. B 3^af.

[114] ›Ausführliche Arbeit Von der Teutschen HaubtSprache‹, Braunschweig 1663, S. 106.

Als wichtigstes Ergebnis ist somit für das gelehrte Ideal festzuhalten, daß beide, Poesie wie Rhetorik, einer *doctrina* überhaupt zugänglich sind[115], ja ohne sie ihren genuinen Kunstcharakter nicht entfalten können. Soziale Exklusivität, Distanzierung vom ›Pöbel‹, Eindringen in den Adelsbereich, Bindung an einen Kreis gelehrter Kenner, enzyklopädisch-polyhistorische Zielsetzung: alles dies gehört zur ›gelehrten‹ Grundlage der deutschen Barockliteratur. Daß aber auch die gelehrte Kunstübung selbst Gegenstand der Lehre sein kann und muß, begründet den Anspruch des Bildungswesens: »es gehört mehr zum Tantze/ als ein paar Schu: Man muß zuvor die benötigte Wissenschaft und Erudition eines Poeten haben/ ehe man hoffen darf einen Nahmen unter den Poeten zuverdienen/ non solum ingenium sed arte et doctrina imprimis nitendum«[116].

August Wilhelm Schlegel hatte, die Poesie des 17. Jahrhunderts musternd, festgestellt: »die Schule selbst war durchaus nicht poetisch«[117]. Am Poesie-Begriff des 19. Jahrhunderts gemessen, war sie es vielleicht wirklich nicht; dafür aber war sie um so ›gelehrter‹, ›rhetorischer‹.

---

[115] Die Tradition dieser Auffassung reicht zurück bis zum homerischen Demodokos, den die Muse sein Metier ›gelehrt‹ hat (›Odyssee‹ 8,479; vgl. Hesiods Dichterweihe: ›Theogonie‹ 22); auch dieser ganze Grundbereich wäre bei der Untersuchung des ›gelehrten‹ Dichteridelas einzubeziehen.
[116] Schottel, a.a.O., S. 106.
[117] Oben S. 223.

Dritter Teil

Die Verankerung der Rhetorik im Bildungswesen
des 17. Jahrhunderts

1. Grundzüge und geschichtliche Problematik des Rhetorikunterrichts im 17. Jahrhundert

a. Prämissen

Wer nach Rhetorik in der deutschen Barockliteratur fragt und sich des ›gelehrten‹ Fundaments dieser Literatur bewußt geworden ist, wird dem rhetorischen Unterricht an den gelehrten Schulen der Epoche weniger gleichgültig gegenübertreten, als es für die bisherige Barockforschung durchweg kennzeichnend ist[1]. Das Phänomen eines solchen Unterrichts mag heutigem Empfinden – wie schon demjenigen Herders[2] – einigermaßen befremdlich sein[3]. Zwar haben sich Reste der rhetorisch-pädagogischen Tradition im Aufsatzunterricht[4] der höheren Schulen oder etwa in den lateinischen Stilübungen[5] der Universitäten erhalten. Darüber hinaus gibt es nach wie vor Anweisungen zum Briefschreiben in allen Lebenslagen, es gibt Redelehrbücher und

---

[1] Dies im Gegensatz zu anderen europäischen Literaturen des 17. Jahrhunderts (vgl. die o. S. 84 genannten Arbeiten zu Milton, Racine u. a.).

[2] Vgl. u. S. 319ff.

[3] Eine Vorstellung davon geben die Artikel ›Rhetorik‹, in: Lexikon der Pädagogik, Bd. 2, Bern 1951, S. 496f.; und ›Redekunst‹, in: Lexikon der Pädagogik, Bd. 3, Freiburg 1954, Sp. 1058ff. Der ausführliche Artikel ›Rhetorik‹ von E. Geissler, in: Encyklopädisches Handbuch der Pädagogik, hrsg. v. W. Rein, Bd. 7, Langensalza ²1908, S. 500ff. war bei realistischer Einschätzung der Lage (»Das ehedem gefeierte Wort [sc. Rhetorik] ist ein Schimpfwort geworden«, S. 500) noch optimistisch gehalten (»Eine Wiedererstehung der Rhetorik muss früher oder später erfolgen«, ebda.). Die gegenwärtige Problematik illustriert das Heft ›Beiträge zur literarischen Rhetorik‹, DU 18, 1966/6 (bes. G. Storz, Unsere Begriffe von Rhetorik und vom Rhetorischen, a.a.O., S. 5ff.).

[4] Diesen Aspekt verfolgt vor allem H. Bukowski, Der Schulaufsatz und die rhetorische Sprachschulung. Rhetorische Methoden und Aufgaben in der Institutio Oratoria Quintilians und der Theorie des deutschen Schulaufsatzes, Diss. Kiel 1956.

[5] Die historische Kontinuität ist in diesem Fall besonders deutlich. Zur breiten Tradition des Rhetorikunterrichts an amerikanischen Universitäten s. u. S. 407.

Vortragslehrgänge für Kaufleute oder für Berufe des öffentlichen Lebens[6]. Doch eine fundamentale Bedeutung für die Literatur der Gegenwart wird dem kaum jemand zubilligen.

Daß die Frage nach dem Rhetorikunterricht der Barockzeit auf einer prinzipiell anderen Ebene liegt, dürfte nach den bisher skizzierten Grundlagen der Barockliteratur evident sein. Und doch muß ein Mißverständnis von vornherein ausgeschaltet werden: als ob sich die rhetorischen Züge der Barockliteratur auf diesem Weg kausal ableiten ließen[7]. Eine solche Annahme wäre nicht weniger einseitig und inadäquat als die lediglich immanente Betrachtung der Texte. Nur als Ineinander (und Gegeneinander) verschiedener geschichtlicher Kräfte und Traditionen wird sich die Barockrhetorik verstehen lassen. Und die gemeinsame anthropologische Grundlage des vielschichtigen Komplexes bildet jenes theatralisch-repräsentative Weltverhalten, das unter dem Stichwort *theatrum mundi* bereits eingehend dargestellt wurde.

So sehr man sich also des geschichtlichen Stellenwerts der Disziplin ›Rhetorik‹ bewußt bleiben muß, so nachdrücklich ist ihre Schlüsselposition im Hinblick auf die sprachliche Kultur der Barockepoche hervorzuheben[8]. Dem Unterricht fällt es zu, den Menschen in der ihm eigenen Fähigkeit zum Wort auszubilden, ihm die Konventionen des sprachlich-repräsentativen Miteinanders einzuprägen. Da aber Literatur (d. h. Rhetorik und Poesie) ein wesenhaft gelehrtes Metier ist, sollen im folgenden auch nicht die verschiedenen Arten von *scholae particulares* oder *triviales* behandelt werden (in denen z. B. auch einfache Formen des Briefschreibens geübt wurden)[9], sondern die ›gelehrten‹ Stufen des Sprechen- und Schreibenlernens. Sie beginnen mit dem Unterricht im Lateinischen als der Muttersprache der Gelehrten, und bereits dieser Unterricht ist, wie sich zeigen wird, entschieden auf das Ziel der *eloquentia* ausgerichtet: er ist ›rhetorisch‹ bestimmt.

›Rhetorik‹ wird somit in einem zweifachen Sinn zu verstehen sein, als Bezeichnung für das Spezialfach des traditionellen Triviums[10] und

---

[6] Einen guten Überblick vermittelt H. Geißner, Sprechkunde und Sprecherziehung. Bibliographie der deutschsprachigen Literatur 1955–1965, Düsseldorf 1968.

[7] Methodisch vorbildlich auch in dieser Hinsicht der Aufsatz von H. Meyer, Schillers philosophische Rhetorik (s. o. S. 54).

[8] Vgl. Dyck, S. 9ff.

[9] Näheres bei J. Dolch, Lehrplan des Abendlandes. Zweieinhalb Jahrtausende seiner Geschichte, Ratingen [2]1965, S. 242ff. (mit Literatur).

[10] So wird das Wort auch im 17. Jahrhundert zumeist verwendet; vgl. o. S. 76.

als Prinzip des gesamten ›verbalen‹ Unterrichts einschließlich der Grammatik und der Poesie (eventuell auch der Logik bzw. Dialektik). In jedem dieser Fächer schreitet der Unterricht von den *praecepta* über die *exempla* zur *imitatio* fort[11], wobei alle drei Übungsbereiche in Wechselwirkung stehen, dem eigenen literarischen Produkt aber die Prävalenz zukommt. So wird z. B. auch Lektüre nicht um ihrer selbst willen betrieben, sondern zum Zweck der Einprägung kanonischer Muster. Mündlichkeit ist bei alledem tragendes Unterrichtsprinzip. Immer wieder hat der Schüler sich vor Lehrern und Mitschülern rhetorisch zu bewähren, sei es in ›Dialog‹ bzw. Disputation, sei es in der Form der Deklamation. Auch das schriftlich Ausgearbeitete muß grundsätzlich vortragbar sein. Im übrigen bedient sich der Unterricht in den nichtliterarischen Disziplinen ebenfalls gern der bewährten rhetorischen Formen zur Darstellung des Lehrstoffs oder zur Überprüfung der Kenntnisse, ansatzweise schon in den Gymnasien, ausgeprägter dann an den Universitäten[12].

Theorie und Praxis, *doctrina* und *exercitatio* rhetorischen Könnens gehen demnach bereits im normalen Unterricht ständig ineinander über. Um so enger und fester ist der Zusammenhang mit jener charakteristischen Erscheinungsform des gelehrten Bildungswesens, die man im allgemeinen unter dem Begriff der *actus* zusammenfaßt. Von einer unterrichtlichen *exercitatio* unterscheiden sie sich zunächst nur durch das Publikum, das sich – je nach Anlaß – aus Mitschülern, Lehrern und Eltern bzw. Studenten und Professoren zusammensetzt und mit der Teilnahme von Honoratioren verschiedenster Art seinen besonderen Glanz erhält. Die Skala der Gelegenheiten und der äußeren Ausgestaltung ist weit und variabel, sie reicht von der schlichten Monatsdeklamation über jährliche Abschieds- oder Gedenkfeiern bis hin zur Ehrung erlauchter Gäste, zur Würdigung politischer Ereignisse oder zur Feier großer Jubiläen.

Ob protestantische Gelehrtenschule, Jesuitengymnasium, Ritterakademie oder Universität: rhetorische Präsentationen vor kleinerem oder größerem Publikum gehören zum festen Bestand des gelehrten

---

[11] Die klassische Formulierung gab Melanchthon 1522 in seiner ›Ratio discendi‹ (CR XX, S. 701ff.).

[12] Was Paulsen 1, S. 355 für das 16. Jahrhundert hervorgehoben hat, gilt weitgehend auch für die Barockzeit: »daß ... die Rede in erheblich weiterem Umfang als heute das Mittel aller geistigen Wirkung war. Gegenwärtig ist das gedruckte Wort das große Mittel der Gedankenmitteilung. Damals begann man eben erst zu lesen; das gesprochene Wort beherrschte noch die öffentliche Verhandlung, wie den Unterricht«.

Unterrichts im 17. Jahrhundert; ebenso wie sie das Können der Zöglinge immer von neuem auf die Probe stellen, fördern sie beim Publikum Sachverstand und kritisches Vermögen *in rhetoricis*. Eine Besonderheit der Gymnasien sind darüber hinaus die Theateraufführungen, die ebenfalls zu den *actus* im weiteren Sinne gerechnet werden und den – im allgemeinen jährlich wiederkehrenden – Höhepunkt des Rhetorikbetriebs darstellen[13]. Einzig diese Ausformung der Schulrhetorik hat seit längerem das Interesse der Forschung gefunden, denn auf der institutionellen Grundlage des Schultheaters ruht praktisch das gesamte Kunstdrama des Barock, das der Jesuiten von Bidermann bis Avancini und das der Protestanten von Opitz über Gryphius bis zu Hallmann und Weise.

b. Die Rhetorik zwischen Tradition und Opposition

Bereits diese erste andeutende Bestandsaufnahme des Rhetorikbetriebs an den gelehrten Schulen des 17. Jahrhunderts dürfte erkennen lassen, daß es sich hier nicht lediglich um eine illustrative Begleiterscheinung der Barockliteratur handelt, sondern um eine geschichtliche Wirklichkeit, die den rhetorischen Charakter dieser gelehrten Literatur wesentlich geprägt haben muß[14].

Aber sind denn die genannten Züge *specifica* des 17. Jahrhunderts? Werden sie nicht allesamt als Elemente einer bereits existierenden Tradition weitergeführt? In der Tat lassen sich manche der Übungsmethoden – etwa die der *declamatio*[15] – weit zurückverfolgen, bis in die Antike. Andere Praktiken – wie das Schultheater – mögen jüngeren Datums sein, doch auch sie erweisen sich zumindest als Erbe des 16. Jahrhunderts. So wird man zunächst betonen müssen: Humanismus, Reformation und Gegenreformation haben das System der literarischen Bildung geschaffen, durch das die Barockzeit bestimmt wird. Melanchthon, Sturm und der Jesuitenorden beherrschen den Rhetorikbetrieb an den deutschen Gymnasien und Universitäten, und man bleibt sich dieser Abhängigkeit – dankbar oder widerwillig – bewußt.

---

[13] Diese enge Verbindung unterscheidet sie grundsätzlich von den an einzelnen Universitäten bestehenden Studentenbühnen.

[14] »Durch Gymnasium und Universität ist Dichter wie Publikum gegangen, und so sind beiden gemeinsam eine Menge bestimmter Anschauungen wie Kenntnisse« (Flemming, Einführung zu: Das schlesische Kunstdrama, S. 11).

[15] Zur Orientierung vgl. G. François, Declamatio et disputatio, L'Antiquité Classique 32, 1963, S. 513ff. (mit weiterer Literatur).

So vielschichtig und verwirrend im einzelnen die Auseinandersetzung des 17. Jahrhunderts mit der rhetorisch-pädagogischen Tradition wirken mag, aufs ganze gesehen bietet die Barockepoche ein einheitlicheres Bild als das 16. Jahrhundert[16]. Zwar ist der Rhetorikunterricht an den protestantischen Gymnasien und Universitäten schon vor 1550 (aber kaum vor 1525) im wesentlichen fixiert[17], doch hat das charakteristische Gegenstück, der Jesuitenunterricht, erst durch die ›Ratio studiorum‹ von 1599 seine endgültige Ausformung erhalten[18]. Insofern scheint es durchaus legitim, das gelehrte Bildungssystem des 17. Jahrhunderts trotz seiner Traditionsbestimmtheit einer gesonderten Analyse zu würdigen.

Eine andere Frage jedoch stellt sich fast noch dringlicher. Ist die Rhetorik als Unterrichtsfach nicht seit dem Beginn des 17. Jahrhunderts schon wieder in die Defensive gedrängt? Wird sie nicht gerade von den großen Pädagogen der Zeit, von Ratichius, Comenius und deren Anhängern, als ›verbale‹ bzw. ›formale‹ Hauptdisziplin heftig kritisiert? Orientiert man sich an den heute gängigen Darstellungen der historischen Pädagogik[19], so gewinnt man in der Tat den Eindruck, als sei neben den grandiosen Entwürfen der Reformpädagogen (insbesondere der ›Realisten‹)[20] ein Fach wie die Rhetorik bereits zur

---

[16] Hierin liegt einer der Gründe, weshalb die Darstellung von A. Heubaum mit ihrer Zweiteilung des Jahrhunderts so wenig befriedigt (Geschichte des deutschen Bildungswesens seit der Mitte des siebzehnten Jahrhunderts. 1. Bd.: Bis zum Beginn der allgemeinen Unterrichtsreform unter Friedrich dem Grossen 1763ff. Das Zeitalter der Standes- und Berufserziehung, Berlin 1905). Sie erinnert an Scherers unglückliche Zweiteilung der Literaturgeschichte des 17. Jahrhunderts.

[17] Die durch Melanchthon geprägte Kursächsische Schulordnung erschien 1528, die Neuformung der Universität Wittenberg vollzog sich erst in den 30er Jahren.

[18] Die älteste (provisorische) Partikularordnung eines deutschen Jesuitenkollegs, die Kölner Ordnung, stammt aus den Jahren 1552ff.

[19] Etwa F. Blättner, Geschichte der Pädagogik, Heidelberg [7]1961, S. 41ff.; A. Reble, Geschichte der Pädagogik, Stuttgart [5]1960, S. 95ff. Unter den älteren Darstellungen vgl. besonders W. Moog, Geschichte der Pädagogik, 2. Bd.: Die Pädagogik der Neuzeit von der Renaissance bis zum Ende des 17. Jahrhunderts, Osterwieck u. Leipzig 1928, S. 204ff.

[20] Sie weisen mit ihren pädagogischen Konzeptionen bereits in das 18. Jahrhundert voraus, und das erregt – verständlicherweise – besonderes Interesse. So sucht z. B. die grundlegende Monographie von K. Schaller, Die Pädagogik des Johann Amos Comenius (Pädagog. Forschungen. 21), Heidelberg 1962 zu »zeigen, daß fast alle Wurzeln der Pädagogik der Aufklärungszeit im 17. Jahrhundert zu suchen sind, in jenen Anfängen des pädagogischen Realismus, die es hier aufzuzeigen galt« (S. 481). Die Perspektive ist völlig legitim, nur birgt sie die Gefahr in sich, daß man das 17. Jahrhundert als Ganzes vom 18. Jahr-

völligen Bedeutungslosigkeit abgesunken[21] – während sie doch weiterhin den Alltag der gelehrten Bildungsinstitutionen, d. h. auch die Lehrzeit der meisten Barockautoren und ihrer Leser, entscheidend bestimmt[22].

Wie weit bei der Vernachlässigung dieses Bereichs die allgemeine Ratlosigkeit gegenüber dem Phänomen ›Rhetorik‹ eine Rolle gespielt hat, mag dahingestellt bleiben. Jedenfalls ist seit dem Entstehen einer Barockforschung der positivistische Wissensdrang nicht stark genug gewesen, um auch diese weißen Flecke auf der literarisch-pädagogischen Landkarte des 17. Jahrhunderts auszufüllen[23]. So bleibt man neben den Originalquellen nach wie vor auf Sammlungen und Darstellungen aus dem vorigen Jahrhundert angewiesen[24], in denen freilich die Ablehnung rhetorischer ›Unnatur‹ immer wieder mit kräftigen Worten ausgesprochen wird.

Daß der *eloquentia*-Betrieb humanistischer Prägung während des 17. Jahrhunderts nicht unumstritten war, bleibt eine Tatsache. Zwei Hauptzentren der Opposition sind vor allem zu unterscheiden. Die eine Gruppe, im 16. Jahrhundert insbesondere mit dem Namen Petrus Ramus verbunden[25], tritt – nach platonischem Vorbild – für den Pri

---

hundert her zu verstehen sucht – eine Gefahr, der die Literaturwissenschaft jahrzehntelang erlegen war (den ›Simplicissimus‹ akzeptierte man, weil er dem Bildungsroman des 18. und 19. Jahrhunderts vorausempfunden zu sein schien).

[21] Charakteristisch das ganz von der Vorstellung des ›Verfalls‹ bestimmte Bild bei T. Ziegler, Geschichte der Pädagogik mit besonderer Rücksicht auf das höhere Unterrichtswesen, München [4]1917, S. 137ff.

[22] Selbst Autoren, die den bisherigen Fragestellungen der historischen Pädagogik kritisch gegenüberstehen, neigen zur Vernachlässigung dieser Fakten: »Es sind die Gestalten der großen Reformdidaktiker Ratke und Comenius, die der deutschen Bildungsgeschichte des 17. Jahrhunderts ihren Stempel aufgedrückt haben« (F. Maurer, Abraham a Sancta Claras ›Huy! und Pfuy! Der Welt.‹. Eine Studie zur Geschichte des moralpädagogischen Bilderbuches im Barock [Anthropologie u. Erziehg. 23], Heidelberg 1968, S. 12).

[23] Die 1931 erschienene Abhandlung von Trunz, Der deutsche Späthumanismus um 1600 als Standeskultur, ist in ihrer Art ein Einzelfall geblieben. Vgl. die nützlichen Übersichten bei H. Schmidt, Bibliographie zur literarischen Erziehung. Gesamtverzeichnis 1900 bis 1965, Zürich usw. 1967 (im Sachregister existiert bezeichnenderweise das Stichwort ›Rhetorik‹ oder ›Redekunst‹ nicht).

[24] Hervorzuheben sind Vormbaums Zusammenstellung der evangelischen Schulordnungen (1860–64), die Materialien zur Jesuitenpädagogik in den MGPaed. (bearbeitet von Pachtler und Duhr, 1887–94), die zahlreichen Schul- und Universitätsgeschichten, besonders Möllers Geschichte des Königsberger Altstädtischen Gymnasiums (1847–84), schließlich – vorbereitet durch von Raumer und Schmid – auch Paulsens materialreiche Geschichte des gelehrten Unterrichts (zuerst 1884). Genauere Nachweise folgen an ihrem Ort.

[25] Grundlegend W. J. Ong, Ramus, method, and the decay of dialogue: from the art of discourse to the art of reason, Cambridge/Mass. 1958; vgl. von demsel

mat der Dialektik bzw. Logik ein und kritisiert das Fehlen einer gründlichen Denkschulung im humanistischen Lehrplan[26]. Eine zweite oppositionelle Bewegung, geführt von Montaigne und Charron, Bacon und Locke, Ratichius und Comenius[27], steht unter der Devise ›Sachen statt Worte!‹; sie bezweifelt die Brauchbarkeit einseitiger Verbalbildung im Hinblick auf das Leben und fordert eine stärkere Berücksichtigung der Realdisziplinen. Der gelehrte Johann Lauremberg bringt die Kritik in die volkstümliche Form:

> »Ick hebbe wol ehr in beiden Stilen
> Mit Latyn my könt herummer kilen/
> In ligaten und ock in Prosen/
> Dat is/ im gebunden Stil und im losen.
> Wat ick nu noch kan/ werd my weinig nütte/
> Ick kan wedder Speck darvör köpen noch Grütte«[28].

Keine der beiden Strömungen (die hier nur angedeutet werden konnten) hat es vermocht, die Rhetorik aus ihrer mächtigen Stellung im gelehrten Bildungswesen des 17. Jahrhunderts zu verdrängen. Der Ramismus wirkte vor allem in England[29] und Frankreich[30]. Der Rea-

---

ben den Materialband: Ramus and Talon inventory: a short-title inventory of the published works of Peter Ramus (1515–1572) and of Omer Talon (ca. 1510–1562) in their original and in their variously altered forms with related material, Cambridge/Mass. 1958. Ferner P. A. Duhamel, The logic and rhetoric of Peter Ramus, Modern Philol. 46, 1949, S. 163ff.; C. Vasoli, Retorica e dialettica in Pietro Ramo, Arch. di Filos. 55, 1953, S. 93ff.

[26] Dieser Punkt wird dann auch zum Leitmotiv in der antibarocken Kritik der frühen Aufklärungs-Rhetoriker (Fabricius, Hallbauer, Gottsched etc.). Im Zeichen der Wolffschen Philosophie fordert man eine ›philosophische‹, ›vernünftige‹ Redekunst. Als Beispiel sei nur Fabricius' Vorrede zu seiner ›Philosophischen Redekunst‹, Leipzig 1739 genannt (mit der Unterscheidung »einer pöbelhaftigen und vernünftigen beredsamkeit«). Zu analogen Entwicklungen auf dem Gebiet der Poetik vgl. J. Birke, Gottscheds Neuorientierung der deutschen Poetik an der Philosophie Wolffs, ZfdPh 85, 1966, S. 560ff.

[27] Ausgewählte Texte der Genannten (mit weiterer Literatur) bei Garin 3.

[28] ›Veer Schertz Gedichte‹, o. O. 1652, S. 66 (einem ›Poeten‹ in den Mund gelegt).

[29] W. S. Howell, Ramus and English rhetoric: 1574–1681, QJS 37, 1951, S. 299ff.; vgl. von demselben: Logic and rhetoric in England, 1500–1700, New York 1961, S. 146ff.; W. J. Ong, Ramus et le monde Anglo-Saxon d'aujourd'hui, RLC 28, 1954, S. 57ff. Besonders bemerkenswert der Einfluß des Ramismus auf die englische Dichtung: R. Tuve, Imagery and logic: Ramus and metaphysical poetics, Journ. of the Hist. of Ideas 3, 1942, S. 365ff.; J. M. French, Milton, Ramus, and Edward Philipps, Modern Philol. 46, 1949, S. 82ff.

[30] W. J. Ong, Fouquelin's French rhetoric and the Ramist vernacular tradition, Stud. in Philol. 51, 1954, S. 127ff.; R. E. Leake, The relationship of two Ramist rhetorics: Omer Talon's ›Rhetorica‹ and Antoine Fouquelin's ›Rhétorique Francoise‹, Bibl. d'Human. et Renaiss. 30, 1968, S. 85ff. Vgl. auch P. Rossi,

lismus entfachte zwar gerade in Deutschland eine heftige und für die Barockepoche überaus charakteristische pädagogische Diskussion. Aber durchgreifende Änderungen waren selten[31]. Wenn hier und da dem Realienunterricht größere Aufmerksamkeit geschenkt wurde[32], so berührte das die Rhetorik meist wenig, vor allem bei den unteren Schultypen wie Trivialschule oder Deutsche Schule.

Die Jesuitenerziehung hielt ohnehin (bis 1832) konsequent an ihren Statuten fest[33]. Doch auch im Bereich der protestantischen Gymnasien behauptete sich das humanistische Modell. Kromayers ›Neuer Methodus‹ von 1619 (Weimar)[34] kann z.B. nicht als repräsentativ für das 17. Jahrhundert gelten. Und wo man sich sonst zur Revision der Ordnungen entschloß, handelte es sich – jedenfalls was die Rhetorik betrifft – um methodische Einzelaspekte[35]. Eine wirkliche Neuformung des rhetorischen Unterrichts vollzog sich erst gegen Ende des Jahrhunderts im Zeichen der *methodus Weisiana*, aber sie drängte ja den Anspruch der Rhetorik gerade nicht zurück, sondern verkündete ihn nachdrücklicher denn je.

Uneinheitlicher ist das Bild der Adelserziehung. Während weite Kreise der Aristokratie sich prinzipiell einer gelehrten Bildung und damit auch der Rhetorik immer noch verschlossen, übernahmen andere mehr oder weniger unverändert das humanistisch-bürgerliche Vorbild, und nur ein relativ kleiner Teil fand zu einer – nun freilich sehr ›modern‹ anmutenden – rhetorischen Pädagogik, die auf die Aufgaben der politischen Praxis zugeschnitten war[36] und auch für Weise zu einem wichtigen Muster werden konnte. Die oberste Stufe der gelehrten Bildung schließlich, die Universität, verhielt sich allen Re-

---

Ramismo, logica, retorica nei secoli XVI e XVII, Riv. Crit. di Stor. della Filos. 12, 1957, S. 357ff.

[31] Verzerrungen und Unvollkommenheiten in der Verwirklichung der Reformgedanken hebt vor allem Moog, Geschichte der Pädagogik, 2. Bd., S. 291 hervor. Anders Dolch, Lehrplan..., S. 289f.

[32] K. Friedrich, Die Entwicklung des Realienunterrichts bis zu den ersten Realschulgründungen in der Mitte des 18. Jahrhunderts, Diss. Leipzig 1913, S. 23ff.

[33] Die bescheidene Rolle der Realkenntnisse gleichsam am Rande des offiziellen Programms zeigt P. Rosenthal, Die ›Erudition‹ in den Jesuitenschulen, Diss. Erlangen 1905.

[34] Abgedruckt bei Vormbaum 2, S. 251ff. Vgl. L. Weniger, Ratichius, Kromayer und der Neue Methodus an der Schule zu Weimar, Zs. f. Thür. Gesch., N. F. 10, 1897, S. 1ff. 277ff. 448ff.

[35] Leicht ablesbar bei einem Vergleich von Band 1 und 2 der Vormbaumschen Sammlung.

[36] Dazu vor allem F. Debitsch, Die staatsbürgerliche Erziehung an den deutschen Ritterakademien, Diss. Halle 1927.

formbestrebungen gegenüber am konservativsten; erst während der 20er und 30er Jahre des 18. Jahrhunderts vollzogen sich auch hier wesentliche Veränderungen[37].

So unattraktiv die Realität der literarisch-rhetorischen Pädagogik in der Barockzeit auch erscheinen mag, schon angesichts dieser kurzen Bilanz wird es notwendig, neben den von der Forschung bevorzugten ›modernen‹, in die Zukunft weisenden Ideen auch dem überlieferten, institutionell verfestigten Unterbau der Barockrhetorik die gebührende Aufmerksamkeit zu schenken.

c. Traditionalismus als literarisches Problem (Latinität, Klassizismus)

Die Notwendigkeit einer solchen doppelten Perspektive zeigt sich besonders deutlich bei der Auseinandersetzung von Muttersprache und Latein, die zu den pädagogischen Kardinalproblemen des 17. Jahrhunderts gehört[38]. Kaum ein Unterrichtsfach mußte von dem Kampf um Anerkennung und Pflege der Muttersprache so unmittelbar betroffen werden wie die Rhetorik. Denn diese Disziplin war in *exempla*, Themen und Methoden als ein durch und durch lateinisches Ganzes tradiert worden. Vergegenwärtigt man sich den von der Opitz-Generation mit triumphalem Selbstbewußtsein und nationalem Stolz vollzogenen Durchbruch zur deutschsprachigen Gelehrtendichtung, bedenkt man weiterhin das leidenschaftliche Eintreten der Reformpädagogen für einen muttersprachlichen Unterricht, so scheint es geradezu unglaubhaft, wenn man feststellen muß: die Rhetorik blieb lateinisch[39].

Universitäten und Jesuitenkollegien waren auch hierin die entschiedensten Hüter der Tradition, Adelserziehung und protestantische Gelehrtenschule zeigten sich aufgeschlossener. Von einzelnen Veränderungen wird noch die Rede sein. Eine wirkliche Reform vollzog sich wiederum erst bei Weise. Und es ist bezeichnend, daß auch er den lateinischen Kern des Rhetorikunterrichts zunächst nicht antastete. Deutsche Oratorie lehrte er vor allem in den ›extraordinären‹ Stun-

---

[37] Paulsen 1, S. 524ff. Wortführer der neuen, muttersprachlichen akademischen Redekunst ist Gottsched mit seiner Leipziger ›Deutschen Gesellschaft‹.

[38] Das Wichtigste bei A. Matthias, Geschichte des deutschen Unterrichts, München 1907, S. 45ff.

[39] Wie schwer es fällt, ein solches Faktum zu akzeptieren, zeigt sich an dem jüngst von Herrlitz (mit völlig unzureichenden Mitteln) unternommenen Versuch, die Entstehung eines muttersprachlichen Lektürekanons im Gymnasialunterricht des 17. Jahrhunderts nachzuweisen (s. u. S. 279 Anm. 105).

den bzw. ›Privatlektionen‹[40], und wie selbstverständlich verfaßte er die zum normalen Unterrichtsgebrauch bestimmten Rhetoriklehrbücher lateinisch.

Die Poesie freilich, als Schwesterkunst oder gar als Dienerin mit der *ars rhetorica* eng verbunden, hat auch im gelehrten Bildungswesen der Muttersprache schon relativ früh Eingang gewährt. Daß es gelungen war, eine anspruchsvolle deutsche Kunstdichtung zu schaffen – der auf dem Gebiet der Rhetorik noch nichts Gleichwertiges an die Seite gestellt werden konnte –, hat bei dieser Sonderentwicklung sicher eine wesentliche Rolle gespielt. Selbst die Universitäten konnten sich dem nicht ganz entziehen. So nahm August Buchner als Rhetorikprofessor und akademischer Sachwalter des Opitzschen Erbes auch deutsche Poesie in seine Wittenberger Lehrtätigkeit auf[41], gemessen an dem herrschenden Konservatismus ein erstaunlicher Vorgang, der nach und nach auch an anderen Universitäten Nachahmung fand. Doch darf bei alledem nicht vergessen werden, daß aufs ganze gesehen die lateinische Poesie ihre Vorherrschaft behielt.

An den Gymnasien, mit Ausnahme natürlich der Jesuitenkollegs, nahm die Entwicklung einen ähnlichen Verlauf; doch kam hier durch das Schultheater ein poetischer Bereich eigener Art hinzu. Die Möglichkeit, mit Hilfe des Theaterspiels ein breiteres Publikum zu erreichen, dürfte entscheidend dazu beigetragen haben, daß schon früh neben den lateinischen Texten antiker oder neuerer Provenienz auch deutsche Stücke die Schulbühne eroberten[42]. Für die Entwicklung des deutschen Barockdramas wurde dies von großer Bedeutung, denn nur die Gelehrtenschulen boten, im Gegensatz etwa zu den Wanderbühnen, eine halbwegs adäquate, kunstmäßige Aufführungsmöglichkeit. Wieder ist freilich hervorzuheben, daß damit die deutsche Sprache noch keineswegs überall den Sieg davongetragen hatte; auf zahlreichen Schulbühnen dominierte – auch die rhetorischen Schulactus im engeren Sinne dürfen nicht vergessen werden[43] – nach wie vor das Lateinische.

---

[40] Kaemmel, Christian Weise, S. 33. Zum Verhältnis von Deutsch und Latein im Unterricht vgl. auch Horn, Christian Weise . . ., S. 101ff.

[41] H. H. Borcherdt, Augustus Buchner und seine Bedeutung für die deutsche Literatur des siebzehnten Jahrhunderts, München 1919, S. 40ff.

[42] »Die Gymnasien waren lebendiger und moderner als die Universitäten, die weit zäher in der Tradition steckenblieben. Nur auf den Schulen wandte man sich der Pflege der Muttersprache zu, führte deutsche Stücke auf« (Flemming, Deutsche Kultur . . ., S. 345).

[43] Sie sind, wie sich noch zeigen wird, stärker an die humanistische Tradition

Lateinischer Rhetorik- und Poesieunterricht mit einzelnen Konzessionen an die Muttersprache, lateinische Deklamationen und Rezitationen, allmähliches Vordringen des Deutschen auf dem Schultheater, tiefer greifende Reformen erst gegen Ende des Jahrhunderts: so stellt sich die bildungsgeschichtliche Grundlage der deutschen Barockliteratur dar. Die Konsequenzen, die sich daraus für das Gesamtbild der Barockepoche ergeben, scheinen von der Forschung – außer im Fall der Jesuitendichtung – noch kaum realisiert worden zu sein. Zwar hat man z. B. oft darauf hingewiesen, daß Opitz und Gryphius (wie auch Milton) als Neulateiner begonnen haben[44]. Aber die Vorstellung einer ›Überwindung der lateinischen Tradition‹, wie sie vor allem Wentzlaff-Eggebert an Gryphius entwickelt hat[45], führte nur allzu leicht zu der generalisierenden Annahme, mit der ›Entwicklung zum deutschen Stil‹ habe das Lateinische – außer bei den Jesuiten – spätestens um die Jahrhundertmitte literarisch ausgespielt[46]. Jedenfalls ist es auffällig, daß über Opitz und Gryphius hinaus (auch Conrady behandelt im wesentlichen nur diese beiden)[47] kaum Untersuchungen zur lateinischen Poesie protestantischer Barockdichter vorliegen[48]: zu Buchner, Dach, Fleming, Christian Gryphius, Heermann, Kaldenbach, Johann Lauremberg, Morhof, Titz und Tscherning, um nur diese zu nennen. Dabei handelt es sich zumeist keineswegs um bloße Jugenddichtungen, sondern um ein selbstverständliches Nebeneinander deutscher und lateinischer Produktion über Jahrzehnte hin[49]. Und

---

gebunden. Selbst Weise hält sie durchweg in lateinischer Sprache, während bei seinen Dramen längst das Deutsche gesiegt hat.

[44] Dabei scheint es besonders bezeichnend, daß eben jene Schrift, die das Recht der deutschen Sprache theoretisch begründen sollte, der ›Aristarchus‹ von 1617, lateinisch verfaßt ist.

[45] Dichtung und Sprache des jungen Gryphius. Die Überwindung der lateinischen Tradition und die Entwicklung zum deutschen Stil (²1966; S. 123ff. eingehende Auseinandersetzung mit der Literatur, die seit dem ersten Erscheinen der Untersuchung – 1936 – erschienen ist). Vgl. o. S. 67.

[46] Gegenüber Wentzlaff-Eggeberts Darstellung hat schon M. Szyrocki, Der junge Gryphius (Neue Beitr. z. Lit.wiss. 9), Berlin 1959, S. 46 darauf hingewiesen, »daß Gryphius auch nach dem Jahre 1648 lateinische Gedichte und Prosa schrieb«.

[47] Er nennt zwar (S. 37) auch einmal den Namen Fleming, geht aber nicht weiter auf ihn ein.

[48] Vgl. die o. S. 67 Anm. 144 genannten Forschungsberichte von Conrady und Ijsewijn sowie die kurzen Bemerkungen bei G. Ellinger–B. Ristow, Artikel ›Neulateinische Dichtung‹, RL ²II (S. 620ff.), S. 644f.

[49] Bei Johann Valentin Andreae ist die Abfolge sogar umgekehrt; nach 1623 publizierte er nur noch lateinische Schriften (ähnlich Buchner). Grundsätzliches zum Verhältnis zwischen Deutsch und Latein auch in dem Vortrag von M.

in der literarischen Wertung erhielt keineswegs immer die Muttersprache den Vorzug; so hat beispielsweise Buchner »seine lateinischen
Gedichte als seine Hauptschöpfungen betrachtet und ist auf sie stolzer
als auf seine deutschen Dichtungen gewesen«[50].

Die Tatsache, daß fast alle diese Autoren an Universitäten oder
Gymnasien tätig waren, bestätigt erneut die Wichtigkeit der Frage
nach dem gelehrten Bildungswesen. Doch ist mit der neulateinischen
Kunstübung führender Barockpoeten nur erst ein Teilaspekt des
Komplexes ›lateinische Tradition‹ berührt[51]. Selbst wenn ein gelehrter
Autor sich schon früh ganz der Muttersprache verschrieben oder
jedenfalls keine lateinischen Texte publiziert hat: Rhetorik und Poesie
lernte er im Zeichen der *latinitas*. Seine Lehrbücher an Gymnasium
und Universität waren lateinisch verfaßt[52]; die rhetorisch-poetische
Doktrin, die sie vermittelten, war aus Aristoteles und Horaz[53], Cicero
und Quintilian geschöpft; Cicero, Horaz, Vergil und Ovid waren die
Vorbilder, mit deren Hilfe der Schritt zur eigenen *imitatio* vollzogen
wurde.

Alle gelehrten Barockpoeten sind – in welcher Form auch immer –
durch diese Schule gegangen, alle haben sie einmal als Neulateiner
begonnen. Jeder einzelne hatte sich auf seine Weise mit der lateinischen Tradition auseinanderzusetzen, gleichgültig, ob er selbst sich
weiterhin des Lateinischen bediente, ob er antike Gattungen in seine
Muttersprache umsetzte oder auch keines von beiden – wie beispielsweise der Verfasser eines höfischen Romans[54]. Hier stellen sich weiterer Forschung eine Fülle von Aufgaben.

Wehrli, Deutsche und lateinische Dichtung im 16. und 17. Jahrhundert, in:
Das Erbe der Antike (Ringvorlesung Zürich WS 1961/62), Zürich u. Stuttgart
1963, S. 135ff. Analoge Probleme der mittelalterlichen Literatur zeigt jetzt H.
Fischer in dem postum veröffentlichten Beitrag: Deutsche Literatur und lateinisches Mittelalter, in: Werk – Typ – Situation. Studien zu poetologischen
Bedingungen in der älteren deutschen Literatur. Festschr. f. Hugo Kuhn, Stuttgart 1969, S. 1ff.

[50] H. H. Borcherdt, Augustus Buchner und seine Bedeutung für die deutsche Literatur des siebzehnten Jahrhunderts, München 1919, S. 24.

[51] Auch Conrady faßt den Wirkungsbereich dieser Tradition weiter: »Solange
von der lateinischen Dichtung ererbte Themen und Motive in der muttersпра-
chigen Literatur wirken, darf man von der Geltung der lateinischen Tradition
sprechen« (S. 222).

[52] Das gilt z. T. sogar für die Anleitungen zur deutschen Poesie, etwa Kaldenbachs ›Poetice Germanica‹, Nürnberg 1674.

[53] Zu den geschichtlichen Grundlagen dieser Verbindung vgl. M. T. Herrick, The
fusion of Horatian and Aristotelian literary criticism, 1531–1555 (Illinois Stud.
in Lang. and Lit. 32,1), Urbana/Ill. 1946.

[54] Doch selbst in dieser – nur bedingt von der Antike vorgeprägten – Gattung

Das Problem kompliziert sich noch, wenn man den ausgeprägten Klassizismus bedenkt, der die literarische Pädagogik des 17. Jahrhunderts weithin beherrschte. Wie war es möglich, daß sich auf einer solchen Basis eine Barockliteratur entwickelte? Eine ähnliche Frage war bereits bei dem prinzipiellen Verhältnis von Theorie und Praxis in der Literatur des 17. Jahrhunderts aufgetaucht[55]. Gerade die neueren Arbeiten zur Literaturtheorie dieser Epoche haben gezeigt, wie wenig eigentlich ›Barockes‹ in den Rhetoriken und Poetiken zu finden ist, gemessen an der klassizistischen Übermacht des tradierten Systems[56].

Soweit es um die literarische Doktrin geht, die an Gymnasien und Universitäten vermittelt wurde, läßt sich das Problem relativ leicht klären. Der weitaus größte Teil des aus Aristoteles, Cicero, Horaz, Quintilian und Hermogenes kompilierten Systems, das in den Lehrbüchern begegnet, ist durchaus propädeutischer Natur[57]. Er vermittelt Sachwissen, klärt Einteilungsfragen und definiert Begriffe. Viel Zeit und Energie sind nötig, um sich diesen Stoff erst einmal anzueignen: *genera dicendi*, *status*-Lehre, Affekten-Lehre, Figuren und Tropen, Versmaße, Gattungen. Alles das liegt im Grunde noch jenseits konkreter Stiltendenzen. Aber es bleibt nicht freischwebende Theorie. Jeder Sachpunkt wird nach Möglichkeit an Textbeispielen verifiziert und erläutert. Die Lehrbücher selbst geben dazu ausführliche Anregungen, und bei der kursorischen Lektüre werden die einzelnen Punkte durch *interpretatio* noch einmal synthetisch vorgeführt. Auch eine Fülle methodischer Kenntnisse und Fähigkeiten gilt es einzuüben. Zum Bereich der *inventio* beispielsweise gehören das Achten auf die *argumenta* und *loci* bei der Lektüre, das Anlegen eigener ›Kollektaneen‹ und das Benutzen schon vorhandener ›Schatzkammern‹. Man lernt, welche Punkte bei bestimmten *casus* abzuhandeln sind (in Rede oder Gedicht), und hier bereits setzen Fragen der *dispositio* ein. Es gibt feste Gliederungsschemata, die an den

---

war die *latinitas* bereits glanzvoll vertreten: durch Barclay's ›Argenis‹. Ihre ungeheure Wirkung während der gesamten Barockzeit, ja ihre Kanonizität, beruhte zu einem wesentlichen Teil auf der *latinitas*. Eine Vorstellung davon vermittelt K. F. Schmid, John Barclays Argenis. Eine litterarhistorische Untersuchung. Teil I: Ausgaben der Argenis, ihre Fortsetzungen und Übersetzungen (Lit.hist. Forschungen. 31), Berlin 1904.

[55] Oben S. 56ff.
[56] Vgl. besonders Fischer, S. 8.
[57] Dies gilt, wie sich noch zeigen wird, weitgehend auch für den Bereich der Universität.

exempla abzulesen sind und nach denen man sich zu richten hat, bei
›Gelegenheitswerken‹ oder auch bei den beliebten ›Deskriptionen‹. In
jedem Elaborat aber muß auch sorgfältig auf die Verknüpfung der
einzelnen Glieder geachtet werden; vor allem die Chrien-Technik
hilft dabei. Schließlich hat man in Analyse und Anwendung des diffizilen Figuren- und Tropen-Apparats Sicherheit zu gewinnen. Erst
danach ist man gerüstet für die entscheidenden Fragen der Stiltheorie.

Bereits aus diesem kurzen Überblick wird ersichtlich, wie weitgehend im Unterricht rhetorisch-poetisches Wissen eingeübt und erprobt werden kann, ohne daß man den Boden der klassischen Tradition verläßt. Über die Entfaltung bestimmter literarischer Tendenzen
entscheidet im Grund erst die Stillehre. Sie legt fest, welche Stilart
einem Gegenstand, einem Anlaß, einer Gattung zukommt[58], und sie
zeigt die prinzipiellen Grenzen auf, innerhalb deren man sich des
erworbenen Instrumentariums bedienen darf. Die ›Angemessenheit‹
wird zur Zentralkategorie[59]. Doch hier ist die Grenze des theoretisch
Formulierbaren schon erreicht. Keine noch so ausgeklügelte Systematik oder Kasuistik wäre imstande, für jeden denkbaren Einzelfall
eine zweifelsfrei richtige Sprachwahl zu präjudizieren. Ob die Häufung einer Stilfigur noch erträglich, die Ausschöpfung einer ›Schatzkammer‹ noch vertretbar, die Intensität einer *descriptio* noch angemessen ist: darüber befindet zuletzt das *iudicium*, das kritische Vermögen.

Dieses Vermögen auszubilden, ist eine der Hauptaufgaben des
literarischen Unterrichts[60]. Kein Weg aber führt sicherer zu diesem
Ziel als eine sorgfältig ausgewählte, planmäßig betriebene Lektüre[61].
Nur durch konsequente Orientierung am klassischen Kanon – das ist
die Überzeugung der humanistischen Pädagogen – erwirbt sich der
angehende Gelehrte das notwendige literarische Rüstzeug. Cicero
(dazu eventuell Cornelius Nepos und Livius)[62], Vergil, Horaz und

---

[58] Dabei geht es nicht nur um die Entscheidung innerhalb der drei klassischen
Stilarten des *humile*, *mediocre* und *grande* (oder *sublime*), sondern – im 17.
Jahrhundert immer deutlicher sich abzeichnend – um eine ganze Palette ver-
schiedener Einzelstile (vgl. Fischer, S. 147ff.).

[59] Fischer, S. 184ff.

[60] Dementsprechend begegnet das *iudicium* häufig auch in biographischen Ab-
rissen über die Entwicklung einzelner Poeten; so in der Vorrede zu Fleming,
›Teütsche Poemata‹, Lübeck (1642), fol. VIᵃ: »... hat Er/ so bald nur das
Judicium bey Jhme sich geeussert/ die Poesin zu excoliren sich beflissen«.

[61] Im Gegensatz zur Literaturtheorie ist dieser für die *imitatio* so entscheidende
Komplex noch kaum untersucht worden.

[62] Dabei fungiert der Livius-Text nicht nur als *exemplum* für *stylus historicus*,

Ovid (dazu Terenz und die Elegiker) bieten genügend Übungsmaterial, um Sicherheit im sprachlichen Ausdruck und in den wichtigsten literarischen Gattungen[63] zu vermitteln. Zugleich aber, und darauf kommt es entscheidend an, bieten sie die Gewähr, daß die Grenzen des *aptum* nicht überschritten werden. *Aurea latinitas*[64] bürgt für *aurea mediocritas*.

Die Entschiedenheit, ja Hartnäckigkeit, mit der die ›humanistische Maßhaltetheorie‹[65] das ganze Barockjahrhundert hindurch von den Pädagogen festgehalten wird, läßt sich im Fall der protestantischen Gymnasien schon an den Schulordnungen deutlich genug ablesen. Nur ganz vereinzelt erweitert man den tradierten Kanon – vor allem um solche Autoren, die eine Bereicherung der Gattungsskala versprechen. Auf diese Weise dringt z. B. Seneca in den Unterricht ein, nicht mit seinen Briefen und philosophischen Schriften[66] (deren Platz ja bereits durch Cicero eingenommen wird), sondern als Repräsentant der römischen Tragödie[67]. Ähnliches gilt für Martials Epigrammatik und selbst für die Psalterien von Eobanus Hessus oder Buchananus, die gelegentlich in den Lehrplänen auftauchen[68]. Dagegen sind die *genera* eines Statius oder Lucan, Gelegenheitsdichtung und Epos, schon vergeben, ebenso die Historiographie, das Metier des Tacitus.

Gerade im Hinblick auf den Imitationscharakter des literarischen Unterrichts darf dieser scheinbar willkürliche und äußerliche Gattungsaspekt nicht übersehen werden. Selbstverständlich gilt er nicht absolut. Als Christian Weise auch die Reden des großen Juristen und Taciteers Muret[69] sowie die ›Argenis‹ Barclay's in sein Programm auf-

---

sondern die eingelegten Reden werden auch als Ergänzung zu Cicero gelesen.

[63] Vertreten sind immerhin Rede, Brief, Traktat, Historiographie; Ode, Epode, Satire, Epistel, Elegie, Ekloge, Lehrgedicht, Epos.

[64] Zu Entstehung und Abgrenzung des Begriffs vgl. U. Klein, ›Gold‹- und ›Silber‹-Latein, Arcadia 2, 1967, S. 248ff.

[65] Für das Gebiet der Bildlichkeit geprägt von Windfuhr, S. 341ff.

[66] Das Problem der Identität von ›Philosoph‹ und ›Tragiker‹ bleibe hier ausgeklammert.

[67] So empfiehlt beispielsweise die Hallische Schulordnung von 1661 neben Terenz und Plautus auch »tragoedias Senecae, quae sententiis grauissimis refertae sunt« (Vormbaum 2, S. 553). Es kommt auch vor, daß nur der Name ›Seneca‹ genannt wird (Frankfurt 1654, neben Cicero, Vergil und Horaz; a.a.O., S. 440); doch wird auch hier wohl der Tragiker gemeint sein.

[68] Soest 1618 (a.a.O., S. 204f.); Landgräflich Hessische Schulordnung 1656 (a.a.O., S. 457).

[69] Marc-Antoine Muret (Muretus). Vgl. M. W. Croll, Muret and the history of ›Attic prose‹, PMLA 39, 1924, S. 254ff. (auch in: Style, rhetoric, and rhythm, S. 107ff.); v. Stackelberg, Tacitus in der Romania, S. 106ff. Auch in Kaldenbachs Tübinger Kollegplan ist Muretus einbezogen (u. S. 441).

nimmt[70], geht es ihm primär um die ›politische‹ Modernität dieser Neulateiner[71]. Und mit der Bevorzugung Martials[72] verfolgt er eine eindeutig stilistisch bestimmte Absicht: die Etablierung des antiken *exemplum styli arguti* im Unterricht des Gymnasiums.

Doch das ist eine relativ späte, noch dazu umstrittene Tat. Die bereits in der zweiten Hälfte des 16. Jahrhunderts immer deutlicher sich abzeichnenden Tendenzen zur nichtklassischen Latinität (Tacitusrenaissance, Lipsianismus etc.) haben den offiziellen Literaturunterricht kaum verändert. An den Universitäten wird das neue Interesse noch am ehesten spürbar, etwa wenn der Straßburger Professor Boecler anhand des Tacitus über ›eloquentia politici‹ handelt (1654)[73] oder wenn Buchner eine besondere Neigung für Plinius erkennen läßt[74] – als Möglichkeit der Variation auf streng klassizistischem Untergrund. Zwar bevorzugt Baldes Lehrer Jacob Keller (seit 1607 Rektor des Münchner Jesuitenkollegs) Seneca, Statius und Martial im Unterricht und gerät dadurch in Konflikt mit seinen Ordensoberen[75]. Und die 1664 gegründete Adelsschule von Weißenfels bezieht auch Martial in den Lektüreplan ein[76]. Aber das bleiben Einzelfälle, und es ist bezeichnend, daß sich bei Jacob Keller die Hüter der Klassizität zum Einschreiten veranlaßt fühlen.

Immer wieder freilich muß man sich den elementaren, propädeutischen Zweck des Rhetorik- und Poesie-Unterrichts vergegenwärtigen. Dem Fortgeschrittenen, Begabten stehen natürlich – am Rande dieses Unterrichts und über ihn hinaus – eine reiche Fülle auch nichtklassischer Stilvorbilder offen, und diese *licentia ingenii* erweist sich

---

[70] Den Muretus hatte er schon durch seinen Vater kennengelernt, vgl. ›Institutiones oratoriae‹, ›Praefatio‹, fol. 4[b]. Zu Barclay vgl. ›Epistolae selectiores‹, S. 144 (s. auch Wünschmann, Gottfried Hoffmanns Leben . . . , S. 43).

[71] Bemerkenswert in diesem Zusammenhang auch das frühe Interesse an Claudian, den er als Prototyp des ›politischen‹ Dichters feiert: »Claudianus Poëta alioquin, nescio an post Virgilium, felicissimus« (›De moralitate complimentorum‹, Weißenfels 1675, fol. C 2[a]). Claudian preise den grausamen, ungerechten, ehrgeizigen Stilicho derart, »ut vel ex ista Panegyrici perfectum Politicae practicae systema videatur exsculpi posse« (ebda.).

[72] Kaemmel, Christian Weise, S. 84 (Weise reserviert den Autor für die Prima, in der er selbst unterrichtet). In den Weißenfelser Statuten von 1664 wird Martial sogar – neben Vergil und Ovid – ausdrücklich vorgeschrieben, vgl. Rosalsky, Geschichte des akademischen Gymnasiums zu Weissenfels, S. 24.

[73] ›De eloquentia politici‹, Straßburg 1654. Mit Tacitus hat sich Boecler (vgl. o. S. 138), angeregt wohl durch Lipsius, besonders intensiv beschäftigt, in seinen Vorlesungen wie in zahlreichen Schriften.

[74] Borcherdt, Augustus Buchner . . . , S. 34f.

[75] Unten S. 357.

[76] Kaemmel, a.a.O., S. 19.

als sehr wesentliche Triebkraft ›barocker‹ Stilgebung. So wie sich
Balde (von Keller angeregt) schon früh in der Imitation von Statius,
Lucan und Claudian versucht[77], steht auch der junge Gryphius, als
er die ›Herodis furiae‹ schreibt (1633/34), bereits unter dem Einfluß
von Lucan und Statius[78]. Und Quirinus Kuhlmann nennt in der Liste
der Vorbilder, mit denen man ihn als Wunderkind prophetisch-hyper-
bolisch zu identifizieren suchte, auch die großen Repräsentanten
nachaugusteischer und neuerer Latinität. So werden Lipsius, Seneca
und Tacitus unter »die Printzen der Philosophen und der Geschichts-
schreiber« gerechnet, Muretus (neben Demosthenes und Cicero) unter
»die Könige der Redner«, Seneca unter »di Väter der Traur- und
Lustspiele«, Claudian und Statius (neben Homer, Vergil, Pindar, Horaz) unter »di Fürsten der Poeten«[79].

Wer eine gelehrte Bildung durchlief, wurde zunächst und elementar im Geist des humanistischen Klassizismus erzogen; Ciceronianismus und augusteische Klassik prägten sich ihm als Leitbilder ein. Daß
trotzdem bei der *imitatio* immer wieder *aptum* und *mediocritas* in
Gefahr gerieten, läßt sich unschwer denken. »Ineptum etiam orna-
mentorum Rhetoricorum abusum emendanto«, schreibt die Soester
Ordnung von 1618 vor[80]. Auf der anderen Seite bestand die Versuchung, den Rhetorikunterricht in Schönrednerei und selbstgenügsamen Leerlauf versinken zu lassen, eine Tendenz, die Gryphius in
der Gestalt des Schulmeisters Sempronius (›Horribilicribrifax‹) un-
übertrefflich karikiert hat[81]. Und schließlich werden nicht alle Zöglinge dem literarischen Unterricht – zumal wenn er ›pedantisch‹ gehalten wurde[82] – das von den Pädagogen gewünschte Interesse ent-

---

[77] Henrich, Die lyrischen Dichtungen Jakob Baldes, S. 198. Wie sich die Ver-
ehrung insbesondere für Claudian auch in späteren Jahren erhält, zeigt Baldes
›Dissertatio de studio poetico‹, auszugsweise übersetzt v. Herder (Suphan 27,
S. 216ff.; dort bes. S. 218).

[78] Nachgewiesen von Gnerich, Andreas Gryphius und seine Herodes-Epen (1906).
Weitere Autoren der ›silbernen Latinität‹ nennt Flemming, Andreas Gryphius,
S. 116f. (ohne daß freilich in jedem Fall Originalkenntnis gesichert wäre). Zu
Gryphius und Seneca vgl. Stachel, Seneca und das deutsche Renaissancedrama,
S. 204ff.

[79] ›Quinarius‹, Amsterdam 1680, S. 7f. (zitiert nach Dietze, Quirinus Kuhlmann,
S. 23).

[80] Vormbaum 2, S. 195.

[81] Dazu Böckmann, S. 444ff. Die Frage, ob nicht vielleicht Daniel Schwenter der
Autor ist, läßt offen P. Michelsen, Zur Frage der Verfasserschaft des ›Peter
Squentz‹, Euphorion 63, 1969, S. 54ff.

[82] Daß hier vieles im argen lag, wird vor allem aus Weises kritischen Analysen
ersichtlich; sein entschlossenes Eintreten für Lebendigkeit und Verständlichkeit
gehört zu den Grundlagen seiner pädagogischen Erfolge.

gegengebracht haben. Harsdörffer berichtet aus fachmännischer Erfahrung, so gehe es »vielen in Erlernung der löblichen Poëterey/ welche sie in der Jugend und Jünglingschaft benebens dem Latein/ wol und kunstrichtig erhalten könten; weil sie aber solche Verfassung verachten/ und verlachen/ müssen sie mehrmals/ in dem Alter/ begangenen Fehler erkennen/ und ... heut in den Sand schreiben/ was sie gestern in Marmel hätten graben können«[83].

So wenig es demnach angebracht erscheint, sich die Alltagswirklichkeit des rhetorisch-poetischen Unterrichts an Schulen und Universitäten des 17. Jahrhunderts allzu musterhaft oder gar begeisternd zu denken: seine Wirkung ist umfassend. Der Gelehrte bleibt in der Übung. Immer von neuem hat er sich, produzierend oder rezipierend, mit Proben der ›Kunstfertigkeit‹ in Poesie und Prosa zu befassen; schon die Gegebenheiten des gesellschaftlichen Verkehrs, insbesondere des akademischen, zwingen ihn dazu. Literatur – so lautet seine Überzeugung – ist machbar und meßbar. Sie gründet sich auf ein breites Fundament theoretisch-systematischen Wissens, sicherer Musterkenntnis und praktischer Übung. Der Talentierte mag über dieses Fundament weit hinauswachsen, er »übersteigt das/ was nur erlernet wird«[84]; verzichten kann er darauf nicht.

2. Rhetorik an den protestantischen Gelehrtenschulen

Unter den nichtakademischen ›gelehrten‹ Bildungsinstitutionen des 17. Jahrhunderts zeichnet sich die protestantische Gelehrtenschule zunächst durch drei Besonderheiten aus: sie ist der in den deutschsprachigen Gebieten am weitesten verbreitete Schultyp, war dem Einfluß geschichtlicher Wandlungen am intensivsten ausgesetzt und erhielt am frühesten ihre bildungspolitische Grundform. Humanismus und Reformation, die bei der Begründung dieses Schultyps zusammengewirkt hatten, behaupteten sich, mit wechselndem Gewicht, während des ganzen 17. Jahrhunderts als entscheidende Konstituentien[1]. In

---

[83] ›Poetischer Trichter‹, 1. Teil, Nürnberg 1650, ›Vorrede‹, fol. IIIIᵃf.
[84] Schottel, ›Ausführliche Arbeit Von der Teutschen Haubt Sprache‹, Braunschweig 1663, S. 801.
[1] In der pädagogischen Forschung hatte dies zur Folge, daß die protestantischen Gelehrtenschulen des 17. Jahrhunderts niemals einer eigenen Untersuchung für würdig befunden wurden (auch in den gängigen Darstellungen der historischen Pädagogik stehen sie ganz am Rande). Die einzige größere Monographie zu diesem Themenkreis: G. Mertz, Das Schulwesen der deutschen Reformation im

der berühmten Formel Johannes Sturms von der *sapiens atque elo-*
quens pietas[2] war das synthetische Bildungsziel für Generationen von
Lehrern und Schülern einprägsam festgehalten.

a. Rhetorik und Bildungsziel

Daß die *pietas* den ersten und vornehmsten Platz erhielt, entsprach
dem christlich-reformatorischen Ordo-Denken. Aber ihre Verbindung
mit Wissen und sprachlicher Fertigkeit war zunächst keineswegs unproblematisch. Luther besaß zur Rhetorik bekanntlich ein recht zwie-
spältiges Verhältnis[3]. Der große Prediger kannte die Macht des gesprochenen Wortes und pries die natürliche, ›einfache‹ Redefähigkeit
als die wahre *eloquentia*[4]. Der *rhetorica* als kunstmäßiger Übung hingegen stand er im Grunde ablehnend gegenüber[5]. Für sich selbst konstatierte er: »Ich kann keine predigt thun noch machen nach der
Kunst«[6]; auch prinzipiell bestritt er den Wert der *ars rhetorica* für
den Prediger. Auf diesem Hintergrund erscheint es nur konsequent,

---

16. Jahrhundert, Heidelberg 1902, geht auf das 17. Jahrhundert so gut wie nicht
ein. Einen Überblick gibt Paulsen 1, S. 276ff. und 564ff. Vgl. auch H. Bender,
Geschichte des Gelehrtenschulwesens in Deutschland seit der Reformation, in:
K. A. Schmid, Geschichte der Erziehung vom Anfang bis auf unsere Zeit, Bd.
VI 1, Stuttgart 1901, S. 1ff. (dort bes. S. 33ff. und 73ff.) sowie – für die zweite
Hälfte des 17. Jahrhunderts – Heubaum, Geschichte des deutschen Bildungs-
wesens seit der Mitte des siebzehnten Jahrhunderts (1905).

[2] Zuerst in der Programmschrift ›De literarum ludis recte aperiendis‹ (1538):
»Propositum a nobis est, sapientem atque eloquentem pietatem, finem esse studiorum« (Vormbaum 1, S. 661; ähnliche Formulierungen a.a.O., S. 655). Ohne die
Komponente der *pietas* begegnet das *eloquentia*-Ideal in den ›Scholae Lauinganae‹
(1565): »ut nullum admirabilius esse videatur hominis inventum et opus, quam
diserta et eloquens prudentia sive prudens et sapiens eloquentia« (Vormbaum
1, S. 729).

[3] Darüber jetzt B. Stolt, Studien zu Luthers Freiheitstraktat mit besonderer Rücksicht auf das Verhältnis der lateinischen und der deutschen Fassung zu einander
und die Stilmittel der Rhetorik (Acta Univ. Stockholm. Stockholmer germanist.
Forschungen. 6), Stockholm 1969, S. 118ff. (›Luther und die Rhetorik‹). Vgl.
auch Weithase 1, S. 8off. und zum weiteren Umkreis Q. Breen, Some aspects of
humanistic rhetoric and the Reformation, Nederlands Arch. v. Kerkgeschiedenis, N. S. 43, 1960, S. 1ff. (bes. Agricola).

[4] Tischreden (Weim. Ausg.), Bd. 4, S. 664: »Drumb ists am besten vnd die hochste
eloquentia simpliciter dicere« (mit Hinweis auf Christus: er »hat am aller ein-
feltigsten geredt vnd war doch eloquentia selbst«, ebda.). Weitere Stellen bei
Weithase 1, S. 85f. (mit den Anmerkungen in 2, S. 25).

[5] Am deutlichsten in der Kennzeichnung der ›rhetorisierten‹ Rede: sie ist »nur ein
geschmückt Ding, und geschnitzter und gemalter Götze« (Tischreden 1, S. 607).

[6] Tischreden 2, S. 37.

daß die Rhetorik – zusammen mit der Dialektik[7] und der Poesie[8] – in Luthers pädagogischer Konzeption nur einen schmalen Raum erhielt, allenfalls geduldet wurde.

Wenn sie sich trotzdem zu einem der Kernfächer des protestantischen Gymnasiums entwickelte, so ist dies zum wesentlichen Teil ein Verdienst Melanchthons[9]. Er bringt mit der antik-humanistischen Tradition auch das System der *artes dicendi* in den Lehrplan ein, wobei die Rhetorik vor allem mit der Dialektik eng verbunden bleibt[10]. Beiden Fächern (und der lateinischen Grammatik) gibt er sowohl durch seinen persönlichen Einsatz bei der Gründung einzelner Schulen[11] als auch vor allem durch seine Lehrbücher[12] eine sichere theoretisch-systematische Grundlage. Auf ihr entwickelt dann Johannes Sturm[13] – mit noch stärkerer Betonung der *eloquentia* – diejenige pädagogische Organisationsform, die den Rhetorikbetrieb auch für

[7] Sie steht für Luther prinzipiell über der Rhetorik, nach der Maxime: »Dialectica docet, rhetorica movet« (Tischreden 2, S. 360). Das Dringen auf Kürze und Sachlichkeit ist die *virtus* einer richtig verstandenen und von scholastischen Entartungen befreiten Dialektik: »Die furnemste Frucht und Nutz der Dialectica ist, ein Ding fein rund, kurz und eigentlich definiren und beschreiben, was es gewiß ist« (ebda.; vgl. Tischreden 4, S. 135). Sie reicht im Grunde zur Vorbereitung der Rede aus, denn wenn man den Gegenstand hat, lehrt sie, »wie man fein ordentlich, eigentlich und richtig, kurz und einfältig davon lehren und reden soll« (Tischreden 2, S. 559). Vgl. auch Mertz, Das Schulwesen ..., S. 257ff.

[8] Dazu Mertz, a.a.O., S. 272f. (wichtig ein Brief an Eobanus Hessus vom Jahre 1523).

[9] Zum Thema ›Melanchthon und die Rhetorik‹ am umfassendsten: K. Hartfelder, Philipp Melanchthon als Praeceptor Germaniae (MGPaed. 7), Berlin 1889, bes. S. 183ff.; ferner K. Bullemer, Quellenkritische Untersuchungen zum 1. Buche der Rhetorik Melanchthons, Diss. Erlangen 1902; Q. Breen, The subordination of philosophy to rhetoric in Melanchthon, Arch. f. Reformationsgesch. 43, 1952, S. 13ff.; U. Schnell, Die homiletische Theorie Philipp Melanchthons, Diss. Rostock 1965.

[10] Entscheidender Anreger bei dieser Verknüpfung ist Rudolf Agricola (s. bes. die Nachweise in der Arbeit von Bullemer).

[11] Zu nennen sind vor allem die Stadtschulen von Magdeburg (1524), Eisleben (1525) und Nürnberg (1526) sowie die berühmte kursächsische Schulordnung (1528) unter dem Titel ›Unterricht der Visitatoren an die Pfarrherren im Kurfürstentum Sachsen‹ (abgedruckt bei Vormbaum 1, S. 1ff.).

[12] Sein Rhetorik-Kompendium hat Melanchthon in drei verschiedenen Fassungen vorgelegt: ›De rhetorica libri tres‹, 1519; ›Institutiones rhetoricae‹, 1521; ›Elementorum rhetorices libri duo‹, 1531 (in der erweiterten Form von 1542 abgedruckt CR XIII, Sp. 417ff.).

[13] Die Monographie von C. Schmidt, La vie et les travaux de Jean Sturm, Straßburg 1855, ist noch nicht ersetzt. Vgl. E. Laas, Die Pädagogik des Johannes Sturm, Berlin 1872; W. Sohm, Die Schule Johann Sturms und die Kirche Straßburgs in ihrem gegenseitigen Verhältnis 1530–1581, München u. Berlin 1912. Eine

das gesamte Barockzeitalter bestimmt[14]. Noch Morhof bestätigt die nachhaltige Wirkung Sturms, »cujus consiliis pleraeque per Germaniam Scholae institutae«[15].

Die alte Streitfrage, ob auch das Schulwesen der Jesuiten von Sturm abhängig sei[16], kann dabei durchaus offen bleiben. Für die protestantischen Gebiete, also den größeren Teil Deutschlands, gilt Morhofs Feststellung unbedingt. Viele Städte setzen ihren Stolz daran, eine Lateinschule nach Sturmschem Muster zu besitzen, und einzelne dieser Schulen erwerben sich schon bald einen ausgezeichneten Ruf. Neben Straßburg und Königsberg, Halle, Leipzig und Nürnberg sind es vor allem Breslau und Danzig, deren Gymnasien auch im Bildungsgang großer deutscher Barockautoren eine wichtige Rolle spielen. Das Danziger Gymnasium[17] besuchen unter anderen Gryphius und Hofmannswaldau, in Breslau verteilt sich die protestantische Schülerschaft auf das Magdalenen- und das Elisabeth-Gymnasium; das erstere besuchen Hallmann, Kuhlmann, Lohenstein, Opitz und Peukker, das letztere Hofmannswaldau, Männling, Mühlpfort, Neukirch, Scheffler, Scultetus und Titz[18].

---

spezielle Untersuchung über Sturms Rhetorik gibt es nicht (vgl. auch Fischer, S. 127 mit Anm. 11). Am ausführlichsten dazu Sohm, a.a.O., S. 31ff.

[14] Die drei schulpädagogischen Hauptschriften: ›De literarum ludis recte aperiendis‹, 1538 (abgedruckt bei Vormbaum 1, S. 653ff.; ausführliche Inhaltsübersicht bei Mertz, Das Schulwesen ..., S. 146ff.); ›Classicarum epistolarum libri tres‹, 1565 (Vormbaum 1, S. 678ff.; eine Neuausgabe der ›Classicae epistolae‹ besorgte J. Rott, Paris–Straßburg 1938); ›Scholae Lauinganae‹, 1565 (Vormbaum 1, S. 723ff.). Für die Rhetorik außerdem wichtig: ›De amissa dicendi ratione‹, 1538 (abgedruckt – mit deutscher Übersetzung – bei Garin 3, S. 139ff.); ›In partitiones oratorias Ciceronis dialogi duo‹, 1539; ›De exercitationibus rhetoricis‹, 1571; ›De imitatione oratoria libri tres‹, 1574; ›De universa ratione elocutionis rhetoricae libri quatuor‹, 1576. Eine vollständige Bibliographie der Schriften Sturms enthält das genannte Buch von C. Schmidt, S. 314ff.

[15] ›Polyhistor‹, Lübeck [3]1732, S. 447 (dort S. 447ff. eine ausführliche Würdigung der Methoden Sturms); vgl. S. 948: »Et fuit sane in oratoria facultate summus, suoque tempore communis fere scholarum per Germaniam moderator«.

[16] Vgl. u. S. 327f.

[17] Eingehend untersucht von T. Hirsch, Geschichte des academischen Gymnasiums in Danzig, in ihren Hauptzügen dargestellt, Danzig 1837.

[18] Eine Geschichte der Breslauer Gymnasien vor allem während des 17. Jahrhunderts ist – auch für die Barockforschung – ein dringendes Desiderat. Für das 16. Jahrhundert vgl. G. Bauch, Geschichte des Breslauer Schulwesens in der Zeit der Reformation, Breslau 1911. Wichtiges Material enthält u. a. das Tagebuch (1640–1669) von Elias Maior, dem Rektor des Elisabeth-Gymnasiums (einiges veröffentlichte M. Hippe, Aus dem Tagebuche eines Breslauer Schulmannes im siebzehnten Jahrhundert, Zs. des Vereins f. Gesch. u. Alterthum Schlesiens 36, 1901, S. 159ff.).

Doch nicht nur unter den Schülern – auch unter den Lehrern der protestantischen Gymnasien begegnen bekannte Namen der deutschen Barockliteratur. Dabei wird noch klarer erkennbar, welche Schlüsselpositionen diese Schulen als Zentren des literarischen Lebens einnehmen. Eine kurze Aufzählung der wichtigsten Namen mit Angabe der jeweiligen Gymnasien, an denen sie tätig waren, mag hier zunächst genügen: Boecler (Straßburg), Buchholtz (Hameln, Lemgo), Dach (Königsberg), Dilherr (Nürnberg), Gorgias (Kronstadt), Christian Gryphius (Breslau: Elisabethanum, Magdalenäum), Gueintz (Halle), Kaldenbach (Königsberg), Kindermann (Altbrandenburg), Klaj (Nürnberg), Köler (Breslau: Elisabethanum), Meyfart (Coburg), Neander (Düsseldorf), Rachel (Heide, Norden, Schleswig), Riemer (Weißenfels), Rotth (Halle), Weise (Weißenfels, Zittau).

Die Rolle, die das Lehramt im beruflichen Werdegang dieser Autoren gespielt hat, ist durchaus nicht überall gleich[19]. Immerhin sind fast alle zum Rektoramt aufgestiegen, für einige (wie Boecler, Buchholtz, Dach, Kaldenbach, Meyfart, Thomasius) wurde das Gymnasium eine wichtige Stufe beim Aufstieg zum Universitätslehrstuhl[20]. Wer es zum Rektorat eines Gymnasiums brachte, hatte sich – im Gegensatz zu den unteren Rängen wie Konrektor und Tertius – meist um sein Auskommen nicht mehr besonders zu sorgen und nahm vor allem im öffentlichen Leben der Stadt eine geachtete Position ein.

Seine pädagogische Handlungsfreiheit allerdings war im allgemeinen nicht sehr weit bemessen. Die Aufsichtsbehörden (vor allem Kirche und Stadtrat) wachten sorgsam darüber, daß die Statuten eingehalten wurden. Denn fast alle diese Gymnasien waren – z. T. aus alten Klosterschulen[21] – im Zeichen der Reformation entstanden. Auf Luther, Melanchthon und Sturm gründeten sich ihre Schulordnungen[22]. Alles Weitere ist, bis zu den Tagen Christian Weises, Ausfaltung und Modifizierung der vorgegebenen Schemata. Das gilt bei-

---

[19] Zu berücksichtigen wären u. a. Dauer der Unterrichtstätigkeit, Fächer, Art und Bedeutung des Gymnasiums. Einige der Genannten (z. B. Buchholtz, Rachel und Weise) waren weit über ihre Stadt hinaus als Organisatoren des Schulwesens tätig.

[20] Jacob Thomasius bekleidete sogar gleichzeitig ein Gymnasial- und ein Universitätslehramt.

[21] In Württemberg blieb der alte Name auch weiterhin erhalten (vgl. Vormbaum 1, S. 102ff.).

[22] Die wichtigsten Schulordnungen des 17. Jahrhunderts sind im 2. Band der Sammlung von Vormbaum enthalten (weitere Quellen werden jeweils am Ort genannt). Zum 16. Jahrhundert vgl. neben Vormbaum 1 vor allem den umfangreichen Anhang bei Mertz, Das Schulwesen ..., S. 457ff.

spielsweise für die administrative Trennung in Stadt- und Fürsten-schulen[23], vor allem aber für die Ausbildung vielfältiger Einzeltypen, deren präzise Unterscheidung oft Schwierigkeiten bereitet[24]. ›Pro-testantische Gelehrtenschule‹ ist hier daher als Sammelbegriff alles dessen zu verstehen, was zwischen ›deutscher‹ oder ›Trivialschule‹ einerseits und Universität andererseits rangiert.

Die Ausrichtung auf das akademische Studium ist für Bildungsziel und Lehrplan der protestantischen Gymnasien entscheidend: »eo con-silio ad studia animum appellunt, ut, postquam diligenter operam navarunt his, quae in schola tractari solent, uberiorem ingenij cultum, in academijs capessere queant«[25]. So oder ähnlich heißt es in den mei-sten Schulordnungen. Bei keinem Fach aber ist die Orientierung an der Universität so evident wie bei der Rhetorik. Während sie im Lehrbetrieb des Mittelalters, als ein Teil des Triviums, wesentlich der Universität vorbehalten war[26], hatte sie im Zuge der humanistischen Reformen auch Eingang in den vorakademischen Unterricht gefun-den, zunächst im Sinne der Propädeutik (wie auch die zitierte Schul-ordnung erkennen läßt). Der Absolvent des Gymnasiums vermochte jetzt den akademischen Lehrveranstaltungen eher zu folgen und sich – etwa an Disputationen – mit größerer Fertigkeit zu beteiligen. Das Universitätsfach ›Rhetorik‹ war somit entlastet und offen für an-spruchsvollere Aufgaben[27].

Doch bei dieser rein vorbereitenden Funktion blieb es nicht. Ein-zelne Gymnasien waren mehr und mehr bestrebt, eine eigenständige Bildung mit akademischen Ansprüchen zu vermitteln. Sie nahmen in gewissem Umfang auch ›Realfächer‹, d. h. Disziplinen des traditio-nellen Quadriviums in ihren Unterricht herein (vor allem Arithmetik) und nannten sich, je nach Intention, ›Gymnasium Academicum‹,

---

[23] Zur Gruppe der Fürstenschulen vgl. stellvertretend die ausführliche Darstel-lung von T. Flathe, St. Afra. Geschichte der Königlich Sächsischen Fürsten-schule zu Meißen 1543–1877, Leipzig 1879. Einzelnes auch bei Paulsen 1, S. 297ff.
[24] Eine reichhaltige Skala bietet sich schon bei den in der Forschung benützten Schulbezeichnungen, die nur z. T. historisch legitimiert sind: ›Stadtschule‹, ›Ratsschule‹, ›Lateinschule‹, ›Pädagogium‹, ›Gelehrtenschule‹, ›Gymnasium‹ (dies erst im 19. Jahrhundert zur allgemeinen Geltung gelangt).
[25] Vormbaum 2, S. 376 (Stralsund 1643).
[26] Zur Orientierung C. S. Baldwin, Medieval rhetoric and poetic (to 1400), New York 1928 und F. Tateo, ›Retorica‹ e ›poetica‹ fra Medievo e Rinascimento, Bari 1960. Vgl. auch u. S. 407ff.
[27] Dazu u. S. 390f.

›Paedagogium‹ oder ähnlich[28]. Die Gründe waren durchaus verschiedener Art. Ungenügen an der formalen Einseitigkeit der humanistischen Gymnasialbildung spielte bei einzelnen sicher eine Rolle. Nicht weniger wichtig aber waren der gelehrte Ehrgeiz der Schulmänner und der Stolz der Fürsten – in Territorien, die sich eine eigene Universität nicht leisten konnten[29]. Solche gleitenden Übergänge zwischen Gymnasium und Universität[30] (bei den Ritterakademien wird noch davon zu sprechen sein) sind kennzeichnend für das gelehrte Bildungswesen seit der zweiten Hälfte des 16. Jahrhunderts.

In den Gymnasien selbst aber hat wohl kein Unterrichtsgebiet so unmittelbar vom Ehrgeiz der Pädagogen profitiert wie die Rhetorik. Denn keines eignete sich so gut zur öffentlichen Demonstration, und keines ließ sich über einen so langen Zeitraum hin aufbauen. So ist es kaum ein Zufall, daß von den großen Schulmännern des 16. Jahrhunderts nicht etwa Neander oder Trotzendorf, sondern gerade der *propagator eloquentiae* Johannes Sturm am intensivsten gewirkt hat.

Als spezielles Fach bleibt ›Rhetorik‹ im allgemeinen der obersten oder den oberen Klassen vorbehalten, beginnt jedenfalls erst nach Abschluß der Grammatik. Das entspricht der Rangfolge innerhalb des mittelalterlichen Triviums (das z. B. in den drei ›hauffen‹ der Melanchthonschen Schulordnung von 1528 noch deutlich erkennbar ist)[31], nur daß die alte Dreiteilung allmählich durch eine Gliederung in fünf oder mehr Stufen ersetzt wird (Sturms Programmschriften sehen fünf *classes*, neun *ordines* oder zehn *curiae* vor)[32]. Doch bevor der sorgfältig ausgeklügelte Weg zur Universitätsreife in seinen wichtigsten Stationen verfolgt wird, sei zunächst einmal das angestrebte Ziel des rhetorischen Unterrichts ins Auge gefaßt: welcher Art, welchen Inhalts ist jene ›Rhetorik‹, deren Kenntnis für die Erreichung des humanistischen τέλος so unabdingbar zu sein scheint? Oder anders ausgedrückt: worin besteht das positive rhetorische Wissen,

---

[28] In einzelnen Fällen wurden solche angehobenen Gymnasien zum Ausgangspunkt einer Universitätsgründung, so etwa in Jena, Helmstedt und Straßburg (letzteres u. a. durch Sturms Einsatz).

[29] Deutlich ist diese Ersatzfunktion etwa bei Weißenfels; vgl. Rosalsky, Geschichte des akademischen Gymnasiums zu Weissenfels, S. 11ff.

[30] Der Unterschied ist häufig nur noch formal zu definieren: die Gymnasien besaßen nicht das Privileg, akademische Titel zu verleihen (s. Paulsen 1, S. 327).

[31] Vormbaum 1, S. 1ff.

[32] In der hier gegebenen Reihenfolge: ›Scholae Lauinganae‹ (1565), ›De literarum ludis recte aperiendis‹ (1538), ›Classicae epistulae‹ (1565). Das Nebeneinander dieser Ordnungen zeigt – charakteristisch auch für das 17. Jahrhundert –, wie unfest und akzidentiell die Klasseneinteilung noch war.

über das die Absolventen der protestantischen Gelehrtenschulen verfügen sollen?

b. Das Rhetoriklehrbuch von Gerhard Johannes Vossius

Die Schulordnungen können dazu nur allgemeinste Richtlinien auf-
zeigen; maßgebender sind die in den Abschlußklassen eingeführten
Lehrbücher der Rhetorik. Unter den zahlreichen Kompendien, die
– meist in der unmittelbaren Nachfolge Melanchthons[33] – zu diesem
Zweck geschaffen wurden[34], hat keines die absolute Vorherrschaft zu
erringen vermocht (wie Soarez bei den Jesuiten)[35]. Die weiteste Verbreitung fand im Lauf des 17. Jahrhunderts das Lehrbuch eines Mannes, der nicht nur Theoretiker war, sondern aufgrund seiner pädagogischen Tätigkeit auch über eine reiche praktische Erfahrung
verfügte: die ›Rhetorices contractae, sive partitionum oratoriarum
libri quinque‹ des berühmten Polyhistors und Leidener Rhetorikprofessors Gerhard Johannes Vossius (1577–1649)[36].
Das Buch erschien zuerst 1606 (Leiden), als Vossius noch Rektor
am Gymnasium in Dordrecht war, wurde dann 1621 in einer Neu-
fassung herausgebracht, und kein Geringerer als Daniel Heinsius pro-
phezeite:

---

[33] Vgl. o. S. 260 mit Anm. 12.
[34] Einige dieser Lehrbücher, die von den Universitätslehrbüchern nicht immer
leicht zu unterscheiden sind, seien hier – ohne auch nur annähernde Vollständigkeit beanspruchen zu wollen – wenigstens mit ihren Haupttiteln genannt:
Antonius Bitius, ›Ariadne rhetorum‹, 1658; Johann Conrad Dannhauer, ›Epitome rhetorica‹, 1635; Konrad Dieterich, ›Institutiones oratoriae‹, 1615; ders.,
›Institutiones rhetoricae‹, 1616; Bartholomaeus Keckermann, ›Systema rhetoricae‹, 1608; Erich Müller, ›Tabulae rhetoricae‹, 1636; Christian Weise, ›Institutiones oratoriae‹, 1687; ders., ›Subsidium juvenile‹, 1689. Einzelne Kompendien
sind für bestimmte Städte oder Schulen (Johann Kirchmann, ›Rudimenta rhetoricae‹, 1652: für Lübeck; Erich Müller, ›Εἰσαγωγὴ in rhetorica‹, 1643: für
Hildesheim) oder auch für bestimmte Territorien gedacht (so Johannes Hauber,
›Erotemata rhetorices‹, 1618: »pro scholis ducatus Wirtembergici«; 1682 ersetzt
durch Christoph Kaldenbachs Auftragswerk ›Compendium rhetorices‹, vgl.
u. S. 443f.).
[35] Vgl. u. S. 336ff.
[36] Eine neuere Arbeit über Vossius gibt es nicht. Hauptquellen für nähere Orientierung sind neben den großen enzyklopädischen Werken des 17. und 18. Jahrhunderts vor allem Cornelius Tollius, ›Oratio in obitum Gerhardi Johannis
Vossii‹ (Amsterdam 1649) und die Vita von Paulus Colomesius, die der Ausgabe der ›Epistolae‹ (London 1690) beigegeben ist. Werkverzeichnis bei L. D.
Petit, Bibliografische Lijst der Werken van de Leidsche Hoogleeraren, Leiden u.
Leipzig 1894, S. 161ff.

»Addiscet pro te postera turba loqui«[37].

Er sollte recht behalten. Noch 1682, also mehr als drei Jahrzehnte nach Vossius' Tod, muß ein Verleger – der eine andere, ebenfalls bewährte Rhetorik empfehlen will – zugeben: »Non ignoro eqvidem, Oratorias aliorum Institutiones extare non unas, easque inter in scholis propemodum omnibus hodiè praecaeteris regnare Vossianas, utpote limatas admodùm, et utilitate suâ se ipsas commendantes«[38].

Daß Vossius ›in nahezu allen Schulen regiert‹, wird z. T. durch gedruckte Schulordnungen bestätigt, die seinen Namen ausdrücklich nennen[39]. Auch Theoretiker der Rhetorik wie Daniel Richter[40] oder Christian Weise (»Vossius quem inter Rhetores non immerito colimus praecipuum«)[41] beziehen sich auf ihn. Die Zahl der Nachdrucke, Neuauflagen[42] und Bearbeitungen[43] nimmt ständig zu, Jacob Thomasius erweitert das beliebte Werk um einige nützliche ›Tabulae synopticae‹[44]. Noch 1721 erscheint es in Leipzig, und Gottsched stellt erstaunt fest, daß seit langem statt des großen Melanchthon »Vossius fast allein in niedrigen und hohen Schulen die Oberhand bekommen hat«[45] (noch Lessing beruft sich in den Abhandlungen zur Fabel auf die Rhetorik des Vossius[46]).

---

[37] Schlußvers eines 14zeiligen Widmungsgedichtes, das der ›Rhetorice contracta‹ vorangestellt ist.

[38] ›Praefatio nova‹ des Verlegers Georg Heinrich Frommann zu Sigismund Lauxmin, ›Praxis oratoria‹, Frankfurt a. M. 1682 ([1]1645), fol. A 2b.

[39] Z. B. Danzig (Hirsch, Geschichte des academischen Gymnasiums in Danzig, S. 49), Moers 1635 (Vormbaum 2, S. 274), Magdeburg 1658 (a.a.O., S. 516), Güstrow 1662 (a.a.O., S. 593), Weimar 1712 (Vormbaum 3, S. 206); selbst die ›modernen‹ Schulgesetze des Gymnasium Academicum in Weißenfels (1664) schreiben den ›Vossius‹ vor (vgl. die oben genannte Arbeit von Rosalsky, S. 24). Da zahlreiche Schulordnungen überhaupt keine Lehrbücher namentlich erwähnen, ist der einzelne Beleg um so höher zu bewerten (systematische Suche würde sicher noch eine Fülle weiteren Materials erbringen).

[40] ›Thesaurus oratorius novus‹, Nürnberg 1660, S. 110 (Tropen und Figuren).

[41] ›Institutiones oratoriae‹, Leipzig 1687, ›Dedicatio‹, fol. 2b; vgl. ›Vertraute Gespräche ...‹, Leipzig 1697, S. 235ff. und ›Neu-Erleuterter Politischer Redner‹, Leipzig 1696, S. 589f.

[42] Die Bibliographie von Petit verzeichnet allein für das 17. Jahrhundert 28 Ausgaben der ›Rhetorice contracta‹.

[43] Hierzu gehören Johann Sebastian Mitternacht, ›Gerh. Joh. F. Vossii elementa rhetorica‹, Leipzig 1684 (Jena [1]1646) und Johann Friedrich Koeber, ›Elementa rhetorica, Vossio-Mitternachtiana‹, Gera [9]1696.

[44] Zuerst in der Ausgabe Leipzig 1660.

[45] ›Ausführliche Redekunst‹, Leipzig [2]1739, S. 66. In seinem ›Versuch einer deutschen Redner-Bibliothek‹ (enthalten in der ›Akademischen Redekunst‹, Leipzig 1759, S. 16ff.) nennt er Vossius – neben Pomay – als einzigen Vertreter lateinischer rhetorischer Theorie des 17. Jahrhunderts (er führt an: ›De rhetorices

Man geht also sicher nicht fehl mit der Annahme, in Vossius wenigstens einen Repräsentanten jener rhetorischen *doctrina* vor sich zu haben, die das protestantische Gymnasium des 17. Jahrhunderts beherrscht und somit immerhin die Lehrjahre der meisten protestantischen Barockautoren geprägt hat[47]. Von dieser *doctrina* zumindest einen ungefähren Eindruck zu erhalten, kann demnach nicht ganz gleichgültig sein, auch wenn es sich bei der ›Rhetorice contracta‹ des Vossius nur um ein Schulbuch handelt. Als Schulbuch ist dieses Kompendium offensichtlich von vornherein gedacht. Es stellt in seinem Grundbestand nichts anderes dar als die gekürzte und vereinfachte Fassung eines umfangreichen, tiefgelehrten Bandes, den Vossius ebenfalls im Jahre 1606 in Leiden zum ersten Mal veröffentlichte: ›Commentariorum rhetoricorum, sive oratoriarum institutionum libri sex‹.

Zu Beliebtheit und Erfolg der ›Rhetorice contracta‹ dürfte dieses größere Werk, das auch eine Reihe von Auflagen erlebte[48], nicht unwesentlich beigetragen haben[49]. Es demonstrierte das umfassende,

---

natura ac constitutione et antiquis oratoribus‹, 1622 und ›Rhetorica contracta‹, 1627; a.a.O., S. 37).

[46] Lachmann³–Muncker 6, S. 421f. (›Institutiones oratoriae‹).

[47] Sein bedeutendster persönlicher Schüler unter den deutschen Poeten dürfte Hofmannswaldau gewesen sein. Während des Studiums in Leiden (Oktober 1638 – Ende 1639) ist Hofmannswaldau offensichtlich mehrfach nach Amsterdam gereist, um Vossius zu hören, der dort Rektor am neugegründeten ›Athenaeum‹ war:

> »Manchen Gang hast du genommen
> Zu dem Vooß in Amsterdam«,

heißt es in einem Hochzeitsgedicht Christoph Kölers für seinen ehemaligen Schüler; zitiert nach M. Hippe, Christoph Köler, ein schlesischer Dichter des siebzehnten Jahrhunderts. Sein Leben und eine Auswahl seiner deutschen Gedichte (Mitth. aus d. Stadtarch. zu Breslau. 5), Breslau 1902, S. 177 (vgl. auch Rotermund, Christian Hofmann von Hofmannswaldau, S. 6). Über Gryphius, der damals ebenfalls in Leiden studierte, wird nichts dergleichen berichtet. Flemming, Andreas Gryphius, S. 41 vermutet allerdings intensive Vossius-Lektüre: »Gryphius wird besonders seine rhetorischen Schriften eifrig gelesen und sie anregend gefunden haben« (Vossius habe ihm »auch ein Gegengewicht« zu dem Leidener Rhetorikprofessor Boxhorn geboten). Schupp berichtet in ›Freund in der Noht‹ (1658): »ich hielte mich unterweilens zu Amsterdam auf/ und hörte den alten Vossium« (S. 133).

[48] Laut Petit im 17. Jahrhundert 9mal erschienen. Einige Bemerkungen zu dieser Rhetorik (mit der Vermutung eines Einflusses auf Opitz) bei Fischer, S. 138ff. sowie bei Schings, Die patristische und stoische Tradition ..., S. 6ff.

[49] Hinzu kommen eine Reihe weiterer rhetorisch-poetischer Schriften, darunter ›De rhetoricae natura ac constitutione et antiquis rhetoribus‹, 1622; ›De vitiis sermonis et glossematis latino-barbaris libri quatuor‹, 1645; ›De artis poeticae natura ac constitutione‹, 1647; ›Poeticarum institutionum libri tres‹, 1647; ›De imitatione cum oratoria, tum poetica, et de recitatione veterum‹, 1647; ›De

sichere Fundament des dargebotenen rhetorischen Systems[50], gab dem
Lehrer ein praktisches Mittel weiterer Orientierung in die Hand und
eröffnete nicht zuletzt die Möglichkeit, auch den Universitätsunterricht im Fach ›Rhetorik‹ fugenlos auf der Grundlage des Schulunterrichts aufzubauen[51]. Es ist wohl kaum ein Zufall, daß Vossius beide
Bücher noch einmal gründlich überarbeitete, nachdem er sein Amt an
der Leidener Universität angetreten hatte (1622)[52]. Die neue Position
war für den Namen Vossius natürlich eine vorzügliche Empfehlung.
In den Augen der protestantischen Pädagogen gewann Vossius auch
durch seine ausgeprägte Christlichkeit (er verfaßte eine Fülle theologischer Schriften)[53] und durch den Mut, den er bewies, als er in den
niederländischen Remonstrantenstreit hineingezogen wurde.

So wichtig alle diese Faktoren für den Erfolg seines Rhetoriklehr-
buches gewesen sein mögen – auf die Länge der Zeit hin bewährten
sich vor allem die sachlichen Qualitäten: Gewandtheit und Souveränität der Darstellung, insbesondere aber die Sorgfalt, mit der Vossius
das klassische System der Rhetorik tradierte[54], ohne in unfruchtbaren
Rigorismus zu verfallen.

---

logices et rhetoricae natura et constitutione libri duo‹, 1658. Die Arbeiten sind
vereinigt in der von dem Sohn Isaac Vossius besorgten Ausgabe der ›Opera
omnia in sex tomos distributa‹, Amsterdam 1695–1701 (vor allem im 3. Band).

[50] Die (hier benutzte) Ausgabe von 1643 umfaßt nahezu eintausend Textseiten
im Quartformat. Jedes einzelne Theorem ist durch ausführliche Zitate aus Ge-
währsleuten (von Aristoteles über die Kirchenväter bis ins 17. Jahrhundert hinein) gründlich belegt und durch zahlreiche *exempla* erläutert. Vor allem nach
der Neubearbeitung (von 1630) scheint Vossius eine Rechtfertigung bzw. Ent-
schuldigung notwendig: »Quamquam verò hîc fusiùs penè omnia exponerem;
multáque adspergerem non tam ad Oratoriam, quàm ad litteraturam pertinen-
tia: operam tamen dedi, ne nimis à naturâ artis abirem, vel ne inutilibus eam
quaestionibus involverem« (›Ad lectorem‹, fol. 3ª).

[51] Dazu u. S. 407ff. An der Spitze aller für das Universitätsstudium zu empfehlen-
den neueren Rhetoriken steht der ›Große Vossius‹ bei Johann Andreas Bose,
›De prudentia et eloquentia civili comparanda‹, Jena 1699, S. 48.

[52] Vossius hatte in Leiden auch studiert und (1598) zum Magister der Philosophie
promoviert. Wohl nicht zuletzt durch Vermittlung seines engen Freundes Hugo
Grotius war er dann 1615 zum Direktor des dortigen ›Collegium theologicum‹
berufen worden.

[53] Vgl. den 5. und 6. Band seiner ›Opera omnia‹.

[54] Es wäre aufschlußreich, einmal die Geschichte der rhetorischen Kompendien
von Aristoteles bis Lausberg zu verfolgen, wobei nicht nur die tradierte Lehre
selbst, sondern vor allem auch die didaktischen Aspekte berücksichtigt werden
müßten. Der hier gegebene Überblick soll nur ein für das 17. Jahrhundert maß-
gebendes *specimen* dieser Gattung kurz vorstellen, ohne in einen näheren Vergleich mit anderen Epochen einzutreten.

Der Gesamtaufbau des Kompendiums[55] ist zunächst durch das bewährte Dreierschema *inventio* (Buch I und II), *dispositio* (Buch III) und *elocutio* (Buch IV und V) bestimmt. Es entspricht den klassischen *officia* des Redners: »argumenta invenire, inventa disponere, disposita exornare, et exornata pronunciare«[56]. Unter dem vierten hier genannten Punkt, der *pronunciatio*, faßt Vossius alle die Probleme der oratorischen Praxis zusammen, die schon in der Antike (als *memoria* und *actio* bzw. *pronuntiatio*) eine gewisse Sonderstellung innerhalb der üblichen Schematik einnahmen[57]. Vossius hängt diesen Themenkomplex, auf zwei kurze Kapitel verteilt, an den Schluß des fünften Buches[58]. In ähnlicher Weise ist der Beginn des ersten Buches erweitert. Bevor Vossius das Hauptthema *inventio* angeht, werden auf neun Seiten (›De natura rhetorices‹)[59] die Grundbegriffe der Rhetorik abgehandelt, meist mit dem Ziel einer Definition: *rhetorice*; *rhetor* und *orator*; *materia*; *natura* und *ars*; *officia oratoris*; Bedeutung von Dialektik und Logik[60].

Schon in diesem Grundlegungsteil werden Aristoteles, Cicero und Quintilian durch Zitate und Stellenhinweise als die eigentlichen Ahnherren des Systems herausgehoben. Von Aristoteles übernimmt Vossius – unter Hinzufügung des griechischen Textes[61] – die Begriffsbestimmung der Rhetorik: »Definitur RHETORICE ab Aristotele, facultas videndi in unaquaque re, quod in ea est ad persuadendum idoneum«. Auf Cicero stützt sich unter anderem die Unterscheidung von

---

[55] Die Ausgabe Leipzig 1660, nach der im folgenden auch zitiert wird, enthält – ohne Widmung, Indices usw. – 448 Textseiten im Oktavformat.

[56] A.a.O., S. 7. Die gradierende Kettenform begegnet bereits in der Definition Ciceros, De orat. 1,31,142. Vgl. Quintilian 3,3,1. Lausberg § 255.

[57] Knappe Behandlung bei Lausberg § 1083–1091. Vgl. auch R. Nadeau, Delivery in ancient times: Homer to Quintilian, QJS 50, 1964, S. 53ff.

[58] A.a.O., S. 442. Hauptthemen *vox* und *corporis motus*. Die *memoria* wird nur gestreift, sie gehört nach Vossius' Ansicht nicht zu den *officia oratoris* im engeren Sinne: »Hunc partium numerum alii augent, alii minuunt. Augent, qui cum Cicerone, atque aliis antiquorum, addunt memoriam. Nos Aristotelem sequimur; quia, quae memoriam juvant, ad distinctam artem pertinent, quae μνη-μονευτικὴ dicitur« (S. 7).

[59] A.a.O., S. 1ff.

[60] Die relative Ausführlichkeit, mit der diese letzte Frage behandelt wird (S. 7ff.), erklärt sich vor allem aus der Diskussion des 16. Jahrhunderts (Ramismus, Agricola, Melanchthon etc.). Vossius weist alle Versuche ab, *inventio* und *dispositio* der Dialektik zuzuschlagen (wodurch die Rhetorik praktisch auf *elocutio* reduziert würde, wie z. B. auch von Luther angestrebt, vgl. o. S. 259). Vgl. auch seine oben genannte Schrift ›De logices et rhetoricae natura et constitutione‹.

[61] Aristoteles, ›Rhetorik‹ 1, 2 (p. 1355b).

rhetor und *orator*, von *facundus, disertus* und *eloquens*. Quintilian dient als Ausgangspunkt bei der Frage nach *natura* und *ars*[62].

Für Fragen der rhetorischen Systematik bleiben diese drei Autoren über das ganze Buch hin maßgebend; andere Gewährsmänner (wie etwa Hermogenes oder Menander) werden nur für Spezialfragen zitiert. Ein wesentlich anderes Bild bietet sich bei den Textbeispielen, an denen die einzelnen *praecepta* erläutert werden. Zwar dominiert auch hier klar die lateinische Tradition[63], aber neben die Prosa tritt nun eine bunte Fülle poetischer Texte: *eloquentia ligata* oder *eloquentia soluta* – die Regeln der Rhetorik gelten selbstverständlich für beide Bereiche, so selbstverständlich, daß Vossius es gar nicht eigens auszusprechen braucht. Neben der Ciceronischen Prosa (die wiederum den Grundstock bildet) stehen nicht nur Demosthenes, Isokrates und Gregor von Nazianz, sondern auch Homer und Euripides, Plautus, Terenz, Catull und vor allem immer wieder die drei Großen der augusteischen Zeit: Vergil, Horaz, Ovid.

Mit Hilfe dieses Grundbestandes an *exempla* (der natürlich weitgehend aus bereits vorliegenden Lehrbüchern und ›Schatzkammern‹ geschöpft ist)[64] wird das notwendigerweise trockene System der rhetorischen *praecepta* illustriert, aufgelockert und belebt. Die einzelnen Punkte werden in der Weise abgehandelt, daß zunächst (kursiv, mit Paragraphen-Nummer) die Regel bzw. Definition gegeben wird, dann entweder eine kurze Erläuterung oder ein Beispiel (kursiv) oder auch beides; nur selten steht das *praeceptum* für sich allein. Termini werden prinzipiell erst griechisch gegeben, dann lateinisch[65]; im weiteren Text aber erscheint fast stets nur die lateinische Form. Begriffe und Regeln sind anhand des Inhaltsverzeichnisses, des ausführlichen Index und der (später von Jacob Thomasius hinzugefügten) synoptischen Tabellen[66] jederzeit rasch aufzufinden.

---

[62] In der genannten Reihenfolge: a.a.O., S. 2, 4, 5.

[63] Griechische Zitate sind kaum je länger als eine Zeile.

[64] Erst recht gilt dies für die ›Große Rhetorik‹, deren Stellenmaterial in seiner geradezu chaotischen Fülle den ›Polyhistor‹ Vossius repräsentiert.

[65] Eine (auch heute noch oft notwendige) Ausnahme wird bei den griechischen Termini gemacht, die kein lateinisches Äquivalent besitzen; so etwa bei διατύπωσις, wo nur eine paraphrasierende Wiedergabe stehen kann (»Διατύπωσις est, cum res ita clare copioseque exponitur, ut coram spectari videatur«, S. 369; vgl. Lausberg § 810).

[66] Sie sind offensichtlich aufgrund der praktischen Erfahrungen geschaffen, die Thomasius als Rektor der Thomasschule und als Rhetorikprofessor an der Leipziger Universität hatte sammeln können. Für die Jesuiten-›Rhetorik‹ des Soarez gab es bereits seit langem solche ›Tabulae synopticae‹ (s. u. S. 337).

Doch auch die Anordnung der einzelnen Themenkomplexe ist – z. T. im Gegensatz zur ›Großen Rhetorik‹ – sehr übersichtlich gehalten. Die an sich naheliegende Aufteilung in drei Bücher wurde wohl deshalb umgangen, weil das einzelne Buch (wichtig für die Festlegung der Pensen!) nicht zu sehr anschwellen sollte. Als eine zusätzliche Hilfe bei der Rezeption des Stoffes ist zu Anfang jedes neuen Teilbereiches von *praecepta* ein grundsätzliches Kapitel eingeschaltet[67].

Das erste Buch teilt sich (nach Erörterung der Grundbegriffe und einem Kapitel ›De inventione generatim‹) im wesentlichen in zwei Komplexe: die seit Aristoteles geläufige Theorie der *genera causarum* bzw. *genera dicendi* (*demonstrativum, deliberativum, iuridiciale,* Kap. 3–6a) und die klassische, aus dem Strafprozeß abgeleitete *status*-Lehre (Kap. 6b–11, mit fünf *status*!)[68]. Auch das zweite, umfangreichere Buch zerfällt in zwei große Blöcke. Den ersten Block (Kap. 1–14) bildet die in sich geschlossene Theorie der Affekte[69]. Jeder Affekt, vom *metus* über den *amor* bis zur *aemulatio* (insgesamt sind es vierzehn an der Zahl) wird in einem eigenen Kapitel behandelt; ein Abschnitt ›De moribus‹ schließt sich an. Auf diese reichlich abstrakte erste Hälfte folgt ein Themenkomplex, dessen Bedeutung für die rhetorische Praxis sofort einsehbar ist. Es geht darum, dem Lernenden die differenzierte Kasuistik möglicher Anlässe und Situationen vor Augen zu führen: Festversammlung, Hochzeit, Geburt, Tod, Dank, Glückwunsch, Klage, Empfang, Abschied (Kap. 16–20); ferner Redeformen wie Ermahnung, Empfehlung, Anpreisung, Versöhnung, Auf-

---

[67] ›De inventione generatim‹, ›universe de statibus‹, ›De affectibus generatim‹, ›De inventionis parte speciali universe‹, ›De dispositione universe‹, ›De elocutione universe‹, ›De ... tropis generatim‹, ›De schematibus generatim‹, ›De pronuntiatione generatim‹.

[68] Vossius trennt also *materia* bzw. *res* nicht von der *inventio* (vgl. Lausberg § 46ff.), sondern bezieht sie mit guten Gründen in das Dreierschema ein (über Verschiebungsmöglichkeiten im System s. u.). In der *status*-Lehre folgt Vossius offenbar einer eklektischen Tradition. Zwar zitiert er mehrfach Hermogenes und Quintilian, aber keinem schließt er sich ganz an. Mit seiner Fünfteilung (*conjecturalis, finitivus, qualitatis, legalis, quantitatis*) baut er einerseits auf der ›natürlichen‹ Dreizahl Quintilians auf (3,6,80f.: *coniecturae, finitionis, qualitatis*), andererseits nimmt er Teile sonstiger Schemata hinzu, beim *status quantitatis* offenbar eine aristotelische Tradition (›Rhetorik‹ 3, 17 [p. 1417b]; vgl. die ›aristotelische‹ Einteilung der *officia oratoris* bei Vossius). Eine Übersicht über die verschiedenen Einteilungen bei Lausberg § 79ff., bes. § 134ff.

[69] Der Einwurf, dies gehöre zur Physik oder Ethik, wird mit der klassischen These abgewiesen: »Rhetor ... agit de his, quatenus conducent ad persuadendum« (S. 95; vgl. Quintilian 6,2,8, u. ö.).

ruf, Abraten, Trost, Bitte, Angriff, Tadel, Forderung, Vorwurf, Fürsprache (Kap. 21–27).

Vor allem die Kasuistik im engeren Sinne verdient Beachtung. Denn hier wird das ‹klassische› aristotelisch-ciceronisch-quintilianische System erweitert, und es zeigt sich mit besonderer Deutlichkeit die enge Verzahnung von Rhetorik und Poesie. Nicht nur durch die poetischen *exempla* wird das illustriert (sogar Statius taucht jetzt auf!)[70], sondern mehr noch durch die auffällige Tatsache, daß Vossius in diesem Teil seines Lehrbuchs immer wieder das Schlüsselwerk der humanistischen Gelegenheitsdichtung zitiert: die Poetik Scaligers[71].

Mit dieser Thematik freilich hat Vossius den Kreis der bloßen *inventio* längst verlassen. Denn ein Hochzeitsglückwunsch beispielsweise oder ein Propemptikon verlangt die Einhaltung einer bestimmten Reihenfolge, und Vossius sieht sich gezwungen, schon hier (in Buch II) die nötigen Regeln zu geben. In seiner ›Großen Rhetorik‹ dagegen hat er – um der Präzision willen – die entsprechenden Abschnitte erst im Anschluß an die *dispositio* gebracht (›De speciali tum inventione tum dispositione‹)[72]. Im Schulkompendium bleibt dem eigentlichen zweiten Hauptteil, der *dispositio,* das kürzeste Buch (III) vorbehalten. Vossius begnügt sich im wesentlichen damit, die klassischen Redeteile (*exordium, narratio, propositio, confirmatio, confutatio, epilogus*) nacheinander vorzustellen[73].

Um so gewichtiger nimmt sich dann der Schlußteil (Buch IV und V) mit der Lehre von der *elocutio* aus. Von den vier Hauptbereichen literarischer Sprachgebung (*philosophica, oratoria, historica, poetica*) muß sich Vossius – seiner Aufgabe entsprechend – natürlich zunächst auf die *elocutio oratoria* konzentrieren: »Elocutio oratoria est rerum inventarum, et dispositarum, per verba sententiasque expositio ad

---

[70] Besonders auffällig S. 206f., wo (mit dem Zusatz »Pulcrè«) ein Stück aus dem ›Epicedion Glauciae‹ (Silv. 2,1) zitiert wird.

[71] Im Zusammenhang damit taucht auch mehrfach der Name des Rhetors Menander auf. Zu den historischen Zusammenhängen vgl. o. S. 68.

[72] ›Commentariorum rhetoricorum ... libri sex‹, Leiden 1643, S. 389ff.

[73] Wie radikal der *dispositio*-Teil zusammengestrichen werden kann, zeigt die Darstellung von Lausberg (§ 443ff.): die Redeteile werden – nicht unproblematisch – unter *inventio* abgehandelt, und für die *dispositio* bleiben nur noch *ordo naturalis* und *ordo artificialis* (kaum 7 Seiten). »Im Grunde ist die Aufstellung der Teile der Rede und ihrer Abfolge Sache der dispositio« (Lausberg, S. 147). Schon Melanchthon verwendet in ›De rhetorica libri tres‹ (Wittenberg 1519), fol. H IIᵃff. ganze vier Seiten (= ›liber secundus‹) auf die Lehre von der *dispositio.*

persuadendum idonea«[74]. Mit der Forderung nach *elegantia* bzw. *latinitas*, nach *perspicuitas* und *dignitas* (Kap. 1b–3a) stellt er sich klar auf den Boden der klassischen Doktrin. Erst darauf folgen die beiden Komplexe, die den eigentlichen Stoff des vierten Buchs ausmachen: die Lehre von den Tropen (Kap. 3b–10) und von den Figuren (Kap. 11–22). So bereitwillig manche Rhetoriker darauf verzichtet haben, diese spröde Materie zu repetieren[75], so unumgänglich ist sie doch in einem Lehrbuch für Anfänger. Die Möglichkeit, hier wieder mehr Dichterzitate zu bringen, hat Vossius reichlich genutzt. Poesie und Rhetorik benötigen das gleiche Instrumentarium.

Es wird im fünften und letzten Buch zunächst erweitert durch die Lehre von der *compositio,* d. h. Wortverbindung, Wortstellung, Kolon, Satzglied, Periode und Rhythmus (Kap. 1–3). Jetzt erst ist der Kreis der elementaren *praecepta elocutionis* geschlossen; und zusammen mit der Figuren- und Tropenlehre ist die Grundlage geschaffen, um noch die klassische *doctrina* von den drei Stilen und ihren *opposita* oder *vitia* zu berühren (Kap. 4–7)[76]. Die zunehmende Knappheit in der Darstellung dieser Punkte läßt vermuten, daß Vossius hier die Grenze des rhetorischen Gymnasialunterrichts gegeben sah.

Wer die *praecepta* des Lehrbuchs beherrschte, verfügte über ein durchaus unverächtliches Rüstzeug literarischer Theorie. Von der literarischen Praxis des Unterrichts, von der ständigen Ergänzung durch Lektüre und *imitatio,* wird noch zu sprechen sein. Der elementare, ganz und gar instrumentale Charakter der Vossianischen Rhetorik bringt es mit sich, daß persönliche Neigungen oder gar individuelle Stiltendenzen kaum in Erscheinung treten können. Und doch ist das Buch von den literarischen Strömungen der Zeit nicht gänzlich isoliert. Ein Punkt, an dem sich dies zeigt, soll hier noch kurz

---

[74] A.a.O., S. 283.

[75] Weise, ›De poesi hodiernorum politicorum‹, Jena u. Helmstedt 1678, S. 605 (zu den ›figurae rhetoricae‹): »Neque nunc exscribere vacat Rhetorum libellos, qui vel a pueris evolvi possunt. Sed exemplis me expediam« (vgl. auch den oben erwähnten Hinweis Daniel Richters auf Vossius). Weise selbst hat als Schüler die rhetorischen Figuren mit Hilfe der *versus memoriales* seines Lehrers, des Rektors Keimann, gelernt (›Politischer Redner‹, Leipzig 1681, S. 62).

[76] Vossius spricht hier nicht – wie z. B. Cicero und Quintilian – von *genera dicendi,* sondern von *characteres elocutionis,* offenbar, um eine Verwechslung mit den *genera* der Rede wie *demonstrativum* etc. zu vermeiden; er bezieht sich dabei ausdrücklich auf Demetrios von Phaleron (περὶ ἑρμηνείας): »Hanc de Charactere doctrinam ... excerpemus inprimis aureolo è libello Demetrii, cui vulgo Phalerei cognomen tribuitur: sed ordine meliori pleraque omnia digeremus« (S. 426). Zum Einfluß Scaligers auf die Verwendung des Terminus *character* bei Vossius s. Fischer, S. 209.

angesprochen werden; es ist das wichtige Problem der *Latinitas* oder *elegantia*.

Die klassische bzw. klassizistische Theorie, die Vossius so offensichtlich in ihren Grundzügen repräsentiert[77], hält sich mit mehr oder weniger Entschiedenheit an das *exemplum* Cicero; alles andere birgt in sich die Gefahr des *Barbarismus*. »Pueritiae solus legendus est Cicero«[78], diesen Satz des Vossius dürfte jeder humanistische Schulmann der Zeit bedenkenlos unterschrieben haben. Vossius setzt allerdings hinzu: »atque id, quousque ex eo didicerit formare orationis corpus«. Auch seine nächste Regel hält sich noch im Rahmen des Üblichen: »Adolescentiae utilis est in sermone familiari, ac epistolis quoque, Terentius, et mox Plautus: at in orationibus scribendis illi veterum conducent, qui a Tullii dictione proxime absunt«[79]. Hierzu zählt Vossius vor allem Caesar, Livius, Velleius Paterculus, Curtius Rufus und Quintilian.

Dann jedoch fährt er fort: »Tertia verò aetate, quia jam constantem duxerimus sermonis lineam, nihil periculi erit, ne ornamentis aliunde arcessitis, aut obruatur sermo, aut dimoveatur de gradu. Quare huic aetati exspatiari licebit per omne scriptorum genus«[80]. Vossius wagt sogar, offen auszusprechen, was dies in concreto bedeutet: er meint vor allem Apuleius, Sallust, Tacitus, Seneca »et similes«. Er faßt sie zusammen unter der Bezeichnung »breves illi Scriptores«; auf genauere Charakterisierung kommt es ihm offenbar nicht an[81]. Aber es ist deutlich, daß die ›silberne Latinität‹ sich als Muster der *imitatio* zu etablieren beginnt. Selbst bei einem Hüter der rhetorischen Klassizität wie Vossius zeigen sich also Spuren des umfassenden literarischen Geschmackswandels[82].

---

[77] »Soli barbaries nec metuenda tibi est«, attestiert ihm Heinsius im Widmungsgedicht zur ›Rhetorice contracta‹ (s. o.).

[78] Vossius, a.a.O., S. 303.

[79] A.a.O., S. 303.

[80] A.a.O., S. 305.

[81] Das Ganze ist auf dem Hintergrund der Theorie von den *quinque aetates sermonis Romani* zu sehen (a.a.O., S. 301ff.): *puerilis, crescens, adulta, decrescens, decrepita.* Die römische Klassik rangiert als *aetas adulta*; zur *aetas decrescens* gehören u. a. (als *oratores* und *rhetores*) Rutilius Lupus, Quintilian, Plinius d. J., (als *historici*) Curtius, Sueton, Tacitus, Justin, (als *poetae*) Lucan, Persius, Silius Italicus, Juvenal, Valerius Flaccus, Statius, Martial, (als *philosophi*) Seneca d. J., Plinius d. Ä., (als *grammatici*) Asconius und Agellius.

[82] Gerade weil Vossius im ganzen die klassisch-antike Tradition treu bewahrt, bleibt auch die Kritik ›fortschrittlicher‹ Rhetoriker nicht aus. Bereits Schupp rät seinem ›ungeschickten Redner‹ ironisch: »In allen deinen Reden und Lateinischen Sendbrieffen must du eingedenck seyn wol zu vossitieren« (›Der Unge-

c. Latinität und Muttersprache

Über die Grundvoraussetzung dieser rhetorischen *doctrina*, ihre absolute Latinität, wird bei Vossius auf keiner Seite diskutiert. Und wenn
am Schluß des Buches von *actio* und *pronuntiatio* die Rede ist, so gilt
auch die mündliche Fertigkeit im Lateinischen als selbstverständliche
Bedingung. Selbst angesichts der Tatsache, daß es sich hier um das
Pensum der Abschlußklasse handelt, erscheint ein solches Programm
zunächst als utopisch. Die allseitige Beherrschung der *eloquentia latina* in Schrift und Rede wird als erreichbares Bildungsziel erst verständlich, wenn man bedenkt, daß sich der gesamte Gymnasialunterricht – nicht nur der literarische – prinzipiell und vom frühest möglichen Zeitpunkt an in lateinischer Sprache vollzog. Aufpasser (*cory-
caei, custodes*, ›Wölfe‹)[83] hatten darüber zu wachen, daß niemand gegen das Grundgesetz des *latine loqui* verstieß: »Qui sermone utuntur
alio quam latino, ratione bona puniantur«, verfügte Sturm[84]. Das Gebot galt sogar außerhalb des Unterrichts: »Cum colludunt, cum am-
bulant, cum obviam veniunt sermo sit latinus – aut graecus«. Und es
umfaßte auch die Schulanfänger: »Sermones juventutis latinos esse
volumus, omnium, etiam eorum, qui extremis latent classibus«[85].

Der Radikalismus dieses Sturmschen Lateingebots stellt keinen
Einzelfall dar. Berühmt und noch im 17. Jahrhundert hervorgehoben
wurde das Beispiel Montaignes, der nach dem Willen seines Vaters
schon als kleines Kind Latein lernen mußte, so daß Französisch für

---

schickte Redner‹, übersetzt von Balthasar Kindermann, Wittenberg 1665, fol. a
VIII[b]). Als Weises Schüler (und späterer Nachfolger im Zittauer Rektoramt)
Gottfried Hoffmann das Konrektorat in Lauban antritt, muß er dem Rektor
zu Gefallen »den Aphthonium und Vossium mit anbethen« (Christian Altmann,
›Gottfried Hoffmanns Lebens-Beschreibung‹, Budißin 1721, S. 542; zitiert nach
Horn, Christian Weise ..., S. 241f.). Und Weise selbst kritisiert schließlich –
bei allem Respekt vor dem Namen Vossius – gerade das, was dem Rhetorik-
lehrer traditioneller Prägung so willkommen war, die zuverlässige Bewahrung
der antiken Doktrin: »Ipse Vossius ... utinam maluisset cogitare, quid nostro
seculo conveniret juvenum studiis ... praeter superstitiosam antiquitatis vene-
rationem« (›Institutiones oratoriae‹, Leipzig 1687, ›Dedicatio‹, fol. 2[b]).

[83] Zu dieser Einrichtung (die natürlich auch andere Zwecke hatte) vgl. Mertz,
Das Schulwesen ..., S. 380ff. Schüler, die das Gebot durchbrechen, heißen
›deutsche Wäscher‹ (so Nordhausen 1583; Vormbaum 1, S. 364).

[84] Zitiert nach Weithase 2, S. 20 (Anm. 50).

[85] Ebda. Noch 1605 lautet eine Regel der Sachsen-Coburg-Gothaischen Schulordnung: »Sie sollen zu jederzeit Lateinisch reden, auf der Gassen, in Kirchen
und Schulen, welche Ubung sehr viel dienet zur Lehr und Geschicklichkeit«
(Vormbaum 2, S. 55).

ihn zur ersten Fremdsprache wurde[86]. Im Grunde handelt es sich hier nur um die logische Konsequenz aus der humanistischen These, daß Latein die ›Muttersprache der Gelehrten‹ sei. Gestützt auf dieses Axiom, wird das Lateingebot zum festen Bestandteil der gelehrten Schulordnungen, und bisweilen hebt man auch den Übungszweck eigens hervor: »Sermone tam apud magistros, quam apud socios Latino vtantur, vt eum familiariorum sibi reddant atque expeditiorem« (Joachimsthal 1607)[87].

In der rigorosen Form vermag sich das Lateinreden freilich nicht überall zu halten. Nach und nach wird es auf die höheren Schulstufen beschränkt (in den »obersten drei Classibus«, Liegnitz 1673)[88], die bereits eine fundierte Kenntnis des Lateinischen mitbringen: »welche so weit gekommen, daß sie exercitia stili machen können, sollen, allweil sie in der Schule sein, nichts denn lateinisch miteinander reden, sub poena pigro asino digna« (Hanau 1658)[89]. Doch auch unter humanistischem Aspekt war diese Lösung nicht unproblematisch. So gab beispielsweise Morhof zu bedenken, daß die Gefahr einer Verwilderung des *stylus* drohe, wenn sich die Schüler ohne Aufsicht und Korrektur durch den Lehrer lateinisch unterhalten[90].

Morhofs Einwand ist bezeichnend für die meisten der Reformvorschläge seiner Zeit[91]. Sie argumentieren ganz vom Lateinischen her. Dem Deutschen wird im Grund noch kein selbständiger Bildungswert zugemessen. Zwar gestattet bereits Sturm wenigstens in den untersten Klassen den gelegentlichen Gebrauch der Muttersprache als Übersetzungshilfe[92], doch dabei bleibt es; das Deutsche erfüllt eine reine

---

[86] Morhof spricht von Montaigne als dem Vertreter einer ganzen Gruppe von Männern, die »à prima infantia solo usu et colloquio mirabilem loquendi latinè promptitudinem nacti fuerunt« (›Polyhistor‹, Lübeck ³1732, S. 421).

[87] Vormbaum 2, S. 79 (dort fälschlich »familiorem«).

[88] Vormbaum 2, S. 652. Für die älteren Schüler wird das Lateinsprechen gern auch außerhalb des Unterrichts verfügt, so 1640 in Hamm: »Inter ludendum superiores latine loquuntor« (Vormbaum 2, S. 286).

[89] Zitiert nach Bender, a.a.O., S. 74. Für die Oberstufe, d. h. den dritten ›hauffen‹, hatte auch Melanchthon 1528 das Lateinsprechen verordnet: »Es sollen auch die knaben dazu gehalten werden, das sie lateinisch reden, Vnd die Schulmeister sollen selbs, so viel müglich, nichts denn lateinisch mit den knaben reden, dadurch sie auch zu solcher vbung gewonet gereitzt werden« (Vormbaum 1, S. 8). In deutlicher Anlehnung hieran vgl. die Sachsen-Coburg-Gothaische Schulordnung von 1605 (Vormbaum 2, S. 49).

[90] Seine These: »colloquia cum iis, qui linguam Latinam accuratissime loqui nequeunt, magis turbant sermonem Latinum, quam iuvant« (a.a.O., S. 416).

[91] Aufschlußreich Morhofs Überblick ›De methodo in linguis ... discendis‹ (a.a.O., S. 419ff.).

[92] Vgl. ›De exercitationibus rhetoricis‹, Straßburg 1575, fol. E VIII^b.

Dienstfunktion. Indes hatte es vor Sturm schon Ansätze zur ›rheto-rischen‹ Pflege des Lateinischen und des Deutschen an den Gymnasien gegeben[93], so 1522 in Nordhausen[94], wo für beide Sprachen Übungen im Briefschreiben vorgesehen waren[95]. Durch den Sieg des Humanis-mus im gelehrten Schulwesen wurden solche Bestrebungen zunächst wieder zurückgedrängt. Melanchthons Kursächsische Schulordnung von 1528 sichert dem Lateinischen eindeutig den Vorrang[96].

Einen bedeutsamen Vorstoß unternimmt dann 1575 die Altdorfer Schulordnung. Sie weist die Lehrer an, »das sie wöchentlich, vnd ein jeder in seiner Classe, ein materiam, oder Argumentum in Deutscher sprach, dasselbige in das Latein zu transferirn, proponire vnd für-gebe«[97]. Elementare rhetorische Übungen in der Muttersprache als Vorstufe für das Lateinische – selbst dies blieb an gelehrten Schulen eine Ausnahme, auch noch während des 17. Jahrhunderts. Das Resul-tat solcher Pädagogik beschreibt im Jahre 1585 ein Paracelsist nicht ohne eine gewisse Resignation: wenn ein junger Mann nach Abschluß der gelehrten Ausbildung heimkehrt, »so kann er ein paar Verse schreiben. Ein lateinisch Mißiven stellen, da ist er schon gelehrt, aber daneben konnte er seinem Vater, Bruder, Schwester oder Freunden in seiner eigenen deutschen Muttersprache nicht ein Mißiven oder Bitt-schrift stellen noch viel weniger vor der Obrigkeit oder vor einer ganzen Gemeinde ihr Notdurft mündlich vorbringen. Das heißt nun fremde Sprachen lernen ehe er seine Muttersprache wohl kann«[98].

---

[93] Grundlegend hierzu J. Müller, Quellenschriften und Geschichte des deutsch-sprachigen Unterrichts bis zur Mitte des 16. Jahrhunderts, Gotha 1882; vgl. u. a. Matthias, Geschichte des deutschen Unterrichts; A. Daube, Der Aufstieg der Muttersprache im deutschen Denken des 15. und 16. Jahrhunderts, Frankfurt a. M. 1940.

[94] J. Müller, Vor- und frühreformatorische Schulordnungen in deutscher und niederländischer Sprache, Abt. 2 (Sammlg. selten gewordener pädagog. Schrif-ten. 13), Zschopau 1886, S. 232f.

[95] Zur Bedeutung der Brieflehre (Epistolarien, Kanzleien etc.) für die Ausbildung einer deutschsprachigen Rhetoriktheorie vgl. o. S. 155ff.

[96] Eine der Hauptregeln: »Erstlich, sollen die schulmeister vleis ankeren, das sie die kinder allein lateinisch leren, nicht deudsch oder grekisch, oder ebreisch, wie etliche bisher gethan ...« (Vormbaum 1, S. 5); irgendwelche elementaren Übungen etwa im Verfassen deutscher Briefe sind nicht vorgesehen.

[97] Vormbaum 1, S. 615. Ähnliches verfügt die Herzoglich Sächsische Schulord-nung von 1573 zur Übung in der *versificatio*: der Lehrer diktiert einige deut-sche Verse (»versiculos a se vel ab aliis prius compositos Germanice«), die dann ins Lateinische zu transponieren sind (a.a.O., S. 597).

[98] ›Cyclopaedia Paracelsica Christiana ... von einem Anonymo‹, o. O. 1585, S. 15 (zitiert nach Dolch, Lehrplan ..., S. 276). Dazu K. Sudhoff, Gedanken eines unbekannten Anhängers des Theophrastus Paracelsus von Hohenheim aus

Es ist die Ausgangsposition der großen Reformpädagogen des 17. Jahrhunderts, die mit Entschiedenheit für das Recht und die Notwendigkeit auch einer muttersprachlichen Rhetorik eintreten. In seinem berühmten ›Memorial‹ vom Jahre 1612 bezeichnet Ratichius es zunächst als den rechten »Gebrauch und Lauf der Natur, daß die liebe Jugend, zum ersten, ihr angeborne Muttersprache... recht und fertig lesen, schreiben und sprechen lerne, damit sie ihre Lehrer in andern Sprachen künftig desto besser verstehen und begreifen können«[99]. Und in der ›Didactica‹ erweitert er dies im Hinblick auf eine deutsche Rhetorik: »Guht were es das die allgemeine jugend in der Redekunst abgerichtet würde mit Sendbrieff schreiben, mit Redestellen«[100]. Den Realfächern aber steht die Redekunst nur als »Dienstlehr« gegenüber, und sie umfaßt als sprachliche Gesamtdisziplin »Rednerlehr (Rhetorica)«, »Gedichtslehr (Poëtica)« und »Sprachlehr (Grammatica)«[101].

Der humanistische Ursprung auch dieser Konzeption ist evident, und man hat nicht ohne Recht gesagt, Ratichius' Deutsche Schule sei im Grunde eine lateinische Schule ›auf deutsch‹[102]. Ähnlich steht es mit der utopischen Schule, die Johann Valentin Andreae in seiner ›Reipublicae Christianopolitanae descriptio‹ entwirft; auch sie beginnt muttersprachlich – mit den Fächern *grammatica*, *rhetorica* und *linguae*[103]. Comenius schließlich gibt sogar für die Stufe der ›Mutterschul‹ nähere Anweisungen, »Wie die Kinder in der Beredsamkeit, oder daß sie wohl reden lernen, sollen geübet werden«[104].

---

der Mitte des 16. Jahrhunderts über deutschen Jugendunterricht, Mitt. d. Ges. f. dt. Erz.- u. Schulgesch. 5, 1895, S. 83ff.

[99] Die neue Lehrart. Pädagogische Schriften Wolfgang Ratkes, eingel. v. G. Hohendorf, Berlin 1957, S. 50.

[100] Wolfgang Ratichius, der Vorgänger des Amos Comenius. Bearb. v. G. Vogt (Die Klassiker der Pädagogik. 17), Langensalza 1894, S. 224.

[101] A.a.O., S. 265. Umfangreiches Material dazu jetzt bei E. Ising, Wolfgang Ratkes Schriften zur deutschen Grammatik (1612–1630), 2 Tle. (Dt. Akad. d. Wiss. zu Berlin, Veröfftl. d. sprachwiss. Komm. 3), Berlin 1959. Vgl ferner K. Seiler, Das pädagogische System Wolfgangs Ratkes, Erlangen 1931; G. Rioux, L'oeuvre pédagogique de Wolfgang Ratke (1571–1635), Paris 1963.

[102] Dolch, Lehrplan ..., S. 282.

[103] Straßburg 1619, bes. S. 118ff. Dazu J. Keuler, Johann Valentin Andreae als Pädagog, Diss. Tübingen 1931, S. 36ff.; ferner G. H. Turnbull, Johann Valentin Andreaes Societas christiana, ZfdPh 73, 1954, S. 407ff.

[104] Kapitel 8 von ›Informatorium. Der Mutter-Schul‹, Lissa 1633 (Vormbaum 2, S. 795). Auch die anthropologische Grundlage ist ganz und gar ›humanistisch‹ geprägt: »Zwey stücke sindt, welche den menschen von den vnvernünfftigen Thieren vnterscheiden, Vernunfft vndt Rede ... so wollen wir auch etwas sagen, wie die zunge soll formiret werden, damit sie auch einen anfang in Grammati-

In der protestantischen Gelehrtenschule selbst bleibt die Rhetorik von alledem fast unberührt[105]. Der von Comenius in der ›Großen Didaktik‹ aufgestellte Plan einer Lateinschule[106] mit seiner Betonung der muttersprachlichen Grammatik und der Realfächer ist noch auf lange Zeit hinaus ein Wunschtraum. Die lateinische Rhetorik behauptet sich weiterhin als Unterrichtsziel der humanistischen Schulen. Nur setzt sich unter dem Einfluß der Reformer – insbesondere Becher, Moscherosch, Reyher, Schupp und Weigel wären hier noch zu nennen – allmählich die Überzeugung durch, daß man die Muttersprache auch im gelehrten Unterricht nicht ganz vernachlässigen dürfe. Vor allem wird häufig betont, als Vorbedingung des Lateinlernens müßten zureichende Kenntnisse und elementare Fertigkeiten im Deutschen vorhanden sein[107]. Die Schüler sollen »erstlich recht deutsch lernen, ehe man jhnen das Lateinische oder eine andere Sprache fürgibet«, fordert Kromayer 1619 in der Weimarer Schulordnung[108], und noch 1693 stellt sich dem Verfasser einer (anonymen) schulkritischen Schrift das gleiche Problem: »Laß den Knaben vor Teutsch lernen/ ehe er sich über das hohe Alpen-Gebürg in Latium wage«[109]. Hier und

ca, Rhetorica vnndt Poesi nehmen können« (ebda.). Zum Problemkreis vgl. vor allem H. Geissler, Comenius und die Sprache (Pädagog. Forschungen. 10), Heidelberg 1959, S. 71ff. und Schaller, Die Pädagogik des Johann Amos Comenius ..., S. 379ff.

[105] Die neuere Arbeit von H.-G. Herrlitz, Der Lektüre-Kanon des Deutschunterrichts im Gymnasium. Ein Beitrag zur Geschichte der muttersprachlichen Schulliteratur, Heidelberg 1964 gibt in den beiden ersten Kapiteln (vor allem Kap. 1: ›Die Grundlegung des muttersprachlichen Unterrichts im 17. Jahrhundert‹, S. 20ff.) ein völlig verzerrtes Bild der Entwicklung. Von der Herausbildung eines muttersprachlichen rhetorisch-poetischen Lektürekanons an den Gymnasien des 17. Jahrhunderts (wie es Herrlitz mit wenigen, ungeeigneten Zeugnissen zu zeigen versucht) kann keine Rede sein.

[106] Johann Amos Comenius, Große Didaktik. Übers. und hrsg. v. A. Flitner (Pädagog. Texte), Düsseldorf u. München ³1966, S. 199ff. Immerhin wird auch bei Comenius der sechsklassige Kursus durch eine ›dialektische‹ und eine ›rhetorische‹ Klasse abgeschlossen (vgl. die Übersicht a.a.O., S. 200). Zweck der letzten Klasse ist es, »ad sapientem Eloqventiam« zu führen; so in ›Didactica opera‹, Amsterdam 1657, Bd. 1, Sp. 180 (S. 203 in der Übersetzung v. Flitner).

[107] Die Priorität der Muttersprache hatte bereits Juan Luis Vives (s. o. S. 128f.) vertreten, vor allem in seinem Hauptwerk ›De tradendis disciplinis‹ (›Opera‹, Bd. 2, Basel 1605, S. 436ff.). Seine Thesen beeinflußten u. a. Comenius; s. Geissler, a.a.O., S. 23f.

[108] Vormbaum 2, S. 225 (dazu Matthias, Geschichte des deutschen Unterrichts, S. 47ff.; Kromayer gilt im allgemeinen als Ratichianer). Eine ähnliche Einstellung zeigt die Landgräflich Hessische Schulordnung von 1618 (Vormbaum 2, S. 181f.).

[109] ›Wohlgemeyntes ... und Gründliches Bedenken ...‹ (Augsburg 1693), Neudruck, S. 12.

da werden dem Deutschen auch erweiterte Hilfsfunktionen zugewiesen. Die Landgräflich Hessische Schulordnung von 1656 schreibt sogar vor, »daß die lateinischen Arbeiten, welche über einen schönen Spruch oder Vers in Prima geliefert werden, als Aufsätze betrachtenden Inhalts, Chrien, vorerst deutsch angefertigt, in dieser Form corrigiert und alsdann erst in's Lateinische übertragen werden sollen«[110].

Eine eigenständige ›deutsche Oratorie‹ als Gymnasialfach schafft erst Christian Weise, nachdem er 1678 das Rektorat seiner alten Zittauer Schule angetreten hat. Inhalte, Entstehung und Wirkung seiner Konzeption bedürften einer gesonderten Darstellung[111]. Von einer Revolution des gelehrten Schulunterrichts kann freilich keine Rede sein, zu fest haben sich das alte System und die alten Unterrichtspraktiken etabliert. Vorerst sind es nur einzelne Schulen, an denen lateinische und deutsche Rhetorik nebeneinander gelehrt werden, letztere – nach Weises Vorgang – vor allem in den Privatlektionen. So erbietet sich 1694 der Lüneburger Konrektor Polzius, durch eine tägliche Extrastunde »in unserer Muttersprache denen Schülern eine geschickte, deutliche, ordentliche, ausführliche, wohlvorgestellte und wohlklingende Schreib- und Redeart« beizubringen[112].

Zeugnisse dieser Art – sie ließen sich vermehren – beleuchten erst die Anfänge des langen und tiefgreifenden Entwicklungsprozesses, den Weise in Gang gebracht hat[113]. Noch 1725 beklagt Hallbauer mit bitteren Worten den mancherorts zäh sich behauptenden Konservatismus: »Einer der grösten Fehler ists/ daß in manchen Schulen die teutsche Oratorie in geringsten nicht verderbet wird: denn sie ist da so unbekant/ als die Zobeln im Thüringischen Walde«[114].

Im Jahre 1707 berät die Breslauer Schulaufsicht über das ›Lateinreden in beiden gymnasiis‹. Der ehemalige Rektor des Elisabethanums, Martin Hanke, erstattet ein Gutachten und gibt darin unter

---

[110] Zitiert nach Weithase 1, S. 260 (dort nach A. Socin, Schriftsprache und Dialekte im Deutschen, Heilbronn 1888, S. 356f.; bei Vormbaum 2, S. 477ff. nicht zu finden).

[111] Vgl. einstweilen die o. S. 167 genannten Arbeiten von Wünschmann, Kaemmel und Horn sowie das Weise-Kapitel o. S. 190ff.

[112] Zitiert nach Bender in: Schmid, Geschichte der Erziehung ..., Bd. V 1, S. 80.

[113] Einen wichtigen Mitstreiter findet Weise z. B. in der pietistischen Pädagogik (vgl. M. Zarneckow, Christian Weises ›Politica Christiana‹ und der Pietismus, Diss. Leipzig 1924). Franckes Ordnung für das Pädagogium zu Glaucha sieht auch Unterricht in der »deutschen Oratorie« vor (Garin 3, S. 228).

[114] ›Anweisung Zur Verbesserten Teutschen Oratorie‹, Jena 1725, Vorrede, fol. a 6^b. Vgl. auch Hunold (Menantes), ›Einleitung Zur Teutschen Oratorie. Und Brief-Verfassung‹, Halle u. Leipzig 1715, fol. a 2^bf.

anderem »gründliche Nachricht, was vor Anstalt wegen der Latinität vornehmlich im Reden von anno 1570 bis zu dieser Zeit gemacht worden«[115]. Er berichtet von kleinen Änderungen und Neufassungen der alten Statuten, wozu beispielsweise 1666 auch die Meinung der »allergeübtesten und verständigsten Männer« eingeholt worden sei (darunter Hofmannswaldau und Lohenstein!)[116]. Tiefgreifende Reformen verzeichnet Hanke nicht; nur habe sich bei den Angelegenheiten des öffentlichen Lebens in Reden und Gelegenheitspoesie allmählich die Muttersprache Geltung verschafft, während früher die offizielle Lateinpraxis auch auf die Schüler anregend gewirkt habe: »dieser stimulus ist nach und nach verschwunden, als die Cultura Sermonis Germanici sich hervorgethan und mit ihr deutsche Redensart gemein geworden, darbei die Latina Poesis et Oratoria größtenteils Schiffbruch gelitten«[117]. In der Stadt, die wie kaum eine andere die ›Cultura Sermonis Germanici‹ gefördert hat, ist ein solches Resümee kaum verwunderlich. Aber von einer Preisgabe des Lateinischen als der eigentlichen Sprache des rhetorisch-poetischen Unterrichts sagt Hanke kein Wort.

d. Die Stellung der Rhetorik innerhalb des Lehrplans

So nachdrücklich für die gesamte Barockepoche das Fehlen einer ›gelehrten‹ Schulung in der Muttersprache zu betonen ist, so klar liegt auf der anderen Seite ein pädagogischer Vorteil zutage: die nahezu absolute Herrschaft des Lateins gab dem sprachlich-literarischen Unterricht eine bemerkenswerte Einheit und Geschlossenheit. Je früher die Lateinschulung einsetzte und je konsequenter sie durchgehalten wurde, desto größer war die Aussicht, in diesem einen Medium wirklich zur Stufe der *eloquentia* vorzudringen. Sie ist das Ergebnis eines sorgfältigen, nach bewährten Vorbildern und Techniken aufgebauten Lehrplans, der wenigstens in seinen wichtigsten Einzelheiten kurz dargestellt werden muß.

---

[115] Dies und das Folgende nach Bender, a.a.O., S. 74ff.

[116] Hofmannswaldau war damals Breslauer Senator (1677 wurde er zum Ratspräsidenten gewählt) und übte u. a. das Amt eines ›Scholarcha‹ (›Praeses Scholarum‹, ›Scholarum Curator‹) aus; vgl. Rotermund, Christian Hofmann von Hofmannswaldau, S. 10. Lohenstein hatte sich in Breslau als angesehener Advokat niedergelassen (1688 wurde er Regierungsrat in Oels). Das Jahr 1666 brachte gerade die Aufführungen von ›Agrippina‹ und ›Epicharis‹ durch Schüler des Elisabethanums; vgl. Hippe, Aus dem Tagebuche ..., S. 188.

[117] Bender, a.a.O., S. 75f.

Eine für alle protestantischen Gelehrtenschulen gültige Regelung – wie bei den Jesuiten – gab es zwar nicht. Doch hatte sich zwischen den Extremen ›Sturm‹ und ›Reformpädagogik‹ im Laufe der Zeit ein gewisses Grundmodell herausgebildet, das in den einzelnen Schulordnungen des 17. Jahrhunderts nur mehr oder weniger stark variiert wurde. Als ein besonders geeignetes Beispiel dieses Modells erscheint die Ordnung des Gymnasiums zu Stralsund aus dem Jahre 1643[118]. Sie ersetzt die Stralsunder Statuten von 1591[119], verschließt sich bewußt jeder extremistischen Tendenz und bietet – das sei von vornherein betont – nur gleichsam das Minimalprogramm eines humanistisch-rhetorischen Unterrichts.

»Fundamenta doctrinae christianae nosse; pure, perspicue et eleganter latine loqui et scribere, graece mediocriter; honestis moribus esse praeditum; dialecticam et rhetoricam intelligere; in musicis et arithmeticis publicis et privatis posse fungi muneribus; matheseos etiam rudimenta degustasse«[120]. So wird schon 1591 das allgemeine Schulziel bestimmt, und die Ordnung von 1643 nimmt dies auf: »Scopus nostrae scholae, hoc est doctrinae in linguis, artibus et pietatis studio gradus«[121]. Die Sturmsche Trias ist unschwer zu erkennen, wenn auch in leicht abgewandelter Form. Einübung in den Lutherischen Katechismus[122] und in das Bibelstudium[123] durchziehen den Unterricht von der ersten bis zur letzten Klasse. Daneben aber wird der Versuch unternommen, auch die Anfänge des Quadriviums (vgl. das Zitat von 1591) zu lehren, und die Muttersprache ist – ohne daß es programmatisch ausgesprochen würde – wenigstens in elementaren Hilfsfunktionen wie Übersetzung oder Themenstellung zugelassen[124].

---

[118] Vormbaum 2, S. 363ff. Stralsund gehört zu den Städten, die bereits sehr früh eine protestantische Schulordnung erhielten (1525; vgl. Vormbaum 1, S. 1). 1559 wurden die drei Parochialschulen zu einer einzigen höheren Schule vereinigt (Ordnung von 1560, a.a.O., S. 479ff.).

[119] A.a.O., S. 486ff.

[120] A.a.O., S. 489.

[121] Vormbaum 2, S. 376.

[122] »Catechismum Lutheri Germanicum absque explicatione expedite recitent«, lautet die zweite Hauptregel der untersten Klasse (ebda.).

[123] »Rector ex N. T. vel historiam evangelicam vel Acta apostolica vel epistolam quandam Paulinam interpretabitur«, lautet die letzte Vorschrift für die Prima (a.a.O., S. 383).

[124] In der Quarta werden kürzere Sätze aus Terenz und Cicero »vernaculo sermone« wiedergegeben (a.a.O., S. 378); in der Tertia sind die »elegantiores loquendi formulae« vom Deutschen her zu finden, Cicero-Briefe ins Deutsche zu übersetzen (a.a.O., S. 380); in der Prima müssen die Schüler zu Cicero-Reden eine »explicationem vernaculam domi praemeditatam« liefern (a.a.O., S. 382). Eine

Das Schwergewicht aber liegt eindeutig auf der Erlernung des Lateinischen und auf der Hinführung zur Eloquenz. Das vermag schon ein stichwortartiger Überblick zu zeigen. Die Schule ist in sechs Klassen aufgeteilt, hat also die klassische Stufenzahl; doch bleibt die ältere Dreiteilung erkennbar. Die erste Stufe, ›Classis Sexta‹ genannt, steht als Vorschule im Lesen und Schreiben deutlich für sich. Etwas schwieriger ist die Abgrenzung des mittleren und des oberen Blocks. Quinta und Quarta gehören als Grammatikklassen eng zusammen; die Tertia aber ist einerseits der Festigung und Abrundung des grammatischen Unterrichts gewidmet, andererseits bringt sie den Beginn der originalen Klassikerlektüre sowie des Griechischen. Sie steht also am Übergang zur Stufe der eigentlichen *humaniora*, die durch poetischen und rhetorischen Unterricht im engeren Sinne gekennzeichnet ist. Ein einziges Mal innerhalb des gesamten Lehrplans taucht das Wort *rhetorica* auf, als Stoff der Prima[125]. Aber die *rhetorica* ist nur der ›kunstmäßige‹ Abschluß einer umfassenden Erziehung zur *eloquentia*, zum »pure, perspicue et eleganter latine loqui et scribere«[126].

Die wichtigsten Elemente dieses pädagogischen Gebäudes sollen im folgenden stichwortartig genannt werden, ausgewählt im Hinblick auf Latinität und Eloquenz. Q u i n t a[127]. Hauptthemen: elementare Formenlehre, leichteste *praecepta* aus dem Donat, Vokabeln. Interpretation und Analyse ausgewählter *sententiae*: »Ad promtam lectionem Latinam assuefient«. Q u a r t a[128]. Fortsetzung der Donat-Regeln, u. a. Wortarten. Übungen in Wortschatz und Phrasen an ›sententiae Terentianae‹ und ›Ciceronianae‹, ›disticha Catonis‹ und ›P. Syri Mimi‹, ausgerichtet auf *imitatio*. Schülergespräche als Mittel der Repetition. Deutsch-lateinische Übung in *sententiae*. T e r t i a[129]. Ausbau der Grammatik. Erweiterung des Vokabelschatzes und der *loquendi formulae*. Gegenseitiges Abfragen der Schüler (Beginn des Griechischen und der Arithmetik). Erasmus, ›De civilitate morum‹, Interpretation und grammatische Analyse des ›Terenz‹. Interpretation der ›Colloquia‹ des Vives oder der ›Dialogi Castalionis‹. Stilübungen, abgestimmt auf *imitatio* der gelesenen Autoren. Cicero-Briefe aus der Sammlung Sturms: Interpretation und Analyse, Einübung der »ele-

---

Sonderstellung nimmt die Lektüre des Katechismus ein; von der Quarta an stehen deutsche und lateinische Fassung nebeneinander.

[125] A.a.O., S. 383. [128] A.a.O., S. 378f.
[126] A.a.O., S. 378. [129] A.a.O., S. 379f.
[127] A.a.O., S. 377f.

gantiores loquendi formulae«. S e c u n d a[130]. Komödien des Terenz; *praecepta* der Prosodie, dazu ›Bucolica‹ Vergils bzw. die eine oder andere Elegie aus den ›Tristien‹ Ovids, unter Zuhilfenahme eines prosodischen Lehrbuchs. Als Übung »versus seu sententias, numeris poëticis emotas, suis legibus restituere«. Epigramme »boni alicujus auctoris«, in kurze *sententiae* gebracht, u. a. als Vorstufe des *versum condere.* Stilübungen, *latina compositio* (Ausbau des Griechischen. Übungen mit griechischen *sententiae*; griechische Texte aus dem Evangelium).

P r i m a[131] (aufgeteilt unter Rektor und Prorektor). »Rector explicabit rudimenta logicae peripateticae«, Verknüpfung mit den anderen Disziplinen. Cicero-Reden: Erklärung seltener Ausdrücke sowie »vocum et phrasium elegantiorum«; »inventionis, dispositionis et elocutionis artificium indicabit; historias, proverbia, ritus priscos, sententias ethicas et politicas notabit« (Griechisch: Elemente der Prosodie und Poetik; Homer oder Hesiod, unter Betonung des *honestum*; Imitationsübungen, Versuche im Versifizieren). Lektüre eines *libellus historicus* unter Betonung der Realien; »interdum vero dictabit dispositionem declamationis, vel sententias ligata oratione ex optimis autoribus desumptas, ut earum conscribatur paraphrasis«. Auswahl von Schülern zum freien Vortrag von *declamationes*; Bestimmung von *censores*, die auf *inventio, dispositio, elocutio* und *pronunciatio* achten sollen (Griechisch: Plutarch, Isokrates oder Xenophon, mit grammatischer Erklärung. Neutestamentliche Lektüre). »Prorector Virgilij Aeneida vel Horatij castiores odas interpretabitur«, daran anschließend Übungen in Prosodie und Poetik, Auswendiglernen der *illustriores sententiae.* Cicero, ›De officiis‹ zusammen mit ›De senectute‹ und ›De amicitia‹; zu Hause eigene Interpretationen vorbereiten; Betonung des für die *vita civilis* Wichtigen. Anfertigung eigener *carmina* in der Schule oder zu Hause; Korrektur. Stilübungen *extempore;* Korrektur: darauf achten, »ut ornate scribendi facultatem discipuli sibi comparent«. »Prorector rhetoricam docebit ejusque praecepta allatis ex optimis quibusque auctoribus exemplis declarabit«.

Schon dieser notwendigerweise raffende und akzentuierende Überblick zeigt, wie entschieden jede einzelne Stufe des Gymnasialunterrichts auf das umfassende Ziel der *eloquentia latina* ausgerichtet ist. Die Prävalenz des Sprachlich-Literarischen wird bei einzelnen Schulen bereits an der Wahl der Klassenbezeichnungen erkennbar, und

---

[130] A.a.O., S. 380f.   [131] A.a.O., S. 381ff.

jedesmal schimmert dabei auch die Dreiteilung des Gesamtkursus durch, so etwa in dem Plan des bekannten neulateinischen Poeten und Frankfurter Rektors Jacob Micyllus[132] vom Jahre 1537. A: ›elementarii‹ (1); B: ›Donatistae‹ (2), ›Grammatici‹ (3); C: ›metrici‹ oder ›poetastri‹ (4), ›historici‹ oder ›dialectici‹ (5)[133]. Ähnlich verfährt die Landgräflich Hessische Schulordnung von 1618. A: ›vnterste Class‹ (1); B: ›Etymologica‹ (2), ›Syntactica‹ (3), ›Lexicographica‹ (4); C: ›Poëtica‹ (5), ›Grichische‹ (6), ›Logische‹ (7), ›Rhetorica‹ (8)[134].

e. Übungstechniken des rhetorischen Unterrichts

Die weit zurückreichende pädagogische Tradition, die sich in solchen Klassenschemata niederschlägt, bringt es auch mit sich, daß viele Einzelheiten der Unterrichtspraxis in den Lehrplänen gar nicht eigens erwähnt zu werden brauchen. Gerade der rhetorische Unterricht besitzt in den theoretischen Schriften der großen Schulmänner des 16. Jahrhunderts (vor allem Melanchthons und Sturms) und in der von Generation zu Generation weitergegebenen praktischen Erfahrung eine breite didaktische Grundlage. Zu ihr gehört als eines der wichtigsten Prinzipien die Dreiheit von *praecepta, exempla* und *imitatio*[135], die auch in der Stralsunder Schulordnung überall durchschimmert, ohne daß sie an einer einzigen Stelle explicite genannt würde. Auf dieser Dreiheit basieren eine Reihe bewährter rhetorischer Übungstechniken, deren wichtigste hier kurz angedeutet werden sollen, getrennt nach schriftlicher und mündlicher Form.

Die Stufe der *exempla* ist mit dem Ausdruck ›Lektüre‹ durchaus unvollkommen wiedergegeben. Die Autoren werden nicht um ihrer selbst willen gelesen, sondern nur im Hinblick auf *praecepta* und

---

[132] Vgl. J. Classen, Jacob Micyllus ... als Schulmann, Dichter und Gelehrter, Frankfurt a. M. 1859, S. 140ff.

[133] Vormbaum 1, S. 631ff.

[134] Vormbaum 2, S. 177ff. Vgl. die Landgräflich Hessische Schulordnung von 1656 (a.a.O., S. 448ff.): ›Alphabetaria‹ (1), ›Orthographica‹ (2), ›Rudimentaria‹ (3), ›Syntactica‹ (4), ›Analytica‹ (5), ›Gymnastica‹ (6), ›Graeca‹ (7), ›Logica‹ oder ›Oratoria‹ (8).

[135] Eine etwas andere Einteilung legt Mertz, Das Schulwesen ..., S. 269ff. seiner Darstellung zugrunde: Grammatik (*praecepta*), Übung (*exercitatio*), Lektüre (*imitatio*). Für den reinen Grammatikunterricht mag das angehen. Da Mertz in diesem Zusammenhang jedoch auch Poetisches und Rhetorisches heranzieht (S. 272f., 285ff.), entsteht ein verzerrtes Bild. Die Lektüre ist Vorbedingung der poetischen und rhetorischen *imitatio*, nicht mit ihr gleichzusetzen; andererseits ist die *imitatio* ein Teil der *exercitatio*. Vgl. Paulsen 1, S. 345.

imitatio. Das beginnt so früh wie möglich. Die beliebten Sammlungen von *sententiae* dienen einerseits der Einübung grammatischer *regulae*, andererseits als Steinbruch für *phrases* oder *formulae elegantiores,* die der Schüler auswendig zu lernen hat, etwa: »amicus certus in re incerta cernitur« oder »fortuna quem nimium fovet, stultum facit«[136]. Noch in der Prima, bei der Vergil- oder Horaz-Lektüre, wird auf die *illustriores sententiae* besonderer Wert gelegt[137], und der Unterricht in der *rhetorica* nimmt, wie das Lehrbuch des Vossius bereits zeigte, ständig auf sie Bezug.

Auf diese Weise erwirbt der Schüler über die bloße Vokabelkenntnis hinaus einen immer größeren Vorrat an Floskeln, Formeln und vorgeprägten Sätzen, die jeweils nach prosaischer und poetischer Herkunft zu unterscheiden sind. Zum mobilen Schatz an fixierten Formeln kommt, meist mit Beginn der eigentlichen Klassikerlektüre, die systematische Anlage schriftlicher Sammlungen, der sogenannten ›Kollektaneen‹ oder auch ›Schatzkammern‹ (›Promptuarien‹, ›Diarien‹, ›Ephemeriden‹ etc.)[138]. Johannes Sturm hat im 23. Kapitel seiner Programmschrift von 1538 eingehend dargelegt, welcher rhetorische Nutzen daraus zu ziehen ist: »ut non solum cognoscat, quid factum sit ab aliquo in oratione..., sed ut et similia ipse efficiat, et quasi quendam penum congestas omnes res et rerum sententiarumque formas, et earum partes, hoc est, verba habeat, et plena possideat omnia loca artis, tanquam copiosus et locuples paterfamilias«[139].

Die exzerptorische Aneignung von *res* und *verba* wird zur unabdingbaren Voraussetzung künftiger *eloquentia*[140]. Sobald nun ein erster materialer Grundstock vorhanden ist, beginnt die *compositio* einfacher Formen. Die beliebteste Form ist der Brief. Dabei kann der

---

[136] Es sind Beispiele aus Melanchthons Kursächsischer Schulordnung von 1528 (Vormbaum 1, S. 6): »Abents, wenn die kinder zu haus gehen, sol man yhn einen sententz aus einem Poeten oder andern fürschreyben, den sie morgens wider auff sagen«.

[137] Stralsund 1643 (Vormbaum 2, S. 383); s. o. S. 284.

[138] Das von Gottsched und seinen Anhängern als typisch ›Weisianisch‹ gebrandmarkte Kollektaneenwesen des Spätbarock ist also nur Steigerung, Übersteigerung einer alten humanistischen Technik.

[139] Vormbaum 1, S. 667.

[140] Der Zweck dieser Übungen geht über die Ansammlung eines ausgebreiteten positiven Wissens noch hinaus. Wer nicht schon früh lernt, mit Kollektaneen und Florilegien – auch bereits gedruckten! – zu arbeiten, wird sich später kaum als gelehrter Literat behaupten können; denn die umfangreiche ›Schatzkammer‹-Literatur, von den ›Adagia‹ des Erasmus über Tschernings ›Deutsche Schatzkammer‹ bis zu Männlings Lohenstein-Handbüchern, gehört zur Grundlage literarischer Praxis während des ganzen 17. Jahrhunderts (vgl. o. S. 61f.).

Lehrer unmittelbar von der Cicero-Lektüre ausgehen[141], er kann sich auch einer der zahlreichen humanistischen Epistolarien bedienen, die in der Nachfolge des Erasmus (›De conscribendis epistolis‹, 1522) entstanden und meist ausführliche *exempla* enthalten[142]. Da im Briefstil die ungezwungenere Form des *sermo familiaris* gestattet ist, kann der Schüler hier zugleich seine Terenz-Lektüre verwerten[143].

Dem Brief aber ist eine ganze Gruppe antiker Kompositionsübungen benachbart, die unter der Bezeichnung *progymnasmata* in den rhetorischen Unterricht auch der Gelehrtenschule Eingang gefunden haben[144]. In regelmäßigen Abständen sollen »ein Exordium, narratio, locus communis, confirmatio, peroratio, descriptio, tractatio fabulae oder dgl. Progymnasmata fürgegeben und die adolescentes also abgerichtet werden, daß ihnen nachmals ganze Declamationes zu schreiben, minder schwär sey«, schreibt die Württembergische Schulordnung vor[145]; und für Stralsund heißt es: »primum orationis partem aliquam vel amplificationem, exornationem, conclusionem, deinde orationes integras facere incipiant«[146].

Die klassischen Redeteile werden also zunächst getrennt voneinander geübt, wobei die Regeln der *inventio* und der *dispositio* gleichermaßen zu ihrem Recht kommen müssen. Auch diese Übungen sind meist am Muster einer bestimmten Lektüre orientiert, vor allem an Cicero und Livius. Doch selbst poetische Texte können dazu herangezogen werden. So handelt z. B. die Hallische Gymnasialordnung

---

[141] Eine für Anfänger gedachte Brief-Auswahl stellte Johannes Sturm zusammen (»Nos tres libros ex omnibus epistolarum voluminibus elegimus: in quibus non, quid doctissimum sit, spectavimus, sed quae maxime idonea huic aetati essent, congessimus«; Vormbaum 1, S. 663). Sie wird auch in den Schulordnungen mehrfach genannt (z. B. 1573 in der Herzoglich Sächsischen Ordnung; a.a.O., S. 592; 1618 Soest: Vormbaum 2, S. 204; 1643 Stralsund: a.a.O., S. 380).

[142] Einige Titel nennt Trunz, Der deutsche Späthumanismus ..., in: Deutsche Barockforschung, S. 180. Vgl. auch die Liste bei K. Kehrbach, Kurzgefaßter Plan der Monumenta Germaniae Paedagogica, Berlin o.J., S. 37 (Anhang).

[143] »Adolescentiae utilis est in sermone familiari, ac epistolis quoque, Terentius« (Vossius, ›Rhetorice contracta‹, S. 303).

[144] Für die englischen Gymnasien vgl. D. L. Clark, The rise and fall of progymnasmata in sixteenth- and seventeenth-century grammar schools, Speech Monographs 19, 1952, S. 259ff. Zur Antike: G. Reich, Quaestiones progymnasmaticae, Diss. Leipzig 1909; D. L. Clark, Rhetoric in Greco-Roman education, New York 1957, S. 177ff. Einen systematischen Überblick über Themen und Techniken gibt Lausberg § 1106ff.

[145] Bender in: Schmid, Geschichte der Erziehung ..., Bd. V 1, S. 33f. (wohl Ordnung von 1559).

[146] Vormbaum 1, S. 498 (Ordnung von 1591).

1661 vom ›Progymnasma iuniorum ex Virgilio et Ouidio‹[147]; dabei werden die Partien einzelner Personen, etwa die ›oratio petitoria Junonis ad Aeolum‹[148], in prosaische Form gebracht. Hier ist, aufgrund eines schon vorliegenden Textes, bereits der Schritt zur Rede-Ganzheit vollzogen. Doch das maßgebliche, gleichsam klassische *progymnasma* zur Erstellung einer eigenen Rede, vor allem zur richtigen Verknüpfung ihrer Teile, ist die sogenannte Chrie: die kurze, in sich schlüssige Darlegung und Ausfaltung einer meist aus dem praktischen Leben gewählten These, z. B. der These »fenestra est fragilis«[149].

Alle diese praktischen Übungen, mit deren Hilfe die Schüler allmählich zur Komposition vollständiger Reden und Gedichte fortschreiten – nur das Wichtigste konnte hier angedeutet werden –, gehören zum täglichen Pensum des rhetorischen Unterrichts, und zwar bereits vor der Stufe, die im engeren Sinne als *rhetorica* bezeichnet wird. Mit der Fähigkeit zur Abfassung rhetorischer Texte ist aber das Bildungsziel noch nicht erreicht. Erst der freie Vortrag führt zur wirklichen *eloquentia*. Im Lateingebot der Humanisten ist das *loqui* nicht weniger zu betonen als das *latine*. Schon Melanchthon wies darauf hin, daß das humanistische Sprachenstudium nur dann sinnvoll sei, wenn man dabei auch zur Fertigkeit im Sprechen gelange[150]. Wenn Ratichius fordert: »Linguae ad usum loquendi doceantur«[151], so ist das für die Lateinschule – wenigstens im Prinzip – längst eine Selbstverständlichkeit. Schon die *progymnasmata* sollen die Schüler möglichst mündlich vortragen (»recitent«, Halle 1661)[152], um allmäh-

---

[147] Vormbaum 2, S. 558.
[148] Gemeint ist ›Aeneis‹ 1, 65ff. Auch die darauf folgende *responsoria* des Aeolus sowie die *lamentatoria* des Aeneas sollen »in oratoriam formam« verwandelt werden. Als Beispiel aus Ovid sind u. a. die Streitreden des Aias und des Odysseus (›Metamorphosen‹, Beginn des 13. Buchs) genannt.
[149] Die einfache Durchführung mit *protasis, aetiologia, amplificatio, conclusio* bei Christian Weise, ›Subsidium juvenile‹, Dresden 1715 (¹1689), S. 5: »Prot. Fenestra est fragilis. Aetiol. Nam constat ex vitro. Amplif. Sicut frangitur poculum vitreum, sic orbis vitreus. Concl. Ergo cum tractamus fenestras, simus cauti«. Vor allem der Amplifikationsteil läßt eine Fülle rhetorischer Variationen zu. Weise hat die Chrientechnik immer wieder als einen Schlüssel zur Eloquenz gepriesen, auch für das Gebiet der Muttersprache; vgl. schon Kapitel 3 des ›Politischen Redners‹, Leipzig 1681, S. 24ff. Über das Weiterwirken der Chrientechnik in der Lehre vom Schulaufsatz: Bukowski, Der Schulaufsatz und die rhetorische Sprachschulung (1956).
[150] Vorrede zu Michael Neander, ›Erotemata graecae linguae‹, 1553 (CR VIII, S. 38).
[151] Ratichianische Schriften, Bd. 1, hrsg. v. P. Stötzner (Neudrucke pädagog. Schriften. 9), Leipzig 1892, S. 39.
[152] Vormbaum 2, S. 558.

288

lich eine oratorische Sicherheit zu gewinnen, die auch für längere Reden ausreicht.

Diese ›deklamatorische‹ Stufe wird im allgemeinen erst gegen Ende der rhetorischen Ausbildung erreicht, so in der Stralsunder Ordnung (1643) von den Primanern[153]. Als Hilfe bei der Ausarbeitung kann der Lehrer selbst eine Gliederung vorgeben (»dictabit dispositionem declamationis«); auch muß genügend Zeit zur Präparation bleiben: »seligentur quatuor declamatores, quorum duo post octiduum, totidem ea quae deinde sequitur septimana declamationes suas memoriter recitabunt«[154]. Auf das *memoriter* kommt es entscheidend an[155] – und auf eine überzeugende *actio*. Auch dafür gibt es eine Fülle bewährter pädagogischer Techniken. So läßt z. B. Christian Gueintz als Rektor des Gymnasiums in Halle seine Schüler ›extra-cathedral‹ sprechen, d. h. ohne Pult; auf diese Weise mußten sie sich frühzeitig daran gewöhnen, den ganzen Körper in die *actio* einzubeziehen – eine Praxis, die vor allem Christian Weise nachdrücklich empfiehlt[156].

Themen und Inhalte dieser Deklamationen sind zumeist von untergeordneter Bedeutung. Häufig wird ein Stoff aus der Bibel gewählt, oft auch aus der Geschichte oder der *vita communis*. Als Grundschema dienen dabei nicht selten die progymnasmatischen Kleinformen wie Erzählung, Beschreibung, Brief und vor allem Chrie (z. T. mit einem Hang zu starker moralischer Emphase: »Chria de dicto: Vae illis, qui potando ceteros vincunt«; oder »Vituperium intemperantiae«)[157].

Zur *ars declamatoria* als monologischer Form tritt die *ars colloquendi*[158]. Auch hierin beginnt die Schulung bereits früh, teilweise

---

[153] Vgl. o. S. 284.
[154] Vormbaum 2, S. 382.
[155] Durch den auswendigen Vortrag sollen die Schüler auch »zu feiner Emphatischer pronunciation gewehnet werden« (Landgräflich Hessische Schulordnung 1656; Vormbaum 2, S. 463).
[156] ›Politischer Redner‹, Leipzig 1681, Vorrede, fol. 6ᵃf. Weise sieht den Vorteil von Gueintz’ Technik vor allem in der ›Realistik‹ und Lebensnähe: weil »es auch so wol im Bürgerlichen als in Politischen Hof-Leben niemahls dahin kömmt/ daß sich ein Redner biß über den halben Leib darff mit Bretern verschlagen lassen« (a.a.O., fol. 6ᵃ). Die Formulierung wird – ohne Nennung Weises – fast wörtlich übernommen von Riemer, ›Neu-aufgehender Stern-Redner‹, Leipzig 1689, S. 65 (s. o. S. 178).
[157] Beispiele aus Bender in Schmid: Geschichte der Erziehung ..., Bd. V 1, S. 73.
[158] Hierzu vor allem A. Bömer, Die lateinischen Schülergespräche der Humanisten (Texte u. Forschungen z. Gesch. d. Erz. u. d. Unterrichts in d. Ländern dt. Zunge. 1), 2 Tle., Berlin 1897/99. Vgl. auch G. Niemann, Die Dialogliteratur der Reformationszeit nach ihrer Entstehung und Entwicklung, Diss. Leipzig 1905.

schon vor der Klassiker-Lektüre[159]. Viele der Lehrbücher für Anfänger sind in Dialogform gehalten. Die ›Colloquia‹ des Erasmus[160] (1518 zuerst gedruckt) gehören mit der ›Paedologia‹ des Petrus Mosellanus (1518) zu den beliebtesten und verbreitetsten Schulbüchern noch während des 17. Jahrhunderts; die ›Progymnasmata latinitatis sive dialogi‹ (1588–1594) des Jacobus Pontanus wurden auch von Protestanten bis ins 18. Jahrhundert hinein benutzt; noch eine Fülle ähnlicher Werke bedient sich des dialogischen Prinzips zur Einübung des Lehrstoffes[161]. So wird den Anfängern nebenbei ein fester Vorrat an dialogischen Techniken vermittelt, und die Lektüre (zunächst die des Terenz, dann auch die der Cicero-Dialoge)[162] kann bereits darauf aufbauen.

Eigentlicher *scopus* der Schulung in der Dialogtechnik ist jedoch das Disputieren[163]: die gedanklich stringente, schulmäßige Auseinandersetzung über vorgegebene Thesen[164]. Unabdingbare Voraussetzung dafür sind wenigstens elementare Kenntnisse in Dialektik bzw. Logik. Hier ist die Verbindung der beiden Schwesterkünste am engsten, und es verwundert nicht, daß sogar Luther die Übung im Disputieren empfiehlt[165]. Für die Güstrowsche Schulordnung von 1662 ist sie überhaupt die »anima studiorum«[166]. Doch hier macht sich bereits eine Hochschätzung des Disputierens bemerkbar, die nicht ohne Kritik geblieben ist. Denn ursprünglich wurde die *ars disputandi* vor allem im Hinblick auf die Universität betrieben, wo erst eigentlich die nötigen Voraussetzungen zur Entfaltung dieser Disziplin gegeben waren. Aber der akademische Ehrgeiz der Schulpädagogen (man denke an das Danziger Gymnasium zu Gryphius' Zeit)[167] und wohl

---

[159] Vgl. das Stralsunder Beispiel o. S. 283.
[160] Zum geistesgeschichtlichen Hintergrund seiner Wirkung im 17. Jahrhundert vgl. A. Flitner, Erasmus im Urteil seiner Nachwelt. Das literarische Erasmus-Bild von Beatus Rhenanus bis zu Jean Le Clerc, Tübingen 1952, S. 105ff.
[161] Auszüge (deutsch übersetzt) in der Arbeit von Bömer.
[162] Nach der Stralsunder Ordnung von 1591 sollen Cicero-Dialoge auch mit verteilten Rollen vorgetragen werden (Vormbaum 1, S. 498).
[163] Material zum 16. Jahrhundert bei Mertz, Das Schulwesen ..., S. 349ff.
[164] Die Einzelheiten der *ars disputandi* werden u. S. 393ff. im Zusammenhang der Universitätsrhetorik behandelt.
[165] Tischreden 4, S. 192: »solche Vorbereitung diene dazu furnehmlich, daß junge Gesellen geübet und versucht werden, den Sachen, davon man disputiret, fleißiger nachzudenken«.
[166] Vormbaum 2, S. 600 (›Von den Disputationibus‹ handelt ein eigenes Kapitel).
[167] Vgl. Hirsch, Geschichte des academischen Gymnasiums in Danzig, S. 24ff. Auf die Förderung des Disputierens im ›Gymnasium Academicum‹ weist auch Szyrocki, Der junge Gryphius, S. 75 hin.

auch die Lebendigkeit dieser *exercitatio* führten allmählich dazu, daß der propädeutische Zweck in Vergessenheit geriet[168]. Der Schüler wurde nachgerade zu einem »animal disputax«[169] erzogen und hatte sich mit definitorischen und syllogistischen Haarspaltereien abzugeben, die weder unter rhetorischem noch unter logischem Gesichtspunkt sinnvoll und pädagogisch vertretbar waren. So wurde die Polemik gegen die Subtilitäten auch der Gymnasialdisputationen mehr und mehr zu einem festen Programmpunkt der Reformpädagogen und ›Realisten‹, von Moscherosch[170] über Schupp[171] bis hin zu Christian Weise[172]. Doch gerade Weise scheute sich nicht, aufgrund seiner rhetorisch-pädagogischen Erfahrung auch den Nutzen einer vernünftig betriebenen *ars disputatoria* hervorzuheben: sie erzieht zur Bedachtsamkeit, zum Respekt vor dem Gegner, zur Herrschaft über die Affekte, zur Schlagfertigkeit und – wie die richtig gehandhabte *declamatio* – zur freien Rede[173].

f. Die rhetorischen Schulactus

Der kurze Überblick über die wichtigsten Übungstechniken des rhetorischen Unterrichts läßt sofort erkennen, wie eng der Zusammenhang mit jenen eigenartigen Schulveranstaltungen ist, die man unter dem Begriff der *actus scholastici* zusammenzufassen pflegte[174]. Sie

---

[168] Deutlich erkennbar z. B. schon in der Soester Schulordnung von 1618 (Vormbaum 2, S. 192ff.), wo die *disputationes* – innerhalb eines achtklassigen Aufbaus – in der Sexta beginnen und dann immer breiteren Raum einnehmen (wohl nicht zufällig sind als Lehrbücher die ›Rhetorik‹ des Talaeus und die ›Dialektik‹ des Ramus eingeführt!).

[169] Weise, ›Die drey ärgsten Ertz-Narren‹, o. O. 1672, S. 233.

[170] ›Insomnis cura parentum‹, Straßburg 1653, S. 71ff.

[171] ›Der Teutsche Lehrmeister‹, hrsg. v. P. Stötzner (Neudrucke pädagog. Schriften. 3), Leipzig 1891, passim.

[172] A.a.O., S. 190ff.

[173] ›Curieuse Fragen über die Logica‹, Leipzig 1696, S. 885. Der Problematik des Disputierens auf der Schule ist sich Weise völlig bewußt: »Auff Universitäten kömt ein Mensch nicht fort/ der sich im disputiren mit seinem Mundwercke nicht helffen kan. Und doch ist es auf Schulen über die massen schwer/ wenn ein junger Kerl was practicables hierinn lernen sol« (›Freymüthiger und höfflicher Redner‹, Leipzig 1693, fol. e 5ᵇ).

[174] Auch zu diesem (nicht nur schulgeschichtlich interessanten) Gebiet gibt es kaum Vorarbeiten. Der größte Teil des Materials liegt noch unausgewertet in den Schul- und Stadtarchiven. Einen kleinen, aber bedeutsamen Ausschnitt untersucht jetzt – im wesentlichen nach literarischen Gesichtspunkten – D. Eggers, Die Bewertung deutscher Sprache und Literatur in den deutschen Schulactus von Christian Gryphius (Dt. Stud. 5), Meisenheim a. Glan 1967. Immer noch ergiebig ist die (von Eggers leider nicht herangezogene) Darstellung von R.

sind keineswegs bloße Anhängsel im Sinne heutiger Schulfeste, sondern gehen unmittelbar aus dem Rhetorikunterricht hervor. Ihre wesentlichen Bestandteile wurden bereits genannt[175]. Über den reinen Übungszweck hinaus sind für das Verständnis der Institution vor allem die nach außen gerichteten Absichten von Bedeutung. Die Actus waren – neben den öffentlichen Examina – eines der geeignetsten Mittel, um über Können und Fortschritte der Schüler Rechenschaft abzulegen. Denn außer den Mitschülern wurden in den meisten Fällen die Eltern und vor allem die Mitglieder der Schulaufsicht zu den Actus geladen, und bisweilen beehrten sogar hohe Herren die Schule mit ihrem Besuch; so war z. B. im Straßburger Gymnasium während der Jahre 1615 bis 1617 jeweils der Herzog Johann Friedrich von Württemberg zu Gast[176]. Mit der Rechenschaftslegung ging also eine gewisse Werbung für die Schule Hand in Hand, und dies nicht nur gegenüber einzelnen vornehmen Gönnern. Man hoffte durch attraktive Darbietungen vor allem auch Schüler, möglichst aus angesehenem Hause, für die Schule zu gewinnen. Und noch ein anderer Grund sollte nicht verschwiegen werden: die Actus gehörten mit ›Circuiten‹ und ›Leichconducten‹[177] zu den Veranstaltungen, die das nicht allzu reichliche Salär der Lehrer etwas aufbessern halfen[178].

Alle diese Motive sind zu berücksichtigen, wenn man die Intensität und Ausdauer verstehen will, mit der das ganze 17. Jahrhundert hindurch (und noch darüber hinaus) diese Actus veranstaltet wurden. Den gemeinsamen Nenner aber, gleichsam den Kern der Institution, dürfte man wohl in dem Wunsch nach rhetorischer

---

Möller, Geschichte des Altstädtischen Gymnasiums zu Königsberg i. Pr., Progr. Königsberg 1847–1884; am wichtigsten die ›Stücke‹ V, 1874 (»Die Schulcomödien im Allgemeinen ...«), VI, 1878 (»Die rhetorischen Schulactus«) und VII, 1881 (»Die poetischen Uebungen ...«), im folgenden zitiert als ›Möller V‹ usw.

[175] Oben S. 243f.
[176] A. Jundt, Die dramatischen Aufführungen im Gymnasium zu Straßburg. Ein Beitrag zur Geschichte des Schuldramas im XVI. und XVII. Jahrhundert, Progr. Straßburg 1881, S. 33 (der Herzog fand offenbar großen Gefallen an den Straßburger Schulfesten, er rühmte sie »an vielen orten«).
[177] Über diesen ganzen Komplex zeitraubender Verpflichtungen mit ihrer kuriosen Systematik (›Generalleichen‹, ›Partikular- oder halbe Schulleichen‹, ›Special- oder Viertelschulleichen‹) vgl. Möller VII.
[178] Die Gebräuche waren nicht an allen Orten gleich, aber im allgemeinen blieb von den Eintrittsgeldern auch für die veranstaltenden Lehrer etwas übrig. Zur Frage des Schüler-Anteils vgl. für Breslau Hippe, Aus dem Tagesbuche ..., S. 179.

Repräsentation erblicken. Auch die Schulbehörde konnte dagegen im Prinzip nichts einzuwenden haben, ja sie fühlte sich verpflichtet, auf eine regelmäßige Durchführung zu dringen. Charakteristisch ist die Regelung, die der Breslauer Rat im Jahre 1643 für die beiden protestantischen Gymnasien traf: »daß nemblichen Monat ein actus publicus declamatorius, doch wechsels-weise einen Monath zu St. Elisabeth, den andern zu St. Maria Magdalena, vnd zwar unter den Sechsen einer mit etwas mehrern solenniteten, alß zwischen Ostern und Pfingsten zu St. Elisabeth, nach Michaelis aber zu St. Maria Magdalena, beydes nach den Examinibus, vnd also ein dergleichen solennior actus in jedweder Schule deß Jahres vber einmal celebriret... werden«[179].

Die Selbstverständlichkeit, mit der hier für jeden Monat ein ganzer *actus declamatorius* angesetzt wird, wirft ein bezeichnendes Licht auf das Wechselspiel von schulisch-pädagogischem und öffentlichem Interesse, das man solchen rhetorischen Präsentationen (heute nur schwer nachvollziehbar) entgegenbrachte. Dabei geht es hier zunächst nur um die ›ordentlichen‹, regelmäßigen Schulactus, die in sich wieder nach mehr und weniger ›Solennität‹ abgestuft sind (in Danzig beispielsweise unterschied man nach ›öffentlich‹ und ›festlich‹)[180]. Als unmittelbare Anlässe dienten zumeist die großen kirchlichen Feste, d.h. Weihnachten, Ostern, Pfingsten, vereinzelt noch Trinitatis oder Martini[181]. Aber auch die öffentlichen Examina, ›Promotionen‹ und ›Dimissionen‹ (mit den Valediktionsreden der Absolventen) wurden gern in Form eines Actus gefeiert, so besonders in Straßburg[182]. Unter den jährlich wiederkehrenden Verpflichtungen findet man ferner den Geburtstag des Landesvaters, sogar die Feier der Ratswahl[183], und vor allem findet man die Gedenkveranstaltungen für verstorbene Gönner der Schule[184]. Sie mußten mit besonderer Sorgfalt gefeiert wer-

---

[179] A.a.O., S. 177.
[180] Hirsch, Geschichte des academischen Gymnasiums in Danzig, S. 50.
[181] Möller VI, S. 4.
[182] Jundt, Die dramatischen Aufführungen..., S. 25.
[183] Christian Weise hat sie in Zittau mit treuer Regelmäßigkeit bis in sein letztes Lebensjahr begangen (sein letzter ›Kür-Actus‹ fand am 23. August 1708 statt, am 21. Oktober starb Weise).
[184] Als Weise 1678 nach Zittau zurückkehrte, gab es zwei solcher regelmäßigen ›Gedenk-Orationes‹; eine davon galt dem bereits 1616 gestorbenen Juristen Michael Mascus. 1688 kam eine dritte hinzu, für den Rektor Keimann von dessen Tochter gestiftet (Kaemmel, Christian Weise, S. 34). Zu Königsberg vgl. Möller VI, S. 3 (›stipendium Wegerianum‹).

den, da es sich hier meist um fortlaufende Stiftungen handelte und die Familie des Gönners auf die Ehrung großen Wert legte[185].

Erst auf dem Hintergrund dieser ›ordentlichen‹ Anlässe heben sich die ›außerordentlichen‹ Ereignisse heraus, die natürlich mit noch größerem Aufwand begangen werden mußten. Ein System läßt sich hier schwer abstrahieren. An erster Stelle stehen politische Ereignisse im weiteren Sinne: Siege, Vertragsabschlüsse, Ereignisse im Herrscherhaus[186]. Auch das glückliche Überstehen einer Pest konnte durch einen Actus gefeiert werden. Unter dem Gesichtspunkt der Selbstdarstellung aber nehmen die großen Jubiläen der einzelnen Gymnasien den ersten Rang ein; genannt seien nur die Centenarien des Breslauer Magdalenäums von 1662, die des Hallenser Gymnasiums von 1665 und die des Zittauer Gymnasiums von 1686[187].

So reichhaltig die Skala der Anlässe, so abgestuft – und den Möglichkeiten der einzelnen Schule angepaßt – war auch der äußere Rahmen, in dem sie begangen wurden. Die Leitung lag in den Händen des Rektors, des Konrektors oder des Tertius; mitunter waren diese Dinge bereits durch die Statuten festgelegt[188]. Wenn Aussicht bestand bzw. gewünscht wurde, daß wichtigere Persönlichkeiten oder Gönner an den Actus teilnahmen, mußte ein Einladungsprogramm gedruckt werden, das außer der *invitatio* auch die Namen der Mitwirkenden, die vorgesehenen Themen und eventuell auch kurze Inhaltsangaben (Periochen, *argumenta*) oder Dispositionsschemata enthielt[189]. Meist sind von den Actus nur diese Programme

---

[185] Anders steht es mit der feierlichen Opitz-Ehrung, die seit 1639 alljährlich in Breslau gehalten wurde. Sie geht offenbar nicht auf eine Familienstiftung zurück, sondern ist aus dem Gefühl der Verpflichtung gegenüber dem großen Landsmann (und Schüler des Magdalenäums!) von Christoph Köler durchgesetzt worden; vgl. Hippe, Christoph Köler, S. 49ff.

[186] Beispiele bei Möller VI, S. 3f.; Kaemmel, Christian Weise, S. 38f.

[187] Das Hauptstück der Zittauer Jubiläumsfeierlichkeiten (28. Februar) war der große Actus mit der Rede des Rektors Weise ›De ortu et progressu scholarum per Lusatiam superiorem‹. Sie wurde von Chorgesängen und Arien umrahmt, den Schluß bildete das Tedeum. Dann versammelten sich die Gönner und Freunde zum Festessen in der Wohnung des Rektors. Abends gab es einen Fackelzug; die Schüler widmeten ihrem Rektor ein deutsches Gedicht, und er stiftete ihnen »ein Viertel Bier auszutrinken« (vgl. Kaemmel, Christian Weise, S. 37). Zum Hallenser Jubiläum (an dem auch der Herzog August von Sachsen teilnahm und bei dem der ›Leo Armenius‹ des Gryphius aufgeführt wurde) vgl. Möller VI, S. 8.

[188] Beispielsweise in der Liegnitzer Ordnung von 1673 (Vormbaum 2, S. 649).

[189] Vgl. Möller VI, S. 7.

in den Schul- oder Stadtarchiven erhalten[190]. Die routinemäßig absolvierten Actus (etwa die Monatsdeklamationen) fanden im allgemeinen wohl im größten Klassenzimmer der Schule statt. Für bedeutendere Anlässe wählte man die Aula oder – wenn die Schule eine solche nicht besaß – den Saal eines größeren Patrizierhauses, nicht selten auch den Ratssaal der Stadt[191].

Aus Gründen der Repräsentation und der Schulpädagogik war den Lehrern daran gelegen, möglichst viele Schüler aktiv zu beteiligen. Das konnte in einzelnen Fällen zu unsinnigen Riesenprogrammen führen, so in Torgau, wo an einem Tag allein fünfzig verschiedene Redner auftraten[192]. Andererseits ließen es sich die Schulmänner natürlich nicht entgehen, besondere Begabungen gehörig herauszustellen. Über den jungen Andreas Gryphius wird aus der Zeit am Fraustädter Gymnasium (1632–1634) berichtet, er habe »herrliche Proben seines Fleißes und Wissenschaft sehen lassen; in einer öffentlichen Rede den Untergang Constantinopels vorgestellet, item, des weisesten unter den Königen Lob von der Catheder abgeredet«[193]. Und Quirinus Kuhlmann rezitiert als Achtzehnjähriger (1669) anläßlich eines Schulactus »Bey Hochansehlicher und Volckreicher Versammlung« ein selbstverfaßtes Heldengedicht in Alexandrinern[194].

Die Deklamation von *orationes* und *carmina* bleibt nach Ausweis der Schulprogramme Grundbestand der Schulactus bis weit in das 18. Jahrhundert hinein[195]. Eine der bemerkenswertesten Entwicklungen aber ist das allmähliche Vordringen der Muttersprache.

---

[190] Daß auch der eigentliche Text eines Actus gedruckt wurde (wie bei Christian Gryphius, ›Der Deutschen Sprache unterschiedene Alter und nach und nach zunehmendes Wachsthum‹, Breslau 1708), ist eine seltene Ausnahme.

[191] Einzelheiten bei Möller VI, S. 7f. In Danzig beispielsweise beging man die ›öffentlichen‹ Redeübungen im ›Auditorium anatomicum‹ vor einer kleineren Versammlung geladener Freunde und Gönner, die ›festlichen‹ Redeübungen im ›Auditorium maximum‹ (dann wurde am Sonntag vorher durch Anschlag an den Kirchentüren die gesamte Öffentlichkeit eingeladen; ebda.).

[192] A.a.O., S. 6.

[193] Baltzer Siegmund von Stosch, ›Last- und Ehren- auch daher immerbleibende Danck- und Denck-Seule‹, Leipzig 1665, S. 26 (zitiert nach Szyrocki, Andreas Gryphius, S. 19).

[194] Das Gedicht trägt den Titel ›Entsprossene Teutsche Palmen‹. Das Zitat entstammt dem Titelblatt des Drucks von 1670, s. Dietze, Quirinus Kuhlmann, S. 23 und 536 (die Angabe S. 369, der Druck sei noch »im gleichen Jahre« – also 1669 – erfolgt, stimmt offenbar nicht).

[195] Die Deklamationsactus nehmen im Laufe des 18. Jahrhunderts sogar wieder einen merklichen Aufschwung, da sie vielerorts die (z. T. amtlich untersagten) Theaterdarbietungen ersetzen müssen.

Klar zu beobachten ist es bei den poetischen Texten. Schon die Breslauer Schulordnung von 1617 sieht für einen *actus praemialis* vor, daß den älteren Schülern der Preis »mit einer Vermahnung zur Danckbarkeit und Fleiß, jeden durch ein lateinisches Distichon« ausgeteilt wird, »denen aber in den untersten Ordinibus... durch teutsche Reime«[196]. Die Regelung ist symptomatisch. Die größere Würde bleibt dem Lateinischen vorbehalten[197], aber auch das Deutsche wird actusfähig – erst recht, wenn es durch ein Talent wie Quirinus Kuhlmann vertreten ist.

Größere Widerstände zeigen sich bei den Reden. Hier beginnt der Durchbruch zur Muttersprache, wie es scheint, mit der Übersetzung klassischer Texte. Bereits 1622 werden im Breslauer Elisabethanum alle vier Catilinarischen Reden Ciceros deutsch rezitiert[198], offenbar als Konzession und Anreiz für ein größeres Publikum[199]. Eigenständige ›Orationen‹ in der Muttersprache freilich vermochten sich offenbar erst durch die Weisianischen Reformen im Programm der Schulactus zu etablieren; so gab es 1684 in Oels neben lateinischen Rezitationen gleich fünf deutsche Redeübungen[200]. Um 1690 stiftete ein Breslauer Kaufmann gar einen vollständigen deutschen Schulactus: »Wobey ihm denn absonderlich beliebet/ daß die Deutsche Sprache und dero Aufnehmen nebst andern hierzu gehörigen Übungen ein beständiger Zweck dieses Vorhabens seyn solte«[201]. Aber noch lange blieb eine solche Institution die Ausnahme; die meisten humanistischen Gymnasien setzten nach wie vor ihren Stolz darein, die Schüler in der *eloquentia latina* als der Muttersprache der Gelehrten vor dem Publikum zu präsentieren[202].

---

[196] Johann Christian Kundmann, ›Academiae et scholae Germaniae‹, Breslau 1741, S. 84.
[197] Weitere Zeugnisse für die Differenzierung von Deutsch und Latein je nach Adressat (bei Gratulationen) bringt aus Königsberg Möller VII, S. 7.
[198] Möller VI, S. 21. Ähnliches berichtet Jundt, Die dramatischen Aufführungen ..., S. 23 sogar schon für Johannes Sturms Straßburger Zeit (die Begründung: die Beredsamkeit solle »nicht hinter den Mauern altrömischer Obstgärten« eingeschlossen bleiben).
[199] Auch für die klassische Poesie konnte auf diese Weise geworben werden. So rezitierten beispielsweise 1660 in Zittau (unter dem Rektorat Keimanns) fünf Schüler das erste Buch der ›Georgica‹ in deutschen Alexandrinern (Möller VI, S. 21).
[200] Möller VI, S. 4.
[201] Zitiert nach Eggers, Die Bewertung ..., S. 34. Der Breslauer Rat, der den neuen Actus zu genehmigen hatte, machte jedoch zur Bedingung, daß keine »förmliche Comödie« gespielt werden dürfe (ebda.).
[202] Es entsteht also ein durchaus schiefes Bild, wenn Flemming feststellt, bei den

Der pädagogische Anreiz war natürlich um so größer, wenn die Zöglinge selbstverfaßte Texte vortrugen; auch ließen sich auf diese Weise eindrucksvoller die Unterrichtserfolge in der *ars versificatoria* und *oratoria* demonstrieren. Bisweilen gingen die Texte unmittelbar aus dem Unterricht hervor, d. h. die besten Arbeiten wurden nicht nur in den Schulräumen ausgehängt, sondern durften auch vor größerem Publikum präsentiert werden. Einige Schulordnungen legen ausdrücklich fest, daß die Schüler ihre Texte selbst verfassen. So sollen nach der Liegnitzer Ordnung von 1673 »die größeren Ihre Orationes selbst elaboriren und insgesambt memoriter und ohne ablesung recitiren«[203]. Der Genuß freilich wird nicht immer ungeteilt gewesen sein[204], insbesondere bei den Zuhörern, die kein spezielles Interesse an dem jeweils vortragenden Schüler mitbrachten[205]. Und was sich in den oberen Klassen allenfalls noch durchführen ließ, scheiterte bei den Anfängern, die ja ebenfalls aktiv teilnehmen sollten.

Eine Möglichkeit des Ausweichens, die dem Bildungsziel des humanistischen Gymnasiums entgegenkam, boten, wie sich zeigte, die Klassiker. Aber der Kreis geeigneter Texte war rasch ausgeschöpft[206], und vor allem fehlte der Reiz des Neuen. So wurde es schon früh üblich, daß der veranstaltende Lehrer die Texte selbst schrieb. Pädagogische Notwendigkeiten und der Wunsch des Publikums nach Abwechslung begegneten hier aufs sinnvollste dem ›gelehrten‹ Ehrgeiz des Lehrers – zumal wenn er über das nötige literarische Talent verfügte. Die oben (S. 262) genannten Schulmänner unter den bekannteren Barockautoren dürften manche ihrer Texte (vor allem Gedichte) für Schulactus verfaßt oder doch in solchem Rahmen zum ersten Mal der Öffentlichkeit präsentiert haben. Und bei der Vergabe einer Rektoren- oder Konrektorenstelle hat sicher nicht selten die Frage eine Rolle gespielt, ob der Bewerber anspruchsvolle

---

Schulfeiern der Barockzeit sei das Latein »vielfach noch verwendet oder doch nachwirkend zu finden« (Das Jahrhundert des Barock, in: Annalen ..., S. 340). Das Latein hat den eindeutigen Primat; erst gegen Ende des Jahrhunderts vermag sich das Deutsche allmählich stärker durchzusetzen.

[203] Vormbaum 2, S. 651.

[204] Charakteristisch die Mahnung der Liegnitzer Ordnung an die veranstaltenden Lehrer: sie sollen »die bisherige allzulange und taedisse weitläuftigkeiten der Actuum vermeiden« (ebda.).

[205] Zu Weises Beobachtungen beim Schultheater vgl. u. S. 309.

[206] Im wesentlichen Cicero-Reden (auch Dialoge) sowie einzelnes aus Vergil und Ovid; lyrische Metren (etwa aus Horaz) wurden offenbar als zu schwierig empfunden.

Texte zu verfassen in der Lage sei. Autoren wie Christoph Köler, Christian Weise oder Christian Gryphius wurden nachgerade zu Spezialisten auf dem Gebiet des Schulactus[207].

Wo der Lehrer selbst stärker produktiv beteiligt war, konnten auch die einzelnen Teile des Actus genauer aufeinander abgestimmt werden. Oft stand der Actus unter einem einheitlichen Thema, das man z. B. dem jeweiligen Anlaß entnahm. Der Weihnachts-Actus der Königsberger Altstädtischen Parochialschule bot 1689 unter anderem zwölf ›weihnachtliche‹ Reden bzw. Rezitationen: eine Rede über die Geburt des Messias und darüber, daß Jesus der Messias sei; zwei *laudationes* auf die Geburt des Herrn (erst lateinisch, dann griechisch); drei *descriptiones* der Mutter Gottes (lateinische Prosa, lateinische Hexameter, griechische Hexameter); eine Rede über die Zeit der Geburt Christi; über den Ort (erst lateinische Prosa, dann lateinische Hexameter); über die Krippe des Herrn; über die Windeln; über die Boten, von denen die Geburt des Herrn verkündet wurde[208].

Das Thema konnte natürlich auch allgemeinerer Art sein. Beliebt waren Fragen aus dem Gebiet der Ethik, deren *rudimenta* ja auch an manchen Gymnasien gelehrt wurden. So behandelte 1622 ein Actus des Breslauer Magdalenäums die ›controversia de virtutibus moralibus et intellectualibus‹[209]. Im Jahre 1655 deklamierten in Danzig zwölf Sekundaner ›de eudaemonia‹. Der erste gab eine Einführung; dann bewiesen fünf Schüler nacheinander, daß die ›eudaemonia‹ in Vergnügen, Reichtum, Ehrenstellung, Gelehrsamkeit und Tugend bestehe; weitere vier versuchten, dies zu widerlegen; erst der elfte erläuterte dann den wahren Begriff der ›eudaemonia‹, und der zwölfte schloß den Actus mit der obligatorischen *gratiarum actio* an die Freunde und Gönner der Schule[210].

Auf solche Weise wurde den Zuhörern jeweils ein ganzer Sachkomplex rhetorisch vorexerziert – mitunter auch in unmittelbar werbender Absicht[211] –, und für die Schüler war es zugleich eine

---

[207] Für Christian Gryphius zeigt dies die genannte Arbeit von Eggers.

[208] Möller VI, S. 11. Bei dem Zittauer Weihnachts-Actus von 1699 wurde das zuendegehende Jahrhundert in vier Abschnitten dialogisch dargestellt (Kaemmel, Christian Weise, S. 39).

[209] Möller VI, S. 16.

[210] A.a.O., S. 10.

[211] So 1683 in Zittau beim Actus über das Thema ›requisita felicitatis politicae‹. Weise versuchte, sein ›politisches‹ Bildungsideal unter anderem dadurch eingängig zu demonstrieren, daß er – nicht ohne den Stolz des erfolgreichen Päd-

lebendige Repetitionsübung. Häufig entnahm der Lehrer das Thema einfach dem Pensum des laufenden oder vergangenen Schuljahres[212] und dialogisierte den Stoff – heute würde man sagen: – nach Art eines ›Feature‹. Diesen »Typ eines spannungslosen Schulactus«[213] verwendete z. B. Christian Gryphius mehrfach. In Einzelfällen wirkt die Themenwahl geradezu abstrus; einmal bietet Gryphius nichts anderes als eine »Zusammenstellung bekannter Bibliothekare, größerer Bibliotheken und Förderer von Bibliotheken«[214]. Auf der anderen Seite stehen so wesentliche Themen wie ›Der Deutschen Sprache unterschiedene Alter und nach und nach zunehmendes Wachsthum‹ (1690)[215] oder die Bedeutung der Redekunst bei den Sophisten, den römischen Staatsmännern und im zeitgenössischen Deutschland (Öffentlichkeit, Schule, Literatur), vorgeführt in Form von »Dialogi, Declamationes et ipsae Actiones, quas Oratorias vocant, Progymnasmate Dramatico« (1696)[216].

Bereits hier vollzieht sich ein Übergang vom Deklamatorisch-Monologischen zu ›dramatischen‹ Darstellungsprinzipien. Auch die Reden und Gegenreden des Danziger Actus ›De eudaemonia‹ enthalten ja schon ein eristisch-dialogisches Element[217]. Ein weiterer Ansatzpunkt ist die Klassikerlektüre. Als 1627 im Breslauer Magdalenäum ein Actus über Homer gehalten wurde, gehörte dazu auch eine szenische Aufführung des ersten Buchs der Ilias (mit der ergiebigen ›Presbeia‹), wobei Achill, Agamemnon, Aias, Odysseus, Nestor, Menelaos, Kalchas, Patroklos und Chryses auftraten[218].

---

agogen – Schüler aus den verschiedensten Gegenden über Specifica ihrer Heimat reden ließ: drei Schüler aus Reval priesen »apparatum bellicum, terrae foecunditatem, mercaturam et navigia«, ein Annaberger »rem metallicam«, ein Leipziger »eruditionem« und ein Wittenberger »religionem« (Kaemmel, Christian Weise, S. 45).

[212] Eggers, Die Bewertung ..., S. 29 über die Actus von Valentin Kleinwechter (1651 bis 1661 Rektor am Breslauer Magdalenäum): »Die Tendenz, in einem Actus den Stoff eines größeren Zeitraums zu wiederholen, läßt sich in fast allen Stücken nachweisen«.

[213] A.a.O., S. 44.

[214] A.a.O., S. 37.

[215] Untersucht a.a.O., S. 48ff. (Druck erst 1707).

[216] A.a.O., S. 36.

[217] Über Reden und Gegenreden in Schulactus von Budissin zu Anfang des 17. Jahrhunderts vgl. Bender in: Schmid, Geschichte der Erziehung ... V 1, S. 35: ein Schüler spricht für, ein anderer gegen das Studium der Grammatik oder Arithmetik; einer hält eine Philippica gegen die Frauen, ein anderer beweist »femineo sexu nihil nobilius, nihil suavius esse« (weitere Streitfragen ebda.).

[218] Möller VI, S. 21.

Während Aufführungen dieser Art Einzelfälle blieben, erwarb sich eine andere Form halbtheatralischer Actus geradezu klassischen Rang: die Inszenierung großer Prozesse der Antike, besonders solcher, an denen Cicero beteiligt gewesen war. Nicht zufällig ist diese Variante des Schulactus vor allem mit dem Namen Johannes Sturm verbunden, denn sie stellte ein ideales Mittel dar, den Geist der klassischen, ciceronianischen Eloquenz wiederauferstehen zu lassen. Sturm hat 1571 in seiner Schrift ›De exercitationibus rhetoricis‹ Anweisungen zur Aufführung gegeben[219]. Bei ihr wirkten auch Studenten mit, und ihnen fiel es zu, die entsprechenden Gegenreden, Interpellationen und Urteile zu verfassen, so daß der gesamte Prozeßverlauf in möglichst wirklichkeitsgetreuer Form dem Publikum dargeboten werden konnte. Noch 1575 siegte ein Student namens Rehagius über Ciceros Verteidigungsrede ›Pro Milone‹[220]. Und als im Jahre 1580 die Bühne im Straßburger Predigerkloster erneuert werden sollte, wurde die Inszenierung antiker Prozesse mit Reden von Demosthenes und Cicero als eines der pädagogischen Hauptziele dargestellt[221]. Es wurde angekündigt, daß »auch Ciceronis und Demosthenis orationes latine et graece uff solchem platz actions weiss zu zeiten möchten gepracht werden, fürnemlich in causis iudicialibus und was gleichsam als für Ratt und gericht zu handeln beschrieben worden. Welches durch die action zum aller fürderlichsten kan und mag der iugent eingebildet und erklärt werden, viel nützlicher als wan schon lange aussslegungen und comment über solche autores in schola dictiert und abgeschrieben würden: darzu solcher schauwplatz mit auffrichtung des gerichtstuels und gepuerlichen subsellijs oratorum, so gegen einander gerichtet, und was dessen mehr ist, muss und soll ieder zeit artig zugericht werden, dass es gleichsam als ein lebendige action erscheinen, so die iugent würcklich excitieren und zu den studijs lustig machen könne«[222].

---

[219] ›De exercitationibus rhetoricis‹, Straßburg 1575 (¹1571), fol. F 1ᵃff. Vgl. auch Jundt, Die dramatischen Aufführungen ..., S. 22f.

[220] A.a.O., S. 22.

[221] Es handelt sich um eine Bittschrift des Straßburger Akademie-Vorstandes an den Magistrat (›Supplicatio Dominorum Rectoris, Decani et Visitatorum etc.‹ vom 5. März 1580). Das folgende Zitat nach Jundt, Die dramatischen Aufführungen ..., S. 30.

[222] Daß hier neue Wege rhetorischer Pädagogik begangen werden, hebt der Antrag ausdrücklich hervor (es handelt sich um »exercitien ..., so andern schuelen noch nit bekant seind«, ebda.). Großen Wert auf das ›Agieren‹ bei der Deklamation von Cicero-Reden legt auch die Stralsunder Schulordnung von 1591 (Vormbaum 1, S. 497).

Nicht nur in Straßburg fanden solche *actiones* großen Anklang. Der Name Johannes Sturms trug dazu bei, sie den humanistischen Pädagogen auch des 17. Jahrhunderts nachdrücklich zu empfehlen; noch 1695 führte man in Frankfurt am Main die Catilinarische Verschwörung szenisch auf[223]. Erst wenn man sich diese Techniken rhetorischer ›Wiederbelebung‹[224] der Antike vergegenwärtigt, wird auch Christian Weises massive Kritik an der anachronistischen Einstellung vieler Rhetoriklehrer voll verständlich. »Der Lehrer sol keinen Griechen und keinen Römer in seinem Grabe verunruhigen«, meint Weise, »sondern andere Sachen finden/ daß er sich mit dem ausländischen Borgen nicht wird behelfen dürffen«[225]. Und er verurteilt die traditionellen ›Orationes‹, in denen »die Jugend im Römischen Rathe auftreten ... sollte ... als wenn Rom und Athen wieder solte gebauet werden«[226].

Die Technik forensischer Inszenierungen war natürlich nicht prinzipiell an klassisch-antike Vorlagen gebunden. 1624 wurde in Göttingen auch einmal das Salomonische Urteil aufgeführt, wobei zwei Schüler die Rolle der richtigen Mutter agierten, zwei die der falschen Mutter und zwei die des Königs[227]. Die Grenze zu historischen Sujets im weiteren Sinne war fließend. Für das Breslauer Elisabethanum schrieb Christian Gryphius 1684 einen Actus, der den Fall des Dareios schildert, und er gab dem Stück den bezeichnenden Titel »Bessus Parricida coloribus oratoriis delineatus«[228]. Auch Ereignisse der jüngeren Geschichte wurden gerne gewählt. So stellten im März 1622 fünfzehn Schüler des Magdalenäums die Wahl Karls V dar. Nach einem Prolog eröffnete ein Schüler als Erzbischof von Mainz die Verhandlung, ein Gesandter bewarb sich für Karl V, ein anderer für Franz I von Frankreich; dann legten die sieben Kurfürsten nacheinander ihre Ansichten dar, der Bischof von Mainz sam-

---

[223] Möller VI, S. 8.
[224] Dieser Aspekt sehr deutlich z. B. bei Sturm, ›De exercitationibus rhetoricis‹, fol. C Ibf.
[225] ›Vertraute Gespräche ...‹, Leipzig 1697, S. 22 (Wünschmann, Gottfried Hoffmanns Leben ..., S. 46).
[226] A.a.O., S. 20. Vgl. ›Curieuse Fragen über die Logica‹, Leipzig 1696, S. 658 und vor allem ›Epistolae selectiores‹, Budissin 1716, S. 71 (vom 26. 7. 1685): »quid in rebus Scholasticis profuerit vitae, si juvenes futuri scilicet Romae vel in Graecia eloquentes, in Patriae negotiis obmutescant«.
[227] A. Pannenborg, Zur Geschichte des Göttinger Gymnasiums, Progr. Göttingen 1886, S. 24.
[228] Eggers, Die Bewertung ..., S. 33.

melte die Stimmen ein, und zuletzt erfolgte die feierliche Proklama-
tion des neuen Kaisers[229].

g. Das Schultheater als Teil des ›eloquentia‹-Betriebs

Bei den zuletzt behandelten Formen von Schulactus wird eine be-
grifflich saubere Abgrenzung gegenüber dem, was man im allgemeinen als ›Schultheater‹ bezeichnet, immer schwieriger. Das Schultheater bildet nur die Spitze einer gleitenden Skala von rhetorischen
Übungs- und Präsentationsformen, die in der pädagogischen Praxis
der protestantischen Gelehrtenschulen fest verankert sind. Erneut
zeigt sich, wie bedauerlich es ist, daß die neuere Forschung sich mit
Schulactus und rhetorischem Unterricht kaum näher befaßt und dadurch das Schultheater in einer unangemessenen Weise isoliert hat.
Dabei gehört gerade die Ausgestaltung der Schulactus im 17. Jahrhundert zu den charakteristischen Erscheinungsformen barocker
Freude an der Festlichkeit, vergleichbar etwa mit Johann Klajs
›Rede-Oratorien‹, die ja ebenfalls durch und durch rhetorisiert sind
und nicht recht in die Kategorien der traditionellen Poetik passen
wollen[230].

Wie sehr sich die Schulmänner des 17. Jahrhunderts bewußt waren, daß die Actus eine rhetorisch-theatralische Mischform darstellen, zeigt sich an Begriffen wie *actus oratorio-dramaticus*[231], *actus
oratorio-comicus*[232] oder dergleichen. Die Entscheidung, ob ›Theater‹ oder nicht, ist primär eine Frage der Ausstattung. Die bloße Deklamation vom Katheder herab wurde noch nicht eigentlich als
theatralisch empfunden. Aber das Publikum, das allenthalben Zeuge
der neuen Errungenschaften in der Bühnentechnik wurde, verlangte
nun auch von den Schulveranstaltungen Aufwand und Ausstattung.
Wanderbühne und englische Komödianten, vor allem aber das Jesuitentheater waren für die protestantischen Schulpädagogen eine
nicht zu verachtende Konkurrenz. An manchen Orten hatte das

---

[229] Möller VI, S. 8. Noch im Mai desselben Jahres veranstaltete das Magdalenäum
einen Redeactus, in dem Kaiser Ferdinand II zu seiner Wahl beglückwünscht
wurde; unter den acht Gratulanten, die je eine Rede hielten, befanden sich ein
Philosoph, ein Arzt, ein Jurist, ein Feldherr und ein Theologe (ebda.).
[230] Hierzu jetzt Wiedemann, Johann Klaj ..., passim.
[231] So Johann Sebastian Mitternacht, der Rektor des Gymnasiums von Gera
(1646–1667), vgl. Paulsen 1, S. 364.
[232] Bezeichnung des Jubiläums-Actus im Hallenser Gymnasium 1665, vgl. Möller VI, S. 8.

Schultheater ein Gutteil des Schau- und Unterhaltungsbedürfnisses der Bevölkerung zu befriedigen[233], und nach Möglichkeit sollten schon die Actus im engeren Sinne diesem Zweck dienen.

Kostüme, Requisiten, Kulissen und Musik waren die wichtigsten Elemente der theatralischen Ausgestaltung. In einem 1642 von Christoph Köler einstudierten Actus ›Mayenlust‹ »trat Flora in weiblichem, blumengeschmücktem Kostüm auf, während eine Reihe von bekränzten Knaben die Blumen, die sie in ihren Rollen zu preisen hatten, in der Hand trugen«[234]. Bei zwei länderkundlichen Actus (1656 und 1657, ebenfalls in Breslau) erschienen die Schüler bekränzt und in charakteristische Gewänder gekleidet, ein andermal (1663) in römischen Kostümen. Häufig gab es auch Gesangsdarbietungen (als Chor- oder Einzelgesang), und es gab Instrumentalmusik, z. B. auf der Laute (1645); einmal, zur ›Africologia‹ Johann Gebhards, wurden sogar Vogelstimmen – Nachtigall und Kuckuck – imitiert[235].

Auflockernde Effekte solcher Art waren bei der thematischen Sprödigkeit vieler Actus natürlich sehr willkommen. Sie erklären wenigstens zum Teil – und das ist im gegenwärtigen Zusammenhang nicht unwichtig –, daß die rhetorischen Darbietungen der Gymnasien immer wieder ihr Publikum fanden. Voll ausgeschöpft wurden die Möglichkeiten der Schulbühne freilich erst bei den regelrechten Theateraufführungen. Über die technischen Details liegen bereits eingehendere exemplarische Untersuchungen von Schmidt[236], Flemming[237], Eggert[238], Skopnik[239] und anderen vor. Unter rhe-

---

[233] Dabei konnte das Schultheater sogar die Rolle des Stadttheaters übernehmen; so in Ulm, wo Joseph Furttenbach der Bürgerschaft nach italienischen Vorbildern ein Theater für sechshundert (!) Personen baute, das am 17. August 1641 eröffnet wurde und ein Jahrzehnt lang nur den Aufführungen der Lateinschule diente (das Material hierzu veröffentlichte M. Berthold, Joseph Furttenbach von Leutkirch, Architekt und Ratsherr in Ulm, in: Ulm und Oberschwaben 33, 1953, S. 119ff.; vgl. auch Kindermann, Theatergeschichte Europas, Bd. 3, S. 432ff.).
[234] Hippe, Aus dem Tagebuche ..., S. 178.
[235] Ebda.
[236] Expeditus Schmidt, Die Bühnenverhältnisse des deutschen Schuldramas und seine volkstümlichen Ableger im sechzehnten Jahrhundert (Forschungen z. neueren Lit.gesch. 24), Berlin 1903.
[237] W. Flemming, Andreas Gryphius und die Bühne, Halle 1921; vgl. von demselben u. a.: Die barocke Schulbühne, Die Pädagogische Provinz 10, 1956, S. 537ff.; Formen der Humanistenbühne, Maske und Kothurn 6, 1960, S. 33ff.
[238] Eggert, Christian Weise und seine Bühne (1935; s. o. S. 212 Anm. 179).
[239] G. Skopnik, Das Straßburger Schultheater, sein Spielplan und seine Bühne

torischem Aspekt aber interessiert vor allem das pädagogische Konzept, mit dessen Hilfe ein derart aufwendiges Unternehmen wie das Schultheater begründet wurde. Es ist eine unmittelbare Resultante des humanistischen *eloquentia*-Ideals.

Schon während des Mittelalters wurden Zöglinge der Klosterschulen da und dort zur Aufführung geistlicher Spiele herangezogen[240]. Sie bildeten ein relativ leicht verfügbares Reservoir von Darstellern und besaßen vor allem bereits eine gewisse sprachliche Schulung. Eine feste Institution mit prinzipieller Begründung wurde das Schülertheater erst im Zeitalter der Renaissance und des Humanismus[241]. Auch auf der Bühne sollte sich die Wiedergeburt der Antike vollziehen, und zur Aufführung antiker Stücke wurden erst recht Darsteller mit einer speziellen sprachlichen Vor-Bildung benötigt. Zugleich aber wurde der pädagogische Wert entdeckt, den das Theaterspiel auch für die Darsteller selbst mit sich brachte. »Comaediae plurimum conferre ad eloquentiam possunt«, heißt es im ›Tractatus de liberorum educatione‹ (1450) von Enea Silvio Piccolomini[242], dem späteren Papst Pius II. Lebendige Latinität und freies Sprechen vor einem größeren Publikum waren die Hauptziele, andere kamen hinzu. Luther fand das Schultheater bereits als Institution vor[243] und trat (offenbar gegen sich regende Kritik) nachdrücklich dafür ein, sie beizubehalten: »Comödien zu spielen soll man um der Knaben in der Schule willen nicht wehren, sondern gestatten und zulassen, erstlich, daß sie sich vben in der lateinischen Sprache; zum Andern, daß in Comödien fein künstlich erdichtet, abgemalet und fürgestellet werden solche Personen, dadurch die Leute unterrichtet, und ein Jglicher seines Amts und Standes erinnert und vermahnet werde ..., ja, es wird darinnen furgehalten und fur die Augen gestellt aller Dignitäten Grad, Aemter und Gebühre, ... wie in einem Spiegel«[244].

(Schriften des Wiss. Instituts der Elsass-Lothringer im Reich an d. Univ. Frankfurt, N. F. 13), Frankfurt a. M. 1935.

[240] Vgl. E. Hartl, Artikel ›Das Drama des Mittelalters‹, Dt. Philol. im Aufriß ²II (1960), Sp. 1949ff. (dort Sp. 1974).

[241] Einen informativen Überblick gibt J. Maassen, Drama und Theater der Humanistenschulen in Deutschland (Schriften z. dt. Lit. 13), Augsburg 1929 (die ›Humanistenschulen‹ des 17. Jahrhunderts leider nicht mehr berücksichtigend).

[242] ›Opera quae extant omnia‹, Basel 1551, S. 984.

[243] Für Breslau sind schon 1500 und 1502 Aufführungen bezeugt, für Straßburg 1512; nach 1520 etabliert sich dann das Schultheater zusehends.

[244] Tischreden 1, S. 447 (Anlaß ist bezeichnenderweise das Vorhaben eines schlesischen Schulmannes).

Luthers Hervorhebung des praktischen, vitalen Nutzens widerspricht dem rhetorisch-humanistischen Ziel keineswegs. Sie stellt eine
willkommene Verbreiterung des pädagogischen Fundaments dar (»et
orationis et vitae magister« ist das Komödienspielen für Melanchthon[245]), und gerade mit dem Hinweis auf das belehrende Element
ist man später den Kritikern des Schultheater-Betriebes gern entge-
gengetreten. Die ›Spiegel‹-Funktion freilich, von der Luther spricht[246],
scheint nicht unproblematisch. Denn zunächst wurden fast ausschließlich antike und biblische Stoffe aufgeführt[247], so daß das Leben nur in seinen allgemeinsten, zeitlosen Regeln gespiegelt werden
konnte[248]. Und es ist bezeichnend, daß gerade das Bild vom *speculum vitae humanae* am Ausgang des 17. Jahrhunderts, bei Christian
Weise, gegen das traditionell-humanistische Schultheater gewendet
wird; »aller Dignitäten Grad, Aemter und Gebühre« – mit Luther
zu reden – sind nach Weises Ansicht nicht unveränderlich, sondern
dem Wandel der ›politischen‹ Szene unterworfen und demgemäß auch
im Schultheater stets neu darzustellen[249].

Eine solche Zielsetzung allerdings war den humanistischen Schulmännern des 16. Jahrhunderts noch durchaus fern. Soweit sie neben
den verbalen Fähigkeiten und den ethischen Lebenslehren auch reale
Kenntnisse vermitteln wollten, galt ihr Interesse nicht primär der
Gegenwart, sondern dem Leben der Antike: gleichsam ›spielend‹ sollten die antiquarischen Kenntnisse ergänzt und vertieft werden[250].
Alle diese Prinzipien waren maßgebend für die Schöpfer der protestantischen Gelehrtenschule, wenn sie ihre Schüler Theater spielen

---

[245] CR XIX, S. 692. Ähnlich Micyllus in der Frankfurter Schulordnung von
1537 (Vormbaum 1, S. 633).

[246] Zum Spiegel-Motiv in der Dramenliteratur des 16. Jahrhunderts (besonders
in Dramentiteln) vgl. J. Minor, Einleitung zum ›Speculum vitae humanae‹
(1584) des Erzherzogs Ferdinand II von Tirol (NdL. 79/80), Halle 1889,
S. XXXVIf.

[247] Vgl. Maassen, Drama und Theater ..., S. 74ff.

[248] Maassen betont u. a. das ›Fehlen der soziologischen Stoffkreise‹ (a.a.O.,
S. 75f.).

[249] In der Vorrede zu ›Lust und Nutz der spielenden Jugend‹, Dresden u. Leipzig
1690, fol. 8ª u. 8ᵇ rechtfertigt sich Weise, daß er auch in der Sprache mit der
›Zeit‹ und mit der Wirklichkeit des ›gemeinen Lebens‹ gegangen sei: »Soll das
Sprüchwort wahr bleiben: Comoedia est vitae humanae speculum, so muß die
Rede gewißlich dem Menschlichen Leben ähnlich seyn. Ein Cavallier, ein führ-
nehmes Frauenzimmer ... muß den accent führen/ wie er im gemeinen Leben
angetroffen wird«.

[250] Hierzu besonders P. Dittrich, Plautus und Terenz in Pädagogik und Schulwesen der deutschen Humanisten, Diss. Leipzig 1915.

ließen, sei es Melanchthon in seiner ›Schola privata‹[251], sei es Johannes Sturm im Straßburger Gymnasium[252].

Die theoretische Begründung des Schultheaters fand nun auch Eingang in viele Schulordnungen[253], und dabei bildete sich allmählich ein fester Kanon, aus dem bald diese, bald jene Punkte stärker hervorgehoben wurden. Sie ordnen sich beinahe von selbst unter die drei Hauptziele, die Sturm seiner Gelehrtenschule gesteckt hat. Zur *pietas* wird der Schüler erzogen, indem er Tugend und Laster der Welt exemplarisch vor Augen sieht. Biblische Stoffe dienen der Frömmigkeit, sie festigen zugleich seine Kenntnis der Heiligen Schrift. Der *sapientia* oder *eruditio* sind grundsätzlich alle Stoffe förderlich; Wissen über Kulturgeschichte und Mythologie stehen dabei vornean, und die immer neue Einstellung auf die jeweiligen *circumstantia* schärft den Verstand. Den größten Gewinn aber trägt die *eloquentia* davon: ihr ureigenstes Medium, die Latinität, wird am lebenden Beispiel geübt, die *memoria* wird gefestigt, *actio* und *pronuntiatio* können sich entfalten, und gleichsam als umfassende Gesamttugend wird das *prompte loqui* gestärkt.

Der hier skizzierte Kanon bestimmt während des ganzen 17. Jahrhunderts grundsätzlich alle Äußerungen zum rhetorisch-pädagogischen Wert des Schultheaters. Ein besonders illustratives Beispiel hierfür bietet Schottel. Im Jahre 1642 wird sein ›Freuden Spiel genandt Friedens Sieg‹ »In gegenwart vieler Chur- und Fürstlicher/ auch anderer Vornehmen Personen, in dem Fürstl: BurgSaal Zu Braunschweig ... von lauter kleinen Knaben vorgestellet«[254] – Schultheater auf höfischer Ebene[255]. Unter den Darstellern befindet sich der spätere Herzog Anton Ulrich zu Braunschweig und Lüneburg, zusammen mit seinem Bruder Ferdinand Albrecht und vielen anderen Adligen[256]. Im Friedensjahr 1648 bringt Schottel das Stück auch gedruckt heraus, und ein ›Kurtzer Vorbericht an den Wolgeneigten Leser‹[257] geht unter anderem näher auf den moralischen Nutzen des

---

[251] Vgl. L. Koch, Philipp Melanchthons Schola privata, Gotha 1859; Hartfelder, Philipp Melanchthon ..., S. 491ff.

[252] Vgl. Jundt, Die dramatischen Aufführungen ..., S. 17ff.

[253] Vgl. die im folgenden genannten Zeugnisse.

[254] Titelblatt des Erstdrucks von 1648.

[255] Zum regulären Braunschweiger Schultheater vgl. G. T. A. Krüger, Die dramatischen Aufführungen auf dem ehemaligen Martineum zu Braunschweig, Progr. Braunschweig 1862.

[256] Sie werden von Schottel namentlich genannt (fol. B Vbf.). Schottel war damals bekanntlich Erzieher der beiden jungen Prinzen.

[257] A.a.O., fol. A VIIIᵃff.

Theaters ein. Schottel wiederholt zunächst die alten Thesen vom *docere*, mit dem Resultat: »Daher dan zu unvermerksamer Nachfolge unser Hertz leichtlich gelokket/ und auf eine sonderbahre Art angereitzet und getrieben wird«[258]. Damit aber hat er zugleich den Übergang zum spezifisch pädagogischen Aspekt gefunden: »Welches die Gelahrten/ und sonderlich die jenige/ welche die Unterweisung der Jugend/ und deroselben Anführung zur Tugend recht meinen und verstehen/ gar wol wissen«[259]. Schottel ist sich bewußt, daß damit der volle pädagogische Nutzen noch gar nicht bezeichnet ist, und beeilt sich, den klassischen Kanon in Form einer raffenden Parenthese zu referieren: »dadurch zugleich die Sprachen erlernet/ die Ausrede wolklingend gebildet/ die Lust zur Beredsamkeit eingetröpfelt/ das Gedächtniß gestärket/ der Verstand gescherfet/ anstendliches Gebärde angenommen/ undienliche Blödigkeit abgelegt/ und ein Tugendwilliges Hertz zu vielen Guten aufgefrischet/ und zu seinem Lobe angereitzet wird«[260].

Mit *memoria, actio, pronunciatio, linguae, eruditio, iudicium* und *alacritas* als pädagogischen Zielen ist das Schultheater fest in den Rhetorikbetrieb der Gelehrtenschulen integriert[261]. Spätestens bei der Terenz-Lektüre in den unteren und mittleren Klassen kann die praktische Vorbereitung auf das Schultheater beginnen, und der darin liegende *stimulus studiorum* war ebenfalls willkommen[262]. Doch die fähigeren Sprecher und Darsteller waren aus den oberen Klassen zu erwarten, so daß die Beschäftigung mit Terenz und Plautus nach Möglichkeit über die Mittelstufe hinaus ausgedehnt werden mußte. Ganz

---

[258] A.a.O., fol. B IIII[a]. Auch das Spiegel-Motiv taucht dabei wieder auf: »ein rechter Spiegel der Welt Sitten und Gewonheit/ und ein Abbild der endlich folgenden Warheit« (a.a.O., fol. B III[a]f.).

[259] A.a.O., fol. B IIII[a].

[260] A.a.O., fol. B IIII[a]f.

[261] Während bei Schottel der Zusammenhang mit der Jugenderziehung noch deutlich erkennbar bleibt, ist es interessant zu beobachten, wie Rist in seiner Vorrede zum ›Perseus‹ (1634) den Kanon auf das Theaterspielen generell anwendet. Er zieht ihn zu fünf Programmpunkten zusammen (»fünffachen nutzen«): 1. man bildet »Judicium vnd Verstand« aus; 2. man hat moralischen Nutzen, vor allem durch den affekthaften Widerstand gegen die Schlechtigkeit, die man darstellen muß; 3. »die Gedechtnisse« werden geübt; 4. man wird »sehr expedit vnd fertig im Reden«; 5. man legt die »Forchtsamkeit« ab und wird »gantz freymütig« (Mannack 1, S. 122f.).

[262] Vor allem die Vorteile für das *latine loqui* werden betont, so schon in der Braunschweigischen Ordnung von 1543 (›Tertia classis‹): »Se scholen stedes Latin reden, thowilen ex Terentio uthwendich etwas recitiren ...« (Vormbaum 1, S. 46).

in diesem Sinn verfährt zum Beispiel die Breslauer Schulordnung von 1570 für die Secunda: »Wir sehen auch vor gut an, das die Knaben dieses Ordinis den Terentium, als jhren fürnemen vnd gantz eigenen Authorem außwendig lernen, also das man die Personas der Jugend, deren Comoedien so sie zum ende gehöret haben, außteile, vnd sie wochentlich nach Tische eine stunde oder zwo recitiren lasse, vnd sie also in der Pronunciation vnd Action vbe«[263].

Solange diese Vorbereitungen in engerem Konnex mit dem normalen Unterricht gehalten werden konnten, ließ sich der Aufwand an Zeit und Energie meist rechtfertigen[264]. Indes, wenn die Nordhausener Ordnung von 1583 für die Fastnachts-Aufführung den ganzen vorausgehenden Sommer als Übungszeit ansetzte, so mußten sich Bedenken einstellen[265]. Je anspruchsvoller und aufwendiger das Schultheater wurde, desto häufiger meldete sich die Kritik. Schon 1585, als Lehrer der Königsberger Altstädtischen Schule um das Privileg zur Aufführung von Komödien baten, wurde der Antrag unter anderem mit der Begründung abgelehnt, daß »mit den Comödien viel in der Schule versäumt« werde (die Kritiker waren also trotz Luthers Apologie nicht verstummt)[266]. Andernorts stellte man wenigstens die Bedingung, durch das Theaterspielen dürfe »den andern studiis auffs wenigste möglich abgebrochen« werden (so Breslau 1643)[267].

Eines der wichtigsten Mittel, um den pädagogischen Nutzen zu erhöhen (und wohl auch einem Teil der Kritiker zu begegnen), war die Beteiligung möglichst vieler Schüler an der Aufführung – und wenn sie lediglich Statistenrollen spielten. Bis zu 165 Personen wur-

---

[263] A.a.O., S. 198f. Die besonders alte und lebendige Breslauer Schultheater-Tradition wirkt hier ganz offensichtlich in den Lehrplan hinein.

[264] Sehr charakteristisch ist die Begründung, die sich in der Breslauer Ordnung von 1570 an das gegebene Zitat anschließt: »Wir achten auch solches nicht weniger nütz vnd nötig, dann sonst ein andere gutte Lection, nicht allein darumb, das man die Pronunciation vnd geberde in die Knaben formire, vnd sie höffligkeit vnd Mores lerne, doran viel gelegen, wie die Rhetores de actione ihn jhren Praeceptis lehren: Sondern auch, das wir, so in Schulen viel Jar gelehret, dieses vielfaltig erfaren haben, das viel Ingenia so man weder mit worten noch rutten zur lehre hat bringen können, die sind also durch lustige Action der Personen in Comoedijs bewogen worden, das sie zu den Studijs ein lust gewonnen haben« (a.a.O., S. 199). Manches in dieser pädagogischen Konzeption klingt fast schon ›Weisianisch‹.

[265] A.a.O., S. 380.

[266] Möller V, S. 7. Die Begründung des Antrags war gut humanistisch gewesen: die Schüler sollten »kühne werden vnd artig für Leuten wissen zu reden« (ebda.).

[267] Hippe, Aus dem Tagebuche ..., S. 183. Vgl. auch die Mahnung der Nordhäuser Ordnung, man dürfe »keine andere Schulstunde deshalb versäumen« (Vormbaum 1, S. 380).

den gezählt[268], d. h. in einzelnen Fällen spielte nahezu die ganze
Schule mit, vom Erstkläßler bis zum Primaner. Ein solcher Mas-
seneinsatz kam auch der megalomanischen Tendenz barocken Reprä-
sentationswillens entgegen, und man durfte überdies mit dem Interesse eines besonders breiten Publikums rechnen. Christian Weise berichtet aus eigener Erfahrung und mit einer gewissen Ironie, wie ge-
duldig Eltern und Freunde ausharrten, bis der Auftritt ›ihres‹ Dar-
stellers an der Reihe war[269]. Gottsched hat später die große Perso-
nenzahl der Weiseschen Stücke scharf kritisiert[270], ohne zu bedenken,
daß der Zittauer Rektor im Grunde nur eine alte pädagogische Tradition fortführte. Eine Besonderheit hingegen, die Weise mehrfach
hervorgehoben hat, war sein Bemühen, den Schülern die Rollentexte
gleichsam auf den Leib zu schreiben, um ein Höchstmaß an Natürlichkeit zu erreichen: »der Personen sind durchgehends sehr viel«,
gesteht er; aber es ist zu bedenken, daß »ich mich nach eines iedwe-
den naturell, das ist/ nach seiner pronunciation, nach seiner Figur/
und nach seiner ungezwungenen affecte gerichtet habe«[271].

An anderer Stelle führt Weise dies näher aus, und das Zitat zeigt
zugleich eines der vielen praktischen Probleme des Schultheaters aus
der Sicht des erfahrenen Pädagogen und Rhetorikers: »in den meisten Dingen sahe ich auff der Leute Naturel welche die Person haben solten. Waren sie munter oder schläfferich/ trotzig oder furcht-
sam/ lustig oder melancholisch/ so accomodirte ich die Reden auff
einen solchen Accent, daß sie nothwendig ihre Sachen wohl agiren
musten. Und wer dieses in acht nehmen wil/ der mag die schlechte-
sten Kerlen auff die Bühne bringen/ wenn sie nach ihren Naturel
zu reden haben/ wird es propre und geschickt heraus kommen/ wie
ein Capellmeister seine Stücke wohl anbringet/ wenn er den Ambi-

---

[268] Möller V, S. 4. Zur Hundertjahrfeier des Breslauer Magdalenäums 1662 wurden 500 Einladungen verschickt (Hippe, Aus dem Tagebuche . . . , S. 179). Natürlich konnte es auch vorkommen, daß die Darsteller in der Mehrzahl waren,
so am 28. April 1644, als sich im Magdalenäum »angeblich nur 15 Zuhörer« ein-
fanden (ebda.).
[269] ›Lust und Nutz der Spielenden Jugend‹, Dresden u. Leipzig 1690, Vorrede,
fol. 7b (». . . so kunte die Zeit nicht lang werden«).
[270] ›Versuch einer Critischen Dichtkunst‹, Leipzig ⁴1751, S. 642. Die gleiche Kritik deutet sich schon bei Neukirch an, dort bereits spürbar unter dem Einfluß
Boileaus (›Herrn von Hoffmannswaldau . . . Gedichte‹, 1. Teil, Leipzig 1697,
Vorrede, S. XXVIII: bei Weise sei »der stylus gut/ ungeachtet seine Comödien
wegen der vielen personen/ so er dazu gebrauchen müssen/ mit denen regeln des
theatri nicht sehr zusammen stimmen«).
[271] ›Curieuser Körbelmacher‹, Görlitz 1705, fol. a 5²; vgl. den o. S. 298 genannten Actus von 1683 über die ›requisita felicitatis politicae‹.

tum, die Manier/ auch die Stärcke und die Schwäche seiner Voca-
listen zuvor judiciren lernet«[272].

So sehr Weise sich in seiner Konzeption des Schultheaters um
›Natürlichkeit‹ der rhetorischen Übungssituation, um die »lebendigen
Circumstantien«[273], um Realistik und Modernität bemühen mag, so
klar tritt in seinen theoretischen Äußerungen immer wieder auch
das traditionell-humanistische Fundament zutage: »das Judicium,
das Gedächtniß und die Zunge« läßt er seine Schüler im Theaterspiel
üben, er vermittelt ihnen die Grundlage »von der gelehrten hardiesse,
das ist/ ihre freye action und pronunciation« – als Propädeutik zu
einer »politischen courage«[274]. Es ist eine der letzten Metamorphosen in der Entwicklungsgeschichte des humanistisch-rhetorisch bestimmten Schultheaters.

In einem anderen Punkt freilich scheint Weise sich klar und eindeutig vom pädagogischen Kodex der Lateinschule losgesagt zu haben: in der Entscheidung für die Muttersprache als das ausschließ-
liche Medium des Schultheaters. Mag er für den regulären Unterricht
noch lateinische Lehrbücher geschrieben haben[275], seine Theater-
stücke (denen während seines Rektorats die Zittauer Schulbühne vorbehalten blieb) sind sämtlich in der Muttersprache abgefaßt[276]. Doch
gerade dies kann – wenn man sich die geschichtliche Entwicklung
vergegenwärtigt – durchaus nicht als revolutionär gelten. Denn in
keinen Bereich des humanistischen *eloquentia*-Betriebs hatte sich die
lingua vernacula so früh und dauerhaft einzudrängen vermocht wie
in das Schultheater.

Daß seine Anfänge ganz im Zeichen der Latinität stehen, wurde
schon aus dem rhetorisch-pädagogischen Kanon erkenntlich, der die
Institution theoretisch rechtfertigte. Bei der Wahl der Spieltexte allerdings war durch Überlieferungsstand und Klassizitätsideal kein
weiter Spielraum gelassen; im Grunde lief es auf Plautus und Te-

---

[272] ›Lust und Nutz ...‹, Vorrede, fol. 6b u. 7a.

[273] A.a.O., Fol. 3a (vgl. fol. 4a).

[274] ›Curieuser Körbelmacher‹, Vorrede, fol. a 2b.

[275] Außer den beiden o. S. 265 genannten Kompendien wären noch mindestens ein
Dutzend lateinischer (für Schule oder Universität bestimmter) Schriften zu
nennen, darunter ›De poesi hodiernorum politicorum‹ (1678), ›Compendium
politicum‹ (1682), ›Subsidium puerile de artificio et usu chriarum‹ (1689).

[276] Dies gilt jedenfalls für die publizierten Texte. Zwar gibt Weise im Jahre 1705
an, »nicht einmal den vierdten Theil« seiner dramatischen Produktion habe er
drucken lassen (›Curieuser Körbelmacher‹, Vorrede, fol. a 5a), doch findet
sich nirgends ein Hinweis darauf, daß er auch einmal lateinische Schuldramen
geschrieben hat.

renz hinaus[277]. Die gleichen Gründe, die Terenz als Unterrichtsstoff empfahlen – vor allem *puritas* des Lateins[278] und Lebendigkeit der Darstellung – sprachen auch für seine szenische Darbietung. Plautus hingegen bereitete schon vom Sprachlichen her größere Schwierigkeiten; er »begegnet, wenn man die Schulordnungen der Zeit durchgeht, selten und stets an zweiter Stelle«[279].

Straßburg und einige andere Schultheater-Orte haben die Tradition der Inszenierung antiker Stücke (bekanntlich auch griechischer Texte)[280] bis weit in das 17. Jahrhundert hinein gepflegt. Doch der Wunsch nach größerer Abwechslung und vor allem die Kritik am sittlichen Gehalt der römisch-heidnischen Komödien führten in der zweiten Hälfte des 16. Jahrhunderts mehr und mehr dazu, daß auch neulateinische Stücke Eingang in den Spielplan der humanistischen Schulen fanden[281]. Die Sammlung ›Terentius Christianus sive comoediae sacrae‹ (1592) des Haarlemer Rektors Cornelius Schonaeus war deutlich in der Absicht entstanden, eine christliche Alternative zu bieten[282], und eine Reihe anderer Autoren wie Gnaphaeus, Macropedius, Naogeorgus, Frischlin, Hunnius oder Junius verfolgten ähnliche Ziele[283]. Nun wurden, nicht zuletzt aufgrund der Anregung Luthers[284], vor allem biblische Themen dramatisiert, so daß neben der *eloquentia* auch die *pietas* zu ihrem Recht kam[285].

---

[277] Material hierzu bei K. von Reinhardstöttner, Plautus. Spätere Bearbeitungen plautinischer Lustspiele, Leipzig 1886; O. Günther, Plautuserneuerungen in der deutschen Literatur des 15. bis 17. Jahrhunderts und ihre Verfasser, Leipzig 1886; O. Francke, Terenz und die lateinische Schulkomödie in Deutschland, Weimar 1877. Die Anfänge des Breslauer Schultheaters sind charakteristisch für die Ausgangsposition: es beginnt mit dem ›Eunuchus‹ des Terenz (1500), als nächstes folgt die ›Aulularia‹ des Plautus (1502).

[278] Weil »der Terentius gar proprie und pure geschriben, sollen dieselbigen phrases mit den Knaben vil und fleissig geübt« werden (Württembergische Ordnung 1559; Vormbaum 1, S. 83).

[279] Maassen, Drama und Theater . . . , S. 47.

[280] Vgl. Jundt, Die dramatischen Aufführungen . . . , S. 23ff.

[281] Hierzu besonders E. Grün, Das neulateinische Drama in Deutschland vom Augsburger Religionsfrieden bis zum 30jährigen Krieg, Diss. Wien 1929.

[282] Francke, Terenz . . . , S. 70ff.

[283] Einen guten Überblick mit umfangreichen Quellen- und Literaturangaben gibt H.-G. Roloff, Artikel ›Neulateinisches Drama‹, RL ²II (S. 645ff.), S. 655ff.

[284] Vor allem in den Vorreden zu ›Tobias‹, ›Judith‹ und ›Esther‹. Vgl. H. Diehl, Die Dramen des Thomas Naogeorgus in ihrem Verhältnis zur Bibel und zu Luther, Diss. München 1915.

[285] In einzelnen Fällen zeigt sich das Nebeneinander der Ziele besonders deutlich durch die Kombination eines antiken und eines neueren Stückes; so 1562 in Breslau, als die Erhebung der Elisabethschule zum Gymnasium feierlich begangen wird: auf Terenz folgt ein Bibelstück über Kain und Abel (H. Palm,

Die Einzelheiten dieses Prozesses, auch sein Zusammenhang mit der Entstehung eines neulateinischen Dramas auf deutschem Boden (seit Wimpfelings ›Stylpho‹), brauchen hier nicht dargestellt zu werden[286]. Doch ist es wichtig, sich bewußt zu machen, daß die angedeutete christlich-lateinische Ausprägung des Schultheaters noch bis in die zweite Hälfte des 17. Jahrhunderts hinein an manchen protestantischen Gymnasien herrschte und somit einen wesentlichen Teil des *eloquentia*-Betriebs der Barockzeit bestimmte. In der Güstrower Ordnung zum Beispiel heißt es noch 1662: »Es sollen auch alle Halbe Jahr eine Lateinische Comoedia aus dem Terentio Christiano vel Frischlino, oder eine Sacra aus den Dialogis Castalionis, quam praeibit elaborandi artificio Rector, et per singulos personas distribuet elaborandos actus, für die Knaben, daß die guth Latein lernen, von den Schülern in der Schulen agiret werden, dann es heist: Continet humanae speculum Comedia vitae; Turpiaque urbano facta lepore notat. Teutsche Comoedien oder Tragoedien sollen für den gemeinen Mann noch sonsten nicht agiret werden, es sey dann, daß es mit Unsern Vorwißen, und auf Unser Guthachten geschehe«[287].

Das ist fast vier Jahrzehnte nach dem Erscheinen von Opitzens ›Buch von der Deutschen Poeterey‹ und nach seiner ›Trojanerinnen‹-Übersetzung geschrieben, sechzehn Jahre nach Gryphius' ›Leo Armenius‹. Wieder einmal, nun auf dem Gebiet des Schultheaters, zeigt sich, wie langwierig und vielschichtig jene oft besprochene ›Überwindung der lateinischen Tradition‹ zu denken ist. Denn schon 1534 bringen Schüler der Magdeburger Stadtschule ›Ein lieblich und nützbarlich spil von dem Patriarchen Jacob und seinen zwelff Sönen‹, ein biblisches Spiel also, in deutscher Sprache aufgeführt[288], während an den anderen Gymnasien Terenz noch nahezu unbeschränkt, als Inbegriff der *eloquentia latina*, die Bühne beherrscht. Doch bei dem einen Vorstoß bleibt es nicht. Schon im nächsten Jahr (1535) wird wieder ein deutsches Spiel gegeben (›Susanna‹), und allmählich

---

Das deutsche Drama in Schlesien bis auf Gryphius, in: Beiträge zur Geschichte der deutschen Literatur des XVI. und XVII. Jahrhunderts, Breslau 1877, S. 119).

[286] Dazu P. Bahlmann, Die lateinischen Dramen von Wimphelings Stylpho bis zur Mitte des 16. Jahrhunderts. 1480–1550, Münster 1893; L. Bradner, The Latin drama of the Renaissance (1340–1640), Stud. in the Renaiss. 4, 1957, S. 31ff.

[287] Vormbaum 2, S. 597.

[288] Autor ist Joachim Greff, das Gymnasium wird von Georg Major geleitet; Näheres (mit Literatur) bei J. Bolte, Vorwort zum Neudruck von Georg Rollenhagen, ›Spiel von Tobias‹ (1576) (NdL. 285/87), Halle 1930, S. XVII.

erobert es sich seinen festen Platz neben den lateinischen Texten[269]. In der Magdeburger Schulordnung von 1553 wird dann – ein bemerkenswerter Vorgang! – dieses Nebeneinander auch offiziell kodifiziert: »In Comoediis vicissitudo iucunda, ut alias latine, alias sermone vulgari exhibeantur. Ex Terentio latinae sumi possunt, caeteras nostri suppeditant«[290]. Die Regelung (eine ähnliche erhält 1589 auch Aschersleben)[291] bildet dann den Rahmen für die mehr als vierzigjährige Tätigkeit Georg Rollenhagens am Magdeburger Gymnasium (1567–1609)[292].

Eine Differenzierung im Aufführungsmodus freilich bleibt zu beachten: die lateinischen Stücke ließ Rollenhagen in der Schule über die Bühne gehen, die deutschen Bibeldramen hingegen öffentlich auf freiem Platz[293]. Dies lenkt zugleich die Aufmerksamkeit auf die inneren Gründe für die durchaus erstaunliche Tatsache, daß bereits während des 16. Jahrhunderts, d. h. inmitten eines traditionell lateinisch ausgerichteten Gymnasialunterrichts, eine deutschsprachige Schultheaterpraxis entstehen konnte. Unter den verschiedenartigsten Faktoren, die dabei mitgespielt haben, dürfte der Wunsch der Schulpädagogen nach breiterer Wirkung in der Öffentlichkeit entscheidend gewesen sein[294]. Und die verpflichtende Möglichkeit, durch Präsentation christlicher (vor allem biblischer) Stoffe an der Verkündigung des Evangeliums im Sinne der Reformation mitzuwirken, hat sicher manche Bedenken konservativ-humanistischer Art zurückzudrängen vermocht[295]. Auch ging es ja bei der Frage des sprach-

---

[289] Vgl. die Angaben bei Bolte, a.a.O., S. XVIff. Zur ähnlichen Praxis am Danziger Gymnasium unter dem Rektorat Heinrich Mollers (seit 1552) vgl. Hirsch, Geschichte des academischen Gymnasiums in Danzig, S. 10.

[290] Vormbaum 1, S. 418.

[291] A.a.O., S. 641: es »soll sich der Schuelmeister befleissigen, daß er mit seinen Schülern eine teutsche oder lateinische Comoediam agire, eins umbs ander«. Die Vermutung bei Weithase 1, S. 66, daß hier zum ersten Mal in einer Schulordnung die Aufführung einer deutschen Komödie bestimmt werde, ist richtigzustellen; Magdeburg hat in jedem Fall die Priorität.

[292] Vgl. die neuere Arbeit von E. Bernleithner, Humanismus und Reformation im Werke Georg Rollenhagens, Diss. Wien 1954.

[293] Newald, S. 53.

[294] Vgl. die bei Maassen, Drama und Theater ..., S. 64 zitierte Partie aus Johann Baumgarts Vorrede zu seinem ›Juditium. Das gericht Salomonis‹ (1561).

[295] Näheres im Kapitel ›Spiel als Förderung der pietas‹ bei Maassen, Drama und Theater ..., S. 42ff. Über das Verhältnis zum Bürgertum H. Brinkmann, Anfänge des modernen Dramas in Deutschland. Versuch über die Beziehungen zwischen Drama und Bürgertum im 16. Jahrhundert, in: Studien zur Geschichte der deutschen Sprache und Literatur, Bd. 2, Düsseldorf 1966, S. 232ff. »Die

lichen Mediums nicht um ein Entweder – Oder, sondern (wie in Magdeburg und Aschersleben) um ein Sowohl – Als auch.

Blieb demnach die Struktur des rhetorischen Unterrichts selbst in ihrem Kern unangetastet, so wurde doch die Existenz einer deutschsprachigen Spieltradition an den protestantischen Gymnasien zu einer wichtigen Voraussetzung des im Zeichen von Opitz sich herausbildenden barocken Kunstdramas. Nur das Gymnasium (von der Universität wird noch zu sprechen sein) bot aufgrund seiner rhetorisch-kunstmäßigen Praxis in Unterricht und Actus eine angemessene, kunstmäßige Spielmöglichkeit[296]. Ohne sie hätte sich eine mit so dezidiert gelehrten Ansprüchen auftretende dramatische Produktion wie diejenige von Opitz, Rist oder Gryphius in einer Art theatralischen Niemandslandes behaupten müssen; denn Wanderbühne und englische Komödianten galten den gelehrten Barockautoren als unter dem Niveau[297].

Die Tatsache, daß das barocke Kunstdrama an die geschichtliche Realität des Schultheaters gebunden ist, mußte der Forschung spätestens durch Willi Flemmings Arbeit über ›Andreas Gryphius und die Bühne‹ (1921) bewußt werden[298]. Im Fall Christian Weises war sie von vornherein evident[299]. Doch fast immer, wenn vom Zusammenhang des deutschen Barockdramas mit der Schulbühne die Rede ist, schwingt auch ein Unterton des Bedauerns mit: sei es daß man die Beschränktheit der technischen und darstellerischen Möglichkeiten beklagt[300], sei es daß man von unvermeidlichen ›Konzessionen‹ an den rhetorischen Deklamationszweck spricht. So urteilt einer der hervorragendsten Kenner der deutschen Barockliteratur: »Christian Weise would have become one of the greatest dramatists had he not been obliged to take account at the same time of the needs and capacities of his schoolboys«[301]. Das aber bedeutet wohl doch eine

humanistischen Redekünste finden so Eingang auch im deutschen Drama« (a.a.O., S. 252).

[296] Zu Berührungspunkten des Schuldramas mit Elementen der Wanderbühne (bei Girbertus und Mitternacht) s. Newald, S. 275.

[297] Hierzu jetzt vor allem G. Schubart-Fikentscher, Zur Stellung der Komödianten im 17. und 18. Jahrhundert (SB Leipzig, Phil.-hist. Kl. 106/7), Berlin 1963.

[298] Vgl. o. S. 303. Die prinzipielle Einsicht war bereits anderthalb Jahrhunderte früher ausgesprochen worden von J. C. Arletius, Historischer Entwurf von den Verdiensten der evangelischen Gymnasiorum um die deutsche Schaubühne, Breslau 1762.

[299] Vgl. schon E. Schmidts Weise-Artikel, ADB 41, 1896, S. 523ff.

[300] Bereits Flemming, Andreas Gryphius und die Bühne, passim.

[301] C. von Faber du Faur, German Baroque literature. A catalogue of the collec-

eindeutige Verzerrung der realen Verhältnisse. Denn man könnte ebensogut fragen, ob Weise überhaupt je zum ›dramatist‹ geworden wäre ohne die konkrete, zweckbestimmende Bindung an das Schultheater[302] – und ob man sein dramatisches Werk angemessen verstehen kann, ohne es in den Gesamtzusammenhang seiner pädagogischen Konzeption ›politischer‹ Rhetorik zu stellen[303].

Die Personalunion von Schulmann und Stückeschreiber, so ließe sich einwenden, ist im 17. Jahrhundert – jedenfalls bei den Protestanten – nicht überall die Regel[304]. Doch die Fundamente des hier angesprochenen Bündnisses von Barockdrama und Schulrhetorik reichen noch wesentlich tiefer. Nicht nur daß für den ›gelehrten‹ Dramatiker, wie sich zeigte, praktisch keine andere Aufführungsmöglichkeit bestand – er war ja auch selbst in der Atmosphäre des rhetorisch ausgerichteten Schuldramas aufgewachsen und hatte dort überhaupt zum ersten Mal eine Vorstellung von anspruchsvollem Theater erhalten. Dort hatte er die Grundregeln der Dramaturgie gleichsam von der Pike auf kennengelernt; überdies war ihm die Möglichkeit gegeben worden, eventuell vorhandene schauspielerische Fähigkeiten auszubilden und öffentlich unter Beweis zu stellen.

»Wie ich noch ein Knabe war, habe ich meine Person vielmals auf dem Schauplan dargestellet«, erinnert sich einer der begabtesten Schauspieler unter den großen Barockdramatikern, Johann Rist[305]; doch sei er dabei nicht stehengeblieben, »sondern habe auch die Feder angesetzet ...«[306]. Auch Andreas Gryphius brillierte während

---

[302] Immerhin hat Weise vor seiner Berufung nach Zittau (mit Ausnahme eines Singspiels) nur Gedichte und Romane geschrieben.

[303] Zu seiner eigenen Auffassung von der Dichtung (einschließlich des Theaters) als der ›Dienerin der Beredsamkeit‹ vgl. o. S. 186f.

[304] Eine genaue Bestandsaufnahme dieser Beziehungen existiert noch nicht. Inszenatoren ihrer eigenen Schulstücke sind z. B. auch Brülow, Girbertus, Christian Gryphius, Köler, Mitternacht und Riemer. Bei den Jesuiten sind alle Dramatiker prinzipiell auch ›Schulmänner‹ (s. u. S. 348).

[305] Zitiert nach Flemming, Die barocke Schulbühne, S. 541. Rist war in Hamburg (Johanneum) und Bremen (Gymnasium illustre) zur Schule gegangen. Auch in der Vorrede zum ›Perseus‹ (1634; s. o. S. 307) betont er seinen frühen Kontakt mit dem Theaterspiel: »bin ich von meiner kindlichen Jugendt an/ biß auf gegenwertige stunde diesem studio von hertzen zugethan gewesen« (a.a.O., S. 123f.).

[306] Er ist also bei diesem Metier geblieben, im Gegensatz zu Logau, der sich ebenfalls ans Mitspielen beim Schultheater erinnert; Logau spielte die Rolle eines Königs (vgl. das Gedicht ›Der Zeiten Schauspiel‹: »Da nun das Spiel war auß/ fiel meine Hoheit hin/ Und ich ward wieder der/ der ich noch jetzo bin«; ›Deut-

der Fraustädter Schulzeit nicht nur (wie schon erwähnt) als Deklamator von *orationes*, sondern ebenso als Darsteller auf der Bühne; für die Rolle des Aretinus in der ›Areteugenia‹ Daniel Cramers erhielt er sogar einen ersten Preis[307]. Ähnliches wird über Hallmann berichtet[308]. Von besonderer Bedeutung aber ist, daß selbst der Schritt von der Reproduktion zur dramatischen Produktion bei nicht wenigen Autoren noch während der Gymnasialzeit geschah. Lohenstein schrieb seinen ›Ibrahim Bassa‹ (1649/50) als Primaner des Breslauer Magdalenäums[309]. Beer hat, wie er in seiner neuentdeckten Autobiographie berichtet[310], als Schüler des Regensburger Gymnasiums drei »lateinische Comoedien gemacht« (die auch aufgeführt wurden). Hallmanns erstes Stück, die Übersetzung von Jacob Masens ›Mauritius‹ (aufgeführt 1662), entstand ebenfalls noch während der Schulzeit[311]. Und möglicherweise sind auch Gryphius' Übersetzungen aus Vondel und Caussinus – wenigstens zum Teil – Produkte der Gymnasialjahre[312], so wie es etwa für die ›Herodis furiae‹ erwiesen ist (1633/34; »Ab Andrea Gryphio ... Scholae Fraustadianae Alumno« heißt es stolz auf dem Titelblatt)[313].

Für den gelehrten Barockdramatiker selbst war also die Bindung an das Schultheater und seine rhetorischen Gesetze durchaus nichts Sekundäres, Unangemessenes, wie es dem heutigen Betrachter vielleicht scheinen mag. Die Formen der Präsentation – einschließlich

---

scher Sinn-Getichte Drey Tausend‹, Breslau [1654], 1. Tausend, S. 25). Zu Kuhlmann – er spielte als Achtzehnjähriger eine Frauenrolle – vgl. Dietze, Quirinus Kuhlmann, S. 23.

[307] Szyrocki, Der junge Gryphius, S. 39 (mit Erörterung der Streitfrage, ob Gryphius damals die ›Tragoediae sacrae‹ des Caussinus erhielt). Zu Gryphius' Teilnahme an Redeactus und Schulaufführungen in Fraustadt und Danzig vgl. auch Flemming, Andreas Gryphius und die Bühne, S. 26f. u. 33f.

[308] H. Steger, Johann Christian Hallmann. Sein Leben und seine Werke, Diss. Leipzig 1909, S. 37ff.; vgl. auch E. Beheim-Schwarzbach, Dramenformen des Barocks. Die Funktion von Rollen, Reyen und Bühne bei Joh. Chr. Hallmann (1640–1704), Diss. Jena 1931, S. 3.

[309] C. Müller, Beiträge zum Leben und Dichten Daniel Caspers von Lohenstein (Germanist. Abh. 1), Breslau 1882, S. 16f.

[310] Sein Leben, von ihm selbst erzählt. Hrsg. v. A. Schmiedecke. Mit einem Vorwort v. R. Alewyn, Göttingen 1965, S. 20.

[311] K. Kolitz, Johann Christian Hallmanns Dramen. Ein Beitrag zur Geschichte des deutschen Dramas in der Barockzeit, Diss. München 1911, S. 24f.

[312] Wentzlaff-Eggebert, Dichtung und Sprache des jungen Gryphius, S. 52 datiert die Übersetzungen (im wesentlichen nach stilistischen Kriterien) in die Zeit von 1634 bis 1637. Kritische Auseinandersetzung mit Wentzlaff-Eggeberts Chronologie bei Szyrocki, Der junge Gryphius, S. 44ff.

[313] Ob der Stolz dabei mehr auf der Seite der Gönner und Geldgeber lag (wie Szyrocki, a.a.O., S. 47 meint), mag dahingestellt bleiben.

des ›Deklamatorischen‹ – standen in Einklang mit den Prinzipien, auf die der gesamte sprachlich-rhetorische Unterricht aufgebaut war und die sich dem Autor von frühester Zeit an eingeprägt hatten.

Ob in einzelnen Fällen die Fähigkeiten der jungen Darsteller nicht doch überfordert waren[314], ist eine andere Frage. Es wird den Großen des Barockdramas bisweilen kaum anders ergangen sein als Bach mit seinen Thomasschülern. Vor allem bei der *pronuntiatio* dürfte sich das Fehlen einer systematischen Schulung in der ›deutschen Oratorie‹ bemerkbar gemacht haben; im allgemeinen übertrug man wohl einfach die Techniken der lateinischen Deklamationspraxis. Die Spätblüte des barocken Schultheaters in Zittau ist nicht zuletzt auf die neu geschaffene, rhetorische Grundlage in der Muttersprache zurückzuführen. Doch wenn schon gegen Ende der 6oer Jahre das deutsch-sprachige Breslauer Schultheater zu versanden beginnt (die Aufführung von Lohensteins ›Sophonisbe‹ 1669 ist das letzte Glied einer glanzvollen Tradition)[315] und für zwei Jahrzehnte wieder dem lateinischen ›Belehrungsactus‹ Platz macht[316], so kommt der Anstoß dazu aus einem Bereich, der jenseits des eigentlich Rhetorischen liegt. Immer größerer Aufwand für die äußere Ausstattung, für Massenszenen, Kulissen und Requisiten, für Musik, Singspieleinlagen und Ballett, alles dies – am deutlichsten ablesbar an den Schuldramen Hallmanns[317] – übersteigt allmählich die Möglichkeiten des Schülertheaters.

Vor allem aber droht auf diese Weise der entscheidende rhetorisch-pädagogische Zweck unterzugehen[318], und damit verfügt die alte, nie ganz verstummte Kritik am Schultheater über ein neues, durchschlagendes Argument: »Durch diese Exercitia solte sich zwar die Jugend/ nach etlicher Meynung/ in wohl-anständigen Sitten/ sonderlich in der Rede-Kunst/ perfectioniret machen/ unterdessen improbiren es viele Kluge/ in regard, daß die Jugend solcher Licenz

---

[314] Etwa bei der großen Gerichtsrede Leos zu Beginn des zweiten Akts von Gryphius' ›Leo Armenius‹ oder beim Auftritt von ›Antigoni Geist‹ im dritten Akt von Lohensteins ›Cleopatra‹.

[315] Der Einschnitt ist primär eine Folge dessen, daß der große Förderer des Breslauer Schultheaters, Elias Maior, am 17. Juli 1669 stirbt. Aber bezeichnenderweise findet sich niemand, der sein Werk fortsetzt.

[316] Eggers, Die Bewertung ..., S. 30.

[317] Dazu ausführlich die Monographie von Beheim-Schwarzbach.

[318] Er gerät auch dadurch in Gefahr, daß die Schüler gelegentlich – wie aus Elias Maiors Tagebuch zu erschließen ist – um der Geldeinnahme willen in eigener Regie (wenn auch mit Genehmigung der Schulbehörde) Theateraufführungen veranstalteten; vgl. Hippe, Aus dem Tagebuche ..., S. 181ff.

mißbrauchte/ darüber die Studia versäumete/ daraus ein Handwerck gleichsam formirte/ anderer Excessen zugeschweigen«[319]. Der Satz eines schlesischen Chronisten aus dem Jahre 1689 illustriert mit wünschenswerter Deutlichkeit die prekäre Lage, in die das Breslauer Schultheater durch den Geschmackswandel der spätbarocken Zeit geraten war. Einerseits mußte es – im Gegensatz zur Schulbühne der Jesuiten – zwangsläufig hinter den Ansprüchen eines mehr und mehr an Oper und Ausstattungsstück interessierten Publikums zurückbleiben. Andererseits entfernte es sich zusehends vom traditionellen, sinngebenden Kern des humanistischen Unterrichts.

Wo an den protestantischen Gelehrtenschulen um die Jahrhundertwende noch Theater gespielt wurde, geschah es (außer bei Weise und einigen seiner Anhänger)[320] ohne eine neue, zeitgemäße Konzeption. Andere Faktoren, wie das Aufkommen eines gebildeten Schauspielerstandes[321], zunehmende Kritik von seiten des Pietismus[322] und die Bestrebungen der realistischen Schulpädagogik[323], beschleunigten den Niedergang des Schultheaters. Immer häufiger schränken Konsistorien, Ephorate und Magistrate den Theaterbetrieb der Schulen ein; in Preußen wird er am 30. September 1718 durch Friedrich Wilhelm I gänzlich untersagt. Zwar wird an einzelnen deutschen Gymnasien weiterhin Theater gespielt, das Gros der Schulen aber kehrt zu den alten, nur leicht aufpolierten Formen der Rede-Actus zurück[324].

*

Der Vorgang scheint bezeichnend für das Schicksal der humanistischen Schulrhetorik überhaupt: sie, die in der Barockzeit geradezu

---

[319] Friedrich Lucae, ›Schlesiens curieuse Denkwürdigkeiten‹, Frankfurt a. M. 1689, S. 578.

[320] Dazu Eggert, Christian Weise ..., S. 317ff. (mit genauen Nachweisen).

[321] C. Heine, Johannes Velten, Diss. Halle 1887; C. Speyer, Magister Velthen und die sächsischen Hofkomödianten am kurfürstlichen Hof in Heidelberg und Mannheim, Neue Heidelb. Jb. 1926, S. 64ff.; F. Tschirn, Die Schauspielkunst der deutschen Berufsschauspieler im 17. Jahrhundert, Diss. Breslau 1921.

[322] W. Schmitt, Die pietistische Kritik der ›Künste‹. Untersuchungen über die Entstehung einer neuen Kunstauffassung im 18. Jahrhundert, Diss. Köln 1958; vgl. auch E. Hövel, Der Kampf der Geistlichkeit gegen das Theater in Deutschland im 17. Jahrhundert, Diss. Münster 1912.

[323] Ausführliche Literaturhinweise in der o. S. 245 Anm. 20 genannten Arbeit von Schaller.

[324] Belegmaterial bei Möller V und VI. Selbst in einzelnen Realschulen bedient man sich der bewährten Repräsentationsform, so 1768 in Berlin, wo an drei Tagen allein 77 Redner auftreten (Möller VI, S. 6). Vgl. auch Paulsen 1, S. 600f.

das Fundament der gelehrten Literatur bildete und dem Kunstdrama die einzig angemessene Entfaltungsmöglichkeit bot, kapselt sich gleichsam ein. Was an ›barocker Entartung‹ (an ›Schwulst‹ und ›Unnatur‹) da und dort eingedrungen war, wird unter betontem Rückgriff auf die Klassiker (vor allem Cicero und Quintilian) nach Möglichkeit wieder ausgestoßen[325]. Auf der anderen Seite wird, zumal durch Gottscheds energischen Einsatz[326], auch die Notwendigkeit einer muttersprachlichen Schulrhetorik anerkannt. Doch immer häufiger melden sich prinzipielle Zweifel, ob die traditionellen Techniken rhetorischer Sprachbildung noch ausreichen.

Am 31. Oktober 1748 beschließt der Dortmunder Rat eine Verordnung, die an Deutlichkeit der Sprache wenig zu wünschen übrig läßt: »weil es ganz unnütz und gar schädlich ist, dass die Schüler als Anfänger der Beredsamkeit mit hunderterlei Chrieen und dergl. geplagt werden, woher die besten ingenia Pedanten, aber niemals dazu, ihre Gedanken in einen ordentlichen Vortrag zu verfassen, gebraucht werden, so sollen Gymnasiarcha und Prorector unter Directur des Scholarchen vor allen Dingen daran sein, dass die alte sklavische Schuloratorie ausgemerzt, die Schüler mit Elaborationen, worab sie doch wenig oder nichts verstehen, nicht geplagt, sondern ihnen eine gesunde Beredsamkeit in ihrer eigentlichen Gestalt beigebracht werde«[327].

Es ist das Jahr, in dem die ersten Gesänge von Klopstocks ›Messias‹ veröffentlicht werden, ein Ereignis, das mit der Entwicklung der humanistischen Schuloratorie zunächst in keinem Zusammenhang zu stehen scheint. Zwei Jahrzehnte später jedoch, als Herder (Anfang Juni 1769) sein Lehramt an der Domschule zu Riga ver-

---

[325] Charakteristisch für die neue, kritische Einstellung ist Hallbauers ›Vorrede von den Mängeln der Schul-Oratorie‹, in: ›Anweisung Zur Verbesserten Teutschen Oratorie‹, Jena 1725, fol. a 5ᵃff.

[326] Sein Interesse am rhetorischen Unterricht der Gymnasien ist bisher – im Gegensatz zu seinen akademischen Zielen – wenig gewürdigt worden (vgl. Grosser, Gottscheds Redeschule, S. 23; Wechsler, Gottscheds Rhetorik, S. 57; ferner G. Schimansky, Gottscheds deutsche Bildungsziele [Schriften d. Alberts-Univ., Geisteswiss. R. 22], Königsberg u. Berlin 1939, S. 158). Als wichtigstes Instrument seiner Einwirkung auf die Gymnasien hatte Gottsched die ›Vorübungen der Beredsamkeit zum Gebrauche der Gymnasien und größeren Schulen‹, Leipzig 1754 ausersehen (weitere Auflagen 1756, 1765, 1775). Die ›Vorübungen‹ wurden, wie er stolz berichtet, »bald zum Unterrichte der Schuljugend brauchbar gefunden; und ... mit vielem Nutzen angewandt« (›Akademische Redekunst‹, Leipzig 1759, Vorrede, fol. * 2ᵃ). Durch sie sollten vor allem die Lehrbücher Weises und der Weisianer aus dem Schulunterricht verdrängt werden.

[327] Möller VII, S. 5f.

läßt und im ›Journal‹[328] seinen eigenen Plan einer Idealschule entwirft, ist der Konflikt zwischen der traditionellen humanistischen
Verbalbildung und einer neuen, die Zukunft bestimmenden Sprach-
und Dichtungsauffassung klar erkennbar.

›Sachen statt Worte‹, die alte Forderung, die schon während des
17. Jahrhunderts – und früher – immer wieder aus dem Lager der
Reformpädagogen zu hören war, ist eine von Herders Leitvorstel-
lungen. Seine neue Schule »bildet Sachenreiche Köpfe, indem sie
Worte lehret, oder vielmehr umgekehrt, lehrt Worte, indem sie Sachen lehret«[329]. Erst wenn durch drei Realklassen ein Fundament
gelegt ist, darf der eigentliche sprachlich-literarische Unterricht beginnen[330]. Er steht unter dem Primat des Deutschen: »Weg also das
Latein, um an ihm Grammatik zu lernen; hiezu ist keine andre in
der Welt als unsre Muttersprache«[331]. Und ganz im Sinne der Dortmunder Ratsverordnung von 1748 lernt der Schüler »nicht Sachenlose eckle Briefe, Chrien, Perioden, Reden und Turbatverse machen«,
sondern »er hat alle Uebungen der Schreibart, weil er alle der Denk-
art hat«[332].

Priorität des Denkens gegenüber der formalen Ausgestaltung der
Rede – das war die Grundforderung der Rhetoriker der frühen Aufklärung gewesen, von Fabricius über Hallbauer bis zu ihrem Wortführer Gottsched[333]. Aber immer noch erzeugt das Gymnasium, nach
Herders (und nicht nur seiner) Ansicht, »Sachenlose Pedanten, ge-
kräuselte Periodisten, elende Schulrhetoren, alberne Briefsteller, von
denen Deutschland voll ist«[334]. Dem gilt es ein prinzipiell neues rhetorisches Bildungsziel entgegenzusetzen: »Reichthum und Genauig-
keit im Vortrage der Wahrheit: Lebhaftigkeit und Evidenz, in Bil-

---

[328] Suphan 4, S. 345ff. Vgl. o. S. 222. Einzelausgabe unter dem Titel ›Herders
Reisejournal‹ mit einer Einleitung von E. Blochmann (Kleine Pädagog. Texte.
2), Weinheim ²1961.

[329] A.a.O., S. 390.

[330] Der Ansatz ist gut comenianisch. Herders eigentliches Vorbild aber ist – überall
erkennbar (z. B. S. 371) – Rousseaus ›Emile‹.

[331] A.a.O., S. 388. Das Lateinische hat also prinzipiell als entbehrlich zu gelten;
aber es bietet eine nützliche Erweiterung des sprachlichen Könnens (Einzelheiten
zum Lateinunterricht S. 395ff.).

[332] A.a.O., S. 389f.

[333] Für Gottsched vgl. die Monographien von Grosser und Wechsler. Dem
›Grund-Riß zu einer vernunftmäßigen Redekunst‹, Hannover 1729, gehen
Lehrbücher der beiden anderen Genannten voraus: Johann Andreas Fabricius,
›Philosophische Oratorie‹, Leipzig 1724; Hallbauer, ›Anweisung Zur Verbes-
serten Teutschen Oratorie‹, Jena 1725.

[334] Suphan 4, S. 390.

dern, Geschichten und Gemälden: Stärke und unaufgedunstete Empfindung in Situationen der Menschheit«[335]. Wo dies gewährleistet ist,
hat auch eine recht verstandene, nicht klassizistisch eingeengte Lektüre der antiken Autoren ihr Recht. Vor allem der Reichtum der
römischen Poesie soll erschlossen werden[336]. Jedoch: »Hier keine
Nacheiferungen; es sei denn, wen die güldne Leier Apolls selbst
weckt; aber viel Gefühl, Geschmack, Erklärung«[337].

Herders pädagogische Konzeption vom Jahre 1769 hat keinen unmittelbaren Effekt auf das Schulwesen auszuüben vermocht[338]. Aber
sie ist ein Symbol für die tiefgehende Entfremdung der neuen Ge-
fühls- und Geschmackskultur von der traditionellen rhetorisch-imi-
tatorischen Gelehrtenschulpraxis, jener geschichtlichen Wirklichkeit,
ohne die eine deutsche Barockliteratur nicht zu denken ist.

3. Rhetorik an den Jesuitengymnasien

Wer sich Vielfalt und geschichtliche Wandlung des protestantischen
Gelehrtenschulwesens im 17. Jahrhundert vergegenwärtigt, muß von
der rhetorischen Erziehung an den Jesuitengymnasien den Eindruck
eines unwandelbaren, monolithischen, festgefügten, wenn nicht gar
unmenschlich-starren Systems gewinnen. Hier gibt es keine stete Auseinandersetzung mit den Bestrebungen der Reformpädagogik, keine
Konzessionen an die Realisten und an die Vertreter der Muttersprache. Die Ordnung ist einmal gegeben worden und wird dann jahrhundertelang festgehalten; während der Barockzeit jedenfalls erfährt
sie keine tiefer reichende Änderung. Unbestritten bleibt der Primat
des Lateinischen, unbestritten vor allem auch die klare Ausrichtung
auf das Ziel der *eloquentia*.

Die nahezu diktatorische, dem Individuellen wenig Raum lassende
Straffheit der Jesuitenerziehung ist bis in die Gegenwart hinein oft
mit einem Unterton von Abscheu kritisiert worden. Andererseits aber
bewunderte man – schon während des 17. Jahrhunderts – die Einheitlichkeit der Methode, mit deren Hilfe »die Herren Jesuiten in

---

[335] Ebda. Hierzu H. M. Wolff, Der junge Herder und die Entwicklungsidee
Rousseaus, PMLA 57, 1942, S. 753ff.
[336] Bezeichnend ist schon die Liste der Autoren, die Herder nennt: Lukrez, Vergil,
Horaz, Ovid, Martial, Juvenal, Persius, Catull, Tibull (a.a.O., S. 397).
[337] Ebda.
[338] Das ›Journal‹ wurde bekanntlich erst 1846 veröffentlicht.

ihren Schulen so leicht und glücklich fortkommen«[1]. Zu den ›laudatores‹ der Jesuitenpädagogik gehörten so entschiedene Protestanten wie Meyfart und Johannes Arndt[2]. Und man war sich bewußt, daß die Jesuitengymnasien einen Gelehrtenschultypus eigener Art darstellten.

a. Ausbreitung und Macht der Jesuitenpädagogik

Doch nicht nur aus diesem Grund erscheint eine gesonderte Behandlung des jesuitischen Rhetorikbetriebs notwendig. Entscheidender noch sind Macht und Einfluß, die sich das Erziehungswesen der Societas Jesu vor und während der Barockzeit in zahlreichen deutschsprachigen Territorien zu erringen vermochte[3], weit über den Raum hinaus, den Herbert Cysarz als ›süddeutschen Bild-Barock‹ abgrenzen will[4]. Zwar bleiben Bayern und Österreich lange Zeit hindurch die eigentlichen Kerngebiete jesuitischer Aktivität: bereits 1549, drei Jahre vor Gründung des ›Collegium Germanicum‹ in Rom[5], kommen Jesuitenlehrer nach Bayern, 1551 nach Wien. 1556 wird in Ingolstadt ein Kolleg gegründet, 1559 in München, 1563 in Dillingen; und nun folgt Gründung auf Gründung, bis der gesamte süddeutsch-katholische Raum mit einem dichten Netz von Jesuitengymnasien überzogen ist. Doch früh schon greift die Bewegung auch nach Westen und Norden aus. Ein wichtiges Zentrum wird Köln, wo die Jesuiten (nach jahrelanger Vorbereitung) 1556 das ›Gymnasium Tri-

---

[1] ›Wohlgemeyntes ... und Gründliches Bedenken ...‹, Augsburg 1693, Neudr., S. 3. Der anonyme Autor ist – deutlich erkennbar – Protestant.

[2] Vgl. Newald, S. 74. Gerade Meyfart war während seiner Erfurter Zeit in scharfe Auseinandersetzungen mit den Jesuiten verwickelt.

[3] Grundlegend hierzu das monumentale Werk von B. Duhr, Geschichte der Jesuiten in den Ländern deutscher Zunge vom 16. bis zum 18. Jahrhundert, 4 Bde. in 6 Teilen, Freiburg i. B. (vom 3. Bd. ab: München–Regensburg) 1907–1928. Aus der Fülle weiterer Literatur seien noch hervorgehoben: P. v. Hoensbroech, Der Jesuitenorden. Eine Encyclopädie aus den Quellen zusammengestellt und bearbeitet, 2 Bde., Bern u. Leipzig 1926/27; L. Koch, Jesuiten-Lexikon. Die Gesellschaft Jesu einst und jetzt, Paderborn 1934 (Nachdr. Löwen-Heverlee 1962); H. Boehmer, Die Jesuiten. Auf Grund der Vorarbeiten von H. Leube neu hrsg. von K. D. Schmidt, Stuttgart 1957.

[4] Cysarz, Deutsche Barockdichtung, passim. Cysarz sieht »das Barock der lutherischen Lande ... als Wort-Barock in einem gewissen Gegensatz zum Bild-Barock des katholischen Südens« (S. 37).

[5] Es erhält die Funktion eines ›Mutterhauses‹ der deutschen Jesuitenkollegs, während das ›Collegium Romanum‹ (1550 von Ignatius gegründet) die philosophisch-theologische Ausbildungszentrale des Gesamtordens wird.

coronatum‹ übernehmen[6]. Es folgen 1561 Mainz und Trier, danach
zahlreiche Niederlassungen entlang des Rheins, von Molsheim und
Heidelberg über Speyer und Worms bis hin nach Aachen und Em-
merich. In den achtziger Jahren des 16. Jahrhunderts werden auch
die nordwestlichen Bistümer erobert, wobei meist alte Domschulen
in die Hände der Jesuiten übergehen (Münster, Osnabrück, Paderborn, Hildesheim). Von Mainz aus wird sogar in Heiligenstadt 1575
ein Jesuitengymnasium errichtet, gleichsam als Vorposten im protestantischen Mitteldeutschland[7].

Noch folgenreicher wird die von Habsburg gestützte ›Kolonisie-
rung‹ der östlichen Gebiete wie Preußen und Schlesien. Schon 1597
erhält die Grafschaft Glatz ein Jesuitengymnasium, dann folgen
u. a. 1622 Neiße als erste schlesische Stadt, 1626 Glogau, die Heimat
von Andreas Gryphius, 1635 Schweidnitz, wo Czepko und Günther
zur Schule gingen. Einen ihrer sinnfälligsten Erfolge aber erringen
die Jesuiten im Zentrum der deutschen Barockliteratur, in Breslau[8].
1638, ein Jahr vor Opitzens Tod, eröffnen sie dort als Ergänzung
zu Magdalenäum und Elisabethanum eine eigene Schule; und man
hat vermutet[9], daß die ungewöhnliche Regsamkeit des Breslauer
protestantischen Schultheaters zu einem wesentlichen Teil eben auf
die zielstrebige Konkurrenz der Patres zurückzuführen sei (schon
1639 beginnen sie mit Theateraufführungen).

Ein solches Nebeneinander von protestantischer Gelehrtenschule
und Jesuitengymnasium blieb freilich ein Einzelfall, begründet in der
besonderen politisch-konfessionellen Situation Schlesiens. Gerade
dieses Beispiel aber läßt auch erkennen, wie eng das Vordringen der
Jesuitenerziehung mit den politischen Erfolgen der Gegenreformation verbunden ist. Wo diese sich nicht durchzusetzen vermochte, dominierte weiterhin die Melanchthon-Sturmsche Lateinschule. Doch
wäre es falsch, den Siegeszug der Jesuitengymnasien lediglich als Ergebnis militärischer Konstellationen verstehen zu wollen. Denn auch

---

[6] Seit 1544 sind Jesuiten in Köln aktiv (siehe Duhr I 1, S. 33ff.), seit 1552 wird
eine Kollegienordnung entwickelt (abgedruckt MGPaed. II, S. 139ff.).
[7] Hierzu Duhr I 1, S. 152ff.
[8] C. A. Schimmelpfennig, Die Jesuiten in Breslau während des ersten Jahrzehnts
ihrer Niederlassung, Zs. d. Vereins f. Gesch. u. Alterthum Schlesiens 23, 1889,
S. 177ff. Die Versuche, dort Fuß zu fassen, reichen bis in das Jahr 1581 zurück
(Duhr I 1, S. 169ff.).
[9] Schon J. C. Arletius, Historischer Entwurf von den Verdiensten der evangelischen Gymnasiorum um die deutsche Schaubühne, Breslau 1762. Vgl. auch
Kolitz, Hallmanns Dramen, S. 7.

in den rein katholischen Gebieten war die pädagogische Vorherrschaft der Societas Jesu zunächst nicht unbestritten. An manchen Orten, wie in Augsburg und Dillingen, konnte sie sich nur gegen den energischen Widerstand des Domkapitels durchsetzen[10].

Die geographischen Einzelheiten der pädagogischen ›Machtergreifung‹ durch die Jesuiten sollen in diesem Zusammenhang nicht weiter ausgeführt werden[11]. Für die Bildungsgeschichte der Barockzeit ist entscheidend, daß am Ende der Entwicklung – in den katholischen Territorien – ein fast unbeschränktes Monopol stand[12]. Andere Orden wie Benediktiner und Franziskaner (später auch Piaristen) vermochten sich nur an wenigen Stellen als Träger gelehrter Schulen zu behaupten[13]. Auch die katholischen Universitäten (auf die noch einzugehen sein wird) waren nach und nach zur jesuitischen Domäne geworden, sei es daß die Patres alte Institutionen übernahmen, sei es daß sie neue gründeten. Ihr Potential an Lehrkräften war nahezu unerschöpflich, denn jedes Ordensmitglied mußte nicht nur ein Priesteramt, sondern – wenn irgend möglich – auch ein Lehramt ausüben können[14]. Die Zahl der Glieder aber wuchs gerade in Deutschland rapide. Waren es um 1600 noch ca. 1100, so zählte man um 1640 bereits über 2000[15]. Während die personelle Expansion unaufhaltsam weiterging, mußte auch für Unterrichtsräume und Kon-

---

[10] Im Fall Augsburgs ist dies um so erstaunlicher, als immerhin Petrus Canisius seit 1559 dort Domprediger war. Vgl. P. Braun, Geschichte des Kollegiums der Jesuiten in Augsburg, München 1822. Später, als die pädagogischen Erfolge der Jesuiten allenthalben sichtbar wurden, war die Situation oft genug umgekehrt: die Patres ließen sich bitten und knüpften ihre Zusage an nicht geringe materielle Forderungen (regelmäßige Subventionen, Überlassung von Grundstücken u. dgl.). Die Pädagogik wurde zu einer der Quellen jesuitischen Reichtums.

[11] Zu berücksichtigen wären neben so wichtigen Zentren wie Würzburg (seit 1567) und Fulda (seit 1572) vor allem die deutschschweizerischen Gebiete sowie die Länder der böhmischen Krone (Prag gehört zu den frühesten und wirksamsten Schwerpunkten jesuitischer Arbeit; bereits 1556 werden die Jesuiten durch König Ferdinand dorthin geholt).

[12] Es hat die Barockzeit z. T. noch lange überdauert, so in Bayern (»Zwei Jahrhunderte lang blieb die Leitung des bayrischen Schulwesens in den Händen der Gesellschaft Jesu«, Paulsen 1, S. 403).

[13] Hervorzuheben sind die Benediktiner mit ihren Niederlassungen in Kremsmünster (Gymnasium) und Salzburg (Universität), beide für die Literaturgeschichte vor allem durch Simon Rettenpacher bedeutsam.

[14] Schon die ›Constitutiones‹ (1540ff.) bestimmen es als Ziel für die Ausbildung der Fratres, »ut aliis in locis cum auctoritate docere possint quod in his bene ad Dei gloriam didicerunt« (MGPaed. II, S. 50f.).

[15] Zur Statistik vgl. im folgenden den Artikel ›Geschichte des Jesuitenordens‹ aus dem genannten Jesuitenlexikon von Koch, S. 665ff.

vikte als eine wichtige Voraussetzung der pädagogischen ›Eroberung‹ gesorgt werden. Das Münchner Kollegium an der Michaelskirche war »nach dem spanischen Eskorial das umfassendste und auch architektonisch gewaltigste Jesuitenkollegium der Welt«[16]. Entsprechend hoch konnten auch die Schülerzahlen steigen. In München wurde 1631 mit 1464 Schülern der Höhepunkt erreicht, in Köln hatten bereits 1558 etwa 800 Schüler das Jesuitengymnasium besucht, 1640 stieg die Zahl über 1000 (trotz der Konkurrenz zweier anderer Gymnasien), und in Münster zählte man 1617 fast 1400 Schüler[17]. Solche Größenordnungen mögen nur einzelne Gymnasien erreicht haben. Doch wenn man bedenkt, daß am Ausgang der Barockzeit, im Jahre 1725, allein die ›Deutsche Assistenz‹ der Jesuiten 208 Kollegien und Akademien umfaßte[18], so kann man ermessen, welch ungeheure Bildungsmacht dieser Orden darstellte.

Gestützt wurde die Macht durch planmäßig gepflegte Beziehungen zu den einzelnen katholischen Höfen[19]. Nicht nur als Beichtväter, als Hofprediger und geistliche Berater fanden die Jesuiten dort Eingang. Auch die Prinzenerziehung ging mehr und mehr in ihre Hände über, und selbstverständlich wurden dazu die besten Lehrkräfte ausgesucht[20]. So fungierte Jacob Balde am Münchner Hof als Erzieher der Söhne Herzog Albrechts VI. Andere Mitglieder des Hauses studierten in Ingolstadt, so Herzog Albrecht V und Herzog Maximilian. Ähnliches gilt für Österreich. Leopold I wurde von Jesuiten erzogen, ebenso Ferdinand II; der letztere war zugleich Studiengenosse des Bayernherzogs Maximilian in Ingolstadt – eine Verbindung, die sich im Zeichen der Liga auch politisch fortsetzen sollte.

Am sichtbarsten aber wird das Zusammenwirken von Jesuitenpädagogik und Hofinteresse dort, wo das Schultheater zum Hoftheater wird. Je größer und prächtiger die Patres ihr Kolleg ausbauen können[21], desto repräsentativer die Aufführung. Bereits 1568, als in München zur Hochzeit Herzog Wilhelms V das Festspiel ›Sam-

[16] Kindermann, Theatergeschichte Europas, Bd. 3, S. 442.
[17] Ein nicht zu unterschätzender Grund für die Beliebtheit der Jesuitenschulen war auch die Tatsache, daß die Patres prinzipiell unentgeltlich unterrichteten.
[18] Vgl. die ›Karte der Unterrichts- und Erziehungsanstalten der Deutschen Assistenz S. J. im Jahre 1725‹ (MGPaed. IX, Anhang).
[19] Duhr I, S. 685ff. (›An den Fürstenhöfen‹) und III, S. 779ff. (›An den Höfen‹).
[20] Duhr II 2, S. 282ff. (S. 285ff. einige kurze Porträts erlauchter Jesuitenzöglinge).
[21] Einzelheiten bei Duhr I, S. 602ff.

son‹ aufgeführt wird[22], zeigt sich das Jesuitentheater deutlich in seiner Funktion als Hoftheater. Jacob Bidermann führt es während der Jahre 1606 bis 1614 (als Professor der Rhetorik am dortigen Kolleg) zur frühbarocken Blüte. Am Wiener Hof des Jesuitenzöglings Leopold I erreicht es mit Avancinis prunkvollen ›ludi Caesarei‹ seinen hochbarocken Höhepunkt.

Solche Entfaltungsmöglichkeiten waren den protestantischen Gelehrtenschulen und ihrem Theater weitgehend verschlossen. Bezeichnend ist wieder das Breslauer Beispiel. Nur einmal, zur Aufführung von Opitzens ›Judith‹ im Jahre 1651, ist bei den Protestanten ein höfischer Rahmen bezeugt, das Haus des Herzogs von Oels; sonst waren sie auf ihre Gymnasialräume oder auf Patrizierhäuser angewiesen[23]. Die Jesuiten aber ließen ihre Schüler prinzipiell nur im fürstlichen Stift zu St. Matthiae oder in der kaiserlichen Burg spielen[24].

Das Streben nach Hoffähigkeit, nach ›Niveau‹ schlechthin ist ein Grundzug der gesamten Jesuitenpädagogik. Schon die Tatsache, daß sich unter den großen Volkspredigern des 17. Jahrhunderts kaum Jesuiten befinden[25], muß auffallen. Einzig Jeremias Drexel, der Münchner Hofprediger (Vorgänger Baldes) und vielgelesene Erbauungsschriftsteller, wäre hier zu nennen. Abraham a Sancta Clara ist zwar zunächst Jesuitenzögling (in Ingolstadt)[26], dann aber wechselt er zu den Benediktinern, und als seinen Orden wählt er die Augustiner Barfüßer. Die beiden andern Großen unter den katholischen Kanzelrednern, Martin von Cochem[27] und Prokop von Templin[28], sind Kapuziner. Das bedeutet nun keineswegs, daß die Jesui-

---

[22] Die diesbezügliche Angabe Newalds (S. 96) ist irreführend: »Das jesuitische Drama begann in München« nicht erst 1568; schon 1560, ein Jahr nach Gründung des Kollegs, wird dort Theater gespielt. Vgl. K. v. Reinhardstöttner, Zur Geschichte des Jesuitendramas in München, Jb. f. Münchner Geschichte 3, 1889, S. 53ff.

[23] Näheres bei Hippe, Aus dem Tagebuche ..., S. 186ff.

[24] Vgl. Schimmelpfennig, Die Jesuiten in Breslau ..., S. 177ff.

[25] Einen Überblick über die Jesuitenprediger vor allem des 17. Jahrhunderts gibt J. N. Brischar, Die deutschen Kanzelredner aus dem Jesuitenorden, Bd. 1 (= Bd. 2 von: Die katholischen Kanzelredner Deutschlands seit den letzten drei Jahrhunderten), Schaffhausen 1867.

[26] Propaganda für die Jesuitenkollegs treibt er noch in ›Judas Der Ertz-Schelm‹, 2. Teil, Baden im Ergöw 1689, S. 159f. Zum Jesuitenerbe bei Abraham vgl. auch Weithase 1, S. 133.

[27] J. Chr. Schulte, Pater Martin von Cochem, Freiburg i. B. 1910; vgl. jetzt auch den Vortrag von L. Signer, Martin von Cochem, eine große Gestalt des rheinischen Barock. Seine literarhistorische Stellung und Bedeutung, Wiesbaden 1963.

[28] V. Gadient, Prokop von Templin, Regensburg 1912; A. H. Kober, Prokop von

ten auf jede Breitenwirkung verzichteten. Gerade ihrer Aktivität in Volksmission, Katechese und Exerzitien[29] verdanken sie entscheidende Voraussetzungen der weltweiten Ausbreitung. Aber selten waren es die geistig führenden Köpfe, die der Orden für eine solche Aufgabe freistellte. Ihnen war der Kampf an einer anderen Front aufgegeben; in der Terminologie der Zeit könnte man sagen: an der ›gelehrten‹ Front.

Erst damit öffnete sich der Weg zum eigentlichen Ziel des Jesuitenordens, zur Gegenreformation. Denn im Namen der Wissenschaft und des kritischen Urteils war die Reformation gegen Rom aufgetreten, im Bündnis mit dem Humanismus hatte sie sich als geistige Bewegung etabliert. Durch politisch-militärische Repression allein konnte sie nicht auf die Knie gezwungen werden, vor allem in Deutschland nicht, dem eigentlichen Kernland des Protestantismus. Diese Einsicht gehört zu den Grundlagen jesuitischer Aktivität. Eine geistige Repression aber war nicht möglich ohne entschlossene Aneignung des humanistischen Instrumentariums.

b. Humanistische Basis

Die Jesuiten, allen voran ihr Ordensvater, waren nüchtern und realistisch genug, um die geschichtliche Wirkungsmacht des Humanismus und des humanistischen Bildungswesens zu erkennen. Um so entscheidender kam es darauf an, die humanistisch gerüsteten Gegner mit ihren eigenen Waffen zu schlagen[30]. Der vollkommene Jesuit hatte zugleich ›gelernter‹ Humanist zu sein. Damit aber wurde der Unterricht in den *humaniora* zu einer der Hauptaufgaben des Jesuitenordens. »Nostrorum progressus in literis Humanioribus magnae curae fuisse Patri Nostro Ignatio«[31], daran erinnern die Jesuiten gern, wenn es um die Grundfragen ihrer Pädagogik geht.

Die Einzelheiten, die den Weg von der Ordensgründung (1540)[32] bis zur Verabschiedung einer festen Studienordnung (1599) kenn-

---

Templin, Euphorion 21, 1914, S. 520ff. 702ff. u. 22, 1920, S. 25ff. 268ff. (stärker literarhistorisch orientiert).

[29] Vgl. besonders Duhr II 2, S. 1ff. (›Seelsorge‹) und III, S. 660ff. (›Volksmissionen‹).

[30] Charakteristisch für die Waffenmetaphorik ist der kurze Auszug aus ›Coltura degl' ingegni‹ (Vicenza 1598) des Jesuiten Antonio Possevino, zitiert bei Garin 3, S. 18.

[31] MGPaed. V, S. 144.

[32] Als Fixpunkt ist das Jahr der offiziellen Bestätigung durch den Papst gewählt.

zeichnen, brauchen hier nicht dargestellt zu werden[33]. Man hat mit Recht darauf hingewiesen, es sei keineswegs selbstverständlich, »daß der Jesuitenorden überhaupt zu einer detaillierten Ordnung, einem echten Lehrplan gekommen ist«[34]. Zahlreiche Widerstände waren zu überwinden, aber gerade aus den deutschen Ordensprovinzen (insbesondere der oberdeutschen) kamen immer wieder Anträge, die auf eine verbindliche Studienordnung drängten. Die besondere Aktivität der deutschen Jesuiten scheint bezeichnend. Denn in ihrem Bereich hatte das Bündnis von Humanismus und Reformation einen Gelehrtenschultypus hervorgebracht, der gegenüber dem mittelalterlichen Schulbetrieb einen unleugbaren Fortschritt darstellte und auch auf die Katholiken große Anziehungskraft ausübte.

Die im Zeichen der Gegenreformation entstandene bayerische Schulordnung von 1569 spiegelt diese Situation deutlich wieder. Zwar werden die protestantischen Pädagogen, an ihrer Spitze Melanchthon, prinzipiell abgelehnt, weil sie »sich von der alten wahren Religion abgesündert haben«. Andererseits aber wird anerkannt, daß »diser leut form vnd Methodus, dene sie im dociern gebrauchen/ etwas anmutig vnd leuchter als der so vor Iaren inn Schulen breuchig gewest«[35]. Hinter diesem Standard durften die Jesuitenschulen nicht zurückbleiben, wenn sie ihre Aufgabe im Rahmen der Gegenreformation erfüllen sollten. Nichts lag also näher, als sich – solange keine verbindliche Ordnung vorlag – zunächst einmal am Vorbild der humanistischen Gelehrtenschulen auszurichten. So geschah es beispielsweise in der Ordnung des Kölner Jesuitenkollegs (1552ff.)[36] oder im Münchner ›Index Lectionum‹ (1569)[37].

---

[33] Das für Deutschland wichtige Material zu den jesuitischen Studienordnungen, von 1541 bis 1832, ist in vier Bänden der ›Monumenta Germaniae Paedagogica‹ (II, 1887; V, 1887; IX, 1890; XVI, 1894) zugänglich unter dem Titel: ›Ratio Studiorum et Institutiones Scholasticae Societatis Jesu per Germaniam olim vigentes collectae, concinnatae, dilucidatae‹ (die ersten drei Bände bearbeitet von G. M. Pachtler, der vierte von B. Duhr). Vgl. ferner B. Duhr, Die Studienordnung der Gesellschaft Jesu (Bibl. d. kathol. Pädagogik. 9), Freiburg i. B. 1896; G. Mertz, Die Pädagogik der Jesuiten nach den Quellen von der ältesten bis in die neueste Zeit, Heidelberg 1898. Überblicke geben (meist ohne genauere Nachweise des Materials) auch G. Müller in: Schmid, Geschichte der Erziehung ..., Bd. III 1, S. 1ff. und Paulsen 1, S. 38ff.
[34] Dolch, Lehrplan ..., S. 239 (mit Hinweis darauf, daß die Tridentiner Beschlüsse noch große Zurückhaltung in dieser Hinsicht zeigten und auch die ersten Ordenssatzungen »nur ein sehr allgemeines Lehrprogramm« enthielten).
[35] MGPaed. XLII, S. 35f.
[36] MGPaed. II, S. 139ff.
[37] MGPaed. XLII, S. 41ff.

Auf protestantischer Seite verfolgte man diese Entwicklung mit gemischten Gefühlen. Einerseits empfand man Genugtuung darüber, daß sich auch die Jesuiten dem pädagogischen Fortschritt (der ja mit der Reformation eng verbunden war) hatten beugen müssen. Andererseits aber beobachtete man mit Sorge und nicht ohne ein gewisses Neidgefühl, wie reich und prächtig die Jesuitenkollegs an manchen Orten ausgestattet wurden. Zu denen, die sich in diesem Sinne äußerten, gehört kein Geringerer als Johannes Sturm. In den beiden Vorreden zu seinen ›Classicae epistolae‹ (1565)[38] nimmt er zunächst Bezug auf die Gründung der Kollegs in Dillingen, Mainz und Trier (»maximis, ut mihi videtur, impensis atque sumtibus« errichtet)[39]. Dann aber geht er des näheren auf die Ziele und Erfolge der Jesuiten ein und würdigt insbesondere ihren Einsatz für die *bonae literae* (wobei er *linguae, Dialectica* und *dicendi ratio* anführt). Er freue sich darüber, weil er ja die gleichen Ziele verfolge und weil ihre Methoden den seinen sehr ähnlich seien: ›Vidi enim, quos scriptores explicent: et quas habeant exercitationes: et quam rationem in docendo teneant: quae a nostris praeceptis institutisque usque adeo proxime abest: ut a nostris fontibus derivata esse videatur«[40].

Der letzte Nebensatz wird in der einschlägigen Literatur seit langem heftig diskutiert[41]. Die rein zeitliche Priorität ist Sturm nicht abzustreiten; seine Programmschrift ›De literarum ludis recte aperiendis‹ (1638) liegt bereits vor, als der Jesuitenorden noch gar nicht als Institution existiert. Damit ist freilich das Problem nicht gelöst. Man gab zu »bedenken, dass weder Sturm noch der h. Ignatius von Loyola mit seinen geistlichen Söhnen aus den Wolken auf die Erde geraten waren, sondern auf der geschichtlichen Entwicklung des abendländischen Schulwesens fussten«[42]. Für Sturm sind unter anderem die Anregungen zu berücksichtigen, die er in der Lütticher Schule der Fraterherren und in der Löwener Universität erhielt. Am wichtigsten aber scheint die Tatsache, daß beide, Sturm wie Ignatius, unter dem unmittelbaren Einfluß der Pariser Universität stehen, des

---

[38] Abgedruckt bei Vormbaum 1, S. 678ff.
[39] A.a.O., S. 679.
[40] A.a.O., S. 680.
[41] Meist wird die ›Quellen‹-These ohne ihren Zusammenhang und ohne Nachweise weitergegeben.
[42] G. M. Pachtler, MGPaed. V, ›Vorwort‹, S. VI.

glanzvollen Zentrums humanistischer Wissenschaft[43]. Und schließlich hat man als gemeinsame Basis »die beiden Grundkomponenten Christentum und Humanismus« hervorgehoben[44].

c. Der Aufbau des Rhetorikstudiums

Vor diesem weiter gefaßten geistesgeschichtlichen Hintergrund freilich rücken Jesuitengymnasium und Sturmsche Lateinschule wieder auffallend nahe aneinander: unter dem Aspekt der Rhetorik[45]. In keiner anderen pädagogischen Konzeption jener Zeit ist der gesamte gelehrte Unterricht so entschieden auf das Ideal der *eloquentia* ausgerichtet wie bei Sturm und den Jesuiten. Was Sturm betrifft, so genügt hier bereits der Hinweis auf seine Formel von der *sapiens atque eloquens pietas*. Daß auch bei den Jesuiten die *pietas* den obersten Rang einnimmt, ist selbstverständlich. Nach Maßgabe der ›Ratio‹ widmet sich der gesamte Unterricht »obsequio et amori Dei ac virtutum«[46]. Das Ziel der letzten Klasse aber wird dadurch ›definiert‹, daß sie »ad perfectam ... eloquentiam informat, quae duas facultates maximas, oratoriam et poeticam, comprehendit«[47]. Und das Lehrbuch, das auf dieser Stufe benutzt wird, verkündet die christliche Synthese: »colat Christianam eloquentiam, quae ex diuinarum rerum cura et contemplatione: ex Christi IESV amore: ex maximarum denique artium studijs efflorescit«[48]. Die Konstituentien dieser Formel sind die gleichen wie in Sturms Bildungsprogramm: *pietas, eloquentia, sapientia (artes)*.

---

[43] Paulsen 1, S. 422: »sie hätten sich begegnen können« (Sturm war 1529-1537 in Paris, Ignatius 1528-1534).

[44] Dolch, Lehrplan ..., S. 238.

[45] Eine zureichende Darstellung der Rhetorik an den Jesuitengymnasien gibt es nicht. Das schmale Heft von G. Mertz, Über Stellung und Betrieb der Rhetorik in den Schulen der Jesuiten, mit besonderer Berücksichtigung der Abhängigkeit von Auctor ad Herennium, Heidelberg 1898 ist kaum mehr als ein (mangelhaft dokumentierter) Zettelkasten. Einzelheiten finden sich auch bei Duhr, Die Studienordnung ..., passim. Zu den französischen Jesuitenkollegs vgl. die neueren Arbeiten von R. A. Lang, The development of rhetorical theory in French colleges, 1550-1789 (with indications of other available rhetorics), Ph. D. diss. Northw. Univ. Graduate School 1950; und: The teaching of rhetoric in French Jesuit colleges, 1556-1762, Speech Monographs 19, 1952, S. 286ff.

[46] MGPaed. II, S. 378.

[47] MGPaed. V, S. 398.

[48] Soarez, ›De arte rhetorica ...‹ (s. u. S. 336), fol. A 6b. Am Schluß des Buches (S. 153) wird das Motiv ringkompositorisch noch einmal aufgenommen (vgl. u. S. 346).

Damit ist allerdings nur der allgemeinste Rahmen des jesuitischen Rhetorikbetriebs gegeben. Die Ähnlichkeit, von der Johannes Sturm sprach, bezieht sich ja auf viel konkretere Punkte, auf Lektüre (*scriptores*), Übungstechniken (*exercitationes*) und Lehrmethode (*ratio docendi*). Es wird sich noch zeigen, wie weit diese Ähnlichkeit tatsächlich geht. Doch eines darf bei alledem nicht vergessen werden: die grundlegende Divergenz in dem, was man den ›höheren Zweck‹ des rhetorischen Unterrichts nennen könnte.

Der *eloquentia*-Betrieb Sturmscher Prägung will den Menschen in derjenigen Fähigkeit ausbilden, die ihn als *animal loquens* vor allen anderen *animalia* auszeichnet[49]. Nur unter diesem Gesichtspunkt ist es legitim, von einem ›humanistischen‹ Schultyp zu sprechen; er trägt seinen Sinn wesentlich in sich selbst. Der jesuitische Rhetorikunterricht hingegen steht von vornherein im Zeichen konkreter Zwecke; er hat beizutragen zum großen Werk der Gegenreformation[50]. Die nächstliegende, wichtigste Aufgabe stellte sich im Bereich des Ordens selbst: Heranbildung des Nachwuchses. Wie der Orden als Ganzes nach militärischem Vorbild organisiert war[51], mußte auch das einzelne Mitglied zum fähigen und gehorsamen ›Soldaten‹ erzogen werden, »obsequio et amori Dei ac virtutum«[52]. Gemäß dem schon angesprochenen Prinzip der Instrumentalisierung des Humanismus fiel es dem Gymnasialunterricht zu, den angehenden Jesuiten im Gebrauch der humanistischen Waffen auszubilden[53].

Verteidigung des rechten Glaubens, Widerlegung der Ketzer, Rückeroberung der Abgefallenen – diese Ziele soll der Unterricht

---

[49] Charakteristisch ist folgende Stelle aus der Programmschrift ›De literarum ludis recte aperiendis‹ (1538): »Ad loquendum enim homines, quam ad cogitandum iudicandumque promtiorem naturam habent: et quod unicuique aptum est, ab eo principium in erudiendo debemus ducere« (Vormbaum 1, S. 655).

[50] Vgl. Garin 3, S. 18: »Der Humanismus hatte einen autonomen, zu sich selbst befreiten Menschen bilden wollen ... Die Jesuitenschule erkennt nur einen einzigen Menschentyp und eine ganz spezifische Aufgabe an«.

[51] Bezeichnend ist schon der Titel der Bulle, die dem neuen Orden gewidmet war: »Regimini militantis ecclesiae«. Zu Ignatius' eigenem militärischem Werdegang vgl. H. Rahner, Ignatius von Loyola und das geschichtliche Werden seiner Frömmigkeit, Graz ²1949, S. 20ff. A. Vogel, Der Geist Jesu Christi und der Geist militärischer Erziehung im Jesuitenorden, Diss. Dresden (TH) 1935.

[52] MGPaed. V, S. 378.

[53] Daß die *humaniora* auch gelehrt werden, um den Forderungen der Zeit zu genügen, wird schon in den ›Constitutiones‹ klar ausgesprochen: »Et quia tam doctrina Theologiae quam ejus usus exigit, his praesertim temporibus, litterarum humaniorum ... cognitionem, harum etiam idonei Professores ... constituentur« (MGPaed. II, S. 53).

nie aus den Augen verlieren. Immer wieder wird daran erinnert, als Maßstab habe zu gelten, »quae sufficere ad infidelium et haereticorum conversionem possit«[54]. Hier ist die Diskrepanz gegenüber dem humanistischen *eloquentia*-Ideal eines Johannes Sturm evident. Hier liegt auch der tiefere Grund für die besondere Pflege der eristischen Künste, der *concertationes* und *disputationes*, die den Unterricht von der ersten Klasse an begleiten. Als Fundament alles spezifisch Rhetorischen aber dürfen die täglichen Übungen in der Selbstbeobachtung und Selbstbeherrschung nicht vergessen werden, jene geistige Atmosphäre der absoluten Disziplin, die Ignatius der Societas Jesu und ihrer Erziehungsform von Anfang an mitgegeben hat[55].

Zielstrebigkeit, Straffheit und Einheitlichkeit bestimmen auch den Gesamtaufbau der Jesuitenerziehung, der sich in einen Gymnasialkurs, einen Philosophiekurs (›Lyceum‹ mit Logik, Physik, Metaphysik und Ethik) und einen abschließenden Theologiekurs gliedert. Doch soll es hier zunächst nur um die sogenannten *studia inferiora* gehen, d. h. den eigentlichen Gymnasialkurs. Seine Nähe zur Entwicklung der humanistischen Schulordnungen wird besonders deutlich beim Vergleich der ältesten Kölner Jesuitenordnung (1552ff.)[56] mit der ›Ratio studiorum‹ (1599)[57]. Zunächst ist der Aufbau – ähnlich der Melanchthonschen Ordnung in ›hauffen‹ – dreiklassig: ›Grammatica‹, ›Rhetorica‹, ›Dialectica‹. Dann aber wird die unterste Stufe – wie bei den Protestanten – noch einmal dreigeteilt[58], und die Rhetorik rückt an die Spitze: ›Grammatica infima‹, ›Grammatica media‹, ›Grammatica suprema‹, ›Humanitas‹ oder ›Poesis‹, ›Rhetorica‹[59].

---

[54] So a.a.O., S. 84.
[55] Vgl. hierzu die Hinweise auf rhetorische Elemente in den Exercitien bei G. T. Tade, The ›Spiritual exercises‹: a method of self-persuasion, QJS 43, 1957, S. 383ff.
[56] MGPaed. II, S. 139ff.
[57] Die ›Ratio‹ ist abgedruckt (mit deutscher Übersetzung) in MGPaed. V, S. 225ff.; die *studia inferiora*: S. 378ff. Das Pensum wird in Form von Weisungen an die jeweiligen ›Klassenlehrer‹ genannt, die Reihenfolge führt von der ranghöchsten bis zur niedrigsten Klasse (es beginnt mit den ›Regulae Professoris Rhetoricae‹).
[58] So bereits im Entwurf von 1586 (MGPaed. V, S. 183ff.).
[59] Dem Ganzen ist (ähnlich wie bei den Protestanten) eine Elementarstufe für Lesen und Schreiben vorgeschaltet, die jedoch nicht zum eigentlichen Gymnasialkurs gehört (»In classe Abecedariorum docebuntur pueri legere et scribere latine«, MGPaed. II, S. 247; in den ›Constitutiones‹ war diese Aufgabe noch abgelehnt worden, a.a.O., S. 54). Vgl. hierzu P. Rosenthal, Die ›Erudition‹ in den Jesuitenschulen, Diss. Erlangen 1905, S. 106ff.

Nach dem Grundsatz »totius Humanitatis fundamentum in arte Grammatica positum est«[60] nimmt die Unterstufe mehr als die Hälfte der gesamten Gymnasialzeit in Anspruch: ein bis zwei Jahre bleiben die Schüler ›Rudimentistae‹ oder ›Parvistae‹, dann je ein Jahr ›Principistae‹ und ›Grammatistae‹. Die Bezeichnungen erinnern an die ›Elementarii‹, ›Donatistae‹ und ›Grammatici‹ des Micyllus und anderer protestantischer Pädagogen[61]. Aber nicht Donat wird dem Unterricht zugrunde gelegt (wie noch lange an manchen protestantischen Gymnasien), auch keines der Lehrbücher Melanchthons oder anderer Reformatoren. Weil diese sich »von der alten wahren Religion abgesündert haben«[62], mußte gerade den Jesuiten sehr daran gelegen sein, ein Lateinbuch in eigener Regie herauszubringen. Nachdem man sich zunächst vor allem mit der Grammatik des Despauterius beholfen hatte[63], erschienen 1572 in Lissabon ›De institutione grammatica libri tres‹ des portugiesischen Jesuiten Emanuel Alvarez[64]. Sie behaupteten sich als verbindliches Lehrbuch des Ordens[65] bis zum Jahr 1832 und erlebten zahllose Neuauflagen und Bearbeitungen[66]. Nach den drei Büchern des Alvarez wurden auch – höchst praktisch – die Klassenpensen bestimmt[67]. Die ›infima‹ behandelte Buch I (›de generibus nominum, declinationibus, verborum praeteritis atque supinis‹), die ›media‹ Buch II (›de constructione octo partium orationis‹ bis zur ›constructio figurata‹), die ›suprema‹ Buch III (›de syllabarum dimensione‹ mit Wiederholung der Syntax und der ›constructio figurata‹).

So elementar ein bloßer Grammatikunterricht sich ausnehmen mag, bereits hier werden die Weichen zur Rhetorik gestellt. Denn was für ein Latein wird gelehrt? Muß nicht gerade der Jesuitenorden die ehrwürdige Tradition kirchlicher, scholastischer Latinität bewahren und fortsetzen? An der Grammatik des Alvarez bereits wird die

---

[60] MGPaed. V, S. 155.
[61] Vgl. o. S. 285.
[62] MGPaed. XLII, S. 35.
[63] Vgl. Dolch, Lehrplan ..., S. 241.
[64] Genauere Angaben bei A. u. A. de Backer–C. Sommervogel, Bibliothèque de la Compagnie de Jésus, Bruxelles 1890ff. (dort in Bd. 1, Sp. 223ff.).
[65] Schon im Entwurf der ›Ratio‹ von 1586 wird das Buch mehrfach genannt (MGPaed. V, S. 155ff.).
[66] Besonders bemerkenswert ist die Übersetzung der Grammatik ins Deutsche um die Mitte des 18. Jahrhunderts (›Anweisung zur lateinischen Sprach aus Alvari institutionibus kurz zusammengezogen, zum Gebrauch der Schulen der Gesellschaft Jesu in der oberdeutschen Provinz‹, München u. Ingolstadt 1754ff.).
[67] Die drei Bücher sind deshalb im allgemeinen auch getrennt gebunden.

Entscheidung klar; es ist eine Entscheidung für die idealen Maß-stäbe der Humanisten: »Si quid igitur in Syntaxi latinum, purum, tutum, elegans optari potest, id non ex alijs Grammaticis, quia ea de re vel falso, vel improprie, vel barbare praeceperunt, sed ex Em-manuele [sc. Alvaro] petendum videtur«[68]. Die klassizistisch-rheto-rische Prägung dieses Unterrichts liegt auf der Hand; *latinitas, pu-ritas* und *elegantia* sind seine Ziele.

Das Griechische, von der ›infima‹ an gelehrt[69], ist dem Lateini-schen eindeutig nachgeordnet (wie bei den Protestanten) und erfüllt unter dem Aspekt der Rhetorik eine rein ergänzende, unterstützende Funktion; *eloquentia perfecta* wird hier nicht angestrebt. Wichtiger ist die lateinische Klassikerlektüre[70], die – vor allem in der ›supre-ma‹ – den Grammatikunterricht als ständiges Korrektiv und als Illustration begleitet. Wo es um *latinitas, puritas* und *elegantia* geht, gebührt natürlich Cicero der absolute Primat. Einiges aus seinen Dialogen wird gelesen (›De amicitia‹, ›De senectute‹, ›Paradoxa‹), vor allem aber die wichtigsten Briefe an Atticus und Quintus (es gibt besondere Sammlungen für den jesuitischen Unterricht). Bei der Brieflektüre wird nun zugleich der Schritt zur *imitatio* vollzogen: der Lehrer gibt das *argumentum* an, die Schüler haben es nach cice-ronianischem Muster in einfacher Form auszuarbeiten[71]. Die ›Ratio‹ nennt kein spezielles Lehrbuch, doch stand offenbar schon früh eines zur Verfügung: ›Rochi Perusini de epistola componenda liber‹[72].

Spätestens hier also beginnt der ›rhetorische‹ Unterricht. Aber noch auf einem zweiten wichtigen Gebiet greift die Unterstufe deut-lich über die bloße Grammatik hinaus: in der Poesie. Alvarez gibt mit Metrik und Prosodie (Buch III) wiederum die Grundlage. Doch neben Ciceros Prosa liest man nicht den allzu fragwürdigen Terenz (wie bei den Protestanten zumeist), sondern ›Gereinigtes‹ aus Ovids Elegien und Episteln sowie aus Catull, Tibull, Properz und Vergil

---

[68] MGPaed. V, S. 155.
[69] Bezeichnenderweise hat sich auf diesem Gebiet nicht das Lehrbuch eines Spa-niers oder Portugiesen, sondern das eines Deutschen durchgesetzt: die ›Institu-tionum linguae graecae libri tres‹ (zuerst Ingolstadt 1953) des Oberschwaben Jacob Gretser (1562–1625). Die Literaturgeschichte kennt ihn vor allem als Dramatiker, als vorbarocken Wegbereiter Jacob Bidermanns; vgl. A. Dürrwäch-ter, Jakob Gretser und seine Dramen (Erläuterungen u. Ergänzungen zu Janssens Gesch. des dt. Volkes IX 1 u. 2), Freiburg i. B. 1912.
[70] MGPaed. V, S. 424.
[71] A.a.O., S. 433.
[72] Das Exemplar der Universitätsbibliothek Tübingen (3. Aufl. Dillingen 1583) ist an den ›liber tertius‹ des Alvarez angebunden.

(Eklogen)[73]. Und man unternimmt, von diesen *exempla* ausgehend, die ersten Versuche im *versus condere*[74].

Die wichtigsten Voraussetzungen zur Mittelstufe sind damit geschaffen. Die Klassenbezeichnungen deuten nur den Schwerpunkt an, sie dürfen nicht als ausschließende Termini mißverstanden werden. Wie die ›Grammatica‹ bereits die Anfänge der Poesie einschließt, so ist es nun Aufgabe der Mittelstufe (›Humanitas‹ oder ›Poesis‹), »praeparare veluti solum eloquentiae«[75]. Das geschieht zunächst durch extensive Lektüre: Cicero behält unter den *oratores* seinen beherrschenden Platz (besonders mit moralphilosophischen Schriften), hinzu treten aus dem Bereich der Historiker unter anderem Caesar, Sallust, Livius und Curtius, und bei den Dichtern dominieren Vergil (mit Ausnahme einiger Eklogen und des vierten ›Aeneis‹-Buches) und Horaz (einiges aus seinen Oden, doch »ab omni verborum obscoenitate expurgati«!)[76].

Besonderes Interesse aber verdienen die *exercitationes*, die sich daran anschließen: »ex praelectionibus phrases excerpere easque pluribus modis variare, Ciceronis periodum dissolutam componere, versus condere, carmen unius generis alio permutare, locum aliquem imitari« etc.[77]. Die technische Fertigkeit soll dabei immerhin so weit ausgebildet werden, daß der Lehrer wagen kann, jeden zweiten Monat die besten Elaborate (vor allem Gedichte) öffentlich in der Schule auszuhängen. Neben *exempla* und *imitatio* dürfen auch die *praecepta* nicht vernachlässigt werden. Die *ars metrica* ist weiter auszubauen, nun aber ergänzt »brevi informatione praeceptorum ad Rhetoricam spectantium«[78].

Die Mittelstufe hat also, wie bei den protestantischen Gelehrtenschulen, einen ausgesprochenen Übergangscharakter; die zugemessene Zeitdauer, ein Jahr, bestätigt es. Um so deutlicher ist die rhetorische Schwerpunktbildung im letzten Drittel des Gymnasialkurses (zwei Jahre)[79] – so deutlich, wie vielleicht nur noch in der radikalen Konzeption Johannes Sturms. Die Frage nach der Art von Rhetorik, die von den Jesuiten gelehrt wurde, ist um einiges schwieriger zu beantworten als im Fall der Grammatik; denn die ›Ratio‹ von 1599 schreibt kein bestimmtes Lehrbuch vor. Der konsequente Ciceronia-

---

[73] MGPaed. V, S. 424.
[74] A.a.O., S. 432.
[75] A.a.O., S. 414.
[76] Ebda. (»expurgati« sc. ›Horati‹).
[77] MGPaed. V, S. 418.
[78] MGPaed. V, S. 414.
[79] Bei besonderer Begabung wird sogar ein drittes ›Rhetorik‹-Jahr angesetzt (a.a.O., S. 242ff.).

nismus freilich ist auch hier tonangebend, wie bereits der Entwurf
von 1586 erkennen läßt: »Deberent ... hae Rhetoricae partes non
modo desumi, sed etiam ad verbum transcribi ex variis Marci Tullij
locis in unum opus collatis: et in idem volumen redigi possent non-
nullae institutiones seu tractationes, quas M. Tullius leviter attigit,
vt de numero, de periodis, de generibus docendi alijsque id genus,
quae ex alijs autoribus Graecis aut Latinis, recentioribus etiam peti
possent, sed M. Tullij tantum verbis explicari«[80].

Einheitlichkeit ist, wie in so vielen Bereichen der Jesuitenpädagogik, das Wichtigste. Doch liegt es durchaus im Sinne des ersten Entwurfs (»ex alijs autoribus«), wenn in der ›Ratio‹ von 1599 zusammen mit Cicero auch Aristoteles als Gewährsmann zugelassen wird[81].
Daneben war schon früh der (unter Ciceros Namen laufende) ›Auctor
ad Herennium‹ in Gebrauch[82]. Doch selbst wenn man sich auf die
echten ›Rhetorica‹ Ciceros beschränkte, war der Zeitaufwand, den
allein die *doctrina* erforderte, offensichtlich zu groß. Es mußte ein
Kompendium geschaffen werden, das sich – wie Alvarez in der
Grammatik – neben den rhetorischen Lehrbüchern der Humanisten
und Reformatoren behaupten konnte.

Den erfolgreichsten Versuch, diese Lücke auszufüllen, unternahm
der portugiesische Jesuit Cyprianus Soarez (Soarius). Sein Buch ›De
arte rhetorica libri tres ex Aristotele, Cicerone et Quintiliano prae-
cipue deprompti‹ erscheint um 1560[83], und schon bald darauf (1568)
wird es im Ingolstädter Lektionsplan erwähnt[84]. Auch der Entwurf
der ›Ratio‹ von 1586 und die endgültige Fassung von 1599 nennen
es[85], aber die Verbindlichkeit des Alvarez erreicht das Buch nicht.

---

[80] A.a.O., S. 198. Es handelt sich hier um die Skizze eines eventuell zu schreibenden Lehrbuchs.
[81] A.a.O., S. 318; genannt wird er bereits 1586 (a.a.O., S. 197). Die ›Instructio
pro illis, qui ad repetenda studia humaniora mittuntur‹ (1622) schreibt als Lektüre des ›professor rhetorices‹ vor: »omnes rhetoricos libros Ciceronis et Aristotelis« (MGPaed. XVI, S. 207).
[82] Vgl. die Nachweise bei Mertz, Über Stellung und Betrieb der Rhetorik ...,
S. 26ff.
[83] Vgl. de Backer–Sommervogel, Bibliothèque ..., Bd. 7, Sp. 1331: »La premiè-
re édition de cet ouvrage classique, si souvent réimprimé, parut à Coimbre
vers 1560«. Dazu zwei neuere Arbeiten von L. J. Flynn, The ›De arte rhetorica‹
of Cyprian Soarez, S. J., QJS 42, 1956, S. 367ff.; und: Sources and influence
of Soarez' ›De arte rhetorica‹, QJS 43, 1957, S. 257ff. Zitiert wird im folgenden
nach der Kölner Ausgabe von 1577.
[84] MGPaed. II, S. 213 (mit der Begründung: »omnia Aristotelis, Ciceronis et
Quintiliani praecepta summatim et fideliter complexus est«).
[85] MGPaed. V, S. 196 u. 414, beide Male für die ›Humanitas‹-Klasse (später wur-

Die möglichen Gründe können hier nicht näher erörtert werden[86]; entscheidend ist die Tatsache, daß sich der ›Cyprianus‹ (so wird er meist nur genannt) nach und nach fast kanonische Geltung zu erringen vermochte, bis ins 19. Jahrhundert hinein[87]. Wie die meisten beliebten Lehrbücher der Zeit wurde der ›Cyprianus‹ nicht nur immer wieder aufgelegt[88], sondern auch mehrfach bearbeitet und mit Anhängen versehen. Besonders hervorzuheben ist ein Tabellenwerk von Ludovicus Carbo unter dem Titel ›Tabulae rhetoricae Cypriani Soarii … sive totius artis rhetoricae absolutissimum compendium‹; es erfaßte den Stoff des Soarez Kapitel für Kapitel in übersichtlichen Tabellen, konnte dem eigentlichen Lehrbuch beigebunden werden[89] und diente so als willkommene Lernhilfe.

Die rhetorische *doctrina*, die Soarez bietet, ist bereits durch den Titel deutlich umrissen: das Buch tradiert in Kurzform die klassische, auf Aristoteles, Cicero und Quintilian[90] fußende Theorie der Antike – im Prinzip nichts anderes, als das Rhetorikbuch von Vossius leisten sollte. Auch Soarez verfährt nach dem bewährten Schema von *inventio*, *dispositio* und *elocutio*. Die drei Bereiche decken sich ungefähr mit der Einteilung in drei Bücher[91], wobei das erste Buch – wie bei Vossius – auch die Grundsatzfragen mit behandelt (›Quid sit Rhetorica‹ etc.), das zweite Buch besonderes Gewicht auf die Argumentationsformen legt – hier wird das spezielle Interesse des Jesuitenunterrichts am deutlichsten –, das dritte Buch nach Figuren, Tropen und Stillehre noch kurz die wichtigsten Regeln zu *memoria*, *pronunciatio* und *gestus* bringt (auch bei Vossius steht dies am Schluß des letzten Buches). Ein ausführliches Referat des

---

den auf dieser Stufe, die ja bereits eine *brevis informatio* vermitteln sollte, offenbar verschiedene Arten von Epitomai benutzt).

[86] Schon Mertz, a.a.O., S. 24 bezeichnet es als »unverständlich«, weshalb im Entwurf von 1586 ein Lehrbuch gefordert wird, das doch Soarez bereits vorgelegt hat.

[87] Vgl. Mertz, a.a.O., S. 24f. und die beiden genannten Arbeiten von Flynn. Besonders bezeichnend ist eine Anweisung aus dem Jahre 1622: »In Rhetoricis praecepta Ciceronis breviter ad capita Rhetoricae Soarii revocentur« (MGPaed. XVI, S. 215).

[88] Die Bibliographie von de Backer-Sommervogel verzeichnet a.a.O., Sp. 1335ff. nicht weniger als ein volles Hundert verschiedener Ausgaben und Drucke.

[89] So bei einem Exemplar der Universitätsbibliothek Tübingen (Ingolstädter Ausgabe des Soarez von 1600 mit durchlaufender Paginierung!).

[90] Offiziell wird Quintilian erst 1832 in den Kanon der ›Ratio‹ aufgenommen, s. MGPaed. V, S. 398.

[91] Im Gegensatz zur Grammatik des Alvarez bleiben die drei Bücher zusammengebunden, da sie ja nicht in verschiedenen Klassen behandelt werden.

Soarez kann hier ebensowenig gegeben werden wie ein detaillierterer Vergleich mit Vossius. Die grundlegenden *praecepta* samt ihrem System sind weitgehend identisch, und wieder zeigt sich, wie berechtigt es ist, von der klassischen oder klassizistischen Rhetorik-Theorie des 17. Jahrhunderts als von einem einheitlichen Substrat zu sprechen. Schon an den Gymnasien also begegnet diese klassisch-rhetorische Koine, die von Protestanten wie Jesuiten als unverzichtbares Fundament des Rhetorikbetriebs sorgsam gehütet wird.

Für die Erklärung und Einübung dieser *praecepta* gibt die ›Ratio‹ von 1599 genaue methodische Anweisungen[92], die sich primär auf die Lektüre antiker Rhetoriker beziehen und bei Soarez meist schon durch die Art der Darstellung realisiert sind. Grundsätzlich hat der Lehrer sechs verschiedene Gesichtspunkte zu berücksichtigen: Erläuterung des *sensus*, Heranziehung eines anderen Rhetorikers oder einer anderen Stelle aus demselben Autor, Angabe des inneren Grundes (*ratio aliqua*), Illustration durch verwandte Stellen aus einem Redner oder Dichter, Sacherklärung zu *eruditio* und *historia*, Anwendung *ad res nostras*, und dies »quanto maximo fieri potest delectu ornatuque verborum«[93]. Der innere Zusammenhang mit den *exempla* einerseits, der *imitatio* andererseits ist schon hierbei evident. Die in der ›Humanitas‹ begonnene Lektüre wird jetzt konsequent weitergeführt, und wieder ist Cicero der maßgebende Autor, vor allem durch die Lektüre seiner Reden.

Mit der systematischen Verbreiterung des theoretischen Fundaments wachsen nun auch die Möglichkeiten der *exercitationes*. Der Katalog ist lang[94], doch weniges scheint derart geeignet, Gründlichkeit und Vielfalt der rhetorischen Ausbildung bei den Jesuiten zu demonstrieren: »locum aliquem poëtae vel oratoris imitari; descriptionem aliquam, ut hortorum, templorum, tempestatis et similium efficere; phrasim eandem modis pluribus variare; graecam orationem latine vertere aut contra, poëtae versus, tum latine tum graece, soluto stylo complecti; carminis genus aliud in aliud commutare; epigrammata, inscriptiones, epitaphia condere; phrases ex bonis oratoribus et poëtis, seu graecas seu latinas, excerpere; figuras rhetoricas ad certas materias accommodare; ex locis rhetoricis et topicis plurima ad rem quampiam argumenta depromere« etc. etc.[95].

---

[92] A.a.O., S. 406.
[93] Ebda.
[94] A.a.O., S. 404.
[95] Noch anspruchsvoller sind die *exercitationes*, die für die Ausbildung der Leh-

Die Liste der *exercitationes* macht zugleich deutlich, wie untrennbar die rhetorische und die poetische Schulung miteinander verknüpft sind, ganz im Sinne des erklärten Ziels der *eloquentia perfecta*, »quae duas facultates maximas, oratoriam et poeticam comprehendit«[96]. Poesie ist ein Teilbereich der *eloquentia* und wird prinzipiell mit den gleichen Techniken betrieben wie die *oratoria*. Der Gang des Unterrichts bestätigt das; wenn die ersten Schritte auf dem Gebiet der Poesie gewagt werden (in der ›Humanitas‹), ist für die *oratoria* – wie sich zeigte – bereits ein fester Grund gelegt. Unter diesem Aspekt bauen die *exercitationes* der ›Rhetorica‹ nur konsequent aus, was die ›Humanitas‹ begonnen hat. Der *scopus* dieser beständigen Übung in den elementaren Techniken ist ein Höchstmaß an Sicherheit und Wendigkeit im gehobenen, ›literarischen‹ Ausdruck[97], geschult an den großen *exempla* der klassischen Literatur.

d. Mündlichkeit und ›eloquentia latina‹

So unentbehrlich auch im Jesuitengymnasium Lektüre und schriftliche Ausarbeitung sind, so selbstverständlich bleibt die wahre *eloquentia* an die Beherrschung der freien Rede gebunden. Ausbildung der Mündlichkeit gehört zu den tragenden Prinzipien des gesamten (nicht nur des im engeren Sinne rhetorischen) Unterrichts. Aber noch rigoroser als bei den Protestanten – die ja ähnliche Tendenzen verfolgen – wird das Lateinische als einzig legitimes Medium der *eloquentia* verteidigt. »Latine loquendi usus severe in primis custodiatur«[98], lautet die Generalregel schon für die ›studia inferiora‹, eine Regel, die bis 1832 galt und noch 1853 – jedenfalls für die höheren Klassen – ausdrücklich bestätigt wurde[99]. Wieder ist die Nähe zu Johannes Sturms pädagogischer Konzeption auffallend; denn keiner

---

rer vorgeschrieben werden (1619): »exigenda scriptorum varietas in oratione soluta, topographiae, ethnologiae, prosopopoeae descriptiones, et temporum, elementorum, itinerum per maria, flumina, lacus, terras, per varias provincias, urbes, naufragiorum, exspoliationum, aliorumque periculorum narrationes multiplices, fabulae, breves Apologi, Epistolae artificiales, Usus seu Chriae, partes orationis, praescriptis thematis …« (MGPaed. XVI, S. 182).

[96] MGPaed. V, S. 398.
[97] Dementsprechend soll der Lehrer sorgfältig korrigieren, »si quid in artificio oratorio aut poëtico, in elegantia cultuque sermonis … peccatum fuerit« (MGPaed. V, S. 402).
[98] MGPaed. V, S. 384.
[99] Dekret der 22. Generalkongregation (MGPaed. II, S. 112).

der großen protestantischen Scholarchen hatte den absoluten Anspruch des Lateinischen so entschieden vertreten wie er. Und es entbehrt nicht einer gewissen Ironie, daß gerade seine gefährlichsten Konkurrenten zu den treuesten Bewahrern seines Latinitäts-Ideals geworden sind, während das protestantische Gelehrtenschulwesen schon bald der Muttersprache einen (wenn auch bescheidenen) Platz im Unterricht einräumte[100].

Die Diktatur des Lateinischen bei den Jesuiten war, wie zu erwarten, schon früh scharfer Kritik ausgesetzt. Aber die Konzessionen, die dem *patrius sermo* gemacht wurden, sind im Vergleich zu den Protestanten so geringfügig, daß eine nähere Darstellung hier nicht lohnt[101]. Es handelt sich fast ausschließlich um gelegentliche Hilfsfunktionen in Form einer Übersetzung; auch dabei soll höchstens eine Art Interlinearversion herausspringen: »servet, quod fieri est, collocationem verborum«[102]. Im übrigen gibt die literarische Produktion des Jesuitenordens ein getreues Abbild des Unterrichts, auch in seinem Gegensatz zu den Protestanten: die bedeutenden Werke, ob Prosa, Lyrik oder Drama, sind – mit wenigen Ausnahmen – lateinisch verfaßt. Schon das Gymnasium setzt alles daran, dem angehenden Jesuiten die Sprache des Cicero und des Horaz zu seiner eigentlichen Muttersprache werden zu lassen.

Die konsequente Verwendung des Lateinischen als Verkehrs- und Verständigungssprache ist nun zwar eine kaum zu unterschätzende Voraussetzung für die erstrebte Sicherheit und Wendigkeit des Sprechens. Zur *eloquentia* aber braucht es vor allem systematische Schulung in anspruchsvollen, möglichst vorgeprägten rhetorischen Formen: im monologischen Vortrag und in der dialogischen Auseinandersetzung. Das Prinzip ist also zunächst das gleiche wie bei den Protestanten, man übt sich in der Deklamation und im Dialog. Aber schon bei der *declamatio* fällt eine Besonderheit auf. In den einzelnen Statuten wird relativ wenig über den Vortrag im Kreis der einzelnen Klasse gesagt. Als wichtiger wurde offensichtlich die *declamatio publica* angesehen. Bereits im Entwurf der ›Ratio‹ von 1586 heißt es: »Nec modicam sane bonorum litterarum studiosis ala-

---

[100] Vgl. o. S. 275ff.
[101] Einzelnes bei Duhr, Die Studienordnung ..., S. 107ff. (stark apologetisch: »Der Vorwurf wegen der Verachtung des Deutschen trifft viel eher manche Gegner der Jesuiten«, S. 108; Ausnahmen werden überbetont).
[102] MGPaed. V, S. 390 (generelle Regel); etwas anspruchsvoller lautet die Anweisung für die ›Humanitas‹ (MGPaed. V, S. 420).

critatem affert assiduus publicae declamationis vsus«[103]. Da die Jesuitenschüler stärker als die Schüler der protestantischen Gymnasien
an das Leben im Konvikt gebunden sind[104], ergibt sich auch häufiger
die Gelegenheit, vor einem größeren Publikum zu reden. Die ›Ratio‹ von 1599 nennt dementsprechend neben Katheder, Aula, Kirche
und ›schola‹ auch den Speisesaal als Ort für Deklamationen[105].

Der Aktivität des einzelnen Lehrers bietet sich also eine Fülle von
Möglichkeiten, und nur der allgemeinste Rahmen wird durch Vorschriften geregelt. So sehen die ›Constitutiones‹ vor, daß jede Woche
von einem Schüler ein lateinischer Vortrag gehalten werden muß[106].
In der ›Humanitas‹ und der ›Rhetorica‹ soll nach der ›Ratio‹ an
jedem zweiten Sonnabend eine spezielle *praelectio* stattfinden, zu
der die jeweils höhere bzw. niedrigere Klasse einzuladen ist und bei
der eine *graeca latinave oratio* oder ein *carmen* vorgetragen wird[107].

Ist schon bei den monologisch-deklamatorischen Formen besonderer Wert auf das Publikum als notwendiges ›Gegenüber‹ gelegt, so
zeigt sich die spezielle Absicht der Jesuitenerziehung noch deutlicher in den dialogischen Übungen. Bereits in der ersten Klasse, der
›Grammatica infima‹, beginnen die sogenannten *concertationes*[108],
eine disputatorische Vorform, die die protestantischen Gelehrtenschulen so ausgeprägt nicht kennen. Sie ist einerseits Teil der berüchtigten jesuitischen Schulung des Ehrgeizes, ein »magnum ad studia
incitamentum«[109], andererseits ein vorzügliches Mittel, um die rheto-
risch-sprachliche Fertigkeit und die rasche intellektuelle Reaktion
auszubilden. Die sorgsam ausgeklügelte Technik der *concertatio* beruht darauf, daß jedem Schüler ein *aemulus* zugewiesen wird, der
seinen Partner immer wieder in eristischer Form zur Rechenschaft
über den jeweiligen Lernstoff zwingt. In der Hauptsache geht es darum, eine eventuell falsche oder unpräzise Antwort des anderen im
Unterricht sofort schlagfertig zu korrigieren oder den Partner in re-

---

[103] MGPaed. V, S. 173.
[104] Dazu J. Schröteler, Die Erziehung in den Jesuiteninternaten des 16. Jahrhunderts, Freiburg i. B. 1940.
[105] MGPaed. V, S. 412.
[106] MGPaed. II, S. 63.
[107] MGPaed. V, S. 392; vgl. die Bestimmungen des Entwurfs von 1586 (a.a.O.,
S. 146).
[108] A.a.O., S. 171ff. u. 446ff. (vgl. S. 392 u. 408); dazu Duhr, Die Studienordnung …, S. 122ff.
[109] A.a.O., S. 392. Zur *aemulatio* im einzelnen vgl. Duhr, a.a.O., S. 58ff. Auch
an den protestantischen Schulen hatte man z. T. ganze Systeme zur Förderung
des Ehrgeizes ausgebildet, vgl. Mertz, Das Schulwesen …, S. 379ff.

gelrechtem Frage- und Antwortspiel über den Unterrichtsstoff zu prüfen[110]. Doch nicht nur Schülerpaare können miteinander konzertieren. Auch ganze Klassen sollen nach der ›Ratio‹ mehrmals im Jahr zu solchen Wettkämpfen gegeneinander antreten, wobei mit Vorliebe Themen und Stoffe des rhetorischen Unterrichts gewählt werden (Korrektur einer *oratio*, Bestimmung von Redefiguren, von *praecepta* für *epistolae*, für *carmina* oder *historiae*, Erklärung schwieriger Stellen der Lektüre u. dgl.)[111].

Die propädeutische Wirkung dieser Übungen im Hinblick auf die eigentliche *disputatio* ist kaum zu unterschätzen. Schon nach Abschluß der Unter- und Mittelstufe dürften die Jesuitenschüler ihren protestantischen Altersgenossen an lateinisch-eristischer Gewandtheit um einiges vorausgewesen sein. Desto rascher und nachhaltiger waren in der ›Rhetorica‹ Fortschritte auf dem Gebiet der *ars disputandi* zu erzielen, nun auch durch das theoretische Fundament einer umfassenden *doctrina* gestützt[112]. Die Techniken scheinen im wesentlichen der humanistischen Tradition zu entsprechen. Genaueres für die oberste Gymnasialstufe zu ermitteln, ist insofern schwierig, weil diese wiederum als Unterstufe auf ›Philosophie‹ und ›Theologie‹ ausgerichtet ist. Erst dort zeigt sich die jesuitische *ars disputandi* in ihrer vollen Entfaltung, und erst für diesen Bereich, den der *studia superiora*, gibt es genaue Anweisungen zum Disputieren[113]. Sie dokumentieren den überragenden Rang, den die Jesuiten dieser rhetorischen Disziplin seit frühester Zeit beigelegt haben. »Constitutiones ... nihil gravius commendant, quam disputationes earumque frequentiam et assiduitatem«[114], mahnt der Entwurf der ›Ratio‹ von 1586; auch etwa Petrus Canisius hat mit Nachdruck auf die Wichtigkeit des Disputierens hingewiesen[115]. Welche rhetorisch-formale *ars* hätte auch ein größeres Recht beanspruchen dürfen? Der Orden, der sich die ›conversio‹ der Häretiker und Apostaten zum Ziel gesetzt hat, kann nicht früh genug damit beginnen, seine Zöglinge gerade in der Kunst des Streitens und Widerlegens zu schulen.

---

[110] S. z. B. MGPaed. V, S. 392.

[111] A.a.O., S. 408.

[112] Hier kam vor allem auch die Ausführlichkeit zustatten, mit der Soarez im 2. Buch die Weisen der Argumentation behandelte.

[113] Besonders a.a.O., S. 100ff. (›De Disputationibus‹). Vgl. Duhr, Die Studienordnung ..., S. 159ff.; Mertz, Über Stellung und Betrieb der Rhetorik ..., S. 35ff.

[114] MGPaed. V, S. 103. Vgl. ebda.: »et grauissimorum virorum iudicio et experimento comprobatur, disputationem vnam prodesse quam lectiones multas«.

[115] MGPaed. II, S. 137.

Doch wie in den protestantischen Gymnasien hat der Rhetorikbetrieb der Jesuiten eine ausgeprägte Tendenz, über den Rahmen des Klassenzimmers hinauszudrängen. Der Übergang vom Unterricht zum förmlichen *actus* ist fließend. Schon bei den *declamationes* wurde dies erkennbar; sie fordern geradezu ein größeres Publikum: erst dadurch gewinnt der einzelne Redner die nötige Sicherheit, und den zuhörenden Mitschülern dient ein guter Vortrag als zusätzliches *incitamentum*. Diesen doppelten pädagogischen Nutzen haben sich auch die Jesuiten nicht entgehen lassen, und sie erweiterten den Kreis der Übungsmöglichkeiten durch sogenannte ›Akademien‹, in denen sich vor allem die Schüler der ›Humanitas‹ und der ›Rhetorica‹ trafen[116].

Die Skala der Darbietungen, mit denen solche *Actus* und *Academiae* bestritten wurden, war – der Vielfalt des rhetorischen Unterrichts entsprechend – groß. Sie reichte von der einfachen *recitatio* eines Gedichts über die *declamatio* einer ganzen Rede bis hin zu *concertationes* und *disputationes* und zu jener Form, von der bereits die Rede war: Inszenierung einer Gerichtsverhandlung als *declamatoria actio*, bei der die beiderseitigen Gründe dargestellt und zuletzt das Urteil gesprochen wurden[117]. Bisweilen wurde auch ein einfacher *dialogus* aufgeführt oder eine *scena*, doch – wie es ausdrücklich heißt – »sine ullo ... scenico ornatu«[118].

Alles dies spielte sich noch ganz im Rahmen der Schule ab. Aber das Jesuitengymnasium wäre entscheidend hinter der protestantischen Gelehrtenschule zurückgeblieben, wenn es nicht die idealen Möglichkeiten rhetorischer Repräsentation vor einer breiteren Öffentlichkeit genutzt hätte. Die *solemniores actus*, zu den großen Festen wie Weihnachten, Ostern und Pfingsten veranstaltet (meist in der Aula)[119], wurden zur Demonstration der Konkurrenzfähigkeit auf humanistisch-rhetorischem Gebiet. Und je erlauchter die Ehrengäste waren[120], desto hellerer Glanz fiel auf das einzelne Gymnasium, seine Lehrer und Schüler.

Der Publikumswirkung solcher humanistischer Actus waren – schon wegen der konsequent durchgehaltenen *latinitas* – notwendi-

---

116 Die ›Regulae Academiae Rhetorum et Humanistorum‹: MGPaed. V, S. 474ff.
117 A.a.O., S. 412.
118 Ebda.
119 A.a.O., S. 470ff.
120 MGPaed. V, S. 278 (»oportet ... quanto maximo nostrorum, externorum, doctorum ac Principum etiam virorum conventu celebrari«).

gerweise enge Grenzen gezogen. Es scheint, als hätten die Patres dies mit ihrem ausgeprägten Sinn für Realitäten rasch erkannt; denn die erhaltenen Zeugnisse verraten in puncto ›Schulactus‹ keinen besonderen Einsatz pädagogischer und organisatorischer Phantasie. Um so entschiedener haben die Jesuiten sich des Schultheaters bemächtigt, jener Institution, die dem theatralisch-repräsentativen *ingenium saeculi*[121] am umfassendsten gerecht zu werden vermochte.

e. Das Jesuitentheater

Das Theater der Jesuiten hat – in auffälligem Gegensatz zu ihrem Rhetorikbetrieb – bereits seit langem das Interesse der Forschung gefunden und ist auch mehrfach in Überblicken dargestellt worden[122]; gerade in den letzten Jahren ist die Zahl der Arbeiten stark angestiegen[123]. Die Bedeutung des neu erschlossenen Materials und der prinzipiellen Einsichten (vor allem zum Konnex mit der Bildung barocker Formen) soll hier keineswegs verkannt werden. Doch ähnlich wie beim protestantischen Schultheater ist man sich noch längst nicht des unlösbaren, geradezu lebensnotwendigen Zusammenhangs mit dem rhetorischen Unterricht der Gymnasien voll bewußt geworden. Sofern man ihn überhaupt für erwähnenswert hält, begnügt man sich meist mit Formeln wie ›versifizierte Eloquenz‹ oder mit dem Hinweis, daß die Jesuitendramatiker ›auch‹ Professoren der Rhetorik waren[124]. Aber was bedeutet das für den pädagogischen

---

[121] Vgl. o. S. 86ff.

[122] Die wichtigsten sind J. Zeidler, Studien und Beiträge zur Geschichte der Jesuitenkomödie und des Klosterdramas (Theatergeschichtl. Forschungen. 4), Hamburg u. Leipzig 1891; W. Flemming, Geschichte des Jesuitentheaters in den Landen deutscher Zunge (Schriften d. Ges. f. Theatergesch. 32), Berlin 1923; N. Scheid, Das lateinische Jesuitendrama im deutschen Sprachgebiet, Lit.wiss. Jb. d. Görres-Ges. 5, 1930, S. 1ff.; J. Müller, Das Jesuitendrama in den Ländern deutscher Zunge vom Anfang (1555) bis zum Hochbarock (1665), 2 Bde. (Schriften z. dt. Lit., 7 u. 8), Augsburg 1930; H. Becker, Die geistige Entwicklungsgeschichte des Jesuitendramas, DVjs 19, 1941, S. 269ff.

[123] H. Wlczek, Das Schuldrama der Jesuiten zu Krems (1616–1763), Diss. Wien 1952; C. M. Haas, Das Theater der Jesuiten in Ingolstadt (Die Schaubühne. 51), Emsdetten 1958; K. Adel, Das Wiener Jesuitentheater und die europäische Barockdramatik, Wien 1960; R. Tarot, Jakob Bidermanns ›Cenodoxus‹, Diss. Köln 1960; H. Burger, Jakob Bidermanns ›Belisarius‹ (Quellen u. Forschungen z. Sprach- u. Kulturgesch. d. germ. Völker, N. F. 19), Berlin 1966; W. Kindig, Franz Lang. Ein Jesuitendramatiker des Spätbarock, Diss. Graz 1966; H. Burger, Jakob Masens ›Rusticus imperans‹. Zur lateinischen Barockkomödie in Deutschland, Lit.wiss. Jb. d. Görres-Ges., N. F. 8, 1967, S. 31ff.

[124] Zu den wenigen, die mit Nachdruck und einigem Verständnis auch auf den

---

Zweck des Jesuitentheaters und vor allem für seine rhetorische Sprachform?

Der Gedanke, die Schüler der Gymnasien Theater spielen zu lassen, ist ebensowenig wie die Konzeption eines lateinisch-rhetorischen Unterrichts originales geistiges Eigentum der Jesuiten. In seinen Anfängen stellt das Jesuitentheater durchaus eine getreue Kopie des humanistischen Schultheaters dar, auch der Kanon pädagogischer Zwecke verrät deutlich diese Herkunft: »Fructus enim scopusque ejus est ut quemadmodum stylo scribendo, sic pronunciationem composita bene pronunciando discipuli expoliant atque ut vocem scilicet, gestum et actionem omnem cum dignitate moderentur«[125]. Die Anfangsgründe müssen natürlich schon im Unterricht vermittelt werden. So verlangen die ›Constitutiones‹ einen Lehrer, »qui de erroribus admoneat, tum in rebus, quae dicuntur, tum in voce, tonis, gestibus et motibus«[126].

Auch das Lehrbuch des Soarez enthält ja, wie bereits angedeutet, die wichtigsten *praecepta* zu *actio* und *pronunciatio*. Soarez geht sogar so weit, diesen ganzen Bereich als den entscheidenden Teil der Rhetorik überhaupt zu bezeichnen: »Haec autem pars est, quae in dicendo vna dominatur«[127]. Wenn Soarez trotzdem nur einen vergleichsweise geringen Raum darauf verwendet, so entspringt dies der unter Rhetorikern immer wieder ausgesprochenen Erfahrung, daß sich *actio* und *pronunciatio* nur schwer als reine Theorie lehren lassen, daß hier vielmehr alles auf das lebendige Vorbild und auf die praktische Übung ankommt (vgl. die zitierte Bestimmung der ›Constitutiones‹). Die *declamationes* sind eine solche Übungsmöglichkeit, und die Jesuiten achteten darauf, daß die Schüler ihre Texte »non familiari voce redderent, sed oratorio ritu declamitarent«[128].

Doch keine Art der *exercitatio* gestattet die gleichzeitige Teilnahme so vieler Schüler[129] und ermöglicht eine solche Lebendigkeit

---

Rhetorikunterricht hinweisen, gehört Günther Müller (Deutsche Dichtung ...), S. 181: »Pflege der dialektisch-dialogischen Schulrhetorik«; S. 183: »im Dienst des Eloquenzunterrichts der Schule«, mit Bezug auf J. Bielmann, Die Dramentheorie und Dramendichtung des Jakobus Pontanus S. J., Lit.wiss. Jb. d. Görres-Ges. 3, 1928, S. 45 ff.).

[125] Anweisung für die Gymnasien der oberdeutschen Provinz, zitiert nach Mertz, Über Stellung und Betrieb der Rhetorik ..., S. 37.
[126] MGPaed. II, S. 42.
[127] Soarez, ›De arte rhetorica ...‹ (1577), S. 153.
[128] MGPaed. II, S. 142.
[129] Das Maximum scheint 1575 in München bei der Aufführung des ›Constantinus

der Übungssituation wie das Theater. Den Jesuiten wurde dies durch die Praxis der humanistischen Gymnasien, in Deutschland vor allem der protestantischen Gelehrtenschulen, klar vor Augen geführt. Die Einrichtung des Schultheaters wurde übernommen als ein unverzichtbarer Teil des *eloquentia*-Betriebs. Erst auf diesem Hintergrund wird nun auch die allmähliche Differenzierung des jesuitischen und des protestantischen Schultheaters voll verständlich. Denn zu einem der grundlegenden Unterschiede entwickelte sich bekanntlich die Wahl des sprachlichen Mediums. Während die Protestanten mehr und mehr auch der Muttersprache Eingang in die Schule gewähren, halten die Jesuiten mit aller Entschiedenheit am Latein als der Muttersprache der wahren *eloquentia* fest. »Tragoediarum et comoediarum quas nonnisi latinas ac rarissimas esse oportet, argumentum sacrum sit ac pium«, heißt es in der ›Ratio‹ von 1599[130], und das Lateingebot wurde nur selten durchbrochen[131].

Der zweite Problemkreis, das *sacrum ac pium*, also vor allem die Wahl der Stoffe[132], stellt sich etwas verwickelter dar, ist freilich unter rhetorischem Aspekt von geringerer Bedeutung. Auch die Jesuiten haben zunächst – im Zeichen ihrer humanistischen Intentionen – Plautus und Terenz gespielt[133]; aber die gleichen Einwände, die auf protestantischer Seite gegen die pädagogische Eignung dieser Autoren erhoben wurden (Frivolität, Paganismus), mußten sich natürlich auch den Jesuiten stellen. Und wenn man schon auf diese Klassiker zu verzichten hatte, dann war es naheliegend, die Stoffe vorzugsweise der biblisch-christlichen Tradition zu entnehmen. In diesem Sinne äußerte sich 1617 der römische Jesuit Famiano Strada (›Prolusiones Academicae Oratoricae, Historicae, Poeticae‹), und sein Ordensbruder Alessandro Donati trat in seiner ›Ars poetica‹ (1631) dafür ein, auch Heilige und Märtyrer als Hauptpersonen zu wählen[134]. Beide Autoren (andere äußerten sich ähnlich)[135] brach-

---

Magnus‹ erreicht worden zu sein: rund 1000 Darsteller sollen mitgewirkt haben (Boehmer, Die Jesuiten, S. 200).
[130] MGPaed. V, S. 272.
[131] Es handelt sich wohl lediglich um örtliche Konzessionen, so in Breslau (Eggers, Die Bewertung ..., S. 25 Anm. 58 erwähnt einen diesbezüglichen Brief von Christian Gryphius).
[132] Vgl. hierzu die nützliche ›annalistische Übersicht‹ und die ›Stoffübersichten‹ bei J. Müller, Das Jesuitendrama ..., Bd. 2, S. 41ff. u. 89ff.
[133] A.a.O., Bd. 1, S. 1ff.
[134] ›Ars poetica‹, Köln 1633, S. 113: »eadem dignitas ornat Episcopos, et sacros Antistites Tragicae nobilitati non impares«.
[135] Vgl. N. Nessler, Dramaturgie der Jesuiten. Pontanus, Donatus, Masenius,

ten im Grunde nur auf eine theoretische Formel, was die Jesuiten
in der Praxis längst vollzogen hatten: eine konsequente Christiani-
sierung des Schultheaters, konsequenter jedenfalls, als es bei den
Protestanten im allgemeinen geschehen war.

Damit aber öffnet sich zugleich eine ganz neue Wirkungsmöglich-
keit, eine Aufgabe, die nun auch den rhetorischen Charakter der
Schuldramen entscheidend beeinflußt. Das Jesuitentheater wird zum
Instrument der Glaubenspropaganda. Auch bei den Patres hatte das
Theaterspiel seit den Anfängen, über das rein Schulpädagogische
hinaus, eine gewisse ›repräsentative‹ Bedeutung; nicht zuletzt war es
Symbol der humanistischen Gleichwertigkeit und ein Mittel der
Werbung für Schule und Orden. Das alles diente weiterhin als eine
wichtige Begründung des Aufwandes an Zeit und Energie – nicht
anders als bei den protestantischen Schulmännern. Mit dem Kampf
für die Sache des Glaubens aber war nun eine unvergleichliche
Quelle rhetorisch-zielbewußter Aktivität erschlossen. Nicht erst auf
die künftige Bewährung als Ordenspriester brauchte sich der Rhetorikbetrieb auszurichten: bereits die Schulzeit selbst ermöglichte
einen – wenn auch bescheidenen – Einsatz im Sinne des großen Or-
denszeils.

Kein Zeugnis aus der Geschichte des Jesuitentheaters in Deutschland demonstriert diese Tendenz so eindrucksvoll wie der Bericht
über die Wirkung der Münchner ›Cenodoxus‹-Inszenierung vom
Jahre 1609: »Pro compertum habetur, CENODOXUM, quo vix ulla
harum Actionum Comicarum laetiore cachinno Orchestram omnem
concusserat, ut tantium non risu subsellia fregerit, tantos nihilomi-
nus in Audientium animis motus verae pietatis concitasse, ut quod
centenae Conciones vix potuissent, paucae horae huic spectaculo da-
tae confecerint, quando ex praecipuis proceribus Aulae Bavaricae,
vrbisque istius Monacensis, viri omnino quatuordecim, saluberrimo
DEI timore, facta hominum tam strictè discutientis, perculsi, non
multò post finitum ludum, ad nos in Ascesin Ignatianam secessere,
mirabili in plerisque morum mutatione secutâ«[136].

Das vielleicht Bezeichnendste an diesem Passus ist der Vergleich
mit der Predigt: »quod centenae Conciones vic potuissent«. Bühne

---

Progr. Brixen 1905; H. Happ, Die Dramentheorie der Jesuiten, Diss. München
1922.
[136] ›Praemonitio ad lectorem‹ zur Ausgabe der ›Ludi Theatrales sacri‹ von Jacob
Bidermann, München 1666, Bd. 1, fol. (+) 8b.

und Kanzel – man erinnert sich des Lessingschen Ausspruchs[137] –
dienen der gleichen Intention, und beide unterstehen den Gesetzen
der Rhetorik. ›Palaestra eloquentiae ligatae‹ nannte der rheinische
Jesuit Jacob Masen seine dreibändige poetisch-poetologische Sammlung, die in den Jahren 1654 bis 1657 erschien; und bereits durch
die Wahl dieses Titels deutete er die unmittelbare Verbindung der
Jesuitenpoesie und insbesondere des Jesuitentheaters mit dem rhetorischen Unterricht an: die ›palaestra‹ wird vom Klassenzimmer auf
die Bühne verlegt[138]. Der Lehrer aber, der mit Hilfe des Lehrbuchs
und der Klassiker zur *perfecta eloquentia* erzieht, kann nun selbst
zum *auctor* werden. Denn was der Professor Rhetoricae seinen
Schülern zu vermitteln hat, die Fähigkeit der selbständigen *imitatio*,
muß bei ihm selbst in potenzierter Form ausgebildet sein[139]. Das Verfassen und Inszenieren von Theaterstücken gehört – jedenfalls prinzipiell – zu seinen besonderen Pflichten[140]. Hier liegt ein wesentlicher Grund dafür, daß die großen Jesuitendramatiker meist ›auch‹
Professoren der Rhetorik waren[141].

Stücke, die einen großen Effekt erzielt hatten, konnten natürlich
auch an anderen Bühnen des Ordens aufgeführt werden, so in der
Frühzeit der ›Euripus‹ von Lewin Brecht[142] oder später der ›Ceno-

---

[137] Brief an Elise Reimarus, vom 6. September 1778 (Lachmann³-Muncker 18,
S. 287): »auf meiner alten Kanzel, auf dem Theater«. Zum Grundsätzlichen
vgl. W. Jens, Feldzüge eines Redners: Gotthold Ephraim Lessing, in: Von deutscher Rede, S. 46ff.; auch W. Rieck, Schaubühne kontra Kanzel. Die Verteidigung des Theaters durch die Veltheimin, Fuf 39, 1965, S. 50ff.
[138] Die pädagogisch-imitatorische Ausrichtung wird am Untertitel noch deutlicher:
»Palaestra eloquentiae ligatae, novam ac facilem tam concipiendi, quam scribendi quovis stylo poetico methodum ac rationem complectitur, viamque ad
solutam eloquentiam aperit« (so in der Ausgabe Köln 1661). Vgl. auch seine
›Palaestra oratoria‹, Köln 1659.
[139] Hierzu insbesondere die »Instructio pro illis, qui ad repetenda studia humaniora mittuntur« (1622), MGPaed. XVI, S. 192ff.
[140] Vgl. Flemming, Geschichte des Jesuitentheaters ..., S. 248ff. (›Der Chorag
und seine Pflichten‹); »Verfasser und Regisseur in einer Person war der Professor der Rhetorik, also der Ordinarius der obersten Klasse« (a.a.O., S. 248).
[141] Dies gilt z. B. für Bidermann, Masen und Avancini (vgl. im übrigen die Kurz-
biographien bei J. Müller, a.a.O., Bd. 2, S. 5ff.). Jeder Versuch einer kausalen
Festlegung ist sicher verfehlt. Als Professoren der Rhetorik wurden nur solche
Ordensmitglieder eingesetzt, die besondere rhetorisch-poetische Begabung zeigten. Auch dabei konnten die Gewichte noch verschieden verteilt sein. Jacob
Balde beispielsweise war erst in zweiter Linie Dramatiker; von seinen Stücken
(Weihnachten 1627 wurde sein erstes gespielt) ist auch nur der ›Jephthias‹
(1637) erhalten.
[142] Zu diesem Stück G. Müller, Deutsche Dichtung ..., S. 181f.

doxus‹ von Bidermann[143]. Der zuständige Professor Rhetoricae war dann der (sicher oft drückenden) Last des Schreibens enthoben und konnte sich ganz der Inszenierung eines erfolgversprechenden Textes widmen. Im übrigen aber bestand die Gefahr der Routine und des Leerlaufs bei den Jesuiten in gleicher Weise wie bei den Protestanten. Auch die Patres bedienten sich gern der Möglichkeit, Lehrstoff der oberen Gymnasialklassen (bevorzugt waren natürlich religiöse Themen)[144] zu dialogisieren; berühmt wurden vor allem die ›Dialogi‹ Jacob Gretsers[145]. Aber auch historische Szenen wurden auf die Bühne gebracht, so etwa 1641 in Augsburg die Abdankung Karls V.

So ephemer diese Erzeugnisse der *eloquentia ligata* im einzelnen gewesen sein mögen, der schulpädagogische Zweck dürfte zumeist erfüllt worden sein. Dafür sorgten feste Techniken der Einstudierung, die von den Jesuiten – wie alles Pädagogische – mit großem pragmatischem Geschick entwickelt und innerhalb des Ordens weitergegeben wurden. Zur schriftlichen Fixierung und Publikation freilich kam es erst, als die Großzeit des Jesuitentheaters, die Epoche des Barock, bereits vorüber war und es darum ging, das Erreichte zu sichten und zu erhalten.

Im Jahre 1727 erscheint die ›Dissertatio de actione scenica‹ des Rhetorikprofessors und Leiters der berühmten Münchner Jesuitenbühne Franciscus Lang (1645–1725)[146]. Der schmale Band enthält die Summe aus der praktischen Erfahrung fast eines halben Jahrhunderts[147] und behandelt – im Gegensatz zu den zahlreichen anderen theatertheoretischen Schriften der Jesuiten – vor allem die Probleme der Einstudierung und der Dramaturgie. Lang wendet sich mit seinen Ratschlägen in erster Linie an diejenigen Ordensbrüder, die als Professoren der Rhetorik alljährlich ihre *actus theatrales* auf die Bretter zu bringen haben, d. h. an die »Rhetores et Poetas docen-

---

[143] Zur planmäßigen Propagierung dieses Erfolgsstücks vgl. S. Juhnke, Bidermanns ›Cenodoxus‹ 1617 in Ingolstadt. Eine Studie zur Publizistik der frühen Jesuitenbühne, Diss. Berlin (FU) 1957.

[144] Ein reichhaltiges Bild vermitteln die Tabellen und Übersichten im 2. Band der zitierten Arbeit von J. Müller.

[145] Einige Texte sind abgedruckt in der Monographie von Dürrwächter (s. o. S. 334 Anm. 69).

[146] Einen kurzen Überblick gibt N. Scheid, Pater Franciscus Langs Büchlein über die Schauspielkunst, Euphorion 8, 1901, S. 57ff.; vgl. jetzt auch die Dissertation von Kindig (s. o. S. 344 Anm. 123).

[147] Lang war mit 17 Jahren in den Orden eingetreten und hatte ihm 54 Jahre gedient, davon die meiste Zeit als Lehrer am Münchner Gymnasium. Vgl. Scheid, a.a.O., S. 57f. u. 67.

tes in Gymnasiis«[148]. Schon deshalb wird auf Schritt und Tritt der enge Zusammenhang mit dem rhetorisch-poetischen Unterricht erkennbar.

Daß das Schultheater zum Bereich der *eloquentia* gehört und sich dementsprechend nach den Regeln der Rhetorik zu richten hat, ist für Lang eine Selbstverständlichkeit. Doch reicht seiner Ansicht nach die bisherige theoretische Grundlage nicht aus. Aristoteles und der »Oratorum Princeps Cicero« haben nur *pronuntiatio* und *vocis inflexio* behandelt, »de reliquis corporis, omniúmque membrorum compositione, parùm admodum ... edidêre«[149]. Unter den Neueren (›Recentiores‹) haben zwar einige auch über *gestus* und *actio* geschrieben, aber nicht über die *leges*, »quae theatrum propriè attingant«[150]. Diese Lücke im bisherigen rhetorisch-poetischen System will Lang nun schließen, und es ergibt sich von selbst, daß er dabei z. B. auch auf das eingeführte Rhetoriklehrbuch des Soarez eingeht, das ja bereits die Anfangsgründe der Vortragslehre enthält[151].

Die Einzelheiten der Theaterpraxis, die vor dem Leser ausgebreitet werden, sind hier von geringerem Interesse[152]. Nach Erörterung der üblichen Grundsatzfragen (Wesen der *actio scenica*, Bedeutung von *natura* und *ars*) lehrt der Mittel- und Kernteil (Kapitel 3–9) eine aus der Praxis geschöpfte, fein differenzierte Mimik und Gestik, wobei die einzelnen Körperteile nacheinander in ihren spezifischen Ausdrucksmöglichkeiten abgehandelt werden[153]. Es folgen zwei kurze Kapitel über *pronunciatio* und über besondere Hilfsmittel (*adjumenta*) der Inszenierung. In den letzten fünf Kapiteln[154] entwickelt Lang dann seine Theatertheorie im weiteren Sinne, d. h. vor allem die Theorie der dramatischen Formen. Dabei wird noch einmal die enge Verflechtung von rhetorischer Schulung und dramatischer Präsentation evident. Die Großformen ›Drama‹, ›Komödie‹ und ›Tragödie‹ läßt Lang konsequent aus den oratorischen Grund-

---

[148] ›Prooemium‹, S. 7.   [149] A.a.O., S. 5.   [150] A.a.O., S. 6.
[151] Es geht Lang (S. 56) vor allem um die Unterscheidung von *pronuntiatio* und *actio*.
[152] Zum Hintergrund der jesuitischen Spiel- und Inszenierungstradition vgl. Flemming, Geschichte des Jesuitentheaters ..., S. 181ff.
[153] Zwei kurze Beispiele: »Poenitemus, pressa manu admota pectori ... Timemus prolata manu dextra ad pectus, quatuor primis digitis in summum coeuntibus, quae dein prona et protensa laxetur« (S. 37). Zur Illustration der einzelnen Stellungen sind dem Band acht Kupfer beigegeben.
[154] In der hier benutzten Ausgabe (Exemplar der Württ. Landesbibliothek Stuttgart) tragen die beiden letzten Kapitel falsche Zahlen (XIII statt XV, und XIV statt XVI).

formen der *declamatio* und des *dialogus* hervorwachsen, die als *exercitia scholastica* zum täglichen Brot des Rhetorikunterrichts gehören[155].

Auch an nützlichen Hinweisen für die Praxis fehlt es nicht. So soll der Schüler beispielsweise durch intensives Betrachten von Gemälden und Statuen (besonders von solchen, die *oratores sacri* darstellen!)[156] ein feineres Gefühl für Mimik und Gestik erwerben, und nicht zuletzt soll er sich am Vorbild berühmter Kanzelredner orientieren, die ihm auch als Maßstab der rechten *pronuntiatio* dienen können[157]. Erst auf solchen Wegen gelangt er zu jenem Ideal der *ars theatralis*, das deutlich den Zielen des humanistisch-rhetorischen Lateinunterrichts nachgebildet ist, zur *elegantia*: die gute Anlage, die in dem einzelnen Schüler verborgen liegt, »per artem polienda est, et ad elegantiam formanda«[158]. Alles Bemühen um Gewandtheit und Stil aber steht – wie im rhetorischen Unterricht – unter dem Diktat der Wirkung. In Langs Begriff der *actio scenica* kommt dies klar zum Ausdruck: »Actionem Scenicam ego è meo sensu convenientem totius corporis vocisque inflexionem appello, ciendis affectibus aptam«[159].

Wo die Affekte des Zuschauers und Zuhörers im Zentrum aller Intentionen stehen, begegnen sich rhetorische Theorie und Theatertheorie leicht unter dem gemeinsamen Dach des Aristotelismus. »Itaque perfectus orator utcunque se affectum videri animum audientis moveri volet, ita certum vocis admovebit«, lehrt beispielsweise Soarez[160]. Und daß die herrschende aristotelische Tragödiendefinition auch durch die Jesuiten, von Pontanus über Masen bis in die Spätzeit hinein, bereitwillig akzeptiert wurde, ist aufgrund der dezidiert gegenreformatorischen Ziele des Ordenstheaters nur verständlich. Doch gerade die Ausrichtung nach dem Effekt, nach dem *movere*, *ciere* und *persuadere*, führt zu Erweiterungen der klassischen Formel, in denen sich unübersehbar die allmähliche Barockisierung des Jesuitentheaters spiegelt: »Tragoedia est imitatio dramatica ac-

---

155 Bezugnahme darauf besonders deutlich a.a.O., S. 71.
156 A.a.O., S. 42. Zur ›Theatralik‹ barocker Tafelbilder vgl. o. S. 102.
157 A.a.O., S. 47.
158 A.a.O., S. 14.
159 A.a.O., S. 12. Vgl. Soarez: »Est enim actio quasi corporis quaedam eloquentia. Cum sit autem in duas diuisa partes, vocem, gestumque, quorum alter oculos, altera aures mouet, per quos duos sensus omnis ad animum penetrat affectus ...« (›De arte rhetorica ...‹, S. 153).
160 Ebda.

tionis illustrium personarum perfectae ac magnae separatim adhibens metrum, harmoniam saltationem et per miserabiles et terribiles exitus temperans affectus misericordiae ac timoris«, so heißt es bei Donati[161].

Musik und Ballett, die er nennt, sind freilich nur Teile jenes umfangreichen theatralischen Apparats, durch den sich das Jesuitentheater schon in seiner äußeren Erscheinungsform mehr und mehr vom protestantischen Schultheater abhob. Zwar sind auch dort – etwa bei Hallmann – ähnliche Tendenzen zu beobachten, aber an Pracht der Ausstattung, der optischen und akustischen Mittel blieb das Jesuitentheater unerreicht[162]. Die Gefahr, daß das Worttheater auf diese Weise allmählich erdrückt wurde, ist nicht gering einzuschätzen. Für den Jesuitendramatiker selbst ging es darum, immer neue, dem Geschmack der Zeit entgegenkommende Möglichkeiten der theatralischen Suggestion zu gewinnen; *persuasio* ist das maßgebende Ziel des Jesuitentheaters von seinen renaissancehaft einfachen Anfängen bis zu den prunkvollen, festspielartigen ›ludi Caesarei‹ im spätbarocken Wien[163].

f. Funktionen der Jesuitenrhetorik

Als Goethe am 4. September 1786 (dem zweiten Tag der ›Italienischen Reise‹) nach Regensburg kommt, erlebt er im dortigen Jesuitenkolleg gerade die jährliche Theateraufführung, einen fernen Nachklang der barocken Glanzzeit. Die kurze Analyse, die Goethe gibt[164], trifft – mutatis mutandis – den Kern des gesamten jesuitischen Rhetorikbetriebs. »Ich verfügte mich gleich in das Jesuitenkol-

---

[161] Zitiert nach Kindermann, Theatergeschichte ..., Bd. 3, S. 449. Vgl. die traditionellere Formulierung in der Poetik des Pontanus: »Tragoedia est poesis virorum illustrium per agentes personas exprimens calamitates, vt misericordia et terrore animos ab iis perturbationibus liberet, à quibus huiusmodi facinora tragica proficiscuntur« (›Poeticarum institutionum libri tres‹, Ingolstadt 1594, S. 110).

[162] Flemming, Geschichte des Jesuitentheaters ..., S. 139ff. (›Die Ausstattung‹).

[163] Wenn sich die Jesuitenbühne – gerade in Wien – immer stärker auch der höfischen Unterhaltung widmet, so widerspricht dies ihrem persuasiven Charakter nicht. Im Bewußtsein der gegenreformatorischen Erfolge (Avancinis ›Pietas victrix‹ von 1659 ist ihr Symbol) halten es die Jesuiten für legitim, statt des religiösen Bekehrungsspiels eine eindrucksvolle Demonstration ihrer weltlichen, mit Habsburg eng verknüpften Macht auf die Bühne zu bringen.

[164] Hamb. Ausg. 11, S. 10f. Vgl. C. W. Neumann, Goethe in Regensburg, Arch. f. Litt.gesch. 4, 1875, S. 185ff.; H. Huber, Goethe in Regensburg, Oberpfalz 25, 1931, S. 132ff. u. 157ff.

legium, wo das jährliche Schauspiel durch Schüler gegeben ward, sah das Ende der Oper und den Anfang des Trauerspiels. Sie machten es nicht schlimmer als eine angehende Liebhabertruppe und waren recht schön, fast zu prächtig gekleidet. Auch diese öffentliche Darstellung hat mich von der Klugheit der Jesuiten aufs neue überzeugt. Sie verschmähten nichts, was irgend wirken konnte, und wußten es mit Liebe und Aufmerksamkeit zu behandeln. Hier ist nicht Klugheit, wie man sie sich in Abstracto denkt, es ist eine Freude an der Sache dabei, ein Mit- und Selbstgenuß, wie er aus dem Gebrauche des Lebens entspringt«. Daß Goethe der Aktivität der Jesuiten nicht ohne spezifisches Vorwissen gegenübertritt, wird aus dem Text sofort erkennbar; vor allem die ›Klugheit‹ der Patres gehörte ja zu den heiklen Themen der Konfessionspolemik auch seiner Zeit[165]. Ebenso deutlich ist jedoch das Bemühen, sich den freien, kritischen Blick dadurch nicht verstellen zu lassen[166].

»Sie verschmähten nichts, was irgend wirken konnte«: kaum anders beschreibt – ein Jahrhundert später – Nietzsche den Vertreter des literarischen Barockstils. Der barocke Schriftsteller »wird unwillkürlich nach dem Rhetorischen und Dramatischen greifen: denn zuletzt kommt es ihm darauf an, sich verständlich zu machen und dadurch Gewalt zu gewinnen ... – als Hirt oder als Räuber«[167]. Es läge nahe, die Analogie der Wesenszüge von Jesuitismus, ›barokkem‹ Stilwillen und ›rhetorischer‹ Haltung im einzelnen durchzuziehen. Das eigentümlich Ambivalente in der Wahl der Mittel, das Voluntaristische, das Zielgerichtete: hier wären erste Ansatzpunkte eines umfassenden Vergleichs gegeben.

Die Frage nach dem Verhältnis von Jesuitismus und Barock ist selbstverständlich nicht neu. Unter dem Aspekt der Kunstgeschichte war man sogar geneigt, beides gleichzusetzen[168]; auch auf dem Ge-

---

[165] Zu berücksichtigen ist, daß Goethes Besuch in die Jahre nach der offiziellen Aufhebung des Ordens (1773) fällt; die pädagogische Aktivität der Jesuiten allerdings wurde vielerorts fortgesetzt (man denke an das Eintreten Friedrichs des Großen und Katharinas II von Rußland für die Jesuiten).

[166] Vgl. J. Henning, Goethe and the Jesuits, Thought 24, 1949, S. 449ff.

[167] Vgl. o. S. 3.

[168] Einer der Wegbereiter dieser Auffassung war C. Gurlitt, der den Begriff des ›Jesuitenstils‹ prägte (Geschichte des Barockstiles, des Rococo und des Klassicismus ..., 3 Bde., Stuttgart 1887/89). Als Demonstrationsobjekt dienten vor allem die Jesuitenkirchen: al Gesù in Rom, Gesù Nuovo in Neapel, die Universitätskirche in Wien und nicht zuletzt die süddeutschen Kollegienkirchen (München, Eichstätt, Dillingen etc.). Vgl. dazu die grundlegenden Darstellungen von J. Braun, besonders: Die Kirchenbauten der deutschen Jesuiten, 2 Bde., Freiburg i.

biet der Literaturgeschichte gab es Versuche, in Gegenreformation und Jesuitismus die entscheidenden Triebkräfte des Barockstils zu sehen[169]. Keine dieser extremen Positionen wird der geschichtlichen Realität gerecht. Einerseits verkennt man die führende Rolle der Protestanten Mittel- und Ostdeutschlands[170]. Andererseits aber ignoriert man die Gesamtgeschichte des Jesuitenordens; seine Erfolge erstrecken sich über vier Jahrhunderte, seine geistigen Wurzeln liegen im 16. Jahrhundert. Und doch: die Glanzzeit des Ordens als Mitträgers einer literarischen Kultur war die Barockepoche[171]; denn keine andere Bildungsmacht des 17. Jahrhunderts hat sich so sehr darauf verstanden, die humanistisch-rhetorische Tradition zu instrumentalisieren und den eigenen Zwecken dienstbar zu machen. In der allmählichen Umfunktionierung des Schultheaters bis hin zur kaiserlichen Hofoper tritt diese Tendenz wohl am klarsten zutage.

Ist jedoch die Jesuitenrhetorik samt ihrem ausgeklügelten pädagogischen System damit nicht im Grunde ad absurdum geführt? Ist sie, indem sie sich dem Rausch des barocken Illusionstheaters unterworfen hat, nicht ihrem eigenen streng-klassizistischen Ansatz untreu geworden? Auf der Ebene der Theorie wäre die Frage leicht durch den Hinweis zu beantworten, hier handele es sich eben um ein literarisches Analogon zur vieldiskutierten ›doppelten Jesuitenmoral‹[172]; der interne sprachlich-rhetorische Unterricht werde ja wei-

---

B. 1908/10; ferner H. Bode, Die Kirchenbauten der Jesuiten in Schlesien, Diss. Dresden (TH) 1935. Noch das ›Jesuitenlexikon‹ von Koch hebt hervor: »Die Blüte der GJ u. des Barockstiles fallen zeitlich zusammen« (Sp. 927).

[169] Die Anregung kam wiederum von der Kunstgeschichte: W. Weisbach, Der Barock als Kunst der Gegenreformation, Berlin 1921; ders., Barock als Stilphänomen, DVjs 2, 1924, S. 225ff. Für den Bereich der Literatur wurde dies am entschiedensten von Hankamer aufgenommen (Deutsche Gegenreformation und deutsches Barock; zuerst 1935). Auf den eigenständigen Beitrag des Katholizismus hatten schon Nadler und G. Müller mit Nachdruck hingewiesen. Vgl. zum Problem auch Wellek, Grundbegriffe der Literaturkritik (›Der Barockbegriff in der Literaturwissenschaft‹), S. 79f.

[170] Dies gilt vor allem für W. Schulte, der den Protestantismus aus dem Barock schlechtweg eliminieren möchte (Renaissance und Barock in der deutschen Dichtung, Lit.wiss. Jb. d. Görres-Ges. 2, 1926, S. 47ff.).

[171] Das Wort ›literarisch‹ ist zu betonen. Während z. B. in der Baukunst noch weit in das 18. Jahrhundert hinein wichtige Impulse von den Jesuiten ausgehen, sehen sie sich der Literatur der Aufklärung gegenüber bereits in die Defensive gedrängt (die Erfahrungen mit dem Jesuitenzögling Voltaire sind symptomatisch).

[172] Zu Pascals ›Lettres Provinciales‹ vgl. jetzt vor allem P. Topliss, The rhetoric of Pascal. A study of his art of persuasion in the ›Provinciales‹ and the ›Pensées‹, Leicester 1966, S. 31ff. (›Pascal pamphleteer‹; weitere Literatur dort S. 325ff.); s. auch den Artikel ›Jesuitenmoral‹ bei Koch, Jesuitenlexikon, Sp. 920ff.

ter im Sinne der ›Ratio studiorum‹ betrieben, und nur nach außen hin seien – aus Gründen der propagandistischen Ordensräson – Konzessionen an das Repräsentations- und Schaubedürfnis der Zeit notwendig.

So viel Wahrheit in einer solchen historischen Diagnose liegen mag, die Trennung von interner Sprachpflege und öffentlichem Schaubedürfnis beträfe nur ein Teilproblem. Sie versagt gegenüber der Tatsache, daß ausgerechnet der Jesuitenorden mit seinem institutionalisierten Radikal-Klassizismus zu einem der wichtigsten Träger des gemeineuropäischen Manierismus wurde, der sich um das Stilideal der *argutia* bildete[173]. Von der dialektischen Bedingtheit des Klassizistischen und des Manieristischen war bereits die Rede, auch von den geschichtlichen Dispositionen, aus denen heraus ein Umschlagen möglich wird. Dem Jesuitenorden sind sie gleichsam schon in seiner Gründungsurkunde mitgegeben[174]. Als Kampftruppe der gegenreformatorischen ›ecclesia militans‹ stehen die Jesuiten in ihrem Denken wie in ihrer sprachlichen Kommunikation auf dem Boden der kirchlichen Tradition, und das heißt zunächst auch: auf dem Boden des kirchlichen, mittelalterlichen Lateins.

Die Hinwendung zu den rhetorischen Idealen des Humanismus war ein zweckbestimmter Willensakt, zu dessen Verwirklichung das Vorbild der großen Humanistenpäpste nur wenig[175], das Funktionieren einer konsequenten Pädagogik das meiste beizutragen hatte. Als Theologe war der Jesuit ständig mit den Werken der Kirchenväter und der großen mittelalterlichen Systematiker befaßt[176], als Glied der Kirche und nicht zuletzt im Kult hatte er sich der kirchlichen Koine zu bedienen. Nur auf diesem Hintergrund – der mit einiger Modifizierung auch für den Jesuitenzögling gilt – sind Strenge und Radikalismus der ciceronianischen Latinitätspflege in der Jesuitenpädagogik zu verstehen[177]. Gegen Nachlässigkeit der Schüler in puncto *latinitas* hatte natürlich auch der protestantische

[173] Vgl. o. S. 44ff.
[174] Die päpstliche Bulle vom 27. September 1540 hieß ›Regimini militantis ecclesiae‹.
[175] Die Zurückhaltung gegenüber diesen Vorgängen ist auffallend; sie erklärt sich wohl aus dem Wandel der pädagogischen Situation, der sich im Zeichen der Reformation vollzogen hat.
[176] Der Orden hatte sich bekanntlich ganz dem Thomismus verschrieben.
[177] Es ist also grundfalsch, wenn Flemming (Deutsche Kultur ..., S. 346) für den Unterricht an den Jesuitengymnasien behauptet: »Latein herrschte nur als Sprache der Kirche«.

Pädagoge anzugehen[178], aber für den Jesuiten bedeutete das vertraute, nichtklassische Kirchenlatein eine zusätzliche Gefahr; dies ist mit zu bedenken, wenn z. B. ein Dekret vom Jahre 1622 den Professoren der *humaniora* ans Herz legt, »quemadmodum ipsi inprimis puritatem linguae latinae et veram eloquentiam assequi possint«[179].

Solche und ähnliche Ermahnungen begegnen in den Dokumenten zur Jesuitenpädagogik immer wieder[180]; sie sind dazu bestimmt, das humanistische Niveau der Jesuitenrhetorik zu erhalten. Doch gerade aus dem Streben nach Konkurrenzfähigkeit erwächst – scheinbar paradox – schon früh auch eine Gefährdung des klassizistischen Ideals. Denn in eben jener Zeit, als der Orden mit der Festigung und Formulierung seiner rhetorisch-pädagogischen Ziele beschäftigt ist, werden weite Bereiche des humanistischen Neulateinertums bereits durch die Entdeckung der silbernen Latinität und durch neue, antiklassische Stilideale beherrscht[181]. Die literarische Jesuitenerziehung droht von vornherein in Rückstand gegenüber der Entwicklung zu geraten. Doch auch die protestantischen Gymnasien gewähren ja, wie sich zeigte, den neuen Tendenzen nur vereinzelt und nur zögernd Eingang; so befindet sich die ›Ratio studiorum‹, als sie 1599 durch den Ordensgeneral Aquaviva verabschiedet wird, noch durchaus auf der Höhe der Zeit.

Aber schon zwei Jahrzehnte darauf, als im Jahre 1619 die Heranbildung der Lehrer differenzierter festgelegt wird, ist eine leichte Verschiebung der Akzente erkennbar: »Exercenda ... primo omnium Iuventus in scribendis poëmatis, et assuefacienda ad stylum purum, planum et apertum ad imitationem Ovidii aut Virgilii«[182]. Während die Basis streng klassizistisch, antikegebunden bleibt, öffnet sich eine höhere Stufe – wie bei Vossius! – modernen Tendenzen: »Scribenda Epigrammata, Emblemata et his consimilia, ab iis fere, qui iam in stylo et in eruditione multum profecerunt, ab aliis vero raro et parce«[183]. Die vorsichtige, fast ängstliche Art der Formu-

---

[178] Vgl. o. S. 276.
[179] MGPaed. XVI, S. 192. Grundsätzliches zum Festhalten der Jesuiten an den antiken Vorbildern auch bei Borinski, Die Antike ..., Bd. 2, S. 33ff.
[180] Vgl. die im folgenden genannten Zeugnisse. Selbst Lang in seiner ›Dissertatio de actione scenica‹ sieht sich genötigt, vom ›Choragus‹ (dem mit der Theateraufführung betrauten Rhetorikprofessor) zu verlangen: »Latinus sit oportet, ne barbarus audiatur in dictione, et sic profanet cultum idiomatis« (S. 61).
[181] Vgl. o. S. 62f.
[182] MGPaed. XVI, S. 182.
[183] A.a.O., S. 182f.

lierung ist bezeichnend. Epigramm und Emblem – das sind gerade jene Formen, deren sich die zeitgenössischen Vertreter ›silberner‹ Poesie mit Vorliebe bedienen[184]. Sollte man nicht den Begabten und Fortgeschrittenen – bei Wahrung des Gesamtplans – die Möglichkeit bieten, auch auf diesem Gebiet konkurrenzfähig zu werden? Die Frage dürften sich, ermutigt durch solche Dekrete, im Lauf der Zeit manche Rhetorikprofessoren gestellt haben, zumal diejenigen, die selbst Geschmack an nichtklassischer Stilgebung gefunden hatten. Besonders großzügig verfuhr in dieser Hinsicht Jacob Keller, der 1607 (mit 39 Jahren) Rektor des Münchner Kollegs und dann auch Vertrauter des Kurfürsten Maximilian wurde[185]. »Er war ein Mann, der mit seiner Zeit mitging. Er bevorzugte die Spätlateiner des augusteischen Zeitalters Seneca, Statius und Martial. Als Rektor musste er sich gegenüber seinen römischen Oberen verantworten, dass er Cicero und die klassische Latinität in der Schule zugunsten des manierierten Lipsianismus vernachlässige«[186].

Daß gerade ein Mann mit engem Kontakt zum Hof derart abweichlerische Tendenzen verfolgte, ist höchst charakteristisch. Denn die höfische Distanzierung von den klassizistischen Stilidealen des bürgerlichen Humanismus gehört zu den stärksten Triebkräften der *argutia*-Bewegung. Dem Jesuitenorden bot sie die ideale Möglichkeit, ein eigenes literarisches Profil zu entwickeln und sich den selbstbewußten Adelskreisen als Träger einer anspruchsvollen Sprachkultur zu empfehlen. Was die zitierte Verfügung vom Jahre 1619 mehr beiläufig und mit aller Reserve konzedierte, ist um die Jahrhundertmitte bereits zu einer Domäne der Jesuiten geworden. Es genügt, die Namen Gracián, Tesauro und Masen zu nennen[187], um die führende Rolle des Ordens in der ›neuen Kunst‹ sofort erkennbar zu machen: binnen weniger Jahre erscheinen die grundlegenden Werke ›Aguzeda

---

[184] Zum Zusammenhang von Emblematik und Epigrammatik auf manieristischer (konzeptistischer) Basis vgl. M. Praz, Studies in the seventeenth-century imagery, Teil 1 (Stud. of the Warburg Inst. 3), London 1939, S. 18; Hocke, Manierismus in der Literatur, S. 171ff.; Schöne, Emblematik und Drama ..., S. 37ff.
[185] Näheres über ihn bei J. Müller, Das Jesuitendrama ..., Bd. 2, S. 15; vgl. Duhr II 2, S. 403ff.
[186] J. Müller, a.a.O., S. 15. Die Formulierung »die Spätlateiner des augusteischen Zeitalters Seneca, Statius und Martial« ist zumindest mißverständlich (Druckfehler statt ›nachaugusteischen‹?).
[187] Alle drei waren als Lehrer an Jesuitenkollegien tätig; Gracián war zeitweise sogar Rektor des Kollegs von Tarragona; Tesauro wirkte zuletzt als Erzieher im Haus der Herzöge von Savoyen.

y Arte de ingenio‹ (1648)[188], ›Il cannocchiale Aristotelico‹ (1654)[189] und ›Ars nova argutiarum‹ (1649)[190]. Und gleichsam als Erfüllung des Dekrets von 1619 fügt Masen seiner um das Epigramm zentrierten *argutia*-Lehre gleich auch eine Anweisung zur emblematischen ›Bildkunst‹ hinzu, das ›Speculum imaginum veritatis occultae‹ (1650)[191].

Eine neue, faszinierende, den klassizistischen Kanon durchbrechende Rhetorik-Mode hat sich etabliert, und es verwundert nicht, daß die ›Weltleute‹, die ›Politici‹ aller Länder sich mit Begeisterung der neuen Mode hingeben. Sie wird, wie Christian Weise es 1678 formuliert, zur ›poesis hodiernorum politicorum‹[192]. Die »Ultima Inscriptionum perfectio« jedoch, so muß der Protestant Weise anerkennen, stammt »à Jesuitis«[193]. Darauf war es dem Orden angekommen: nicht nur im Schlepptau der humanistischen Rhetorik zu fahren, sondern sich an die Spitze einer eigenständigen rhetorischen Sprachkunst zu setzen.

Gepflegt wurde sie mit der Blickrichtung nach außen; in Wirkung und Erfolg auf der weltlichen Szene lag ihre eigentliche Legitimation. Doch bedeutete dies nicht, daß *argutia* nun zum offiziellen Ordensstil wurde. Weite Bereiche der Jesuitenlyrik beispielsweise sind eher »klassizistisch, was ihre formalen Bilder, ihre Begrifflichkeit, Unsinnlichkeit, rationale Haltung sowie das Vermeiden von Spannungen und die Wahrung der Objektivität betrifft«[194].

---

[188] Del Hoyo, S. 229ff. Eine Teilausgabe (›Arte de ingenio‹) erschien bereits 1642.

[189] Literatur in: Trattatisti e narratori del seicento, a cura di E. Raimondi, Milano–Napoli 1960, S. 6. »Die Vielzahl der Auflagen belegt die starke Verbreitung des Werks; es schien in keiner Bibliothek der Jesuitenklöster gefehlt zu haben« (Friedrich, Epochen ..., S. 623 Anm. 2; zu korrigieren in ›Jesuitenkollegs‹. Die Jesuiten waren keine Mönche, besaßen somit auch keine ›Klöster‹).

[190] Näheres bei N. Scheid, Der Jesuit Jakob Masen, ein Schulmann und Schriftsteller des 17. Jahrhunderts (Vereinsschriften d. Görres-Ges. 1898/1), Köln 1898, S. 8ff.

[191] Vgl. Henkel-Schöne, Emblemata, S. XXXIf.

[192] ›De poesi hodiernorum politicorum‹, Jena u. Helmstedt 1678. In der ›Praefatio‹ gibt Weise die Begründung: »In Titulo Argutas Inscriptiones nominavi POESIN POLITICORUM, non quod velim omnes Politicos in hoc genere versari, sed qvod hodiernis moribus praecipua negotiorum Politicorum judicia hoc charactere solent concipi« (fol. 4ᵃ).

[193] A.a.O., S. 30. Vgl. die von Weise ausgehende kurze Darstellung der ›Poesie der Politiker‹ bei Borinski, Baltasar Gracian ..., S. 128ff. (mit Hinweis auf die Rolle der Jesuiten, S. 129).

[194] Newald, S. 252 (in der dort gewählten grundsätzlichen Formulierung nicht zutreffend: »Mit der gesamten Lyrik des 17. Jahrh.s hat auch die Jesuitenlyrik den Zug zur Rhetorik gemein. Sie ist klassizistisch ...«).

Jacob Baldes großes Vorbild ist nicht Martial, sondern Horaz[195]. Auf der anderen Seite sind schon früh (Balde war Schüler Jacob Kellers!)[196] auch Lucan, Statius und Claudian als *exempla* erkennbar[197]. Jede Verabsolutierung ist hier, wie im gesamten literarischen Jesuitismus, zu meiden. Stets hat man mit der Kardinaltugend der Jesuiten zu rechnen, der Fähigkeit zum Spiel auf verschiedenen Ebenen.

Dies gilt nun auch für das Verhältnis der *argutia* zum normalen Unterricht. Selbstverständlich ist sie nur eine Kunst für Fortgeschrittene, für solche, »qui iam in stylo et in eruditione multum profecerunt«[198]. Die klassizistische Basis muß streng gewahrt bleiben. Erst auf diesem Hintergrund ist die Vielfalt der Stile zu verstehen, die der Verfasser der ›Ars nova argutiarum‹ in einem anderen Lehrbuch ausbreitet: ›Palaestra styli Romani quae artem et praesidia Latinè ornatèque quovis styli genere scribendi complectitur‹[199].

Bei aller Strenge und Virtuosität, mit der die Societas Jesu ihr literarisches Jonglierspiel innerhalb der Barockepoche treibt, gerade der Erfolg ihrer konsequenten Diesseitigkeit machte es oft schwer, die Grenzen zu bestimmen. Wie in so manchen anderen Bereichen (man denke an die Unbotmäßigkeit des ›Lebensphilosophen‹ Gracián!)[200] sah sich der Orden auch auf dem Gebiet des Sprachlich-Literarischen immer wieder zur Warnung vor Grenzüberschreitungen gezwungen. Von dem Liebhaber silberner Latinität Jacob Keller war bereits die Rede. Sein Vergehen bestand darin, daß er den klassizistischen Kanon des Kollegienunterrichts anzutasten wagte. Der Aufschwung der *argutia*-Bewegung um die Mitte des Jahrhunderts

---

[195] M. Schuster, Jakob Balde und die Horazische Dichtung, Zs. f. dt. Geistesgesch. 1, 1935, S. 194ff.; M. H. Müller, ›Parodia christiana‹. Studien zu Jacob Baldes Odendichtung, Diss. Zürich 1964.

[196] Vgl. Henrich, Die lyrischen Dichtungen Jakob Baldes, S. 29ff. Zum Einfluß Kellers bekennt sich Balde dankbar in einer ›Laus posthuma‹: ›Lyricorum lib. IV‹ (München 1643), S. 123ff. (Lyr. II 50).

[197] ›Mors Tampierii‹ (»stilo Lucani«), ›Mors Bucquoii‹ (»stilo Statii«) und ›Encomium Tillii‹ (»stilo Claudiani«) geben sich deutlich als poetische Übungen der Frühzeit zu erkennen, vgl. Henrich, a.a.O., S. 198. Zu Baldes Stellung innerhalb der ›silbernen‹ Tendenzen der neulateinischen Lyrik vgl. auch Conrady, S. 238ff.

[198] MGPaed. XVI, S. 183.

[199] Zuerst Köln 1659, dann mehrfach aufgelegt. Allerdings fügt Masen der klassischen Stiltrias den *stylus argutus* hinzu (vgl. Fischer, S. 170f.) und versucht eine Integration der verschiedenen Tendenzen.

[200] M. Batllori, La vida alternante de Baltasar Gracián en la Compañía de Jesús, Arch. historicum Societatis Jesu 18, 1949, S. 3ff. (auch in: Gracián y el barroco, S. 55ff.).

brachte den Unterricht offenbar erneut in Gefahr, und so entschloß sich im Jahre 1676 der Ordensgeneral Oliva zu einem Rundschreiben[201], das die Rhetorikprofessoren auf den alten Weg der Klassizität zurückrufen sollte. Es werde Klage geführt[202], so schreibt Oliva, »politiorem quidem litteraturam ... in multis Gymnasiis a veteri candore linguae Latinae haud parum desciuisse: artis Oratoriae praecepta negligi per turpissimam incuriam. Nec iam esse, quales olim erant quamplurimi, cuius vel in scribendo nitor, et elegantia, vel in dicendo vis, efficaciaque spectabilis sit. Quae quidem ornamenta nobis tam propria quondam erant, ut vel soli vel praecipui haberemur, quorum non minus purus sermo, quam potens in persuadendo facundia celebraretur. Nunc vero reperire complures est, qui egregii Magistri audire velint, si verborum inani tinnitu aures feriant, et caducis flosculis orationem inspergant, licet eloquentiae interim omne robur eneruent, et germanam veteremque laudatissimorum scriptorum linguam corrumpant atque contaminent«[203].

Vom Standpunkt der *puritas*, der Klassizität aus, erscheinen manieristische Tendenzen – wie schon in der nachaugusteischen Zeit[204] – nur als *corrupta eloquentia*. Der Schulunterricht muß davon wieder gesäubert werden, das gibt der Ordensgeneral deutlich zu verstehen. Doch scheint es, als habe er mit seinem Mahnschreiben die Auswüchse nicht ein für alle Mal einzudämmen vermocht. Noch 1735 wird in einer inoffiziellen ›Instructio‹ für die Lehrer der ›humaniora‹[205] eindringlich vor den Gefahren gewarnt, die dem Unterricht der Rhetorica-Klasse drohen: »Dixi verae eloquentiae imaginem imprimendam Tyronibus, idque ea causa, ut ne orationes scribant Poëtica arte magis ad delicias, quam oratoria ad victoriam, ut ne allegoriis et floribus perspergant omnia, nitidosque ac praeclaros se existiment, si nulla prope periodus adulterina ejusmodi elegantia vacet«[206]. Und die veränderte stilgeschichtliche Situation spiegelt sich darin, daß als Richtpunkt und oberste Instanz aller rhetorischen Sprachgebung

---

[201] Teile daraus abgedruckt MGPaed. IX, S. 114f.

[202] Gemeint sind die Provinzial-Prokuratoren, die 1675 nach Rom kamen und den Ordensgeneral auf die Mißstände aufmerksam machten.

[203] A.a.O., S. 114.

[204] Dazu vor allem K. H. O. Schönberger, Die Klagen über den Verfall der römischen Beredsamkeit im 1. Jahrhundert nach Christus. Ein Beitrag zum Problem der Dekadenz, Diss. Würzburg 1951.

[205] Anonymus [Franz Wagner], ›Instructio privata seu typus cursus annui pro sex humanioribus in usum magistrorum Soc. Jesu editur‹, 1735; Auszüge bei Mertz, Über Stellung und Betrieb der Rhetorik ..., bes. S. 41f.

[206] Ebda.

nun die *natura* postuliert wird: »Pro decoro autem, sano, apto, proboque habendum est, quidquid ad naturam accesserit, proxime naturae vestigia presse persequitur, ad naturae normam exigit omnia«[207]. Es ist an die Adresse der vielen Anhänger »corrupti styli« gerichtet, »quibus dissipit ac vile est, quidquid simplex et secundum naturam est«[208].

Die Gefährdung der klassizistischen Ideale in der Praxis des jesuitischen Rhetorikbetriebs scheint, gemessen an dem Willen der ›Ratio studiorum‹ und an der Strenge der Ordensdisziplin, ein isolierter Vorgang zu sein. Aus den übergreifenden Zielen des literarischen Jesuitismus jedoch ergibt sie sich geradezu mit geschichtlicher Notwendigkeit, als Konsequenz einer zweckgerichteten Profanität. Schon die Adaption der humanistischen Rhetorik an sich bedeutete eine nicht unproblematische Entscheidung, drohte doch auf diese Weise die reiche sprachlich-literarische Tradition der Kirche vernachlässigt zu werden. Aber der Gegner im gegenreformatorischen Kampf ließ den Jesuiten, wie sich zeigte, keine andere Wahl; sie mußten sich arrangieren. Richtige Einschätzung der Situation, gewandte Auseinandersetzung mit dem Gegenüber, sorgfältiges Einkalkulieren seiner Wünsche und Abneigungen – darauf beruht die Jesuitenerziehung in ihrer geschichtlichen Ganzheit wie in zahlreichen Einzelzügen.

Bei der täglichen Lektüre bereits deutet sich dies an. Der Schüler soll neben *inventio*, *dispositio* und *elocutio* besonders beachten, »quam apte se orator insinuet«[209]. Dazu aber ist natürlich notwendig, sich die reale Redesituation möglichst genau vor Augen zu führen. In die gleiche Richtung weist die schon beobachtete Tendenz der Jesuitenpädagogik, den Schüler vor einem größeren Publikum – nicht nur vor der Klasse – auftreten zu lassen[210]. Die konkrete Darbietung der Rede entscheidet über den Erfolg, der Augenblick bestimmt den Effekt. Das meint Soarez, wenn er zu *actio* und *pronunciatio* kon-

---

[207] A.a.O., S. 42.
[208] Ebda. Viele der Vorwürfe gegen die oratorischen Entartungen entsprechen ganz dem kritischen Kanon Gottscheds und seiner Anhänger: »nihil pulchrum, nisi novum sit, mirum, scintillans, picturatum, pexum floridum, vel tumidum, audax, extraordinarium ... Orator scientiis, Historia imprimis, et varia eruditione perpolitus, rerum pondere, ac sententiarum minime vulgarium gravitate, ornat suam orationem, et extollit«. Das *tumidum* (bzw. *turgidum*) ist lateinisches Äquivalent zum ›Schwulst‹-Begriff der Aufklärungsästhetik (vgl. Horaz, a. p. 27 u. a.).
[209] MGPaed. V, S. 407.
[210] Oben S. 340f.

statiert: »Haec autem pars est, quae in dicendo vna dominatur«[211]. Und in der *ars disputandi* als der jesuitischen Kardinalkunst[212] vereinigen sich schließlich alle auf das ›äußere *aptum*‹ gerichteten Tugenden der *rhetorica militans*.

Man würde die geschichtliche Situation verkennen, wollte man die hier genannten Züge als originales Eigentum der Jesuiten betrachten. Es sind Nuancierungen auf humanistischer Basis[213], in den offiziellen Richtlinien der ›Ratio‹ mehr angedeutet als programmatisch formuliert. Greifbar werden sie letztlich erst in der Aktivität der Jesuiten, zumal im literarischen Werk einzelner Ordensmitglieder. So ist es bei der *argutia*-Bewegung (deren Ableitung aus der ›Ratio‹ einige Schwierigkeit bereiten dürfte)[214], so bei der Konzeption des ›äußeren *aptum*‹. Ihren konsequenten Systematisator findet sie in Gracián. In entscheidenden Punkten stellt seine Lebenslehre nichts anderes dar als die individualistische Variante des jesuitischen Zweckdenkens[215].

Die eigentümliche Konvergenz jesuitischer und Weisianischer Rhetorik hat hier ihre tiefere Begründung. Beide Konzeptionen entwickeln sich auf traditionell-humanistischer Basis, und beide entfernen sich von ihr durch die Ausrichtung auf äußere Zwecke: gegenreformatorisch bei den Jesuiten, ›politisch‹ bei Weise und seinen Anhängern. So gewinnt es fast symbolische Bedeutung, daß Weises am höchsten geschätzter Freund – ein Jesuit war[216].

---

[211] ›De arte rhetorica ...‹ (1577), S. 153.
[212] Unten S. 398ff.
[213] Besonders deutlich bei dem sehr ›jesuitisch‹ anmutenden Interesse an der *insinuatio*. Sie gehört zum Grundbestand der klassischen Theorie, z. B. bei Cicero, De inv. 1,15,20: »insinuatio est oratio quadam dissimulatione et circumitione obscure subiens auditoris animum«. Im Zusammenhang des *exordium* (vgl. Lausberg § 280) behandelt sie auch Vossius: »Insinuatio quidem quia quasi in sinum, hoc est in pectus, atque animum, clam irrepat« (›Rhetorice contracta‹, Leipzig 1660, S. 231).
[214] Vgl. exemplarisch das Kapitel ›La barroquización de la Ratio studiorum en las obras y en la mente de Gracián‹ bei Batllori, Gracián y el barroco, S. 101ff.
[215] Dieser Ansatz ist – trotz gelegentlicher Bemerkungen in der Literatur zu Gracián – noch nicht konsequent durchgeführt worden. Reichhaltiges Material (insbesondere aus dem Ignatianischen Werk) enthält die kommentierte Ausgabe des ›Oráculo manual‹ von Romera-Navarro (s. o. S. 124 Anm. 208).
[216] Bohuslaus Balbinus (1621–1688), »Pragensis Academiae illustre sidus«, wie Weises Biograph Grosser ihn nennt (›Vita Christiani Weisii‹, Leipzig 1710, S. 81). »Vir politissimâ eruditione facundus ... In iudicio semper rectus, in eloquio amoenus et perspicuus« heißt es bei Weise selbst (›Institutiones oratoriae‹, Leipzig 1687, ›Praefatio‹. fol. 9b). Balbinus war neun Jahre lang als Professor Rhetorices tätig und schrieb u. a. ›Quaesita oratoria‹ (die Weise ebda. auch er-

Der fromme Protestant und Nachkomme böhmischer Exulanten[217] im freien literarischen Austausch mit einem führenden böhmischen Jesuiten: das ist zugleich ein Beispiel für die erstaunliche, noch kaum analysierte kulturpolitische Wirkungsmacht des jesuitischen Rhetorikbetriebs (denn vor allem anderen verbindet das Interesse an der Rhetorik die beiden Pädagogen)[218]. In den Anfängen war der Jesuitenerziehung eine vorwiegend ordensinterne Aufgabe zugewiesen, die Sorge für den Priesternachwuchs. Die Zöglinge sollten darauf vorbereitet werden, »suis et proximorum animis, Dei favore aspirante, prodesse«[219]. Das jedoch konnte auch als Programm einer allgemeinen, über den Orden hinausgehenden Priestererziehung dienen; und da gerade auf diesem Gebiet ein (auch von der Kirche selbst eingestandener) Bildungsnotstand herrschte, wurde den Jesuitenschulen schon bald die besondere Unterstützung Roms zuteil. Der Orden nutzte die Chance mit durchschlagendem Erfolg: »Die Bildung des katholischen Klerus lag am Ende des 16. Jahrhunderts ... fast ganz in seiner Hand«[220]. Nicht nur die Bildung des Klerus. Je mehr sich das Unterrichtswesen der Jesuiten institutionell und methodisch festigte, desto unausweichlicher errang es im gesamten Bereich der katholischen Pädagogik – wie schon angedeutet – das Monopol[221].

Damit aber bot sich zugleich eine ideale Möglichkeit, die begabtesten Schüler für den Eintritt in den eigenen Orden zu gewinnen, nicht zuletzt solche, die ein ausgeprägtes literarisches Talent zeigten. Aus dieser bildungspolitischen Schlüsselposition erklärt sich zu einem wesentlichen Teil die erstaunliche Konzentration rhetorisch-poetischer Begabungen im Jesuitenorden. Avancini, Balde, Bidermann,

---

wähnt), ›Erotemata eloquentiae veteris et novae‹ und ›Brevis tractatio de amplificatione oratoria‹ (Bibliographie bei de Backer-Sommervogel, Bibliothèque ..., Bd. 1, Sp. 792ff.). Seit 1678 stand Weise mit ihm in regem Briefverkehr (allein 49 Briefe befinden sich unter den ›epistolae selectiores‹), 1684 besuchte er ihn in Prag. Vgl. auch o. S. 215.

[217] Sie hatten unter dem Druck der Gegenreformation ihre Heimat verlassen müssen (vgl. Horn, Christian Weise ..., S. 11 mit den Anmerkungen S. 203).

[218] Schon 1678, in ›De poesi hodiernorum politicorum‹, erscheint Balbinus unter den führenden Vertretern des *stylus argutus*. Später bezeichnet Weise den Jesuiten sogar als seinen ›Lehrer‹ (»Quem agnoscere Praeceptorum non erubui«, ›Institutiones oratoriae‹, fol. 9b).

[219] MGPaed. II, S. 25.

[220] Paulsen 1, S. 416.

[221] Dazu Duhr II 1, S. 518f. (›Unterrichtsmonopol‹; dort auch zum Widerstand anderer Orden, etwa der Augustiner). Vgl. o. S. 324. Flemming, Deutsche Kultur ..., S. 345: »Die Societas Jesu hielt das gesamte geistige Leben des katholischen Deutschland, ja der Welt in ihren Händen«.

Drexel, Gretser, Masen, Pontanus und Spee sind nur die wichtigsten Namen, die dem literarischen Ansehen der Societas Jesu in den deutschsprachigen Ländern Glanz und Attraktivität verliehen. Selbst diejenigen, die (wie z. B. Abraham a Sancta Clara oder Ägidius Albertinus) nicht in den Orden eintraten, bezeugten auf ihre Weise das Niveau der literarischen Jesuitenpädagogik. Die Propagierung und Durchsetzung der Tridentiner Beschlüsse, so hebt eine durchaus kritische Darstellung der Ordensgeschichte hervor, bedeutete eine mit großem Einsatz vollbrachte Leistung. »Aber noch wichtiger war doch, daß der Orden der Kirche das Gefühl geistiger Überlegenheit wiedergab, das sie um 1555, wenigstens in Mitteleuropa, vollständig verloren hatte«[222].

In diesem Bewußtsein der Überlegenheit oder jedenfalls der Konkurrenzfähigkeit widmeten sich die Jesuiten nun mehr und mehr auch der Aufgabe, literarisch in den Bereich des Protestantismus hineinzuwirken. Der einzelne übernahm die Rolle eines »miles rhetoricus et poeticus«, wie es im Titel eines Lehrbuchs von Antonio Forti programmatisch heißt[223]. Daß die Jesuiten als Spezialisten der *ars disputandi* schon bald die Führung in der konfessionellen Streitliteratur übernahmen, versteht sich von selbst. Einer der bekanntesten Meister dieses vielschichtigen Genres[224] wurde der Pater Jodocus Kedd (1597–1657)[225]; sein ›Syllogismus apodicticus‹ beispielsweise, 1654 als Flugblatt im Folioformat veröffentlicht, verrät die disputatorische Schulung von der ersten bis zur letzten Zeile[226]. Doch die Streitschrift war nur eine von vielen Waffen literarischer Strategie. Was Protestanten wie Naogeorgus (besonders in seiner ›Tragoedia nova Pammachius‹, 1538)[227] vorexerziert hatten, die Konfessiona-

---

[222] Boehmer, Die Jesuiten, S. 196.

[223] ›Miles rhetoricus et poeticus seu artis rhetoricae et poeticae compendium‹, Dillingen 1681 u. ö.

[224] Für die Literaturgeschichte ist es nicht einmal ansatzweise erschlossen (vgl. o. S. 81).

[225] Detaillierte Bibliographie seiner zahlreichen Schriften bei de Backer-Sommervogel, Bibliothèque ..., Bd. 4, Sp. 958ff.; vgl. auch Duhr III, S. 550f. Auch ein ›Literat‹ wie Masen beispielsweise trat mit solchen Streitschriften hervor (sie sind verzeichnet bei de Backer-Sommervogel, Bd. 5, Sp. 689f.).

[226] ›Syllogismus apodicticus. Oder klarer Beweiß: Daß der Luther keinen Göttlichen Beruff gehabt/ die Kirch Christi zu reformiren‹, o. O. [Ingolstadt] 1654. Poetisch aufgelockert ist das ebenfalls 1654 in Ingolstadt erscheinende Flugblatt Kedds ›Spiegel der Ewigkeit‹; in der Grundanlage gibt sich aber auch dieser Text streng schulmäßig (mit Numerierung der *argumenta* etc.).

[227] L. Theobald, Das Leben und Wirken des Tendenzdramatikers der Reformationszeit Thomas Naogeorgus seit seiner Flucht aus Sachsen (Quellen und Dar-

lisierung und Polemisierung des Theaters, machten die Jesuiten zu ihrem bevorzugten Metier (1641 z.B. gab es in Innsbruck einen »Lutherus ex orco in theatrum productus«)[228]; und sie erreichten auf diese Weise ein noch breiteres Publikum als durch ihre Streitschriften. Bis zu 3000 Personen besuchten eine Aufführung[229], und für das Hildesheimer Jesuitenspiel vom 15. September 1654 wird auch eine interessante soziologische Aufgliederung gegeben: »rhetores frequentissimo concessu dominorum summae sedis, saecularium, religiosorum, matronarum, virginum, Humanistarum, syntaxistarum, plebis, per 4 1/2 horas exhibuerunt conversionem S. Ignatii«[230].

Neben dem Nahziel religiöser Beeinflussung (man denke an die Bekehrungserfolge des ›Cenodoxus‹)[231] war den Jesuiten die literarische Wirkung ihres rhetorischen Theaterbetriebs kaum weniger willkommen. Daß ein regelrechter Konkurrenzkampf mit dem protestantischen Schultheater entbrennen konnte wie in Breslau[232], mag ein Sonderfall sein. Aber der Einfluß der Jesuiten auf das deutschsprachige Barocktheater reicht ja, wie man längst gesehen hat, wesentlich weiter. Vor allem Gryphius' Dramatik ist ohne das Vorbild der Jesuiten kaum angemessen zu verstehen[233]. Und der repräsentative Prunk des hoch- und spätbarocken Jesuitentheaters trägt schließlich entscheidend dazu bei, daß die Barockdramatik der Veroperung verfällt und das protestantische Schultheater als ernsthafter Konkurrent ausscheidet.

Doch damit ist die Bedeutung des Jesuitenordens für die Barockliteratur noch keineswegs ausgeschöpft. Auch auf dem unscheinba-

---

stellungen aus d. Gesch. des Reformationsjahrhunderts. 5), Halle 1908; G. Hauser, Thomas Naogeorgus als Kampfdramatiker, Diss. Wien 1926.

[228] J. Müller, Das Jesuitendrama ..., Bd. 2, S. 74.

[229] So 1659 in Wien anläßlich der ›Pietas victrix‹ Avancinis; s. Flemming, Einführung zu: Das Ordensdrama (DLE, R. Barock. Barockdrama, Bd. 2), S. 7.

[230] Ebda. Das Stück (von Flemming etwas mißverständlich als »Schlußkomödie« bezeichnet) trug den Titel ›Ignatius Loyola conversus‹, vgl. J. Müller, a.a.O., S. 82 (eine ›Komödie‹ in unserem Sinne dürfte der am 15. Oktober des gleichen Jahres dort gegebene ›Rusticus Moschus‹ gewesen sein).

[231] Oben S. 347.

[232] Der Kampf ging so weit, daß z.B. am 6. Oktober 1643 der Rektor Elias Maior seine Schüler ermahnte, die von den Jesuiten angekündigte Aufführung nicht zu besuchen (Hippe, Aus dem Tagebuche ..., S. 180f.). Vgl. o. S. 323.

[233] W. Harring, Andreas Gryphius und das Drama der Jesuiten (Hermaea. 5), Halle 1907. Schon 1643 besitzt Gryphius die ›Tragoediae sacrae‹ des Caussinus (das Exemplar mit Gryphius' eigenhändigem Exlibris ist erhalten; Näheres bei Szyrocki, Der junge Gryphius, S. 39f.). Auch bei Hallmann beispielsweise reicht die Beschäftigung mit dem Jesuitendrama weit zurück: noch als Schüler übersetzt er Jacob Masens ›Mauritius‹ (Aufführung dann 1662; vgl. o. S. 316).

ren Gebiet der Lyrik besitzt der Orden in Balde und Spee zwei geniale Repräsentanten seines literarischen Ehrgeizes. Für die Humanisten stellte Baldes konsequente Latinität eher eine Empfehlung als ein Hindernis dar[234]. Auch im Hinblick auf den jesuitischen Poesie-Unterricht war sie nur von Vorteil; noch Herder hebt die pädagogische Funktion von Baldes Lyrik hervor: »Für die Schulen des Ordens waren seine Gedichte vorzüglich eingerichtet; wegen seines überschwänglichen Reichthums... war aus ihm und aus Masenius das Meiste zu lernen«[235]. Und nicht zuletzt erfüllte der religiöse Gehalt der Jesuitenlyrik (bei Balde etwa in den großen Mariengedichten)[236] konkrete Aufgaben im Sinne des Ordensziels. »So ist auch die Dichtung, die der Gesellschaft Jesu entsprang, Tendenzpoesie«[237], d. h. rhetorische Poesie.

Auf den ersten Blick mag das nicht immer erkennbar sein. Nur in einzelnen Bereichen wie Streitliteratur oder Bekehrungsdrama treiben die Jesuiten offene Glaubenspropaganda. Aber gerade die so charakteristische *argutia*-Bewegung lehrt immer wieder, daß (wo nötig) ein flexibles Eingehen auf die Wünsche und Neigungen der Welt mindestens ebensoviel Erfolg verspricht. Ihm beizeiten eine solide Basis zu verschaffen, ist die Aufgabe der strengen Jesuitenpädagogik. Blickt man auf das Ganze der Barockepoche, so scheint es, als habe der Jesuitenorden am klarsten erkannt, welch ungeheure Macht in der Rhetorik verborgen liegt; »denn zuletzt kommt es ihm darauf an, sich verständlich zu machen und dadurch Gewalt zu gewinnen... – als Hirt oder als Räuber«.

---

[234] Durch Übersetzungen wurden Teile seines Werks dann auch weiteren Kreisen bekannt. Zu Gryphius' Übertragung der ›Enthusiasmen‹ vgl. Wentzlaff-Eggebert, Dichtung und Sprache des jungen Gryphius, S. 71ff. Große Resonanz fand auch die köstliche ›Satyra contra abusum tabaci‹ in Birkens Übersetzung, jetzt neu herausgegeben von K. Pörnbacher (Dt. Barock-Lit.), München 1967.

[235] Suphan 27, S. 230. Herders Urteil über die deutschen Gedichte ist durchaus negativ: »wie ungleich ist Balde sich in lateinischen und deutschen Versen! In jenen so oft rein und groß; in diesen fast durchgehend niedrig und possirlich« (a.a.O., S. 211).

[236] Sie unterstützen auf ihre Weise die Arbeit der (von den Jesuiten planmäßig propagierten) Marianischen Kongregationen.

[237] Henrich, Die lyrischen Dichtungen Jakob Baldes, S. 7.

4. Rhetorik in der Adelserziehung

Die Erfolge des jesuitischen Erziehungswesens im 17. Jahrhundert gründen sich – das dürfte erkennbar geworden sein – zu einem entscheidenden Teil auf die immer neue, realistisch-kluge Einschätzung aufkommender literarischer Strömungen. Ob es um die Kultivierung einer manieristischen Literaturmode geht (wie bei der *argutia*-Bewegung) oder um die Entwicklung des humanistischen Schultheaters zum kaiserlichen Hoftheater: bei aller Strenge und Prinzipientreue im Innern beweist der literarische Jesuitismus eine geradezu virtuose Anpassungsfähigkeit nach außen hin.

a. Jesuiten und Protestanten

Daß die katholischen Höfe ein Hauptziel dieser Wirkungstendenz darstellen, hat sich immer wieder gezeigt[1], nicht zuletzt beim Jesuitentheater. War der Hof gewonnen, so verfügte der Orden über die wichtigste Aktionsbasis, die er sich im Zeitalter des Absolutismus nur wünschen konnte. Die ungeheure und zugleich gefährliche Macht, die auf diese Weise zu erringen war, wird durch das bekannte Beispiel Frankreichs unter Ludwig XIV hinreichend demonstriert[2]. Im Grunde konnte eine solche Machtstellung nur dann erobert und behauptet werden, wenn sich die Vertreter des Ordens mit dem Hof und seinen Ansprüchen einließen. Das elitäre Bewußtsein, das den Jesuiten ohnehin – zunächst für den Bereich der Kirche[3] – eigen war, kam diesem Prozeß der Höfisierung sehr entgegen. Es schuf eine Plattform, die den geistlichen Adel mehr und mehr zur Höhe des weltlichen Adels hinaufhob. Konsequenz dieser Entwicklung war der Jesuit in der Rolle des Hofmanns[4].

Daß die Monopolisten der höheren katholischen Pädagogik einen

---

[1] Bekehrungserfolge an evangelischen Höfen verzeichnet Boehmer, Die Jesuiten, S. 116f.

[2] Vgl. H. Leube, Der Jesuitenorden und die Anfänge nationaler Kultur in Frankreich, Leipzig 1935.

[3] Über den Zusammenhang mit der Gehorsamsidee (›Elitetruppe‹) vgl. P. Blet, Note sur les origines de l'obéissance ignatienne, Gregorianum 35, 1954, S. 99ff.; ferner K. D. Schmidt, Die Gehorsamsidee des Ignatius von Loyola, Berlin 1935.

[4] Gemeint sind hier nicht die sog. ›geheimen Jesuiten‹ (Jésuites de la robe courte), sondern die – meist mit geistlichen Ämtern betrauten – ›Hofjesuiten‹, als deren erster Vertreter der Beichtvater von Henri IV, Pater Coton, gilt.

derartigen Sonderstatus im gesellschaftlichen Aufbau des 17. Jahrhunderts genießen, ist für das Verständnis der Adelserziehung von entscheidender Bedeutung. Denn im Bereich des Protestantismus gab es nichts, das dem Geburtsadel eine der Jesuitenpädagogik vergleichbare, niveauvolle Bildungsmöglichkeit geboten hätte. Die großen Wegbereiter des humanistischen Gelehrtenschulwesens waren ihrer sozialen Herkunft wie ihrer Geistesart nach tief im Bürgertum verwurzelt, und das wohlhabende Stadtbürgertum bildete den eigentlichen Adressaten ihrer bildungspolitischen Aktivität. Ob man Melanchthons Rede zur Eröffnung der neuen Nürnberger Humanistenschule vom Jahre 1526 als Beispiel nimmt[5] oder Sturms Straßburger Programmschrift von 1538[6]: der Appell, die *studia humanitatis* zu fördern, richtet sich nicht an ein beliebiges Publikum, sondern an Senatoren und Bürger mit ihren spezifischen Interessen und dem ihnen eigenen Stolz. »Neque alia urbs in Germania doctiores hactenus cives habuit, qui quia ad gubernandam rempublicam scientiam optimarum artium adhibuerunt, effecerunt, ut reliquis Germaniae urbibus haec longe praestaret omnibus«[7], so würdigt Melanchthon den Einsatz der Nürnberger; seine Rede ist ein einziges Loblied auf die wissenschaftsfreudige Stadt, an der sich andere ein Vorbild nehmen sollen[8].

Für den selbstbewußten protestantischen Adel bedeutete eine solche bürgerliche Akzentuierung nicht unbedingt eine Empfehlung. Eher war sie geeignet, ihn in seinen bodenständigen, wesentlich ›ritterlichen‹ Traditionen zu bestärken, die freilich oft genug zu bloßer Herrenwillkür und zum Grobianismus verflacht waren. Eine merkliche Veränderung tritt in Deutschland erst gegen Ende des 16. Jahrhunderts ein, als der politisch und wirtschaftlich gestärkte Adel allmählich Anschluß an den kulturellen Standard der großen europäischen Höfe zu gewinnen sucht[9]. Wenn nun auch humanistische Bil-

---

[5] ›Oratio ... in laudem novae scholae, habita Noribergae in corona doctissimorum virorum et totius ferme senatus‹, abgedruckt (mit deutscher Übersetzung) bei Garin 3, S. 129ff.

[6] ›De literarum ludis recte aperiendis ... ad prudentissimos viros, ornatissimos homines, optimos cives ...‹; Vormbaum 1, S. 653ff.

[7] Zitiert nach Garin 3, S. 133.

[8] Zu diesem Problemkreis vgl. die materialreiche Untersuchung von A. Kraus, Bürgerlicher Geist und Wissenschaft. Wissenschaftliches Leben im Zeitalter des Barocks und der Aufklärung in Augsburg, Regensburg und Nürnberg, Arch. f. Kulturgesch. 49, 1967, S. 340ff. (auch zur Rolle der Jesuiten).

[9] Reiches Material bei E. Vehse, Geschichte der deutschen Höfe seit der Reformation, 48 Bde., Hamburg 1851ff.

dungsbestrebungen auf größeres Verständnis in der Aristokratie sto-
ßen, so ist dies nicht so sehr auf die unmittelbare Attraktion der
Melanchthon-Sturmschen Lateinschule zurückzuführen, sondern eher
auf die Wirkung der neuen höfischen Ideologie, die sich in Italien,
Spanien und schließlich in Frankreich herausgebildet hat[10].

b. Castiglione und das höfische ›eloquentia‹-Ideal

Sie wird am deutlichsten greifbar in den sogenannten ›Hof-Schulen‹
oder *institutiones aulicae*, jener eigentümlichen Literaturgattung, die
am Ausgang des 16. Jahrhunderts auch nach Deutschland einzudringen beginnt und während der gesamten Barockzeit – bezeichnenderweise meist in Form von Übersetzungen – einen wichtigen Platz
in der Buchproduktion behauptet[11]. Urbild dieser Literatur ist der
›Cortegiano‹ (1528) des Grafen Baldesar Castiglione[12]: ein Schlüsselwerk nicht nur des Cinquecento[13], sondern auch der höfischen Barockrhetorik. Denn hier läßt sich beispielhaft verfolgen, wie es zum
Bündnis von Hofideal und humanistisch-rhetorischer Bildung kam
und welche Kräfte sich ihm widersetzten[14].

Die Grundspannung, von der Castiglione ausgeht, hat auch im
Deutschland des 17. Jahrhunderts kaum an Aktualität verloren. Auf
der einen Seite steht die alte ritterliche Tradition mit ihrer Betonung
der kriegerischen Tugenden, repräsentiert durch ›die Franzosen‹, die
»solamente conoscano la nobilità delle arme e tutto il resto nulla
estimino«[15]. Die Gegenposition, das neue humanistische Element,

---

[10] Vgl. vor allem Cohn, Gesellschaftsideale und Gesellschaftsroman im 17. Jahrhundert; auch G. Müller, Höfische Kultur der Barockzeit, S. 79ff.
[11] Außer der Monographie von Cohn vgl. Wendland, Die Theoretiker und Theorien ..., S. 14ff. und Zaehle, Knigges Umgang mit Menschen ..., S. 29ff. G.
Müller, Deutsche Dichtung ..., S. 145: »das ganze ein Literaturzweig, dessen
Bedeutung für die Durchformung des gelebten Lebens nicht leicht überschätzt
werden kann«.
[12] Zugrundegelegt ist im folgenden die kommentierte Ausgabe von B. Maier, Il
Cortegiano con una scelta delle Opere minori, Torino 1955. Eine deutsche Übersetzung (nicht vollständig) mit Einleitung und kurzen Erläuterungen besorgte
F. Baumgart: Baldesar Castiglione, Das Buch vom Hofmann, Bremen o. J.
(1960).
[13] Als solches schon von Jacob Burckhardt in seiner ›Cultur der Renaissance in
Italien‹ benutzt.
[14] Aus der Fülle der Literatur sei hervorgehoben E. Loos, Baldassare Castigliones
›Libro del Cortegiano‹. Studien zur Tugendauffassung des Cinquecento (Analecta Romanica. 2), Frankfurt a. M. 1955 (dort S. 212ff. ausführliche Bibliographie, S. 7ff. kurze Forschungsübersicht).
[15] Maier, S. 157 (Buch I, Kapitel 42). Den Franzosen wird sogar vorgeworfen,

wird am Beispiel ›der Italiener‹ »col lor saper lettere«[16] entwickelt; und es wird zugestanden, daß sie leider keine sonderlich guten Soldaten sind. Aber es muß eine Synthese möglich sein[17]. Sie aufzuzeigen, stellt den eigentlichen Zweck des ›Cortegiano‹ dar, und die Verlockung des neuen Ideals besteht gerade darin, daß es sich jeder Einseitigkeit versagt[18].

Nicht der perfekte Humanist, auf die höfische Ebene projiziert, ist das Ziel, sondern der Hofmann, der mit Leichtigkeit und Souveränität (›sprezzatura‹)[19] auch über die *humaniora* verfügt. Ein Plus, das ihn über den Durchschnitt erhebt, sollte freilich vorhanden sein: »voglio che nelle lettere sia più che mediocremente erudito, almeno in questi studi che chiamano d'umanità«[20]. Neben dem Lateinischen sollte das Griechische vertraut sein (»per le molte e varie cose che in quella divinamente scritte sono«), beides als Basis für die Lektüre der Dichter, Redner und Historiker. Diese Punkte werden kurz und beinahe trocken aufgezählt, doch bei der *imitatio* ist mit einemmal die höfische Atmosphäre gegenwärtig: auch im Schreiben von Versen und Prosa übe man sich, und zwar vorwiegend muttersprachlich; denn abgesehen vom eigenen Vergnügen daran »per questo mezzo non gli mancheran mai piacevoli intertenimenti con donne, le quali per ordinario amano tali cose«[21].

In dieser Weise versteht es Castiglione, sein Ideal des humanistisch gebildeten ›cortegiano‹ einem anspruchsvollen Publikum anziehend darzustellen[22], und er versäumt nicht, dem literarisch weniger Geübten eine gewisse Zurückhaltung anzuraten. Wem die eigene

---

»che non solamente non apprezzano le lettere, ma le aborriscono, e tutti e litterati tengon per vilissimi omini« (ebda.).

[16] Maier, S. 161 (I 43).

[17] Als Beweis dienen u. a. Alexander, Alkibiades, Caesar, Scipio Africanus und Hannibal, »i quali tutti giunsero l'ornamento delle lettere alla virtù dell'arme« (a.a.O., S. 159).

[18] Die Abhängigkeit vom Bildungsideal Ciceros (vor allem ›De oratore‹) und Quintilians wird fast auf jeder Seite spürbar und ist von der Forschung oft hervorgehoben worden; vgl. Loos, a.a.O., S. 172ff. und H. O. Burger, Europäisches Adelsideal und deutsche Klassik, in: ›Dasein heißt eine Rolle spielen‹, S. 211ff. Burger betont, daß dabei der Rhetorik die »Vermittlerrolle zwischen Antike und Neuzeit« zufiel (a.a.O., S. 223).

[19] Zu diesem Begriff Loos, a.a.O., S. 115ff.

[20] Maier, S. 162 (I 44). Vgl. den Abschnitt ›Franzosen und Italiener‹ bei M. Wandruszka, Der Geist der französischen Sprache (rde. 85), Hamburg 1959, S. 14f.

[21] Maier, S. 162. Über die Bildung der Hofdamen selbst vgl. R. Kelso, Doctrine for the lady of the Renaissance, Urbana/Ill. 1956.

[22] Dazu K. Burke, A rhetoric of motives, in: A grammar of motives and A rhe-

Produktion noch nicht recht gelingen will, der lernt zumindest »giudicar le cose altrui«[23]; er genießt die Feinheiten der Klassiker mit dem Sensorium des praktisch Geübten, und für den Alltag des Hoflebens wird er »ardito in parlar sicuramente con ognuno«[24]. Sicherheit, Eindruck, Repräsentation – die Ausrichtung auf die Erfordernisse der höfischen Szene ist selbst dort noch erkennbar, wo Castiglione nach dem klassischen Fünferschema die *officia oratoris* behandelt[25]. Erste und wichtigste Voraussetzung des »parlare e scrivere bene« ist das »sapere« (*inventio*); »dispor con bell'ordine« (*dispositio*) und »esprimerlo ben con le parole« (*elocutio*) schließen sich an[26]; die Vorschriften für eine wirkungsvolle mündliche Rede jedoch werden fast noch nachdrücklicher betont: »voce buona«, »pronunzia expedite« (*pronuntiatio*), »gesti«, »movimenti di tutto 'l corpo« (*actio*)[27]. Und zuletzt kehrt die Darstellung zu ihrem Ausgangspunkt zurück, nunmehr die ganze traditionelle Systematik – gleichsam mit einer souveränen Handbewegung – relativierend: alle einzelnen Vorschriften sind von geringem Wert, »se le sentenzie espresse dalle parole non fossero belle, ingeniose, acute, eleganti e gravi, secondo 'l bisogno«[28].

Für das neue, höfische *eloquentia*-Ideal und sein Verhältnis zur Tradition ist dieser Satz überaus charakteristisch. Mit der Selbstverständlichkeit des versierten Humanisten bedient sich Castiglione der überlieferten rhetorischen Systematik[29], fächert sie auf, redet von *inventio* und *elocutio*, doch unter dem Vorbehalt: »il divider le sentenzie dalle parole è un divider l'anima dal corpo: la qual cosa né nell' uno né nell'altro senza distruzione far si po«[30]. Nicht erst die Worte sollen »belle, ingeniose, acute, eleganti e gravi« sein, sondern bereits die Gedanken. Im synthetischen Begriff der ›sentenza‹

---

toric of motives, Cleveland and New York 1962, S. 745 ff. (Castiglione als ›paradigm of courtship‹).

[23] Maier, S. 162.

[24] A.a.O., S. 163 (I 44). Castiglione bezieht sich hier auf eine der Aristipp-Anekdoten, die Diogenes Laertios (2,68) überliefert. Aristipp wurde gefragt, welchen Vorteil ihm die Philosophie bringe; seine Antwort: »Ein sicheres Auftreten im Verkehr mit jedermann«.

[25] Kapitel I 33 (Maier, S. 138 ff.) ist diesem Thema gewidmet.

[26] A.a.O., S. 139.

[27] A.a.O., S. 140.

[28] Ebda.

[29] Zu der Fülle von Cicero-Parallelen vgl. vor allem L. Valmaggi, Per le fonti del Cortegiano, Giorn. Storico della Lett. Ital. 14, 1899, S. 72 ff.

[30] Maier, S. 139.

verschmelzen die klassischen *virtutes inventionis* und *elocutionis* zu einer neuen, dem wahren ›cortegiano‹ angemessenen Gesamttugend[31].

Dem *acutum* und dem *ingeniosum* gehört die Zukunft. Als 120 Jahre später Graciáns ›Agudeza y Arte de ingenio‹ erscheint, sind sie zu Leitbegriffen einer modernen, ganz Europa umspannenden rhetorischen Konzeption geworden, einer Stiltendenz, die den klassizistischen Kanon zu überwinden versucht. Daß hierbei das Streben nach einer nichtakademischen, gehobenen, höfischen Rhetorik eine entscheidende Rolle spielt, hat sich schon gezeigt[32]. Die Ansätze dazu sind bereits bei Castiglione erkennbar. Im Scharfsinnigen und im Geistreichen, in Eleganz und Würde beweist der ideale Hofmann seine Souveränität: seine ›sprezzatura‹ und seine ›grazia‹[33].

Die Faszination, die Castigliones ›Cortegiano‹ auf den europäischen Adel ausübte, ist kaum zu überschätzen[34]. Eine Fülle von Übersetzungen entstand[35], und die gesamte ›Hofliteratur‹, von Guevara (›Menosprecio de corte‹, 1539) über della Casa (›Galateus‹, 1558) und Guazzo (›La civil conversazione‹, 1574) bis zu Du Refuge (›Traité de la Cour‹, 1616), ist durch das Vorbild Castigliones geprägt. So sehr dabei die ideale Hofmanns-Gestalt verändert oder sogar (utilitaristisch, opportunistisch) verzerrt worden sein mag, den Durchbruch zu einer geistigen, auch den *humaniora* geöffneten Hofkultur hat der ›Cortegiano‹ entscheidend gefördert.

Die Adelserziehung im Deutschland des 17. Jahrhunderts ist ohne diesen geschichtlichen Hintergrund kaum angemessen zu verstehen. Denn im Gegensatz zur bürgerlichen Gelehrtenschulpraxis bleibt sie dem Vorbild der romanischen Nachbarländer verpflichtet, und die

---

[31] Die Bedeutungsfülle des *sententia*-Begriffes in der klassischen Systematik (vgl. Lausberg 2, S. 804ff.) diente als entscheidender Ansatzpunkt.

[32] Oben S. 355ff.

[33] Über die Tugenden der ›gravità‹, ›sprezzatura‹, ›leggiadria‹ und ›grazia‹ Loos, a.a.O., S. 115ff.

[34] Spanien: M. Menéndez y Pelayo, Estudio sobre Castiglione y el Cortesano, Rev. de Filol. Española 25, 1942, S. VII ff. Frankreich: R. Klesczewski, Die französischen Übersetzungen des Cortegiano von Baldassare Castiglione ... (Annal. Univ. Sarav., R.: Philos. Fak. 7), Heidelberg 1966 (mit der älteren Literatur). England: W. Schrinner, Castiglione und die englische Renaissance (Neue Dt. Forschungen, Abt. Engl. Philol. 14), Berlin 1940. Für Deutschland fehlt eine entsprechende Untersuchung; einiges bei Zaehle, Knigges Umgang mit Menschen ..., S. 31ff. und bei Burger, Europäisches Adelsideal ..., S. 220ff. (besonders zum 18. Jahrhundert).

[35] Eine Liste der Ausgaben und Übersetzungen bei L. E. Opdycke, The Book of the Courtier, translated ... by L. E. Opd., New York 1901.

372

Auseinandersetzungen zwischen dem alten, von Rittertraditionen bestimmten Adelsbewußtsein und dem neuen, geistigeren Hofmanns-Ideal erstreckt sich über die gesamte Barockzeit[36]. Erste Anzeichen dieses vielschichtigen ideologischen Prozesses sind die Übersetzungen von Hofliteratur, die gegen Ende des 16. Jahrhunderts auch in Deutschland erscheinen[37]. Ägidius Albertinus, durch seine Jesuitenerziehung prädestiniert für die Vermittlung romanisch-aristokratischer Traditionen, wird zum wichtigsten Übersetzer in dieser Frühzeit[38]. Als er 1620 stirbt, ist der Boden bereitet, auf dem sich eine höfisch-literarische Barockkultur in Deutschland zu entwickeln vermag[39].

Für das Bemühen um ein Muster höfischer Rhetorik jedoch ist kaum etwas so charakteristisch wie die aus dem ›Amadis‹ geschöpfte ›Schatzkammer/ Schöner/ zierlicher Orationen/ Sendbriefen/ Gesprächen ... vnd dergleichen‹, die 1596 in Straßburg erscheint[40]. Solche Sammlungen dienen vor allem dem weiblichen Adelspublikum zur Orientierung über den neuen höfischen Stil[41], und der Erfolg von Harsdörffers ›Frauenzimmer-Gesprechspielen‹ (1641–1649) zeigt, wie intensiv das Bedürfnis nach geschmackvoll dargebotener literarisch-rhetorischer Pädagogik geworden ist[42]. Während ›das Frauenzimmer‹ auch weiterhin auf Bildungsquellen dieser Art angewiesen bleibt, wird die angemessene Erziehung der adligen Herren mehr und mehr zum Problem. Überall dort, wo sich die Aristokratie der neuen

[36] Zumal am Beispiel der Ritterakademien wird sich zeigen, daß dieser Antagonismus um 1680 noch der gleiche ist wie um 1600.

[37] Zum ›Cortegiano‹ vgl. K. v. Reinhardstöttner, Die erste deutsche Übersetzung von B. Castigliones Cortegiano, Jb. f. Münchner Gesch. 3, 1889, S. 53ff.

[38] Einen schmalen Ausschnitt dieses kaum erschlossenen Komplexes untersuchte neuerdings G. Weydt, ›Adjeu Welt‹. Weltklage und Lebensrückblick bei Guevara, Albertinus, Grimmelshausen, Neophilologus 46, 1962, S. 102ff.

[39] Ein illustratives Beispiel aus dem Frühbarock (Weckherlin) bringt jetzt L. Forster, Tagwerk eines Hofmannes, in: Festschr. f. R. Alewyn, Köln u. Graz 1967, S. 103ff.

[40] »Außerhalb des humanistischen Bereichs ist sie die erste Bekundung des neuen und ständisch gebundeneren überbürgerlichen Lebensstils« (Hankamer, Deutsche Gegenreformation ..., S. 42). Erst ein Jahr zuvor (1595) hatte der – 1569 begonnene – deutsche ›Amadis‹ vollständig vorgelegen. Zur stilprägenden Bedeutung vgl. G. Müller, Deutsche Dichtung ..., S. 176f. und U. Maché, Die Überwindung des Amadisromans durch Andreas Heinrich Bucholtz, ZfdPh 85, 1966, S. 542ff.

[41] Vgl. Logaus langes satirisches Gedicht ›Amadis-Jungfern‹ (›Deutscher Sinn-Getichte Drey Tausend‹, Breslau 1654, 2. Tausend, S. 65ff.).

[42] G. Kieslich, Auf dem Wege zur Zeitschrift. G. Ph. Harsdörffers ›Frauenzimmer Gesprechspiele‹ (1641–1649), Publizistik 10, 1965, S. 515ff.

literarischen Hofkultur öffnet, muß früher oder später die Frage auftauchen, wer denn in der Lage sei, auch eine entsprechende Erziehung
zu vermitteln.

c. Hofmeister

Daß an den katholischen Höfen nur Jesuiten diese Aufgabe übernehmen konnten, liegt auf der Hand. In der Regel vollzog sich
der Unterricht im Rahmen des Hofes selbst[43]. Doch besuchte z. B.
der junge Erzherzog Ferdinand Karl von Österreich auch Unterrichts-
veranstaltungen des Jesuitenkollegs Innsbruck (Jacob Balde lernte
ihn 1640 dort kennen und widmete ihm aus diesem Anlaß ein Gedicht)[44]. Pracht und Großzügigkeit dieses Kollegs garantierten ein
fürstliches Niveau[45] – undenkbar im protestantischen Bereich: keine
der Gelehrtenschulen konnte sich mit den Jesuitenkollegs der großen
Residenzstädte an gesellschaftlichem Rang messen.

Es blieb also nur die Möglichkeit, einzelne Gelehrte, die sich über
den Durchschnitt ihres Standes erhoben, an den Hof zu ziehen. Gegen Ende des 16. Jahrhunderts zeichnet sich eine solche Entwicklung
immer klarer ab. »Viele der bedeutendsten späthumanistischen Gelehrten haben mehrere Jahre hindurch eine Stellung dieser Art innege-
gehabt, so V. Acidalius, A. Lobwasser, M. Opitz, M. Ruarus und
viele andere«[46]. Es hat sich eingebürgert, diese außerschulische, private pädagogische Tätigkeit als ›Hofmeister‹-Dienst zu bezeichnen.
Man denkt dabei vor allem an das 18. Jahrhundert[47] und an die
glanzvolle Reihe von Autoren, die sich – meist aus finanziellen Gründen – eine zeitlang als Privatlehrer haben versuchen müssen: Fichte,

[43] Vgl. o. S. 325 (mit den Hinweisen auf Duhr).

[44] ›Lyricorum lib. IV‹ (München 1643), S. 238f. (Lyr. IV 25); vgl. auch Henrich,
Die lyrischen Dichtungen Jakob Baldes, S. 40f.

[45] In einzelnen Fällen wurde diese Garantie noch dadurch verstärkt, daß man
dem Kolleg ein besonderes Konvikt für adlige Schüler anschloß, so schon 1574
in München (Duhr II 2, S. 205ff.). Die berühmte Jesuitenschule La Flèche (von
Henri IV gegründet) wurde sogar fast ausschließlich von Adligen besucht.

[46] Trunz, Der deutsche Späthumanismus ..., S. 156. Hinzuzufügen wäre z. B. der
Melanchthon-Schüler und spätere Führer des Helmstedter Gelehrtenkreises Johannes Caselius, der zunächst am Mecklenburgischen, dann am Braunschweigischen Hof Prinzenerzieher war.

[47] F. Neumann, Der Hofmeister. Ein Beitrag zur Geschichte der Erziehung im
achtzehnten Jahrhundert, Diss. Halle 1930; W. Meier, Der Hofmeister in der
deutschen Literatur des 18. Jahrhunderts, Diss. Zürich 1938 (vor allem im ersten
Teil weitgehend von Neumann abhängig, ohne ihn ein einziges Mal – und sei
es nur im Literaturverzeichnis – zu nennen).

Gellert, Gleim, Gottsched, Hamann, Hegel, Herbart, Hölderlin, Jean Paul, Kant, Klopstock, Lenz[48], A. W. Schlegel, Schleiermacher, Sulzer, Voß, Wieland. Für das 17. Jahrhundert hingegen hat man sich in diesem Zusammenhang noch kaum interessiert[49]. Dabei ist die Bedeutung des Hofmeisteramts für Literatur und Geistesgeschichte der Barockzeit kaum geringer einzuschätzen; schon ein Versuch, die bekannteren Hofmeister zusammenzustellen, läßt dies erkennen: Arnold, Besser, Birken, Bohse, Czepko, Gerhardt, Gryphius, Klaj, Peter Lauremberg, Männling, Moscherosch, Mühlpfort, Neander, Neukirch, Opitz, Rachel, Sacer, Schorer, Schottel, Schupp, Weise, von dem Werder.

Hauptaufgabe der Hofmeister war es, die ihnen anvertrauten jungen Adligen auf den Besuch der Universität vorzubereiten[50]. Nicht selten erstreckte sich das Dienstverhältnis auch auf die Universitätszeit selbst sowie auf die obligatorische Kavalierstour (woraus dann die Bezeichnung ›Reisehofmeister‹ entstand)[51]. Gryphius zum Beispiel konnte auf diese Weise die Universität Leiden besuchen und erhielt die Möglichkeit, u. a. Frankreich und Italien kennenzulernen[52]. Von den vielfältigen Funktionen, die der Hofmeister dabei zu erfüllen hatte (und die ihn bisweilen zum Kammerdiener oder gar zum Faktotum degradierten)[53], ist hier allein der Unterricht im engeren Sinne von Belang.

---

[48] Über seinen Erstling ›Der Hofmeister oder Vortheile der Privaterziehung‹ (1774), die klassische Darstellung der Problematik, vgl. W. Stammler, ›Der Hofmeister‹ von Jakob Michael Reinhold Lenz, ein Beitrag zur Literaturgeschichte des 18. Jahrhunderts, Diss. Halle 1908; auch Meier, a.a.O., S. 82ff.

[49] Auch in den Monographien von Neumann und Meier fehlt dieser Hintergrund fast völlig.

[50] Die Hofmeister selbst hatten ihr Studium in der Regel gerade abgeschlossen, wußten also, welche Kenntnisse verlangt wurden.

[51] Einzelheiten hierzu in der anonymen Schrift ›Der adeliche Hofemeister. Entworfen von einem Liebhaber adelicher Geschicklichkeit‹, Frankfurt 1693; ein Überblick bei Neumann, a.a.O., S. 36ff. Vgl. auch Bohse (Talander), ›Der getreue Hoffmeister adelicher und bürgerlicher Jugend‹, Leipzig 1706, S. 370ff.

[52] Szyrocki, Andreas Gryphius, S. 28ff.; Flemming, Andreas Gryphius, S. 36ff. Gryphius genoß, wie seine intensiven Privatstudien zeigen, offenbar relativ viel persönliche Freiheit. Schupp empfiehlt eine Tätigkeit als Reisehofmeister ausdrücklich: »Wann du einmal ein paar junge Herren aus einem grossen Hause/ durch Holland/ Engelland/ Franckreich und Italien führen kanst/ das halte vor ein groß Glück. Dann man kan sich solcher Herren Authorität gebrauchen/ und man hat mehr Occasion etwas zu sehen und zu hören/ und mit großen Leuten bekant zu werden/ als wenn man auff seinen eigenen Beutel reiset« (›Freund in der Noht‹, o. O. 1657, S. 135).

[53] Einen drastischen Eindruck davon gibt Läuffer im Lenzschen ›Hofmeister‹.

Sollte der adlige Zögling einem Universitätsstudium gewachsen sein, so mußte er im Prinzip das gleiche Pensum beherrschen wie seine bürgerlichen Altersgenossen, die das Gymnasium besuchten. Der Hofmeister hatte demnach im wesentlichen nichts anderes zu tun, als – mit mehr oder weniger ausgeprägter pädagogischer Begabung – seine eigenen Schulkenntnisse weiterzugeben[54]. Er unterrichtete lateinische Grammatik, las die üblichen antiken Autoren und leitete zur poetischen und rhetorischen *imitatio* an. Nichts deutet darauf hin, daß es in diesen Dingen eine spezielle Adelspädagogik gab[55]. »Qui demanda jamais à son disciple ce qu'il luy semble de la Rethorique et de la Grammaire de telle ou telle sentence de Ciceron?«[56]. So fragt schon Montaigne angesichts der in ›pedantischer‹ Enge befangenen Hofmeistererziehung seiner Zeit. Doch so sehr Montaigne die individuellen pädagogischen Möglichkeiten des rechten ›gouverneur‹ rühmt[57]: gerade die rhetorische Erziehung muß darunter leiden, daß die Übungsgemeinschaft der Klasse und der Schule fehlt[58]. Auch der pädagogisch talentierte Hofmeister hat es nicht leicht, einen halbwegs lebendigen Unterricht zustande zu bringen.

»Ich weiß nicht was grosser Herren Kinder für ein sonderliches Vnglück haben/ daß sie gemeiniglich Pedante zu Praeceptorn bekommen/ welche sie lehren subtile Garn stricken/ welche zu nichts anders nütz sind/ als daß man Lateinische Hasen und SchuelFüchs damit fange«[59]. Was Schupp der Adelserziehung hier vorwirft, ist zunächst nur Teil seiner Kritik am humanistisch-pedantischen Erziehungswesen überhaupt[60]. Aber ein entscheidendes Argument kommt

---

[54] Von einer besonderen Ausbildung zum Hofmeister kann jedenfalls im 17. Jahrhundert keine Rede sein. Erst Gellert bemüht sich, auch durch Vorlesungen das Niveau der Hofmeistererziehung zu heben.

[55] Der Kanon blieb in seinen Grundzügen unangetastet, wurde höchstens etwas reduziert und durch moderne Fremdsprachen sowie durch Realien erweitert: »Es soll aber ein Edelmann ... 1. Das Christenthum wohl verstehen. 2. Bey legendem Grunde zur teutschen Oratorie und Poesie, Lateinisch/ Frantzösisch/ Italiänisch und Spanisch lernen. 3. In Geographicis ...« (Schröter, ›Kurtze Anweisung zur Information Der Adlichen Jugend‹, Leipzig 1704, S. 5).

[56] Zitiert nach Garin 3, S. 155.

[57] Ähnlich Locke, der vor allem aus gesellschaftlichen Gründen für den ›gentleman‹ Privaterziehung fordert.

[58] Trotzdem empfiehlt Schröter, a.a.O., S. 8 die gelegentliche Aufführung eines *Actus Comicus* mit den jungen Adligen, »wodurch man sie/ im Reden behertzt zu seyn/ und in Gebärden sich wohl auffzuführen/ bey Zeiten angewöhnet«. Über die Realisierung freilich sagt er nichts; Möglichkeiten, wie sie etwa der Braunschweiger Hof bot (s. o. S. 306), waren wohl nicht die Regel.

[59] ›Salomo Oder Regenten-Spiegel‹, o. O. 1659, fol. L VI[b].

[60] Vgl. C. Hentschel, Johann Balthasar Schupp. Ein Beitrag zur Geschichte der

hinzu, und dabei zeigt sich, wie fest auch Schupp bei aller pädagogischen ›Modernität‹ dem barocken Standesdenken verhaftet ist: er
wünscht, daß die adlige Jugend »nicht Schulfüchsisch/ sondern Königlich und Fürstlich und ihrem Stand gemäß aufferzogen werde/
so wohl in der wahren Gottesfurcht/ als auch in allerhand guten
Künsten/ Sprachen und Ritterlichen exercitiis«[61], von Lehrern, »welche Gott und die Welt kennen«[62].

Daß Schupp im Grunde eine Synthese von bürgerlich-gelehrter
Bildung mit ritterlicher Tradition vorschwebt, ist sofort erkennbar:
pietas, artes (sapientia) und *linguae* bilden den Grundstock des Programms, ritterliche Übungen treten hinzu, adlige Umgangsformen
und weltläufige Lehrer verleihen dem Ganzen seinen gehörigen gesellschaftlichen Rang. Aber waren solche Forderungen jemals im
Rahmen der Hofmeistererziehung zu verwirklichen? Wo fand sich
ein Gelehrter, der seinen Zöglingen zugleich Waffenübungen, Reiten,
Ballspiel, Fechten und Tanzen beibringen konnte[63]? Die Frage ist so
alt wie das höfisch-literarische Bildungsideal selbst. Auch in Deutschland mußte sie in dem Augenblick akut werden, als breitere Adelskreise sich dem neuen höfischen Ideal zuzuwenden begannen: am
Ausgang des 16. Jahrhunderts.

d. Ritterakademien

Es ist die Zeit, in der die ersten Ritterakademien gegründet werden[64],
als ein Versuch, aus dem Dilemma der ritterlich-gelehrten Privater-

---

Pädagogik des siebzehnten Jahrhunderts, Progr. Döbeln (Realschule) 1876,
S. LVIII ff. und C. Vogt, Johann Balthasar Schupps Bedeutung für die Pädagogik, Zs. f. Gesch. d. Erz. u. d. Unterrichts 4, 1914, S. 1ff. (bes. S. 10ff.).

[61] ›Salomo‹, fol. L VII^b. Einzelheiten bei Bohse (Talander), ›Der getreue Hoff-
meister ...‹, S. 314ff.

[62] A.a.O., fol. L VIII^a. Zum Kennenlernen der ›Welt‹ ist es wiederum nützlich,
sich einmal als Hofmeister zu betätigen: nach den wichtigsten Universitätsstu-
dien »begebe dich an einen vornehmen Fürstl. oder Gräfl. Hof/ und informire
ein paar junge Herren ... Docendo discimus. Wer nicht ein wenig bey Hof
gewesen ist/ der kennet die Welt nicht recht« (›Freund in der Noht‹, S. 129).

[63] Gegen die gleichzeitige Anstellung mehrerer Privatlehrer sprachen nicht nur
finanzielle, sondern auch pädagogische Gründe. So begnügte man sich, aus Ab-
neigung gegen die Pedanten, oft genug mit einem Lehrer, der wenigstens einen
weltläufig-modernistischen Eindruck machte: »wenn dieser Frantzöisch [sic!]/
und tantzen kan/ auch darbey nur etwas ansehnlich von Person/ so wird er/
heutiger Meinung nach/ schon würdig genug zum Hoffmeister geschätzet« (Riemer, ›Standes-Rhetorica‹, Leipzig 1685, S. 9).

[64] Vgl. Paulsen 1, S. 514ff. B. Mahler, Die Leibesübungen in den Ritterakademien,
Diss. Erlangen 1921 und F. Debitsch, Die staatsbürgerliche Erziehung an den

ziehung herauszufinden[65]. Die beiden Hauptvorteile waren evident. Der junge Adlige wurde in einer größeren, standesgemäßen Gemeinschaft erzogen, und die divergierenden Unterrichtsfächer konnten auf mehrere qualifizierte Lehrer verteilt werden. Das Tübinger ›Collegium illustre‹, 1592 eingeweiht (heute ›Wilhelmsstift‹), stellt neben dem Kasseler ›Collegium Adelphicum Mauritianum‹ von 1599 das wichtigste Beispiel aus der Frühzeit der neuen Adelserziehung dar[66]. Schon die Wahl des Standorts ist bezeichnend. Von der gewöhnlichen Gelehrtenschule sollte sich das neue Institut nicht nur durch Großzügigkeit der Ausstattung abheben, sondern auch durch die Nähe zur Universität (deren Freiheiten und Privilegien es genoß, ohne dem Senat zu unterstehen). Zugleich sollte garantiert sein, daß die adligen Zöglinge[67] (die auch Vorlesungen besuchten) Gewandtheit und Sicherheit im Umgang mit der akademisch-gelehrten Welt erwarben.

Doch auch im Lehrplan des Collegiums selbst behaupteten die gelehrten Studien neben den ritterlichen Übungen ihren Platz. Die Auswahl freilich war ganz auf die Bedürfnisse künftiger Regenten zugeschnitten: Politik, römisches Recht, Staats- und Lehnsrecht und Geschichte stehen – mit Schupp zu reden – als ›gute Künste‹ an der Spitze, und bei den Sprachen führt nicht das Lateinische, sondern das Französische. Es lag nahe, für die akademischen Realfächer Hilfskräfte der Universität heranzuziehen, und tatsächlich haben im Lauf der Jahrzehnte manche Professoren zugleich am Collegium unterrichtet. Daneben aber gab es auch fest angestellte Collegiums-Professoren, unter denen Thomas Lansius (1577–1657) der bekannteste

---

deutschen Ritterakademien, Diss. Halle 1927 (dort S. 124ff. weitere Literatur) gehen auf die frühen Ritterakademien nur am Rande ein.

[65] Die »Zufälligkeit« des Hofmeisterunterrichts hebt auch Flemming, Deutsche Kultur ..., S. 343 als ein Hauptmotiv zur Gründung von Ritterakademien hervor.

[66] Dazu vor allem E. Schneider, Das Tübinger Collegium illustre, Württ. Vierteljahrshefte f. Landesgesch., N. F. 7, 1898, S. 217ff. (mit genauem Vergleich der Statuten von 1594, 1596, 1601, 1606, 1609 und 1614); ferner C. W. C. Schüz, Über das Collegium Illustre zu Tübingen oder den staatswissenschaftlichen Unterricht in Württemberg besonders im 16. und 17. Jahrhundert, Zs. f. d. gesamten Staatswiss.en 8, 1850, S. 243ff. Vgl. auch K. Klüpfel, Geschichte und Beschreibung der Universität Tübingen, Tübingen 1849, S. 105ff.

[67] Herzog Friedrich schloß 1596 alle Bürgerlichen vom Besuch des Collegiums aus, während die Anstalt ursprünglich – als weltliches Gegenstück zum Tübinger Stift – auch Nichtadligen offenstehen sollte. Die Inschrift über dem Eingang lautete (Schneider, a.a.O., S. 223):
»Huc age, quisquis eris princepsque comesque baroque,
Nobilis, et studiis nomine quisquis ades«.

ist[68]. Von Haus aus Jurist (er promovierte 1604 in Tübingen zum Doctor utriusque juris), wirkte er vier Jahrzehnte lang am Collegium als Professor für Geschichte, Politik und Eloquenz[69].

Schon Lansius' wissenschaftlicher Werdegang und die Fächerkombination seines Lehrauftrags deuten Bedingungen und Absichten an, unter denen an den Ritterakademien Rhetorik getrieben wurde. Nicht ein Vertreter der *humaniora* oder etwa der Theologie unterrichtete das ehrwürdige humanistische Fach[70], sondern ein Vertreter der Realdisziplinen; und nicht der eloquente Gelehrte war das Ziel des Unterrichts, sondern der Regent oder Hofmann, der für die praktisch-rhetorischen Aufgaben der politischen Szene gerüstet ist. Das aber erforderte auch eine besondere Lehrmethode: die immer neue, möglichst realistische Konfrontation mit typischen Situationen der diplomatischen Praxis. In seiner ›Mantissa consultationum et orationum‹ (Tübingen 1656) hat Lansius einige solcher Übungen (*consultationes*) zusammengestellt[71]. Ihr Grundschema ist einfach: der Lehrer stellt zunächst ein Thema aus dem Bereich der aktuellen Politik; einer der fürstlichen Schüler übernimmt das Präsidium und bittet die anderen (die nun als seine *consiliarii* fungieren) um ihre Stellungnahme; sie tragen nacheinander ihre Ansichten vor, und zuletzt verkündet der Präsident seinen fürstlichen Entschluß (der vom Lehrer meist schon im voraus als *conclusio* formuliert ist).

Die Verwandtschaft mit Übungstechniken des humanistischen Rhetorikunterrichts ist unschwer zu erkennen[72]. Doch im Unterschied zu den Schulactus (mit ihren historischen Szenen) und zu Sturms Aufführungen antiker Prozesse kommt alles auf die Aktualität der politischen Umgangsformen und der gestellten Themen an[73].

---

[68] Material zu Lansius' Biographie und zu seinen wissenschaftlichen Leistungen enthält ein Band der Universitätsbibliothek Tübingen, in dem die Leichen- und Gedächtnisreden zusammengefaßt sind (darunter die im Auftrag des Herzogs Eberhard III von Magnus Hesenthaler gehaltene *laudatio funebris* sowie ein *panegyricus* von Christoph Kaldenbach). Weitere Angaben bei J. F. Jugler, Beyträge zur juristischen Biographie, Bd. 3, Leipzig 1777, S. 72ff.

[69] Seit 1636 war er auch ordentlicher Professor der Rechte (Pandekten) an der Universität; E. Conrad, Die Lehrstühle der Universität Tübingen und ihre Inhaber (1477–1927), Tübingen 1960 (Staatsexamens-Zulassungsarbeit), S. 127.

[70] Zur Universität vgl. u. S. 407ff.

[71] Die in der ›Mantissa‹ ebenfalls enthaltenen *orationes singulares* sind in der Mehrzahl von Lansius öffentlich gehalten worden, stellen natürlich zugleich Übungstexte dar.

[72] Vgl. o. S. 291ff.

[73] Dadurch empfahl sich die ›Mantissa‹ auch für den Gebrauch in anderen, auf

So wurde z.B. 1606 eine ›Consultatio de principis erga religionem cura‹ gehalten[74], an deren Schluß der präsidierende Prinz Ludwig Friedrich von Württemberg für Gewissensfreiheit entschied und für Nichtanwendung von Gewalt gegenüber Andersgläubigen. Im gleichen Jahr gab es auch eine ›Consultatio de praerogativae certamine, quod est inter milites et literatos‹[75]; Prinz Friedrich Ulrich von Braunschweig (der im Collegium studierte)[76] würdigte dabei die Bedeutung des Gelehrten und des Kriegers und plädierte für eine Anerkennung beider Stände; entscheidend sei, wie die jeweiligen Aufgaben erfüllt würden.

Die Aktualität dieses Themas und die Problematik der Institution ›Ritterakademie‹ beleuchtet ein Ereignis aus den ersten Jahren des Collegium illustre[77]. Als einige Edelleute vom Hof zu Besuch kamen, beobachteten sie auch eine Gruppe junger Adliger, die sich gegenseitig aus dem Sallust vorlasen. Die Höflinge amüsierten sich über den ›gelehrten‹ Eifer und gossen mit Ausdrücken wie ›Fuchsschwänze‹ und ›Dintenschlecker‹ ihren Spott über die jungen Leute aus. Da schritt schließlich der Oberhofmeister des Prinzen Johann Friedrich von Württemberg ein[78], wies die Spötter mit scharfen Worten zurecht, nannte sie »hochmüthig und herrschsüchtig« und verteidigte die Collegiaten, die »Literati und Gelehrte oder Studenten sein wollen«[79].

Für einen standesbewußten Adligen war es noch längst keine Selbstverständlichkeit, sich mit gelehrten Disziplinen zu befassen. Auch für die jungen Herren, die auf eine Ritterakademie geschickt wurden[80], stellten sie häufig genug nur eine unbequeme, letztlich unangemessene Belastung dar. Die pädagogischen Erfolge hielten sich dementsprechend in engen Grenzen, und weite Kreise der Aristo-

---

moderne Adelserziehung bedachten Schulen; die Weißenfelser Statuten von 1664 beispielsweise schreiben die ›Consultationes Lansii‹ ausdrücklich als Lehrbuch vor (Rosalsky, Geschichte des akademischen Gymnasiums zu Weissenfels, S. 24).
[74] ›Mantissa‹, S. 1ff.
[75] A.a.O., S. 38ff.
[76] Daß ein Mitglied des so literaturbeflissenen Braunschweiger Hauses nach Tübingen gekommen war, ist ein Beweis für die Wertschätzung des Collegiums.
[77] Klüpfel, a.a.O., S. 109f.
[78] Johann Friedrich war 1594 von seinem Vater, dem Herzog Friedrich, gleichsam als ›Morgengabe‹ in das neue Collegium eingeführt worden.
[79] Zitiert nach Klüpfel, a.a.O., S. 110.
[80] 1599 waren es in Tübingen 11 Fürsten und 60 Herren von Adel, 1606 waren es 9 Fürsten, 5 Grafen und 51 Edelleute.

kratie sahen sich in ihrem Argwohn gegen die neue Form der Adelserziehung bestärkt. So ist es verständlich, daß der Dreißigjährige
Krieg die Versuche, wie sie in Tübingen oder Kassel begonnen worden waren, zunächst einmal zum Stillstand brachten[81].

Die große Zeit der Ritterakademien begann erst um die Mitte
des 17. Jahrhunderts, als das Territorialfürstentum mit neuer Macht
und neuen politischen Aufgaben aus dem Westfälischen Frieden her-
vorging[82]. Der Nachholbedarf des deutschen Adels, was Hofkultur
betraf, war in den 40er Jahren spürbarer denn je geworden. Ein deut-
liches Zeichen ist das sprunghafte Ansteigen der Produktion an Hofliteratur[83]. Zwischen 1641 und 1649 erscheinen Harsdörffers ›Frauenzimmer-Gesprechspiele‹, 1645 Moscheroschs ›Anleitung zu einem
Adelichen Leben‹ (nach Samuel Bernard) und Greflingers ›Ethica
complementoria‹[84], 1649 Zesens ›Kurze doch gründliche Anleitung
zur Höflichkeit‹ – um nur einige Titel zu nennen.

Auch die Diskussion um die gelehrte Bildung war seit den ersten
Versuchen mit Ritterakademien weitergegangen, die Realdisziplinen
hatten in Ratichius, Comenius und ihren Anhängern entschiedene Ver-
fechter gefunden. Schupps oben zitierter Entwurf einer ›königlichen
und fürstlichen‹ Erziehung nimmt ausdrücklich auf das Kasseler
›Mauritianum‹ Bezug, und nicht zuletzt hat das Vorbild Frankreich
auf weite Kreise der deutschen Aristokratie anziehend gewirkt; allein in der Nähe von Paris soll es 1649 mehr als vierzig Ritterakademien gegeben haben[85]. Sehr stürmisch vollziehen sich die Neu-
gründungen in Deutschland freilich nicht: 1653 Kolberg, 1655 Lüneburg, 1680 Halle, 1687 Wolfenbüttel, 1699 Erlangen[86]. Hinzu kommen einzelne angehobene Gymnasien, die ganz im Stil von Ritteraka-

---

[81] Vgl. Paulsen 1, S. 519.
[82] Einzelheiten (mit weiterer Literatur) bei E. W. Zeeden, Das Zeitalter der Glaubenskämpfe, in: B. Gebhardt, Handbuch der deutschen Geschichte, Bd. 2, Stuttgart ⁸1963, S. 105ff. (dort bes. S. 158ff.: ›Territorium und Konfession‹; und S.
189ff.: ›Lebensformen, Bildung, Künste‹).
[83] Vgl. die o. S. 135ff. genannten Arbeiten von Cohn, Wendland und Zaehle; außerdem Borinski, Baltasar Gracian und die Hofliteratur in Deutschland, S. 53ff.; G.
Steinhausen, Die Idealerziehung im Zeitalter der Perücke, Mitt. d. Ges. f. dt.
Erz.- u. Schulgesch. 4, 1894, S. 209ff.
[84] Allein dieses Buch erreicht (nach Goedeke ²III, S. 88) bis 1700 acht Auflagen.
[85] R. F. Butts, A cultural history of education, New York and London ⁵1947,
S. 272.
[86] Für das 18. Jahrhundert vgl. die (nicht vollständige) Liste bei Debitsch, Die
staatsbürgerliche Erziehung ..., S. 7; Paulsen 1, S. 519f.

demien aufgezogen sind[87], wie das 1664 errichtete ›Gymnaisum illustre Augusteum‹ von Weißenfels[88].

Der Lehrplan dieser neuen Anstalten ist im Prinzip nicht anders aufgebaut als beim Tübinger Collegium der Vorkriegszeit. Gelehrte *studia* und ritterliche *exercitia* stehen sich nach wie vor einigermaßen unvermittelt gegenüber[89]. Dagegen ist inzwischen die Notwendigkeit einer breiten staatswissenschaftlichen Ausbildung immer deutlicher geworden[90], vor allem angesichts des stark nach vorn drängenden Beamtenadels. Und das Lateinische, das im diplomatischen Verkehr an Bedeutung verliert, muß mehr und mehr den modernen Sprachen, insbesondere dem Französischen[91] und Italienischen, Platz machen.

Doch eine rhetorische Ausbildung ist dadurch nicht überflüssig geworden. Das Beispiel der Wolfenbütteler Akademie-Ordnung von 1688[92] (unter Herzog Rudolf August und seinem Bruder Anton Ulrich entstanden) zeigt, wie man das Fach Rhetorik den neu gestellten ›politischen‹ Zwecken anzupassen suchte: »Die Oratoria und das Studium Eloquentiae, soll gleich wie die anderen Studia, getrieben, jedoch vielmehr ipsa praxi, als durch weitläufftige Praecepta gelehret und öfters publice peroriret werden: Wobey jederzeit solche Materien zu choisiren, welche denen von Adel demnechst in allerhand Occurencen am meisten zu statten kommen können«[93]. Im gleichen Tenor faßt auch der Professor eloquentiae (et mathematices) Christoph Zeigener 1688 seine Ankündigung ab: »In dicendi arte explicatis breviter et perspicue praeceptis ipsam statim praxin addit«[94].

Daß Rhetorik ihren Sinn nicht in sich selbst trägt, sondern wesentlich auf die künftige Praxis der adligen Zöglinge auszurichten ist, gehörte schon zu Lansius' pädagogischen Grundsätzen. Um die akademische Beredsamkeit brauchte er sich auch deshalb weniger zu

---

[87] Einige Bemerkungen zum »Einfluß der Ritterakademien auf den Lehrplan der Gymnasien« bei Schaller, Die Pädagogik des Johann Amos Comenius ..., S. 478f.
[88] Rosalsky, Geschichte des akademischen Gymnasiums zu Weissenfels, S. 11ff.
[89] Vgl. auch Mahler, a.a.O., S. 7ff.
[90] Hierzu im einzelnen die Monographie von Debitsch.
[91] Vgl. B. Schmidt, Der französische Unterricht und seine Stellung in der Pädagogik des 17. Jahrhunderts, Osterwieck 1931.
[92] Vormbaum 2, S. 720ff.; MGPaed. VIII, S. 207ff. Die ältere Ordnung von 1687: a.a.O., S. 203ff.
[93] Vormbaum 2, S. 735.
[94] MGPaed. VIII, S. 263.

kümmern, weil die nahe Universität genügend Anschauungsunter-
richt bot. Das fehlte natürlich in Wolfenbüttel, und weil ein gewisser akademischer Anstrich auch in rhetoricis gewahrt bleiben sollte,
wurden sogar Disputationen angesetzt. Die Professoren »sollen mit
veranlassen und befördern, daß auch hier in dieser Academie, so
wol als auff Universitäten, öffentliche Disputationes, Consultationes
und Declamationes gehalten werden mögen, worzu sie dann gute und
nützliche Materien außzuwehlen«[95]. Auch hierbei sind also Praxis
(*Consultationes!*) und Nützlichkeit nicht aus den Augen zu verlieren[96]. Noch einen Schritt weiter, vor allem in der Wahl des sprachlichen Mediums, gehen die Anweisungen für die Schüler: »Sie sollen,
um publica specimina ihrer Studien zu geben, zu Zeiten disputiren,
und in Teutscher, Lateinischer, auch wol in andern fremden Sprachen peroriren, wie Sie sich dann auch absonderlich die Lateinische,
als eine hochnohtwendige, und bey allen Nationen durchgehende
Sprache werden recommendiret seyn lassen«[97].

Nicht als Muttersprache der Gelehrten, nicht als Tor zur wahren
eloquentia wird das Lateinische betrieben, sondern als internationale Verkehrssprache, deren Kenntnis immer noch nützlich und notwendig ist; daneben bereits öffentliche Redeübungen im Deutschen
und Französischen; das Ganze zugeschnitten auf die Wirklichkeit des
gegenwärtigen politischen Systems und gestützt auf eine breite
Kenntnis der Realfächer: es ist die modernste rhetorische Bildung,
die im Deutschland des 17. Jahrhunderts geboten wird. Nur das Bewußtsein der ›politischen‹ Aufgabe und eine nie ganz überwundene
Reserve gegenüber den traditionellen gelehrten Studien ermöglichten
diese Konzeption. Sie auszubauen, übernahm das gelehrte Bürgertum[98], Weise für das Gymnasium, Thomasius für die Universität.

[95] Vormbaum 2, S. 728.
[96] Eine Weiterentwicklung der *Consultationen* stellen die sog. *Repräsentationen*
dar, die vor allem im 18. Jahrhundert an den Ritterakademien gepflegt wurden:
halbtheatralische, dem Schulactus ähnliche Darbietung von Ereignissen der politischen Geschichte. Einige Beispiele bringt Debitsch, a.a.O., S. 109ff. (ohne
freilich in allen Fällen den Zusammenhang mit der Ritterakademie nachzuweisen, z.B. bei Schraders ›Hypotheses oratoriae‹, a.a.O., S. 112ff.).
[97] Vormbaum 2, S. 731. Skeptisch zum Anteil der Zöglinge am Text der öffentlichen Disputationen und Vorträge: Bender in: Schmid, Geschichte der Erziehung ... Bd. V 1, S. 125 (»oft nur auf Täuschung berechnete Schaustücke«).
[98] Einer der wenigen gelehrten Adligen, die an der Entwicklung der neuen Adelspädagogik maßgeblich beteiligt waren, ist Seckendorff. Über sein Gutachten
zur Gründung einer Ritterakademie (1660) vgl. Paulsen 1, S. 515; im übrigen
R. Pahner, Veit Ludwig von Seckendorff und seine Gedanken über Erziehung
und Unterricht, Diss. Leipzig 1892.

In der Adelsschule Weißenfels schreibt Weise das Schlüsselwerk der neuen Rhetorik, den ›Politischen Redner‹[99]. In der Ritterakademie Halle findet Thomasius Unterkunft und Lehramt, als er 1690 die Universität Leipzig verlassen muß[100].

e. Kontakte des Adels zur bürgerlichen Gelehrtenbildung

Für das Gesamtbild der Adelserziehung im 17. Jahrhundert sind die Ritterakademien freilich nur von begrenzter Bedeutung. Zu spät setzte der eigentliche Aufschwung dieser Schulen ein, und zu gering blieb ihre Zahl. Der niedere Adel war ohnehin kaum in der Lage, die beträchtlichen Kosten eines Aufenthalts in der Ritterakademie zu bestreiten[101]. Da auf der anderen Seite die Nachteile der Einzel-erziehung durch Hofmeister evident waren, gelang es immer wieder einzelnen Gelehrtenschulen – vor allem den ›gymnasia academica‹ oder ›illustria‹ –, auch Söhne aus adligem Haus an sich zu ziehen[102]. Schon im 16. Jahrhundert war dies gelegentlich geschehen (so bei Sturm und Trotzendorf)[103], und je mehr im Lauf der Barockzeit das Interesse des Adels an gelehrten Studien zunahm, desto häufiger ent-

[99] Vgl. o. S. 206ff. Charakteristisch für die neue, am Hof sich orientierende Pädagogik sind Lehrbücher mit ›Hofmeister‹-Titeln, so Weises Geschichtsbuch ›Der Kluge Hoff-Meister‹ (Frankfurt u. Leipzig 1675) oder Bohses ›Getreuer Hoffmeister adelicher und bürgerlicher Jugend‹ (Leipzig 1706).

[100] Außer Weise und Thomasius unterrichteten an Ritterakademien u. a. Bohse (Liegnitz), Johann Lauremberg (Soroe), Neukirch (Berlin), Riemer (Weißenfels): allesamt Vertreter einer modernen, ›politischen‹ oder ›galanten‹ Rhetorik; nur Lauremberg – er unterrichtete Mathematik – gehört einer älteren Generation an.

[101] Eine Aufstellung über die Besoldung der Professoren in Wolfenbüttel findet sich bei Vormbaum 2, S. 739. Die Zahl der Professoren war im Verhältnis zu derjenigen der Schüler meist sehr hoch; vgl. Debitsch, a.a.O., S. 16. Zu den besonders kostspieligen *exercitia* vgl. Mahler, a.a.O., S. 12 (die Exerzitienmeister wurden meist erheblich besser bezahlt als die wissenschaftlichen Lehrer).

[102] Sogar ›ritterliche *exercitia*‹ wie Tanzen und Fechten (und moderne Sprachen) wurden zu diesem Zweck in den Lehrplan hereingenommen, z. B. 1664 beim ›Gymnasium illustre‹ von Bayreuth: »Solten sich auch aus unserm und andern Landen, von Adel oder sonsten einige, bey diesem Gymnasio finden, welche neben den Studiis Exercitia equestria, und Französisch oder andere Sprachen zu lernen Lust hätten, so wollen Wir ihnen zum besten, unsern Bereiter, Sprach-Tanz- Fecht- und andere dergleichen Exercitien-Meister, so sich an unserm Hof befinden, nachgeben, auch befehlen, daß sie gegen einen billichen, nicht zu hoch gespannten Recompens, dieselbe richtig unterweisen mögen« (Vormbaum 2, S. 631f.). Ähnliches empfiehlt Seckendorff, ›Teutscher Fürsten-Stat‹, Frankfurt a. M. 1660, S. 110ff.

[103] Vgl. die Aufstellung bei G. Bauch, Valentin Trozendorf und die Goldberger Schule (MGPaed. LVII), Berlin 1921, S. 160ff.

schlossen sich vornehme Familien, ihre Kinder – faute de mieux –
auf die Gelehrtenschule zu schicken[104], wo sie dann auch in den
Rhetorikbetrieb hineinwuchsen. So besuchte zum Beispiel Abschatz
in Liegnitz das Gymnasium, Hofmannswaldau in Breslau und Danzig, Zigler in Görlitz[105]. Daß vornehme Zöglinge der erklärte Stolz
jeder Schule waren, versteht sich von selbst; bei öffentlichen Veranstaltungen, vor allem den rhetorischen Actus, wurden sie dementsprechend herausgestrichen (möglichst schon auf dem gedruckten
Programm). Christian Weise, bereits durch seine Tätigkeit in Weißenfels dem Adel nachdrücklich empfohlen, war in der Werbung illustrer
Schüler besonders erfolgreich[106]; er sah darin – nicht ohne Grund –
eine Bestätigung für das ›politische‹ Niveau seines Unterrichts[107].
   Daß am Ausgang der Barockzeit eine solche Konvergenz von
Adelserziehung und modern-rhetorischer Gelehrtenschulbildung möglich wurde, ist nur auf dem Hintergrund eines langdauernden Prozesses zu verstehen. Das höfische und das gelehrte Element, die beiden wichtigsten Energiezentren im Kräftefeld der deutschen Barockliteratur, waren keineswegs von vornherein und selbstverständlich
zur Synergie bereit. Mit wieviel Rhetorik werben vor allem die bür-
gerlich-gelehrten Barockautoren immer wieder um das Verständnis
ihrer adligen Gönner, um Anerkennung der Hoffähigkeit von
Kunstdichtung[108]! Und wieviel ›ritterlich‹-ungelehrter Hochmut
spricht nach wie vor aus dem Verhalten einzelner Adelskreise! Das
Bild ist uneinheitlich[109]. Wo sich ein Hof oder ein einzelner Vertre-

---

[104] Zum Antrag der kursächsischen Ritterschaft (1682), die Fürstenschule Meißen
ganz dem Adel vorzubehalten (Grimma und Pforta dem Bürgertum), vgl. Paulsen 1, S. 515f.   [105] Vgl. auch o. S. 261.

[106] Im Jahre 1686 beispielsweise befanden sich unter den 99 Primanern immerhin
9 Adlige (Kaemmel, Christian Weise, S. 29).

[107] Nach zwei Jahrzehnten Tätigkeit als Rektor bekennt er stolz: »ich habe mich
obligirt gemacht/ Hochgebohrnen und Wohlgebohrnen Eltern mit meiner ge-
treuesten Auffwartung zu dienen/ und ihre höchstgeliebte Jugend in keinen
nothwendigen Stücke zu versäumen« (Vorrede zu den ›Nachbars-Kindern‹,
1699, in: ›Neue Proben von der vertrauten Redens-Kunst‹, Dresden u. Leipzig
1700, S. 6). Auf dem Titelblatt der ›Nachbars-Kinder‹ wird betont, »lauter Personen von guter Extraction« hätten das Stück gespielt.

[108] Vgl. o. S. 225ff.

[109] Sehr bezeichnend hierfür eine Rede, die Seckendorff 1669 bei der Verpflichtung eines Hofmeisters hielt und in der er (gegen viele Einwände) die »Nothwendigkeit guter Erziehung/ sonderlich bey hohem Stande« zu erweisen sucht
(enthalten in ›Teutsche Reden‹, Leipzig 1686, S. 230ff.). In die gleiche Richtung
tendiert Birkens Vorrede zur ›Aramena‹: »Soll die adeliche Belustigung allein
im Reiten/ Fechten/ Tanzen/ Jagen/ Trinken/ Spielen/ und dergleichen Eitelkei-
ten bestehen? Ist nicht das Gemüte und die himmlische Seele edler/ als der irdi-

ter des höheren Adels für ›höfisch‹-gelehrte Studien im Sinne Castigliones gewinnen läßt, entstehen wichtige Zentren des literarischen Lebens, so bei dem Fürsten Ludwig von Anhalt-Köthen als dem Patron der Fruchtbringenden Gesellschaft[110] oder bei Herzog Anton Ulrich von Braunschweig. Der Zögling Schottels und Birkens bleibt, wie Spahrs Untersuchungen gezeigt haben[111], noch auf Jahre hinaus mit dem Nürnberger Kreis in produktivem Austausch.

Die gemeinsame Arbeit des Welfen und der Nürnberger am Text der ›Aramena‹ mag ein Sonderfall der Begegnung von höfischer und gelehrter Welt sein. Daß aber der Gegenstand dieser Zusammenarbeit ein höfischer Roman ist, darf als symptomatisch gelten. Denn ebenso wie das barocke Kunstdrama an den *eloquentia*-Betrieb der Gelehrtenschulen gebunden bleibt[112], hat der hohe Barockroman in der repräsentativen Rhetorik des Hoflebens seinen natürlichen Wurzelboden. So wie das gelehrte Drama zugleich Übungsstoff der rhetorischen Erziehung darstellt, dient der höfische Roman als ›Schatzkammer/ Schöner/ zierlicher Orationen/ Sendbriefen/ Gesprächen ...vnd dergleichen‹[113].

Der höfische Roman ist eines der wichtigsten Instrumente der rhetorischen Adelserziehung. Im ›Vorbericht‹ zu Lohensteins ›Arminius‹ wird postuliert, »daß dergleichen Bücher stumme Hofemeister seyn/ und wie die Redenden gute Lehren und Unterricht geben«[114]. Und nach Birkens ›Vor-Ansprache‹ zur ›Aramena‹ wirken sie als »rechte Hof- und Adels-Schulen/ die das Gemüte/ den Verstand und die Sitten recht adelich ausformen/ und schöne Hofreden in den mund legen«[115].

---

sche Körper? So muß dann auch die Verstandes-belustigung adelicher seyn/ als die leibes-ergetzung (›Die Durchleuchtige Syrerinn Aramena‹, 1. Teil, Nürnberg 1669, ›Vor-Ansprache zum Edlen Leser‹, fol.) (VI^a).

[110] Material bei O. Denk, Fürst Ludwig von Anhalt-Cöthen, Marburg 1917.

[111] B. L. Spahr, The archives of the Pegnesischer Blumenorden. A survey and reference guide (Univ. of Calif., Publ. in Mod. Philol. 57), Berkeley and Los Angeles 1960; ders., Anton Ulrich and Aramena. The genesis and development of a baroque novel (Univ. of Calif., Publ. in Mod. Philol. 76), Berkeley and Los Angeles 1966.

[112] Vgl. o. S. 314ff.

[113] Hierzu vor allem Cohn, Gesellschaftsideale und Gesellschaftsroman ..., passim; G. Müller, Barockromane und Barockroman, Lit.wiss. Jb. d. Görres-Ges. 4, 1929, S. 1ff.; ders., Höfische Kultur ..., S. 147 (über die »lehrstoffreichen Dialoge, Reden und Briefe als den rhetorisch-didaktischen Ballast«); Zaehle, a.a.O., S. 95ff.

[114] ›Großmüthiger Feldherr Arminius oder Herrmann‹, Leipzig 1689, 1. Teil, ›Vorbericht an den Leser‹, fol. c 2^b.

[115] A.a.O., fol.) (V^b. Folgerichtig wird in Kindermann-Stielers ›Teutschem

5. Rhetorik an den Universitäten

a. Ständische und konfessionelle Differenzierungen

Das Problem der Standesgemäßheit, durch das sich die literarisch-rhetorische Erziehung im 17. Jahrhundert immer wieder so überaus kompliziert, scheint gelöst, sobald die oberste, die akademische Stufe des gelehrten Bildungswesens erreicht ist[1]. Für viele Adelsfamilien, die der bürgerlichen Gelehrtenschule ablehnend gegenüberstanden, war ein Besuch der Universität gesellschaftlich durchaus akzeptabel oder gar wünschenswert. Er gehörte zum Kennenlernen der Welt (die Kavalierstour schloß sich zumeist unmittelbar an), und durch die ›libertas‹ bzw. ›licentia‹ des Studentenlebens war garantiert, daß der Bewegungsspielraum des jungen Herrn nicht unangemessen eingeschränkt wurde[2]. Da ein Abitur noch nicht verlangt wurde – es ist bekanntlich erst 1788 in Preußen eingeführt worden[3] –, wechselten Adlige und Patriziersöhne meist unmittelbar von der Sphäre der Privaterziehung in die der Universität hinüber, wobei der Hofmeister (wie Gryphius bei den Söhnen Schönborners) einige Hilfestellung leisten konnte[4]. Natürlich kam es auch vor (z. B. bei Diederich von

---

Wolredner‹ (Wittenberg 1680, S. 42) vorgeschlagen: »Es wäre warlich gut/ daß einer aus der Aramena und andern ... Liebesbüchern/ die Komplimenten ausziehen/ unter gewisse Stellen [i. e. loci topici] bringen/ und zur guten Nachfolge heraus geben möchte/ solches würde bey höflichem ümgange manchem Sprachlosen den Mund öffnen/ und ihn reden lernen«.

[1] Eine neuere Darstellung der deutschen Universitäten im 17. Jahrhundert gibt es nicht. Materialreich, aber einseitig theologisch-philosophisch orientiert ist A. Tholuck, Das akademische Leben des siebzehnten Jahrhunderts mit besonderer Beziehung auf die protestantisch-theologischen Fakultäten Deutschlands, nach handschriftlichen Quellen (= Vorgeschichte des Rationalismus. Erster Theil), 2 Bde., Halle 1853/54. Ein ausgeglicheneres Bild in weiterem geschichtlichem Zusammenhang (auch unter Berücksichtigung der katholischen Universitäten) vermittelt Paulsen 1, S. 179ff. Zum spätmittelalterlichen und humanistischen Hintergrund vgl. außer Paulsen auch G. Kaufmann, Geschichte der deutschen Universitäten. Bd. 2: Entstehung und Entwicklung der deutschen Universitäten bis zum Ausgang des Mittelalters, Stuttgart 1896. Das meiste Material zum 17. Jahrhundert enthalten die (häufig aus dem 19. Jahrhundert stammenden) Urkundensammlungen und Monographien zur Geschichte der einzelnen Hochschulen. Bibliographische Hinweise zu Redeübungen und Disputationen bei Erman-Horn 1, S. 339ff.

[2] Vgl. den langen Abschnitt ›Von der Aufführung eines jungen Menschen auff Universitäten‹ bei Bohse (Talander), ›Der getreue Hoffmeister ...‹, S. 109ff.

[3] Vgl. Paulsen 2, S. 93ff.

[4] In den meisten Fällen hatte ja der Hofmeister bereits Universitätserfahrung. Das setzen auch die Anweisungen Bohses voraus.

dem Werder)[5], daß das Studium erst im Anschluß an den Besuch einer Ritterakademie begonnen wurde; doch das blieb schon aufgrund der geringen Zahl von Ritterakademien eine Ausnahme[6].

Die Tatsache eines solchen akademischen Nebeneinanders von Adel und Bürgertum ist bemerkenswert genug. Im Bereich des literarischen Lebens ließen sich allenfalls die Sprachgesellschaften, insbesondere die Fruchtbringende Gesellschaft, als Parallele anführen; Fürstlichkeiten und bürgerliche Literaten hatten sich zur Verwirklichung gemeinsamer Ziele zusammengeschlossen, und Karl Viëtor wies mit Recht darauf hin[7], daß die Gesellschaftsnamen nicht zuletzt der Aufhebung der Standesgrenzen dienen sollten[8]. Davon kann an den Universitäten freilich keine Rede sein. Schon durch die Aufwendigkeit der Lebenshaltung (mancher brachte einen kleinen Hofstaat zum Studium mit)[9] suchten sich die jungen Adligen von ihren Kommilitonen aus dem niederen Adel und dem Bürgertum[10] abzuheben, und besonders erlauchten Zöglingen huldigte auch die Universität als Korporation durch besondere Ehrenstellungen. Nicht selten wurden Studenten aus dem Hochadel mit dem Rektorat betraut; so war beispielsweise Abraham von Dohna, der Verfasser der ›Historischen reimen von dem ungereimten reichstag anno 1613‹, bereits mit 19 Jahren Rektor der Universität Altdorf (1598)[11], und in Tübingen fungierten häufig die jungen Prinzen von Württemberg als Rektoren[12].

Für die Entwicklung der repräsentativen Universitätsrhetorik ist diese Hofierung des Adels – hier konnte nur einiges angedeutet wer-

---

[5] Er besuchte das Kasseler ›Mauritianum‹ und ging dann zum Jurastudium nach Marburg (Newald, S. 204).

[6] Im übrigen sollte die Ritterakademie einen Aufenthalt an Gymnasium und Universität nach Möglichkeit ersetzen.

[7] Probleme der deutschen Barockliteratur, S. 68.

[8] »Neumarck und Rist, Schottel und Moscherosch rühmen die Leutseligkeit, die sie als Bürgerliche von den Fürsten erfuhren« (Flemming, Deutsche Kultur ..., S. 60); nach dem Tod Ludwigs von Anhalt-Köthen wurde der Kreis allerdings wieder feudaler.

[9] Bohse, a.a.O., S. 171ff.

[10] Viele von ihnen konnten sich ein Studium nur mit Hilfe reicher Gönner leisten.

[11] Vgl. A. Chroust, Abraham von Dohna. Sein Leben und sein Gedicht auf den Reichstag von 1613, München 1896, S. 23ff.

[12] Unten S. 438. Auf einer etwas anderen Ebene liegt die Übertragung des Universitätskanzler-Amts an hohe Adlige (Seckendorff als erster Kanzler der Universität Halle); sie galten meist als Vertrauensleute bzw. Repräsentanten des Landesfürsten.

den – von großer Bedeutung. Denn ihrer inneren Struktur nach war die Universität grundbürgerlich. Die Professorenschaft rekrutierte sich so gut wie ausschließlich aus nichtadligen Kreisen[13], und bei allem planmäßig gepflegten, gegen die unteren sozialen Schichten sich abschirmenden Gelehrtenstolz[14] blieb die Abhängigkeit von der Gunst hoher Herren schmerzlich spürbar – nicht zuletzt angesichts der notorisch schlechten und unregelmäßigen Besoldung[15]. Bei manchem Wechsel von der Universität in ein Gymnasialrektorat oder ein geistliches Amt (man denke nur an Buchholtz, Dilherr, Meyfart, Schupp oder Jacob Thomasius)[16] hat die Aussicht auf eine bessere Dotierung eine wesentliche Rolle gespielt. Für den aber, der an der Universität blieb, war der gute Kontakt zu adligen Gönnern geradezu lebensnotwendig; an kaum einem Beispiel zeigt sich dies so deutlich wie an dem Königsberger ›Professor Poeseos‹ Simon Dach[17]. Die werbende Rhetorik der Widmungen, der Gelegenheitspoesie und der Gelegenheitsreden wurde zum unentbehrlichen Instrument des akademischen Literaten.

Doch nicht nur das persönliche Interesse des einzelnen Hochschullehrers, auch das der Universität als ganzer erforderte eine sorgfältige Kultivierung der Beziehungen nach oben. Vornean stand selbstverständlich der Landesfürst als der eigentliche Träger und Schutzherr der Hochschule[18]. Gerade ihrer überregionalen Bedeutung wegen war sie gehalten, beispielsweise Ereignisse im Herrscherhaus besonders aufmerksam zu begehen. Und wenn gar der Fürst selbst zu Besuch kam, mußte alles an Repräsentation aufge-

---

[10] Sie entstammte nicht einmal immer gelehrten Elternhäusern. So war z. B. der erste unter den bedeutenden Tübinger Dichterhumanisten, Heinrich Bebel, Bauernsohn; der letzte, Christoph Kaldenbach, war Sohn eines Tuchmachers.

[14] Abraham a Sancta Clara, ›Judas Der Ertz-Schelm‹, 2. Teil, S. 293 dekliniert aus Erfahrung: »studeo, studui, stoltz«.

[15] Viele Hochschullehrer waren weitgehend auf Einnahmen aus nichtuniversitärer Fachpraxis angewiesen (insbesondere Juristen und Mediziner). Eine beliebte Einnahmequelle stellte auch die Aufnahme studentischer Pensionäre dar.

[16] Für das 16. Jahrhundert wären etwa Frischlin, Eobanus Hessus, Micyllus und Sabinus zu nennen (vgl. Paulsen 1, S. 275). »Die Klagen über schlechte Besoldung der Professoren reißen die Jahrhunderte hindurch kaum ab, insbesondere wachsen sie im 17. und 18. Jahrhundert« (H. Schelsky, Einsamkeit und Freiheit. Idee und Gestalt der deutschen Universität und ihrer Reformen [rde. 171/72], Reinbek 1963, S. 29).

[17] Schon seine Exspektanz auf einen Universitätslehrstuhl verdankte er im wesentlichen den Huldigungsgedichten an den Kurfürsten Georg Wilhelm.

[18] Nur in wenigen Fällen (wie etwa in Basel oder Erfurt) fungierte die Stadt als Patron; vgl. die Übersicht bei Kaufmann, Geschichte der deutschen Universitäten, Bd. 2, S. XIIIff.

boten werden, um ihn gebührend zu empfangen, zu bewirten und wieder zu verabschieden[19]. Aber auch jeder andere durchreisende Potentat erhob Anspruch auf Würdigung; die erhaltenen Sammlungen von Festprogrammen und Gelegenheitspoesie geben darüber vielsagende Auskunft.

Von den Pflichten, die dem Rhetorik- oder Poesie-Professor jeweils daraus erwuchsen, wird noch zu sprechen sein. Hier geht es zunächst um jenes charakteristische Zusammenspiel von akademischer und höfischer Welt, das für Bestand und Wirkung der deutschen Universitäten im 17. Jahrhundert so entscheidend wurde. Nicht durch Produktitvtät und Qualität einer freien Forschung hoben sie sich von den humanistischen Gelehrtenschulen ab, sondern durch Formalien: höheren gesellschaftlichen Rang, größere Freiheit des Zusammenlebens[20], Recht zur Verleihung akademischer Grade. Der eigentliche Lehrbetrieb war – heute würde man sagen: – durch absolute Verschulung gekennzeichnet[21] und unterschied sich in dieser Beziehung kaum von dem der mittelalterlichen Universitäten. Aus mehr oder weniger kanonischen Lehrbüchern wurde ein fester Wissensstoff weitergegeben, ohne daß dazu (mit Ausnahme vielleicht der Medizin)[22] ein wesentlicher technischer Aufwand notwendig war.

Um so größer mußte für die Gymnasialpädagogen der Anreiz sein, sich durch Hereinnahme von ›Fakultätswissenschaften‹ in den Lehrplan etwas akademischen Glanz zu verschaffen und zugleich die Schüler besser auf das Studium vorzubereiten, eine Tendenz, die zur Entstehung der schon erwähnten ›Gymnasia academica‹ oder ›illustria‹ führte[23]. Wo solche Versuche gelangen, waren sie von der Universität her nur zu begrüßen; denn viel zu häufig kamen die

---

[19] Vorbild war die seit dem Spätmittelalter immer weiter sich ausbreitende städtische Form des ›Trionfo‹ (dazu Alewyn, Das große Welttheater, S. 19ff.).

[20] Diese Präferenz hatte allerdings auch negative Auswirkungen: der weithin herrschende Grobianismus und Pennalismus (eine imposante Liste von Darstellungen der Zeit bei Erman-Horn 1, S. 754ff.) ließ bei vielen Zweifel aufkommen (z. B. bei Schupp), ob der Besuch einer Universität überhaupt ratsam sei.

[21] Dies gilt insbesondere für die philosophische Fakultät, vgl. Paulsen 1, S. 274.

[22] Zwar gab es keine Kliniken und Institute, aber das obligatorische ›Theatrum anatomicum‹ erforderte immerhin einige Investitionen (in Tübingen wurde Mitte des 16. Jahrhunderts eine Kapelle zur ›Anatomiekirche‹ umgebaut).

[23] Die Lehrer durften sich dann ›Professor‹ nennen (wie übrigens auch an den Ritterakademien) und wurden für bestimmte Fächer berufen. Besonders aufschlußreich für diese Dinge Hirsch, Geschichte des academischen Gymnasiums in Danzig, S. 62ff. (die Schule besaß sogar ein ›Theatrum anatomicum‹!).

jungen Leute (meist im Alter von etwa 16 Jahren)[24] mit völlig un-
zureichender Vorbildung ins Studium. Einer der Auswege, der vor
allem von Melanchthon propagiert und praktiziert wurde, war die
Einrichtung spezieller Vorbereitungsanstalten, der sogenannten ›Pädagogien‹[25]. Sie waren der Universität inkorporiert und hatten die
Aufgabe, durch einen abgekürzten Kursus die Zöglinge auf den für
das Studium notwendigen Wissensstand zu bringen[26].

Lateinschule, ›Gymnasium academicum‹, Pädagogium, Ritterakademie, jeder dieser Typen wiederum in zahlreichen Variationen – in
den katholischen Territorien gab es eine solche Uneinheitlichkeit des
vooruniversitären gelehrten Unterrichts nicht. Die Jesuiten hatten dafür gesorgt, daß das akademische Studium planmäßig auf dem Gymnasialkursus aufbauen konnte. Allerdings war es mit der Eroberung
der Universitäten in Deutschland nicht so rasch gegangen wie im
Fall der Gymnasien[27]. Dabei gehörten auch die Universitäten von
vornherein zu dem in den ›Constitutiones‹ (1551ff.) abgesteckten
Arbeitsfeld (IV 11: ›De Universitatibus in Societate admittendis‹)[28].
Als geistige Zentren des Humanismus und zum Teil auch der Reformation (man denke nur an Wittenberg) mußten sie die besondere
Aufmerksamkeit der um Konkurrenzfähigkeit bemühten gelehrten
Gegenreformatoren erregen. Hinzu kamen die Erfolge, die Melanchthon und seine Schüler mit der Neugestaltung alter (nach Wittenberger Muster) und mit der Gründung neuer Universitäten (vor allem
der Marburger) hatten erringen können[29].

Der vergleichsweise sicherste Weg, sich auch im akademischen Bereich zu etablieren, war die Benutzung eigener Kollegs als Basis[30].

---

[24] Nicht selten waren die Studienanfänger auch noch jünger, vgl. Schupp ›Deutscher Lucianus‹ (1659), in: ›Schrifften‹, S. 816.

[25] Eine Vorstufe dazu stellte Melanchthons ›Schola privata‹ dar (Näheres in der
bereits genannten Arbeit von Koch, Philipp Melanchthons ›Schola privata‹).
Bei der Wittenberger Universitätsreform wurde sie dann als ›Pädagogium‹ in-
stitutionalisiert; Pädagogien erhielten dementsprechend auch Marburg, Basel,
Tübingen und die meisten anderen protestantischen Universitäten.

[26] In Marburg beispielsweise umfaßte der Lehrplan des von zwei Magistern geleiteten Pädagogiums: Grammatik, Dialektik, Rhetorik, Musik sowie die Elemente des Griechischen und Hebräischen.

[27] Vgl. Duhr II 1, S. 523ff. und III, S. 395ff.

[28] MGPaed. II, S. 50ff. Als Situation wurde vorausgesetzt, daß der Gesellschaft
eine Universität ›angeboten‹ würde (im Fall der Universität Valencia haben
die Jesuiten das Angebot auch einmal abgelehnt).

[29] Paulsen 1, S. 216ff.

[30] Auch hierin konnten sie sich am Vorbild Sturms orientieren, vgl. G. Meyer, Die
Entwicklung der Straßburger Universität aus dem Gymnasium und der Akademie des Johann Sturm, Heidelberg 1926.

Die Dreiteilung der Jesuitenausbildung in einen Gymnasialkursus
(›studia inferiora‹ mit Grammatik, Poesie, Rhetorik), einen ›Philosophie‹-Kursus (mit Logik, Physik, Metaphysik, Ethik) und einen
abschließenden Theologie-Kursus erleichterte auch ein sukzessives
Aufstocken der Institutionen. So erhielt z. B. Augsburg im Anschluß
an das Kolleg (1582) auch ein ›Lyceum‹ mit Philosophie und Theologie (1589)[31], das Molsheimer Kolleg (1581) wurde zur Universität
erhoben (1617)[32], und in Würzburg wurde zusätzlich zum Kolleg
(1567) eine Universität errichtet (1582)[33]. Wieder anders war die Situation in Dillingen, wo die (1554 privilegierte) Universität vom
Augsburger Fürstbischof gegen den Willen des Domkapitels an die Jesuiten übergeben wurde (1563)[34]. Den schwierigsten Boden jedoch
stellten die bereits traditionsreichen Universitäten dar, in denen sich
der Stolz auf die mühsam erkämpften humanistischen Reformen oft
genug mit gründlicher Verachtung alles Scholastischen verband[35].
Man befürchtete unter anderem, daß die Jesuiten nur wieder scholastische Zustände einführen würden, und im übrigen drohte die Unter-
stellung unter eine jesuitisch-römische Zentralgewalt[36]. Ein besonders aufschlußreiches Beispiel ist Wien[37]. Schon 1551 hatten dort
Jesuiten zu arbeiten begonnen, 1558 erhielten sie zwei theologische
Lehrstühle, und über den Schulunterricht (dessen Organisation eigentlich der Universität durch Privileg vorbehalten war) versuchten
sie nach und nach auch in die Artistenfakultät[38] einzudringen. Aber
erst 1623 gelang es ihnen, durch Eingliederung des Jesuitenkollegs

---

[31] Für die Ausbildung der Ordensmitglieder und des Klerus reichten die Studien-
möglichkeiten also aus.
[32] Ähnlich verlief die Entwicklung in Graz, vgl. MGPaed. II, S. 344ff.
[33] Eine bereits 1402 gestiftete Universität war bald wieder geschlossen worden,
vgl. F. X. von Wegele, Geschichte der Universität Würzburg, 2 Bde., Würzburg 1882.
[34] Eingehende Darstellung bei T. Specht, Geschichte der ehemaligen Universität
Dillingen ... und der mit ihr verbundenen Lehr- und Erziehungsanstalten,
Freiburg i. B. 1902, S. 55ff.
[35] Kaufmann, Geschichte der deutschen Universitäten, Bd. 2, S. 490ff.; Paulsen 1,
S. 78ff. Ausführliche Literaturangaben bei Garin 2, S. 301ff.
[36] Die Entscheidungskompetenz des Ordensgenerals (und nicht etwa des Landesfürsten) war schon früh durch päpstliche Dekrete gesichert worden (die Texte
MGPaed. II, S. 1ff.).
[37] Vgl. im folgenden R. Kink, Geschichte der kaiserlichen Universität zu Wien,
2 Bde., Wien 1854.
[38] In ihr hatte sich mit der Schaffung des berühmten ›Collegium poetarum‹ besonders früh eine – maßvolle – humanistische Reform vollzogen (der Erlaß
bei Kink, a.a.O., Bd. II, S. 305ff.).

in die Universität das Terrain zu sichern[39]. Die 20er Jahre des 17. Jahrhunderts – als die Jesuitengymnasien längst das Monopol besitzen! – bringen auch an anderen Universitäten den Durchbruch; 1620 geht die philosophische Fakultät (mit dem Pädagogium) der Universität Freiburg i. B. in die Hände der Jesuiten über[40], 1622 die Prager Universität[41]. Nicht in allen akademischen Fächern freilich unterrichten die Jesuiten selbst. Die ›Constitutiones‹ schließen Medizin und Jurisprudenz ausdrücklich aus, legen das entscheidende Gewicht auf die Theologie und gestatten daneben auch den Unterricht in den ›Artes vel scientiae naturales‹[42]. Der Orden hat sich in der Praxis weitgehend daran gehalten. Wo nach der Übernahme einer Universität auch die Weiterführung der juristischen und der medizinischen Fakultät ratsam erschien, wurden (selbstverständlich kirchentreue) Nichtjesuiten mit dem Lehramt betraut[43]. Domäne des Ordens aber blieben die theologische und philosophische Fakultät einschließlich der Lehrmethoden, d. h. nicht zuletzt: alle für die akademische Rhetorik wesentlichen Bereiche.

b. Das Disputationswesen

Die Befürchtung mancher Humanisten, daß mit den Jesuiten die Scholastik wieder in die Universitäten einziehen würde, war nicht unbegründet, und sie betraf keineswegs nur den engeren Bereich der theologischen Dogmatik. Mit ihr fest verbunden waren die diffizilen logisch-rhetorischen Methoden der *ars disputandi* (bzw. *argumentandi*), die zusammen mit der *lectio* (bzw. *interpretatio*) den mittelalterlichen Universitätsunterricht mehr und mehr beherrscht hatte[44]. Ihr

---

[39] Kink, a.a.O., Bd. I 1, S. 322ff.
[40] H. Schreiber, Geschichte der Albert-Ludwigs-Universität zu Freiburg im Breisgau (= Geschichte der Stadt und Universität Freiburg im Breisgau, Bd. 2), Freiburg i. B. 1868, S. 309ff. u. 403ff. Versuche gehen bis in das Jahr 1577 zurück.
[41] W. W. Tomek, Geschichte der Prager Universität, Prag 1849, S. 161ff.
[42] MGPaed. II, S. 53f. Die zunächst vorgesehene Dreiteilung der jesuitischen Unterrichtsgebiete in *facultas linguarum*, *facultas artium* und *facultas theologiae* (a.a.O., S. 66) konnte sich nicht überall durchsetzen; oft wurden die *linguae* in die *facultas artium* mit einbezogen.
[43] Es kam auch vor, daß Jurisprudenz und Medizin erst später einbezogen wurden, so in Dillingen (»allerdings nicht ganz im Sinne der Jesuiten«; Specht, Geschichte der ehemaligen Universität Dillingen ..., S. 115).
[44] Prinzipielle Begründung der *ars disputandi* (unter bewußter Absetzung von der Antike) bei Hugo von St. Victor, ›Didascalion de studio legendi‹, Kapitel 11 (abgedruckt: Garin 1, S. 183ff.). Das wichtigste Lehrbuch dazu verfaßte Alber-

dreifacher Zweck: Einübung des Lehrstoffs, Schulung des Denk- und Redevermögens, öffentliche Präsentierung von Lehrern und Schülern, diente als Legitimation eines geistigen Turniersports, der – pflichtgemäß ausgeübt – einen Großteil der akademischen Arbeitszeit in Anspruch nahm[45]. »Der Scholar mußte in einer großen Zahl von Disputationen anwesend, in einer gewissen kleineren auch thätig gewesen sein, ehe er Baccalar, ebenso der Baccalar, ehe er Magister werden konnte, und die Magister waren gezwungen, daran teilzunehmen, um ihre Stellung als ›actu regentes‹ zu behaupten und, wenn sie nicht ›actu regentes‹ waren, um ihre Stellung als Glieder der Fakultät zu behaupten«[46].

Die Grundform der *disputatio* bestand darin, daß unter der Leitung eines Präsidenten (seine Tätigkeit: *arguere*) eine bestimmte Anzahl von Thesen (*argumenta, sophismata*) in logisch-schlüssiger Form diskutiert wurde, wobei der einen Partei vornehmlich das *opponere*, der anderen das *defendere* (oder *respondere*) zukam[47]. Auf diesem Schema hatte sich, abgestimmt nach Rang der jeweiligen Teilnehmer und nach Art des Anlasses, eine Fülle disputatorischer Variationsmöglichkeiten entwickelt, deren Ablauf bis ins einzelne geregelt war. Der Präsident (prinzipiell ein Magister) konnte sich zurückhalten oder stärker eingreifen, er konnte auch Erläuterungen für das Auditorium geben; die disputierenden Parteien konnten jeweils unter der Anleitung eines weiteren Magisters stehen, die Intensität der Vorbereitung war verschieden, und wenn die Thesen vorher publiziert worden waren – wie es meist geschah[48] –, wurde oft genug lediglich eine einstudierte Rolle hergesagt; schließlich war auch die Weise des Argumentierens häufig festgelegt, es gab das detaillierte Eingehen auf den Gegner und das einfache (*simpliciter*) Antworten mit Ja und Nein, man konnte sich mit den *partes principales* der aufgestellten Thesen befassen oder auch nur mit den *minus principales*[49].

tus Magnus: ›Pulcerrimus tractatus de modo opponendi et respondendi‹ (die zahlreichen Ausgaben und Drucke bei Erman–Horn 1, S. 340).

[45] Einen guten Überblick über die spätmittelalterliche Praxis gibt Kaufmann, Geschichte der deutschen Universitäten, Bd. 2, S. 369ff. Vgl. auch E. Horn, Die Disputationen und Promotionen an den deutschen Universitäten (Centralbl. f. Bibl.wesen, Beih. 11), Leipzig 1893.

[46] Kaufmann, a.a.O., S. 370.

[47] Präsidenten und Opponenten mußten später auch regelmäßig auf dem Titelblatt der gedruckten Disputationen genannt werden.

[48] Als schwarzes Brett dienten die Türen der Kollegien und Bursen.

[49] Erklärung der Terminologie bei C. Prantl, Geschichte der Ludwigs-Maximi-

Das Rückgrat des gesamten Disputationswesens bildete – vor allem bei den Artisten – die wöchentliche *disputatio ordinaria*, die traditionellerweise samstags (seltener sonntags) abgehalten wurde und den ganzen Tag über andauern konnte[50]. Die Anwesenheit bzw. Mitwirkung war für Lehrer und Schüler Pflicht, andere Lehrveranstaltungen oder *actus* durften nicht stattfinden. Kaum weniger zeitraubend waren die zahlreichen *disputationes extraordinariae*, die vor allem den jungen Magistern in einer bestimmten Frequenz auferlegt wurden[51] und ihnen Gelegenheit zur eingehenderen Erörterung eines Sachkomplexes gaben. Auch zur Promotion gehörte regelmäßig eine längere Disputation (›pro gradu‹)[52]. Die Fakultät mußte jeweils ihre Genehmigung erteilen, der Dekan präsidierte. Die feierlichste Form unter den *extraordinariae* gebührte jedoch der sogenannten *disputatio de quolibet* oder *disputatio quodlibetaria*[53]. Sie fand im allgemeinen einmal jährlich statt, vereinigte im größten zur Verfügung stehenden Saal (nicht selten in der Kirche) die gesamte Universität sowie erlauchte Ehrengäste und nahm mehrere Tage in Anspruch.

Das Ganze wurde von einem einzelnen Magister, dem ›Quodlibetar‹, in mühseliger Arbeit organisiert und teilte sich in einen Vorkampf (unter Mitwirkung der Baccalare) und einen Hauptkampf, bei dem sämtliche Magister der Artistenfakultät der Reihe nach aufzutreten hatten. Die Themen wechselten mehrfach, so daß in der Regel geradezu ein Querschnitt durch den akademischen (vor allem den artistischen)[54] Lehrplan geboten wurde.

Vor- und Nachteile dieser disputatorischen Praxis liegen auf der Hand. Präsenz des Wissens, Schlagfertigkeit der Erwiderung, gegenseitiges Kennenlernen wurden zweifellos gefördert. Auf der anderen Seite drohte die Gefahr der unfruchtbaren Subtilität, der Streitsucht,

lians-Universität in Ingolstadt, Landshut, München, 2 Bde., München 1872 (dort Bd. 1, S. 52ff.).

[50] Prinzipiell sollten alle anwesenden Magister einmal zum Arguieren kommen; waren es viele Magister, so wurde es oft spät.

[51] Kaufmann, a.a.O., S. 380 rechnet für Leipzig pro Jahr eine Summe von 200 bis 250 *disputationes extraordinariae* aus.

[52] Die meisten aus der späteren Zeit erhaltenen Disputationen gehören diesem Typus an; vgl. die oben genannte Arbeit von Horn.

[53] Vgl. F. Zarncke, Ueber die Quaestiones quodlibeticae, ZfdA 9, 1853, S. 119ff.; Kaufmann, a.a.O., S. 381ff. Eine Zusammenstellung von Quodlibetdisputationen bei Erman–Horn 1, S. 348ff.

[54] Im allgemeinen durften die Themen auch bei diesem Festakt nicht aus den oberen Fakultäten genommen werden, da Disputanten und Zuhörer in der großen Überzahl der Artistenfakultät angehörten.

der Langeweile[55]. Auf verschiedenartigste Weise suchte man dem zu begegnen. Man begrenzte die Redezeit sowie den Umfang der Thesen und Erwiderungen; man verbot Schimpfwörter[56] und ging gegen Streitsüchtige vor; man zahlte Präsenzgelder und erließ Strafen für unentschuldigtes Fehlen; man veranstaltete sogenannte ›Scherzdisputationen‹[57] als ausgleichendes Satyrspiel.

Doch gerade der Eifer, mit dem man sich gegen Auswüchse und Leerlauf zur Wehr setzen mußte, zeigt die Problematik des Disputationswesens. So ist es nur verständlich, daß im Zuge der humanistischen Universitätsreformen auch dieser Teil des mittelalterlichen Lehrbetriebs nach Möglichkeit eingeschränkt wurde[58]. Nicht das selbstgenügsame Ventilieren eines vorgegebenen Wissenskanons, sondern die unmittelbare Begegnung mit den antiken Autoren stand nun im Vordergrund[59]. Nicht disputatorische *facundia* sollte den Gelehrten auszeichnen, sondern an klassischen Mustern ausgebildete *eloquentia*.

Sehr lange hat die Verbannung der *ars disputatoria* nicht gedauert, jedenfalls an den deutschen Universitäten nicht. Mit der Reformation ergab sich eine wesentlich veränderte Lage. Vor allem die Theologie stand nun ganz neu vor der Aufgabe einer permanenten wissenschaftlichen Auseinandersetzung[60]. Angesichts dieser Notwendigkeit lag es nahe, daß man auf die – noch keineswegs versunkenen – Techniken der *disputatio* zurückgriff, deren sich ja auch die mittelalterliche Theologie bedient hatte. Die neue Aufgabe stellte sich nicht nur im Universitätsbereich. Auch der Prediger mußte imstande

---

[55] Vor allem den Studierenden wurde es oft zuviel, denn für sie gab es in der Burse noch die abendlichen Disputationen (*disputationes serotinae*).

[56] Auch Kraftausdrücke der Muttersprache, zu denen man gerne griff, wurden untersagt.

[57] Einige sind abgedruckt bei E. Zarncke, Die deutschen Universitäten im Mittelalter, Leipzig 1857, S. 49ff. Vgl. Erman–Horn 1, S. 353ff. und Kaufmann, a.a.O., S. 388ff. Nicht selten arteten diese Scherzdisputationen in Grobheiten und Zoten aus, beliebte Themen waren Saufen und Hurerei; besonders der Klerus wurde gern aufs Korn genommen.

[58] Einer der entschiedensten Gegner war Juan Luis Vives, vgl. Tholuck, Das akademische Leben des siebzehnten Jahrhunderts ..., Bd. 1, S. 241.

[59] Dazu A. Buck, Die ›studia humanitatis‹ und ihre Methode, Bibl. d'Human. et Renaiss. 21, 1959, S. 273ff. (vor allem an Petrarca entwickelt); ders., Der Renaissance–Humanismus und die Wissenschaften, Zs. f. Pädagogik 1, 1955, S. 215ff.

[60] Das bezeichnendste Beispiel sind Luthers eigene Disputationen: über sie A. Drews, Disputationen Dr. Martin Luthers in den Jahren 1535–1545 an der Universität Wittenberg, Göttingen 1895.

sein, sich vor der Gemeinde mit Thesen und Angriffen der Gegenseite auseinanderzusetzen.

Dieser Gesichtspunkt dürfte ausschlaggebend dafür gewesen sein, daß Luther die Übung im Disputieren nachdrücklich empfahl[61]. Und nachdem auch Melanchthon ihre Nützlichkeit hervorgehoben hatte[62], wurde sie fester Bestandteil der reformatorischen Universitäts-Statuten. So dekretiert z. B. die ›Reformation vnd newe ordnung der Vniuersitet zu Tüwingen 1533‹[63], »das die disputationes hebdomadales in Artibus, wie die von alter gewest sind, on abgang gehalten werden«[64]. Allerdings ist man sichtlich bemüht, nicht wieder in die alten Fehler zu verfallen und eventuellen Mißbräuchen vorzubeugen[65]. Die auf den Melanchthon-Schüler Camerarius zurückgehenden Statuten der Tübinger Artistenfakultät von 1536[66] (in allem Wesentlichen auch für das 17. Jahrhundert geltend) versuchen denn auch, den Zweck und den Ablauf der Disputationen zu präzisieren: »disputationum quasi prelium ad ingenia animosque in disserendo exacuendos repertum est«[67], heißt es im Kapitel ›De Rhetoricis Exercitiis‹; die Studenten sollen lernen, »quam bene et recte interrogare, opposite atque diserte respondere, dissoluere plane, concludere acute, colligere apte«[68]. Das Ritual, beschrieben im Kapitel ›De Disputationibus quibus Magistri praesint‹[69], entspricht durchaus der mittelalterlichen Tradition. Disputationstag ist der Samstag, die Ma-

---

[61] Tischreden 4, S. 192. Daß er dabei ausdrücklich »die circulares Disputationes« nennt, zeigt, wie selbstverständlich er sich auf die akademische Tradition stützt.

[62] CR III, S. 189 u. ö. Auch die Promotionen (die ja einen wesentlichen Teil des Disputationswesens ausgemacht hatten) möchte Melanchthon wieder beleben (›De gradibus discentium‹, CR IX, S. 98ff.).

[63] Urkunden zur Geschichte der Universität Tübingen aus den Jahren 1476 bis 1550 [Hrsg. v. R. Roth], Tübingen 1877, S. 176ff. Zur Disputationspraxis vgl. auch J. Haller, Die Anfänge der Universität Tübingen 1477–1537, 2 Tle, Stuttgart 1927/29 (dort Teil 1, S. 114ff.; die Disputation »ist der geistige Fechtboden, das Lebenselement des akademischen Unterrichts von damals«, S. 109).

[64] Urkunden . . . , S. 182.

[65] Eine wichtige Maßnahme zu diesem Zweck ist die Abschaffung der »pursalium Disputationum«, an deren Stelle Übungen in epistolae, carmina und declamationes treten sollen (ebda.).

[66] A.a.O., S. 381ff. Zum Anteil des Camerarius s. die Anmerkungen a.a.O., S. 381. Auch Melanchthon selbst war im Herbst 1536 für einige Wochen auf Einladung des Herzogs Ulrich in Tübingen, um die Reform voranzutreiben.

[67] A.a.O., S. 389.

[68] Ebda.

[69] A.a.O., S. 388ff. Zur Entwicklung an den anderen protestantischen Universitäten vgl. insbesondere die Heidelberger Disputationsordnung von 1558 bei A. Thorbecke, Statuten und Reformationen der Universität Heidelberg vom 16. bis 18. Jahrhundert, 2 Bde., Heidelberg 1886 (dort Bd. 1, S. 106ff.).

gister sind dann von der ›publica doctrina‹ befreit. Der Dekan setzt die Disputation an, beauftragt die Magister mit der Vorbereitung, und der präsidierende Magister verkündet vierzehn Tage vorher »capita quaterna iis de rebus, de quibus ordinariae scholae habentur, id est de literis artibus disciplinis«[70] (also keine Grenzüberschreitungen). An vier Baccalaurei werden diese Themen verteilt, »de quibus cum omnibus uolentibus ratione et uia ut solet disserant et asserta sua studeant defendere«[71]. Die Magister sollen ihnen dabei behilflich sein und die *proposita capita* erläutern. Bei der Disputation selbst schaltet sich der präsidierende Magister nur ein, wenn er merkt, daß ein Teilnehmer stockt oder unterliegt. Im übrigen soll er darauf achten, »ne quid fieri aut dici turbulenter proterue contumeliose patiatur«[72]. Auch der Dekan ist anwesend[73], er hat für ein ›praemiolum‹ zu sorgen (»numorum nostratium quatuor«). Auf diesem Fundament können dann die oberen Fakultäten weiterbauen. Herzog Ulrichs zweite Ordnung von 1536[74] bestimmt für die juristische und medizinische Fakultät, daß mindestens viermal pro Jahr »in einer yeden ordenlich disputiert« wird[75]. Vor allem aber die »Theologi söllen ire disputation zu bequemmer zeit vleissig halten«[76].

Dies ist die Situation an den meisten protestantischen Universitäten[77], als die Jesuiten mit der Errichtung ihres gelehrten Imperiums beginnen. Man sieht: es bedurfte im Prinzip gar nicht des Rekurses auf die Tradition der scholastischen Philosophie und Theologie, um der *ars disputandi* zu neuem Leben zu verhelfen. Sie war immer noch (oder: bereits wieder) integrierender Bestandteil des akademischen Lehrbetriebs. Zugleich aber – und das ist entscheidend – versprach sie eine der schlagkräftigsten Waffen im gegenreformatorischen Kampf zu werden, wenn es gelang, sie aus der scholastischen Erstarrung zu lösen. Schon die ›Constitutiones‹ setzen das Dispu-

---

[70] Urkunden ..., S. 388.
[71] Ebda.
[72] Ebda.
[73] Und zwar »toto tempore«, wie bereits im Mittelalter (»Das war vermutlich die böseste von allen Lasten, die mit dem Dekanat verbunden waren«, Kaufmann, a.a.O., S. 378).
[74] Urkunden ..., S. 185ff.
[75] A.a.O., S. 189. In der Ordnung von 1525 war noch ausdrücklich festgelegt worden, daß die juristischen Disputationen »more scholastico« abgehalten werden sollten (a.a.O., S. 146).
[76] A.a.O., S. 188.
[77] Vgl. Paulsen 1, S. 216ff.

tieren an die Spitze aller *exercitationes*[78], und wie sich zeigte, gesteht die ›Ratio studiorum‹ den Disputierübungen (samt der Vorform der *concertationes*) schon im Kollegienunterricht einen breiten
Raum zu[79]. Der eigentliche Effekt konnte natürlich erst in den *studia superiora* sichtbar werden.

Um ihn zu sichern, plant der ›Ratio‹-Entwurf von 1586 eine bis
ins kleinste Detail gehende Regelung[80]. Der Problematik des Disputierens sind sich die Jesuiten völlig bewußt; aber sie sehen keine
andere Wahl: man muß versuchen, »vt disputationes omnes, quarum
feruor ac dignitas iam concidisse videtur, pristinae restituantur autoritatis, cum hoc exercitationis genere nihil sit vtilius ad capessen-
das superiores facultates«[81]. Vor allem drei Dinge sind charakteristisch für den jesuitischen Entwurf[82]. 1. Disputanten und Präsidenten (*praefecti*) müssen sorgfältig ausgewählt und vorbereitet werden;
der Präsident muß absolute *auctoritas* besitzen. 2. Anzahl und Umfang der *argumenta, distinctiones* und *conclusiones* sind streng zu begrenzen[83], besondere Sorgfalt herrsche »in formae rigore seruando«,
die Regeln der Logik müssen ›sitzen‹[84]. 3. Auch auf die Zuhörer ist
Rücksicht zu nehmen; »publice non disputent, nisi doctiores«[85], im
übrigen soll der *praefectus* nach Möglichkeit Erläuterungen geben,
damit die Zuhörer etwas mitnehmen können.

Nicht auf besondere Länge der Disputation kommt es an, sondern
auf Häufigkeit und Intensität; man muß gezwungen sein, »omnes
ingenij nervos intendere«[86]. Daher soll z. B. die wöchentliche Disputation in der ›Schola‹ (samstags) zwei Stunden nicht überschrei-

---

[78] »Constitutiones ... nihil gravius commendant, quam disputationes earumque
frequentiam et assiduitatem«, MGPaed. V, S. 103.
[79] Vgl. o. S. 342f.
[80] MGPaed. V, S. 100ff. (›De Disputationibus‹).
[81] A.a.O., S. 102.
[82] Das Folgende ist ein Extrakt aus einem detaillierten Acht-Punkte-Programm.
[83] Die diesbezügliche Regelung ist so charakteristisch für das Programm, daß sie
hier kurz zitiert sei: »Conclusionum iste sit modus. Vna conclusio non excedat
tria vel quatuor membra, nec nimium sterilia: In hebdomadarijs disputationibus
non sint vltra octo vel novem conclusiones: in menstruis non vltra 12 vel 15.
In actibus, si vnius partis, non vltra 20; si totius Theologiae, non vltra 50; pau-
ciores etiam, si publicus Academiae mos aliter habeat« (a.a.O., S. 102).
[84] »Tandem ab ipsis Logicae incunabilis sic instituantur iuvenes, vt nihil eos magis
pudeat, quam a forma defecisse, et nullius rei acriorem exigat rationem Praeceptor, quam vt coram se nihil in forma peccetur: retractetur vero statim quicquid peccatum fuerit« (a.a.O., S. 105).
[85] A.a.O., S. 106.
[86] A.a.O., S. 103.

ten. Aber sie ist nur ein kleiner Teil jenes imposanten disputatorischen Stundenplans, der den Lehrbetrieb an den Jesuitenhochschulen bestimmte[87]. Außer der Samstagsdisputation gab es die öffentliche Sonntagsdisputation, die Monatsdisputation, eine Fülle ›privater‹ Disputationen (meist täglich) und schließlich die von der ›Ratio studiorum‹ vorgeschriebenen ›Repetitionen‹[88], in denen die Studenten referierend und argumentierend über den Lehrstoff Rechenschaft ablegen mußten.

Im Jahre 1611 hält der Magister Balthasar Meisner in Tübingen eine akademische Festrede mit dem Titel: »Dissertatio de antiqua vitiosa, theologica disputandi ratione, a Scholasticis primum imprudenter introducta, a Luthero ex Scholis utiliter educta, a Jesuwitis infeliciter reducta«[89]. So eingängig diese These von der geschichtlichen Entwicklung des theologischen Disputationswesens formuliert sein mag, sie bedarf, wie man leicht erkennt, einiger Korrekturen. Weder hat Luther das Disputieren aus dem theologischen Unterricht verdrängt, noch haben es die Jesuiten wieder ›eingeführt‹. Sicher waren die Jesuiten besonders stark der Versuchung ausgesetzt, wieder in die eingefahrenen Geleise der scholastischen Tradition zu geraten (deshalb wohl auch die Strenge der oben skizzierten Reform)[90], aber wie die Geschichte der theologischen Dogmatik zeigt[91], sind im Bereich der lutherischen Orthodoxie die neuscholastischen Tendenzen kaum weniger ausgeprägt.

Für etwas anderes ist die Festrede des Magisters bezeichnender: für die neue Funktion der Universitäten als Zentrum der Konfessionspolemik. War die mittelalterliche *ars disputatoria* mehr und mehr zum pädagogischen Glasperlenspiel geworden, so hatte sie durch die Reformation gewissermaßen eine neue Dimension, eine

---

[87] Vgl. die mit reichem Quellenmaterial versehene Darstellung von Specht, Geschichte der ehemaligen Universität Dillingen ..., S. 207ff.; auch Duhr III, S. 417f.

[88] MGPaed. V, S. 290; Specht, a.a.O., S. 207f. Auch diese Einrichtung war aus dem mittelalterlichen Unterricht übernommen, vgl. Kaufmann, Geschichte der deutschen Universitäten ..., Bd. 2, S. 365ff.

[89] Zitiert nach Erman–Horn 1, S. 342. Auf dem Titelblatt heißt es weiter: »In anniversaria festivitate academica ... collegii theol. Tubingensis, ... valedictionis ergo recitata« (der Text ist normalisiert). Die ›Dissertatio‹ erschien im gleichen Jahr (»aucta«) in Gießen.

[90] Es ist ein Analogon zur rigorosen Latinitätspflege auf dem Hintergrund des Kirchenlateins.

[91] Vgl. E. Weber, Der Einfluß der protestantischen Schulphilosophie auf die orthodoxe lutherische Dogmatik, Leipzig 1908; P. Althaus, Die Prinzipien der deutschen Dogmatik im Zeitalter der aristotelischen Scholastik, Leipzig 1914.

neue Richtung gewonnen. Beide Seiten, Katholiken wie Protestanten (und hier wieder die verschiedenen Bekenntnisse)[92], waren gezwungen, neben dem inneren Ausbau des eigenen dogmatischen Systems immer zugleich den Gegner im Auge zu behalten. Kontroverstheologie wurde nachgerade zu einem neuen, eigenwertigen Fach[93]. Etwa um die Wende zum 17. Jahrhundert ist der Prozeß so weit fortgeschritten, daß die ersten kontrovers-theologischen ›Summae‹ gezogen werden, z. B. die für lange Zeit richtungsweisenden ›Disputationes de controversiis christianae fidei‹ (3 Bände, 1586–93) des Kardinals und Jesuiten Roberto Bellarmini[94]. Die Reihe solcher Schriften setzt sich, vor allem auf protestantischer Seite, während des ganzen Jahrhunderts fort (auch Buchholtz zum Beispiel versucht sich in diesem Genre)[95]; sie gipfelt schließlich in der ›Theologia didactico-polemica‹ (1685) des Wittenberger Professors Johann Andreas Quenstedt[96].

Die traditionellen Techniken der *ars disputandi*, wie sie im normalen Universitätsunterricht weiterhin praktiziert wurden, erwiesen sich in der weit über den akademischen Bereich hinausdrängenden

[92] Insbesondere natürlich die lutherischen und kalvinistischen Parteien, daneben Synkretisten, Arianer, Wiedertäufer und viele andere Gruppen.

[93] »Die dogmatische und polemische Arbeit der Universitätstheologie« hebt auch Flemming, Deutsche Kultur ..., S. 307 hervor. »Das also ist allen Konfessionen gemeinsam, daß ihre Theologen die Lehrsysteme mit Hilfe der scholastischen Begriffswelt bis ins kleinste ausbauen und gegeneinander ausspielen« (ebda.). Ausführliche Literaturhinweise bei E. O. Reichert, Johannes Scheffler als Streittheologe. Dargestellt an den konfessionspolemischen Traktaten der ›Ecclesiologia‹, Gütersloh 1967.

[94] Kontroversfragen hatten im Theologie-Studium der Jesuiten einen festen Platz, MGPaed. V, S. 306. Über Zitierung Bellarminis in Gryphius' ›Dissertationes funebres‹ vgl. Schings, Die patristische und stoische Tradition ..., S. 90 (»Das Zitat ist einigermaßen erstaunlich, wenn man bedenkt, daß Bellarmin zu den profiliertesten und heftig angefochtenen katholischen Kontroverstheologen gehörte«, a.a.O., Anm. 50). Manche der kontroverstheologischen Handbücher erschienen auch in deutscher Übersetzung, so übersetzte Opitz 1631 das ›Manuale controversiarum‹ des Jesuiten Martin Becanus (Goedeke ²III, S. 46).

[95] ›Grund- und Hauptursach, warum ein verständiger evangelischer Christ nicht römisch-katholisch werden, sondern evangelisch-katholisch seyn und bleiben will und muß‹ (1671); zitiert nach L. Cholevius, Die bedeutendsten deutschen Romane des siebzehnten Jahrhunderts. Ein Beitrag zur Geschichte der deutschen Literatur, Leipzig 1866, S. 176. Buchholtz war zeitweise Professor der Theologie in Rinteln.

[96] Zu diesem Standardwerk vgl. jetzt J. Baur, Die Vernunft zwischen Ontologie und Evangelium. Eine Untersuchung zur Theologie Johann Andreas Quenstedts, Gütersloh 1962 (der polemisch-kontroverstheologische Aspekt ist hier allerdings vernachlässigt).

Konfessionspolemik[97] schon früh als unzureichend. Man wurde der neuscholastischen ›Subtilitäten‹ und ›Sophistereien‹ überdrüssig. Vor allem der protestantischen Theologie (oder wenigstens einigen ihrer Vertreter) mußte es reizvoll erscheinen, sich von der Disputatorik alten Stils zu distanzieren. An die Stelle des verschlagenen Sophisten – den man natürlich gern mit dem Jesuiten identifizierte – sollte der gewandte, aber ehrliche, allein um die Wahrheit bemühte Streiter treten. Bereits 1629 erschien das Hauptwerk dieser Richtung, mit dem anspruchsvollen Titel: »Idea boni disputatoris et malitiosi sophistae, exhibens artificium non solum rite at strategematice disputandi; sed fontes solutionum aperiens, e quibus quodvis spinosissimum sophisma dilui possit«[98]. Verfasser ist der Straßburger Theologe (Lehrer Speners) und Rhetorikprofessor Johann Conrad Dannhauer[99], ein Mann, der auch mit einer Reihe anderer Schriften zur Methodik der *artes dicendi*[100] und der Theologie hervorgetreten ist. In seiner ›Idea‹ bemüht sich Dannhauer zunächst, den Sinn, ja die Naturgegebenheit des so problematisch gewordenen Disputierens zu erweisen (»facultas disputatoria aequè homini naturalis«)[101], und entwickelt dann, mit stark pädagogischem – teilweise an Ciceros und Quintilians Vorbild erinnerndem – Akzent, das Ideal des *disputator bonus*. Absolute Wahrheitsliebe, umfassende Sachkenntnis und insbesondere die Beherrschung der Logik[102] sind die entscheidenden Voraussetzungen. Der weitaus größte Teil des Buches aber[103] ist dem Studium des *sophista* gewidmet, der in drei verschiedenen Ar-

---

[97] Viele Streitschriften erschienen auch auf deutsch, so die des Jesuiten Jodocus Kedd (vgl. o. S. 364) oder diejenigen Schefflers; vgl. die genannte Arbeit von Reichert.

[98] Zugrundegelegt ist im folgenden die ›editio quarta‹, Straßburg 1656.

[99] Auf dem Titelblatt ist er als »Professor Oratoriae Publicus« vorgestellt (das Amt bekleidete er seit 1629). Biographisches Material, weitgehend aus Straßburger Archiven, bei W. Horning, Der Strassburger Universitäts-Professor, Münsterprediger und Präsident des Kirchenkonvents Dr. Johann Conrad Dannhauer, Strassburg 1883 (hier vor allem wichtig S. 27ff.: ›Dr. Dannhauer als Polemiker‹). Dannhauer gehörte auch zu Gryphius' Straßburger Bekanntenkreis, vgl. DVjs 42, 1968, S. 340.

[100] Zu nennen sind vor allem ›Pathologia rhetorica‹ (1632), ›Polemosophia, seu dialectica sacra‹ (1648), ›Epitome rhetorica‹ (1635, mehrfach aufgelegt), ›Tractatus de memoria‹ (1635), ›Decas diatribarum logicarum‹ (1653).

[101] A.a.O., S. 7. Die Argumentationsweise ist an dem berühmten Eingang der Aristotelischen ›Metaphysik‹ orientiert. Es fehlt auch nicht die Berufung auf Christus und die Apostel, die mit ihren *adversarii* disputiert haben.

[102] A.a.O., S. 5: »in omni veritate Logica est, eorum, quae scientiae acquirendae instrumenta vulgò habentur, longè utilissimum«.

[103] Fünf von acht Kapiteln.

ten von *epicheremata* bzw. *aggressus* seinen Gegner zu überrumpeln versucht[104].

Die Resonanz dieses Versuchs (das Buch wurde bis 1674 fünfmal aufgelegt)[105] zeigt, wie intensiv das Interesse an der neuen konfessionspolemischen Variante[106] der *ars disputatoria* geworden ist. ›Streitbarkeit‹ wird zu einer charakteristischen Eigenschaft vieler Theologen: »displicet omnis via conciliandi ... praeterquam quae fit disputando«[107]. Und es verwundert nicht, daß auch akademische Bravourstücke im Disputieren auf theologischem Boden gedeihen; über Dilherr wird berichtet, er habe in acht Sprachen disputieren können[108]. Die Nachbarwissenschaft der Theologie, die Philosophie, ist von der Renaissance der Disputierkunst nicht unberührt geblieben[109]. Von einem Jesuiten stammt das im 17. Jahrhundert »bei weitem einflußreichste Handbuch der scholastischen Metaphysik«, die ›Disputationes metaphysicae‹ (1597) des Francisco Suarez[110]. »Leibniz hat sie in seinen Studentenjahren ›wie einen Roman‹ gelesen«[111].

Aufgrund seiner dialektischen Tendenz zur universalen Systematisierung des Weltentwurfs wie zur methodischen Präzisierung der kleinsten Einheiten ist Leibniz mehrfach als der repräsentative Barockphilosoph apostrophiert worden[112]. Es ist die gleiche Tendenz,

---

[104] Zu dieser besonderen, wesentlich durch Quintilian definierten Form des rhetorischen Beweises s. W. Kroll, Das Epicheirema (SB Wien, Phil.-hist. Kl. 216/2), Graz 1936.

[105] Bisher festgestellt: 1629, 1632, 1647, 1656, 1674. Sogar im Gymnasialunterricht wurde das Buch benutzt, z. B. in Magdeburg 1658 (Vormbaum 2, S. 516); die Hanauer Schulordnung vom gleichen Jahr nennt auch Dannhauers ›Rhetorik‹ und ›Dialektik‹ (a.a.O., S. 485).

[106] Natürlich reichen die Wirkungen weit über den Kreis der Theologie hinaus, ein *bonus disputator* kann sich in jeder Wissenschaft bewähren; doch das Zentrum der neuen Impulse liegt wohl in der Kontroverstheologie.

[107] Brief von Rudolph Wetstein aus Basel an Dannhauer (1657), zitiert nach Tholuck, Das akademische Leben des siebzehnten Jahrhunderts ..., Bd. 1, S. 243.

[108] Tholuck, a.a.O., S. 244.

[109] Vgl. besonders M. Wundt, Die deutsche Schulmetaphysik des 17. Jahrhunderts, Tübingen 1939.

[110] K. Eschweiler, Die Philosophie der spanischen Spätscholastik auf den deutschen Universitäten des siebzehnten Jahrhunderts, Span. Forschungen d. Görres-Ges. 1, 1928, S. 251ff. (das Zitat: S. 259; Eschweiler setzt hinzu: »auch im protestantischen Deutschland«). Die Spur wurde weiter verfolgt von E. Lewalter, Spanisch-jesuitische und deutsch-lutherische Metaphysik des 17. Jahrhunderts, Hamburg 1935.

[111] Eschweiler, a.a.O., S. 259.

[112] Beispielsweise von H. Barth, Das Zeitalter des Barocks und die Philosophie von Leibniz, in: Die Kunstformen des Barockzeitalters, S. 413ff.; J. O. Fleckenstein, Gottfried Wilhelm Leibniz. Barock und Universalismus, München 1958.

die zu einer ungeheuren Expansion der Logik im 17. Jahrhundert geführt hat[113], einer Wissenschaft, die als Hilfsdisziplin oder auch als ›Mutter‹ seit jeher aufs engste mit der *ars disputatoria* verbunden war. So naheliegend und legitim es erschien, das Disputationswesen an den Universitäten als Experimentierfeld (oder auch als Turnierplatz) für die Logik zu benutzen, so verhängnisvoll mußte sich diese Entwicklung auf das ohnehin problematische Ansehen der *ars disputatoria* auswirken.

Schon während des 16. Jahrhunderts kommt es (wie in der vorhumanistischen Zeit) immer wieder vor, daß Disputanten sich in Spitzfindigkeiten und Bagatellen festrennen, die ohne jeden sachlichen Wert sind und lediglich zu Streitereien führen. Auch die Jesuiten bleiben davon nicht verschont. So wird in einer Dillinger Anweisung für die Theologen (unter Berufung auf das Vorbild des Paulus) betont: »vitandas esse inutiles quaestiones et pugnas verborum et quicquid ad aedificationem non conducit: ex quibus ... oriuntur invidiae, contentiones, blasphemiae, suspiciones malae et conflictationes hominum mente corruptorum et qui veritate privati sunt ... A quaestionibus philosophicis omnino abstineant ...«[114]. Und nicht ohne Grund mahnen die ›Constitutiones‹, man solle »semper qua decet modestia observata« disputieren[115]. Für die Protestanten gilt das nicht weniger; ein Jahrhundert später hält Christian Weise in Leipzig eine ›Dissertatio moralis de adhibenda in disputando modestia‹[116], und Spener geißelt als das Hauptlaster vieler Disputanten den »Ehrgeiz und die Begierde, sich geltend zu machen«[117].

Satire und Zeitkritik haben sich dieses dankbare Sujet natürlich nicht entgehen lassen. Spitzfindigkeit und Streitlust der Disputanten werden zu beliebten literarischen Topoi. Die Tradition der Scherzdisputationen spielt dabei sicher eine Rolle. Bereits Hans Sachs darf mit der Sachkenntnis seiner Zeitgenossen rechnen bei ›zwaier philosophi disputacio ob peser hayraten sey oder ledig zw pleiben ainem

---

[113] Das Material ist zusammengestellt von H. Schüling, Bibliographie der im 17. Jahrhundert in Deutschland erschienenen logischen Schriften (Berichte u. Arb. aus d. Univ.-Bibl. Gießen. 3), Gießen 1963 (über eintausend Titel!).
[114] Specht, Geschichte der ehemaligen Universität Dillingen ..., S. 629f. (aus den Statuten von 1557). Die entsprechende Paulus-Stelle steht 1. Tim. 6,4f.
[115] MGPaed. II, S. 55.
[116] Erman-Horn 1, S. 344 (der Druck: Leipzig 1691). Weise verfolgt hier offensichtlich eine ähnliche Tendenz wie bei seiner Weißenfelser Abhandlung ›De moralitate complimentorum‹ (1675): Ehrenrettung einer suspekten, aber notwendigen *ars dicendi*.
[117] Zitiert nach Weithase 1, S. 148.

weissen mann‹ (1555)[118]. Die Barocksatire geht auf diesem Weg konsequent weiter. In Beers ›Narren-Spital‹ (1681) lautet Kapitel 10: ›Hans disputiert mit Lorenzen vom Adel und der Religion‹; und das darauf folgende Kapitel: ›Die Magd fängt auch an, zu disputieren‹[119]. In Weises ›Ertz-Narren‹ (1672) sind »ein artig disputat« zwischen Florindo und seinem Praeceptor sowie eine achtzig Punkte umfassende Liste von Disputationsthemen (alles natürlich lateinisch) eingearbeitet[120]. Der (anonyme) ›Politische Grillenfänger‹ (1682) enthält die Beschreibung einer Disputation, mit der sich ein junger Magister an der Straßburger Universität habilitieren will[121]. Und Wernicke karikiert in Epigrammform ›Rebuffus den warmen Disputanten‹[122]. Vor allem aber in den Streitschriften Schupps finden sich immer wieder satirisch-aggressive Darstellungen von Exzessen der akademischen Disputatorik[123]; Grundsätzlichkeit und Schärfe seiner Kritik[124] beweisen indirekt die große Bedeutung, die dem Disputationswesen im Universitätsleben des 17. Jahrhunderts zukam[125].

Die Auswirkungen auf die Barockliteratur (nicht nur auf Epigramm und Satire) sind noch kaum untersucht. Günther Müller hat, angeregt durch die bereits genannte Arbeit Eschweilers, auf einiges kurz hingewiesen, insbesondere auf das ›disputatorische Element‹ in Barclay's ›Argenis‹ und in Lohensteins ›Arminius‹[126]. Mit Recht sieht er in der »Ars disputandi ... eine Sonderform der Rhetorik«[127].

---

[118] Enthalten in: Hans Sachs, Fastnachtspiele. Ausgew. u. hrsg. v. T. Schumacher (Dt. Texte. 6), Tübingen 1957, S. 136ff.

[119] Ausgabe v. R. Alewyn (RK. 9), Hamburg 1957, S. 33ff. (in anderen Kapiteln wird ›peroriert‹, ›discuriert‹, es gibt eine ›Oration‹, eine ›Valediction‹ usw.).

[120] S. 296ff. u. 225ff.

[121] Genauere Angaben bei Hirsch, Bürgertum und Barock ..., S. 150; vgl. Erman–Horn 1, S. 343.

[122] Pechel, S. 258 (›Auff Rebuffus den warmen Disputanten‹).

[123] Die vielleicht illustrativste Stelle: ›Deutscher Lucianus‹, in: ›Schrifften‹, S. 815ff. (es werden auch die einschlägigen Lehrbücher und Autoritäten genannt, darunter Suarez).

[124] Sie berühren sich in vielem mit den Ansichten von John Locke, vgl. die bei Garin 3, S. 220ff. abgedruckten Auszüge aus ›Some Thoughts concerning Education‹.

[125] Dementsprechend breit ist der Raum für das Thema ›Disputieren‹ innerhalb der zahlreichen Universitätshodegetiken, etwa bei Bohse (Talander), ›Der getreue Hoffmeister ...‹, S. 132ff.

[126] Deutsche Dichtung ..., S. 203ff.; Höfische Kultur der Barockzeit, in: Deutsche Barockforschung, S. 182ff., bes. S. 185, 190, 201. Beim ›Arminius‹ bezieht er sich auf die Ergebnisse von Laporte, Lohensteins Arminius (1927).

[127] Deutsche Dichtung ..., S. 206.

Die gelehrten Barockdichter haben sich alle einmal in dieser ›Sonderform‹ üben müssen. Simon Dachs Magisterdisputation beispielsweise ist erhalten[128]. Jacob Bidermann führte als Professor der Theologie an der Universität Dillingen bei zahlreichen Disputationen das Präsidium[129]. Und dem jungen Gryphius wird bescheinigt, daß er während seiner Leidener Zeit »in offentlichen Disputationibus einen fleißigen Opponenten abgab«; darüber hinaus habe er sogar »andere opponendo geübet«[130]. Alles dies kann kaum ohne Einfluß insbesondere auf die dialogischen Formen der Barockliteratur und auf die Entwicklung des *stylus argutus*[131] geblieben sein. Selbst ein Mann wie Schupp, der die *ars disputatoria* am liebsten aus den Universitäten verbannt hätte, ist doch von ihr, wie seine Streitschriften zeigen, tief geprägt[132].

In Deutschland ist das akademische Disputationswesen – mit wenigen Ausnahmen, vor allem bei den Theologen[133] – längst versunken. In der Romania hat es sich über die Jahrhunderte hinweg einen Platz im Universitätsleben zu erhalten vermocht, nicht lediglich als Folge traditionsverfallener Trägheit, sondern aufgrund eines unmittelbareren Verhältnisses zum Phänomen des Rhetorischen. »Wer Diskussionen in romanischen Ländern beigewohnt hat, aka-

---

[128] Abgedruckt bei Ziesemer 2, S. 337ff. (»TRIAS ASSERTIONUM Ad rem poëticam spectantium ...«). Die drei Thesen lauten: »Verum ad Poësin omnino pertinet, nec quia fingit, idcirco mentiri existimandus est poeta« (S. 339); »Tragoedia non tristi tantum, sed laeto etiam exitu terminari potest« (S. 340); »Castum sine obscoenitate scriptum carmen solùm poëma est, et rerum impudicarum scriptio res poëtae nomine gaudere neutiquam possunt« (S. 341). Angeschlossen sind nach alter Tradition die ›Corollaria‹: »An detur Tragicomoedia? Neg. An fabula sine metroscripta poema sit? Neg. An detur inter numerum oratorium et poeticum differentia? Affirm.« (S. 343).

[129] Die Titel sind verzeichnet im Anhang zum Nachdruck der ›Ludi theatrales‹. Hrsg. v. R. Tarot, Bd. 1 (Dt. Neudr., R. Barock. 6), Tübingen 1967, S. 52*f.

[130] Zitiert nach Flemming, Andreas Gryphius, S. 39 (aus dem Nachruf von Stosch). Zu Gryphius' verbrannter Disputation ›De igne non elemento‹ vgl. H. Powell, Andreas Gryphius and the ›New Philosophy‹, GLL, N. S. 5, 1951/52, S. 274ff.

[131] Der Zusammenhang von Disputatorik und *argutia*-Bewegung ist evident bei den Jesuiten. Er zeigt sich häufig auch schon in der Terminologie, etwa bei Moscherosch, ›Insomnis cura parentum‹, Straßburg 1653, S. 71f.: »Qui acumen irritum exercetis argutiis, iis verborum cavillationibus ...«.

[132] G. Müller, Deutsche Dichtung ..., S. 213 hebt noch hervor, Schupp sei, verglichen mit Moscherosch, »in seiner Disputationslust ... barocker«.

[133] Noch Schleiermacher wendet sich gegen die »scholastische Form der Disputationen«, die »zu einem leeren Spielgefecht geworden« seien (Weithase 1, S. 220). Vor allem bei den Ordenstheologen ist die Disputation heute noch Bestandteil des Lehrbetriebs.

demischen Verteidigungen von Thesen und ähnlichem, weiß, daß ein solches Verhalten, das primär nicht auf die Sache, sondern auf die Tüchtigkeit im Agon zielt, dort heute noch am Leben ist«[134].

c. Rhetorik als Studienfach

Die *ars disputatoria* ist der am weitesten ausgreifende Teil des akademischen Rhetorikbetriebs im 17. Jahrhundert. Vom einfachen Scholaren bis hinauf zum Ordinarius für Theologie kommt jeder Angehörige der *universitas docentium ac discentium* fast täglich in irgendeiner Weise mit dem Disputationswesen in Berührung, sei es mitwirkend, sei es nur zuhörend. Auf den ersten Blick könnte dieses Bild befremden, vor allem bei den protestantischen Universitäten: inmitten eines doch von Humanismus und Reformation geprägten akademischen Ganzen ein tief in mittelalterlichen Traditionen wurzelnder Bereich. Nun ist das Disputationswesen nicht das einzige Element, das die Universität des 17. Jahrhunderts dem Mittelalter verdankt. Studentische Gewohnheiten, akademische Hierarchie, Autoritätsgläubigkeit, Empirieferne, Gebundenheit an einen festen Wissenskanon – alles dies kann seine mittelalterliche Deszendenz kaum verleugnen. Aber wo sollten denn humanistische Impulse weiterwirken, wenn nicht auf dem Gebiet der Rhetorik?

Man muß sich dieser geschichtlichen Problematik bewußt sein, wenn man die Situation des heute etwas fremdartig anmutenden[135] Fachs ›Rhetorik‹ an den Universitäten des 17. Jahrhunderts angemessen verstehen will[136]. Während die *ars disputandi* in allen Fa-

---

[134] Friedrich, Epochen ..., S. 600 Anm. 2. Im Blick auf die Disputationen des 16. Jahrhunderts resümiert Paulsen 1, S. 273: »Daß sie ein unbequemes Stück des Lehrauftrags waren, wird nicht minder gewiß sein. Man denke sich, es sollten heutzutage unsere Theologen und Philosophen vor einer Korona von Kollegen den Inhalt ihres Vortrags in solcher Weise durchdisputieren«.

[135] Auszunehmen sind hier vor allem die Vereinigten Staaten mit den ›Departments of Speech‹ an zahlreichen Hochschulen; dazu D. K. Smith, Origin and development of Departments of Speech, in: K. R. Wallace (ed.), History of speech education in America: background studies, New York 1954, S. 447ff. (in dem gleichen Band weitere wichtige Arbeiten zum Thema); P. E. Ried, The Boylston Chair of Rhetoric and Oratory, in: L. Crocker-P. A. Carmack (ed.), Readings in rhetoric, Springfield/Ill. 1965, S. 456ff. Vgl. ferner A. R. Kitzhaber, A bibliography on rhetoric in American colleges: 1850–1900, Denver/Color. 1954.

[136] Einschlägige Arbeiten gibt es auch hier wiederum nicht. Zu den Verhältnissen in England vgl. etwa D. S. Bland, Rhetoric and the law student in sexteenthcentury England, Stud. in Philol. 54, 1957, S. 498ff.; J. J. Murphy, The earliest

kultäten und akademischen Rängen gepflegt wird, bleibt die Disziplin ›Rhetorik‹ institutionell an die Artistenfakultät gebunden, die
ihrerseits nur Vorstufe der drei oberen Fakultäten ist (theologische,
juristische, medizinische)[137]. So jedenfalls lautet die Regelung an den
protestantischen Hochschulen. Die Jesuitenuniversitäten kennen ein
besonderes Fach ›Rhetorik‹ prinzipiell nicht. Gerade weil es die
oberste Gymnasialstufe mit der bereits dargestellen Ausschließlich-
keit beherrscht[138] und weil durch den strengen Aufbau des jesuitischen Bildungssystems die Kontinuität von Gymnasium und Hochschule garantiert ist, meinten die Verfasser der ›Ratio studiorum‹
auf eine Weiterführung der Rhetorik als Studienfach zugunsten des
Disputierens verzichten zu können[139]. Wie stark bereits die gym-
nasiale Rhetorik-Stufe auf die Universität ausgerichtet ist, wird
nicht nur an den ›Academiae‹ und am ausgeprägten Disputationswesen der Kollegien erkennbar (s. o.), sondern auch daran, daß z. B.
in Dillingen (wo Kolleg und Universität an einem Ort vereint waren) der Rhetorikprofessor Magister der Philosophie sein mußte und
zur philosophischen Fakultät gehörte[140].

Die protestantischen Universitäten konnten sich nicht mit solcher
Gewißheit auf ein solides gymnasiales Fundament in puncto Rhetorik verlassen, zu uneinheitlich war das Bild des vorakademischen gelehrten Unterrichts[141]. Innerhalb des artistischen bzw. philosophischen Kursus steht die Rhetorik neben der Dialektik, der Physik
(mit Metaphysik, Kosmologie) und der Ethik; bisweilen sind Mathematik und Astronomie noch eigens hervorgehoben (so bereits in Me-

---

teaching of rhetoric at Oxford, Speech Monographs 27, 1960, S. 345ff.; ferner
H. F. Fletcher, The intellectual development of John Milton. Vol. II: The Cambridge University period, 1625–32, Urbana/Ill. 1961. Einen knappen, aber gut
orientierenden Überblick über die Entwicklung an der Universität Paris gibt
R. A. Lang, Rhetoric at the University of Paris, 1550–1789, Speech Monographs 23, 1956, S. 216ff.

[137] Dieser Aufbau gilt bekanntlich noch für die Universitäten des 18. Jahrhunderts; zur ›Emanzipation‹ der philosophischen Fakultät im 19. Jahrhundert vgl.
Paulsen 2, S. 258ff.

[138] Oben S. 264ff.

[139] Dies scheint auch bei solchen Universitäten die Regel gewesen zu sein, die erst
nachträglich von den Jesuiten übernommen und – in der artistischen und theologischen Fakultät – mit Ordensleuten besetzt worden waren (vgl. Boehmer,
Die Jesuiten, S. 203).

[140] Specht, Geschichte der ehemaligen Universität Dillingen ..., S. 118. Das betreffende Statut: »(Magister) esse debet Professor Rhetoricae hic, quippe mem-
brum Facultatis Philosophicae« (a.a.O., Anm. 5).

[141] Oben S. 263.

lanchthons Wittenberger ›leges academicae‹ von 1545)[142]. Wichtig ist, daß im allgemeinen sowohl für das philosophische Baccalaureat als auch für die Promotion zum Magister der Philosophie Kenntnisse im Fach Rhetorik ausdrücklich vorgeschrieben sind.

Aus seiner Bindung an die Artistenfakultät ergeben sich zunächst zwei wesentliche Folgerungen. Einerseits treibt man Rhetorik nicht auf der gleichen Ebene wie ein Theologie-, Jura- oder Medizinstudium, oder wie ein heutiges Philologiestudium[143]; institutionell gehört sie in den Rahmen der humanistischen Propädeutik. Andererseits aber führt gerade dies zu einer breiten Streuung innerhalb der gesamten Studentenschaft. Grundsätzlich muß jeder einmal Rhetorik gehört und praktisch geübt haben, bevor er sich seinem eigentlichen Spezialstudium zuwendet. Das gilt also nicht nur für die Vertreter der verbalen Disziplinen unter den Barockautoren, für die vielen Theologen[144] und die noch zahlreicheren Juristen[145], sondern auch für die vergleichsweise wenigen, die Medizin studiert haben[146]; und es gilt selbstverständlich für das gelehrte Publikum des 17. Jahrhunderts.

Nimmt man den eigentümlichen Komplex des Disputationswesens einmal aus, so gab es keine wesentliche pädagogische Ergänzung zum artistischen Rhetorik-Unterricht. Die feierlichen Actus[147] wurden durchweg von Angehörigen des Lehrkörpers bestritten, und vor allem hatte das protestantische oder jesuitische Schultheater kein Gegenstück an den deutschen Universitäten, anders als etwa in England[148]. Das Theater der Salzburger Benediktiner-Universität, das Simon Rettenpacher in den Jahren 1671 bis 1675 als *pater comicus* leitete, stellt

---

[142] CR X, S. 992ff. Vgl. die Entwürfe ›De philosophia‹ (1526), CR XI, S. 278ff.; ›De ordine discendi (1531), a.a.O., S. 209ff.

[143] Geschichtlich gesehen, bildet allerdings die Universitätsdisziplin ›Rhetorik‹ eine der Vorstufen zu den ›philologischen Seminaren‹.

[144] Einige der wichtigeren Namen: Andreae, Arndt, Beer, Birken (zunächst Jura), Buchholtz, Gerhardt, Männling, Meyfart, Neander, Printz, Riemer, Rist, Schupp.

[145] Abschatz, Besser, Birken, Bohse, Canitz, Czepko (erst Medizin), Christian Gryphius, Hallmann, Harsdörffer, Hofmannswaldau, Hunold, Kuhlmann, Logau, Lohenstein, Moscherosch, Mühlpfort, Neukirch, Opitz, Peucker, Sacer, Christian Thomasius, Weckherlin, Zincgref (die Vorliebe des Adels für dieses Fach ist deutlich, es war die Alternative zur nicht standesgemäßen Theologie).

[146] Czepko (danach Jura), Fleming, Günther, Peter Lauremberg (der Vater war Professor der Medizin), Scheffler.

[147] Sie sollen hier nicht im einzelnen beschrieben werden, da ihre Formen weitgehend mit denen der Gymnasial-Actus übereinstimmen; die Übungs-Actus werden im Zusammenhang mit Christoph Kaldenbach kurz vorgestellt.

[148] Kindermann, Theatergeschichte Europas, Bd. 3, S. 34ff.; vgl. auch Schmid, Geschichte der Erziehung ..., Bd. III 1, S. 309ff.

eine Ausnahme dar[149]. Zwar entstanden während des 17. Jahrhunderts immer wieder an einzelnen Orten Studentenbühnen, z. B. in Heidelberg (besonders seit 1663)[150] und Leipzig; Hallmann arrangierte aufgrund seiner Schultheater-Erfahrung[151] sogar eine eigene studentische Theatergruppe. Auch wurde mitunter zu großen Universitätsjubiläen von Studenten ein Theaterstück aufgeführt (so 1644 in Königsberg). Aber das alles blieb mehr oder weniger dem Zufall bzw. der Initiative theaterfreudiger Studenten überlassen[152]; es war institutionell nicht fixiert – eher bereiteten die Aufsichtsgremien Schwierigkeiten – und läßt sich nicht entfernt mit der Funktion des Schultheaters als der Spitze des humanistischen *eloquentia*-Betriebs vergleichen.

Ähnlich unfest ist die Position des homiletischen Spezialunterrichts an den Universitäten[153]. Im allgemeinen herrschte die Ansicht, als Grundlage des Predigens reiche die Schulung im Fach Rhetorik aus[154]. Melanchthon war ja in seinen Rhetoriklehrbüchern auch auf die Belange des Predigers eingegangen[155]. Und obwohl während des 17. Jahrhunderts gelegentlich kritisiert wurde, daß die »nach der Rhetorica dieser Welt gestellten Predigten ... mehr auffhalten als erbawen«[156], fand das Fach geistliche Beredsamkeit erst allmählich und nur sporadisch Eingang in den akademischen Lehrplan (so an der Universität Kiel durch Johann Georg Wasmuth, 1658–1688)[157]. Noch Herder beklagt, daß die rhetorische Universitätsausbildung zu wenig auf die Probleme der angehenden Prediger Rücksicht nehme[158].

Unter den hier skizzierten Bedingungen kommt dem akademi-

---

[149] Ansätze zu einer Erschließung des Materials bei H. Pfanner, Das dramatische Werk Simon Rettenpachers, Diss. Innsbruck 1954.

[150] Newald, S. 276.

[151] Oben S. 316f.

[152] Dies nicht deutlich genug bei Flemming, Die barocke Schulbühne, S. 544.

[153] Genauere Untersuchungen liegen zum 17. Jahrhundert noch nicht vor; den besten Überblick über Praxis und Theorie der Predigt gibt Weithase 1, S. 129ff.

[154] Darauf basierten auch die vereinzelt an den Gymnasien veranstalteten *exercitia concionatoria* (o. S. 212).

[155] Schnell, Die homiletische Theorie Philipp Melanchthons (1965).

[156] Elias Praetorius, ›Spiegel der Misbräuche beym Predig-Ampt‹ (1644), zitiert nach Weithase 1, S. 131. Das war im Grunde schon die Ansicht Luthers.

[157] A.a.O., S. 130.

[158] A.a.O., S. 170. Eine Liste deutschsprachiger Homiletiken ausschließlich des 18. Jahrhunderts gibt Weithase 2, S. 56f. Für das 17. Jahrhundert sei verwiesen auf die ungeheuer materialreiche Zusammenstellung lateinischer Kompendien bei Daniel Hartnaccius, ›Anweisender Bibliothecarius Der Studirenden Jugend‹, Stockholm u. Hamburg 1690, S. 254ff.

schen Fach Rhetorik nun doch ein größeres Gewicht zu, als die Bindung an den artistischen Kursus zunächst vermuten läßt. Nicht nur der Theologe, sondern jeder, der sich im künftigen Leben als vollwertiger Gelehrter behaupten wollte, konnte diese Möglichkeit wahrnehmen, seine rhetorischen Kenntnisse und Fähigkeiten zu festigen und auszubauen. So betrieb man oft genug Rhetorik neben den theologischen, juristischen oder medizinischen Vorlesungen[159]. Die akademischen Statuten und Gebräuche ließen das durchaus zu, ja die polyhistorischen Tendenzen der Zeit hatten zu einer heute fast unvorstellbaren Durchlässigkeit zwischen den einzelnen Fächern geführt; man denke nur an Gryphius' Leidener Magistervorlesungen aus den Jahren 1639–1643[160] und auf der anderen Seite an Weises Fächerkombination während der Leipziger Studienzeit 1660–1663[161].

Aus dieser Variabilität des akademischen Lehrplans resultierte die große Chance des Fachs Rhetorik. Ob es lediglich auf Propädeutik festgelegt war bzw. auf Nachhilfe für solche, die eine mangelhafte Schulbildung mitbrachten[162], hing entscheidend davon ab, wie der betreffende Lehrstuhl besetzt war. Viel stärker als an den Gymnasien wurden Lehrgebiete und Übungsmethoden durch die Person des Lehrenden selbst bestimmt. Während die Schulordnungen z. T. minutiöse Anweisungen geben (vgl. die oben exemplarisch dargestellte Stralsunder Ordnung von 1643)[163], nennen die Universitätsstatuten oft lediglich das Fach ›Rhetorica‹ als solches, dazu die geforderte Stundenzahl[164].

---

[159] Dies gilt vor allem für solche Studenten, die bereits in vorgerücktem Alter zur Universität kamen; zum 16. Jahrhundert vgl. Paulsen 1, S. 228.

[160] »Zu erst hat er gehalten ein Collegium Metaphysicum, Geographicum et Trigonometricum, Logicum, Physiognomicum et Tragicum: Ferner hat er Philosophiam Peripateticam und Neotericam in einem Collegio gegen einander gehalten, darauff ein Astronomicum … Das 42. Jahr hat er Antiquitates Romanae erkläret, Partem Sphaericam Astronomiae vollendet«; außerdem erklärte er ›Philosophica Naturalia transplantatoria‹, hielt ein historisches, ein poetisches, ein chiromantisches und ein naturphilosophisches Kolleg »cum Parte Theorica et Mathematica«, danach ein ›Collegium Anatomicum Practicum‹ (so berichtet Gryphius' Biograph Stosch, hier zitiert nach Szyrocki, Andreas Gryphius, S. 30).

[161] Oben S. 195ff.

[162] Die Pädagogien konnten diese Aufgabe nur teilweise übernehmen, zum einen weil die Institution als solche nicht überall vertreten war, zum anderen weil ältere Studienanfänger sich schwer bewegen ließen, einen solchen Vorkurs zu besuchen.

[163] Oben S. 282ff.

[164] Vgl. das folgende Kapitel.

Will man also einen Eindruck vom Unterrichtsstoff gewinnen, so bleibt man zunächst auf die von den Rhetorikprofessoren selbst verfaßten Lehrbücher angewiesen[165], etwa auf Peter Lauremberga ›Euphradia sive prompta ac parabilis eloquentia‹[166], Valentin Thilos (d. J.) ›Ideae rhetoricae‹[167], Christoph Schraders ›De rhetoricorum Aristotelis sententia et usu‹[168] oder Morhofs ›De ratione conscribendarum epistolarum‹[169]. Und das Ergebnis ist enttäuschend: ein grundlegender Unterschied gegenüber den Schulkompendien besteht nicht. Es wird im Prinzip das gleiche, nach *inventio, dispositio* und *elocutio* (außerdem noch *generalia* sowie *actio* und *pronuntiatio*) geordnete Pensum geboten wie an den Gymnasien. Die Kompendien sind austauschbar und wurden z. T. auch tatsächlich an Schule und Universität zugleich benutzt[170]. Auf dieser Ebene des akademischen Rhetorikunterrichts kann man sich Stoffe und Methodik nicht schulisch genug vorstellen, und mancher durchschnittliche oder unterdurchschnittliche Professor der Rhetorik wird kaum mehr geboten haben als das Pensum eines guten Gymnasiums – ohne die feste Übungsgemeinschaft der Klasse und ohne den belebenden *stimulus* des Schultheaters[171]. Manches Gymnasium (etwa das von Breslau, Danzig, Bremen oder Coburg)[172] dürfte seinen Schülern einen besseren, attraktiveren Rhetorikunterricht geboten haben als ein langweiliger Vertreter der Universitätsrhetorik, der sich auf das Nachholen oder Abrunden von Schulwissen beschränkte[173].

---

[165] Reichhaltige Verzeichnisse bei Johann Andreas Bose, ›De prudentia et eloquentia civili comparanda diatribae isagogicae‹, Jena 1699.

[166] Erschienen Rostock 1634, wo Lauremberg seit 1624 den Lehrstuhl innehatte. Das schmale Kompendium (234 Seiten) ist ausdrücklich für die »studiosa juventus« bestimmt (Titelblatt).

[167] Königsberg 1654. Der Untertitel läßt bereits den kompilatorischen Charakter erkennen: »ex Aristotele, Cicerone, Quintiliano, Keckermanno, Vossio, Caussino, contracta«.

[168] Helmstedt 1674. Das ausführlichste der hier genannten Lehrbücher, in Kommentarform anhand der Aristotelischen Rhetorik zugleich die wichtigste Tradition referierend; die Entstehung aus dem Kollegvortrag ist deutlich.

[169] Postum Lübeck 1694, 1702, 1712, 1716. Der Text geht zurück auf eine bereits 1693, also ebenfalls postum publizierte Ausgabe unter dem Titel: »Collegium Epistolicum ab autore, cum in vivis esset Studiis tantum privatis Auditorum suorum destinatum, iam vero ob summum variumque usum, publica luce donatum«.

[170] Vgl. o. S. 265 Anm. 34.

[171] Die gleiche Problematik zeigte sich bereits bei der Hofmeister-Erziehung.

[172] Die drei letztgenannten sind ›Gymnasia academica‹ bzw. ›illustria‹.

[173] In keinem Studienfach war der Zusammenhang mit dem Gymnasialpensum so eng wie bei der Rhetorik – eben weil der Lehrplan der Gelehrtenschulen ganz

Doch gerade das Offene, relativ Undefinierte der akademischen Disziplin Rhetorik ermöglichte es einem herausragenden Vertreter des Fachs, über das Elementare hinaus auch Eigenes, Selbsterarbeitetes zu bieten. Zu ihm strömten dann nicht nur die Baccalaureanden und Magistranden der Artistenfakultät und andere, die es nötig hatten, sondern alle im engeren Sinne literarisch Interessierten, nicht zuletzt die angehenden Poeten. Erst hier ist die Bedeutung des Fachs für die Literatur der Barockzeit auch unmittelbar zu greifen, am überzeugendsten bei August Buchner in Wittenberg[174]. Keiner der Rhetorik-Professoren des 17. Jahrhunderts kann so viele namhafte Autoren zu seinen Schülern zählen wie er: Arndt, Buchholtz, Gerhardt, Gueintz, Keimann, Klaj, Lund, Schirmer, Schoch, Schottel, Schwieger, Siber, Jacob Thomasius und Zesen haben an seinem akademischen Unterricht teilgenommen[175], Fleming, Frank und Tscherning hielten engen Kontakt zu ihm, ganz zu schweigen von der unübersehbaren Zahl derer, die unter seinem indirekten Einfluß standen[176], als ›Enkelschüler‹[177] oder als Leser seiner theoretischen Schriften:

>»Ist Buchner nur nicht todt/ so lebet Opitz noch«,

tröstet sich Fleming, als er 1639 während seiner Asienreise von Opitz' Tod erfährt[178].

Wittenberg in der Buchnerschen Ära (er amtierte nicht weniger als 45 Jahre!) war nicht das einzige akademische Rhetorikzentrum des 17. Jahrhunderts. Auch Rostock konnte sich während der Jahre

---

auf Rhetorik ausgerichtet war. So erklärt sich auch noch einmal die schon erwähnte personelle Fluktuation der Lehrenden zwischen Schule und Universität: es sind fast ausschließlich Rhetoriker oder Theologen, die auf eine Gymnasialstelle zurückkehren oder von ihr aufsteigen, keine Juristen oder Mediziner.

[174] An bekannteren Repräsentanten der Disziplin seien vorweg genannt: Bernegger, Buchholtz, Dach, Dilherr, Kaldenbach, Johann Lauremberg, Peter Lauremberg, Morhof, Omeis, Schupp, Thilo, Jacob Thomasius, Tscherning. Rhetorisch-poetische Universitätsvorlesungen haben gehalten: Bohse (Talander), Hunold (Menantes), Neukirch, Stieler und Weise. Als Professoren an ›Gymnasium academicum‹ oder Ritterakademie unterrichteten: Riemer, Titz und Weise.

[175] Vgl. Borcherdt, Augustus Buchner ..., S. 43 (»Fast alle literarischen Strömungen des 17. Jahrhunderts haben Vertreter, die in dem Hörsaal des Wittenberger Professors ihre technische Schulung erhalten haben«, ebda.).

[176] Dazu besonders Borcherdt, a.a.O., S. 123ff. (›Buchners Stellung in der Literatur seiner Zeit‹).

[177] Es ist zu beachten, daß Buchholtz, Gueintz, Keimann, Schottel, Jacob Thomasius und Tscherning (z. T. wieder als Professoren der Rhetorik) einflußreiche pädagogische Stellungen innehatten.

[178] ›Teütsche Poemata‹, Lübeck (1642), S. 189 (›Nach Herrn Opitzens seinem versterben‹; der zitierte Vers ist die Schlußzeile des Gedichts).

1618–1665 mit der Sukzession von Johann Lauremberg, Peter Lauremberg, Tscherning und Morhof sehen lassen[179]. Wieder andere Universitäten bemühten sich, ihre bereits im 16. Jahrhundert bedeutende ›rhetorische Tradition‹ würdig weiterzuführen; so Straßburg, wo Johannes Sturm gelehrt hatte und nun Boecler[180] und Dannhauer[181] die Rhetorik vertraten, so auch Helmstedt, wo Christoph Schrader[182] das Erbe des Melanchthon-Schülers Johannes Caselius[183] fortsetzte (von Tübingen wird noch die Rede sein). Darüber hinaus ist Heidelberg mit Bernegger hervorzuheben[184], Leipzig mit Jacob Thomasius[185], Königsberg mit Thilo d. J.[186] und Dach[187], nicht zuletzt Leiden mit Vossius und Boxhornius[188].

Zwar hat kein einzelner unter den Genannten Buchner an Breite und Intensität der Wirkung zu erreichen vermocht[189]. Aber daß auch sie nicht lediglich als Vertreter einer lästigen propädeutischen Disziplin betrachtet wurden, zeigt sich vor allem an dem Interesse, das ihnen bedeutende Barockautoren während der Studienzeit entgegenbrachten. So gehörten z. B. Opitz und Harsdörffer zu Berneggers engerem Schülerkreis[190], Schupp, Tscherning und Rachel zu dem-

---

[179] Eine (nicht immer zuverlässige) Liste der Rostocker Professoren bei C. Laverrenz, Die Medaillen und Gedächtniszeichen der deutschen Hochschulen. Ein Beitrag zur Geschichte aller seit dem XIV. Jahrhundert in Deutschland errichteten Universitäten, 1. Teil, Berlin 1885, S. 411ff.

[180] Oben S. 138.

[181] Oben S. 402f.

[182] Wie Buchner amtierte er 45 Jahre lang (1635–1680), weithin geachtet und mehrfach mit wichtigen Ehrenämtern betraut (z. B. seit 1648 Generalschulinspektor des Fürstentums Wolfenbüttel).

[183] Seine Vorstellung vom Amt des Rhetorikprofessors enthält die Abhandlung ›Ῥήτωρ sive de magistro dicendi‹ (1595), in ›Opera‹, Teil 2, Frankfurt 1633. Helmstedts Glanzzeit, die mit dem Namen Caselius fest verbunden ist, schildert E. L. T. Henke, Georg Calixtus und seine Zeit, 2 Bde., Halle 1853. Vgl. auch F. Koldewey, Geschichte der klassischen Philologie an der Universität Helmstedt, Braunschweig 1895.

[184] C. Bünger, Matthias Bernegger, ein Bild aus dem geistigen Leben Strassburgs zur Zeit des dreissigjährigen Krieges, Strassburg 1893.

[185] Oben S. 198.

[186] Thilo war seit 1634 Professor Eloquentiae und amtierte fünfmal als Dekan, zweimal sogar als Rektor (gest. 1662). Er verfaßte außer den genannten ›Ideae‹ eine Reihe weiterer rhetorischer Schriften.

[187] Zu ihm Näheres unten im Zusammenhang mit Christoph Kaldenbach.

[188] Zu Vossius oben S. 265ff. Zu Boxhornius vgl. Flemming, Andreas Gryphius, S. 39 u. 41.

[189] Auch zu Tscherning beispielsweise kann Borcherdt feststellen: »er wird eine Art literarischer Mittelpunkt« (Andreas Tscherning, S. 160).

[190] Außer Bünger vgl. Kayser, Die Klangmalerei bei Harsdörffer, S. 33ff.

jenigen Peter Laurembergs[191]. Und mehrfach werden noch in späteren Jahren Verehrung und Dankbarkeit gegenüber den einstigen akademischen Rhetoriklehrern ausgedrückt, etwa von Schupp gegenüber Lauremberg[192], von Weise gegenüber Thomasius (und Schrader)[193], von Rachel und Morhof gegenüber Tscherning[194], schließlich – vielleicht am überraschendsten – von Seckendorff an Boecler: »Und weiß ich mich doch danckbarlich zu erinnern/ daß/ als ich nebenst noch einem Studioso vor mehr als 40. Jahren eine Oration zu Straßburg/ unter dem berühmten Boeclero publicè halten wolte/ dieser uns beyde vorher in dem Auditorio gantz allein probirte/ und uns nachredete und nachwiese/ was wir unrecht machten/ auch zeigte/ wie wir es verbessern könten«[195].

Das Zeugnis dieses Meisters der politischen Rede ist um so wertvoller, als sich der rhetorische Unterricht an den Universitäten – wie schon mehrfach betont – selbstverständlich ganz im Rahmen des Lateinischen bewegte[196]. Das Deutsche war ja nicht einmal als Vorlesungssprache geduldet, und die Starrheit, mit der man auf diesem Prinzip bestand, hat niemand so drastisch erfahren müssen wie Christian Thomasius. Er war freilich nicht (wie gelegentlich noch angenommen wird)[197] der erste, der sich in der Vorlesung des Deutschen bediente. Die Versuche lassen sich bis ins Jahr 1527 (Paracelsus) und weiter zurück verfolgen[198]. Vor allem wird auch die Forderung nach einer muttersprachlichen rhetorischen Schulung der jungen Akademiker lange vor Thomasius erhoben, so 1663 von Schupp (im Rückblick auf seine eigene Tätigkeit als Professor der Elo-

---

191 Er wird meist nur im Zusammenhang mit seinem Bruder Johann behandelt (Literatur in der schon zitierten neueren Arbeit von Peter, Der Humor in den niederdeutschen Dichtungen Johann Laurembergs, 1967). Sowohl Schupp als auch Rachel sind, wie ihr Lehrer, Satiriker par excellence.

192 ›Freund in der Noht‹, o. O. 1658, S. 54 (Schupp hat bei Lauremberg promoviert).

193 Oben S. 198 u. 205.

194 Rachel, ›Teutsche Satyrische Gedichte‹, Frankfurt 1664, S. 100. Zu Morhof: Borcherdt, Andreas Tscherning, S. 367f.

195 ›Teutsche Reden‹, Leipzig 1686, ›Discurs‹, S. 65.

196 Zur völlig analogen Situation an der Pariser Universität vgl. Lang, Rhetoric at the University of Paris, S. 220.

197 Z. B. von E. Bloch, Christian Thomasius, ein deutscher Gelehrter ohne Misere (edition suhrkamp. 193), Frankfurt a. M. 1967 (zuerst 1953), S. 8.

198 Vgl. insbesondere R. Hodermann, Universitätsvorlesungen in deutscher Sprache um die Wende des 17. Jahrhunderts, Diss. Jena 1891 (mit reichem Material auch zur Vorgeschichte); ferner Weithase 1, S. 70ff. und Blackall, S. 7ff.

quenz)[199], 1664 von Seckendorff; und 1675 tritt Spener sogar für Disputationen in deutscher Sprache ein, damit die Prediger auf der Kanzel gewandter über die Kontroversfragen streiten können[200].

Einer der ersten, die den Schritt zur Realisierung solcher Forderungen wagten, war Christoph Schrader in Helmstedt. In der Vorrede zu seinen ›Hypotheses oratoriae‹ (1669)[201] berichtet er ausführlich darüber, daß eine Reihe seiner Studenten – die er namentlich nennt – während der Jahre 1667–1669 privatissime deutsche Reden über Stoffe aus der ›Reformationsgeschichte‹ des Sleidanus gehalten hätten (»Germanicè dicendi praeexercitamenta inde sumta«)[202]. Die ›Hypotheses‹ geben, selbstverständlich in lateinischer Form, das dispositionelle Gerüst dazu. Schrader weist auch darauf hin, daß man längst empfohlen habe (»summi viri dudum valdè svaserint«)[203], die Muttersprache auf solche Weise auch in die akademischen *exercitationes* einzubeziehen.

Ähnliche Ansätze finden sich dann gegen Ende der 70er Jahre bei Kaspar Stieler[204], der als Jenaer Universitätssekretär außerhalb des normalen akademischen Unterrichts »ein und das andere privat collegium Styli gehalten« hat, dazu »ein teutsches oratorium von allerhand Statsreden«[205]. Mehr als ein bedeutsamer Versuch war dies nicht. Stieler selbst beurteilt 1680 die Situation folgendermaßen: »so lange auf hohen Schulen nicht offentliche Lehrer der teutschen Sprache bestellet/ und in den niedrigen Schulen/ derselben grundverständige nicht zu Meistern verordnet werden: so lange wird aus der rechtschaffenen ausübung dieser Sprache nichts werden«[206]. Und

---

[199] Er hat sich selbst offenbar ganz an die traditionelle Regelung gehalten, sogar in seinen zeitkritischen Reden.

[200] Bender in: Schmid, Geschichte der Erziehung ... Bd. V 1, S. 93 (vgl. IV 1, S. 97 u. 185); Weithase 1, S. 149. Thomasius stellte es seinen Studenten frei, ob sie lateinisch oder deutsch disputieren wollten (ebda.).

[201] ›Hypotheses oratoriae ad Johannis Sleidani de statu religionis et reip. historiam in Germanicae eloquentiae usum contextae‹, Helmstedt 1669. Es verwundert nicht, daß Weise schon im ›Politischen Redner‹, S. 887 auf dieses wichtige Werk seines Lehrers Bezug nimmt.

[202] Praefatio, fol.) : (3ª f.

[203] A.a.O., fol.) : (2ª. Schrader betont auch, daß »In ecclesiastico quidem orandi genere germanico« längst eine vorbildliche Übung existiere, daß man aber »in materiis civilibus« immer noch das Wagnis scheue (fol.) : (2ᵇ).

[204] Aus Akten der ›Eisenacher Archive‹ in Weimar nachgewiesen von H. Koch, Deutsche Vorlesungen an der Thüringischen Landesuniversität im Jahre 1679, in: Das Thüringer Fähnlein. Monatshefte f. mitteldt. Heimat 4, 1935, S. 323ff. (hier nach Weithase 1, S. 264f.).

[205] Zitat aus einer Eingabe an die Visitatoren der Universität (a.a.O., S. 265).

[206] Kindermann–Stieler, ›Teutscher Wolredner‹, fol. A 9ᵇ.

wenn Christian Weise in einem Brief vom Jahre 1688 stolz erklärt, die *methodus Weisiana* werde auch an einigen Universitäten bereits geschätzt[207], so kann sich das nur auf didaktische Fortschritte im Rahmen der *latinitas* beziehen. Das Verdienst, den entscheidenden Anstoß zur allmählichen Etablierung einer deutschen Rhetorik an den Universitäten gegeben zu haben, bleibt wohl doch bei Christian Thomasius, seiner aufsehenerregenden Gracián-Vorlesung von 1687[208] und seinem darauf folgenden ›Collegium styli‹[209]. Im Kreis der Galanten vor allem wurde der Impuls aufgenommen. So berichtet Hunold (Menantes) über seine ›Einleitung Zur Teutschen Oratorie. Und Brief-Verfassung‹ (1715): »Dieses Werck floß mir vor einigen Jahren zu dem Ende aus der Feder/ üm darüber Collegia zuhalten; und zu diesem Absehen wird es von neuen heraus gegeben«[210]. Aber solche Versuche blieben weitgehend auf Privatkollegs beschränkt. Der eigentliche Durchbruch vollzog sich erst jenseits der Barockepoche, bei Gottsched und seinen Adepten[211].

Theorie und Praxis lateinischer Redekunst, *praecepta, exempla, imitatio* und mündliche *exercitatio* sind die Kernpunkte des akademischen Rhetorikunterrichts im 17. Jahrhundert. Für die Kombination des rhetorischen Lehrauftrags mit ›Poesie‹ oder ›Historie‹[212] (d. h. dem Studium antiker Historiker)[213] läßt sich eine feste Regel nicht aufstellen. Wie an den protestantischen und jesuitischen Gymnasien waren die Grenzen zwischen den Fächern fließend, *eloquentia* umfaßte prinzipiell das ganze Gebiet der Literatur[214]. »Humanitatis in Academia Wittenbergensi Professori Publico«, heißt es in dem

---

[207] ›Epistolae selectiores‹, S. 87: »qui gymnassii sum rector, id iam obtinui, ut in academiis passim methodus, ut vocant, Weisiana nonnullius pretii habeatur«.

[208] Bloch, a.a.O., S. 8ff.

[209] Blackall, S. 11ff.

[210] Vorrede, fol. a2ᵃ. Hunold lehrte damals in Halle, also einem Zentrum der Propaganda für die Muttersprache. Er fügt hinzu, »die Studirenden« seien »dahin angewiesen worden/ sich bey zeiten auf eine Kunst zulegen/ die zu dem gemeinen besten in unzehligen Begebenheiten nothwendig und ersprießlich/ und in der Muttersprache weit dienlicher ist/ als in allen andern« (fol. a2ᵇ).

[211] Die Wiener Universität erhält erst 1752/53, im Zug der Reformen Maria Theresias, Rhetorikprofessuren mit Berücksichtigung der Muttersprache (Paulsen 2, S. 110).

[212] Einige Beispiele verzeichnet Kayser, Die Klangmalerei bei Harsdörffer, S. 27f. Anm. 14; unzutreffend die historische Einordnung bei Wiedemann, Polyhistors Glück und Ende, S. 227.

[213] Einen guten Überblick über Texte und Methoden dieses akademischen Fachs bietet Bose, ›De prudentia et eloquentia civili comparanda ...‹, S. 62ff.

[214] Dieser Terminus ist im allgemeinen auch im offiziellen Professorentitel enthalten.

Text, mit dem Opitz seinem akademischen Sachwalter August Buchner die ›Trojanerinnen‹-Übersetzung widmete[215]. Der Professor für Rhetorik war berufener, vornehmster Repräsentant der *humaniora*, d. h. der humanistischen Tradition; nur von der geschichtlichen Entwicklung her lassen sich Lehrstuhl und Studienfach verstehen. Was freilich der ›Humanist‹ über das elementare Pensum hinaus (z. B. in *collegia privata*) bot, ob er den ›kleinen‹ oder den ›großen‹ Vossius zugrundelegte[216], ob er – wenn schon nicht deutsche Redekunst, so doch die zur Würde einer gelehrten *ars* aufgestiegene deutsche Poesie lehrte wie Buchner[217]: das alles stand nicht in den Statuten, war nicht einheitlich geregelt. Es läßt sich nur am individuellen Beispiel darstellen.

Für beide genannten Aspekte, den historischen wie den personalen, fehlen fast alle notwendigen Vorarbeiten; und die Quellenlage ist prekär, man bleibt im wesentlichen auf die örtlichen Bibliotheksbestände angewiesen. Es sei daher gestattet, Tübingen als *exemplum* zu wählen.

d. Zur Geschichte der Rhetorik-Lehrstühle, am Beispiel Tübingens

Der folgende Überblick kann, seinem Zweck entsprechend, nur die wichtigsten Etappen der geschichtlichen Entwicklung kurz skizzieren. Doch wird schon dabei erkennbar werden, daß die Wahl des Tübinger Beispiels nicht nur durch den vordergründigen, materialen Aspekt legitimiert ist, sondern durch Wesentlicheres: durch die institutionelle Vielfalt, die Länge der Tradition, den Rang der einzelnen Rhetoriker. Der Stiftungsbrief des Grafen Eberhard vom 3. Juli 1477 erwähnt zwar bei den vier artistischen Lehrstühlen noch keine Rhetorik oder Poesie, aber vier Jahre später bereits, in der ›Ersten Ordnung‹ Graf Eberhards vom 23. April 1481, wird der Grundstein für einen Rhetoriklehrstuhl gelegt. Das Geld aus den kirchlichen Pfründen soll geteilt werden unter drei Juristen (»legisten«), zwei Medizinern (»artzatt«) »und ainem der in Oratorien lyset«; er erhält

---

[215] Zitiert nach: ›Weltliche Poemata‹, Frankfurt a. M. 1644, S. 310.
[216] Oben S. 267f.
[217] Über die nicht ganz sicher zu bestimmenden Umstände s. Borcherdt, Augustus Buchner ..., S. 40ff. Buchners Schwiegersohn Otto Prätorius (u. a. Herausgeber der ›Anleitung Zur Deutschen Poeterey‹) las nachweislich ›privatim‹ über deutsche Poesie (a.a.O., S. 41), und zwar 1661 und 1663. Zu Kaldenbach und Omeis s. u. S. 445.

»dryssig guldin«[218]. Haller vermutet als eigentlichen Urheber dieser Neueinrichtung den Kanzler Vergenhans, der selbst humanistisch gebildet war (»die Stiftung der Professur für Beredsamkeit wird sein Verdienst gewesen sein«)[219].

Die Verzögerung um einige Jahre entspricht durchaus der Entwicklung an anderen Universitäten der Zeit. Auch in Freiburg i. B., wo die Universität bereits 1460 eröffnet ist, wird erst 1471 ein Lehrstuhl für Poesie und Eloquenz errichtet[220], und die Basler Universität, deren Gründung ebenfalls in das Jahr 1460 fällt, erhält eine entsprechende Lektur erst 1474; doch schon 1464 liest dort Peter Luder (mit einem Stipendium) über Poesie[221]. Das ist charakteristisch für die Entstehung der humanistischen Lekturen: Gastlesungen einzelner ›Poeten‹ gehen der Schaffung regelrechter Planstellen voraus[222].

Die zweite Ordnung Eberhards vom 20. Dezember 1491 bringt gleich eine sehr bezeichnende Änderung des Lehrauftrags. Das auf 20 Gulden gekürzte Salär soll derjenige erhalten, »der vngeuärlich liset in oratoria moralibus oder poetrij«[223]. Ob der Lehrstuhl mit der Begrenzung auf die Rhetorik nicht attraktiv genug erschien oder ein anderer Grund zu der Erweiterung Anlaß gab: es sind ›humanistische‹ Professuren; daß sie überhaupt geschaffen werden, ist das Entscheidende, Neue.

Die Resonanz scheint zunächst nicht sehr groß gewesen zu sein[224]; anderthalb Jahrzehnte lang blieb der Lehrstuhl entweder unbesetzt oder der (die?) Inhaber war so unbedeutend, daß sein Name bald in Vergessenheit geriet[225]. Um so glanzvoller erscheint der Name Heinrich Bebels, der als erster, seit 1496, in Tübingen humanistische

---

[218] Urkunden . . . , S. 71.
[219] Die Anfänge der Universität Tübingen . . . , Teil 1, S. 211.
[220] Schreiber, Geschichte der Albert-Ludwigs-Universität zu Freiburg im Breisgau, S. 67ff.
[221] W. Vischer, Geschichte der Universität Basel von der Gründung 1460 bis zur Reformation 1529, Basel 1860, S. 181ff.
[222] Dies gilt auch für die Vorgeschichte des berühmten Wiener ›collegium poetarum‹. Vgl. A. Lhotsky, Die Wiener Artistenfakultät 1365–1497 (SB Wien, Phil.-hist. Kl. 247/2), Graz 1965, S. 119ff.
[223] Urkunden . . . , S. 85. Auch die Gesamtzahl der Lehrstühle scheint gekürzt; statt von fünf ist jetzt nur noch von vier ›Collegiaten‹ die Rede, »zwen von dem alten weg und zwen von dem nuwen« (ebda.).
[224] Die Besoldung war auch nicht gerade fürstlich. Celtis erhielt 1492 in Ingolstadt für seine Lektur der Poesie und Eloquenz immerhin 50 Gulden, Buschius 1523 in Basel als Lehrer der lateinischen Poesie und Eloquenz sogar 80 Gulden (vgl. Paulsen 1, S. 145 u. 138).
[225] Vgl. Haller, a.a.O., S. 211.

Vorlesungen gehalten hat. Zwar war der 1481 errichtete Lehrstuhl, wie Bebermeyer hervorhebt, »kein ordentlicher«[226]; trotzdem bezeichnete sich Bebel gern als »poeticam et oratoriam publice profitens in studio Tubingensi«[227]. Bemerkenswerter noch erscheint, daß im Jahre 1505 ein Freund (Michael Köchlin) berichtet, Bebel habe nun bereits acht Jahre lang »Poetas, Oratores und Historicos in offentlichen Lectionen vor einem frequenten und häuffigen Auditorio erklärt«[228]. Sollte diese Darstellung ein zutreffendes Bild von Bebels Lehrtätigkeit geben, so wäre bereits hier jene Dreiheit von Poesie, Oratorie und Historie fixiert[229], die später häufig als typische Fächerkombination der Rhetorikprofessoren erscheint. Dabei ist das dritte Fachgebiet nicht – wie es bisweilen geschieht – als ›Geschichte‹ mißzuverstehen, sondern so, wie es auch Köchlin formuliert: als Studium der (antiken) Historiker, mit dem Endzweck der *imitatio*.

Die beiden Anleitungen zur Epistolographie (›Modus conficiendarum epistolarum‹, 1503) und zur Poesie (›Ars versificandi et carminum condendorum‹, 1506) dürfen sicher als unmittelbares Ergebnis seines akademischen Unterrichts angesprochen werden. So elementar sie zunächst scheinen mögen: gerade auf diesem Gebiet war die Kultivierungsarbeit erst zu leisten, und der große Erfolg der Lehrbücher binnen weniger Jahre[230] zeigt, wie dringend das Bedürfnis nach solchen auf dem Boden der klassischen *latinitas* stehenden Hilfsmitteln des Unterrichts war[231]. Von dem *poeta* Bebel kann hier nicht des näheren gesprochen werden. Aber es sei hervorgehoben, daß Bebel durch seine preisgekrönte[232] poetische Praxis eine Tübinger Tradition begründete, die auch für den Unterricht selbst fruchtbar werden konnte: als unmittelbar-persönlicher Anreiz für seine zur *imitatio* zu erziehenden Schüler.

---

[226] G. Bebermeyer, Tübinger Dichterhumanisten. Bebel/Frischlin/Flayder, Tübingen 1927, S. 12.

[227] Bebermeyer, a.a.O., S. 13. Zu Bebel vgl. auch Bebermeyers Einleitung in: Heinrich Bebel, Facetien. Drei Bücher. Hist.-krit. Ausg. v. G. B. (BLVS. 276), Leipzig 1931, S. XVII ff. (mit weiterer Literatur).

[228] Bebermeyer, Tübinger Dichterhumanisten, S. 14.

[229] Auch Luder, dessen Heidelberger Lehrauftrag von 1456 auf Poesie und Rhetorik lautete, las ungescheut zugleich über Historiographie; sie gehörte eben – als Prosa – zu den ›rhetorischen‹ Texten im weiteren Sinne.

[230] Der Briefsteller erschien bis 1513 neunmal, die Poetik bis 1520 zehnmal.

[231] Dies gilt gerade auch für andere, mehr methodisch ausgerichtete Schriften Bebels, für ›De abusione linguae latinae‹ (1499) und ›Qui auctores legendi sint novitiis‹ (1500).

[232] Bebel wurde bekanntlich 1501 von Kaiser Maximilian, als zweiter nach Celtis, zum *poeta laureatus* erhoben.

Ob Melanchthon, der am 17. September 1512 in Tübingen immatrikuliert wurde[233], zum engeren Schülerkreis Bebels gehörte, ist nicht mehr auszumachen. Daß er dessen Vorlesungen besuchte, ist bezeugt (»Audivit ... poetam Bebelium«)[234]. Unsicherheit herrscht jedoch auch über jene »Lectur für Beredsamkeit«[235], die Melanchthon – in jedem Fall nach seiner Magisterpromotion Januar 1514 – erhielt. Bebels Lehrstuhl (wie Paulsen offenbar annimmt)[236] kann es nicht gewesen sein[237], vielleicht war es eine an die Burse gebundene temporäre Lektur, wie sie ja damals für manchen reisenden Humanisten eingerichtet wurde. Mehr als die Tatsache, daß Melanchthon dabei Cicero und sechs Bücher Livius interpretierte, ist nicht bekannt. Auch die Kombination von *Oratoria* und *Historia*, die dadurch impliziert wird, verdient Beachtung; denn gerade das Historikerstudium (und das der Poeten) wird in Melanchthons bekannter Tübinger Deklamation ›De artibus liberalibus‹ (1517)[238] nachdrücklich gefordert.

Drei Jahre nach Melanchthons Weggang und Bebels Tod (1518) – inzwischen fungiert der nicht weiter bedeutende Markus Scherer als Professor der Eloquenz und Poesie[239] – wird der humanistische Lehrstuhl geteilt, wohl nicht zuletzt aufgrund der erfolgreichen Propaganda, die Bebel (und zu seinem Teil auch Melanchthon) für die humanistischen Fächer getrieben hat. »In Poetica Oratoriaque duo«, lautet die Bekanntmachung[240]. In den ersten Jahren der Doppellektur führen stets beide Inhaber sowohl die Rhetorik als auch die

---

[233] Zu Melanchthons Tübinger Zeit vgl. vor allem L. F. Heyd, Melanchthon und Tübingen 1512–1518, Tübingen 1839; Hartfelder, Philipp Melanchthon als Praeceptor Germaniae, S. 35ff.

[234] CR X, S. 192.

[235] Hartfelder, a.a.O., S. 42.

[236] Paulsen 1, S. 143: »Nach dem Tode Bebels trat er in die Lektur der Beredsamkeit ein« (Paulsen setzt ebda. das Todesjahr Bebels fälschlich auf 1516 an).

[237] Auch etwa von einem vorzeitigen Ausscheiden Bebels aus dem Amt kann keine Rede sein.

[238] CR XI, S. 5ff. Auch enthalten in: Werke in Auswahl. 3. Bd.: Humanistische Schriften. Hrsg. v. R. Nürnberger, Gütersloh 1961, S. 17ff.

[239] Conrad, Die Lehrstühle der Universität Tübingen ..., S. 41. In die gleiche Zeit fallen übrigens Reuchlins Tübinger Vorlesungen über Griechisch und Hebräisch (1521/22).

[240] Urkunden ..., S. 130 (die ›Bekanntmachung der Universität unentgeltlichen Unterricht betreffend‹ wird zwar erst ins Jahr 1522 datiert, doch existiert nach Conrad, a.a.O., S. 41 bereits 1521 die Doppelbesetzung). Vgl. auch Urkunden ..., S. 167 die Angaben über Michael Schwicker: er »liest seit 1530 über Josephus, Caesar und überhaupt Latein, Rhetorik, Poetik auch Historie, wird aber durch Hinzutritt der neuen Humanisten gleichfalls überflüssig«.

Poesie in ihrem Titel. Erst als im Zuge der großen Reform von 1535 (nach Wittenberger Muster) auch »ain pedagogium« errichtet wird[241], gestaltet sich die genaue Abgrenzung der einzelnen humanistischen Fächer schwieriger.

Nach der neuen Ordnung sollen die »Magistrij in pedagogio leren Grammaticam, Terencium, Virgilij Biecher, Ciceronis Epistolas oder Plinij, Schemata Rhetorices vnd Grammatices, Erasmi Colloquia, Copiam Verborum et Rerum vnd Parabolas etc.«. Außerdem sollen die Schüler »angehalten werden, damit sie wol lernen ain Carmen vnd ain Epistolam zumachen«[242]. Hier hat sich also vor bzw. neben dem eigentlichen akademischen Studium ein humanistischer Gymnasialkurs etabliert[243], der formell zur Artistenfakultät gehört und dessen ›Professoren‹ in den Akten weitgehend zusammen mit den Universitätslehrstuhl-Inhabern erscheinen. Hinzu kommt, daß nun auch die (vor allem für die *ars disputandi* wichtige) Dialektik ihren festen Platz erhält. »Principia dialectices ex Caesario Philippo oder andern derglichen h. 6. Rhetorice h. 7.« verkündet der Lektionsplan für Baccalaureanden[244].

Auf diese Weise wird die Tafel der Lehrstuhlinhaber immer bunter, bisweilen vertreten mehr als zwei Professoren zugleich die Rhetorik[245] (dann gehört mindestens einer zum Pädagogium), und die Fächer erscheinen in immer wieder anderer Kombination. Matthias Garbitius (1541–1559) z. B. vertritt die Rhetorik zusammen mit dem Griechischen und der Ethik, Gebhard Brastberger (1536–1560?) verbunden mit der Dialektik, und bei Johannes Seckerwitz (1551–?) erscheinen zum ersten Mal auch offiziell Poesie und Historie zusammen (fortgesetzt von Stephan Culingius, 1568–1582)[246].

---

[241] Urkunden ..., S. 179.

[242] Ebda. Einen sehr ähnlichen Lehrplan erhält 1520 das Rostocker Pädagogium, vgl. O. Krabbe, Die Universität Rostock im 15. und 16. Jahrhundert, Rostock 1854, S. 352ff.

[243] Weiter ausgebaut 1557 und vor allem in der ›Ordination der Universität, vom 18. Februar 1601‹ bei A. L. Reyscher (Hrsg.), Vollständige, historisch und kritisch bearbeitete Sammlung der württenbergischen Gesetze XI 2. Enthaltend die Gesetze für die Mittel- und Fachschulen, Tübingen 1847, S. 131f.: in der 2. Klasse werden Cicero-Reden gelesen, in der 3. Klasse »Dialectica Philippi Melanchthonis, Rhetorica eiusdem, Ettliche Orationes Ciceronis ... vel Epistolae Familiares«, in der 4. Klasse neben Reden Ciceros auch die ›Partitiones oratoriae‹ oder die Herennius-Rhetorik.

[244] Urkunden ..., S. 180. Die gleiche Regelung dann auch 1536 (Urkunden ..., S. 386).

[245] Vgl. dazu auch Conrad, a.a.O., S. 41.

[246] Angaben ebda.

Inzwischen sind – 1536 – auch die neuen, von Camerarius ausgearbeiteten Statuten der Artistenfakultät in Kraft getreten[247], die nun genauere Anweisungen für die *exercitia rhetorica* enthalten. Melanchthons epochemachende Tat, die Einführung der *declamationes* an den protestantischen Universitäten[248], wird nun auch in Tübingen Realität. Sehr bezeichnend ist die Art und Weise, wie das Neue mit dem Alten verklammert wird. Zunächst ergehen die Bestimmungen für die bereits etablierte, aus dem mittelalterlichen Lehrbetrieb überkommene *ars disputatoria*[249]. Dann erst folgen, analogisch angeknüpft, die *exercitia rhetorica*: »Vt autem disputationum ..., ita alteri parti suam quoque palestram atque ludum aperiri oportet, ubi dicendo dilatandoque inuenta studiosi exerceantur, ... ita nunc in perpetua oratione et ductu quodam suo orationisque bonae elegantis copiosae exquisitae ad ueterum perfectionem compositione periculum faciant, ut non solum in disputatores, sed oratores quoque euadant«[250]. Themen und Übungsformen werden aus dem Bereich der (schon vom Gymnasium her bekannten)[251] Progymnasmata genommen. »Ita progredientibus studiis iuuentutis ad integras Declamationes deuenietur, quas Magistri primum obibunt, mox et studiosis reliquos inducent in hanc uiam«[252].

Damit ist für die Arbeit der Rhetorik-Professoren ein Fundament gelegt, das auch während der gesamten Barockzeit gültig bleibt. Lektüre und *imitatio* der antiken Autoren werden ergänzt durch die Übung im Deklamieren.

Genau ein halbes Jahrhundert nach Bebels Tod, am 9. Juni 1568, hält der zweite große Tübinger Dichterhumanist, Nicodemus Frischlin, seine Antrittsvorlesung ›De dignitate et multiplici utilitate Poeseos‹ – in Hexametern[253]. Programmatische Antrittsvorlesungen waren unter den Humanisten seit langem beliebt. Schon Luder verkündete am 15. Juli 1456 in Heidelberg das Lob der *humaniora* (das er dann in Erfurt und Leipzig wiederholte), Celtis hielt 1492 in Ingol-

---

[247] Urkunden ..., S. 185ff.
[248] Schon im Wittenberger Statuten-Entwurf von 1523 ordnet Melanchthon regelmäßige Deklamationen an; Einzelheiten bei Hartfelder, a.a.O., S. 453f., vgl. auch Paulsen 1, S. 274.
[249] Oben S. 397f.
[250] Urkunden ..., S. 389.
[251] Vgl. o. S. 287.
[252] A.a.O., S. 390.
[253] Bebermeyer, Tübinger Dichterhumanisten, S. 52. Anwesend ist u. a. der Pfalzgraf Philipp Ludwig von Zweibrücken.

stadt eine ähnliche Rede, Melanchthon begann 1518 in Wittenberg seine Tätigkeit mit der berühmten Deklamation ›De corrigendis adolescentium studiis‹, Sabinus 1538 in Frankfurt mit einer Rede über den Nutzen der *eloquentia*.

Die Lebensgeschichte des ebenso originellen wie fatal-streitsüchtigen Frischlin ist bekannt[254]. Er ist, als er seine Antrittsvorlesung hält, gerade 21 Jahre alt, und da die beiden regulären humanistischen Lehrstühle besetzt sind[255], hat man ihm eine *lectio poetices* übertragen, mit der Auflage, auch Cäsars ›Bellum Gallicum‹ zu interpretieren. Er selbst macht daraus eine Professur ›Poetices et Historiarum‹[256], aber mit dem ›historischen‹ Fach hatte es ja seit jeher Einordnungsschwierigkeiten gegeben. Die Kombination ›Poesie und Historie‹ kam offenbar vor allem dadurch zustande, daß die beiden offiziellen Lehrstuhlinhaber, Martin Crusius (einer der bedeutendsten Tübinger Humanisten und späterer Gegner Frischlins)[257] und Georg Hizler, jeweils Rhetorik und Griechisch lehrten[258]. Die *lectio* Frischlins sollte also wohl die Lücke ausfüllen.

Seine Lehrtätigkeit fand bald großen Anklang, das Lebendige seiner Persönlichkeit mußte – gerade im Kontrapunkt zu dem ruhigen, würdigen Crusius – auf die Studentenschaft anziehend wirken. Die später in Wittenberg gehaltene, intensiv werbende ›Oratio de exercitationibus oratoriis et poeticis‹[259] vermittelt einen Eindruck von seiner vor allem mit Paraphrasen[260] und *exempla copiosissima*[261] arbeitenden Unterrichtsmethode.

Als ihm nach einem Jahrzehnt akademischer Tätigkeit die Nach-

---

[254] Bebermeyer, a.a.O., S. 49ff. Grundlegend noch immer D. F. Strauß, Leben und Schriften des Dichters und Philologen Nicodemus Frischlin. Ein Beitrag zur deutschen Culturgeschichte in der zweiten Hälfte des sechzehnten Jahrhunderts, Frankfurt 1856.

[255] Vgl. die Übersicht bei Conrad, a.a.O., S. 42.

[256] Bebermeyer, a.a.O., S. 52.

[257] Hauptquelle zu seiner Biographie (auch zu Frischlin) ist das Tagebuch aus den Jahren 1596–1605: Diarium Martini Crusii. Hrsg. v. W. Göz u. E. Conrad. 3 Bde. u. Registerbd., Tübingen 1927–1961.

[258] Die Angaben bei Conrad, a.a.O., S. 41f. lassen allerdings nicht ganz sicher erschließen, ob statt Hizler nicht Calwer (1553–1583 Prof. d. Rhet.) oder auch Mendlin (1550–1577 Prof. d. Dialektik) der zweite Ordinarius ist (für Crusius ist es erwiesen). Jedenfalls vertritt 1568 niemand offiziell die Poesie.

[259] Druck: Wittenberg 1587.

[260] Frischlin weist mehrfach auf seine bereits gedruckten Paraphrasen hin (z. B. fol. E 3ᵇ u. E 4ᵃ).

[261] »Nam vt in praeceptis ero breuis, ac ferè nullus, ita in exemplis ero copiosißimus« (fol. E 6ᵃ).

folge auf einen freigewordenen ordentlichen Lehrstuhl (1578) wegen der zahllosen Affären und Skandale verwehrt wird[262], nimmt er schließlich (1582) das Angebot eines Laibacher Gymnasialrektorats an und verläßt Tübingen[263].

Die in den nächsten Jahrzehnten folgenden Vertreter der rhetorisch-humanistischen Studien haben wenig von sich reden gemacht. Es entbehrt nicht der Ironie, daß der einzige wirklich bedeutende Tübinger Humanist jener Zeit, Friedrich Hermann Flayder (1596-1640)[264], wiederum gleichsam durch die Hintertür, jedenfalls auf ungewöhnlichem Weg zu seinem Lehramt kam. Vom ›Collegium illustre‹ aus (das 1592 eröffnet worden war)[265] wuchs er durch einzelne Lehraufträge (*exercitium scribendi epistolas, exercitium oratorium* und ähnliches) allmählich immer mehr in die Korporation der Artistenfakultät hinein, bis er schließlich (1635) zum Ordinarius ernannt wurde. Von seinen Vorgängern unterscheidet er sich durch besondere Affinität zum Griechischen[266] und nicht zuletzt dadurch – Bebermeyer betont dies besonders[267] –, daß er nach Erreichung des ordentlichen Lehramts zu dichten aufhört. »Nur seine Wiege steht noch im 16., sein Werden und Wirken sind vom Geist des 17. Jahrhunderts bestimmt: ... mit ihm mündet der Humanismus ein in das reine Gelehrtentum des 17. Jahrhunderts«[268].

e. Das Bild eines Rhetorik-Professors im 17. Jahrhundert: Christoph Kaldenbach[269]

Flayder ist nicht der letzte Tübinger Dichterhumanist. Auch sind die unausgesprochenen Prämissen der zuletzt zitierten Sätze durchaus zweifelhaft. Stünden sich im 17. Jahrhundert reines Gelehrtentum und reines Poetentum als unvereinbare Größen gegenüber, so hätte es eine deutsche Barockliteratur nie gegeben. Gerade die pädagogische Effektivität der Rhetorik-Lehrstühle an den Universitäten des

---

[262] Initiator ist der inzwischen mit Frischlin verfeindete Crusius.

[263] Die Rückkehr einige Jahre später spielt im gegenwärtigen Zusammenhang keine Rolle.

[264] Bebermeyer, a.a.O., S. 83ff.

[265] Oben S. 378.

[266] Das verbindet ihn andererseits mit Reuchlin und Crusius.

[267] A.a.O., S. 99.

[268] A.a.O., S. 98f.

[269] Neue Materialien jetzt in: Verf., Tübinger Poesie und Eloquenz im 17. Jahrhundert: Christoph Kaldenbach, Attempto 35/36, 1970, S. 98ff.

17. Jahrhunderts, wie sie am überzeugendsten bei August Buchner sichtbar wird, gründet sich auf die innere Verknüpfung von poetischer Produktion und akademischer Gelehrsamkeit in jener Zeit. Und es ist vielleicht nicht einmal bloßer Zufall, daß Tübingen auch in der zweiten Hälfte des 17. Jahrhunderts – also während der Blütezeit der Barock-Dichtung im engeren Sinne – einen Repräsentanten jener von Bebermeyer aufgezeigten poetisch-humanistischen Tradition besitzt: Christoph Kaldenbach; sicher keiner der großen Poeten seiner Epoche (was man wohl auch von Flayder nicht unbedingt behaupten würde), doch ein Autor, den immerhin noch Gottsched (neben Opitz, Dach, Fleming, Tscherning und Günther) zu »den Meistern in Oden« zählte[270], und vor allem ein Gelehrter, der in seiner Verbindung von Poesie, Rhetorik und praktischer Pädagogik als repräsentativ für die akademische Sphäre seiner Epoche gelten darf[271].

Am 11. August 1613 im niederschlesischen Schwiebus als Sohn eines angesehenen Tuchmachers, Zunftmeisters und (späteren) Bürgermeisters geboren, entstammt Kaldenbach – wie auch etwa sein Amtskollege Morhof[272] – zwar keinem gelehrten, aber doch einem gutsituierten Elternhaus. Seine Gymnasialbildung erhält er in Frankfurt an der Oder[273], zuletzt im (an die Universität angeschlossenen) Pädagogium, und 1629 beginnt er mit dem eigentlichen akademischen Studium. Er hält u. a. eine öffentliche Disputation ›De fortitudine‹, verfaßt ein Gedicht ›De adflictionibus ecclesiae‹ und wech-

---

[270] ›Versuch einer Critischen Dichtkunst‹, Leipzig ⁴1751, S. 305. Zwei Seiten später bringt er Kaldenbachs Klage-Gedicht auf Opitz (»An des süßen Neckars Rande«) als Beispiel für versifiziertes ›poetisches Feuer‹ (S. 305; vgl. auch S. 533).

[271] Grundlage seiner Biographie ist neben den zahlreichen Anspielungen in den Gelegenheitsgedichten das ›Programma funebre‹ des Tübinger Rektors vom 19. Juli 1698 (unpaginiert). Über die wichtigsten Daten orientiert am zuverlässigsten G. Reichert, Artikel ›Kaldenbach‹, MGG 7, 1958, Sp. 436ff. (dem Zweck entsprechend mehr musikhistorisch als literarisch ausgerichtet). Vgl. auch den Kaldenbach-Artikel in der Altpreußischen Biographie, Bd. 1, Königsberg 1941, S. 319 (A. Lehnerdt). Die sonstigen Artikel in den Enzyklopädien und biographischen Nachschlagewerken von Zedler über die Biographie Universelle bis zur ADB enthalten, sofern sie überhaupt Wesentliches bringen, zahlreiche Fehler.

[272] Vgl. M. Kern, Daniel Georg Morhof, Diss. Freiburg i. B. 1928, S. 3.

[273] Als Hintergrund des Wechsels gibt das Rektorenprogramm die zunehmenden Kriegshandlungen an (»increbescentibus turbis bellicis«). Wie bei so vielen Autoren (vgl. besonders I. Weithase, Die Darstellung von Krieg und Frieden in der deutschen Barockdichtung [Studienbücherei. 14], Weimar 1953) zieht sich das Thema ›Krieg‹ durch Jahrzehnte seiner poetischen Produktion (s. etwa ›Lyricorum libri tres‹, Braunsberg 1651, S. 193ff. u. 225ff.).

selt 1631 an die Universität Königsberg. Schon bald muß er allerdings (wahrscheinlich aus finanziellen Gründen) sein Studium unter-
brechen und verdingt sich als Hauslehrer auf dem Landbesitz eines
ostpreußischen Edelmanns, »cujus filias duas Virgines artem pul-
sandi Clavicordii docuit«[274]. Dort eignet er sich auch gute Polnisch-
Kenntnisse an, auf die er zeitlebens stolz ist[275] und die er, wie sich
noch zeigen wird, auch zu rhetorischen Zwecken einzusetzen weiß.

1633 ist er wieder in Königsberg, setzt sein Studium fort und be-
tätigt sich gleichzeitig mit gutem Erfolg (»fideliter«) als Privatlehrer von Patriziersöhnen. »Non poterat latere diutius ingenium omnis disciplinae capax, natumque ad quaevis praeclara: quippe quod
et Linguae callebat Latinam, Graecam, Hebraicam, Polnicam: et recte noverat philosophari, gustaverat quoque de Poeticis cadis«[276].
Aufgrund dieser Fähigkeiten wird er 1639 zum Konrektor der Königsberger Altstädtischen Lateinschule berufen und 1645 zum Prorektor ernannt[277]. 1647 promoviert er nebenbei zum Magister der
Philosophie[278]. Sein Amt als Prorektor führt er so erfolgreich, daß
er nach sechs Jahren (1651) vom Brandenburgischen Kurfürsten »ad
Graecae Linguae Professionem« der Königsberger Universität befördert wird[279].

Kaldenbach ist ein typischer Vertreter der Königsberger Gelegen-
heitspoesie, die sich heute vor allem mit den Namen Simon Dach,
Heinrich Albert, Robert Roberthin und Georg Mylius verbindet[280].
Ihre Techniken und Motive[281], ihre ›akademische‹ Nuancierung und

---

[274] So das ›Programma funebre‹. Schon als Schüler des Frankfurter Pädagogiums
war er »choro ... Symphoniaco associatus, ipse Musicâ Poetica haud leviter
imbutus« (ebda.; über musikalische Verwandtschaft Reichert, a.a.O., Sp. 436).
[275] Zu deutsch-polnischen Wechselbeziehungen in jener Zeit vgl. Szyrocki, Der
junge Gryphius, S. 16f. (mit weiteren Hinweisen).
[276] ›Programma funebre‹.
[277] Möller II, S. 14; V, S. 7; VII, S. 15.
[278] Die Angaben über das Jahr der Promotion differieren stark (Reichert, a.a.O.,
Sp. 437).
[279] ›Programma funebre‹.
[280] Das Wichtigste bei W. Ziesemer – R. Haller, Artikel ›Königsberger Dichterkreis‹, RL ²I, S. 867ff. Der dort angegebenen Literatur jetzt hinzuzufügen vor
allem C. Ruckensteiner, Simon Dachs Freundschafts- und Gelegenheitsdichtung, Diss. Innsbruck 1957; F. Dostal, Studien zur weltlichen Lyrik Simon
Dachs, Diss. Wien 1958; I. Ljungerud, Ehren-Rettung M. Simonis Dachii,
Euphorion 61, 1967, S. 36ff. (hauptsächlich Autorschafts-Fragen). Exemplarische Interpretationen eines Gedichts von Mylius bei Beißner, Deutsche Barocklyrik, S. 53f.
[281] Ein anschauliches Bild von der ganzen Tabulatur dieser Poesie, auch von ihrem

427

nicht zuletzt ihre Musikalität beherrscht er mit aller Routiniertheit, ja Souveränität. Sie ist die Basis seiner späteren Tübinger Tätigkeit.

Die genaue Chronologie seiner Gedichte bedarf noch einer gesonderten Untersuchung[282], doch reichen die ersten Zeugnisse der *ars versificatoria* weit zurück in die 30er Jahre; schon 1641 erscheint die erste Sammlung polnischer Gedichte[283], 1646 das dramengeschichtlich interessante Schultheaterstück ›Babylonischer Ofen‹[284], 1648 gleich zwei Sammlungen, ›Deutsche Grab-Getichte‹ und ›Deutsche Eclogen oder Hirten-Getichte‹, dann 1651, als vorläufige Summen, die ›Deutsche Sappho‹ und ein Band lateinischer Gedichte mit drei Büchern ›Lyrica‹, einem Buch ›Rhythmica‹ und einem längeren Gedicht in Hexametern[285].

Wann Kaldenbach zum ersten Mal mit dem Königsberger Kreis, der um Roberthin zentrierten ›Kürbishütte‹, in Berührung gekommen ist, läßt sich vorerst nicht sagen[286]. Jedenfalls gehört Kaldenbach zu den jüngsten Mitgliedern (nur Mylius war ebenfalls 1613 geboren, Koschwitz 1614), und er hat alle Angehörigen dieser Gruppe – zwischen 1646 und 1660 sterben die meisten – weit überlebt. Auffällig ist die Parallelität zur Laufbahn Dachs, der (acht Jahre älter) 1633 ›Kollaborator‹ an der Domschule wurde, 1636 ihr Konrektor, und der dann 1639 als ›Professor Poeseos‹[287] an die Königsberger Universität wechselte.

Mit ihm, Roberthin, Mylius und Thilo dem Jüngeren verbindet ihn engste Freundschaft, und immer wieder tauchen diese Namen als Adressaten seiner Gedichte oder als Gegenstand poetischer Gespräche auf. Schon 1638 feiert Dach den Freund als ein ›führendes‹ Glied

---

Zusammenhang mit der Tradition (Horaz, Catull, Bukolik, Petrarkismus, Bibel, Kirchenlied) vermittelt – oft freilich zu breit paraphrasierend – die genannte Arbeit von Dostal.

[282] Als erster Schritt hierzu wäre eine Bibliographie zu erstellen; die Angaben bei Goedeke ²III, S. 131 erfassen nur einen Teil der deutschen Texte, die lateinischen sind ganz ausgeklammert.

[283] ›Holdowna Klio‹, Königsberg 1641.

[284] Vgl. DVjs 42, 1968, S. 325 Anm. 3. Vorausgegangen war (nach Goedeke) bereits 1635 das Drama ›Herkules am Wege der Tugend und Wollust‹.

[285] Die Bände erschienen (in der Reihenfolge der Zitierung) in Elbing, zweimal Königsberg, Braunsberg.

[286] Bereits 1641 ist Kaldenbach (als ›Celadon‹) in Alberts ›Arien‹ mit einigen Gedichten vertreten. Er selbst wiederum nimmt in seine ›Deutsche Sappho‹ auch Texte von Dach und Mylius auf.

[287] Die Professur wird häufig falsch angegeben, so auch von Reichert (a.a.O., Sp. 439: »der Eloquenzlehrstuhl der Univ.«). Den Eloquenzlehrstuhl hatte Valentin Thilo (d. J.) inne!

des Kreises, und 1655 wirkt Dach bereits seit Jahren als ›Poet‹ der Königsberger Universität, als Kaldenbach einen Ruf nach Tübingen auf die ordentliche Professur »Eloquentiae Historiarum et Poeseos«[288] erhält.

Die Gründe, weshalb im fernen Tübingen (bzw. in Stuttgart) die Wahl gerade auf Kaldenbach fiel, sind wohl einiger Überlegung wert. Klüpfel betont, offenbar nicht ohne Ironie: »Man scheint einigen Werth auf dieses Fach [sc. Poesie und Beredsamkeit] gelegt zu haben und berief dafür mehrmals Fremde, da man zu fühlen schien, daß hiezu die Stiftsbildung nicht ausreiche. So finden wir 1656 den Christoph Caldenbach ...«[289]. Er war in der Tat ein ›Fremder‹, aber es gab in jenen Jahren auch sonst die eine oder andere Verbindung vom Osten zur Württembergischen Landesuniversität; so hatte ein Jahr zuvor, am 6. Juni 1655, Lohenstein in Tübingen bei Wolfgang Adam Lauterbach (dem ›Orakel der Rechtswissenschaft‹)[290] zum Dr. jur. promoviert[291]. Entscheidend aber dürfte wohl das Vorbild Dachs (und Thilos) gewesen sein, wenn nicht gar von Dach eine Empfehlung oder dergleichen ausgegangen ist[292]. Als Poet hatte Kaldenbach – wie Dach – längst einen guten Namen, und als Pädagoge wie als Philologe (Gräzist) hatte er sich bewährt. Da nun Dach seit längerem die Professur der Poesie in Königsberg versah, konnte man es mit seinem jüngeren Freund wohl einmal versuchen. Als Mitbewerber[293] war übrigens der schon mehrfach erwähnte Rektor des

---

[288] Offizielle Definition aus dem ›Programma funebre‹.

[289] Geschichte und Beschreibung der Universität Tübingen, S. 153f. (Klüpfel hat S. 154 Anm. 1 das Todesjahr Kaldenbachs mit dem der Witwe – 1705 – verwechselt).

[290] Jugler, Beyträge zur juristischen Biographie, Bd. 3, S. 86.

[291] Titel der Promotionsschrift: ›Disputatio Juridica de Voluntate‹; Näheres bei von Müller, Bibliographie der Schriften Daniel Caspers von Lohenstein, S. 226f. (Verhofstadt, Untergehende Wertwelt ..., S. 34 weist jetzt darauf hin, daß die Schrift auch in der Ausgabe von Lauterbachs ›Dissertationes‹ aus dem Jahre 1728 enthalten ist). Lohensteins Tübinger Disputation wäre im Hinblick auf sein später so ausgeprägtes Staatsdenken genauer zu untersuchen.

[292] Dach amtierte 1656/57 gerade als Rektor der Königsberger Universität, vgl. D. H. Arnoldt, Ausführliche und mit Urkunden versehene Historie der Königsbergischen Universität, 2 Teile, Königsberg i. Pr. 1746 (dort 2. Teil, S. 107; 1658 löste ihn Thilo ab, a.a.O., S. 108).

[293] So Reichert, a.a.O., Sp. 438. Anders Hippe, Christoph Köler, S. 57; er zitiert einen poetischen Nachruf von Johann Fechner auf Köler, wo es heißt:
»Tu praeprimis nutricula Clius,
Tubinga illustris, Coleri fruge potiri
Plena poscebas: sic constans ferebat«.
Demnach wäre die Professur angeboten worden, Köler hätte sie ausgeschlagen.

Breslauer Elisabethanums und Lehrer zahlreicher schlesischer Barockdichter, Christoph Köler, aufgetreten; doch Kaldenbachs Reputation
als ›Königsberger‹ und sein geringeres Alter[294] wogen offenbar
schwerer.

Kaldenbach scheint mit der Annahme des Rufs nicht lange ge-
zögert zu haben. Bereits am 12. Februar 1656 erhält er seine Be-
stallung als Tübinger Ordinarius. Seine Königsberger Freunde verabschieden ihn mit den in ihrem Kreis üblichen humanistischen Ge-
leitgedichten[295]. Unter diesen traditionsgemäß panegyrisch gehaltenen Zeugnissen der Freundschaft (auch Simon Dach ist, als »Poes. P. P«,
vertreten)[296], befindet sich ein Gedicht von Stephan Gorlovius, das
sehr charakteristisch das Bild Tübingens aus Königsberger Sicht und
vor allem die Maßstäbe andeutet, die man an Kaldenbach anlegen
wird. Eine Strophe lautet:

> »Vivat Caldenbachius! Crusii in Graecis,
> Junij et Lansii in Oratoriis, Lotichij
> in Poeticâ, Tubingae mensuram adimpleat,
> quando Regiomonti non licuit!«[297].

Sein Vorgänger im Amt, Johann Martin Rauscher, seit 1616 Ordinarius für Rhetorik und lateinische Sprache, seit 1629 für Rhetorik, Poesie und Historie[298], muß für Kaldenbach kein sonderlich be-
drückendes Vorbild gewesen sein. Er war »ein guter Redner, Ge-
schichtskundiger, und vieljähriger verdienter Lehrer«[299], von herausragenden Leistungen ist nichts überliefert. Der Parallel-Lehrstuhl
war nach dem Tod des Professors für Rhetorik und Ethik, Jodokus
Kolb, im Jahre 1635 – wie es scheint – nicht mehr besetzt wor-

---

[294] Köler war elf Jahre älter, er starb 1658.
[295] Kaldenbach druckt sie später im Anhang zu seinen ›Sylvae Tubingenses‹, Tübingen 1667, S. 197ff.
[296] A.a.O., S. 202. Das Gedicht ist Ziesemer – wie auch die meisten anderen Gedichte Dachs für Kaldenbach – offenbar entgangen (nur eine Gratulation aus
dem Jahre 1655 ist bei Ziesemer 2, S. 359 verzeichnet).
[297] ›Sylvae Tubingenses‹, S. 201. Gorlovius scheint (aufgrund von Kaldenbachs
bisheriger Professur) anzunehmen, der Freund werde auch in Tübingen Griechisch lehren. Die Kombination von Griechisch und Rhetorik war, wie Crusius'
Beispiel zeigt, durchaus möglich.
[298] Die Angaben bei Conrad, Die Lehrstühle der Universität Tübingen ... sind
widersprüchlich. Die angebliche Amtszeit Rauschers bis 1656 (S. 41) ist offensichtlich von Kaldenbach her gerechnet; Rauscher starb aber schon 1655 (so
richtig S. 151).
[299] A. F. Bök, Geschichte der herzoglich Würtembergischen Eberhard Carls Universität zu Tübingen im Grundrisse, Tübingen 1774, S. 116.

430

den[300], so daß Kaldenbach als alleiniger Vertreter seines Fachs beginnen konnte; er blieb es bis zum Ende seiner Amtszeit.

Das einzige Mitglied des Lehrkörpers, das für ihn auf seinem Fachgebiet eine Konkurrenz bedeuten konnte, war der bereits erwähnte, in ganze Deutschland hoch angesehene Jurist, Redner und (frühere) Rhetorik-Professor am ›Collegium illustre‹ Thomas Lansius[301]. Nicht zufällig taucht sein Name auch in dem zitierten Königsberger Abschiedsgedicht auf; er repräsentierte die Tübinger Oratorie offenbar eindrucksvoller als Kaldenbachs unmittelbarer Vorgänger.

Der ehrwürdige, fast achtzigjährige Lansius sitzt auch im Auditorium, als Kaldenbach am 5. November 1656 seine feierliche Antrittsvorlesung ›De regno eloquentiae‹ hält[302]. Das Einladungsprogramm des Rektors[303] läßt deutlich erkennen, wie sehr man sich von dem gelehrten Repräsentanten des Königsberger Poetenzentrums eine Belebung der Tübinger humanistisch-literarischen Studien erhofft. Seit dem Tode Rauschers, so hebt der Rektor hervor, sei »pubes nostra Academica« ohne Rhetorik-Lehrer; das habe den Herzog zum Handeln veranlaßt. »Quapropter, occasione sic nata, ex Parnasso illo Regiomontano aliquem huc deducere jußit rivum, qui vivido eruditionis ac eloquentiae suae rore Academica haec Tempe nostra irrigare ac foetificare posset«[304].

Die Antrittsvorlesung selbst -- bei der übrigens auch der Herzog Eberhard persönlich anwesend ist[305] -- bringt ihrem sachlichen Gehalt nach nichts wesentlich Neues. Sie ist eine jener schon berührten humanistischen Programmreden, wie sie seit Petrus Luder zumal bei Lehrern der Poesie und Eloquenz üblich waren und auch während des 17. Jahrhunderts eifrig gepflegt wurden. Kaldenbach preist die *eloquentia* als »artium Regina« und steigert sich mehr und mehr in einen -- wohl auch von ihm erwarteten -- hymnischen Ton: »Jamque et tu, ò veneranda artium Regina, ò augusta mentium Imperatrix,

[300] Vgl. die Übersicht bei Conrad, a.a.O., S. 41.
[301] Oben S. 378f.
[302] Als Einzeldruck erschienen Tübingen 1667; das Titelblatt verzeichnet: »habita cum in alma Tubingensi professionem eloquentiae, historiarum, ac poeseos publicam auspicaretur«.
[303] Dem Einzeldruck beigegeben.
[304] A.a.O., S. 1.
[305] A.a.O., S. 3: »praesentia Principis Serenissimi«. Kaldenbach apostrophiert ihn ausdrücklich, wie auch den alten Lansius, »cujus in veneranda canitie nobilissimae encomium facundiae suscipimus ... Qui apud Vos dicere audent, magnitudinem Vestram ignorant: qui non audent, humanitatem« (a.a.O., S. 5).

Diva Eloquentia, salve«[306]. Mit den seit Cicero bekannten, auch etwa von Meyfart, Klaj und Harsdörffer verwendeten Topen beschwört er die Allmacht der Rede, und er versäumt nicht, dem Ganzen einen gut christlichen Akzent zu geben – was er nicht zuletzt dem anwesenden Herzog schuldig ist. Gott hat, damit seine Macht offenbar wird, dem Menschen Verstand und Rede geschenkt, »ratione instruxit, atque oratione«[307].

Bezeichnender als diese Manifestation der christlich-humanistischen Koine sind die in die Rede eingestreuten Proben von Kaldenbachs poetischem Talent, denn hier ist er offensichtlich bemüht, etwas von jener individueller getönten Atmosphäre des Königsberger Parnaß zu vermitteln:

> »Salvete dulcis Neccari Deae dulces!
> Salve sacrata Phoebo et inclytis Musis
> Sedes, celebrium decus Lyceorum,
> Illustris ô Tubinga, salve, et aprici
> Tecum per orbem latè amabilem colles,
> Amoenioris grata mansio Bacchi«.

Er würdigt die großen Tübinger, die schon gestorben sind, redet sie an und kommt dann auf sein eigenes Schicksal zu sprechen, das ihn hierher geführt hat:

> »Sic ergo Prußici receßibus Pindi,
> Vestris adacti, coelitum piô ductu,
> Gratùm viretis, claudimur viae portu.
> Sic BREGELAE fluenta docta praeclari,
> Mutare pulchri contigit vadô NICRI;
> NICRI, novum fudisse Castalin dudum
> Minantis, entheaeque copias undae!«[308].

Daß dieser *poeta doctus* allen mit seinem neuen Amt verbundenen gelegenheitspoetischen Pflichten vollauf gewachsen war, konnte kaum zweifelhaft sein. Geburten, Verlobungen, Hochzeiten und Todesfälle im Bereich des akademischen Kollegiums und des Fürstenhauses, dazu Promotionen, besondere Ehrungen, Empfänge, Verabschiedungen und Jubiläen – alles dies mußte angemessen bedichtet und gewürdigt werden, ob nun mit einem bescheidenen Zweizeiler

---

[306] A.a.O., S. 6.
[307] Ebda. Platon und Cicero sind die Kronzeugen, auf die sich Kaldenbach nach humanistischer Manier beruft (a.a.O., S. 7f.).
[308] A.a.O., S. 7.

oder einer feierlichen Ode. »Sine vate nec Magister fit, nec Doctor«[309], das galt insbesondere für den Vertreter der ›humaniora‹. Die Texte wurden in der Regel bei der jeweiligen Festivität vorgetragen und häufig im Rahmen eines Festprogramms – sofern der Anlaß eines verlangte – oder etwa in einer Gedenkpublikation (zusammen mit den Leichenreden) gedruckt. Und zu den vielen offiziellen Aufträgen (der Fakultät oder des Rektors) kamen die Anlässe, bei denen im eigenen Namen ein poetischer Beitrag zu leisten war[310].

Wie umfangreich sich dieser ganze Komplex akademischer Gelegenheitspoesie ausnahm, ist an der stattlichen Sammlung abzulesen, die Kaldenbach bereits 1667, ein Jahrzehnt nach seinem Amtsantritt, unter dem Titel ›Sylvae Tubingenses‹ veröffentlichen konnte[311]. Dabei waren hier – vielleicht in Auswahl – nur die lateinischen Texte vereinigt. Die deutschen folgten erst 1683, von Kaldenbachs Sohn als ›Deutsche Lieder und Getichte‹ herausgegeben; Stücke aus der Königsberger Zeit waren dort mit einbezogen[312], so daß fast ein halbes Jahrhundert poetischer Produktion überschaubar wurde. Es gilt die gleiche Feststellung wie im Fall Buchners: »Gedichte, die nicht einer besonderen Gelegenheit ihre Entstehung verdanken, sind fast gar nicht vorhanden«[313].

Etwas anders steht es mit dem oratorischen Gegenstück dieser Gelegenheitspoesie. Daß der Kreis von Anlässen, die mit einer feierlichen, ausgearbeiteten Rede begangen wurden, wesentlich enger gezogen sein mußte, liegt auf der Hand. Im Grunde verlangte nur ein Todesfall regelmäßig auch eine Anlaßrede im engeren Sinne, eine

---

[309] Brief Tschernings vom 10. Juni 1646 (Borcherdt, Andreas Tscherning, S. 142).
[310] Bei den Gedichten, die nicht in einem Einzeldruck erhalten sind, läßt sich dies oft kaum unterscheiden.
[311] Dem in Tübingen gedruckten und verlegten Band – der Titel folgt einer auf Statius zurückgehenden und vor allem durch Scaliger kodifizierten Tradition – ist gleichsam als Nachlese aus der letzten Königsberger Zeit eine ›Sylvula Regiomontana‹ beigegeben; dazu ein Buch hexametrischer Gedichte (›Heroicorum‹) und ein kurzer Anhang mit fremden Gedichten für Kaldenbach (›Adoptivorum Libellus‹). Eine Gesamtausgabe der Gedichte aus den drei letzten Tübinger Jahrzehnten ist nicht veranstaltet worden. Welch ungeheure Menge von Texten sich bei einem akademischen Berufspoeten im Laufe der Zeit ansammelte, zeigt die 967 (!) Seiten starke postume Ausgabe von Morhofs ›Opera Poetica Latina‹, Lübeck ²1697.
[312] Den Grundstock bildeten die Lieder aus der ›Deutschen Sappho‹ von 1651, hinzu kam – außer den Tübinger Gedichten – das während des letzten halben Jahrzehnts in Königsberg Entstandene.
[313] Borcherdt, Augustus Buchner ..., S. 26. Das gleiche zu Tscherning: Borcherdt, Andreas Tscherning, S. 167.

Rede, die auf den Anlaß bzw. die Person unmittelbar Bezug nimmt und nicht irgendein allgemeines Thema vor einem Festpublikum abhandelt. Während die geistliche Totenrede selbstverständlich einem Geistlichen – bei Toten aus der Professorenschaft häufig einem der theologischen Kollegen – vorbehalten blieb, gehörte die weltliche Gedenkrede wenigstens prinzipiell zu den Pflichten des Rhetorikprofessors. Von Bernegger und Boecler beispielsweise sind zahlreiche solcher *panegyrici* als Einzeldrucke erhalten[314], und der erste Band von Buchners ›Dissertationes academicae‹[315] enthält nicht weniger als 191 Gedenkreden auf Kollegen, Angehörige von Kollegen und sonstige mit der Universität Wittenberg verbundene Personen; ähnlich steht es mit Morhofs ›Orationes et programmata‹[316] oder mit Peter Laurembergs ›Castrum doloris‹[317]. Kaldenbachs literarischer Ehrgeiz jedoch scheint auf diesem Gebiet nicht sonderlich groß gewesen zu sein, auch war wohl selbst bei den weltlichen Gedenkreden die Konkurrenz der Theologen stark[318]; jedenfalls sind nur zwei solcher Reden Kaldenbachs als Einzeldrucke greifbar, eine auf den Professor für Straf- und Lehensrecht Joachim Wiebel (1661)[319], die andere auf Thomas Lansius (1658)[320]; eine in warmen Tönen gehaltene Huldigung für den ›Nestor‹ der Tübinger Rhetorik.

Die freiere Form der akademischen *declamatio* hingegen, wie sie von Melanchthon an den protestantischen Universitäten eingeführt worden war, hat Kaldenbach mit großen Eifer gepflegt. Sie stellte das eigentliche Kern- und Prunkstück der akademischen Eloquenz dar, das Metier, an dem der Professor der Rhetorik von Zeit zu

---

[314] Die wichtigsten Gedenkreden Berneggers sind dann aufgenommen in die ›Orationum academicarum decas‹ (1640); zu Boecler vgl. die ›Orationes et programmata academica‹ (1654, dann noch einmal 1705).

[315] Wittenberg 1650.

[316] Hamburg 1698.

[317] Rostock 1638 (eine Sammlung von Trauerreden auf adlige Gönner).

[318] Auffällig ist die Häufigkeit, mit der in den Tübinger Programmen jener Zeit die Namen Hesenthaler und Osiander vertreten sind. Man bedenke auch, daß zahlreiche Rhetorik-Professoren des 17. Jahrhunderts gleichzeitig oder später als Prediger tätig gewesen sind, so Buchholtz, Dilherr, Riemer, Schupp (vgl. Balde).

[319] Er war bereits 1653 gestorben, die Gedenkrede erschien unter zwei verschiedenen Titeln (›Joachimus Wibelius seu laudatio posthuma‹ und ›Joachimus Wibelius aeternum convalescens‹).

[320] Diese Rede, ›Panegyricus memoriae ac honori Thomae Lansii‹, wurde offensichtlich bei der akademischen Gedenkfeier bald nach Lansius' Tod (1657) gehalten: »dicatus, dictusque publicè in alma ad Nicrum Eberhardina« (Titelblatt).

Zeit – im Rahmen regelmäßiger oder außerordentlicher Festveranstaltungen – sein praktisches Können unter Beweis zu stellen hatte. Und es gab kaum einen Vertreter dieser Disziplin, der sich nicht bemüßigt fühlte, diese Reden dann auch gesammelt herauszubringen[321]. Hin und wieder begegnen unter der Masse dieser Serienware auch Stücke, die noch heute Aufmerksamkeit verdienen, so etwa Buchners große, nach klassischen Mustern gearbeitete, durch »eine hoch-gläntzende kürtze«[322] ausgezeichnete Doppel-Deklamation ›Quid Carolus I. Britanniarum rex, loqui potuerit lata in se ferali sententia‹ (wohl 1648)[323] oder die geistreichen, witzigen ›Orationes‹ des akademischen enfant terrible Schupp (aus der Marburger Zeit als ›Professor historiarum et eloquentiae‹, 1634–46): neben den üblichen *laudationes* oder auch zeitkritischen Untersuchungen wie ›De felicitate seculi hujus XVII.‹, ›De oratore inepto‹ und ›De pennalismo‹ stehen so erstaunliche Kunststücke wie ›De lana caprina‹, ›De praestantia nihili‹, ›De arte ditescendi‹[324].

Was an Kaldenbachs dreibändiger Sammlung ›Orationes, et actus oratorii‹ (1671–1679 erschienen)[325] vor allem auffällt, ist die ostentativ pädagogische Zielsetzung, und damit tritt der zweite, der eigentliche Aufgabenbereich in den Vordergrund: die Tätigkeit als Hochschullehrer. Kaldenbach hat die seit den reformierten Statuten von 1536 bestehende Verpflichtung zum Unterricht im Deklamieren offenbar sehr ernst genommen, und er erinnert bei seiner Aufgabe, »juventutem literariam ex officio ... quasi manu ducere« mehrfach an die Verdienste, die sich hierin bereits andere Tübinger erworben haben: »etiam nostra in Academia, à Buchneris, Flayde-

---

[321] Genannt seien nur die Namen Bernegger, Boecler, Buchner, Morhof, Schupp, Jacob Thomasius. Einen Überblick über solche Redensammlungen gibt Morhof, ›Polyhistor‹, Lübeck ³1732, S. 976.

[322] So Zesen in der Widmungsvorrede zur deutschen Übersetzung dieser Rede: ›Was Karl der erste/ König in Engelland/ bei dem über Jhn gefällten todesuhrteil hette für-bringen können. Zwei-fache Rede‹, o.O. o. J., fol. Aa IIIª.

[323] Es ist der Stoff der Gryphius-Tragödie ›Carolus Stuardus‹. Buchners Deklamation fand offenbar so großen Anklang, daß Zesen und vielleicht Jacob Thomasius sie ins Deutsche übersetzten (vgl. auch Borcherdt, Augustus Buchner ..., S. 30).

[324] Auch diese Reden wurden übersetzt; sie sind enthalten in Schupps ›Schrifften‹, (Hanau 1660).

[325] Verlegt bei Cotta in Tübingen. Die Titelblätter der drei *missus* weichen nur unwesentlich voneinander ab. Die Widmungen gelten den Magistraten von Ulm, Breslau und Augsburg; deutlich spürbar ist das Bestreben, die Nützlichkeit der Eloquenz hervorzuheben.

ris, Lansiis, Hesenthaleris, non exiguo eorundem, Scholaeque nominis incremento«[326].

Die für seine Schüler zu Übungszwecken ausgearbeiteten und in drei Bänden gesammelten Reden sind zum weitaus größten Teil nicht als eigenständige *orationes singulares* zu denken, sondern – ähnlich wie bei Lansius – als fest integrierte Teile thematisch geschlossener *actus*. Dies gilt im übrigen auch für zwei andere aus dem Unterricht Kaldenbachs hervorgegangene Sammlungen, die hier gleich mit einbezogen werden sollen: die ›Problemata oratoria‹ von 1672 (kurz nach dem ersten Band der ›Orationes‹ veröffentlicht) und die ›Dispositiones oratoriae‹ von 1687[327]. Während jedoch die ›Orationes, et actus oratorii‹ als Bestandteil des normalen Unterrichts »in Academia Tubingensi, a studiosa juventute, exercendae inprimis eloquentiae causâ, publicè exhibiti«[328] sind, scheinen die ›Problemata oratoria‹ nur aus Anlaß von Promotionen gehalten worden zu sein, »in renunciatione baccalaureorum, Tubingae, a candidatis, pro more academiae, publice dicta, et recitata«, und zwar, wie ausdrücklich hinzugefügt wird, »studium moderante Christophoro Caldenbachio, Eloq. Historiarum, ac Poes. Prof.«[329]. Die ›Dispositiones oratoriae‹ schließlich sind wieder für die üblichen *actus* geschaffen, aber es handelt sich nur um Entwürfe, *oeconomiae*, nicht um ausgeführte Reden[330].

Dieses stattliche Corpus oratorischer Übungstexte, das sich Kaldenbach im Lauf der Jahrzehnte erarbeitet hat (nahezu 2000 Seiten im Oktavformat), vermittelt ein recht instruktives Bild vom rhetorischen Alltagsbetrieb und nicht zuletzt von dem Pflichtbewußtsein, mit dem Kaldenbach dieser sicher oft genug ermüdenden Aufgabe nachkam. Aber der Brauch verlangte, daß die Lernenden immer wieder »publicum doctrinae testimonium in frequentia Academicorum solenni merentur«[331]. Und der Sachverstand, über den jeder ›Academicus‹ aus eigener Praxis wie aus regelmäßigem Besuch solcher De-

---

[326] Widmung zu Band 1, fol.):(4ᵃ.

[327] Der eine Titel ist dem Esslinger Magistrat gewidmet, der andere dem Memminger. Die ›Dispositiones‹ sind wie die ›Orationes‹ als mehrbändiges Werk geplant, doch ist nur ein erster Band erschienen.

[328] Text des Titelblatts von Band 1.

[329] Ebenfalls Angabe des Titelblatts. Die rhetorische Vorbereitung der Artisten auf das Baccalaureat gehörte zu Kaldenbachs wichtigsten Amtspflichten.

[330] Nach dem gleichen Prinzip verfährt Christoph Schrader in seinen ›Hypotheses oratoriae‹ (1669); s. o. S. 416.

[331] ›Problemata oratoria‹, ›Praefatio‹, fol.)(2ᵃ. »Primae illam Laureae festivitatem edito Oratoriae quodam artis specimine exornare« (a.a.O., fol.)(3ᵃ), war die Pflicht der Studenten (bzw. des Professor Eloquentiae).

klamationen verfügte, war ein beträchtliches *incitamentum* für den Lehrer und seine Zöglinge. Hinzu kam das humanistisch-stolze Bewußtsein vom Wert des Fachs, der Gedanke, »quam et alias inter artes, Academiis competentes, sola Regina Eloquentia inprimis suâ necessitate et commodis emineat«[332]. Und wenn Kaldenbach die Erzeugnisse seines Unterrichts dann auch drucken ließ, so tat er es – wie er nicht ohne Selbstbewußtsein betonte –, um anderen den Weg zur wahren *eloquentia* zu ebnen; denn »non aequè omnes εὐφαντασιωτοὶ dicendi magistri sunt«[333].

Daß hier literarische Perlen verborgen liegen, wird niemand erwarten. Doch ist neben dem Bemühen um sauberen, maßvollen, ciceronianisch-glatten Stil (das Rektoratsprogramm hebt später die *elegantia* hervor)[334] eine gewisse Tendenz zur akademischen Brauchbarkeit, ja Aktualität auch der Themen und Inhalte zu würdigen. So enthalten etwa die ›Dispositiones‹ einen Komplex von vier Reden ›De philosophiae ac superiorum facultatum laudibus, quibus quasi certent invicem‹[335]; die ›Orationes‹ drei Reden ›De formandis prosperandisque studiis‹[336]; die ›Problemata‹ fünf Reden ›De modo et commodo legendi poetas‹[337] sowie einen Actus ›De praecipuis eloquentiae subsidiis et adiumentis‹ (mit fünf *orationes*: 1. ›Argumenti designatoria‹; 2. ›Naturae et ingenio primas tribuens‹; 3. ›Arti et doctrinae vires suas asserens‹; 4. ›Exercitationi palmam quaerens‹; 5. ›Decisoria litis, et gratiarum solennium actoria‹)[338]. Neben solcher Art nützlicher Universitätshodegetik bzw. Werbung für die humanistischen Studien gibt es zahlreiche christlich-theologisch gefärbte Themen, Philosophisches, Historisch-Politisches[339] und schließlich auch die moralisierenden Ladenhüter wie ›De conflictu ebrietatis et

[332] ›Dispositiones oratoriae‹, ›Praefatio‹, fol. a 2ᵇ.
[333] A.a.O., fol a 3ᵃ. Daß der Redner εὐφαντασιωτός sein müsse, hatte vor allem Quintilian (6,2,30) gefordert; bei Opitz, ›Buch von der Deutschen Poeterey‹, Breslau 1624, fol. B 3ᵇ wird es auch vom Poeten verlangt (»Er muß εὐφαντασιωτός, von sinnreichen einfällen vnd erfindungen sein«). Kaldenbach als stolzer Poeta-Rhetor denkt wohl an beide Stellen.
[334] Es lobt seine »tot orationes elegantissimae« und bestimmt seine Verdienste: »Ità literarum studia inquinatis barbarie formulis praetulit, et ad veterum laudem emendato scribendi genere accessit«.
[335] S. 196ff.
[336] Bd. 3, S. 305ff.
[337] S. 183ff.
[338] S. 375ff.
[339] Von einiger Aktualität sind hier vor allem die fünf Reden zum Thema ›Character vel idea boni, consummatique politici‹ (›Problemata oratoria‹, S. 70ff., nach der Gestalt des L. Torquatus aus Ciceros ›Brutus‹).

temperantiae‹[340] oder nerventötende Verlegenheitsthemen wie ›Pro et contra canes‹, ›Pro et contra navigationes‹[341].

Das eristische Element, das die Grundlage vieler Actus bestimmt, rückt sie häufig schon in die Nähe der Disputation (der Begriff des *disputari* wird auch ausdrücklich verwendet)[342]. Doch gehört die Schulung im Disputieren nicht zu den eigentlichen Aufgaben des Professor Eloquentiae. Kaldenbach scheint auf diesem Gebiet auch keine besondere Aktivität entwickelt zu haben, im Gegensatz etwa zu seinem Leipziger Kollegen Jacob Thomasius[343]. Natürlich hat auch Kaldenbach im Lauf seiner Tübinger Zeit die obligatorischen *specimina eruditionis* in Form von *Dissertationes* bzw. *Disputationes* abgelegt, die dann gedruckt wurden[344]. Sein größtes oratorisches Glanzstück jedoch, mit dem er wirklich etwas Eigenes zu bieten hatte, ist der im Jahre 1676 unter dem Rektorat des Herzogs Ludwig veranstaltete Actus ›De quinque linguarum cardinalium laude ac elogiis‹[345]: das Hebräische, Griechische, Lateinische, Deutsche und Polnische feierte Kaldenbach nach klassisch-epideiktischer Manier in fünf aufeinander folgenden Reden, »singulis suo idiomate scriptis« (dem Druck fügte Kaldenbach vorsichtshalber lateinische Übersetzungen der hebräischen, der griechischen und der polnischen Rede an).

So hat sich der vom Königsberger Parnaß nach Tübingen berufene Poet auch als Rhetor, im doppelten Sinn des Redelehrers und des Redners, zu bewähren vermocht. Zum vollständigen Bild seiner akademischen Tätigkeit fehlen nur noch die Vorlesungen, und ein glück-

---

[340] ›Orationes‹, Bd. 2, S. 187ff. Ganz unaktuell ist das Thema allerdings nicht, und zwar auch für Angehörige des Lehrkörpers. Noch 1652, also vier Jahre vor Kaldenbachs Amtsantritt, rügt ein Visitationsbericht (zitiert nach Klüpfel, a.a.O., S. 143), »daß die Professoren Nächte durch im Universitätshaus oder beim Pedell sitzen, spielen, sich volltrinken und lärmen«.

[341] ›Dispositiones oratoriae‹, S. 78ff. u. 114ff.

[342] Der zweite Teil der ›Dispositiones‹ ist definiert als »Actus orationum duarum, quae pro et contra disputantur, continens« (S. 74).

[343] Thomasius hielt zu den von ihm geleiteten Disputationen besondere Einleitungen, die er dann sogar eigens veröffentlichte (es sind 85 an der Zahl; ›Praefationes sub auspicio disputationum suarum in academia Lipsiensi recitatae‹, vgl. ADB 38, 1894, S. 109).

[344] Einige Titel: ›De statu nobilitatis‹ (1664), ›Dissertatio philologica de litteris Aegyptiorum hieroglyphicis‹ (1664), ›Disputatio physico-philologica de lauro‹ (1670), alle in Tübingen erschienen.

[345] Abgedruckt im 2. Band der ›Orationes‹, S. 127ff.; dort S. 183ff. angeschlossen ein »Ehren-Klang und Lobgesang Auff die Fünff Lob-Reden der so vielen Haupt-Sprachen«, von Michael Schuster.

licher Umstand ermöglicht selbst in diesen Bereich einen recht genauen Einblick. Kaldenbach hat nämlich 1687 durch seinen Sohn
Christoph einen vollständigen rhetorisch-poetischen Vorlesungszyklus herausgeben lassen unter dem Titel ›Collegiorum, studia maxime
eloquentiae adjuvantium, et in Academia Tubingensi institutorum,
à Christophoro Caldenbachio, Eloq. Historiarum, et Poës. P. P. brevis et svccincta sylloge‹[346]. Das war in dieser Form nicht üblich.
Zwar sind aus der Feder von Rhetorikprofessoren des 17. Jahrhunderts zahlreiche Lehrbücher erhalten, deren Ursprung deutlich im akademischen Unterricht liegt[347]. Aber daß man gleich einen ganzen Vorlesungszyklus – mit allen Anzeichen des Kollegmanuskripts – publizierte, ist eine (willkommene) Ausnahme.

Vier Hauptformen der Darstellung lassen sich deutlich unterscheiden: die systematische Entfaltung von Theoremen mit eingestreuten Beispielen sowie Rekursen auf antike Gewährsleute, die
fortlaufende Kommentierung eines antiken Kompendiums[348], die vor
allem mit *dispositiones* bzw. *oeconomiae* arbeitenden Analysen
exemplarischer Texte und die – ebenfalls meist als *dispositiones* ge-
gegebenen – Entwürfe für die eigene *imitatio*. Die beiden ersten Formen
dienen hauptsächlich zur Darlegung der *praecepta,* die beiden letzten
zur Einprägung der Muster und zur praktischen Übung. Gegenstand
des Vorlesungszyklus sind, nach dem Prinzip des Aufsteigens vom
Einfacheren zum Anspruchsvolleren: Brief, Rede, Gedicht[349].

Die neunteilige ›series collegiorum‹ beginnt mit einem ›collegium
epistolicum‹, in dem die wichtigsten Briefgattungen von der *nuntia-
toria* bis zur *consolatoria* vorgeführt werden, wobei die *exempla*
meist aus den beliebten ›Exercitationes rhetoricae‹ des Tesmarus[350]
genommen sind. Es folgt ein Komplex von drei ›collegia oratoria‹,
deren erstes die (an sich auch für die Epistolographie geltenden) allgemeinen Grundfragen behandelt: *natura* und *ars, loci, partes orationis, elocutio, figurae, compositio, exercitatio*. Das zweite oratorische Kolleg gehört mit seiner unorthodoxen Stillehre, die »entscheidend vom literarischen Unterricht her geformt ist«[351], zum Interes-

---

[346] Die in Tübingen erschienene Sammlung ist, die früheren Dedikationen fortsetzend, dem Reutlinger Magistrat gewidmet.
[347] Oben S. 412.
[348] Hier setzt sich am deutlichsten die Tradition der mittelalterlichen *lectio* fort.
[349] Das entspricht der Reihenfolge, die auch im Gymnasialunterricht der Zeit üblich ist, vgl. etwa das Stralsunder Beispiel von 1643 (s. o. S. 282ff.).
[350] Amsterdam 1657. Tesmarus war Professor am ›Gymnasium illustre‹ in Bremen.
[351] Fischer, S. 173. Kaldenbach legt seiner Darstellung eine Vier-Stile-Gliederung

santesten in diesem Vorlesungszyklus (der Rest des Kollegs bringt die übliche Figurenlehre[352], die *compositio* sowie die Affektenlehre). Das dritte oratorische Kolleg zeigt nun durch die Analyse ausgewählter Reden aus der Alexandergeschichte des Curtius Rufus (Dispositionen, ohne verbindenden Text aneinandergereiht) die dargebotene Theorie am konkreten Text.

Erst das fünfte Kolleg der Gesamtreihe wendet sich dem Bereich der Poesie zu, und wie im Fall der *oratoria* wird zunächst das theoretische Fundament gelegt; doch geschieht dies nicht in Form eines systematischen Vortrags, sondern eines fortlaufenden Kommentars zur ›Ars poetica‹ des Horaz[353]. Kaldenbach zieht einzelne Lemmata heraus und gibt dazu, teils paraphrasierend, teils explizierend (mit Parallelstellen) seine *annotationes*. Es ist eine der Hauptvorlesungen jedes Professor Poeseos; Dach begann mit ihr 1639 seine Tätigkeit an der Königsberger Universität, Buchner veranstaltete (wie mancher seiner Kollegen) auch eine eigene Ausgabe der ›Ars poetica‹ zu diesem Zweck[354]. Die Vorlesung ist so zu denken, daß die Studenten einen Text vor sich hatten und die mehr oder weniger schulmäßig diktierten Bemerkungen ihres Lehrers (so wie sie Kaldenbach hier druckt) in ihr Exemplar eintrugen[355]. Von praktischen Übungen ist

---

zugrunde (»Ciceronianum, Panegyricum, Concisum et Eruditum«, a.a.O., S. 58). »Der Begriff des *stylus* erhält hier, eben aus der alten Übung der *imitatio*, eine für die eigentliche Stiltheorie neue Wendung. Er bezeichnet nicht mehr ausschließlich die allgemein gültige sprachliche Qualität, sondern weit stärker als früher die individuelle Eigenart des als Muster genommenen Autors, damit dann auch den nachahmenden Schreiber« (Fischer, a.a.O., S. 173; Weise geht dann, wie Fischer mit Recht betont, auf diesem Weg der Individualstile weiter.

[352] Gelegentlich macht sich dabei moderner Einfluß bemerkbar, etwa bei den Beispielen zur ›scharfsinnigen‹ Paronomasie: »Adulatio citius in aulis, quam in caulis locus invenit« etc. (a.a.O., S. 75).

[353] Es ist mit nahezu achtzig Seiten das weitaus längste Kolleg (die anderen umfassen jeweils zwischen zwanzig und fünfzig Seiten).

[354] Sie entstand etwa 1628 (Borcherdt, Augustus Buchner ..., S. 34); 1619 hatte Buchner zum ersten Mal über die ›Ars poetica‹ gelesen (damals war er nur Professor Poeseos, die Eloquenz kam – was häufig übersehen wird – erst 1632 hinzu). Buchners Schüler Buchholtz hat als Professor Poeseos in Rinteln sogar eine ›Verteutschte vnd mit kurtzen Noten erklärte Poetereykunst des vortrefflichen Römischen Poeten Q. Horatius Flaccus‹ (Rinteln 1639) herausgebracht.

[355] Das gleiche gilt für die Standardvorlesung über die Aristotelische ›Rhetorik‹. Um diesen Text bemühte sich vor allem Christoph Schrader in Helmstedt (›Aristotelis de arte rhetorica libri tres graece et latine editi cura Christophori Schraderi‹, 1672; ›De rhetoricorum Aristotelis sententia et usu commentarius‹, 1674; ›Dispositiones oratoriae ad ductum rhetoricae Aristotelis concinnatae‹, 1674; alles Helmstedt).

vorerst nichts erkennbar, die Elemente der *ars versificatoria* wenigstens mußte der Hochschulunterricht voraussetzen dürfen.

Ein ›collegium oratorico-practicum‹ hingegen ist die sechste Vorlesung, über ausgewählte Cicero-Reden »earundem methodum artificiosam analysi synopticâ ostendens«[356]. Das an Curtius Rufus Entwickelte wird nun verfeinert, es ergeben sich z. T. sehr komplizierte, detaillierte Analysen[357]; zu jedem Rede-Teil wird erst eine genaue Gliederung, dann ein Block verschiedenartigster sachlich-stilistischer *notae* gegeben. Das gleiche Verfahren wendet Kaldenbach im siebten Kolleg – in sehr bezeichnender Weise Prosa und Poesie zugleich umgreifend – auf epistolographische Texte an, auf Briefe von Cicero und Plinius sowie poetische Episteln Ovids[358].

Die beiden letzten Kollegs sind wieder ganz dem *genus oratorium* gewidmet, jetzt aber noch nachdrücklicher auf die eigene *imitatio* hinzielend. Und statt Cicero werden nun Reden des Muretus zugrundegelegt. Der Universitätsunterricht war hierin offenbar flexibler; Buchner hat sogar über Reden eines Zeitgenossen, des Leidener Juristen und Philologen Petrus Cunaeus (1586–1638) gelesen[359], der das »aureum... Latini sermonis saeculum«[360] in der Gegenwart repräsentierte. War demgegenüber Muretus schon ein Klassiker, so ist doch – wie bei den Redeübungen – das Bemühen Kaldenbachs um etwas ›Modernität‹ unverkennbar[361]. Desto leichter findet er im neunten und letzten Kolleg des Zyklus, ›Pro solennibus in publico sermonibus‹, den Übergang zu denjenigen Reden, die sich dem Acade-

---

[356] So die Kennzeichnung S. 315, vgl. S. 184.

[357] In der Methode gleich, aber in der Ausführung straffer Christoph Schrader, ›Livianarum orationum duodeviginti analysis rhetorica‹, Helmstedt 1674.

[358] Es sind: Ex Ponto 2,2; Trist. 1,3; 3,6; 3,8; 3,13; 4,8.

[359] Seine ›Oeconomiae atque conspectus nonnullarum orationum P. C. cum annotatiunculis in quosdam locos‹ sind gedruckt als Anhang zu: ›Petri Cunaei ... orationes argumenti varii‹, Frankfurt a. d. Oder o. J. Den Reden vorangestellt (Erstveröffentlichung Leiden 1640) ist eine längere Widmung Buchners; es kann sich also kaum um eine illegale Vorlesungs-Publikation handeln. Borcherdt ist diese Schrift Buchners entgangen.

[300] Adolf Vorstius, ›Oratio funebris‹ auf Cunaeus, abgedruckt in der Ausgabe der ›Orationes‹, S. 283ff. (das Zitat: S. 298).

[361] Möglicherweise waren die Muretus-Reden (auch Jacob Thomasius veranstaltete 1672 eine Ausgabe!) schon gegen Ende des 16. Jahrhunderts im Tübinger Universitätsunterricht eingeführt. Das Verzeichnis der von Georg Gruppenbach in seiner Buchhandlung geführten Bücher 1597 enthält auch »Orationes Mureti« (ein Blatt, aus dem Universitätsarchiv Tübingen, ist faksimiliert bei H. Widmann, Tübingen als Verlagsstadt. Das 15. und 16. Jahrhundert, Attempto 27/28, 1968, S. 3ff.; das Blatt: S. 15).

micus während des Studiums und in seinem künftigen gelehrten Dasein immer wieder als unausweichliche Aufgabe stellen werden.

Blickt man auf das Ganze dieses Vorlesungszyklus zurück, so möchte es scheinen, als ob die Poesie – zumal bei einem so kenntnisreichen Poeten wie Kaldenbach – doch etwas zu kurz gekommen sei. Ob Kaldenbach dies selbst empfunden hat, oder ob er von vornherein eine Erweiterung der Sammlung ins Auge faßte[362]: schon 1688, ein Jahr danach also, erscheint ein ganzer Band ›In satyricos tres Latinorum, Q. Horatium Flaccum, D. Junium Juvenalem, et A. Persium Flaccum; tabulae synopticae‹ mit einem Anhang über die beiden Epistel-Bücher des Horaz. Und 1690 folgt ein eigener Band ›Tabulae in odas Q. Horatii Flacci synopticae‹. Beide Bände sind ebenfalls deutlich aus Vorlesungen hervorgegangen, sie enthalten detaillierte Analysen der poetischen Texte nach den gleichen Prinzipien, die Kaldenbach in den *collegia* praktiziert[363]. So steht neben dem Corpus der Redeübungen ein kaum weniger stattliches Corpus rhetorisch-poetischer Kollegs[364].

Nur die *Historiae,* das dritte Fachgebiet, sind noch ganz und gar nicht zu ihrem Recht gekommen, und es gibt dazu auch keinerlei Einzelpublikationen. Die Stücke aus Curtius dienten ja rein als oratorische *exempla.* Aber wo bleiben – wenn schon nicht Tacitus, so doch wenigstens Cornelius Nepos oder Livius? Kaldenbach hat diesem Teil seines Lehrauftrags offenbar keinerlei Geschmack abzugewinnen vermocht, er muß zeitweise mit dem Unterricht ganz ausgesetzt haben[365]. Das Vorlesungsverzeichnis von 1664, das für Kaldenbach *explicatio* von Cicero-Reden und *interpretatio* von Horaz-Oden ankündigt, läßt sich sehr orakelhaft vernehmen, es sei vorgesehen, »ut intra certam periodum studium quoque Historicum reassumat«[366].

Seinem Ansehen hat das, wie es scheint, keinerlei Abbruch getan.

---

[362] Die Praefatio zu den ›Collegia‹ läßt nichts davon erkennen.

[363] Der Zusammenhang mit den oratorischen Formen ist wieder besonders dadurch hervorgehoben, daß jedes Gedicht nach Möglichkeit einem festen Typus zugeordnet wird (*consolatoria, dehortatoria* etc.).

[364] Dagegen ist Kaldenbach mit Editionen nicht hervorgetreten, seine Kolleg-Publikationen sollten dafür wohl auch einen gewissen Ersatz bieten. Einen interessanten Überblick über Morhofs Vorlesungsthemen (aus einer Rede von 1683) druckt Kern, Daniel Georg Morhof, S. 12 ab.

[365] Doch ist hervorzuheben, daß in der Bezeichnung seiner Professur das »Hist.« niemals fehlt, weder auf offiziellen Dokumenten (Rektoratsprogrammen) noch auf den Titelblättern seiner eigenen Schriften.

[366] ›Ordo studiorum‹, 1664, S. 8.

Poesie und Poetik beherrschte er schon, als er nach Tübingen kam, in die Rhetorik hat er sich gründlich und erfolgreich eingearbeitet. Anfang der 8oer Jahre, also bereits in hohem Alter, erhält er vom Herzog Friedrich Karl den Auftrag, das alte, noch aus dem Jahre 1618 stammende, vom seinerzeitigen Hofprediger Johannes Hauber verfaßte, offizielle Rhetoriklehrbuch für die Württembergischen Gymnasien durch ein neues zu ersetzen[367]. Da Kaldenbach inzwischen auch zum ›Paedagogarcha‹ der Württembergischen Lateinschulen »ob der Staig« (d.h. für die südlich Stuttgarts gelegene Landeshälfte)[368] ernannt worden ist, dürfte er einigermaßen orientiert sein, was an den Schulen benötigt wird. 1682 erscheint das ›Compendium rhetorices‹, mit dem ausdrücklichen Zusatz, es sei auf Befehl des Herzogs »pro scholis in ducatu Würtembergico adornatum«[369]. Eine in ziemlich holprigem Latein abgefaßte ›Praefatio‹ des Konsistoriums (das ja für die Schulen zuständig war) handelt über die Göttlichkeit der menschlichen Rede und erläutert den Auftrag an Kaldenbach »à multis jam lustris in hoc studii genere egregiè exercito«[370]. Der Inhalt des (wie schon bei Hauber) erotematisch gehaltenen Kompendiums ist im gegenwärtigen Zusammenhang nicht weiter von Bedeutung; Kaldenbach bietet in drei Büchern (›De inventione‹, ›De dispositione‹, ›De elocutione‹) das übliche Pensum, doch im Vergleich zu Hauber wesentlich knapper gefaßt[371]. Nahezu ein Jahrhundert später, im Jahr 1774, berichtet Bök, das Buch sei »noch gegenwärtig, mit den nöthigen Zusäzen und Verbesserungen, in Würtenberg eingeführet«[372]. Auch in der Ludwigsburger Lateinschule dürfte man noch zu Schillers Zeit das ›Compendium rhetorices‹ benutzt haben[373].

---

[367] ›Erotemata rhetorices, pro scholis ducatus Wirtembergici‹, Stuttgart 1618 u.ö. Hauber hatte für die Württembergischen Schulen auch ›Erotemata dialectices‹ verfaßt.

[368] Reichert, a.a.O., Sp. 438. Der Zeitpunkt der Ernennung steht nicht genau fest, doch ist sie, als Kaldenbach den Auftrag erhält, sicher bereits vollzogen. Das Amt des ›Paedagogarcha‹ bekleidete übrigens schon Kaldenbachs Vorgänger Rauscher, vgl. Bök, a.a.O., S. 116 Anm. a.

[369] Titelblatt des Tübinger Drucks.

[370] Fol.)(4ª. Solche offiziellen Aufträge waren gelegentlich mit dem Amt des Rhetorik-Professors verbunden. So mußte Buchner schon bald nach dem Antritt seiner Professur die Neubearbeitung von Melanchthons lateinischer Grammatik übernehmen (erschienen 1621).

[371] Auch hat Kaldenbach die bei Hauber durchgängige Teilung in Fragen für Anfänger und Fragen für Fortgeschrittene aufgegeben. Auf der anderen Seite sind mehr antike (auch griechische) Zitate eingearbeitet.

[372] Bök, a.a.O., S. 136.

[373] Zum Rhetorikunterricht an der Karlsschule vgl. H. Meyer, Schillers philosophische Rhetorik, S. 357ff.

Es war Kaldenbachs anspruchslosestes und zugleich wirkungsreichstes Buch. Sein vielleicht individuellstes, ›Poetice Germanica, seu de ratione scribendi carminis Teutonici‹, erschien 1674[374], fast zwei Jahrzehnte nach seinem Amtsantritt, zu einer Zeit, als er noch im Vollbesitz seiner Kräfte war (er hielt Vorlesungen bis kurz vor seinem Tod im Jahre 1698)[375]. Wiederum sind nicht so sehr die Einzelheiten des Inhalts bemerkenswert; sie entsprechen der seit Opitz immer differenzierter ausgebauten Koine deutscher Literaturtheorie, und Kaldenbach dokumentiert dies durch ständigen Rekurs auf die etablierten Autoritäten wie Opitz, Buchner, Tscherning, Schottel, Titz, Zesen sowie Meyfart und Kindermann, mit deren Handbüchern er bestens vertraut ist[376]. Der erste Teil des in zwei Bücher aufgeteilten Kompendiums bringt die Metrik von der Quantitätentheorie bis zur Strophenlehre, also das, was im 17. Jahrhundert üblicherweise ›Prosodie‹ genannt wird; der zweite Teil enthält dann – fast noch traditioneller geprägt als bei den ›Collegia.‹[377] – die Stillehre unter besonderer Hervorhebung der *sermonis puritas*; und schließlich bringt ein (den größten Teil des Ganzen einnehmender) Anhang, »Schediasmata carminum varii argumenti, cum suis Dispositionibus«[378], das nötige Anschauungsmaterial, Eigenes und Fremdes, »DACHII praesertim, Viri, vatisque; ad decus et laudem Musarum in universum omnium nati factique«[379].

Kaldenbach bleibt bei seinem Metier, der Gelegenheitspoesie. So wie er, im Gegensatz zu Dach[380], während seiner Zeit als Professor Poeseos kein Drama mehr geschrieben hat – das Studententheater

---

[374] Im Gegensatz zu fast allen anderen Büchern der letzten Jahrzehnte wurde dieser Titel in Nürnberg verlegt.

[375] Das ›Programma funebre‹ hebt diese Tatsache besonders hervor: Kaldenbach führte sein Amt – mit Ausnahme der letzten Jahre (»si paucos extremae senectae annos demas«) – »constanti, semperque sibi simili vigore ac diligentia, pro eâ qua abundabat sapientia incredibili«.

[376] Von den Genannten ist ihm Titz seit der Königsberger Zeit persönlich besonders eng verbunden. An die ›Zwey Bücher Von der Kunst Hochdeutsche Verse und Lieder zu machen‹ (Danzig 1641) lehnt sich Kaldenbach auch bewußt an: »Titium imprimis secutus, amicum jam olim mihi conjunctißimum, pauculis hisce artem eam, ut licuit, comprehendi« (›Praefatio‹, fol. A 2ᵇ).

[377] Vgl. Fischer, S. 174.

[378] ›Poetice Germanica‹, S. 52.

[379] A.a.O., ›Praefatio‹, fol. A 3ᵃ.

[380] Zur Hundertjahrfeier der Königsberger Universität 1644 verfaßte Dach das kulturpatriotische Festspiel ›Sorbuisa‹ (bzw. ›Prussiarcha‹), das dann von Studenten aufgeführt wurde; vgl. H. Bretzke, Simon Dachs dramatische Spiele, Diss. Königsberg 1922.

war in Tübingen schlecht gelitten[381] –, ist auch in seiner ›Poetice Germanica‹ von den großen poetischen Gattungen wie etwa Tragödie oder Lehrgedicht keine Rede. Es ist ein Buch für die Praxis, und es stammt aus der Praxis. »AD cultum spectant Poeseos vernaculae quae oculis expono vestris«, verkündet er in der Widmung[382]. »Quo in culmine sit illa, comparata caeteris, sive linguis sive studiis, omnes eruditorum paginae loquuntur«. Was er hier bietet, hat er vorher »privato in collegio« vorgetragen[383]. Seit wann und in welchem Umfang das geschah, bleibt unklar. Immerhin: er hat, vielleicht angeregt durch das große Vorbild Buchners[384] – und ähnlich wie Tscherning[385] oder Omeis[386] – am Rande seines offiziellen Lehrauftrags auch über den ihm vertrautesten Gegenstand gelehrt, lateinisch natürlich. Doch damit alles seine akademische Ordnung behält, hat Kaldenbach – und das ist überaus charakteristisch für ihn – seine *doctrina* auch lateinisch publiziert, genau ein halbes Jahrhundert nach dem Erscheinen des ›Buchs von der Deutschen Poeterey‹[387].

So kann sich Kaldenbach, als er 1682 dem Herzog Friedrich Karl die ›Deutschen Lieder und Getichte‹ widmet, mit Recht zu denen zählen, »welche den Auffwachs unsrer Muttersprach nicht allein von

---

[381] Nachdem im Jahre 1588 eine Studentenaufführung großes Aufsehen erregt hatte, war das Theaterspielen bei Karzer-Strafe verboten worden (Klüpfel, a.a.O., S. 132). Unter Flayder erlebte das Theater, vom ›Collegium illustre‹ ausgehend, noch einmal einen kurzen Aufschwung (Bebermeyer, Tübinger Dichterhumanisten ..., S. 96).

[382] Fol. A 2ᵇ.

[383] Ebda.

[384] Oben S. 418.

[385] Die philosophische Fakultät der Universität Rostock erlaubte ihm, ein ›Collegium Germanicum poeticum‹ anzukündigen (er hielt es wahrscheinlich bis 1644); Borcherdt, Andreas Tscherning, S. 124.

[386] ›Gründliche Anleitung zur Teutschen accuraten Reim- und Dicht-Kunst‹, Nürnberg 1704, Vorrede, fol.)( )(3ᵃ: Omeis hat »nun schon eine geraume Zeit und von vielen Jahren her verschiedenen Herren Studiosis artium elegantiarum, auf dero Ansuchen/ Collegia academica über die Teutsche Poesie gehalten« (Omeis war seit 1674 Professor der Eloquenz in Altdorf, seit 1699 auch Professor der Poesie; die ›Anleitung‹ entstand im Zusammenhang mit seiner Lehrtätigkeit).

[387] Für Tübingen war selbst diese Tat ein absolutes Novum, Bök, a.a.O., S. 136 versäumt nicht, dies bei seiner Würdigung Kaldenbachs nachdrücklich hervorzuheben: »Ein Mann von vieler Belesenheit in den alten römischen Schriftstellern, vornehmlich den Dichtern ... Die Regeln der Redekunst und Dichtkunst verstand er sehr gut, und hat, von dieser Seite betrachtet, durch Unterricht und Schriften, wie auch durch persönliche Aufmunterung der Studierenden, wahres akademisches Verdienst. Er beförderte auch mit Eifer die Aufnahme der teutschen Dichtkunst, schrieb eine besondere Anweisung hiezu, welches von keinem seiner Vorfahren bekannt ist«.

Hertzen wündschen: sondern auch nach Vermögen zu befördern/ ihnen angelegen seyn lassen«[388]. Das Deutsche sollte, so betont der >Paedagogarcha<, »von Kindheit auff« gepflegt werden, doch hier liege manches im argen. Latein und Griechisch bringe man den Schülern mit aller Sorgfalt bei, aber »die eigentliche zier- und manierliche Redensart ihres Volcks und Vorfahrt« werde vernachlässigt[389]. Hier einen aktiven Beitrag zu leisten, sei auch sein Wunsch, wenn er seine deutschen Gedichte publiziere. Und er sieht die Publikation zugleich im Zusammenhang seines offiziellen Lehrauftrags: weil »bey Dero weitberühmten Universität/ nebenst der Beredsamkeit und Geschicht-Lehre/ die Poesie mir gnädigst anvertrawet und anbefohlen«[390].

*

Nicht alle Studenten der Barockepoche hatten die Gelegenheit, bei einem Kaldenbach oder Buchner, Peter Lauremberg oder Tscherning, Schupp oder Morhof *eloquentia* zu hören. Mitunter dürfte sich, wie angedeutet, der pädagogische Effekt auf eine Rekapitulation oder Ergänzung des Schulwissens beschränkt haben, und die Sterilität eines selbstgenügsamen Leerlaufs drohte hier wie auf der Gymnasialstufe. So war auch das akademische Fach Rhetorik schon früh der gleichen Kritik ausgesetzt wie das humanistische Schulwesen. »Ego non ero Orator?«, fragt der Titelheld von Johann Valentin Andreaes >Turbo< (1616)[391], nachdem er – ein Faust des 17. Jahrhunderts – bereits Dialektik, Ethik, Physik und Logik studiert hat und nun »transivit è Castris Logicis ad Rethorica [sic!]«[392]. »Eris«, antwortet ihm der Skeptiker Stellinus ironisch, »sed ut Praeceptor tuus, qui Cimicibus ac tineis declamitet«[393].

Für denjenigen allerdings, der nicht wie Turbo »sapientiae arcem« suchte[394], sondern sich auf eine Laufbahn als Gelehrter bzw. als *homo literatus* vorbereitete, war das Problem von sekundärer Bedeu-

---

[388] >Deutsche Lieder und Getichte<, S. 6f. Die Widmung stammt vom 13. August 1682, Erscheinungsjahr 1683.

[389] A.a.O., S. 6.

[390] A.a.O., S. 7.

[391] >Turbo, sive moleste et frustra per cuncta divagans ingenium<, (Straßburg) 1616, S. 25.

[392] A.a.O., S. 19 (Worte des Rhetors Psittacus, der seinen neuen Schüler erwartet).

[393] A.a.O., S. 25f. Eine karikierende Zusammenstellung von Themen und Übungsmethoden des akademischen Rhetorikunterrichts a.a.O., S. 24f.

[394] A.a.O., S. 25.

tung. Viel wesentlicher scheint, daß sich innnerhalb des überkommenen, mittelalterlichen, disputatorisch geprägten akademischen Rhetorikbetriebs ein humanistischer Unterricht in der *eloquentia* überhaupt hatte etablieren können. Zwar spielte er dort keine so domi-
nierende Rolle wie an den Gymnasien. Dafür aber war die über-
regionale Wirkung um so intensiver, wenn ein hervorragender *poeta-
rhetor* das Fach vertrat. Wer selbst literarische Ambitionen hegte,
konnte aus nächster Nähe verfolgen, wie ein bedeutender Autor
seine Doktrin in exemplarische Praxis umsetzte, ja sogar in muttersprachliche Dichtung. Lehrbücher und Traktate trugen das im Unterricht Erarbeitete zugleich über den akademischen Bereich hinaus. So
wurden die Universitäten zu regulierenden Zentren der lateinischen
und deutschen, gelehrten Literatur des 17. Jahrhunderts.

Schluß

In der Geschichte der deutschen Literatur ist keine der großen Epochen so umfassend durch das Phänomen ›Rhetorik‹ geprägt wie das Zeitalter des Barock. Was immer man unter ›Rhetorik‹ zunächst verstehen mag, es geschieht nicht von ungefähr, wenn die Barockforschung bei der germanistischen Erschließung dieses Problembereichs gewissermaßen eine Pionierrolle übernommen hat, deren Wirkung auch in Studien zu anderen Epochen wie Humanismus und Aufklärung erkennbar zu werden beginnt.

Aus dem hier vorgelegten Versuch, die geschichtlichen Grundlagen der Barockrhetorik genauer zu beschreiben, sind gegenüber der communis opinio zunächst drei Konsequenzen definitorischer Art zu ziehen: Barockrhetorik ist nicht identisch mit normativem Klassizismus, von dem eine ›Para-Rhetorik‹ oder dergleichen auszugrenzen wäre; Barockrhetorik erschöpft sich nicht in dem, was die Rhetoriklehrbücher (und die Poetiken) des 17. Jahrhunderts an Theorie enthalten; Barockrhetorik ist als Bildungsdisziplin keine bloß akkompagnierende Erscheinung der Kulturgeschichte.

Um mit dem letzten Punkt zu beginnen: die Rhetorik als Bildungsdisziplin ist während der Barockepoche ein zentraler Faktor des literarischen Lebens selbst. Sie entscheidet über Ziele und Methoden der gesamten literarischen Erziehung. Es ist eine Erziehung, die von der untersten Stufe an zur kunstgemäßen Praxis in Poesie und Prosa anleitet und den Werdegang nahezu aller Barockautoren – sowie eines Großteils ihrer Leser – bestimmt hat. Darüber hinaus bildet der gelehrte Rhetorikunterricht die institutionelle Basis für eine Reihe charakteristischer Formen und Gattungen der Barockliteratur (die große Zahl der ›Schulmänner‹ und Universitätslehrer unter den Autoren ist symptomatisch). So steht

448

beispielsweise der umfangreiche Komplex der akademischen Kasualpoesie, von Buchner über Tscherning und Dach bis zu Morhof, in engem Zusammenhang mit dem Eloquenzunterricht der Universitäten; auch mehrere grundlegende Literaturkompendien der Epoche sind unmittelbar aus ihm hervorgegangen. Vor allem aber ist das gesamte barocke Kunstdrama, von Opitz über Rist und Gryphius bis zu Lohenstein, Hallmann und Weise, von Bidermann über Masen bis zu Avancini, an die Realität der Schulbühne und ihrer Spieltechniken gebunden, und zwar nicht als an einen beliebig auswechselbaren Rahmen: für Autoren, Lehrer, Akteure und Publikum bedeutet das kunstgemäß dargebotene Drama die repräsentative Krönung des gymnasialen *eloquentia*-Betriebs.

Eine nähere Beschäftigung mit dem gelehrten Bildungswesen des 17. Jahrhunderts führt zwangsläufig auch zu der zweiten Konsequenz, daß eine Reduktion der Rhetorik auf bloße literarische Theorie der geschichtlichen Wirklichkeit nicht gerecht wird. Stellt man die überlieferten Rhetoriklehrbücher in ihren spezifischen Kontext, den der literarischen *doctrina*, so zeigt sich, daß die *praecepta* nur zusammen mit bestimmten *exempla* und Formen der *exercitatio* zur eigenen *imitatio* führen, d. h. zur literarischen Praxis. Namentlich der umfangreiche Komplex der mündlichen Übungstechniken erscheint in den Kompendien meist nur am Rand und gehört doch zum Grundbestand der rhetorisch-pädagogischen Tradition. Erst die *colloquia* und *dialogi*, die *recitationes, declamationes* und *actus* erheben die sprachlich-kompositorische Fertigkeit zur eigentlichen Eloquenz. Ohne die Basis dieser Exerzitien ist die oft hervorgehobene ›Mündlichkeit‹ weiter Bereiche der literarischen Barockkultur nicht zu denken, ebensowenig wie die ausgeprägte ›Theatralik‹ sprachlichen Repräsentierens.

Welch einseitiges, inadäquates Bild der Barockrhetorik entsteht, wenn man sie auf die Theorie der literarischen Kompendien beschränkt, zeigt sich vollends am Disputationswesen. In kaum einer Barockarbeit der letzten Jahre wird dieser Teilbereich der Rhetorik auch nur erwähnt, obwohl auch hier die Einwirkungen auf die Literatur offen zutage liegen: in vielen Streitszenen von Drama und Roman, insbesondere aber in Satire, Moralkritik und Komödie (Moscherosch, Schupp, Beer, Weise u. a.). Manche dieser eminent ›rhetorischen‹ Disputationsszenen dokumentieren in ihrer Tendenz zu Überspannung und Subtilität noch deutlich den mittelalterlichen, vorhumanistischen Grundcharakter der *ars disputandi*.

Damit ist bereits die dritte der oben genannten Konsequenzen berührt. Wer Rhetorik auf humanistische *elegantia* oder generell auf normativen Klassizismus einengt, muß dabei nicht nur die *ars disputandi* ausschließen, sondern einen großen, vielleicht sogar den größten Teil der Barockliteratur überhaupt. Zwar wagt man nicht recht, diesen Schritt offen zu vollziehen, doch wäre er nur konsequent. Denn wenn es je einen Sinn haben soll, von spezifisch ›barocken‹ Stilelementen zu sprechen, so müßten diese von der klassizistischen Folie, von der ›mittleren Ebene des Sprechens‹, abgehoben werden. Die Termini ›Barock‹ und (klassizistische) ›Rhetorik‹ wären also per definitionem konträr oder gar kontradiktorisch. Als ›rhetorisch‹ in diesem Sinn könnten nur noch einzelne Texte der ›Opitz-Ebene‹ und der attizistischen Latinität des 17. Jahrhunderts gelten. Gryphius hätte aus dem Bereich der ›Rhetorik‹ ebenso auszuscheiden wie Zesen oder Lohenstein und wie die Jesuitendichtung mit Ausnahme vielleicht einiger Gedichte von Balde. Texte von Autoren wie Schupp oder Abraham a Sancta Clara wären überhaupt nicht mehr in einem substantiellen Sinn als ›rhetorisch‹ anzusprechen, sondern gerade als ›antirhetorisch‹.

Die Aporetik solcher reduzierten Rhetorikbegriffe liegt auf der Hand. Sie erklärt sich zum Teil aus der verständlichen Tendenz, das so lange Zeit verfemte oder zumindest suspekte Phänomen ›Rhetorik‹ auf einen klar überschaubaren geschichtlichen Bereich einzugrenzen. Dadurch, daß *rhetorica* im 17. Jahrhundert – wie schon früher – gelegentlich als *ars ornandi orationem* oder ähnlich definiert wird, scheint diese Tendenz auch historisch legitimiert. Übersehen wird dabei aber die terminologische Entwicklung, die sich mittlerweile im Bereich der zugehörigen Synonyme vollzogen hat. Das 17. Jahrhundert besaß neben ›Rhetorik‹ noch eine ganze Reihe zusätzlicher Begriffe wie ›Oratorie‹, ›Beredsamkeit‹, ›Eloquenz‹, ›Wohlredenheit‹, die heute entweder an die Peripherie gedrängt oder ganz ausgestorben sind und an deren Stelle generell das Wort ›Rhetorik‹ getreten ist. Es umgreift Theorie wie Praxis, Mündlichkeit wie Schriftlichkeit, vergleichbar etwa der alten Bedeutungsfülle von *eloquentia*. Der positive Wert dieses Konzentrationsvorgangs manifestiert sich vielleicht am deutlichsten in Nietzsches Konzeption der Rhetorik als intentionaler, auf Wirkung bedachter Sprachkunst – einer Konzeption, die gerade der Barockepoche vorzüglich gerecht wird.

Daß die hier angesprochenen Probleme nicht bloß definito-

rischer Art sind, zeigte sich an den Beispielen des Disputationswesens, der Mündlichkeit oder etwa der nichtklassizistischen Stiltendenzen. Der vielberufene ›rhetorische Grundzug‹ der Barockliteratur wird in seiner Eigenart erst verstehbar, wenn man das
›Theatralische‹ des sprachlichen Weltverhaltens und die Wirkungsintention der kunstgemäßen Wortpraxis, die Institutionalisierung
der Rhetorik und die gelehrte Basis des literarischen Lebens, die
Funktion der *exempla* und die Normativik der rhetorischen Theorie
als jeweils notwendigen Zusammenhang begreift.

Für einen neuen, sachgemäßeren Zugang zur Barockliteratur
könnte die Erkenntnis solcher Zusammenhänge von einiger Bedeutung sein. Der eindrucksvolle quantitative Aufschwung der literarischen Barockforschung in den letzten Jahren darf nicht darüber
hinwegtäuschen, daß für die meisten der literarisch Interessierten
das 17. Jahrhundert noch immer außerhalb der unmittelbar lebendigen Überlieferung liegt. Die ersatzweise Bevorzugung von Autoren wie Grimmelshausen, Fleming oder Günther beruht, wenigstens
zum Teil, auf einem geschichtlichen Mißverständnis. Die entscheidende Barriere, die sich vor das Barockzeitalter schiebt, ist wohl
– das hat man längst gesehen – in der Erlebnistheorie und ihren
Postulaten zu suchen. Und im Rahmen der vorliegenden Arbeit
zeigte sich immer wieder, daß die Vorurteile gegenüber ›Rhetorik‹
und gegenüber ›Barock‹, namentlich der Vorwurf des Künstlichen
und des Absichtlichen, auffällig konvergieren und wissenschafts-
geschichtlich auf die gleichen Wurzeln zurückzuführen sind. So
besehen, ist jeder Versuch, Barockautoren ohne eine positive Rhe-
torik-Konzeption zu interpretieren, bereits im Ansatz fragwürdig.
Das gilt insbesondere für die durch den deutschen Idealismus kodi-
fizierte These, daß die Poesie als autonome Kunst durch eine onto-
logische Differenz von der niedrig-zweckhaften Rhetorik geschie-
den sei.

Den Autoren des 17. Jahrhunderts erschiene ein solches Axiom
als Absurdität, denn für sie ist selbstverständlich auch die Dichtung, als Teil der *eloquentia,* an Zwecke und Wirkungen gebunden.
Nicht zuletzt ist sie, eingestanden oder uneingestanden, für viele
›Gelehrte‹ ein entscheidendes Medium der sozialen Selbstbehauptung. Ohne Einsicht in diese Grundbedingungen lassen sich vor
allem die charakteristischen Zweckformen wie Leichabdankung,
Consolatio oder Streitschrift nicht als genuiner Teil der barocken
›Literatur‹ verstehen. Auch hier hängt der Zugang wesentlich da-

von ab, wieweit sich die prinzipiellen Vorurteile gegenüber rhetorischer Literatur abbauen lassen.

Erste Schritte in dieser Richtung sind von der Barockforschung bereits geleistet. So sehr man im einzelnen die Reduktion der Rhetorik auf Theorie und normativen Klassizismus als unbefriedigend empfinden mag, die Behandlung dieses Komplexes steht doch nicht mehr unter rein pejorativen Vorzeichen. Dabei ist es bezeichnend, daß der Anstoß zu dieser Neuorientierung von außerhalb der Germanistik kommen mußte, von Romanistik, Anglistik und klassischer Philologie. Denn die Rhetorik als Bildungsdisziplin ist nicht auf deutschem Boden entstanden, in der Romania hat sich ihre Tradition am ungebrochensten erhalten, und nicht zufällig haben einzelne deutschbewußte Germanisten den literarischen Barockstil schon früh als ›undeutsch‹ etikettiert. Der Kunstwissenschaft hat sich seit jeher und viel unmittelbarer die Erkenntnis aufgedrängt, daß die Stilformen des 17. Jahrhunderts in Deutschland weitgehend von außen rezipiert worden sind und nur mit dem Blick auf die Nachbarländer – namentlich die der Romania – angemessen interpretiert werden können.

Der positiven Impulse, die aus einer komparatistischen Ausweitung hervorgehen können, ist man sich innerhalb der Germanistik erst zum Teil bewußt geworden. Wenn bei der Erschließung der antik-humanistischen Rhetoriktradition das Gebiet der deutschen Literatur zunächst im Vordergrund stand, so ist dies verständlich und methodisch legitim. Doch die weitgehende Homogenität und der normative Anspruch dieser Tradition fordern geradezu einen Vergleich mit den europäischen Nachbarliteraturen heraus. Ob England, Frankreich, slawische Länder, Spanien, Niederlande oder Italien – das Substrat an rhetorischer Tradition ist im Prinzip das gleiche (einzelne exemplarische Untersuchungen liegen hier bereits vor). Wie aber nimmt sich Deutschland in diesem Kontext aus? Gibt es Besonderheiten der Rezeption oder gar der Transformation? Die seit den 20er Jahren mit großem spekulativem Einsatz diskutierte Frage nach den nationalen ›Spielarten‹ des literarischen Barockstils könnte von dieser Seite her neue, durchaus unspekulative Antworten erhalten. Zugleich könnte die Barockforschung ein überzeugendes Exempel für die Durchbrechung der so oft beklagten nationalliterarischen Fraktionierung innerhalb der Literaturwissenschaft erbringen.

Auch der Abbau spezifisch deutscher Vorurteile gegen ›Rhetorik‹ und ›Barockstil‹ ließe sich auf diese Weise fördern. In Ländern wie Frankreich, England oder Spanien bedarf die Literatur des 17. Jahrhunderts nicht erst jener ermüdenden Apologetik, wie sie für weite Bereiche der germanistischen Barockforschung noch immer kennzeichnend ist. Corneille, Racine und Bossuet, Shakespeare, Milton und Donne, Góngora, Gracián und Calderón – allesamt eminent ›rhetorische‹ Autoren – besitzen ihren festen Platz im jeweiligen nationalliterarischen Kanon. Nicht als ob es von vornherein ausgemacht wäre, daß die deutsche Barockliteratur dem ›siglo de oro‹ oder dem ›classicisme‹ an Rang gleichkommt. Eine Bewertung solcher Art könnte erst am Ende eines langen Erkenntnisprozesses stehen, der auch die grundlegenden Faktoren politischer, religiöser und sozialgeschichtlicher Art einzubeziehen hätte; in diesen Zusammenhang wäre auch etwa das Fehlen einer bedeutenden politischen Rhetorik im Deutschland des 17. Jahrhunderts einzubeziehen. Immerhin könnte der stete komparatistische Umgang mit Barockautoren der Nachbarliteraturen dazu beitragen, die prinzipiellen Verständnisbarrieren gegenüber ›rhetorischer‹ Literatur niederzulegen und das Urteilsvermögen zu schulen, das auf deutsche Barocktexte so oft noch zögernd oder vorschnell reagiert.

Was die vorliegende Arbeit in größeren Sachkomplexen und mit dem Blick auf die Gesamtepoche zusammenfaßt, wird sich auch an der Interpretation einzelner Texte bewähren können. Grundlegend ist dabei die Einsicht in die jeweiligen Bedingungen des Entstehens, und hierzu gehören nicht nur die möglicherweise eruierbaren Daten des ›Anlasses‹, der ›Gelegenheit‹ bzw. der Autorbiographie, sondern ebenso das fundamentale rhetorische Trinitätsmodell von *praecepta, exempla* und *imitatio.* Das bedeutet vor allem, daß die in den Rhetoriken und Poetiken niedergelegte Theorie nur den allgemeinsten Rahmen darstellt, der das Einzelne nur sehr bedingt präjudiziert. Die *praecepta* stellen grundsätzlich ebenso ›Material‹ dar wie die *exempla.*

Beispiele für diese Problematik wurden mehrfach genannt. Im Einzelfall kann ein Text nach einem bestimmten, identifizierbaren Vorbild gearbeitet sein – ein Epigramm von Fleming nach Owen, eine Satire von Rachel nach Juvenal –, wobei die Möglichkeiten von der Übersetzung bis zur freien Variation reichen. Die Interpretation würde ihren Gegenstand völlig verfehlen, wenn sie ihn lediglich aus der unmittelbaren Observation heraus und möglicherweise aus bestimmten Lehrbuchregeln erläutern wollte. Gegenüber einem Text aber, der sich nicht an ein einzelnes *exemplum* bindet, besteht nur eine graduelle, keine prinzipielle Differenz. Daß Opitzens Gedichte nicht ohne Ronsard, Heinsius und ›die Alten‹, Lohensteins Dramen nicht ohne Gryphius und Seneca interpretiert werden können, weiß man seit langem. Doch die kontaminatorische Methode gilt im 17. Jahrhundert für die gesamte ›gelehrte‹ Literatur und erstreckt sich grundsätzlich von den Großstrukturen der Gattung bis in die einzelne Wendung hinein, oft sogar durch gelehrte Anmerkungen mit Stolz dokumentiert. Der Vorgang der Materialaneignung mag durchaus nicht überall als schulmäßiges Nachschlagen oder Abschreiben zu denken sein. Immerhin, für Gelegenheitspoesie und Romandialoge, für Predigten und gelehrte Briefe, für Festreden und dramatische Chorlieder bedient man sich ungescheut der ausgedruckten Dispositionsschemata und Mustertexte, vor allem aber der ›Schatzkammern‹ und *loci communes*, die vom Büchermarkt in so reicher Auswahl angeboten werden (und deren Handhabung man im Unterricht lernt).

Für die Textinterpretation ist mit der Berücksichtigung solcher Gegebenheiten die Bedeutung der *exempla* noch nicht erschöpft. Das normative Zusammenspiel von *praecepta* und *exempla* in Richtung auf bestimmte Publikumserwartungen zeigt sich vielleicht am deutlichsten an der Parodie. Wenn Birken in der ›Lob- und Leichschrift eines Hof-Lewhundes‹ sein eigenes Braunschweiger Hofmeisterdasein in die Hundeperspektive verlagert, so goutieren der gelehrte Adressat (Anton Ulrich) und die Nürnberger Kunstgenossen das Gedicht als rhetorisch-virtuose Variation des Tier-Epikedion, auf dem Hintergrund einer speziellen Tradition, die viel weniger durch bestimmte Lehrbuchregeln als durch eine Reihe bekannter *exempla* geprägt ist. Und wenn Christian Reuter im Schlußteil der ›Ehrlichen Frau‹ sowie im ›Letzten Denck- und Ehren-Mahl‹ eine satirisch-groteske Predigtparodie bietet (mit genauer Kennzeichnung der schulmäßigen Redeteile), so hat das Publikum sein Vergnügen daran, weil es mit den Techniken des Parentierens aufs beste vertraut ist. Diese Kenntnis aber beruht beim breiten Publikum nicht primär auf dem Studium von Predigtlehren, sondern auf der täglich erlebten Praxis, die im übrigen auch für den Nichtgelehrten erfahrbar ist.

Das Beispiel könnte zugleich zeigen, wie unangemessen es ist, sogenannte ›volkstümliche‹ Texte von vornherein aus dem Bereich der Rhetorik auszugrenzen; dies gilt etwa für Namen wie Moscherosch, Grimmelshausen, Johann Lauremberg, Reuter, Abraham a Sancta Clara oder Schupp. Auch wenn sich ein Autor noch so sehr durch ostentative Kritik vom Bereich der gelehrten Rhetorik distanziert – wie beispielsweise Schupp –, die Interpretation erst hätte zu erweisen, wieweit der Text sich vom Gegenstand der Kritik zu lösen vermag oder wieweit er abhängig bleibt, und sei es in der Form der Parodie. Und was das ›Volkstümliche‹ als Antithese zum ›Gelehrten‹ oder ›Rhetorischen‹ betrifft, so dürfte die Geschichte der Grimmelshausen-Deutung hinreichend zur Vorsicht mahnen. Ähnliches betrifft den großen Bereich der barocken Mystik, die so denkbar rhetorikfern zu sein scheint und gerade in ihrem bedeutendsten poetischen Vertreter Angelus Silesius eine unlösbare Verbindung mit dem rhetorischen *argutia*-Ideal eingeht.

Der ›rhetorische Grundzug‹ der deutschen Barockliteratur manifestiert sich nicht als homogene sprachliche Qualität. Mag das Gesamtphänomen aus der Konzeption des Menschen als eines Schauspielers zu interpretieren sein, die einzelnen geschichtlichen Faktoren, die es konstituieren, sind vielfältig genug, um eine vordergründige Harmonisierung zu verwehren. Humanistische *elegantia* und mittelalterliche Disputatorik, höfischer Repräsentationswille und gelehrter Ehrgeiz, bürgerliches Maßdenken und jesuitischer Manierismus, Mündlichkeit und kanzlistischer Papierstil – erst in diesem Spannungsfeld erschließt sich der einzelne Text als eine je besondere Ausprägung der Barockrhetorik.

Quellenverzeichnis

Texte des 16. bis 18. Jahrhunderts

Die einzelnen Bibliotheken sind durch die im öffentlichen Leihverkehr eingeführten Kennziffern bezeichnet. SRT bedeutet: Seminar für allgemeine Rhetorik, Universität Tübingen.

ABRAHAM A SANCTA CLARA

Mercks Wienn/ Das ist: Deß wütenden Todts Ein umständige Beschreibung/ Jn Der berühmten Haubt und Kayserl. Residentz Statt in Oesterreich/ Jm sechzehen hundert/ und neun und sibentzigsten Jahr/ Mit Beyfügung so wol Wissen als Gwissen antreffender Lehr. Zusammen getragen mitten in der betrangten Statt und Zeit
Wien 1680   [21:Gi 2485 ang.]

– Grosse Todten-Bruderschafft/ Das ist: Ein kurtzer Entwurff Deß Sterblichen Lebens/ Mit beygefügten CATALOGO, Oder Verzeichnus aller der jenigen Herren Brüderen/ Frauen/ vnd Jungfrauen Schwestern/ welche auß der Hochlöblichen Todten-Sodalitet bey denen Ehrwürdigen P. P. Augustinern Parfüsseren in Wienn/ von Anno 1679. biß 1680 gestorben seyn
Wienn 1681   [21:Gi 2485 ang.]

– JUDAS Der Ertz-Schelm/ Für ehrliche Leuth/ Oder: Eigentlicher Entwurff/ und Lebens-Beschreibung des Iscariotischen Bößwicht. Worinnen underschiedliche Discurs, sittliche Lehrs-Puncten/ Gedicht/ Geschicht/ auch sehr reicher Vorrath Biblischer Concepten. Welche nit allein einem Prediger auff der Cantzel sehr dienlich fallen/ der jetzigen verkehrten/ bethörten/ versehrten Welt die Warheit under die Nasen zu reiben: sondern es kan sich auch dessen ein Privat- und einsamer Leser zur ersprießlicher Zeit-Vertreibung/ und gewünschten Seelen-Heyl gebrauchen ... Der Andere Theil
Baden im Ergöw 1689   [eigenes Exemplar]

– Geistlicher Kramer-Laden/ Voller Apostolischen Wahren/ Und Wahrheiten. Das ist: Ein reicher Vorrath allerley Predigen/ Welche an vielen

456

Orten/ meistens aber zu Wienn in Oesterreich gehalten worden ... Anjetzo aber in ein Werck zusammen gedruckt
Würtzburg 1710   [21:Gi 438]
– Neun neue Predigten. Aus der Wiener Handschrift cod. 11571. Mit
2 Handschriftproben. Hrsg. v. K. Bertsche (NdL. 278–281), Halle 1930

ABSCHATZ, HANS ASSMANN FREIHERR VON
Poetische Übersetzungen und Gedichte
Leipzig und Breßlau 1704   [21:Dk XI 162]
– Anemons und Adonis Blumen. Hrsg. v. G. Müller (NdL. 274–277),
Halle 1929

ALVAREZ, EMANUEL
GRAMMATICARUM INSTITUTIONUM LIBER I. DE GENERIBUS NOMINUM,
DECLINATIONIBUS, VERBORUM PRAETERITIS ATQUE SUPINIS
Constantiae 1741 (^{1}1572)   [21:Cc 73 ang.]
– GRAMATICARVM INSTITVTIONVM Liber secundus. DE CONSTRVCTIONE octo
partium orationis
Dilingae 1587 (^{1}1572)   [21:Cc 71]
– INSTITVTIONVM GRAMMATICARVM LIBER TERTIVS. De syllabarum dimen-
sione, & c.
Dilingae 1583 (^{1}1572)   [21:Cc 70]

ANDREAE, JOHANN VALENTIN
TURBO, SIVE MOLESTE ET FRVSTRA PER CUNCTA DIVAGANS INGENIVM.
In Theatrum productum
O. O. (Straßburg) 1616   [21:Dk II 341a]
– REIPUBLICAE CHRISTIANOPOLITANAE DESCRIPTIO, PSALM. LXXXIII ...
Argentorati 1619   [21:Dk II 312b ang.]

ANTON ULRICH, HERZOG VON BRAUNSCHWEIG–LÜNEBURG
Die Durchleuchtige Syrerinn Aramena. Der Erste Theil: Der Erwehl-
ten Freundschaft gewidmet
Nürnberg 1619   [70:D IV/1 11]

AVANCINI, NICOLAUS
POESIS DRAMATICA ... Pars I.
Coloniae Agrippinae 1674   [25:BD 8231d]
– POESIS DRAMATICA ... Pars II.
Coloniae Agrippinae 1675   [25:BD 8231d]
– POESIS DRAMATICA ... Pars III.
Coloniae Agrippinae 1680   [25:BD 8231d]
– POESIS DRAMATICA ... Pars IV.
Pragae 1678   [25:BD 8231d]
– POESIS DRAMATICA ... Pars V.
Romae 1686   [154:Ka (b) 21]

457

BALDE, JACOB
LYRICORUM Lib. IV. EPODON Lib. vnus. Angebunden: SYLVARVM LIBRI VII.
O. O. (München) o. J. (1643)   [21:Dk II 166]
– Satyra Contra Abusum Tabaci: s. Birken

BEBEL, HEINRICH
Ars uersificandi et carminum condendorum
(Tübingen 1510) (¹1506)   [21:Cc 34]
– Facetien. Drei Bücher. Hist.–krit. Ausg. v. G. Bebermeyer (BLVS. 276),
Leipzig 1931 (Nachdr. Hildesheim 1967)

BEER, JOHANN
Das Narrenspital sowie Jucundi Jucundissimi Wunderliche Lebens-Be-
schreibung. Mit einem Essay ›Zum Verständnis der Werke‹ u. einer Biblio-
graphie neu hrsg. v. R. Alewyn (RK. 9), Hamburg 1957
– Sein Leben, von ihm selbst erzählt. Hrsg. v. A. Schmiedecke. Mit einem
Vorwort v. R. Alewyn, Göttingen 1965

BIDERMANN, JACOB
LUDI THEATRALES SACRI. SIVE OPERA COMICA POSTHUMA ... OLIM CON-
SCRIPTA, ET CUM PLAUSU IN THEATRVM PRODVCTA, NUNC BONO JUVENTUTIS
IN PUBLICUM DATA, PARS PRIMA. IN QUA BELISARIUS, COMICO-TRAGOEDIA.
CENODOXUS, COMICO-TRAGOEDIA. COSMARCHIA, COMOEDIA. JOSEPHUS,
COMOEDIA. MACARIUS ROMANUS, COMOEDIA
Monachii 1666. Nachdr. Hrsg. v. R. Tarot (Dt. Neudr., R.: Barock. 6),
Tübingen 1967
– OPERUM COMICORUM ... PARS ALTERA. Id est: PHILEMON MARTYR
COMOEDIA. JACOBUS USURARIUS COMICO-TRAG: JOANNES CALYBITA CO-
MOEDIA. JOSAPHATUS REX DRAMA. STERTINIUS DRAMATION
Monachii 1666. Nachdr. Hrsg. v. R. Tarot (Dt. Neudr., R.: Barock. 7),
Tübingen 1967

BIRKEN, SIGMUND VON
GUELFIS oder NiderSächsischer Lorbeerhayn: Dem HochFürstlichen
uralten Haus Braunsweig und Lüneburg gewidmet/ Auch mit Dessen
Alten und Neuen Stamm-Tafeln bepflanzet
Nürnberg 1669   [21:Dk XI 100a]
– Vor-Ansprache zum Edlen Leser, in: Anton Ulrich (s. d.), Die Durch-
leuchtige Syrerinn Aramena. Der Erste Theil, Nürnberg 1669, fol.) (IIIᵃff.
                                                           [70:D IV/1 11]
– Teutsche Rede-bind- und Dicht-Kunst/ oder Kurze Anweisung zur
Teutschen Poesy/ mit Geistlichen Exempeln ... Samt dem Schauspiel
Psyche und Einem Hirten-Gedichte
Nürnberg 1679   [24:Phil.oct. 3142]
– Die Truckene Trunkenheit. Mit Jakob Baldes ›Satyra Contra Abusum
Tabaci‹ hrsg. v. K. Pörnbacher (Dt. Barock-Lit.), München 1967

BOECLER, JOHANN HEINRICH
DE ELOQUENTIA POLITICI LIBELLUS. sive DISSERTATIO AD LOC. TAC.
XIII. Annal. 3. DE ELOQUENTIA PRINCIPUM Romanorum
Argentorati 1654   [24:HB 2604 ang.]
- Kurtze Anweisung/ Wie man die Authores Classicos bey und mit der
  Jugend tractiren soll. So auch desselben Dissertatio Epistolica Posthuma
  DE STUDIO POLITICO BENE INSTITUENDO. Nach Abgang voriger Exempla-
  ren/ auf vielfältiges Gesuch und Verlangen wiederum zum Druck
  befordert
  Franckfurt u. Leipzig 1699 (^{1}1679)   [24:Phil.oct. 222]

BÖHME, JAKOB
Die Urschriften. Hrsg. v. W. Buddecke, 2 Bde., Stuttgart 1963/66

BOHSE, AUGUST (TALANDER)
Der allzeitfertige Brieffsteller/ Oder Ausführliche Anleitung/ wie so
wohl an hohe Standes-Personen/ als an Cavalliere/ Patronen/ gute
Freunde/ Kauffleute und auch an Frauenzimmer/ ein geschickter Brieff
zu machen und zu beantworten. Alles mit gnugsamen Dispositionen und
mehr als vierhundert ausgearbeiteten Brieffen/ wie auch einen kurtzen
Frantzösisch- Teutsch- und Italienischen Titular-Buch/ denen/ so ein
gutes Concept verfertigen zu lernen begierig sind/ zu sonderbaren Nutzen an das Licht gegeben
Franckfurt und Leipzig 1692 (^{1}1690)   [24:Phil.oct. 6331]
- Getreuer Wegweiser zur Teutschen Rede-Kunst und Brieffverfassung:
  Oder/ Auffrichtige Anleitung/ Wie so wohl bey Hofe/ als auch in bürgerlichen Angelegenheiten/ eine geschickte Compliment, gute Oration,
  und wohl-fliessender Brieff einzurichten. Alles mit gnugsamen Exempeln
  gezeiget/ und so wohl der studierenden Jugend/ als denen Ungelehrten/
  zur beqvemen Nachahmung aus dem Kern der Teutschen Sprache mit-
  getheilet
  Leipzig 1695 (^{1}1694)   [24:HB 2612]
- Neuerläuterte Teutsche Rede-Kunst und Brieffverfassung [Neubearbei-
  tung des vorigen Titels]
  Leipzig 1700   [21:Dh 82]
- Der getreue Hoffmeister adelicher und bürgerlicher Jugend/ oder Auffrichtige Anleitung/ wie so wohl ein junger von Adel als anderer/ der
  von guter Extraction, soll rechtschaffen aufferzogen werden/ er auch
  seine Conduite selbst einrichten und führen müsse/ damit er beydes auff
  Universitäten/ als auf Reisen und Hofe/ sich beliebt machen/ und in
  allerhand Conversation mit Manns-Personen und Frauenzimmer vor einen klugen und geschickten Menschen passiren möge. Allen denen/ so
  Tugend und Ehre lieben/ zu verhoffenden Nutzen an das Licht gegeben
  Leipzig 1706   [12:Paed.Pr. 482]

Bose, Johann Andreas

DE PRVDENTIA ET ELOQUENTIA CIVILI COMPARANDA DIATRIBAE ISAGO-
GICAE quarum haec prodit auctior sub titulo DE RATIONE LEGENDI
TRACTANDIQVE HISTORICOS. ACCEDIT NOTITIA SCRIPTORVM HISTORIAE
VNIVERSALIS primum edita CVRA GEORGII SCHVBARTI
Ienae 1699   [21:Fs 11]

Buchner, August

QUID CAROLUS I. BRITANNIARUM REX, LOQUI POTUERIT LATA IN SE FERALI
SENTENTIA. ORATIO, Seu DECLAMATIO GEMINA
O. O. o. J. (um 1648)   [12:Brit. 38 ang.]
–   Was Karl der erste/ König in Engelland/ bei dem über Jhn gefälltem
    todes-uhrteil hette für-bringen können. Zwei-fache Rede (Übers. v.
    Zesen)
    O. O. o. J.   [12:Brit. 38 ang.]
–   Eine gedoppelte Rede/ Welche CAROLUS I. König in Engeland/
    Schottland/ Franckreich vnd Irrland/ hette führen können/ als Er zum
    Tode verdammet worden: In Lateinischer Sprache/ Nach Art der alten
    Redner ... gestellet/ vnd ... verteutscht
    O. O. o. J.   [23:Gr.Mischbd 21 ang.]
–   DISSERTATIONUM ACADEMICARUM, sive PROGRAMMATUM PUBLICO NOMINE
    EDITORUM, VOLUMEN PRIMUM
    Wittenbergae 1650   [21:Ka XXX]
–   OECONOMIAE ATQUE CONSPECTUS nonnullarum Orationum P. C. cum
    annotatiunculis in quosdam locos, in: Petrus Cunaeus (s. d.), Orationes,
    Frankfurt a. d. Oder o. J.   [SRT:Gb 240]
–   Kurzer Weg-Weiser zur Teutschen Tichtkunst/ Aus ezzlichen Exempla-
    rien ergänzet/ mit einem Register vermehret/ und auff vielfältiges An-
    suchen der Studierenden Jugend izo zum ersten mahl hervorgegeben
    durch M. Georg Gözen
    Jehna 1663   [23:Qu U 866]
–   Anleitung Zur Deutschen Poeterey/ Wie Er selbige kurtz vor seinem
    Ende selbsten übersehen/ an unterschiedenen Orten geändert/ und ver-
    bessert hat/ herausgegeben von Othone Prätorio
    Wittenberg 1665. Nachdr. Hrsg. v. M. Szyrocki (Dt. Neudr., R.:
    Barock. 5), Tübingen 1966

Calderón de la Barca, Pedro
    Obras completas.
    Tomo I: Dramas. Ed. L. Astrana Marin.
    Tomo II: Comedias. Ed. A. Valbuena Briones.
    Tomo III: Autos sacramentales. Ed. A. Valbuena Prat, Madrid 1951/
    56/52

Canitz, Friedrich Ludwig Freiherr von
    Gedichte, Mehrentheils aus seinen eigenhändigen Schriften verbessert

und vermehret, Mit Kupfern und Anmerckungen, Nebst Dessen Leben, und einer Untersuchung von dem guten Geschmack in der Dicht- und Rede-Kunst, ausgefertiget von Johann Ulrich König
Berlin und Leipzig ²1734 (¹1727)   [21: Dk XI 113a]

CASELIUS, JOHANNES
OPERA POLITICA ... Nunc primùm iunctim edita STVDIO CONRADI HORNEI
Francofvrti 1631   [24: HB 2759]
- OPERVM Pars II. QVA CONTINENTVR SCRIPTA EIVS QVAE AD artem dicendi pertinent
Francofvrti 1633   [24: HB 2759]

CASTIGLIONE, BALDESAR
Il Cortegiano con una scelta delle Opere minori. Ed. B. Maier, Torino 1955

CERVANTES SAAVEDRA, MIGUEL DE
Obras Completas. Ed. A. Valbuena Prat, Madrid 1962

COMENIUS, JOHANN AMOS
OPERA DIDACTICA OMNIA. Variis hucusqve occasionibus scripta, diversisqve locis edita: nunc autem non tantùm in unum, ut simul sint, collecta, sed & ultimô conatu in Systema unum mechanicè constructum, redacta (3 Bde.)
Amsterdami 1657. Nachdr. Prag 1957
- Grosse Didaktik. Übers. u. hrsg. v. A. Flitner (Pädagog. Texte). Düsseldorf u. München ³1966
- Informatorium der Mutterschul. Hrsg. v. J. Heubach (Pädagog. Forschungen. 16), Heidelberg 1962

CONRING, HERMANN
DE CIVILI PRVDENTIA LIBER VNVS. Quo Prudentiae Politicae, cum Universalis Philosophicae, tum Singularis pragmaticae, omnis Propaedia acroamatice traditur ...
Helmestadii 1662   [21: Ec 342]

CONSTITUTIONES ATQUE LEGES ...
CONSTITVTIONES ATQVE LEGES: ILLVSTRIS ET MAGNIFICI, IN TVBINGENSI ACADEMIA nuper instituti Collegij Ducalis VVyrtembergici, &c.
Tvbingae 1592   [21: L XV. 16]

CRUSIUS, MARTIN
Diarium. Hrsg. v. W. Göz u. E. Conrad, 3 Bde. u. Registerbd., Tübingen 1927–61

CUNAEUS, PETRUS
ORATIONES ARGUMENTI VARII: item RESPONSIO IN POSTLIMINII caussa. EDITIO NOVA ET LUGDUNENSI correctior. Accedunt in tyronum gratiam

Oeconomiae in Orationes priores V: tum notae seu explicationes in loca quaedam difficiliora … [Hrsg. v. August Buchner] Franckfurtens ad Oderam o. J. (^{1}1640)   [SRT: Gb 240]

CZEPKO VON REIGERSFELD, DANIEL

Geistliche Schriften. Hrsg. v. W. Milch (Einzelschriften z. Schles. Gesch. 4), Breslau 1930 (›Milch 1‹)

– Weltliche Schriften. Hrsg. v. W. Milch (Einzelschriften z. Schles. Gesch. 8), Breslau 1932 (›Milch 2‹)

DACH, SIMON

Gedichte. Hrsg. v. W. Ziesemer, 4 Bde. (Schriften d. Königsb. Gel. Ges. Sonderreihe 4–7), Halle 1936–38 (›Ziesemer 1 … 4‹)

DANNHAUER, JOHANN CONRAD

IDEA BONI DISPUTATORIS ET MALITIOSI SOPHISTAE, EXHIBENS ARTIFICIVM, NON SOLVM RITE ET strategematicè disputandi; sed fontes solutionum aperiens, è quibus quodvis spinosissimum Sophisma dilui poßit
Argentorati ^{4}1656 (^{1}1629)   [21: Ab 205 ang.]

– EPITOME RHETORICA
Argentorati ^{2}1651 (^{1}1635)   [21: Dh 230]

DONATI, ALESSANDRO

ARS POETICA SIVE INSTITVTIONVM ARTIS POETICAE Libri Tres
Coloniae Agrippinae 1633 (^{1}1631)   [6: S^2 6631]

DONNE, JOHN

The Sermons. Ed., with introductions and critical apparatus, by G. R. Potter and E. M. Simpson. In ten volumes, Berkeley and Los Angeles 1962

ERASMUS, DESIDERIUS

OPERA OMNIA EMENDATIORA ET AVCTIORA, AD OPTIMAS EDITIONES PRAECIPVE QVAS IPSE ERASMVS POSTREMO CVRAVIT SVMMA FIDE EXACTA, DOCTORVMQVE VIRORUM NOTIS ILLVSTRATA … TOMVS PRIMVS QVI CONTINET QVAE AD INSTITVTIONEM LITERARVM SPECTANT …
Lvgdvni Batavorvm 1703. Nachdr. London o. J.

– Μωρίας ἐγκώμιον. STVLTITIAE LAVS. Rec. et adnot. I. B. Kan, Hagae-Com. 1898

FABRICIUS, JOHANN ANDREAS

Philosophische Redekunst, oder Auf die Gründe der Weltweißheit gebauete Anweisung, Zur gelehrten und jezo üblichen Beredsamkeit, In unstreitig erwiesenen Regeln, und auserlesenen Exempeln Von Briefen, Schul- Lob- Trauer- Hof- Stats-Lehrreden, Predigten, etc. Nebst einem Entwurfe einer Teutschen Dicht- und Sprachkunst
Leipzig 1739   [22: Phil.o. 795]

462

FISCHART, JOHANN
Geschichtklitterung (Gargantua). Text der Ausgabe letzter Hand von
1590. Mit einem Glossar hrsg. v. U. Nyssen. Nachwort v. H. Sommer-
halder ..., 2 Bde., Düsseldorf 1963/64
FLEMING, PAUL
Teütsche Poemata
Lübeck o. J. (1642). Nachdr. Hildesheim 1969
FORTI, ANTONIO
MILES RHETORICVS ET POETICVS: SEV ARTIS RHETORICAE ET POETICAE
COMPENDIUM, Rhetoribus Messanensibus dictatum
Dilingae 1691 (¹1681)   [21:Dh 153]
FRISCHLIN, NICODEMUS
ORATIO DE EXERCITATIONIBVS ORATORIIS ET POETICIS, ad imitationem
veterum, rectè vtiliterq́; instituendis, Recitata ... in Academia
Vuitebergensi
VVitebergae 1587   [21:Dh 288]
GOLDTWURM, KASPAR
SCHEMATA RHETORICA, Teutsch. Das ist/ Etliche nötige vnd nützliche
stück/ so zů zierlichen/ förmlichen vnd artigen reden gehören .../
Welche allen Predicanten vnd auch andern personen/ so in sollichen
künsten noch vnerfaren/ nützlich vnd hoch von nöten sein ... Mit
höchstem fleis/ auß Cicerone/ Quintiliano/ Erasmo/ vnd andern ge-
lerten Authoribus zusamen in diß Büchlein getragen/ verteutscht/ vnd
mit nützlichen auß Heyligen vnnd andern Schrifften Exempeln erklärt
(Marburg 1545)   [43:My 8508]
GOTTSCHED, JOHANN CHRISTOPH
Versuch einer Critischen Dichtkunst durchgehends mit den Exempeln
unserer besten Dichter erläutert. Anstatt einer Einleitung ist Horazens
Dichtkunst übersetzt, und mit Anmerkungen erläutert ...
Leipzig ⁴1751 (¹1730). Nachdr. Darmstadt 1962
– Ausführliche Redekunst, nach Anleitung der alten Griechen und Römer,
wie auch der neuern Ausländer; in zweenen Theilen verfasset und mit
den Zeugnissen der Alten und Exempeln der größten deutschen Redner
erläutert
Leipzig 1736   [SRT:Gc 2200]
– Akademische Redekunst, zum Gebrauche der Vorlesungen auf hohen
Schulen als ein bequemes Handbuch eingerichtet und mit den schönsten
Zeugnissen der Alten erläutert
Leipzig 1759   [25:E 3457e]
GRACIÁN, BALTASAR
Obras completas. Estudio preliminar, edición, bibliografía y notas de
A. del Hoyo, Madrid 1960

- Oráculo manual y Arte de prudencia. Edición crít. y comentada por
  M. Romera–Navarro, Madrid 1954
- Criticón oder Über die allgemeinen Laster des Menschen. Erstmals ins
  Deutsche übertragen v. H. Studniczka. Mit einem Essay ›Zum Verständ-
  nis des Werkes‹ und einer Bibliographie v. H. Friedrich (RK. 2),
  Hamburg 1957
- Handorakel und Kunst der Weltklugheit ... übersetzt v. Arthur Scho-
  penhauer. Mit einem Nachwort hrsg. v. A. Hübscher (Reclams Univ.-
  Bibl. 2771/72), Stuttgart 1964

GREFLINGER, GEORG
SELADONS beständige Liebe
Franckfurt 1644   [1: Yi 576 ang.]

GRIMMELSHAUSEN, HANS JAKOB CHRISTOFFEL VON
Der Abentheurliche Simplicissimus Teutsch und Continuatio des
abentheurlichen Simplicissimi. Abdruck der beiden Erstausgaben (1699)
mit den Lesarten der ihnen sprachlich nahestehenden Ausgaben. Hrsg. v.
R. Tarot (Gesammelte Werke in Einzelausgaben), Tübingen 1967
- Das wunderbarliche Vogel-Nest/ Der Springinsfeldischen Leyrerin/
  Voller Abentheurlichen/ doch Lehrreichen Geschichten/ auf Simplici-
  anische Art sehr nutzlich und kurtzweilig zu lesen ausgefertigt
  O. O. 1672   [21: Dk XI 461k]

GROB, JOHANN
Dichterische Versuchgabe Bestehend Jn Teutschen und Lateinischen
Aufschriften/ Wie auch etlichen Stimmgedichten oder Liederen. Den
Liebhaberen Poetischer Früchte aufgetragen
Basel 1678   [7: Poet.Germ. II, 8458]
- Reinholds von Freientahl Poetisches Spazierwäldlein/ Bestehend in
  vielerhand Ehren- Lehr- Scherz- und Strafgedichten
  O. O. 1700   [50: I Fr 11b]

GROSSER, SAMUEL
VITA CHRISTIANI WEISII, GYMNASII ZITTAVIENSIS RECTORIS, VIRI CLARISSIMI,
Et de literis politioribus meritissimi, In gratae erga PRAECEPTOREM
optimum recordationis tesseram recensita, & commentariolô de SCRIPTIS
ejusdem avcta
Lipsiae 1710   [21: Kg 377]

GRYPHIUS, ANDREAS
DISSERTATIONES FUNEBRES, Oder Leich-Abdanckungen/ Bey Unterschied-
lichen hoch- und ansehnlichen Leich-Begängnüssen gehalten. Auch
Nebenst seinem letzten Ehren-Gedächtnüß und Lebens-Lauff
Leipzig 1667   [24: Theol.oct. 6895]
- Lateinische und deutsche Jugenddichtungen. Hrsg. v. F.-W. Wentzlaff-
  Eggebert (BLVS. 287), Leipzig 1938

- Gesamtausgabe der deutschsprachigen Werke, Hrsg. v. M. Szyrocki u. H. Powell, bisher 6 Bde. (NdL, N. F. 9–12. 14.15), Tübingen 1963ff. (›Szyrocki–Powell 1 ... 6‹)

GRYPHIUS, CHRISTIAN
Poetische Wälder
Franckfurt und Leipzig 1698   [21:Dk XI 15a]
- Der Deutschen Sprache unterschiedene Alter und nach und nach zunehmendes Wachsthum/ ehemahls In einem öffentlichen Dramate auff der Theatralischen Schau-Bühne bey dem Breßlauischen Gymnasio zu St. Maria Magdalena entworffen
Breßlau 1708   [21:Ck XI 48]

HALLBAUER, FRIEDRICH ANDREAS
Anweisung Zur Verbesserten Teutschen Oratorie Nebst einer Vorrede von Den Mängeln Der Schul-Oratorie
Jena 1725   [24: Phil.oct. 4350]
- Einleitung in Die nützlichsten Ubungen des Lateinischen STILI Nebst einer Vorrede von den Mitteln zur wahren Beredsamkeit
Jena ²1730 (¹1727)   [SRT: Gc 2650]
- Anleitung Zur Politischen Beredsamkeit Wie solche Bey weltlichen Händeln In Lateinisch- und Teutscher Sprache üblich
Jena und Leipzig 1736   [24: Phil.oct. 4349]

HALLMANN, JOHANN CHRISTIAN
Leich-Reden/ Todten-Gedichte und Aus dem Italiänischen übersetzte Grab-Schrifften
Franckfurt und Leipzig 1682   [24: Theol.oct. 7260]

HARSDÖRFFER, GEORG PHILIPP
FRAVENZIMMER GESPRECHSPIELE/ so bey Ehr- und Tugendliebenden Gesellschafften/ mit nutzlicher Ergetzlichkeit/ beliebt und geübet werden mögen ... (8 Teile), Nürnberg 1641–1649. Nachdr. Hrsg. v. J. Böttcher (Dt. Neudr., R.: Barock. 13–20), Tübingen 1968–70
- Poetischer Trichter/ Die Teutsche Dicht- und ReimKunst/ ohne Behuf der Lateinischen Sprache/ in VI. Stunden einzugiessen. Handlend: I. Von der Poeterey ins gemein/ und Erfindung derselben Jnhalt. II. Von der teutschen Sprache Eigenschaft und Füglichkeit in den Gedichten. III. Von den Reimen und derselben Beschaffenheit. IV. Von den vornemsten Reimarten. V. Von der Veränderung und Erfindung neuer Reimarten. VI. Von der Gedichte Zierlichkeit/ und derselben Fehlern. Samt einem Anhang Von der Rechtschreibung/ und Schriftscheidung/ oder Distinction
Nürnberg 1647. Zweiter Teil: Nürnberg 1648. Dritter Teil: Nürnberg 1653   [21:Dh 46]
- Der Grosse SchauPlatz Jämerlicher Mordgeschichte. Erster und Ander

Theil. Mit vielen merkwürdigen Erzehlungen/ neu üblichen Gedichten/ Lehrreichen Sprüchen/ scharffsinnigen Hoffreden/ artigen Schertzfragen und Antworten/ etc. verdolmetscht und vermehrt

Hamburg 1650 [21: Dk XI 35e]

– NATHAN und JOTHAM: Das ist Geistliche und Weltliche Lehrgedichte/ Zu sinnreicher Ausbildung der waaren Gottseligkeit/ wie auch aller löblichen Sitten und Tugenden vorgestellet: Samt einer Zugabe/ genennet SIMSON/ Begreiffend hundert vierzeilige Rähtsel

Nürnberg 1650 [21: Dk XI 35d]

– Der Teutsche Secretarius: Das ist: Allen Cantzleyen/ Studir- und Schreibstuben nutzliches/ Fast nohtwendiges/ und zum drittenmal vermehrtes Titular- und Formularbuch

Nürnberg 1656 ([1]1655) [21: Ho 20a]

– Der Grosse Schau-Platz Lust- und Lehrreicher Geschichte. Das Erste Hundert. Mit vielen merkwürdigen Erzehlungen/ klugen Sprüchen/ scharffsinnigen Hofreden/ neuen Fabeln/ verborgenen Rähtseln/ artigen Schertzfragen/ und darauf wolgefügten Antworten/ etc. außgezieret und eröffnet

Franckfurt [4]1660 ([1]1650/51) [21: Dk XI 35g]

HARTNACCIUS, DANIEL

Anweisender BIBLIOTHECARIUS Der Studirenden Jugend/ Durch die Vornehmsten Wissenschafften/ Sammt der bequemsten METHODE, Wie dieselbe zu erlernen von einem zukünfftigen THEOLOGO, JURISCONSULTO, und MEDICO, Bey welcher Jeden ein kurtz- und ordentlicher CATALOGUS derer besten Bücher angehängt. Sammt einer Vorred/ von dieses allen Nutz und Gebrauch/ auch Erbieten des AUTORIS gegen Jedermänniglich/ der durchgängig solchen Unterricht verlangen würde

Stockholm und Hamburg 1690 [35: Ba-A 348]

HAUBER, JOHANNES

EROTEMATA RHETORICES, PRO SCHOLIS DUCATUS WIRTEMBERGICI

Stutgardiae 1651 ([1]1618) [21: Dh 42]

HOCK, THEOBALD

Schönes Blumenfeldt/ Auff jetzigen Allgemeinen gantz betrübten Standt/ fürnemblich aber den Hoff-Practicanten vnd sonsten menigklichen in seinem Beruff vnd Wesen zu guttem vnd besten gestellet ...

O. O. 1601 [23: 125. 22 Quodlibetica]

HOFMANNSWALDAU, CHRISTIAN HOFMANN VON

Deutsche Übersetzungen Und Getichte

Breßlau 1684 ([1]1679) [21: Dk XI 22c]

[–] Deutsche Rede-Übungen/ ein Werck darinnen allerhand Abdanckungs-Hochzeit- Glückwunschs- Bewillkommungs- und andere vermischte Re-

466

den enthalten sind; Nebst beygefügten Lob-Schrifften vornehmer Standes Personen/ entworffen von Christian Gryphio
Leipzig 1702 [Autorschaft umstritten]   [12: P.o.germ. 640^x]
– Herrn von Hoffmannswaldau und andrer Deutschen auserlesener und bißher ungedruckter Gedichte erster theil ... : s. Neukirch

HUNOLD, CHRISTIAN (MENANTES)
Die allerneueste Art/ höflich und galant zu Schreiben/ Oder: Auserlesene Briefe, In allen vorfallenden, auch curieusen Angelegenheiten nützlich zu gebrauchen. Nebst einem zulänglichen Titular- und Wörter-Buch
Hamburg 1739 (^{1}1702)   [25: E 3469ah]
– Einleitung Zur Teutschen ORATORIE. Und Brief-Verfassung Welche ... an einigen Orten geändert und vermehret worden
Halle und Leipzig ^{2}1715 (^{1}1709)   [20: L.g.o. 17]

JONSON, BEN(JAMIN)
Plays. In two volumes. Introd. by F. E. Schelling, London and New York 1964/66

KALDENBACH, CHRISTOPH
Babylonischer Ofen/ Oder Tragoedie/ Von den drey Judischen Fürsten in dem glüenden Ofen zu Babel. Dan. 3.
Königsberg 1646   [21: Dk XI 144]
– Deutsche Sappho/ Oder MUsicalische GEtichte/ So wol mit lebendiger Stimme/ als unter allerhand Instrumente/ auch wol von einer Person allein zugleich zu spielen und zu singen/ gesetzt
Königsberg 1651   [21: De 1a ang.]
– LYRICORVM LIB. III. RHYTHMORVM LIB: I. ALTERQVE MISCELLANEORUM. Accesserunt ex Heroicis AQVILA & CUPRESSVS. Item de BORVSSA PHILAENIDE
Brunsbergae 1651   [21: Dk II 3]
– PANEGYRICUS Memoriae ac HONORI THOMAE LANSII, JCti, Viri immortalis famae, maximique Nominis, Dicatus, dictusque Publicè In Alma ad NICRUM Eberhardina
Tubingae 1658   [21: L XVI 5 ang.]
– ORATIO INAUGURALIS De REGNO ELOQVENTIAE, habita Cum in alma Tubingensi Professionem Eloquentiae, Historiarum, ac Poeseos Publicam auspicaretur
Tvbingae 1657   [21: L XV 40 ang.]
– SYLVAE TUBINGENSES. Accessit SYLVULA REGIOMONTANA. Item Heroicorum quaedam, cum paucis Adoptivis
Tubingae 1667   [24: fr.D.oct. 5645]
– ORATIONES, ET ACTUS ORATORII, IN ACADEMIA TUBINGENSI A STUDIOSA JUVENTUTE, Exercendae inprimis Eloquentiae causâ publicè exhibiti, Primi missus, Directore [C. C.]

Tvbingae o. J. (1671). Bd. 2: Tvbingae 1671. Bd. 3: Tvbingae 1679
[21:Dk II 1]
- PROBLEMATA ORATORIA, IN RENUNCIATIONE BACCALAUREORUM, TUBINGAE,
A CANDIDATIS, PRO MORE ACADEMIAE, PUBLICE DICTA, ET RECITATA,
Studium moderante [C. C.]
Tvbingae 1672 [21:Dk II 1 ang.]
- POETICE GERMANICA, Seu De ratione scribendi Carminis Teutonici
LIBRI DUO, Cum Dispositionum Carminumq; varii argumenti farragine,
pro exercendo Stylo Poetico
Norimbergae 1674 [24:fr.D.oct. 5821a ang.]
- Compendium RHETORICES, JUSSU SERENISSIMI DOMINI ADMINISTRATORIS,
&c. Pro SCHOLIS Jn DUCATU WÜRTEMBERGICO ADORNATUM
Tubingae 1682 [21:Dh 97a]
- Deutsche Lieder und Getichte/ In gewisse Bücher eingetheilet. Editore
Filio Cognomini
Tübingen 1683 [21:Dk XI 203]
- DISPOSITIONES ORATORIAE, Cùm Orationum singularium, tum Actuum,
duas, tres, pluresve Orationes continentium, TOMUS PRIMUS
Tubingae 1687 [21:Dh 97b]
- COLLEGIORUM, STUDIA MAXIME ELOQUENTIAE ADJUVANTIUM, ET IN ACA-
DEMIA TUBINGENSI INSTITUTORUM ... BREVIS & SVCCINCTA SYLLOGE.
Edidit Patri cognominis Filius
Tubingae 1687 [21:Dh 97b ang.]
- IN SATYRICOS TRES LATINORUM, Q. HORATIUM FLACCUM, D. JUNIUM JUVE-
NALEM, ET A. PERSIUM FLACCUM; TABULAE SYNOPTICAE. Accesserunt
TABULAE CONSIMILES IN HORATII LIBROS EPISTOLARUM DUOS
Tvbingae 1688 [21:Dh 97b ang.]

KEDD, JODOCUS
SYLLOGISMVS APODICTICVS. Oder klarer Beweiß: Daß der Luther
keinen Göttlichen Beruff gehabt/ die Kirch Christi zu reformiren.
Allen Teutschen auffrichtigen Hertzen/ welche sich durch den
Luther/ vnd seine falsche Lehr/ von der wahren Kirch Christi biß dato
abführen lassen/ gründtlich zuerwegen/ vnd ihren WortsDienern zube-
antworten kürtzlich für gestellet
(Ingolstadt) 1654 [21:Gf 945. ang.]
- Spiegel der Ewigkeit/ Allen VnCatholischen/ von der Warheit deß
Glaubens; vnd vom Gottsförchtigen Leben abgewichenen Catholischen/
etc. Zu einem Glückselig- Newen Jahr vorgestellt vnd verehret
Ingolstatt 1654 [21:Gf 945. ang.]
- Bedenck es wol Warumb So vil Hohes vnd Nidriges Standts Personen
durch GOTTes Gnad das Lutherthumb vnd andere newe Secten verlas-
sen/ vnnd der Alten Catholisch-allein Seligmachenden Kyrchen Christi

468

zugetretten seynd. Zum glückseligen Newen Jahr vorgestellt vnd verehret

Ingolstatt 1654 [21: Gf 945. ang.]

KINDERMANN, BALTHASAR

Der Deutsche Redner/ In welchen unterschiedene Arten der Reden auf allerley Begebenheiten Auf Verlöbnüsse/ Hochzeiten/ Kindtauffen/ Begräbnüsse/ auf Empfah- Huldig- Glückwünsch- Abmahn- und Versöhnungen/ Klag und Trost: wie auch Bitt- Vorbitt und Dancksagungen/ samt dero nothwendigen Zugehör/ von der Hand/ so wol bey hohen/ als niedrigen Mannes- und Weibes-Personen zuverfertigen/ enthalten sind Mit besondern Fleiß auf etlicher vornehmer Freunde Ansuchen herfür gegeben/ Und nu mit sehr vielen wolgefassten/ seltenen/ und hochnützlichen Reden vermehret/ und ... aufs neue fürgestellt

Wittenberg ³1665 (¹1660) [21: Dh 96]

Die Bearbeitung unter dem Titel ›Teutscher Wolredner‹ (1680): s. Stieler

– Der Deutsche Poët/ Darinnen gantz deutlich und ausführlich gelehret wird/ welcher gestalt ein zierliches Gedicht/ auf allerley Begebenheit/ auf Hochzeiten/ Kindtauffen/ Gebuhrts- und Nahmens-Tagen/ Begräbnisse/ Empfah- und Glückwünschungen/ u. s. f. So wohl hohen als niederen Standes-personen/ in gar kurtzer Zeit/ kan wol erfunden und ausgeputzet werden/ Mit sattsahmen/ und aus den vornehmsten Poeten hergenommenen Gedichten beleuchtet/ und also eingerichtet/ daß den Liebhaber der Göttlichen Poesie dieser an statt aller geschriebenen Prosodien und Poetischen Schrifften zur Nohtdurft dienen kan

Wittenberg 1664 [21: Dh 63]

KLAJ, JOHANN

Lobrede der Teutschen Poeterey/ Abgefasset und in Nürnberg Einer Hochansehnlich-Volkreichen Versamlung vorgetragen

Nürnberg 1645. Nachdr. in: J. K., Redeoratorien und ›Lobrede der Teutschen Poeterey‹. Hrsg. v. C. Wiedemann (Dt. Neudr., R.: Barock. 4), Tübingen 1965, S. 377ff.

– Redeoratorien und ›Lobrede der Teutschen Poeterey‹. Hrsg. v. C. Wiedemann (Dt. Neudr., R.: Barock. 4), Tübingen 1965

KUNDMANN, JOHANN CHRISTIAN

ACADEMIAE ET SCHOLAE GERMANIAE, praecipuè DVCATVS SILESIAE, CVM BIBLIOTHECIS, IN NVMMIS. Oder: Die Hohen und Niedern Schulen Teutschlandes, insonderheit Des Hertzogthums Schlesiens, Mit ihren Bücher-Vorräthen, in Müntzen. Wie auch andere ehemals und jetzo woleingerichtete Schulen dieses Hertzogthums. Denen ein Anhang alter rarer goldener Müntzen, so bey Grundgrabung des Hospital-Gebäudes zu Jauer Anno 1726 gefunden worden, beygefüget

Breßlau 1741 [21: Ff 41c]

LANG, FRANCISCUS

DISSERTATIO DE ACTIONE SCENICA, CUM Figuris eandem explicantibus, ET Observationibus quibusdam DE ARTE COMICA ... Accesserunt imagines symbolicae pro exhibitione & vestitu theatrali

Ingolstadii 1727   [24: Sch.k.oct. 2153]

LANSIUS, THOMAS

MANTISSA CONSVLTATIONVM ET ORATIONVM

Tvbingae 1656   [21: Kf IV 59]

LAUREMBERG, JOHANN

Veer Schertz Gedichte. I. Van der Minschen jtzigem Wandel und Maneeren. II. Van Almodischer Kleder-Dracht. III. Van vormengder Sprake/ und Titeln. IV. Von Poësie und Rymgedichten. Jn Nedderdüdisch gerimet

O. O. 1652   [Universitetsbiblioteket Kopenhagen: Germ. bis 27350]

LAUREMBERG, PETER

EUPHRADIA: SIVE Prompta ac parabilis eloquentia: Cujus praeceptis adjuti, tam docentes, quam discens studiosa juventus, Lectiones, Orationes, Discursus de quovis oblato argumento, haut difficulter instituere, & ad alios habere potuerunt. Addita sunt Exempla & pericula Extemporanea, quibus totum artificium ob oculos ponitur. Insuper, Accessit diligens Troporum & Schematum explicatio

Rostochi 1634   [21: Dh 234]

- CASTRUM DOLORIS, In quo Condita repostaq́; QUINQ; FUNERA Ducum Megapolensium; Funeribusq; singulis dicata, & publicitus dicta SACRA EXEQUIALIA, Ore ac stylo, [P. L.]

Rostochi 1638   [24: Phil.oct. 2106 ang.]

LAURENTIUS VON SCHNÜFFIS

PHILOTHEVS. oder deß Miranten durch die Welt/ unnd Hofe wunderlicher Weeg nach der Ruh-seeligen Einsamkeit entworffen von Mirtillen einem deß Miranten gutem Freund/ unnd vertrawten Mit-Hirten. Jn dem Druser-Thal unter dem Hochberümbten Steinbock nächst an dem vorbey fliessenden Rhein-Stromm

(Hohenems) 1665   [24: HB 3761]

- Mirantische Wald-Schallmey/ Oder: Schul wahrer Weisheit/ Welche Einem Jungen Herrn und seinem Hof-Meister/ als Sie auß frembden Ländern heimbkehrend/ in einem Wald irr-geritten/ von zweyen Einsidlern gehalten worden. Allen so wohl Geist- als Weltlichen nicht nur sehr nutzlich/ sondern auch anmüthig zu lesen

Costantz 1688   [21: Gi 2390]

- LUSUS MIRABILES ORBIS LUDENTIS. Mirantische Wunder-Spiel der Welt; Vorstellend Die zeitliche Eitelkeit/ und Boßheit der Menschen/ auch anweisend Zur wahren/ und ewigen Glückseeligkeit ...

Augspurg 1703   [154: La (b) 453]

LAUXMIN, SIGISMUND

PRAXIS ORATORIA. SIVE Praecepta Artis Rhetoricae, qvae ad compo-
nendam Orationem scitu necessaria sunt, tam separatim singula,
qvàm omnia simul exemplis expressa; & ad aemulationem Eloqventiae
Studiosis proposita
Francofurti ad Moenum 1682 (¹1645)   [SRT: Gb 630]

LIPSIUS, JUSTUS

Von der Bestendigkeit [De constantia]. Faksimiledruck der deutschen
Übersetzung des Andreas Viritius nach der zweiten Auflage von c. 1601
mit den wichtigsten Lesarten der ersten Auflage von 1599. Hrsg. v.
L. Forster (Sammlg. Metzler. 45), Stuttgart 1965

– EPISTOLICA INSTITVTIO, Excepta è dictantis eius ore ... Adiunctum
est Demetrij Phalerei eiusdem argumenti scriptum
Antverpiae 1601   [21: Dh 2]

LOGAU, FRIEDRICH VON

Deutscher Sinn-Getichte Drey Tausend
Breßlau o. J. (1654)   [24: d.D.oct. 7889]

LOHENSTEIN, DANIEL CASPER VON

Lorentz Gratians/ Staats-kluger Catholischer Ferdinand aus dem Spanischen übersetzt
Breßlau 1675 (¹1672)   [7: Hist.Hisp. 1115]

– Lob-Rede Bey Des Weiland HochEdelgebohrnen/ Gestrengen und
Hochbenambten Herrn Christians von Hofmannswaldau auf Arnold-
Mühle/ Der Röm. Keys. Meyst. Raths/ der Stadt Breßlau Hochverdien-
ten Raths-PRAESIDIS und Des Königl. Burglehns Namßlau DIRECTORIS
Den 30. April. Anno 1679. in Breßlau Hoch-Adelich gehaltenem
Leichbegängnüße
(Breßlau 1679)   [21: Dk XI 22c ang.]

– [Werke]
Breßlau 1680   [24: d.D.oct. 7906]

– Großmüthiger Feldherr Arminius oder Herrmann/ Als Ein tapfferer
Beschirmer der deutschen Freyheit/ Nebst seiner Durchlauchtigen Thus-
nelda Jn einer sinnreichen Staats- Liebes- und Helden-Geschichte Dem
Vaterlande zu Liebe Dem deutschen Adel aber zu Ehren und rühmlichen
Nachfolge Jn Zwey Theilen vorgestellet
Leipzig 1689   [21: Dk XI 23]

– Anmerckungen über Herrn Daniel Casper von Lohenstein Arminius:
Nebenst beygefügtem Register derer in selbigem Werck befindlichen
Merckwürdigen Nahmen und Sachen
Leipzig 1690   [21: Dk XI 23 ang.]

– Türkische Trauerspiele. Hrsg. v. K. G. Just (BLVS. 292), Stuttgart 1953
(›Just 1‹)

- Römische Trauerspiele. Hrsg. v. K. G. Just (BLVS. 293), Stuttgart 1955 (›Just 2‹)
- Afrikanische Trauerspiele. Hrsg. v. K. G. Just (BLVS. 294), Stuttgart 1957 (›Just 3‹)

LUCAE, FRIEDRICH
Schlesiens curieuse Denckwürdigkeiten/ oder vollkommene CHRONICA Von Ober- und Nieder-Schlesien/ welche in Sieben Haupt-Theilen vorstellet Alle Fürstenthümer und Herrschafften/ mit ihren Ober-Regenten/ Landes-Fürsten/ Hofhaltungen/ Stamm-Registern/ Verwandtschafften/ Herren- und Adelichen Geschlechtern/ Tituln/ Wappen/ Beschaffenheiten/ Grentzen/ Religionen/ Schulen/ Fruchtbarkeiten/ Ströhmen/ Bergen/ Sitten/ Manieren/ Gewerben/ und Maximen der alten und heutigen Inwohner: Sowol auch Deren Verfassungen/ Regierungs- Arten/ Staats- und Justiz-Wesen/ Reichthümer/ Regalien/ Kriegs- und Friedens-Händel/ Veränderungen/ Privilegien/ Verträge/ Bündnisse/ Edicta, und dergleichen/ etc.
Franckfurt am Mäyn 1689   [21: Fo XIIb 72]

LÜNIG, JOHANN CHRISTIAN (Hrsg.)
Grosser Herren, vornehmer Ministren, und anderer berühmten Männer gehaltene Reden (12 Teile)
Hamburg (1732)–1738 (¹1707–1731)   [21: Dk XI 62]

LUTHER, MARTIN
Tischreden (Weimarer Ausgabe), 6 Bde., Weimar 1912–1921

MASEN, JACOB
PALAESTRA STYLI ROMANI QUAE Artem & praesidia Latinè ornatéq; quovis styli genere scribendi complectitur. CVM BREVI Graecarum & Romanarum antiquitatum compendio, ET PRAECEPTIS Ad Dialogos, Epistolas, & Historias scribendas legendasque necessariis
Coloniae Agrippinae 1659   [21: Dh 168b]
- ARS NOVA ARGVTIARVM Eruditae & honestae RECREATIONIS, In duas partes divisa. PRIMA EST EPIGRAMMATUM: altera INSCRIPTIONUM argutarum
Coloniae Agrippinae ²1660 (¹1649)   [21: Dk II 342]
- PALAESTRA ELOQVENTIAE LIGATAE, Novam ac facilem tam concipiendi, quam scribendi quovis Stylo poëtico methodum ac rationem complectitur, viamque ad solutam eloquentiam aperit ... (Teil 1 u. 2)
Coloniae ²1661 (¹1654)   [21: Dh 166]
- dass. (Teil 3)
Coloniae Agrippinae ¹1657   [21: Dh 165]
- SPECULUM IMAGINVM VERITATIS OCCVLTAE exhibens SYMBOLA, EMBLEMATA, HIEROGLYPHICA, AENIGMATA, OMNI, TAM MATERIAE, quam formae varietate, EXEMPLIS SIMUL, AC PRAECEPTIS ILLUSTRATUM
Coloniae Vbiorvm ²1664 (¹1650)   [21: Dh 248]

MEISTER, JOHANN GOTTLIEB
Unvorgreiffliche Gedancken Von Teutschen EPIGRAMMATIBUS, In deut-
lichen Regeln und annehmlichen Exempeln/ nebst einen Vorbericht
von dem Esprit der Teutschen
Leipzig 1698 [35 : Lh 677 ang.]

MELANCHTHON, PHILIPP
De Rhetorica libri Tres
(Wittenberg 1519) [24 : Phil.qt. 219]
– Elementorum rhetorices libri duo, 1542; abgedruckt CR XIII, Sp. 417ff.
– Humanistische Schriften. Hrsg. v. R. Nürnberger (Werke in Auswahl,
unter Mitwirkung v. . . . hrsg. v. R. Stupperich. 3), Gütersloh 1961

MEYFART, JOHANN MATTHÄUS
Teutsche Rhetorica Oder Rede-Kunst/ Auß den berühmtesten Redenern
gezogen/ und beydes in Geistlichen und Weltlichen/ auch Kriegs-Ver-
richtungen/ so wol zierlich als nützlich zugebrauchen/ in zweyen Büchern abgefasset . . . Neulichst übersehen und nach heutiger Reim-Art
gesetzet von Johann Georg Albin
Franckfurt am Mäyn 1653 (¹1634) [21 : Dh 109]

MORHOF, DANIEL GEORG
POLYHISTOR, LITERARIUS, PHILOSOPHICUS ET PRACTICUS CUM ACCESSIONI-
BUS VIRORUM CLARISSIMORUM IOANNIS FRICKII ET IOHANNIS MOLLERI,
FLENSBURGENSIS . . . PRAEFATIONEM, NOTITIAMQUE DIARIORUM LITTERA-
RIORUM EUROPAE PRAEMISIT IO. ALBERTUS FABRICIUS . . .
Lubecae 1732 (¹1687) [eigenes Exemplar]
– DE RATIONE CONSCRIBENDARVM EPISTOLARVM LIBELLVS, QVO DE ARTIS
EPISTOLICAE SCRIPTORIBVS, TAM VETERIBVS QVAM RECENTIORIBVS IVDICIA
FERVNTVR, ET DE EPISTOLARVM VSV, CHARACTERE, NVMERO, PERIODIS,
LOCIS COMMVNIBVS, IMITATIONE ET CVRA TITVLORVM AGITVR, EPISTOLA-
RVMQVE VARII GENERIS EXEMPLA CONTINENTVR. RECENSVIT . . . IO.
BVRCHARDVS MAIVS
Lvbecae 1716 (¹1694) [21 : Dh 143]
– DISSERTATIONES ACADEMICAE & EPISTOLICAE, quibus rariora quaedam
argumenta eruditè tractantur, omnes: in unum Volumen collatae . . .
Accessit AUTORIS VITA, quae tum Lectiones Ejus Academicas, tum Scripta
edita & edenda; Elogia item ac Judicia Clarorum Virorum exhibet
Hamburgi 1699 [21 : Kf IV 9]
– Unterricht von der Teutschen Sprache und Poesie/ Deren Ursprung/
Fortgang und Lehrsätzen/ Sampt dessen Teutschen Gedichten/ Jetzo
von neuem vermehret und verbessert/ und nach deß Seel. Autoris eige-
nem Exemplare übersehen/ zum andern mahle/ Von den Erben/ herauß gegeben [angebunden: Teutsche Gedichte]
Lübeck und Franckfurt 1700 [21 : Dk XI 48b]

Jetzt auch im Neudr. Hrsg. v. H. Boetius (Ars poetica. Texte. 1),
Bad Homburg v. d. H. usw. 1969

MOSCHEROSCH, JOHANN MICHAEL

VISIONES DE DON QUEVEDO. Wunderliche vnd Warhafftige Gesichte
Philanders von Sittewalt. In welchen Aller Welt Wesen/ Aller Män-
schen Händel/ mit jhren Natürlichen Farben/ der Eitelkeit/ Ge-
walts/ Heucheley vnd Thorheit/ bekleidet: offentlich auff die Schauw
geführet/ als in einem Spiegel dargestellet/ vnd von Männiglichen gesehen werden
Straßburg ²1642 (¹1640)   [25 : E 6793 ba]

– INSOMNIS. CURA. PARENTUM. Christliches Vermächnusz. Oder/ Schul-
dige Vorsorg Eines Treuen Vatters. Bey jetzigen Hochbetrübtesten gefährlichsten Zeiten den Seinigen Zur letzten Nachricht hinderlassen
Straßburg 1653 (¹1643)   [24 : Theol.oct. 12470]

NEUKIRCH, BENJAMIN

Anweisung zu Teutschen Briefen
Nürnberg 1741 (¹1695)   [21 : Dh 142]

– Herrn von Hoffmannswaldau und andrer Deutschen auserlesener und
bißher ungedruckter Gedichte erster theil/ nebenst einer vorrede von der
deutschen Poesie [B. N.]
Leipzig 1697. 2. Teil: Leipzig 1697. Neudr. mit einer kritischen Einleitung und Lesarten. Hrsg. v. A. G. de Capua u. E. A. Philippson (NdL.,
N. F. 1 u. 16), Tübingen 1961/65

NEUMEISTER, ERDMANN

SPECIMEN DISSERTATIONIS Historico-Criticae De POETIS GERMANICIS hujus
seculi praecipuis, Nuper admodum in Academia quadam celeberrima
publice ventilatum
O. O. 1695   [21 : Dg 9]

OMEIS, MAGNUS DANIEL

Gründliche Anleitung zur Teutschen accuraten Reim- und Dicht-Kunst/
durch richtige Lehr-Art/ deutliche Reguln und reine Exempel vorgestellet: worinnen erstlich von den Zeiten der Alten und Neuen Teutschen Pöesie geredet/ hernach/ nebst andern Lehr-Sätzen/ auch von den
Symbolis Heroicis oder Devisen, Emblematibus, Rebus de Picardie, Ro-
manen/ Schau-Spielen/ der Bilder-Kunst/ Teutschen Stein-Schreib-Art
u. a. curieusen Materien gehandelt wird; samt einem Beitrage von der
T. Recht-Schreibung/ worüber sich der Löbl. Pegnesische Blumen-Orden
verglichen. Hierauf folget eine Teutsche Mythologie/ darinnen die
Pöetische Fabeln klärlich erzehlet/ und derer Theologisch-Sittlich-
Natürlich- und Historische Bedeutungen überall angefüget werden; wie
auch eine Zugabe von etlich-gebundenen Ehr- Lehr- und Leich-Gedich-

ten. Welches alles zu Nutzen und Ergetzen der Liebhaber T. Poesie
verfaßet
Nürnberg 1704 [21:Dh 41]

OPITZ, MARTIN
- Buch von der Deutschen Poeterey. Jn welchem alle jhre eigenschafft vnd
zuegehör gründtlich erzehlet/ vnd mit exempeln außgeführet wird
Breßlaw 1624. Neudr. Nach der Edition v. W. Braune neu hrsg. v.
R. Alewyn (NdL., N. F. 8), Tübingen ²1966
- Geistliche Poemata, Von jhm selbst anjetzo zusammen gelesen/ verbes-
sert vnd absonderlich herauß gegeben
O. O. 1638. Nachdr. Hrsg. v. E. Trunz (Dt. Neudr., R.: Barock. 1),
Tübingen 1966
- Weltliche Poemata Zum Viertenmal vermehret vnd vbersehen heraus
geben
Franckfurt am mayn 1644. Nachdr. Erster Teil. Unter Mitwirkung von
C. Eisner hrsg. v. E. Trunz (Dt. Neudr., R.: Barock. 2), Tübingen 1967
- Weltliche Poemata ... (Zweiter Teil)
Franckfurt 1644 [24: d.D.oct. 9009]
- Gesammelte Werke. Kritische Ausgabe. Hrsg. v. G. Schulz-Behrend,
Bd. 1: Die Werke von 1614 bis 1621 (BLVS. 295), Stuttgart 1968

ORDO STUDIORUM ...
ORDO STUDIORUM IN ACADEMIA EBERHARDINA, quae TUBINGEE est,
publicè propositus
O. O. (Tübingen) 1664 [21: LS paed. E 325]

OWEN, JOHN
Epigrammatum Editio Postrema
Amsterdami 1633 [21: Dk II 235b]

PEUCER, DANIEL
Anfangs-Gründe der teutschen Oratorie
Naumburg 1739 [SRT: Gc 3400]

PICCOLOMINI, ENEA SILVIO: s. Silvio Piccolomini

PONTANUS, JACOB
POETICARVM INSTITVTIONVM LIBRI TRES. Eiusdem TYROCINIVM POETICVM
Ingolstadii 1594 [21: Dh 138]

PRITIUS, JOHANN GEORG
Proben Der Beredtsamkeit/ bestehend in allerhand gebundenen und un-
gebundenen Reden
Leipzig 1702 [12: P.o.germ. 640 x ang.]

RACHEL, JOACHIM
Teutsche Satyrische Gedichte
Franckfurt 1664   [1: Yi 5961 R]
- Neu-Verbesserte Teutsche Satyrische Gedichte. Mit Fleiß übersehen/
von vielen hiebevor mit untergelauffenen Trukkfehlern corrigiret/ und
mit der Siebenden und Achten Satyren/ als der Freund und der Poët
genannt/ welche noch niemahls im Trukke haußen gewesen/ vermehret/
und zum ersten mahl in offenen Trukk bracht
Oldenburg 1677   [35: Le 5180 ang.]

RADAU, MICHAEL
ORATOR EXTEMPORANEUS, Sive ARTIS ORATORIAE Breviarium Bipartitum,
Olim à GEORGIO BECKHERO, Elbingensi editum, nuper verò MICHAELI
RADAU, S. J. Vindicatum, Nunc denuò singulari studio auctius &
emendatius, cum indice locupletissimo editum, Accesserunt B. Z. BOX-
HORNI IDEAE ORATIONUM
Lipsiae 1664   [21: Dh 125b]

RATICHIUS (RATKE), WOLFGANG
Ratichianische Schriften. Hrsg. v. P. Stötzner, 2 Bde. (Neudr. pädagog.
Schriften. 9 u. 12), Leipzig 1892/93
- Wolfgang Ratichius, der Vorgänger des Amos Comenius, bearb. v.
G. Vogt (Die Klassiker der Pädagogik. 17), Langensalza 1894
- Die neue Lehrart. Pädagogische Schriften Wolfgang Ratkes. Eingel. v.
G. Hohendorf, Berlin 1957
- Schriften zur deutschen Grammatik (1612–1630). Hrsg. v. E. Ising, 2
Teile (Dt. Akad. d. Wiss. zu Berlin, Veröfftl. d. sprachwiss. Komm. 3),
Berlin 1959

REUTER, CHRISTIAN
La Maladie & la mort de l'honnete Femme. das ist: Letztes Denck- und
Ehren-Mahl/ Der weyland gewesenen Ehrlichen Frau Schlampampe/
In Einer Gedächtnüß-Sermone/ aufgerichtet von Herrn Gergen/ Uf
Special-Befehl der Seelig-Verstorbenen
O. O. 1696   [7: Poet.dram. III, 1140]
- Schlampampe. Komödien. Hrsg. v. R. Tarot (Reclams Univ.-Bibl.
8712–14), Stuttgart 1966

RICHTER, DANIEL
THESAURUS ORATORIUS NOVUS. Oder Ein neuer Vorschlag/ wie man
zu der Rednerkunst/ nach dem Ingenio dieses Seculi, gelangen/ und
zugleich eine Rede auf unzehlich viel Arten verändern könne
Nürnberg 1660   [35: Lg 1240]

RIEMER, JOHANNES
Standes-RHETORICA Oder Vollkommener Hoff- und Regenten-Redner/
Darinnen durch lebendige Exempel Hoher und gelehrter Leute in

gewissen Kunst-Regulen gewiesen wird: Auff was sonderliche Manier Der gröste u. geringste Hof-Diener/ Der Officirer im Felde/ Der Regente zu Rath-Hause/ Und ein Jeder in bürgerlichen Leben Auf Freuden- Ehren- und Trauer-Fällen geschickt reden kan/ Und so wol der adlichen und bürgerlichen Jugend Auch sonst männiglichen Liebhaber Der Rede-Kunst Zur gantz leichten Nachfolge vorgebildet
Leipzig 1685   [24: Phil.oct. 5777]
– Neu-aufgehender Stern-Redner/ nach dem Regenten-Redner. erleuchtet/ Aus dem Kern Der deutschen Sprache herfür geholet/ Mit neuen Regeln und sehr vielen Exempeln nöthiger Reden fast auf die Helffte vermehret/ Bey Hofe so wohl/ als andern Policey- und Studenten-Leben/ auch Bürgerlichen Stande/ nützlich zu gebrauchen/ und die Jugend daraus zu unterrichten
Leipzig 1689   [12: L.eleg.g. 573p]
RIST, JOHANN
Das AllerEdelste Leben der gantzen Welt/ Vermittelst eines anmuhtigen und erbaulichen Gespräches/ Welches ist dieser Ahrt Die Ander/ und zwahr Eine Hornungs-Unterredung/ Beschriben und fürgestellet
Hamburg 1663   [24: Miscell.oct. 2396]
– Sämtliche Werke. Unter Mitwirkung v. H. Mannack hrsg. v. E. Mannack. Erster Bd.: Dramatische Dichtungen (Ausg. dt. Lit. des XV. bis XVIII. Jh. s.), Berlin 1967
ROCHUS PERUSINUS
DE EPISTOLA COMPONENDA LIBER
Dilingae ³1583   [21: Cc 70 ang.]
ROTROU, JEAN DE
Le Véritable Saint Genest. Ed. by R. W. Ladborough, Cambridge 1954
SAAVEDRA FAJARDO, DIEGO DE
IDEA Principis Christiano-Politici 100 Symbolis expressa
Coloniae 1650   [21: Ec 25]
SACHS, HANS
Fastnachtspiele. Ausgewählt u. hrsg. v. T. Schumacher (Dt. Texte. 6), Tübingen 1957
SCALIGER, JULIUS CAESAR
Poetices libri septem ...
O. O. (Lyon) 1561. Nachdr. Hrsg. v. A. Buck, Stuttgart-Bad Cannstatt 1964
SCHATZKAMMER ...
Schatzkammer/ Schöner/ zierlicher Orationen/ Send-briefen/ Gesprächen/ Vorträgen/ Vermahnungen/ vnd dergleichen: Auß den vier vnd zwentzig Büchern des Amadis von Franckreich zusamen gezogen. Vnd allen derselben Liebhabern/ vnnd sonderlich denen so sich Teutscher

477

Sprach Lieblichkeit vnd zierd befleissigen/ zu gutem ihn Truck gegeben
O. O. (Straßburg) 1597 [9: Bm 280]

SCHEFFLER, JOHANNES (ANGELUS SILESIUS)
Gründtliche Vrsachen vnd Motiven, Warumb er Von dem Lutherthumb
abgetretten/ Vnd sich zu der Catholischen Kyrchen bekennet hat ...
mit beygefügten 16 Religions-Fragen
O. O. ²1653 [21: Gf 945 ang.]

– Weiber noth/ Welche Ein Lutherisch-Euangelische Matron jhrem lieben
Herrn vnd Ehegatten auff Den Regenspurgischen Reichstag vorgestellt/
Mit Trewhertziger Einladung Zur Märtens-Ganß/ Vnd Beygefügter
Antwort D. JOANNIS TRILLERS, Auff Das Sendschreiben seiner Ehe-
frawen Ottiliae Reinerin
O. O. 1653 [21: Gf 945 ang.]

– Gegründte Vrsachen Vmb welcher willen IOHANN-LAVRENTIVS Holler
AVSTRASIVS Von dem Lutherischen Glaubens-Irrthumb/ ab- vnd zur
Catholischen Warheit getretten. I. Verfälschungen deß Newen
Testaments von D. Martin Luthern. II. Gründliche Vrsachen/ warumb
keiner bey den Lutherischen Praedicanten das hochheilige Sacrament
deß Altars empfangen soll vnd kan ...
O. O. 1654 [21: Gf 945 ang.]

– Sämtliche poetische Werke. In drei Bänden. Hrsg. u. eingeleitet v.
H. L. Held, München ³1949 (›Held 1 ... 3‹)

SCHOTTEL, JUSTUS GEORG
Neu erfundenes Freuden Spiel genandt Friedens Sieg. In gegenwart vie-
ler Chur- und Fürstlicher auch anderer Vornehmen Personen, in dem
Fürstl: Burg Saal zu Braunsweig im Jahr 1642. von lauter kleinen Kna-
ben vorgestellet
Wolfenbüttel 1648 [7: Poet.Dram. III 990]

– Ausführliche Arbeit Von der Teutschen HaubtSprache/ Worin enthalten
Gemelter dieser HaubtSprache Uhrankunft/ Uhraltertuhm/ Reinlich-
keit/ Eigenschaft/ Vermögen/ Unvergleichlichkeit/ Grundrichtigkeit/
zumahl die SprachKunst und VersKunst Teutsch und guten theils Lateinisch völlig mit eingebracht ... Abgetheilet Jn Fünf Bücher
Braunschweig 1663, Nachdr. Hrsg. v. W. Hecht, 2 Bde. (Dt. Neudr., R.:
Barock. 11 u. 12), Tübingen 1967

SCHRADER, CHRISTOPH
HYPOTHESES ORATORIAE Ad Johannis Sleidani de Statu Religionis &
Reip. Historiam In Germanicae Eloquentiae usum contextae
Helmaestadi 1669 [Zw 1: L 185 ang.]

– DISPOSITIONES ORATORIAE Ad ductum Rhetoricae Aristotelis concinnatae
Helmestadii ³1674 [Zw 1: L 185 ang.]

– DISPOSITIONES EPISTOLICAE Eloquentiae studiosis in Academia Julia traditae
Helmestadii ²1674   [Zw 1: L 185 ang.]
– DE RHETORICORVM ARISTOTELIS SENTENTIA ET VSV Commentarius
Helmestadi 1674   [21: Cd 1757 ang.]
– LIVIANARVM ORATIONVM DVODEVIGINTI ANALYSIS RHETORICA. Adjectis imitationum materiis
Helmestadi 1676   [Zw 1: L 185 ang.]

SCHRÖTER, CHRISTIAN
Gründliche Anweisung zur deutschen ORATORIE nach dem hohen und Sinnreichen Stylo Der unvergleichlichen Redner unsers Vaterlandes, besonders Des vortrefflichen Herrn von Lohensteins in seinem Großmüthigen Herrmann und andern herrlichen Schrifften
Leipzig 1704   [24: Phil.oct. 6076]
– Kurtze Anweisung zur INFORMATION Der Adlichen Jugend
Leipzig 1704   [24: Phil.oct. 6076 ang.]

SCHUPP, JOHANN BALTHASAR
INEPTVS ORATOR
Marpurgi ²1642 (¹1638)   [21: Dh 37]
– Der Ungeschickte Redner/ mit Einwilligung seines Meisters übersetzt von M. B. Kindermann, in: Kindermann (s. d.), Der Deutsche Redner, Wittenberg 1665   [21: Dh 96 ang.]
– Freund in der Noht
O. O. 1658   [21: Dk XI 697 ang.]
– VOLUMEN ORATIONUM SOLEMNIUM ET PANEGYRICARUM. In Celeberrima Marpurgensi Universitate olim habitarum ... Cum praefixis Programmatibus & Praefationibus
Giessae 1658   [21: Kf IV 13]
– SALOMO Oder Regenten-Spiegel/ Vorgestellt Aus denen eilff ersten Capituln des ersten Buchs der Königen: Andern Gottesfürchtigen und Sinnreichen Politicis auszuführen und genauer zu elaboriren überlassen
O. O. 1659 (¹1657)   [21: Dk XI 697 ang.]
– Erste und Eylfertige Antwort. Auff M. Bernhard Schmitts Discurs de Reputatione Academicâ
Altena 1659   [24: Theol.oct. 463 ang.]
– Schrifften
O. O. o. J. (um 1660)   [21: Kf IV. 4]
Darin unter anderem: Corinna (S. 449ff.); Abgenöthigte Ehren-Rettung (S. 618ff.); Teutscher Lucianus (S. 808ff.).
– Etliche Tractätlein/ Welche theils im Nahmen Herrn Doctor Joh. Balthasaris Schuppii gedruckt/ und von Jhm nicht gemacht worden. Theils auch contrà Herrn Schuppium geschrieben/ darauß zu ersehen/

wie sie denselben/ dargegen zu schreiben veranlasset

Hanau 1663 [21:Kf IV. 4 ang.]

– Der Teutsche Lehrmeister. Hrsg. v. P. Stötzner (Neudr. pädagog. Schriften. 3), Leipzig 1891

SECKENDORFF, VEIT LUDWIG VON

Teutscher Fürsten-Stat/ Oder: Gründliche und kurtze Beschreibung/ Welcher Gestalt Fürstenthümer/ Graf- und Herrschafften im Heil. Röm. Reich Teutscher Nation/ welche Landes-Fürstl. und Hohe Obrigkeitliche Regalia haben/ von Rechts und löblicher Gewonheit wegen beschaffen zu seyn/ regieret/ ... zu werden pflegen. Zu beliebigem Gebrauch und Nutz hoher Standes-Personen/ dero Jungen Herrschafften/ Räthe und Bedienten/ auch männiglichs der bey Fürstlichen und dergleichen Höffen/ Gerichten und Landschafften zu thun hat/ nach Anleytung der Reichs-Satzungen und Gewonheiten/ auch würcklicher Observantz abgefasset

Franckfurt ²1660 (¹1655) [21:Ec 197a]

– Teutsche Reden/ an der Zahl Vier und Viertzig/ Welche er A. 1660 biß 1685. in Fürstl. Sächs. respectivè Geheimen Raths- und Cantzlars-Diensten/ theils zu Gotha/ mehrentheils aber zu Zeitz/ oder als Landschaffts-Director zu Altenburg/ etliche auch anderer Orten bey Ehren-Sachen/ aus Verwand- und Freundschafft abgelegt/ so viel nemlich deren aus erhaltenen Concepten noch zu haben gewesen/ Samt einer Ausführlichen Vorrede von der Art und Nutzbarkeit solcher Reden

Leipzig 1686 [29:Sch.L. 633]

SHAKESPEARE, WILLIAM

The complete works. A new edition, ed. with an introduction and glossary by P. Alexander, London and Glasgow 1965

SILVIO PICCOLOMINI, ENEA

Opera quae extant omnia, nunc demum post corruptissimas editiones summa diligentia castigata & in unum corpus redacta

Basileae 1551 [21:Kf II 6]

SOAREZ, CYPRIANUS

DE ARTE RHETORICA LIBRI TRES. EX ARISTOTELE, CICERONE & Quinctiliano praecipuè deprompti

Coloniae 1577 [21:Dh 129]

STIELER, KASPAR

Teutsche Sekretariat-Kunst/ Was sie sey/ worvon sie handele/ was darzu gehöre/ welcher Gestalt zu derselben glück- und gründlich zugelangen/ was Maßen ein Sekretarius beschaffen seyn solle/ worinnen deßen Amt/ Verrichtung/ Gebühr und Schuldigkeit bestehe/ auch was zur Schreibfertigkeit und rechtschaffener Briefstellung eigentlich und vornehmlich erfordert werde ...

Nürnberg 1673 [23:RHETORICA 35.1]

- [Zweiter Band] Der Teutschen Sekretariat-kunst. Allerhand bewährte/
und dem Kanzley-Stylo, ietzigem durchgehenden Gebrauch nach/ ganz
gemeinste Exempel und Muster/ so wol in Hof- Kammer- Lehn- Consi-
storial- Gerichts- Kriegs- als Haus- Liebes- Kaufmannschaft- Advo-
katen- und Notarien Sachen in sich haltend Allen Sekretarien/ Gelehr-
ten/ Schreibern/ ja sogar neu angehenden Rähten/ Amtleuten/ Rich-
tern/ und ins gemein allen andern Herren-Bedienten/ und denen/ so
mit der Feder umgehen/ höchst-nöhtig und vorträglich ...
Nürnberg 1674   [23: RHETORICA 35.2]
- Der Allzeitfertige Secretarius Oder: Anweisung/ auf was maasse ein
jeder halbgelehrter bey Fürsten/ Herrn/ Gemeinden und in seinem Son-
derleben/ nach ieziger Art/ einen guten/ wolklingenden und hinläng-
lichen Brief schreiben und verfassen könne ...
Nürnberg 1680   [25: E 3508]
- Herrn Baltasar Kindermanns Teutscher Wolredner Auf allerhand Begebenheiten im Stats- und Hauswesen gerichtet ... Nach heutiger Politischen Redart gebessert/ und mit vielen Komplimenten/ Vorträgen/
Beantwortungen/ wie nicht weniger mit unterschiedlichen nohtwendi-
gen und nützlichen Anmerkungen und Haubt-Erinnerungen gemehret
Wittenberg 1680   [159: Gb 165]

STURM, JOHANNES
De literarum ludis recte aperiendis, 1538; abgedruckt bei Vormbaum 1,
S. 653ff.
- Classicarum epistolarum libri tres, 1565; abgedruckt bei Vormbaum 1,
S. 678ff.
- Scholae Lauinganae, 1565; abgedruckt bei Vormbaum 1, S. 723ff.
- AD PHILIPPVM comitem Lippianum. De exercitationibus Rhetoricis ...
Liber Academicus
Argentorati 1575 (¹1571)   [Zw 1: R 16 ang.]

TESAURO, EMANUELE
IL CANNOCCHIALE ARISTOTELICO O sia Idea DELL'ARGVTA ET INGENIOSA
ELOCVTIONE Che serue à tutta l'Arte ORATORIA, LAPIDARIA, ET SIMBOLICA
Esaminata co' Principij DEL DIVINO ARISTOTELE
Torino ⁵1670. Nachdr. Hrsg. u. eingeleitet v. A. Buck (Ars poetica,
Texte. 5), Bad Homburg v. d. H. usw. 1968
- ARS EPISTOLARIS ... Qua QUATUOR PERSUASIONIS Historicae, Logicae,
Ethicae, Patheticae; & QUINQUE FIGURARUM, Harmonicarum, Ethicarum,
Patheticarum, Logicarum & Metaphoricarum Genera complectens, Brevi,
Clara ac Facili Methodo Narrationum, Descriptionum, Epistolarum,
Historicarum, Oratoriarum, Poëticarum PRAECEPTA ET EXEMPLA; Quin
& Orationis cujuslibet faciendae Principia subministrat ... Latinam
reddidit, Notis illustravit, Indice auxit P. MAGNUS SCHLEYER ...

Constantiae 1709   [21: Dh 115]

TESMARUS, JOHANNES

EXERCITATIONVM RHETORICARVM LIBRI VIII. Quorum Primi quinque
Analytici sunt, Exempla ex illustribus Poetis, Historicis, & Oratoribus
... quae Eloquentiae studiosis juxta artis praecepta examinanda imitan-
daque. Reliqui tres Synthetici sunt, dispositionem adumbrantes Carminum, Epistolarum, Orationum, quibus exaedificandis & illustrandis
iidem dicendi usum sibi comparabunt ... Editore ... DANIELE STEPHANI,
Bremensi

Amstelodami 1657   [21: Dh 36]

THILO, VALENTIN D. J.

IDEAE RHETORICAE, SEV DOCTRINA DE GENERIBVS CAVSARVM EX ARI-
STOTELE, CICERONE, QVINTILIANO, KECKERMANNO, VOSSIO, CAVSSINO,
CONTRACTA, EXEMPLIS PRAXIQVE ILLVSTRATA, CVM GENERALI VNIVERSAE
RHETORICAE DELINEATIONE

Regiomonti 1654   [21: Dh 98]

THOMASIUS, CHRISTIAN

Christian Thomas eröffnet Der Studirenden Jugend zu Leipzig in einem
Discours Welcher Gestalt man denen Frantzosen in gemeinem Leben und
Wandel nachahmen solle? ein COLLEGIUM über des GRATIANS Grund-
Reguln/ Vernünfftig/ klug und artig zu leben

Leipzig 1687. Neudr. Hrsg. v. A. Sauer (DLD. 51), Stuttgart 1894

TSCHERNING, ANDREAS

Unvorgreiffliches Bedencken über etliche mißbräuche in der deutschen
Schreib- und Sprach-Kunst ...

Lübeck 1659   [21: Dh 79]

VAVASSEUR, FRANÇOIS

DE EPIGRAMMATE LIBER ET EPIGRAMMATVM LIBRI TRES

Parisiis 1669   [12: L.eleg.g. 420]

VIVES, JUAN LUIS

DE CONSCRIBENDIS EPISTOLIS

Angebunden an: Erasmus, DE CONSCRIBENDIS EPISTOLIS

Moguntiae 1547   [21: Cc 135 ang.]

– OPERA, IN DVOS DISTINCTA TOMOS: QVIBVS OMNES IPSIVS LVCVBRATIONES,
quotquot unquam in lucem editas uoluit, complectuntur ...

Basileae 1605   [21: Kf I 2]

VONDEL, JOOST VAN DEN

De Werken. Volledige en geïllustreerde tekstuitgave in tien deelen
(versch. Herausgeber), Amsterdam 1927ff.

VOSSIUS, GERHARD JOHANNES

COMMENTARIORUM RHETORICORUM, SIVE ORATORIARUM INSTITUTIONUM
Libri sex, Quartâ hac editione auctiores, & emendatiores

Lugduni Batavorum 1643 (¹1606)   [21: Dh 12]

- RHETORICES CONTRACTAE, Sive PARTITIONUM ORATORIARUM LIBRI
QVINQVE. EDITIO Ad eam, qvae ad ultimam Auctoris manum aliqvot
in locis auctior prodiit, exacta & suprà illam tùm emendata, tùm
Tabellis synopticis & Indice aucta
Lipsiae 1660 (¹1621)   [21: Dh 93]

WEISE, CHRISTIAN
Der grünenden Jugend überflüssige Gedancken/ Aus vielfältiger und
mehrentheils frembder Erfahrung in offenhertziger Einfalt Allen Jun-
gen und Lustbegierigen Gemüthern vorgestellet ...
Leipzig 1678 (¹1668). Neudr. Hrsg. v. M. von Waldberg (NdL. 242–45),
Halle 1914
- Die drey ärgsten Ertz-Narren In der gantzen Welt/ Auß vielen Närri-
schen Begebenheiten hervorgesucht/ und Allen Interessenten zu besse-
rem Nachsinnen übergeben ...
O. O. 1672   [21: Dk XI 92b]
- Der Kluge Hoff-Meister/ Das ist/ Kurtze und eigentliche Nachricht/
wie ein sorgfältiger Hoffmeister seine Untergebenen in den Historien
unterrichten/ und sie noch bey junger Zeit also anführen sol/ damit sie
hernach ohne Verhindernüs die Historien selbst lesen und nützlich anwenden können. Vormahls unter dem Titul Der Fundamental-Historie
zusammen getragen: Anitzo aber an unterschiedenen Orten verbessert
und zum Druck befördert
Franckfurt und Leipzig 1676 (¹1675)   [21: Fr 48a]
- Der Grünenden Jugend Nothwendige Gedancken/ Denen Uberflüßigen
Gedancken entgegen gesetzt/ Und Zu gebührender Nachfolge/ so wohl
in gebundenen als ungebundenen Reden/ allen curiösen Gemüthern
recommendirt
Leipzig 1690 (¹1675)   [24: d.D.oct. 13261]
- De moralitate complimentorum ...
Weissenfelsae 1675   [24: philos. Diss.]
- Politischer Redner/ Das ist/ Kurtze und eigentliche Nachricht/ wie
ein sorgfältiger Hofmeister seine Untergebene zu der Wolredenheit an-
führen soll/ damit Selbige lernen 1. Auff was vor ein Fundament eine
Schul-Rede gesetzet ist; 2. Worinnen die Complimenten bestehen;
3. Was Bürgerliche Reden sind; 4. Was bey hohen Personen/ sonderlich
zu Hofe/ vor Gelegenheit zu reden vorfällt. Alles mit gnugsamen Re-
geln/ anständigen Exempeln/ und endlich mit einem nützlichen Register
außgefertigt
Leipzig 1681 (¹1677)   [24: Phil.oct. 6658]
- DE POESI HODIERNORUM POLITICORUM Sive DE ARGUTIS INSCRIPTIONIBUS
LIBRI II. Qvorum Prior Naturam, Originem, Usum, Auctores & varie-
tatem Inscriptionis; Posterior facillima imitandi Artificia perseqvitur.
Additis Clarissimorum Virorum EXEMPLIS, In eorum gratiam, qvi vel

hodiernorum morem sectari, vel conscribendi carminis compendium
qvaerere cupiunt
(Jenae & Helmstadii) 1678   [21: Dh 126]
 - ORATIONES DUAE, QUARUM ALTERA STATISTICAM SCHOLASTICUM, ALTERA
   GYMNASII RECTOREM DESCRIBIT, HABITAE IN EGRESSU WEISSENFELSENSI
   ET INTROITU ZITTAVIENSI
   Zittaviae 1678   [24: philol. Diss.]
 - Kurtzer Bericht vom Politischen Näscher wie nehmlich Dergleichen
   Bücher sollen gelesen/ und Von andern aus gewissen Kunst-Regeln
   nachgemachet werden
   Leipzig und Zittau 1680
 - ENCHIRIDION GRAMMATICUM Das ist: Eine kurtze Anweisung zu der
   Lateinischen Sprache ... Nunmehr ... nicht allein mit Regeln und
   Exempeln mercklich erweitert/ sondern auch mit einer ausführlichen
   Manuduction an die Informatores selbst vermehret
   Dresden 1708 (^{1}1681)   [7: Ling. IV, 1095]
 - Neu-Erleuterter Politischer Redner/ Das ist: Unterschiedene Kunst-
   griffe/ welche in gedachtem Buche entweder gar nicht/ oder nicht so
   deutlich vorkommen/ gleichwohl aber Zu Fortsetzung der hochnöthigen
   Ubungen etwas grosses helffen können; Aus bißheriger Experienz abge-
   merckt/ und so wol durch leichte Regeln als durch deutliche und nütz-
   liche Exempel ausgführet ...
   Leipzig 1696 (^{1}1684)   [24: Phil.oct. 6659 ang.]
 - INSTITUTIONES ORATORIAE ad Praxin hodierni Seculi accommodatae,
   ut qvibus Progymnasmatibus excitari qveant Tirones, qvibusve Exercitiis
   ipsi Provectiores tum ad Eloqventiam SCHOLASTICAM, POLITICAM, ECCLE-
   SIASTICAM, tum ad EPISTOLAS qvàm optimè manuduci debeant, Regulis
   & Exemplis demonstretur. Accessit ad sublevandam Inventionis doctri-
   nam distincta disqvisitio de Affectibus, item Compendium Juris Naturae,
   adspersis ubiq; Monitis & observationibus Practicis, in usum GYMNASII
   ZITTAVIENSIS
   Lipsiae 1687   [24: Elv 458]
 - SUBSIDIUM JUVENILE, DE ARTIFICIO ET USU CHRIARUM IN EORUM GRATIAM,
   QVI TANDEM AD INSTITUTIONES ORATORIAS faciliori cursu tum ipsi
   pergere, tum aliis informatione vel consilio praeire volunt, publici juris
   factum
   Dresdae & Lipsiae 1715 (^{1}1689)   [24: Phil.oct. 2696]
 - Lust und Nutz der Spielenden Jugend bestehend in zwey Schau- und
   Lust-Spielen ... Nebenst Einer ausführlichen Vorrede/ Darinnen von
   der Intention dergleichen Spiele deutlich und aus dem Fundamente ge-
   handelt wird
   Dreßden und Leipzig 1690   [24: d.D.oct. 13263]
 - Politische Fragen/ Das ist: Gründliche Nachricht Von der POLITICA,

Welcher Gestalt Vornehme und wohlgezogene Jugend hierinne einen Grund legen/ So dann aus den heutigen Republiqven gute Exempel erkennen/ Endlich auch in practicablen Staats-Regeln den Anfang treffen soll ...

Dresden 1691 [21: Ec 49]
– Curiöse Gedancken Von Deutschen Versen/ Welcher gestalt Ein Studierender In dem galantesten Theile der Beredsamkeit was anständiges und practicables finden soll/ damit er Gute Verse vor sich erkennen/ selbige leicht und geschickt nachmachen/ endlich eine kluge Masse darinn halten kan: Wie bißhero Die vornehmsten Leute gethan haben/ welche/ Von der klugen Welt/ nicht als Poeten/ sondern als polite Redner sind aestimirt worden
Leipzig ³1702 (¹1691) [25: E 3518 bk]
– Curiöse Gedancken Von Deutschen Brieffen Wie ein junger Mensch/ sonderlich ein zukünfftiger POLITICUS, Die galante Welt wol vergnügen soll. In kurtzen und zulänglichen Regeln·So dann Jn anständigen und practicablen Exempeln ausführlich vorgestellet. Erster und Andrer Theil
Dreßden 1691 [50 I Fr. 11b]
– Gelehrter Redner/ Das ist: Ausführliche und getreue Nachricht/ Wie sich ein junger Mensch Jn seinen Reden klug und complaisant aufführen soll/ Wenn er zur Beförderung seines Glückes die Opinion eines Gelehrten vonnöthen hat/ Und wie er theils in der ALLUSION, Theils in der EXPRESSION Gelehrt und klug procediren kan. Alles mit raren Excerptis, gnugsamen Regeln und neuen Exempeln völlig erläutert
Leipzig 1693 (¹1692) [24: Phil.oct. 6657]
– Politische Nachricht von Sorgfältigen Briefen/ Wie man sich in odieusen und favorablen Dingen einer klugen Behutsamkeit gebrauchen/ und Bey Oratorischen oder Epistolischen Regeln die politischen Exceptiones geschickt anbringen soll/ An statt des dritten Theils zum curieusen Gedancken von deutschen Briefen in einem absonderlichen Buche vorgestellet/ Und so wohl mit gantz neuen Regeln/ als auch Mit practicablen Exempeln ausgeführet/ Nebenst einem Vorbericht vom Galanten Hoff-Redner
Dreßden und Leipzig 1701 (¹1693) [24: Phil.oct. 6656]
– Freymüthiger und höfflicher Redner/ das ist ausführliche Gedancken von der PRONUNCIATION und ACTION, Was ein getreuer Informator darbey rathen und helffen kan/ Bey Gelegenheit Gewisser Schau-Spiele allen Liebhabern zur Nachricht gründlich und deutlich entworffen
O. O. (Leipzig) 1693 [14: Ling.Germ.rec. 580]
– Curieuse Fragen über die LOGICA Welcher gestalt die unvergleichliche Disciplin von Allen Liebhabern der Gelehrsamkeit/ sonderlich aber von einem POLITICO deutlich und nützlich sol erkennet werden/ in Zwey-

en Theilen/ Der anfänglichen Theorie, und der nachfolgenden Praxi zum besten Durch gnugsame Regeln/ und sonderliche Exempel ausgeführet

Leipzig 1696 [21:Ab 129]

— Curiöse Gedancken von der IMITATION, welcher gestalt Die Lateinischen Auctores von der studierenden/ sonderlich von der Politischen Jugend mit Nutzen gelesen mit gutem Verstande erkläret/ und mit einer gelehrten Freyheit im Stylo selbst gebrauchet werden

Leipzig 1698 [24: Phil.oct. 2694]

— Neue Proben von der vertrauten Redens-Kunst/ Das ist: drey Theatralische Stücke/ ... Welche vormahls auff dem Zittauischen Schau-Platz gesehen worden. Nu aber nützlich und vergnügt zu lesen seyn. nebst einer Vorrede von der also genannten PRUDENTIA SERMONIS SECRETI

Dreßden und Leipzig 1700 [24: d.D.oct. 13263 ang.]

— Curieuser Körbelmacher/ Wie solcher auff dem Zittauischen Theatro den 26. Octobr. MDCCII. von Etlichen Studirenden praesentiret worden/ Anietzo aus gewissen Ursachen herausgegeben

Görlitz 1705 [24: d.D.oct. 13263 ang.]

— Oratorische Fragen, an statt einer wolgemeinten Nachlese dergestalt eingerichtet, Daß der Innhalt von allen vorigen Büchern kürtzlich wiederholet, Zugleich aber ein und andere Nachricht von der bißherigen Praxi getreulich eröffnet wird; Nebenst einem Nöthigen Anhange über etlicher Gedancken, die was überflüßiges oder auch was mangelhafftes in diesen Principiis wollen observiret haben

Leipzig 1706 [24: Phil.oct. 6655]

— Oratorisches SYSTEMA, Darinne Die vortreffliche Disciplin Jn ihrer Vollkommenen Ordnung aus richtigen Principiis vorgestellet, Und mit lauter neuen Exempeln erkläret wird, Allen denjenigen zu Dienste, welche den Kern aus den bißherigen Büchern vor sich und andere finden wollen. Nebst einem curieusen Capitel von Politischen Reden in richtige Fragen abgefasset ...

Leipzig 1707 [24: Phil.oct. 6660]

— EPISTOLAE SELECTIORES Cum VIRORUM DOCTISSIMORUM ARNOLDI, BALBINI, CARPZOVII, CLAUDERI, CONRINGII, NEUMANNI &c. ad Eundem LITERIS, quibus Multae observationes tam ad rem Scholasticam quam universam literariam spectantes continentur, edidit atque Praefationem de Utilitate ex Literis Virorum Doctorum capienda praemisit CHRISTIAN. GODOFR. HOFFMANNUS

Budissae 1716 [21:Kg 864]

WERNICKE, CHRISTIAN

Epigramme. Hrsg. u. eingel. v. R. Pechel (Palaestra. 71), Leipzig 1909

WETZEL, JOHANN CASPAR

Hymnopoeographia, oder Historische Lebens- Beschreibung Der berühmtesten Lieder-Dichter

Herrnstadt 1724 (¹1718)   [21:Dg 41]

WOHLGEMEYNTES ... BEDENKEN

Wohlgemeyntes/ zumahlen wohl überlegt- und Gründliches Bedenken/
Von verschiedenen/ theils offenbahren/ theils nicht allerdings bekandten
Mißbräuchen/ so geraume Zeit hero in die Schulen eingerissen/ und
überhand genommen: auch wie die Sach eigentlicher und mit besserer
Manier möchte eingerichtet werden. Zu mehrerem Nachdenken/ kurtz
und einfältig entworffen ...
Augspurg 1693. Neudr. Hrsg. v. A. Jsrael (Sammlg. selten gewordener
pädagog. Schriften. 3), Zschopau 1879

WYLE, NICLAS VON

Translationen. Hrsg. v. A. von Keller (BLVS. 57), Stuttgart 1861
(Nachdr. Hildesheim 1967)

ZEDLER, JOHANN HEINRICH

Grosses vollständiges UNIVERSAL LEXICON Aller Wissenschafften und
Künste ... (64 Bde. u. 4 Supplemente)
Halle und Leipzig 1732–1754. Nachdr. Graz 1961

ZEILLER, MARTIN

606 Episteln oder Send-schreiben Von allerhand Politischen Historischen und anderen sachen gestellt und verfertiget ...
Ulm 1656 (¹1640ff.)   [25:E 7540 d]

ZESEN, PHILIP VON

Assenat; das ist Derselben/ und des Josefs Heilige Stahts- Lieb- und
Lebens-geschicht ...
Amsterdam 1670. Nachdr. Hrsg. v. V. Meid (Dt. Neudr., R.: Barock. 9),
Tübingen 1967

ZINCGREF, JULIUS WILHELM

Auserlesene Gedichte Deutscher Poeten ... 1624. Neudr. Hrsg. v.
W. Braune (NdL. 15), Halle 1879
– Der Teutschen Scharpfsinnige kluge Sprüch
Straßburg 1626   [21:Dk XI 752]

Einzelne Zitate sind folgenden Textsammlungen entnommen:

Cysarz, H. (Hrsg.): Barocklyrik, 3 Bde. (DLE, R. Barock), Leipzig 1937
(Nachdr. Hildesheim 1964. Mit einem neuen Vorwort u. Berichtigungen;
›Cysarz 1 ... 3‹)
Flemming, W. (Hrsg.): Barockdrama, 6 Bde. (DLE, R. Barock), Leipzig
1930–33 (Nachdr. Hildesheim 1965)
Schöne, A. (Hrsg.): Das Zeitalter des Barock. Texte und Zeugnisse (Die
deutsche Literatur. Texte und Zeugnisse. 3), München 1963
Szyrocki, M. (Hrsg.): Poetik des Barock (RK. 508/9), o. O. 1968

Literaturverzeichnis

Adel, K.: Das Wiener Jesuitentheater und die europäische Barockdramatik, Wien 1960

Adorno, T. W.: Der mißbrauchte Barock, in: Ohne Leitbild. Parva Aesthetica (edition suhrkamp. 201), Frankfurt a. M. 1967, S. 133ff.

Alewyn, R.: Vorbarocker Klassizismus und griechische Tragödie. Analyse der ›Antigone‹-Übersetzung des Martin Opitz, Neue Heidelb. Jb., N.F. 1926, S. 3ff. (Nachdr. Darmstadt 1962)

- (u. a.) Aus der Welt des Barock, Stuttgart 1957
- (Hrsg.): s. Deutsche Barockforschung

Alewyn, R. – K. Sälzle: Das große Welttheater. Die Epoche der höfischen Feste in Dokument und Deutung (rde. 92), Hamburg 1959

Alonso, D.: Notas sobre la persona y el arte de Georg Rudolf Weckherlin, Filol. Moderna 27–28, 1967, S. 223ff.

Althaus, P.: Die Prinzipien der deutschen Dogmatik im Zeitalter der aristotelischen Scholastik, Leipzig 1914

Altpreußische Biographie, Artikel ›Kaldenbach‹, Bd. 1, Königsberg 1941, S. 319

Andler, C.: Nietzsche und Jacob Burckhardt, Basel 1926

Appel, B.: Das Bildungs- und Erziehungsideal Quintilians nach der institutio oratoria, Donauwörth 1914

Arbusow, L.: Colores rhetorici. Eine Auswahl rhetorischer Figuren und Gemeinplätze als Hilfsmittel für akademische Übungen an mittelalterlichen Texten. Durchges. u. verm. Aufl., hrsg. v. H. Peter, Göttingen ²1963

Arletius, J. C.: Historischer Entwurf von den Verdiensten der evangelischen Gymnasiorum um die deutsche Schaubühne, Breslau 1762

Arnaldi, F.: La retorica nella poesia di Ovidio, in: Ovidiana, S. 23ff.

Arnoldt, D. H.: Ausführliche und mit Urkunden versehene Historie der Königsbergischen Universität, 2 Teile, Königsberg i. Pr. 1746

Auerbach, E.: Rez. Curtius, Europäische Literatur und lateinisches Mittelalter, RF 62, 1950, S. 237ff.

- Sermo humilis, RF 64, 1952, S. 304ff.

Azorín: Una conjetura: Nietzsche, español, ›El Globo‹, Madrid, Mai 1903

Bach, A.: Geschichte der deutschen Sprache, Heidelberg ⁸1965

Backer, A. u. A. de – C. Sommervogel: Bibliothèque de la Compagnie de Jésus, 9 Bde., Bruxelles 1890–1900

Bahlmann, P.: Die lateinischen Dramen von Wimphelings Stylpho bis zur Mitte des 16. Jahrhunderts. 1480–1550, Münster 1893

Baldwin, C. S.: Medieval rhetoric and poetic (to 1400), New York 1928 (Nachdr. Gloucester/Mass. 1959)

Baldwin, T. W.: William Shakespeare's ›Small latine and lesse greeke‹, Bd. 1, Urbana/Ill. 1944

Barner, W.: Gryphius und die Macht der Rede. Zum ersten Reyen des Trauerspiels ›Leo Armenius‹, DVjs 42, 1968, S. 325ff.

– Tübinger Poesie und Eloquenz im 17. Jahrhundert: Christoph Kaldenbach, Attempto 35/36, 1970, S. 98ff.

Barth, H.: Das Zeitalter des Barocks und die Philosophie von Leibniz, in: Die Kunstformen des Barockzeitalters, S. 413ff.

Barth, P.: Die Stoa. Völlig neu bearb. v. A. Goedeckemeyer (Frommanns Klassiker der Philosophie. 16), Stuttgart ⁶1946

Barwick, K.: Die Gliederung der rhetorischen τέχνη und die horazische Epistula ad Pisones, Hermes 57, 1922, S. 1ff.

– Martial und die zeitgenössische Rhetorik (Abh. Leipzig, Phil.-hist. Kl. 104/1), Berlin 1959

– Das rednerische Bildungsideal Ciceros (Abh. Leipzig, Phil.-hist. Kl. 54/3), Leipzig 1963

Batllori, M.: La vida alternante de Baltasar Gracián en la Compañia de Jesús, Archivum historicum Societatis Jesu 18, 1949, S. 3ff.

– Gracián y la retórica barroca en España, in: Retorica e Barocco, S. 27ff.

– Gracián y el barroco (Storia e Letteratura. 70), Roma 1958

Bauch, G.: Geschichte des Breslauer Schulwesens in der Zeit der Reformation, Breslau 1911

– Valentin Trozendorf und die Goldberger Schule (MGPaed. LVII), Berlin 1921

Baumgart, W.: Die Gegenwart des Barocktheaters, Arch. f. d. Studium d. neueren Sprachen und Literaturen 198, 1961/62, S. 65ff.

Baur, J.: Die Vernunft zwischen Ontologie und Evangelium. Eine Untersuchung zur Theologie Johann Andreas Quenstedts, Gütersloh 1962

Bebermeyer, G.: Tübinger Dichterhumanisten. Bebel/Frischlin/Flayder, Tübingen 1927 (Nachdr. Hildesheim 1967)

Becker, H.: Die geistige Entwicklungsgeschichte des Jesuitendramas, DVjs 19, 1941, S. 269ff.

Beckmann, A.: Motive und Formen der deutschen Lyrik des 17. Jahrhunderts und ihre Entsprechungen in der französischen Lyrik seit Ronsard (Hermaea, N.F. 5), Tübingen 1960

Beheim-Schwarzbach, D.: Dramenformen des Barocks. Die Funktion von Rollen, Reyen und Bühne bei Joh. Chr. Hallmann (1640–1704), Diss. Jena 1931

Beißner, F.: Deutsche Barocklyrik, in: Formkräfte der deutschen Dichtung vom Barock bis zur Gegenwart, S. 35ff.

Benjamin, W.: Ursprung des deutschen Trauerspiels. Revid. Ausg., besorgt v. R. Tiedemann, Frankfurt a. M. 1963

Benz, R.: Deutsches Barock. Kultur des 18. Jahrhunderts. Erster Teil, Stuttgart 1949

Bernleithner, E.: Humanismus und Reformation im Werke Georg Rollenhagens, Diss. Wien 1954

Berthold, M.: Joseph Furttenbach von Leutkirch, Architekt und Ratsherr in Ulm, in: Ulm und Oberschwaben 33, 1953, S 119ff.

Bielmann, J.: Die Dramentheorie und Dramendichtung des Jakobus Pontanus S. J., Lit.wiss. Jb. d. Görres-Ges. 3, 1928, S. 45ff.

Birke, J.: Gottscheds Neuorientierung der deutschen Poetik an der Philosophie Wolffs, ZfdPh 85, 1966, S 560ff.

Birt, T.: Vorrede zur Claudian-Ausgabe, MGHist., auct.ant. X, Berlin 1892, S. I ff.

Bissels, P.: Humanismus und Buchdruck. Vorreden humanistischer Drucke in Köln im ersten Drittel des 16. Jahrhunderts, Nieuwkoop 1965

Blackall, E. A.: Die Entwicklung des Deutschen zur Literatursprache 1700–1775. Mit einem Bericht über neue Forschungsergebnisse 1955–1964 von D. Kimpel, Stuttgart 1966 (›Blackall‹)

Blättner, F.: Geschichte der Pädagogik, Heidelberg ⁷1961

Bland, D. S.: Rhetoric and the law student in sixteenth-century England, Stud. in Philol. 54, 1957, S. 498ff.

Blet, P.: Note sur les origines de l'obéissance ignatienne, Gregorianum 35, 1954, S. 99ff.

Bloch, E.: Christian Thomasius, ein deutscher Gelehrter ohne Misere (edition suhrkamp. 193), Frankfurt a. M. 1967

Blunck, R.: Friedrich Nietzsche. Kindheit und Jugend, München u. Basel 1953

Bode, H.: Die Kirchenbauten der Jesuiten in Schlesien, Diss. Dresden (TH) 1935

Boeckh, J. G. und G. Albrecht, K. Böttcher, K. Gysi, P. G. Krohn, H. Strobach: Geschichte der deutschen Literatur 1600 bis 1700 (Geschichte der deutschen Literatur von den Anfängen bis zur Gegenwart. Hrsg. v. K. Gysi u. a. 5), Berlin 1963

Böckmann, P.: Formgeschichte der deutschen Dichtung, 1. Bd.: Von der Sinnbildsprache zur Ausdruckssprache. Der Wandel der literarischen Formensprache vom Mittelalter zur Neuzeit, Hamburg 1949 (›Böckmann‹)

Boehmer, H.: Die Jesuiten. Auf Grund der Vorarbeiten von H. Leube neu hrsg. von K. D. Schmidt, Stuttgart 1957

Bök, A. F.: Geschichte der herzoglich Würtembergischen Eberhard Carls Universität zu Tübingen im Grundrisse, Tübingen 1774

Bömer, A.: Die lateinischen Schülergespräche der Humanisten (Texte u. Forschungen z. Gesch. d. Erz. u. d. Unterrichts in d. Ländern dt. Zunge. 1), 2 Tle., Berlin 1897/99

Bolte, J.: Vorwort zum Neudruck von Georg Rollenhagen, ›Spiel von Tobias‹ (1576) (NdL. 285–287), Halle 1930, S. III ff.

Borcherdt, H. H.: Andreas Tscherning. Ein Beitrag zur Literatur- und Kultur-Geschichte des 17. Jahrhunderts, München–Leipzig 1912

– Augustus Buchner und seine Bedeutung für die deutsche Literatur des siebzehnten Jahrhunderts, München 1919

Borinski, K.: Die Poetik der Renaissance und die Anfänge der litterarischen Kritik in Deutschland, Berlin 1886 (Nachdr. Hildesheim 1967)

– Baltasar Gracian und die Hoflitteratur in Deutschland, Halle 1894

– Die Antike in Poetik und Kunsttheorie vom Ausgang des klassischen Altertums bis auf Goethe und Wilhelm von Humboldt, 2 Bde., Leipzig 1914/24 (Nachdr. Darmstadt 1965)

Borgerhoff, E. B. O.: ›Mannerism‹ and ›Baroque‹: A simple plea, Comparative Lit. 5, 1953, S. 323ff.

Bouillier, V.: Baltasar Gracián et Nietzsche, RLC 6, 1926, S. 381ff.

– Notes critiques sur la traduction de l'Oráculo Manual par Amelot de la Houssaie, Bulletin hispanique 35, 1933, S. 126ff.

Brates, G.: Die Barockpoetik als Dichtkunst, Reimkunst, Sprachkunst, ZfdPh 53, 1928, S. 346ff.

– Hauptprobleme der deutschen Barockdramaturgie in ihrer geschichtlichen Entwicklung, Diss. Greifswald 1935

Braun, J.: Die Kirchenbauten der deutschen Jesuiten, 2 Bde., Freiburg i. B. 1908/10

Braun, P.: Geschichte des Kollegiums der Jesuiten in Augsburg, München 1922

Brauneck, M.: Barockforschung. Ein Literaturbericht (1962–1967), in: Das 17. Jahrhundert in neuer Sicht. Beiträge v. P. Jentzsch, M. Brauneck, E. E. Starke (DU, Beih. 1 zu Jg. 21/1969), Stuttgart 1969, S. 93ff.

Breen, Q.: The subordination of philosophy to rhetoric in Melanchthon. A study of his reply to G. Pico della Mirandola, Arch. f. Reformationsgesch. 43, 1952, S. 13ff.

– Some aspects of humanistic rhetoric and the Reformation, Nederlands Arch. v. Kerkgeschiedenis, N.S. 43, 1960, S. 1ff.

Brethauer, K.: Die Sprache Meister Eckeharts im Buch der göttlichen Tröstung, Diss. Göttingen 1931

Bretzke, H.: Simon Dachs dramatische Spiele, Diss. Königsberg 1922

Breuer, D.: Der Philotheus des Laurentius von Schnüffis. Zum Typus des geistlichen Romans im 17. Jahrhundert (Dt. Stud. 10), Meisenheim a. Glan 1969

Brietzke, H.-G.: Zur Geschichte der Barockwertung von Winckelmann bis Burckhardt (1755–1855), Diss. Berlin (FU) 1954

Brinkmann, A.: Der älteste Briefsteller, Rhein. Mus. f. Philol., N.F. 64, 1909, S. 310ff.

Brinkmann, H.: Zu Wesen und Form mittelalterlicher Dichtung, Halle 1929

– Anfänge des modernen Dramas in Deutschland. Versuch über die Beziehungen zwischen Drama und Bürgertum im 16. Jahrhundert, in: Studien zur Geschichte der deutschen Sprache und Literatur, Bd. 2, Düsseldorf 1966, S. 232ff.

Brischar, J. N.: Die deutschen Kanzelredner aus dem Jesuitenorden, Bd. 1 (= Die katholischen Kanzelredner Deutschlands seit den letzten drei Jahrhunderten, Bd. 2), Schaffhausen 1867

Brüggemann, D.: Vom Herzen direkt in die Feder. Die Deutschen in ihren Briefstellern (dtv. 503), München 1968

Brüggemann, F.: Einleitung zu: Aus der Frühzeit der deutschen Aufklärung. Christian Thomasius und Christian Weise (DLE, R. Aufklärung. Bd. 1), Leipzig 1928, S. 5ff.

Buck, A.: Der Renaissance-Humanismus und die Wissenschaften, Zs. f. Pädagogik 1, 1955, S. 215ff.

– Die ›studia humanitatis‹ und ihre Methode, Bibl. d'Human. et Renaiss. 21, 1959, S. 273ff.

– Barock und Manierismus: die Anti-Renaissance, FuF 39, 1965, S. 246ff.

Bünger, C.: Matthias Bernegger, ein Bild aus dem geistigen Leben Strassburgs zur Zeit des dreissigjährigen Krieges, Strassburg 1893

491

Bürger, P.: Illusion und Wirklichkeit im ›Saint Genest‹ von Jean Rotrou, GRM, N.F. 14, 1964, S. 241ff.

Bütow, A.: Die Entwicklung der mittelalterlichen Briefsteller bis zur Mitte des 12. Jahrhunderts, mit besonderer Berücksichtigung der Theorien der ars dictandi, Diss. Greifswald 1908

Bukowski, H.: Der Schulaufsatz und die rhetorische Sprachschulung. Rhetorische Methoden und Aufgaben in der Institutio Oratoria Quintilians und der Theorie des deutschen Schulaufsatzes, Diss. Kiel 1956

Bullemer, K.: Quellenkritische Untersuchungen zum 1. Buche der Rhetorik Melanchthons, Diss. Erlangen 1902

Burck, E.: Artikel ›Propemptikon‹, in: Lexikon der Alten Welt, Zürich u. Stuttgart 1965, Sp. 2447

Burckhardt, J.: Der Cicerone. Eine Anleitung zum Genuss der Kunstwerke Italiens, Basel 1855

– Die Cultur der Renaissance in Italien. Ein Versuch, Basel 1860

Burdach, K.: Reformation, Renaissance, Humanismus, Leipzig ²1926

Burger, H.: Jakob Bidermanns ›Belisarius‹ (Quellen u. Forschungen z. Sprach- u. Kulturgesch. d. germ. Völker, N.F. 19), Berlin 1966

– Jakob Masens ›Rusticus imperans‹. Zur lateinischen Barockkomödie in Deutschland, Lit.wiss. Jb. d. Görres-Ges., N.F. 8, 1967, S. 31ff.

Burger, H. O.: ›Dasein heißt eine Rolle spielen‹. Studien zur deutschen Literaturgeschichte (Lit. als Kunst), München 1963

– Renaissance, Humanismus, Reformation. Deutsche Literatur im europäischen Kontext (Frankf. Beitr. z. Germanistik. 7), Bad Homburg v. d. H. usw. 1969

Burke, K.: A rhetoric of motives, in: A grammar of motives and A rhetoric of motives, Cleveland and New York 1962

Butts, R. F.: A cultural history of education, New York and London ⁵1947

Buzás, L.: Der Vergleich des Lebens mit dem Theater in der deutschen Barockliteratur (Spec. Diss. Fac. Philos. Reg. Hung. Univ. Elis. Quinq. 208), Pécs 1941

Cancik, H.: Untersuchungen zur lyrischen Kunst des P. Papinius Statius (Spudasmata. 13), Hildesheim 1965

Capua, A. G. de: Eine Leichenrede Friedrichs von Logau, Arch. f. d. Studium d. neueren Sprachen und Literaturen 196, 1959/60, S. 147ff.

Castelli, E. (Hrsg.): s. Retorica e Barocco

Cholevius, L.: Die bedeutendsten deutschen Romane des siebzehnten Jahrhunderts, Leipzig 1866 (Nachdr. Darmstadt 1965)

Chroust, A.: Abraham von Dohna. Sein Leben und sein Gedicht auf den Reichstag von 1613, München 1896

Clark, D. L.: John Milton at St. Paul's school: A study of ancient rhetoric in English Renaissance education, New York 1948

– Ancient rhetoric and English Renaissance literature, Shakespeare Quart. 2, 1951, S. 195ff.

– The rise and fall of progymnasmata in sixteenth- and seventeenth-century grammar schools, Speech Monographs 19, 1952, S. 259ff.

– Rhetoric in Greco-Roman education, New York 1957

– Milton's rhetorical exercises, QJS 46, 1960, S. 297ff.

Clarke, M. L.: Die Rhetorik bei den Römern. Ein historischer Abriß, Göttingen 1968

Classen, J.: Jacob Micyllus... als Schulmann, Dichter und Gelehrter, Frankfurt a. M. 1859

Cleary, J. W. – F. W. Habermann: Rhetoric and public address. A bibliography, 1947–1961, Madison and Milwaukee 1964

Cohen, F. G.: Andreas Gryphius' Sonnet ›Menschliches Elende‹: Original and final form, GR 43, 1968, S. 5ff.

Cohn, E.: Gesellschaftsideale und Gesellschaftsroman im 17. Jahrhundert (Germ. Stud. 13), Berlin 1921

Conde, F. J.: El saber político en Maquivelo, Madrid 1948

Conrad, E.: Die Lehrstühle der Universität Tübingen und ihre Inhaber (1477–1927), Tübingen 1960 (Staatsexamens-Zulassungsarbeit)

Conrady, K. O.: Die Erforschung der neulateinischen Literatur. Probleme und Aufgaben, Euphorion 49, 1955, S. 413ff.

– Lateinische Dichtungstradition und deutsche Lyrik des 17. Jahrhunderts (Bonner Arb. z. dt. Lit. 4), Bonn 1962 (›Conrady‹)

Constanzo, M.: Dallo Scaligero al Quadrio, Milano 1961

Corpus Reformatorum. Hrsg. v. C. G. Bretschneider u. H. L. Bindseil, Bd. 1ff., Halle u. Braunschweig 1834ff. (›CR‹)

Coupe, W. A.: Broadsheets of the ›Alamodezeit‹, GLL/14, 1960/61, S. 282ff.

– The German illustrated broadsheet in the seventeenth century. Historical and iconographical studies, 2 Bde. (Bibliographica Aureliana. 17 u. 20), Baden-Baden 1966/67

Croce, B.: I trattatisti italiani del Concettismo e Baltasar Gracián (1899), in: Problemi di estetica, Bari 1940, S. 313ff.

Croll, M. W.: Muret and the history of ›Attic prose‹, PMLA 39, 1924, S. 254ff.

– Style, rhetoric and rhythm. Ed. by J. M. Patrick and R. O. Evans, Princeton 1966

Curtius, E. R.: Dichtung und Rhetorik im Mittelalter, DVjs 16, 1938, S. 435ff.

– Zur Literarästhetik des Mittelalters, ZfrPh 58, 1938, S. 1ff., 129ff., 433ff.

– Theologische Kunsttheorie im spanischen Barock, RF 53, 1939, S. 145ff.

– Mittelalterlicher und barocker Dichtungsstil, Modern Philol. 38, 1940/41, S. 325ff.

– Rhetorische Naturschilderung im Mittelalter, RF 56, 1942, S. 219ff.

– George, Hofmannsthal und Calderón, in: Kritische Essays zur europäischen Literatur, Bern 1950, S. 172ff.

– Europäische Literatur und lateinisches Mittelalter, Bern u. München ³1961 (›Curtius‹)

Cysarz, H.: Vom Geist des deutschen Literatur-Barocks, DVjs 1, 1923, S. 243ff., abgedruckt in: Deutsche Barockforschung, S. 17ff.

– Deutsche Barockdichtung. Renaissance. Barock. Rokoko, Leipzig 1924

– Zur Erforschung der deutschen Barockdichtung. Ein Literaturbericht, DVjs 3, 1925, S. 145ff.

– Barocke Philosophie? Ein Weg zu Descartes, in: Welträtsel im Wort, Wien 1948, S. 92ff.

– Einleitung zu: Deutsche Barock-Lyrik (Reclams Univ.-Bibl. 7804/05), Stuttgart ²1964, S. 3ff.

Dahlhaus, C.: Gefühlsästhetik und musikalische Formenlehre, DVjs 41, 1967, S. 505ff.

Damaschke, A.: Geschichte der Redekunst. Eine erste Einführung, Jena 1921

Daniells, R.: Baroque form in English literature, Univ. of Toronto Quart. 14, 1944/45, S. 393ff.

– Milton, mannerism and baroque, Toronto 1963

Daube, A.: Der Aufstieg der Muttersprache im deutschen Denken des 15. und 16. Jahrhunderts, Frankfurt a. M. 1940

Debitsch, F.: Die staatsbürgerliche Erziehung an den deutschen Ritterakademien, Diss. Halle 1927

Denk, O.: Fürst Ludwig von Anhalt-Cöthen, Marburg 1917

Deutsche Barockforschung. Dokumentation einer Epoche. Hrsg. v. R. Alewyn (Neue Wissenschaftl. Bibl. 7), Köln u. Berlin 1965

Diehl, H.: Die Dramen des Thomas Naogeorgus in ihrem Verhältnis zur Bibel und zu Luther, Diss. München 1915

Dietze, W.: Quirinus Kuhlmann. Ketzer und Poet (Neue Beitr. z. Lit.wiss. 17), Berlin 1963

Dilthey, W.: Weltanschauung und Analyse des Menschen seit Renaissance und Reformation, in: Gesammelte Schriften, Bd. 2, Leipzig u. Berlin ³1923

Dittrich, P.: Plautus und Terenz in Pädagogik und Schulwesen der deutschen Humanisten, Diss. Leipzig 1915

Dockhorn, K.: Macht und Wirkung der Rhetorik. Vier Aufsätze zur Ideengeschichte der Vormoderne (Respublica Literaria. 2), Bad Homburg v. d. H. 1968

– Rez. Lausberg, Handbuch der literarischen Rhetorik, GGA 214, 1962, S. 177ff.

– Rez. Gadamer, Wahrheit und Methode, GGA 218, 1966, S. 169ff.

Dörrie, H.: Der heroische Brief. Bestandsaufnahme, Geschichte, Kritik einer humanistisch-barocken Literaturgattung, Berlin 1968

Dolch, J.: Lehrplan des Abendlandes. Zweieinhalb Jahrtausende seiner Geschichte, Ratingen ²1965

Dorn, W.: Benjamin Neukirch. Sein Leben und seine Werke. Ein Beitrag zur Geschichte der 2. schlesischen Schule (Lit.hist. Forschungen. 4), Weimar 1897

Dostal, F.: Studien zur weltlichen Lyrik Simon Dachs, Diss. Wien 1958

Drews, A.: Disputationen Dr. Martin Luthers in den Jahren 1535–1545 an der Universität Wittenberg, Göttingen 1895

Dürrwächter, A.: Jakob Gretser und seine Dramen (Erläuterungen zu Janssens Gesch. des dt. Volkes IX 1 u. 2), Freiburg i. B. 1912

Duhamel, P. A.: The logic and rhetoric of Peter Ramus, Modern Philol. 46, 1949, S. 163ff.

Duhr, B.: Die Studienordnung der Gesellschaft Jesu (Bibl. d. kathol. Pädagogik. 9), Freiburg i. B. 1896

– Geschichte der Jesuiten in den Ländern deutscher Zunge vom 16. bis zum 18. Jahrhundert, 4 Bde. in 6 Teilen, Freiburg i. B. (vom 3. Bd. ab: München–Regensburg) 1907–1928 (›Duhr‹)

Dunn, E. C.: Lipsius and the art of letter-writing, Stud. in the Renaiss. 3, 1956, S. 145ff.

Dyck, J.: Ornatus und Decorum im protestantischen Predigtstil des 17. Jahrhunderts, ZfdA 94, 1965, S. 225ff.

– Ticht-Kunst. Deutsche Barockpoetik und rhetorische Tradition (Ars Poetica. 1), Bad Homburg v. d. H. usw. 1966 (›Dyck‹)

– Rez. Fischer, Gebundene Rede, ZfdA 98, 1969, S. 68ff.

494

- Apologetic argumentation in the literary theory of the German Baroque, JEGP 68, 1969, S. 197ff.
Eggebrecht, H. H.: Heinrich Schütz. Musicus poeticus (Kl. Vandenhoeck-R. 84), Göttingen 1959
Eggers, D.: Die Bewertung deutscher Sprache und Literatur in den deutschen Schulactus von Christian Gryphius (Dt. Stud. 5), Meisenheim a. Glan 1967
Eggert, W.: Christian Weise und seine Bühne (Germanisch u. Dt. 9), Berlin u. Leipzig 1935
Ehrismann, G.: Studien über Rudolf von Ems. Beiträge zur Geschichte der Rhetorik und Ethik im Mittelalter (SB Heidelberg, Phil.-hist. Kl. 1919/8), Heidelberg 1919
Ellinger, E. – B. Ristow: Artikel ›Neulateinische Dichtung‹, RL ²II, S. 620ff.
Elwert, W. T.: Die nationalen Spielarten der romanischen Barockdichtung, Die neueren Sprachen, N.F. 25, 1956, S. 505ff. u. 562ff.
Engel, J. E.: Zeitalter der Renaissance, des Humanismus und der Reformation (Hb. d. dt. Lit.gesch., Abt. Bibliogr. 4), Bern u. München 1969
Epstein, H.: Die Metaphysizierung in der literaturwissenschaftlichen Begriffsbildung und ihre Folgen (Germ. Stud. 73), Berlin 1929
Erlinghagen, K.: Die Bedeutung des barocken Erziehungsideals für das pädagogische Denken der Neuzeit, Die Pädagog. Provinz 10, 1956, S. 577ff.
Erman, W. – E. Horn: Bibliographie der deutschen Universitäten, Bd. 1, Leipzig u. Berlin 1904 (›Erman–Horn‹)
Ermatinger, E.: Weltdeutung in Grimmelshausens Simplicius Simplicissimus (Gewalten u. Gestalten. 1), Berlin–Leipzig 1925
Eschweiler, K.: Die Philosophie der spanischen Spätscholastik auf den deutschen Universitäten des siebzehnten Jahrhunderts, Span. Forschungen d. Görres-Ges. 1, 1928, S. 251ff.
Faber du Faur, C. von: Monarch, Patron und Poet, GR 24, 1949, S. 249ff.
- Der Aristarchus. Eine Neuwertung, PMLA 69, 1954, S. 566ff.
- German Baroque literature. A catalogue of the collection in the Yale University, New Haven 1958
Fechner, J.-U.: Der Antipetrarkismus. Studien zur Liebessatire in barocker Lyrik (Beitr. z. neueren Lit.gesch., F. 3, Bd. 2), Heidelberg 1966
- Von Petrarca zum Antipetrarkismus. Bemerkungen zu Opitz' ›An eine Jungfraw‹, Euphorion 62, 1968, S. 54ff.
Ferschmann, S.: Die Poetik Georg Philipp Harsdörffers. Ein Beitrag zur Dichtungstheorie des Barock, Diss. Wien 1964
Fietz, L.: Fragestellungen und Tendenzen der anglistischen Barock-Forschung, DVjs 43, 1969, S. 752ff.
Fife, W. H.: Johann Lauremberg, son of the folk, GR 30, 1955, S. 27ff.
Das Fischer Lexikon. Literatur 2/1 u. 2. Hrsg. v. W.-H. Friedrich u. W. Killy, Frankfurt a. M. 1965
Fischer, H.: Deutsche Literatur und lateinisches Mittelalter, in: Werk – Typ – Situation. Studien zu poetologischen Bedingungen in der älteren deutschen Literatur. Festschr. f. Hugo Kuhn, Stuttgart 1969, S. 1ff.
Fischer, L.: Gebundene Rede. Dichtung und Rhetorik in der literarischen Theorie des Barock in Deutschland (Stud. z. dt. Lit. 10), Tübingen 1968 (›Fischer‹)
Flathe, T.: St. Afra. Geschichte der Königlich Sächsischen Fürstenschule zu Meißen 1543–1877, Leipzig 1879

Fleckenstein, J. O.: Gottfried Wilhelm Leibniz. Barock und Universalismus, München 1958

Flemming, W.: Geschichte des Jesuitentheaters in den Landen deutscher Zunge (Schriften d. Ges. f. Theatergesch. 32), Berlin 1923

- Die Auffassung des Menschen im 17. Jahrhundert, DVjs 6, 1928, S. 402ff.
- Einleitungen zu: Barockdrama, 6 Bde. (DLE, R. Barock), Leipzig 1930–33 (2., verb. Aufl. Darmstadt 1965).
- Die barocke Schulbühne, Die Pädagog. Provinz 10, 1956, S. 537ff.
- Die Fuge als epochales Kompositionsprinzip des deutschen Barock, DVjs 32, 1958, S. 483ff.
- Artikel ›Galante Dichtung‹, RL ²I, S. 522ff.
- Deutsche Kultur im Zeitalter des Barocks (Handb. d. Kulturgesch. 1. Abt.: Zeitalter dt. Kultur. 1), Konstanz ²1960
- Formen der Humanistenbühne, Maske und Kothurn 6, 1960, S. 33ff.
- Das Jahrhundert des Barock 1600–1700, in: Annalen der deutschen Literatur. Geschichte der deutschen Literatur von den Anfängen bis zur Gegenwart. Eine Gemeinschaftsarbeit zahlreicher Fachgelehrter hrsg. v. H. O. Burger, Stuttgart ²1962, S. 339ff.
- Andreas Gryphius, Eine Monographie (Sprache u. Lit. 26), Stuttgart usw. 1965

Fletcher, H. F.: The intellectual development of John Milton. Vol. II: The Cambridge Universitiy period, 1625–32. Urbana/Ill. 1961

Flitner, A.: Erasmus im Urteil seiner Nachwelt. Das literarische Erasmus-Bild von Beatus Rhenanus bis zu Jean Le Clerc, Tübingen 1952

Flynn, L. J.: The ›De arte rhetorica‹ of Cyprian Soarez, S. J., QJS 42, 1956, S. 367ff.
- Sources and influence of Soarez' ›De arte rhetorica‹, QJS 43, 1957, S. 257ff.

Formkräfte der deutschen Dichtung vom Barock bis zur Gegenwart. Vorträge ... (Kl. Vandenhoeck-R., Sonderbd. 1), Göttingen 1963

Forster, L.: Rez. Conrady, Lateinische Dichtungstradition und deutsche Lyrik des 17. Jahrhunderts, GGA 216, 1964, S. 63ff.
- Tagwerk eines Hofmannes, in: Festschr. f. R. Alewyn, Köln u. Graz 1967, S. 103ff.

Fraenkel, E.: Lucan als Mittler des antiken Pathos (1924), in: Kleine Beiträge zur klassischen Philologie, Bd. 2, Roma 1964, S. 233ff.

France, P.: Racine's rhetoric, Oxford 1965

Francke, O.: Terenz und die lateinische Schulkomödie in Deutschland, Weimar 1877

François, G.: Declamatio et disputatio, L'Antiquité Classique 32, 1963, S. 513ff.

French, J. M.: Milton, Ramus, and Edward Philipps, Modern Philol. 46, 1949, S. 82ff.

Fricke, G.: Die Bildlichkeit in der Dichtung des Andreas Gryphius. Materialien und Studien zum Formproblem des deutschen Literaturbarock (Neue Forschungen. 17), Berlin 1933 (Nachdr. Darmstadt 1967); Auszüge daraus in: Deutsche Barockforschung, S. 312ff.
- Die Sprachauffasssung in der grammatischen Theorie des 16. und 17. Jahrhunderts, ZfdBildg. 9, 1933, S. 113ff.

Friebe, K.: Christian Hofman von Hofmanswaldaus Grabschriften, Progr. Greifswald 1893

Friedländer, P.: Johannes von Gaza und Paulus Silentiarius. Kunstbeschreibungen justinianischer Zeit, Berlin 1912

Friedrich, H.: Über die Silvae des Statius (insbesondere V 4, Somnus) und die Frage des literarischen Manierismus, in: Wort und Text. Festschr. f. F. Schalk, Frankfurt a. M. 1963, S. 34ff.

– Epochen der italienischen Lyrik, Frankfurt a. M. 1964

– Artikel ›Manierismus‹ in: Das Fischer Lexikon. Literatur 2/2, S. 353ff.

Friedrich, K.: Die Entwicklung des Realienunterrichts bis zu den ersten Realschulgründungen in der Mitte des 18. Jahrhunderts, Diss. Leipzig 1913

Fürstenwald, M.: Andreas Gryphius – Dissertationes Funebres. Studien zur Didaktik der Leichabdankungen (Abh. z. Kunst-, Musik- u. Lit.wiss. 16), Bonn 1967

Gadamer, H.-G.: Bemerkungen ueber den Barock, in: Retorica e Barocco, S. 61ff.

– Wahrheit und Methode. Grundzüge einer philosophischen Hermeneutik, Tübingen 1960

– Rhetorik, Hermeneutik und Ideologiekritik. Metakritische Erörterungen zu ›Wahrheit und Methode‹, in: Kleine Schriften, Bd. 1, Tübingen 1967, S. 113ff.

Gadient, V.: Prokop von Templin, Regensburg 1912

Gärtner, T.: Christian Keimann, Mitt. d. Ges. f. Zittauer Gesch. 5, 1908, S. 28ff.

Gaggl, E. E.: Grimmelshausens höfisch-historische Romane, Diss. Wien 1954

Gaier, U.: Studien zu Sebastian Brants Narrenschiff, Tübingen 1966

– Rhetorische Form in Sebastian Brants ›Narrenschiff‹, DVjs 40, 1966, S. 538ff.

– Satire. Studien zu Neidhart, Wittenwiler, Brant und zur satirischen Schreibart, Tübingen 1967

Garin, E.: Geschichte und Dokumente der abendländischen Pädagogik, 3 Bde. (rde. 205/06, 250/51, 168/69), Reinbek 1964–67 (›Garin 1 . . . 3‹)

Gauger, H.: Die Kunst der politischen Rede in England, Tübingen 1952

Geissler, E.: Artikel ›Rhetorik‹, in: Encyklopädisches Handbuch der Pädagogik, hrsg. v. W. Rein, Bd. 7, Langensalza ²1908, S. 500ff.

Geissler, H.: Comenius und die Sprache (Pädagog. Forschungen. 10), Heidelberg 1959

Geißner, H.: Sprechkunde und Sprecherziehung. Bibliographie der deutschsprachigen Literatur 1955–1965, Düsseldorf 1968

Gersh, G.: The meaning of art and nature in German Baroque, Comparative Lit. Stud. 4, 1967, S. 259ff.

Gervinus, G. G.: Geschichte der poetischen National-Litteratur der Deutschen, Teil 3, Leipzig 1838

Glunz, H. H.: Die Literarästhetik des Mittelalters, Bochum–Langendreer 1937

Gmelin, H.: Das Prinzip der imitatio in den romanischen Literaturen der Renaissance, RF 46, 1932, S. 83ff.

Gnerich, E.: Andreas Gryphius und seine Herodes-Epen (Bresl. Beitr. z. Lit. gesch. 2), Leipzig 1906

Gobliani, H.: Il Barocchismo in Seneca e in Lucano, Messina 1938

Goedeke, K.: Grundriß zur Geschichte der deutschen Dichtung, 3. Bd.: Vom dreissigjährigen bis zum siebenjährigen Kriege, Dresden ²1887 (›Goedeke‹)

Görgemanns, H.: Beiträge zur Interpretation von Platons Nomoi (Zetemata. 25), München 1960

Goff, P.: The limits of Sypher's theory of style, Colloquia Germanica 1, 1967, S. 11ff.

Gomperz, H.: Sophistik und Rhetorik. Das Bildungsideal in seinem Verhältnis zur Philosophie des V. Jahrhunderts, Leipzig u. Berlin 1912

Gramsch, A.: Artikel ›Widmungsgedicht‹, RL ¹III, S. 501ff.

Grenzmann, W.: Artikel ›Brief‹ (Neuzeit), RL ²I, S. 187ff.

Grimm, R.: Bild und Bildlichkeit im Barock. Zu einigen neueren Arbeiten, GRM, N.F. 19, 1969, S. 379ff.

Grosse, C.: Die alten Tröster. Ein Wegweiser in die Erbauungsliteratur der evangelisch-lutherischen Kirche des 16.–18. Jahrhunderts, Hermannsburg 1900

Grosser, B.: Gottscheds Redeschule. Studien zur Geschichte der deutschen Beredsamkeit in der Zeit der Aufklärung, Diss. Greifswald 1932

Grün, E.: Das neulateinische Drama in Deutschland vom Augsburger Religionsfrieden bis zum 30jährigen Krieg, Diss. Wien 1929

Günther, O.: Plautuserneuerungen in der deutschen Literatur des 15. bis 17. Jahrhunderts und ihre Verfasser, Leipzig 1886

Gürster, E.: Nietzsche und die Musik, München 1929

Gumbel, H.: Deutsche Sonderrenaissance in deutscher Prosa. Strukturanalyse deutscher Prosa im sechzehnten Jahrhundert (Dt. Forschungen. 23), Frankfurt a. M. 1930 (Nachdr. Hildesheim 1965)

Gundolf, F.: Martin Opitz, München u. Leipzig 1923

– Andreas Gryphius, Heidelberg 1927

– Seckendorffs Lucan (SB Heidelberg, Phil.-hist. Kl. 1930/31, Abh. 2), Heidelberg 1930

Gurlitt, C.: Geschichte des Barockstiles, des Rococo und des Klassicismus ..., 3 Bde., Stuttgart 1887/89

Gurlitt, W.: Musik und Rhetorik. Hinweise auf ihre geschichtliche Grundlageneinheit, Helicon 5, 1944, S. 67ff.

– Vom Klangbild der Barockmusik, in: Die Kunstformen des Barockzeitalters, S. 227ff.

Gwynn, A.: Roman education from Cicero to Quintilian, Oxford 1926

Haas, C. M.: Das Theater der Jesuiten in Ingolstadt (Die Schaubühne. 51), Emsdetten 1958

Haile, H. G.: Octavia: Römische Geschichte. Anton Ulrich's use of the episode, JEGP 57, 1958, S. 611ff.

Hall, V.: Scaliger's defense of poetry, PMLA 63, 1948, S. 1125ff.

Haller, J.: Die Anfänge der Universität Tübingen 1477–1537, 2 Tle., Stuttgart 1927/29

Haller, R.: Artikel ›Gelegenheitsdichtung‹, RL ²I, S. 547ff.

– Geschichte der deutschen Lyrik vom Ausgang des Mittelalters bis zu Goethes Tod (Sammlg. Dalp. 101), Bern u. München 1967

Hankamer, P.: Die Sprache. Ihr Begriff und ihre Deutung im sechzehnten und siebzehnten Jahrhundert, Bonn 1927 (Nachdr. Hildesheim 1965)

– Deutsche Gegenreformation und deutsches Barock. Die deutsche Literatur im Zeitraum des 17. Jahrhunderts, Stuttgart ³1964 (›Hankamer‹)

Happ, H.: Die Dramentheorie der Jesuiten, Diss. München 1922

Harder, R.: Über Ciceros Somnium Scipionis (1929), in: Kleine Schriften. Hrsg. v. W. Marg, München 1960, S. 354ff.

Harnack, O.: Opitz und Meyfart, Arch. f. d. Studium d. neueren Sprachen u. Literaturen 123 (N.F. 23), 1909, S. 151ff.

Harring, W.: Andreas Gryphius und das Drama der Jesuiten (Hermaea. 5), Halle 1907

Hartfelder, K.: Philipp Melanchthon als Praeceptor Germaniae (MGPaed. VII), Berlin 1898

Hartl, E.: Artikel ›Das Drama des Mittelalters‹, Dt. Philol. im Aufriß ²II, Sp. 1949ff.

Hartmann, H.: Die Entwicklung des deutschen Lustspiels von Gryphius bis Weise (1648–1688), Diss. Potsdam 1960

– Barock oder Manierismus? Eignen sich kunsthistorische Termini für die Kennzeichnung der deutschen Literatur des 17. Jahrhunderts?, Weim. Beitr. 7, 1961, S. 46ff.

Hartung, F.: Deutsche Verfassungsgeschichte vom 15. Jahrhundert bis zur Gegenwart, Stuttgart ⁷1959

Haskins, C. H.: Studies in medieval culture, New York 1929

Hatzfeld, H.: A clarification of the baroque problem in the Romance literatures, Comparative Lit. 1, 1949, S. 113ff.

– Der gegenwärtige Stand der romanistischen Barockforschung (SB München, Phil.-hist. Kl. 1961/4), München 1961

– Three national deformations of Aristotle: Tesauro, Gracián, Boileau, Bibl. dell' Arch. Romanicum 64, 1962, S. 3ff.

– Estudios sobre el Barroco, Madrid 1964

Hauser, A.: Der Manierismus. Die Krise der Renaissance und der Ursprung der modernen Kunst, München 1964

– Sozialgeschichte der Kunst und Literatur, München 1967

Hauser, G.: Thomas Naogeorgus als Kampfdramatiker, Diss. Wien 1926

Hayn, H.: Die deutsche Räthsel-Litteratur. Versuch einer bibliographischen Übersicht bis zur Neuzeit. Nebst einem Verzeichnisse deutscher Loos-, Tranchir- und Complimentir-Bücher, Centralbl. f. Bibl.wesen 7, 1890, S. 55ff.

Hechtenberg, K.: Der Briefstil im 17. Jahrhundert. Ein Beitrag zur Fremdwörterfrage, Berlin 1903

Heckmann, H.: Elemente des barocken Trauerspiels. Am Beispiel des ›Papinian‹ von Andreas Gryphius (Lit. als Kunst), Darmstadt 1959

Hederer, E.: Nachwort zu: Deutsche Dichtung des Barock, München ²1957, S. 552ff.

Heetfeld, G.: Vergleichende Studien zum deutschen und französischen Schäferroman. Aneignung und Umformung des preziösen Haltungsideals der ›Astrée‹ in den deutschen Schäferromanen des 17. Jahrhunderts, Diss. München 1954

Heger, K.: Baltasar Gracián. Estilo lingüistico y doctrina de valores. Estudio sobre la actualidad literaria del Conceptismo (Publ. del Centenario de Balt. Grac. 2), Zaragoza 1960

Heiduk, F.: Das Geschlecht der Hoffmann von Hoffmannswaldau, Schlesien 13, 1968, S. 31ff.

Heine, C.: Johannes Velten, Diss. Halle 1887

Heinze, R.: Die Horazische Ode (1923), in: Vom Geist des Römertums. Ausgewählte Aufsätze. Hrsg. v. E. Burck, Darmstadt ³1960, S. 172ff.

Heller, E.: Burckhardt und Nietzsche, in: Enterbter Geist (edition suhrkamp. 67), Frankfurt a. M. 1964, S. 7ff.

Helm, R.: Lucian und Menipp, Leipzig 1906

Henke, E. L. T.: Georg Calixtus und seine Zeit, 2 Bde., Halle 1853

Henkel, A. – A. Schöne (Hrsg.): Emblemata. Handbuch zur Sinnbildkunst des XVI. und XVII. Jahrhunderts, Stuttgart 1967

Henning, J.: Goethe and the Jesuits, Thought 24, 1949, S. 449ff.

Henrich, A.: Die lyrischen Dichtungen Jakob Baldes (Quellen u. Forschungen z. Sprach- u. Culturgesch. d. germ. Völker. 122), Straßburg 1915

Henß, R. und B. von Wiese (Hrsg.): Nationalismus in Germanistik und Dichtung. Dokumentation des Germanistentages in München vom 17. bis 22. Oktober 1966, Berlin usw. 1967

Hentschel, C.: Johann Balthasar Schupp. Ein Beitrag zur Geschichte der Pädagogik des siebzehnten Jahrhunderts, Progr. Döbeln (Realschule) 1876

Herescu, N. I. (Hrsg.): s. Ovidiana

Hermand, J.: Literaturwissenschaft und Kunstwissenschaft. Methodische Wechselbeziehungen seit 1900 (Sammlg. Metzler. 41), Stuttgart 1965

Herrick, M. T.: The fusion of Horatian and Aristotelian literary criticism, 1531–1555 (Illinois Stud. in Lang. and Lit. 32, 1), Urbana/Ill. 1946

Herrlitz, H.-G.: Der Lektüre-Kanon des Deutschunterrichts im Gymnasium. Ein Beitrag zur Geschichte der muttersprachlichen Schulliteratur, Heidelberg 1964

Herrmann, A.: Eine lateinische Leichenrede Opitzens, Arch. f. Litt.gesch. 9, 1880, S. 138ff.

Heselhaus, C.: Anton Ulrichs Aramena. Studien zur dichterischen Struktur des deutsch-barocken ›GeschichtGedicht‹ (Bonner Beitr. z. dt. Philol. 9), Würzburg 1939

Heubaum, A.: Geschichte des deutschen Bildungswesens seit der Mitte des 17. Jahrhunderts, bis zum Beginn der allgemeinen Unterrichtsreform unter Friedrich dem Großen 1763ff. Bd. 1: Das Zeitalter der Standes- und Berufserziehung, Berlin 1905

Heyd, L. F.: Melanchthon und Tübingen 1512–1518, Tübingen 1839

Higham, T. F.: Ovid and rhetoric, in: Ovidiana, S. 32ff.

Highet, G.: Juvenal the satirist, Oxford 1960

Hildebrandt, H.: Die Staatsauffassung der schlesischen Barockdramatiker im Rahmen ihrer Zeit, Diss. Rostock 1939

Hildebrandt, K.: Wagner und Nietzsche. Ihr Kampf gegen das XIX. Jahrhundert, Breslau 1924

Hildebrandt-Günther, R.: Antike Rhetorik und deutsche literarische Theorie im 17. Jahrhundert (Marb. Beitr. z. Germanistik. 13), Marburg 1966 (›Hildebrandt-Günther‹)

Hintze, O.: Der österreichische und der preußische Beamtenstaat im 17. und 18. Jahrhundert, HZ 86, 1900, S. 401ff.

Hippe, M.: Aus dem Tagebuche eines Breslauer Schulmannes im siebzehnten Jahrhundert, Zs. des Vereins f. Gesch. u. Alterthum Schlesiens 36, 1901, S 159ff.

– Christoph Köler, ein schlesischer Dichter des siebzehnten Jahrhunderts, Breslau 1902

Hirsch, A.: Bürgertum und Barock im deutschen Roman. Ein Beitrag zur Entstehungsgeschichte des bürgerlichen Weltbildes, 2. Aufl. besorgt v. H. Singer (Lit. u. Leben, N.F. 1), Köln u. Graz 1957

Hirsch, T.: Geschichte des academischen Gymnasiums in Danzig, in ihren Hauptzügen dargestellt, Danzig 1837

Hocke, G. R.: Über Manierismus in Tradition und Moderne, Merkur 10, 1956, S. 336ff.
- Die Welt als Labyrinth. Manier und Manie in der europäischen Kunst. Von 1520 bis 1650 und in der Gegenwart (rde. 50/52), Hamburg 1957
- Manierismus in der Literatur. Sprach-Alchimie und esoterische Kombinationskunst. Beiträge zur vergleichenden europäischen Literaturgeschichte (rde. 82/ 83), Reinbek 1959
Hodermann, R.: Universitätsvorlesungen in deutscher Sprache um die Wende des 17. Jahrhunderts, Diss. Jena 1891
Hoensbroech, P. von: Der Jesuitenorden. Eine Encyclopädie aus den Quellen zusammengestellt und bearbeitet, 2 Bde., Bern u. Leipzig 1926/27
Hövel, E.: Der Kampf der Geistlichkeit gegen das Theater in Deutschland im 17. Jahrhundert, Diss. Münster 1912
Hoffmeister, J.: Kaspar von Barths Leben, Werke und sein ›Deutscher Phönix‹ (Beitr. z. neueren Lit.gesch. 19), Heidelberg 1931
Hommel, H.: Artikel ›Rhetorik‹, in: Lexikon der Alten Welt, Zürich u. Stuttgart 1965, Sp. 2611ff.
Horn, E.: Die Disputationen und Promotionen an den deutschen Universitäten (Centralbl. f. Bibl.wesen, Beih. 11), Leipzig 1893
Horn, H. A.: Christian Weise als Erneuerer des deutschen Gymnasiums im Zeitalter des Barock. Der ›Politicus‹ als Bildungsideal (Marb. Pädagog. Stud. 5), Weinheim/Bergstraße 1966
Horn-Oncken, A.: Über das Schickliche. Studien zur Geschichte der Architekturtheorie. I. (Abh. Göttingen, Phil.-hist. Kl., 3. Folge, Nr. 70), Göttingen 1967
Horning, W.: Der Strassburger Universitäts-Professor, Münsterprediger und Präsident des Kirchenkonvents Dr. Johann Conrad Dannhauer, Strassburg 1883
Howald, E.: Friedrich Nietzsche und die klassische Philologie, Gotha 1920
- Der Dichter Kallimachos von Kyrene, Erlenbach–Zürich 1943
Howell, W. S.: Ramus and English rhetoric: 1574–1681, QJS 37, 1951, S. 299ff.
- Logic and rhetoric in England, 1500–1700, New York 1961
Howes, F. (Hrsg.): Historical studies of rhetoric and rhetoricians, Ithaca/N.Y. 1961
Huber, H.: Goethe in Regensburg, Oberpfalz 25, 1931, S. 132ff.
Hübscher, A.: Barock als Gestaltung antithetischen Lebensgefühls, Euphorion 24, 1922, S. 517ff. u. 759ff.
Huizinga, J.: Europäischer Humanismus: Erasmus (rde. 78), Hamburg 1958
- Homo Ludens. Vom Ursprung der Kultur im Spiel (rde. 21), Reinbek 1966
Hultberg, H.: Die Kunstauffassung Nietzsches, Bergen u. Oslo 1964
Ijsewijn, J.: De studie van de neolatijnse letterkunde: resultaten en opgaven (Handelingen XVII der Koninglijke Zuidnederlandse Maatschappij voor Taalen Letterkunde en Geschiedenis), Brüssel 1963
- De studie van de neolatijnse letterkunde: bibliografisch supplement (Handelingen XIX ...), Brüssel 1965
Ingen, F. van: Vanitas und Memento mori in der deutschen Barocklyrik, Groningen 1966 (›van Ingen‹)
Iser, W.: Manieristische Metaphorik in der englischen Dichtung, GRM 41, 1960, S. 266ff.
Jacobsen, E.: Christian Weise und Seneca, Orbis Litterarum 8, 1950, S. 355ff.

Jacquot, J.: ›Le théâtre du monde‹ de Shakespeare à Calderón, RLC 31, 1957, S. 341ff.

Jäger, F.: Das antike Propemptikon und das 17. Gedicht des Paulinus von Nola, Diss. München 1913

Jansen, H.: Die Grundbegriffe des Baltasar Gracián (Kölner romanist. Arb., N.F. 9), Genève u. Paris 1958

Jansen, J.: Patriotismus und Nationalethos in den Flugschriften des 30jährigen Krieges, Diss. Köln 1964

Janssen, W.: Die Anfänge des modernen Völkerrechts und der neuzeitlichen Diplomatie. Ein Forschungsbericht, DVjs 38, 1964, S. 450ff. u. 581ff.

Jens, W.: Von deutscher Rede, München 1969

Joachimsen, P.: Aus der Vorgeschichte des ›Formulare und Deutsch Rhetorica‹, ZfdA 37, 1893, S. 24ff.

– Loci communes. Eine Untersuchung zur Geistesgeschichte des Humanismus und der Reformation, Jb. d. Luther-Ges. 8, 1926, S. 27ff.

Jöns, D. W.: Das ›Sinnen-Bild‹. Studien zur allegorischen Bildlichkeit bei Andreas Gryphius (Germanist. Abh. 13), Stuttgart 1966

Jugler, J. F.: Beyträge zur juristischen Biographie, Bd. 3, Leipzig 1777

Juhnke, S.: Bidermanns ›Cenodoxus‹ 1617 in Ingolstadt. Eine Studie zur Publizistik der frühen Jesuitenbühne, Diss. Berlin (FU) 1957

Jundt, A.: Die dramatischen Aufführungen im Gymnasium zu Straßburg. Ein Beitrag zur Geschichte des Schuldramas im XVI. und XVII. Jahrhundert, Progr. Straßburg 1881

Kaemmel, O.: Christian Weise. Ein sächsischer Gymnasialrektor aus der Reformzeit des 17. Jahrhunderts, Leipzig 1897

Kaiser, G. (Hrsg.): Die Dramen des Andreas Gryphius. Eine Sammlung von Einzelinterpretationen, Stuttgart 1968

Kappes, E.: Novellistische Struktur bei Harsdörffer und Grimmelshausen unter besonderer Berücksichtigung des Großen Schauplatzes Lust- und Lehrreicher Geschichte und des Wunderbarlichen Vogelnestes, Diss. Bonn 1954

Kassel, R.: Untersuchungen zur griechischen und römischen Konsolationsliteratur (Zetemata. 18), München 1958

Kaufmann, G.: Geschichte der deutschen Universitäten. Bd. 2: Entstehung und Entwicklung der deutschen Universitäten bis zum Ausgang des Mittelalters, Stuttgart 1896 (Nachdr. Graz 1958)

Kayser, W.: Die Klangmalerei bei Harsdörffer. Ein Beitrag zur Geschichte der Literatur, Poetik und Sprachgeschichte der Barockzeit (Palaestra. 179), Leipzig 1932 (Nachdr. Göttingen 1962); Kap. 2 ›Der rhetorische Grundzug von Harsdörffers Zeit und die gattungsgebundene Haltung‹ auch abgedruckt in: Deutsche Barockforschung, S. 324ff.

– Lohensteins ›Sophonisbe‹ als geschichtliche Tragödie, GRM 29, 1941, S. 20ff.

– Goethe und das Spiel, in: Kunst und Spiel. Fünf Goethe-Studien (Kl. Vandenhoeck-R. 128/9), Göttingen 1961, S. 30ff.

Kehrbach, K.: Kurzgefaßter Plan der Monumenta Germaniae Paedagogica, Berlin o. J.

Kelso, R.: Doctrine for the lady of the Renaissance, Urbana/Ill. 1956

Kennedy, G.: The art of persuasion in Greece, Princeton/N. J. 1963

Kern, M.: Daniel Georg Morhof, Diss. Freiburg i. B. 1928

Kettler, H. K.: Baroque tradition in the literature of the German Enlightenment 1700–1750. Studies in the determination of a literary period, Cambridge 1943

Keuler, J.: Johann Valentin Andreae als Pädagog, Diss. Tübingen 1931

Kieslich, G.: Auf dem Wege zur Zeitschrift. G. Ph. Harsdörffers ›Frauenzimmer Gesprechsspiele‹ (1641–1649), Publizistik 10, 1965, S. 515ff.

Kindermann, H.: Theatergeschichte Europas, 3. Bd.: Das Theater der Barockzeit, Salzburg 1959

Kindig, W.: Franz Lang. Ein Jesuitendramatiker des Spätbarock, Diss. Graz 1966

Kink, R.: Geschichte der kaiserlichen Universität zu Wien, 2 Bde., Wien 1854

Kitzhaber, A. R.: A bibliography on rhetoric in American colleges: 1850–1900, Denver/Color. 1954

Klein, U.: ›Gold‹- und ›Silber‹-Latein, Arcadia 2, 1967, S. 248ff.

Klesczewski, R.: Die französischen Übersetzungen des Cortegiano von Baldassare Castiglione ... (Annal. Univ. Sarav., R.: Philos. Fak. 7), Heidelberg 1966

Klüpfel, K.: Geschichte und Beschreibung der Universität Tübingen, Tübingen 1849

Kober, A. H.: Prokop von Templin, Euphorion 21, 1914, S. 520ff. 702ff. u. 27, 1920, S. 23ff. 268ff.

Koberstein, A.: Grundriss der Geschichte der deutschen Nationalliteratur, umgearb. v. K. Bartsch, Bd. 2, Leipzig ⁵1872

Koch, H.: Deutsche Vorlesungen an der Thüringischen Landesuniversität im Jahre 1679, in: Das Thüringer Fähnlein. Monatshefte f. mitteldt. Heimat 4, 1935, S. 323ff.

Koch, L.: Philipp Melanchthons Schola privata, Gotha 1859

Koch, L.: Jesuiten-Lexikon. Die Gesellschaft Jesu einst und jetzt, Paderborn 1934 (Nachdr. Löwen–Heverlee 1962)

Kölmel A. F.: Johannes Riemer 1648–1714, Diss. Heidelberg 1914

Körner, J.: Barocke Barockforschung, HZ 133, 1926, S. 455ff.

Kohlschmidt, W.: Geschichte der deutschen Literatur vom Barock bis zur Klassik (Geschichte der deutschen Literatur von den Anfängen bis zur Gegenwart. 2), Stuttgart 1966

Koldewey, F.: Geschichte der klassischen Philologie an der Universität Helmstedt, Braunschweig 1895

Kolitz, K.: Johann Christian Hallmanns Dramen. Ein Beitrag zur Geschichte des deutschen Dramas in der Barockzeit, Diss. München 1911

Korn, A.: Das rhetorische Element in den Predigten Taulers, Diss. Münster 1927

Korte, G.: P. Christian Brez O. F. M. Ein Beitrag zur Erforschung des Barockschrifttums (Franziskan. Forschungen. 1), Werl i. W. 1935

Koschlig, M.: ›Edler Herr von Grimmelshausen‹. Neue Funde zur Selbstdeutung des Dichters, Jb. d. Dt. Schiller-Ges. 4, 1960, S. 198ff.

– Der Mythos vom ›Bauernpoeten‹ Grimmelshausen, Jb. d. Dt. Schillerges. 9, 1965, S. 33ff.

– ›Der Wahn betreügt‹. Zur Entstehung des Barock-Simplicissimus, Neophilologus 50, 1966, S. 324ff.

Kozielek, G.: Aus dem handschriftlichen Nachlaß Christoph Kölers, Euphorion 52, 1958, S. 303ff.

– Die Lyrik des Opitzschülers Christoph Köler, Germanica Wratislaviensia 3, 1960, S. 157ff.

Krabbe, O.: Die Universität Rostock im fünfzehnten und sechzehnten Jahrhundert, 2 Tle., Rostock 1854

Kraus, A.: Bürgerlicher Geist und Wissenschaft. Wissenschaftliches Leben im Zeitalter des Barocks und der Aufklärung in Augsburg, Regensburg und Nürnberg, Arch. f. Kulturgesch. 49, 1967, S. 340ff.

Krause, W.: Die Stellung der frühchristlichen Autoren zur heidnischen Literatur, Wien 1958

Krauss, W.: Graciáns Lebenslehre, Frankfurt a. M. 1947

Kroll, W.: Studien zum Verständnis der römischen Literatur, Stuttgart 1924 (Nachdr. 1964)

– Das Epicheirema (SB Wien, Phil.-hist. Kl. 216/2), Wien 1936

– Artikel ›Rhetorik‹, RE, Suppl. VII, Sp. 1039ff.

Krüger, G. T. A.: Die dramatischen Aufführungen auf dem ehemaligen Martineum zu Braunschweig, Progr. Braunschweig 1862

Krummacher, H.-H.: Andreas Gryphius und Johann Arndt. Zum Verständnis der ›Sonn- und Feiertags-Sonette‹, in: Formenwandel. Festschr. f. P. Böckmann, Hamburg 1964, S. 116ff.

Die Kunstformen des Barockzeitalters, Vierzehn Vorträge. Hrsg. v. R. Stamm (Sammlg. Dalp. 82), Bern 1956

Kytzler, B.: ›Manierismus‹ in der klassischen Antike?, Colloquia Germanica 1, 1967, S. 2ff.

Laas, E.: Die Pädagogik des Johannes Sturm, Berlin 1872

Lang, R. A.: The teaching of rhetoric in French Jesuit colleges, 1556–1762, Speech Monographs 19, 1952, S. 286ff.

– Rhetoric at the University of Paris, 1550–1789, Speech Monographs 23, 1956, S. 216ff.

Lange, K.-P.: Theoretiker des literarischen Manierismus. Tesauros und Pellegrinis Lehre von der ›acutezza‹ oder von der Macht der Sprache (Humanist. Bibl., R. 1: Abh. 4), München 1968

Langen, A.: Dialogisches Spiel. Formen und Wandlungen des Wechselgesangs in der deutschen Dichtung (1600–1900) (Annal. Univ. Sarav., R.: Philos. Fak. 5), Heidelberg 1966

Laporte, L.: Lohensteins Arminius. Ein Dokument des deutschen Literaturbarock (Germ. Stud. 48), Berlin 1927

Lausberg, H.: Handbuch der literarischen Rhetorik. Eine Grundlegung der Literaturwissenschaft, 2 Bde., München 1960 (›Lausberg‹)

– Elemente der literarischen Rhetorik. Eine Einführung für Studierende der klassischen, romanischen, englischen und deutschen Philologie, München ²1963

– Artikel ›Rhetorik‹, in: Das Fischer Lexikon. Literatur 2/2, S. 474ff.

Laverrenz, C.: Die Medaillen und Gedächtniszeichen der deutschen Hochschulen. Ein Beitrag zur Geschichte aller seit dem XIV. Jahrhundert in Deutschland errichteten Universitäten, 1. Teil, Berlin 1885

Lazarowicz, K.: Verkehrte Welt. Vorstudien zu einer Geschichte der deutschen Satire (Hermaea, N.F. 15), Tübingen 1963

Leake, R. E.: The relationship of two Ramist rhetorics: Omer Talon's ›Rhetorica‹ and Antoine Fouquelin's ›Rhétorique Francoise‹, Bibl. d'Human. et Renaiss. 30, 1968, S. 85ff.

Le Hir, Y.: Rhétorique et stylistique de la Pléiade au Parnasse, Paris 1960

Lemcke, C.: Von Opitz bis Klopstock (Geschichte der deutschen Dichtung neuerer Zeit. 1), Leipzig 1871

Leo, F.: Die römische Literatur des Altertums (Kultur d. Gegenw. I 8), Berlin u. Leipzig 1905

Lesky, A.: Geschichte der griechischen Literatur, Bern u. München ²1963

Leube, H.: Calvinismus und Luthertum, Bd. 1, Leipzig 1928

– Der Jesuitenorden und die Anfänge nationaler Kultur in Frankreich, Leipzig 1935

Levy, H. L.: Themes of encomium and invective in Claudian, TAPhA 89, 1958, S. 336ff.

Levy, R.: Martial und die deutsche Epigrammatik des siebzehnten Jahrhunderts, Diss. Heidelberg 1903

Lewalter, E.: Spanisch-jesuitische und deutsch-lutherische Metaphysik des 17. Jahrhunderts, Hamburg 1935

Lhotsky, A.: Die Wiener Artistenfakultät 1365–1497 (SB Wien, Phil.-hist. Kl. 247/2), Graz 1965

Linn, M.-L.: Studien zur deutschen Rhetorik und Stilistik im 19. Jahrhundert (Marb. Beitr. z. Germanistik. 4), Marburg 1963

– A. G. Baumgartens ›Aesthetica‹ und die antike Rhetorik, DVjs 41, 1967, S. 424ff.

Ljungerud, I.: Ehren-Rettung M. Simonis Dachii, Euphorion 61, 1967, S. 36ff.

Löhneysen, H.-W. von: Artikel ›Barock/ Barocke Kunst‹ in: Goethe-Handbuch. Hrsg. v. A. Zastràu, Bd. 1, Stuttgart ²1961, Sp. 767ff.

Löwith, K.: Nietzsches Philosophie der ewigen Wiederkunft des Gleichen, Stuttgart 1956

Loos, E.: Baldassare Castigliones ›Libro del Cortegiano‹. Studien zur Tugendauffassung des Cinquecento (Analecta Romanica. 2), Frankfurt a. M. 1955

Lotze, E.: Veit Ludwig von Seckendorff, Diss. Erlangen 1911

Lücke, J.: Beiträge zur Geschichte der genera dicendi und genera compositionis, Diss. Hamburg 1952

Lunding, E.: Das schlesische Kunstdrama. Eine Darstellung und Deutung, København 1940

– Stand und Aufgaben der deutschen Barockforschung, Orbis Litterarum 8, 1950, S. 27ff.

– Die deutsche Barockforschung. Ergebnisse und Probleme, WW 2, 1951/52, S. 298ff.

Maassen, J.: Drama und Theater der Humanistenschulen in Deutschland (Schriften z. dt. Lit. 13), Augsburg 1929

Maché, U.: Zesens Hoch-Deutscher Helikon. Poetik zwischen Opitz und Gottsched, Diss. Princeton 1963 (Vgl. das Selbstreferat: Germanistik 6, 1965, S. 299)

– Die Überwindung des Amadisromans durch Andreas Heinrich Bucholtz, ZfdPh 85, 1966, S. 542ff.

– Zesen als Poetiker, DVjs 41, 1967, S. 391ff.

Maehler, H.: Die Auffassung des Dichterberufs im frühen Griechentum bis zur Zeit Pindars (Hypomnemata. 3), Göttingen 1963

Maggioni, J.: The ›Pensées‹ of Pascal. A study in baroque style, Washington 1950

Mahler, B.: Die Leibesübungen in den Ritterakademien, Diss. Erlangen 1921

Maier, H.: Die Lehre der Politik an den deutschen Universitäten vornehmlich vom 16. bis 18. Jahrhundert, in: Wissenschaftliche Politik. Eine Einführung in Grundfragen ihrer Tradition und Theorie. Hrsg. v. D. Oberndörfer (Freib. Stud. z. Politik u. Soziol.), Freiburg i. B. 1962, S. 59ff.

Mainusch, H.: Dichtung als Nachahmung. Ein Beitrag zum Verständnis der Renaissancepoetik, GRM, N.F. 10, 1960, S. 122ff.

Majut, R.: Lebensbühne und Marionette. Ein Beitrag zur seelengeschichtlichen Entwicklung von der Geniezeit bis zum Biedermeier (Germ. Stud. 100), Berlin 1931

Maldonado, F.: Gracián como pesimista y político, Salamanca 1916

Manheimer, V.: Die Lyrik des Andreas Gryphius. Studien und Materialien, Berlin 1904

Manierismo, barocco, rococò: Concetti e termini. Convegno internazionale – Roma 21–24 Aprile 1960. Relazioni e discussioni (Accad. Naz. dei Lincei, Anno 359–1962, Quad. 52. Problemi attuali di scienza e di cultura), Roma 1962

Mannack, E.: Andreas Gryphius (Sammlg. Metzler. 76), Stuttgart 1968

Markwardt, B.: Geschichte der deutschen Poetik. Bd. 1: Barock und Frühaufklärung (Grundr. d. germ. Philol. 13/1), Berlin ³1964 (›Markwardt‹)

Martens, W.: Die Botschaft der Tugend. Die Aufklärung im Spiegel der deutschen Moralischen Wochenschriften, Stuttgart 1968

Martin, A. von: Nietzsche und Burckhardt. Zwei geistige Welten im Dialog, München u. Basel ⁴1947

Matthias, A.: Geschichte des deutschen Unterrichts, München 1907

Maurer, F.: Abraham a Sancta Claras ›Huy! und Pfuy! Der Welt.‹ Eine Studie zur Geschichte des moralpädagogischen Bilderbuches im Barock (Anthropologie u. Erziehg. 23), Heidelberg 1968

Meid, V.: Zesens Romankunst, Diss. Frankfurt a. M. 1965

– Sprichwort und Predigt im Barock. Zu einem Erbauungsbuch Valerius Herbergers, Zs. f. Volkskunde 62, 1966, S. 209ff.

Meier, W.: Der Hofmeister in der deutschen Literatur des 18. Jahrhunderts, Diss. Zürich 1938

Meier-Lefhalm, E.: Das Verhältnis von mystischer Innerlichkeit und rhetorischer Darstellung bei Angelus Silesius, Diss. Heidelberg 1958

Meinecke, F.: Die Idee der Staatsräson in der neueren Geschichte. Hrsg. u. eingel. v. W. Hofer (Werke. 1), München ³1963

Menéndez y Pelayo, M.: Estudio sobre Castiglione y el Cortesano, Rev. de Filol. Española 25, 1942, S. VII ff.

Merkel, G.: Artikel ›Predigt/Rede‹, in: das Fischer Lexikon. Literatur 2/2, S. 442ff.

Merkel, H.-U.: Maske und Identität in Grimmelshausens ›Simplicissimus‹, Diss. Tübingen 1964

Mertz, G.: Die Pädagogik der Jesuiten nach den Quellen von der Ältesten bis in die neueste Zeit, Heidelberg 1898

– Über Stellung und Betrieb der Rhetorik in den Schulen der Jesuiten, mit besonderer Berücksichtigung der Abhängigkeit von [sic!] Auctor ad Herennium, Heidelberg 1898

– Das Schulwesen der deutschen Reformation im 16. Jahrhundert, Heidelberg 1902

Metzger, E. M.: Zum Problem ›höfisch-antihöfisch‹ bei Hans Aßmann Freiherr von Abschatz, Diss. Buffalo/N. Y. 1967 (DA 28, 1967, S. 1823 A)

Meyer, G.: Die Entwicklung der Straßburger Universität aus dem Gymnasium und der Akademie des Johann Sturm, Heidelberg 1926

Meyer, Heinr.: Der deutsche Schäferroman des 17. Jahrhunderts, Diss. Freiburg i. B. 1928

Meyer, Herm.: Schillers philosophische Rhetorik (1959), in: Zarte Empirie. Studien zur Literaturgeschichte, Stuttgart 1963, S. 337ff.

Meyer, L.: Luthers Stellung zur Sprache, Diss. Hamburg 1930

Michelsen, P.: Zur Frage der Verfasserschaft des ›Peter Squentz‹, Euphorion 63, 1969, S. 54ff.

Migliorini, B.: Etimologia e storia del termine ›barocco‹, in: Manierismo, barocco, rococò, S. 39ff.

Milch, W.: Deutsches Literaturbarock. Der Stand der Forschung, GQ 13, 1940, S. 131ff.

Minor, J.: Einleitung zum ›Speculum vitae humanae‹ (1584) des Erzherzogs Ferdinand II von Tirol (NdL. 79/80), Halle 1889, S. III ff.

Mitchell, J. F.: Consolatory letters in Basil and Gregory Nazianzen, Hermes 96, 1968, S. 299ff.

Mitrovich, M.: Deutsche Reisende und Reiseberichte im 17. Jahrhundert. Ein kultur-historischer Beitrag, Diss. Urbana/Ill. 1963 (DA 24, 1963, S. 2038)

Möller, R.: Geschichte des Altstädtischen Gymnasiums zu Königsberg i. Pr., 8 Stücke, Progr. Königsberg 1847–84 (›Möller‹)

Montano, R.: Metaphysical and verbal arguzia and the essence of the Baroque, Colloquia Germanica 1, 1967, S. 49ff.

Monumenta Germaniae Paedagogica, Bd. I ff., Berlin 1891ff. (›MGPaed.‹)

Moog, W.: Geschichte der Pädagogik, 2. Bd.: Die Pädagogik der Neuzeit von der Renaissance bis zum Ende des 17. Jahrhunderts, Osterwieck u. Leipzig 1928

Morel-Fatio, A.: Gracián interprété par Schopenhauer, Bulletin hispanique 12, 1910, S. 377ff.

Müller, C.: Beiträge zum Leben und Dichten Daniel Caspers von Lohenstein (Germanist. Abh. 1), Breslau 1882

Müller, G.: Geschichte des deutschen Liedes vom Zeitalter des Barock bis zur Gegenwart, München 1925 (Nachdr. Darmstadt 1959)

– Deutsche Dichtung von der Renaissance bis zum Ausgang des Barock (Handb. d. Lit.wiss. 3), Potsdam 1926–28 (Nachdr. Darmstadt 1957)

– Höfische Kultur der Barockzeit, in: H. Naumann u. G. Müller, Höfische Kultur (DVjs, Buchreihe. 17), Halle 1929, S. 79ff.; der Schlußteil des Beitrags (S. 126ff.) ist abgedruckt in: Deutsche Barockforschung, S. 182ff.

– Barockromane und Barockroman, Lit.wiss. Jb. d. Görres-Ges. 4, 1929, S. 1ff.

Müller, H. von: Bibliographie der Schriften Daniel Caspers von Lohenstein, 1652 –1748, in: Werden und Wirken. Festschr. f. K. W. Hiersemann, Leipzig u. Berlin 1924, S. 184ff.

Müller, J.: Quellenschriften und Geschichte des deutschsprachigen Unterrichts bis zur Mitte des 16. Jahrhunderts, Gotha 1882

– Vor- und frühreformatorische Schulordnungen in deutscher und niederländischer Sprache, Abt. 2 (Sammlg. selten gewordener pädagog. Schriften. 13), Zschopau 1886

(–) Das Jesuitendrama in den Ländern deutscher Zunge vom Anfang (1555) bis zum Hochbarock (1665), 2 Bde. (Schriften z. dt. Lit. 7 u. 8), Augsburg 1930

Müller, M. H.: ›Parodia christiana‹. Studien zu Jacob Baldes Odendichtung, Diss. Zürich 1964

Müller-Schwefe, G.: The European approach to Baroque, Philol. Quart. 45, 1966, S. 419ff.

Munteano, B.: L'Abbé Du Bos esthéticien de la persuasion passionelle, RLC 30, 1956, S. 318ff.

– Principies et structures rhétoriques, RLC 31, 1957, S. 388ff.

– Humanisme et rhétorique. La survie littéraire des rhéteurs anciens, Rev. d'Hist. Litt. de la France 58, 1958, S. 145ff.

Murphy, J. J.: The earliest teaching of rhetoric at Oxford, Speech Monographs 27, 1960, S. 345ff.

Nadeau, R.: Delivery in ancient times: Homer to Quintilian, QJS 50, 1964, S. 53ff.

Nelson, L.: Baroque lyric poetry, New Haven and London 1961

Nelson, R.: Play within a play, New Haven 1958

Nessler, N.: Dramaturgie der Jesuiten. Pontanus, Donatus, Masenius, Progr. Brixen 1905

Neumann, C. W.: Goethe in Regensburg, Arch. f. Litt.gesch. 4, 1875, S. 185ff.

Neumann, F.: Der Hofmeister. Ein Beitrag zur Geschichte der Erziehung im achtzehnten Jahrhundert, Diss. Halle 1930

Neuß, F. J.: Strukturprobleme der Barockdramatik (Andreas Gryphius und Christian Weise), Diss. München 1955

Neveux, J. B.: Un ›Parfait secrétaire‹ du XVIIe siècle: ›Der Teutsche Secretarius‹ (1655), EG 19, 1964, S. 511ff.

Newald, R.: Die deutsche Literatur vom Späthumanismus zur Empfindsamkeit 1570–1750 (in: H. de Boor u. R. Newald, Geschichte der deutschen Literatur von den Anfängen bis zur Gegenwart. 5), München ⁴1963 (›Newald‹)

Nickisch, R. M. G.: Die Stilprinzipien in den deutschen Briefstellern des 17. Jahrhunderts (Palaestra. 254), Göttingen 1969

Niemann, G.: Die Dialogliteratur der Reformationszeit nach ihrer Entstehung und Entwicklung, Diss. Leipzig 1905

Norden, E.: Die antike Kunstprosa, 2 Bde., Leipzig ²1909 (Nachdr. Darmstadt 1958)

– Die römische Literatur, Leipzig ⁵1954

Ochse, H.: Studien zur Metaphorik Calderóns (Freib. Schriften z. roman. Pilol. 1), München 1967

Oestreich, G.: Justus Lipsius als Theoretiker des neuzeitlichen Machtstaates, HZ 181, 1956, S. 31ff.

Ong, W. J.: Ramus, method, and the decay of dialogue: from the art of discourse to the art of reason, Cambridge/Mass. 1958

– Ramus and Talon inventory: a short-title inventory of the published works of Peter Ramus (1515–1572) and of Omer Talon (ca. 1510–1562) in their original and in their variously altered forms with related material, Cambridge/Mass. 1958

– Fouquelin's French rhetoric and the Ramist vernacular tradition, Stud. in Philol. 51, 1954, S. 127ff.

– Ramus et le monde Anglo-Saxon d'aujourd'hui, RLC 28, 1954, S. 57ff.

Ors, E. d': Du baroque, Paris 1935

Ott, H.: Das Verhältnis Publizistik und Rhetorik dargestellt am Beispiel der Predigten Abrahams a Sancta Clara, Diss. Wien 1960

Otto, G. F.: Lexikon der seit dem funfzehenden Jahrhunderte verstorbenen und jeztlebenden Oberlausizischen Schriftsteller und Künstler ..., 3 Bde., Görlitz 1800–1803

Ovidiana. Recherches sur Ovide publiées à l'occasion du bimillénaire de la naissance du poète. Ed. N.I. Herescu, Paris 1958

Pahner, R.: Veit Ludwig von Seckendorff und seine Gedanken über Erziehung und Unterricht, Diss. Leipzig 1892

Palm, H.: Einleitung zu: Gryphius' Werke (DNL. 29), Stuttgart o. J. 1883, S. 2ff.

– Das deutsche Drama in Schlesien bis auf Gryphius, in: Beiträge zur Geschichte der deutschen Literatur des XVI. und XVII. Jahrhunderts, Breslau 1877, S. 119ff.

Pannenborg, A.: Zur Geschichte des Göttinger Gymnasiums, Progr. Göttingen 1886

Paratore, E.: L'influenza della letteratura latina da Ovidio ad Apuleio nell'età del manierismo e del barocco, in: Manierismo, barocco, rococò, S. 239ff.

Pascal, R.: German literature in the sixteenth and seventeenth centuries. Renaissance – Reformation – Baroque (Introductions to German literature. 2), London 1968

Paul, E.: Die Beurteilung des Barock von Winckelmann bis Burckhardt, Diss. Leipzig 1956

Paulsen, F.: Geschichte des gelehrten Unterrichts auf den deutschen Schulen und Universitäten vom Ausgang des Mittelalters bis zur Gegenwart. Mit besonderer Rücksicht auf den klassischen Unterricht. 3., erw. Aufl. Hrsg. ... v. R. Lehmann, 2 Bde., Leipzig bzw. Berlin u. Leipzig 1919/21 (Nachdr. Berlin 1960) (›Paulsen 1 u. 2‹)

Peter, K.: Der Humor in den niederdeutschen Dichtungen Johann Lauerembergs (Mitteldt. Forschungen. 47), Köln u. Graz 1967

Petzsch, C.: Einschränkendes zum Geltungsbereich von ›Gesellschaftslied‹, Euphorion 61, 1967, S. 342ff.

Pfanner, H.: Das dramatische Werk Simon Rettenpachers, Diss. Innsbruck 1954

Pfeil, L.: Gottfried Wilhelm Sacer's ›Reime dich, oder ich fresse dich ... Northausen 1673‹, Diss. Heidelberg 1914

Piel, F.: Zum Problem des Manierismus in der Kunstgeschichte, Lit.wiss. Jb. d. Görres-Ges., N.F. 2, 1961, S. 207ff.

Platel, M.: Vom Volkslied zum Gesellschaftslied, Bern 1939

Pliester, H.: Die Worthäufung im Barock (Mnemosyne. 7), Bonn 1930

Powell, H.: Andreas Gryphius and the ›New Philosophy‹, GLL, N.S. 5, 1951/52, S. 274ff.

Prantl, C.: Geschichte der Ludwigs-Maximilians-Universität in Ingolstadt, Landshut, München, 2 Bde., München 1872

Praz, M.: Studies in the seventeenth-century imagery, Part 1 (Stud. of the Warburg Inst. 3), London 1939

Pütz, P.: Friedrich Nietzsche (Sammlg. Metzler. 62), Stuttgart 1967

Pyritz, H.: Paul Flemings deutsche Liebeslyrik (Palaestra. 234), Göttingen ²1963

Quadlbauer, F.: Die antike Theorie der genera dicendi im lateinischen Mittelalter (SB Wien, Phil.-hist. Kl. 241/2), Wien 1962

Rabe, H.: Aus Rhetoren-Handschriften. 9. Griechische Briefsteller. Rhein. Mus. f. Philol., N.F. 64, 1909, S. 284ff.

Rach, A.: Biographien zur deutschen Erziehungsgeschichte, Weinheim u. Berlin 1968

Rahner, H.: Ignatius von Loyola und das geschichtliche Werden seiner Frömmigkeit, Graz ²1949

Raimondi, E. (Hrsg.): Trattatisti e narratori del seicento, Milano–Napoli 1960
– Per la nozione di manierismo letterario (Il problema del manierismo nelle letterature europee), in: Manierismo, barocco, rococò, S. 57ff.

Rauhe, H.: Dichtung und Musik im weltlichen Vokalwerk Johann Herman Scheins. Stilistische und kompositionstechnische Untersuchungen zum Wort-Ton-Verhältnis im Lichte der rhetorisch ausgerichteten Sprach- und Musiktheorie des 17. Jahrhunderts, Diss. Hamburg 1960

Reble, A.: Geschichte der Pädagogik, Stuttgart ⁵1960

Rehm, W.: Heinrich Wölfflin als Literaturhistoriker (SB München, Phil.-hist. Kl. 1960/9), München 1960

Reich, G.: Quaestiones progymnasmaticae, Diss. Leipzig 1909

Reichel, E.: Gottsched, 2 Bde., Berlin 1908/12

Reichert, E. O.: Johannes Scheffler als Streittheologe. Dargestellt an den konfessionspolemischen Traktaten der ›Ecclesiologia‹, Gütersloh 1967

Reichert, G.: Artikel ›Kaldenbach‹, MGG 7, 1958, Sp. 436ff.

Reiff, A.: Interpretatio, imitatio, aemulatio. Begriff und Vorstellung literarischer Abhängigkeit bei den Römern, Diss. Würzburg 1959

Reinhardstöttner, K. von: Plautus. Spätere Bearbeitungen plautinischer Lustspiele, Leipzig 1886
– Die erste deutsche Übersetzung von B. Castigliones Cortegiano, Jb. f. Münchner Gesch. 3, 1889, S. 53ff.
– Zur Geschichte des Jesuitendramas in München, Jb. f. Münchner Gesch. 3, 1889, S. 259ff.

Retorica e Barocco. Atti del III Congresso Internazionale di Studi Umanistici Venezia 15–18 giugno 1954, a cura di E. Castelli, Roma 1955

Reyscher, A. L. (Hrsg.): Vollständige, historisch und kritisch bearbeitete Sammlung der württembergischen Gesetze XI 2. Enthaltend die Gesetze für die Mittel- und Fachschulen, Tübingen 1847

Richter, L.: Das Zittauer Gymnasium als Mittler tschechisch-slowakisch-deutscher Wissenschafts- und Kulturbeziehungen in der Periode des Wirkens von Christian Weise und Christian Pescheck 1678–1744, Diss. Berlin (HU) 1963

Rieck, W.: Schaubühne kontra Kanzel. Die Verteidigung des Theaters durch die Veltheimin, FuF 39, 1965, S. 50ff.

Ried, P. E.: The Boylston Chair of Rhetoric and Oratory, in: L. Crocker – P. A. Carmack (ed.), Readings in rhetoric, Springfield/Ill. 1965, S. 456ff.

Ries, K.: Isokrates und Platon im Ringen um die Philosophie, Diss. München 1959

Righter, A.: Shakespeare and the idea of the play, London ²1964

Rioux, G.: L'oeuvre pédagogique de Wolfgang Ratke (1571–1635), Paris 1963

Risse, W.: Georg Philipp Harsdörffer und die humanistische Tradition, in: Worte und Werte. Festschr. f. B. Markwardt, Berlin 1961, S. 334ff.

Ristow, B.: Artikel ›Komplimentierbuch‹, RL ²I, S. 879ff.

Ritter, G.: Die Dämonie der Macht. Betrachtungen über Geschichte und Wesen des Machtproblems im politischen Denken der Neuzeit, Stuttgart ⁵1947

Rockinger, L.: Briefsteller und formelbücher des eilften bis vierzehnten jahrhunderts, 2 Abtlg.en (Quellen z. bayr. u. dt. Gesch. 9), München 1863/64 (Nachdr. New York 1961)

Roloff, H.-G.: Artikel ›Neulateinisches Drama‹, RL ²II, S. 645ff.

Rosalsky, R.: Geschichte des akademischen Gymnasiums zu Weissenfels, Progr. Weissenfels 1873

Rosenfeld, E.: Theologischer Prozeß. Die Rinteler Hexentrostschrift – ein Werk von Friedrich von Spee, DVjs 29, 1955, S. 37ff.

Roseno, A.: Die Entwicklung der Brieftheorie von 1655–1709 (Dargestellt an Hand der Briefsteller von Georg Philipp Harsdörfer, Kaspar Stieler, Christian Weise und Benjamin Neukirch), Diss. Köln 1933

Rosenthal, P.: Die ›Erudition‹ in den Jesuitenschulen, Diss. Erlangen 1905

Rossi, P.: Ramismo, logica, retorica nei secoli XVI e XVII, Riv. Crit. di Stor. della Filos. 12, 1957, S. 357ff.

Rotermund, E.: Christian Hofmann von Hofmannswaldau (Sammlg. Metzler. 29), Stuttgart 1963

Roth, F.: Literatur über Leichenpredigten und Personalschriften (Schrifttumberichte z. Genealogie u. z. ihren Nachbargebieten. 12), Neustadt 1959

Rothe, A.: Quevedo und Seneca. Untersuchungen zu den Frühschriften Quevedos (Kölner romanist. Arb., N.F. 31), Genève u. Paris 1965

Rousset, J.: La littérature de l'âge baroque en France. Circé et le paon, Paris 1963

Rouveyre, A.: Pages caractéristiques de Baltasar Gracián, Paris 1925

Ruckensteiner, C.: Simon Dachs Freundschafts- und Gelegenheitsdichtung, Diss. Innsbruck 1957

Rüdiger, H.: Pura et illustris brevitas, in: Konkrete Vernunft. Festschr. f. E. Rothacker, Bonn 1958, S. 345ff.

– Göttin Gelegenheit. Gestaltwandel einer Allegorie, Arcadia 1, 1966, S. 121ff.

Rüegg, A.: Rez. Lausberg, Handbuch der literarischen Rhetorik, ZfrPh 77, 1961, S. 550f.

Rütsch, J.: Das dramatische Ich im deutschen Barock-Theater (Wege z. Dichtg. 12), Horgen–Zürich u. Leipzig 1932

Rystad, G.: Kriegsnachrichten und Propaganda während des Dreißigjährigen Krieges. Die Schlacht bei Nördlingen in den gleichzeitigen, gedruckten Kriegsberichten, Lund 1960

Salin, E.: Jakob Burckhardt und Nietzsche, Heidelberg ²1948

Salm, P.: Oskar Walzel and the notion of reciprocal illumination in the arts, GR 36, 1961, S. 110ff.

Saunders, J. L.: Justus Lipsius. The philosophy of Renaissance stoicism, New York 1955

Schadewaldt, W.: Sappho, Potsdam 1950

Schaefer, K.: Das Gesellschaftsbild in den dichterischen Werken Christian Weises, Diss. Berlin (HU) 1960

Schaller, K.: Die Pädagogik des Johann Amos Comenius und die Anfänge des pädagogischen Realismus im 17. Jahrhundert (Pädagog. Forschungen. 21), Heidelberg 1962

Scheid, N.: Der Jesuit Jakob Masen, ein Schulmann und Schriftsteller des 17. Jahrhunderts (Vereinsschriften d. Görres-Ges. 1898/1), Köln 1898
- Pater Franciscus Langs Büchlein über die Schauspielkunst, Euphorion 8, 1901, S. 57ff.
- Das lateinische Jesuitendrama im deutschen Sprachgebiet, Lit.wiss. Jb. d. Görres-Ges. 5, 1930, S. 1ff.
Schelsky, H.: Einsamkeit und Freiheit. Idee und Gestalt der deutschen Universität und ihrer Reformen (rde. 171/72), Reinbek 1963
Scherer, W.: Geschichte der deutschen Literatur, Berlin ¹⁴1921 (¹1883)
Schering, A.: Das Symbol in der Musik, Leipzig 1941
Scherpe, K. R.: Gattungspoetik im 18. Jahrhundert. Historische Entwicklung von Gottsched bis Herder (Stud. z. Allg. u. Vergl. Lit.wiss. 2), Stuttgart 1968
Schetter, W.: Untersuchungen zur epischen Kunst des Statius (Klass.-philol. Stud. 20), Wiebaden 1960
Schiaffini, A.: Rivalutazione della Retorica, ZfrPh 78, 1962, S. 503ff.
Schimansky, G.: Gottscheds deutsche Bildungsziele (Schriften d. Alberts-Univ., Geisteswiss. R. 22), Königsberg u. Berlin 1939
Schimmelpfennig, C. A.: Die Jesuiten in Breslau während des ersten Jahrzehnts ihrer Niederlassung, Zs. d. Vereins f. Gesch. u. Alterthum Schlesiens 23, 1889, S. 177ff.
Schindel, U.: Demosthenes im 18. Jahrhundert. Zehn Kapitel zum Nachleben des Demosthenes in Deutschland, Frankreich, England (Zetemata. 31), München 1963
Schings, H.-J.: Die patristische und stoische Tradition bei Andreas Gryphius. Untersuchungen zu den Dissertationes funebres und Trauerspielen (Kölner germanist. Stud. 2), Köln u. Graz 1966
Schlechta, K.: Der junge Nietzsche und das klassische Altertum, Mainz 1948
Schlenther, P.: Frau Gottsched und die bürgerliche Komödie. Ein Kulturbild aus der Zopfzeit, Berlin 1886
Schlick, J.: Wasserfeste und Teichtheater des Barock, Diss. Kiel 1963
Schmid, K. A.: Geschichte der Erziehung vom Anfang an bis auf unsere Zeit, bearbeitet ... v. K. A. Schm. Fortgeführt v. G. Schmid, 10 Abtlg.en, Stuttgart 1884–1902
Schmid, K. F.: John Barclays Argenis. Eine litterarhistorische Untersuchung. Teil I: Ausgaben der Argenis, ihre Fortsetzungen und Übersetzungen (Lit.hist. Forschungen. 31), Berlin 1904
Schmid, W.: Rez. Lausberg, Handbuch der literarischen Rhetorik, Arch. f. d. Studium d. neueren Sprachen und Literaturen 200, 1964, S. 451ff.
Schmidt, B.: Der französische Unterricht und seine Stellung in der Pädagogik des 17. Jahrhunderts, Osterwieck 1931
Schmidt, C.: La vie et les travaux de Jean Sturm, Straßburg 1855
Schmidt, Er.: Der Kampf gegen die Mode in der deutschen Literatur des siebzehnten Jahrhunderts, in: Charakteristiken, Bd. 1, Berlin ²1902, S. 136ff.
Schmidt, Exp.: Die Bühnenverhältnisse des deutschen Schuldramas und seine volkstümlichen Ableger im sechzehnten Jahrhundert (Forschungen z. neueren Lit.gesch. 24), Berlin 1903
Schmidt, H.: Bibliographie zur literarischen Erziehung. Gesamtverzeichnis 1900 bis 1965, Zürich usw. 1967

Schmidt, K. D.: Die Gehorsamsidee des Ignatius von Loyola, Berlin 1935

Schmitt, W.: Die pietistische Kritik der ›Künste‹. Untersuchungen über die Entstehung einer neuen Kunstauffassung im 18. Jahrhundert, Diss. Köln 1958

Schneider, E.: Das Tübinger Collegium illustre, Württ. Vierteljahrshefte f. Landesgesch., N.F. 7, 1898, S. 217ff.

Schnell, U.: Die homiletische Theorie Philipp Melanchthons, Diss. Rostock 1965

Schönberger, K. H. O.: Die Klagen über den Verfall der römischen Beredsamkeit im 1. Jahrhundert nach Christus. Ein Beitrag zum Problem der Dekadenz, Diss. Würzburg 1951

Schöne, A.: Emblematik und Drama im Zeitalter des Barock, München 1964
– Säkularisation als sprachbildende Kraft. Studien zur Dichtung deutscher Pfarrersöhne (Palaestra. 226), Göttingen ²1968

Schönle, G.: Deutsch-niederländische Beziehungen in der Literatur des 17. Jahrhunderts (Leidse Germanist. en Anglist. Reeks. 7), Leiden 1968

Scholte, J. H.: Artikel ›Barockliteratur‹, RL ²I, S. 135ff.

Schottenloher, K.: Die Widmungsvorrede im Buch des 16. Jahrhunderts (Reformationsgeschichtl. Stud. u. Texte. 76/77), Münster 1953

Schramm, E.: Die Einwirkung der spanischen Literatur auf die deutsche, in: Dt. Philol. im Aufriß ²III, Sp. 147ff.

Schreiber, H.: Geschichte der Albert-Ludwigs-Universität zu Freiburg im Breisgau (= Geschichte der Stadt und Universität Freiburg im Breisgau, Bd. 2), Freiburg i. B. 1868

Schrinner, W.: Castiglione und die englische Renaissance (Neue Dt. Forschungen, Abt. Engl. Philol. 14), Berlin 1940

Schröder, G.: Baltasar Graciáns ›Criticón‹. Eine Untersuchung zur Beziehung zwischen Manierismus und Moralistik (Freib. Schriften z. roman. Philol. 2), München 1966

Schröteler, J.: Die Erziehung in den Jesuiteninternaten des 16. Jahrhunderts, Freiburg i. B. 1940

Schubart-Fikentscher, G.: Zur Stellung der Komödianten im 17. u. 18. Jahrhundert (SB Leipzig, Phil.-hist. Kl. 106/7), Berlin 1963

Schubert, E.: Augustus Bohse, genannt Talander. Ein Beitrag zur Geschichte der galanten Zeit in Deutschland (Bresl. Beitr. z. Lit.gesch. 27), Breslau 1911

Schüling, H.: Bibliographie der im 17. Jahrhundert in Deutschland erschienenen logischen Schriften (Berichte u. Arb. aus d. Univ.-Bibl. Giessen. 3), Giessen 1963
– Bibliographischer Wegweiser zu dem in Deutschland erschienenen Schrifttum des 17. Jahrhunderts (Berichte u. Arb. aus d. Univ.-Bibl. Giessen. 4), Giessen 1964

Schüz, C. W. C.: Über das Collegium Illustre zu Tübingen oder den staatswissenschaftlichen Unterricht in Württemberg besonders im 16. und 17. Jahrhundert, Zs. f. d. gesamten Staatswiss.en 8, 1850, S. 243ff.

Schulte, H. K.: Orator. Untersuchungen über das ciceronianische Bildungsideal (Frankf. Stud. z. Rel. u. Kultur d. Ant. 9), Frankfurt a. M. 1935

Schulte, J. C.: Pater Martin von Cochem, Freiburg i. B. 1910

Schulte, W.: Renaissance und Barock in der deutschen Dichtung, Lit.wiss. Jb. d. Görres-Ges. 2, 1926, S. 47ff.

Schuster, M.: Jakob Balde und die Horazische Dichtung, Zs. f. dt. Geistesgesch. 1, 1935, S. 194ff.

Schwarz, E.: Der schauspielerische Stil des deutschen Hochbarock. Beleuchtet durch Heinrich Anshelm von Ziglers ›Asiatische Banise‹, Diss. Mainz 1956

– Hofmannsthal und Calderón, 's-Gravenhage 1962

Schwinge, E.-R.: Zur Kunsttheorie des Horaz, Philologus 107, 1963, S. 75ff.

Scrivano, R.: Il Manierismo nella letteratura del Cinquecento, Padova 1959

Seiler, K.: Das pädagogische System Wolfgang Ratkes, Diss. Erlangen 1931

Sengle, F.: Die literarische Formenlehre. Vorschläge zu ihrer Reform (Dichtg. u. Erkenntnis. 1), Stuttgart 1967

Sieber, F.: Volk und volkstümliche Motivik im Festwerk des Barock. Dargestellt an Dresdner Bildquellen, Berlin 1960

Signer, L.: Die Beredsamkeit. Prolegomena ihrer Erforschung, in: Barock in der Schweiz. Hrsg. v. O. Eberle, Einsiedeln 1930, S. 149ff.

– Die Predigtanlage bei P. Michael Angelus von Schorno, Diss. Freiburg i. d. Schw. 1933

– Martin von Cochem, eine große Gestalt des rheinischen Barock. Seine literar-historische Stellung und Bedeutung, Wiesbaden 1963

Singer, H.: Der galante Roman (Sammlg. Metzler. 10), Stuttgart 1961

Skopnik, G.: Das Straßburger Schultheater, sein Spielplan und seine Bühne (Schriften des Wiss. Instituts der Elsass-Lothringer im Reich an d. Univ. Frankfurt, N.F. 13), Frankfurt a. M. 1935

Smith, D. K.: Origin and development of Departments of Speech, in: K. R. Wallace (ed.), History of speech education in America: background studies, New York 1954, S. 447ff.

Söter, I.: La doctrine stylistique des rhétoriques du dix-septième siècle, Budapest 1937

Sofer, J.: Bemerkungen zur Geschichte des Begriffs ›Welttheater‹, Maske und Kothurn 2, 1956, S. 256ff.

Sohm, W.: Die Schule Johann Sturms und die Kirche Straßburgs in ihrem gegenseitigen Verhältnis 1530–1581, München u. Berlin 1912

Sonnino, L. A.: A handbook to sixteenth-century rhetoric, London 1968

Spahr, B. L.: The archives of the Pegnesischer Blumenorden. A survey and reference guide (Univ. of Calif., Publ. in Mod. Philol. 57), Berkeley and Los Angeles 1960

– Anton Ulrich and Aramena. The genesis and development of a baroque novel (Univ. of Calif., Publ. in Mod. Philol. 76), Berkeley and Los Angeles 1966

– Baroque and mannerism: Epoch and style, Colloquia Germanica 1, 1967, S. 78ff.

– Gryphius and the crisis of identity, GLL, N.S. 22, 1969, S. 358ff.

Specht, T.: Geschichte der ehemaligen Universität Dillingen ... und der mit ihr verbundenen Lehr- und Erziehungsanstalten, Freiburg i. B. 1902

Sperber, H.: Zur Sprachgeschichte des 18. Jahrhunderts. II., ZfdPh 54, 1929, S. 80ff.

Speyer, C.: Magister Velthen und die sächsischen Hofkomödianten am kurfürstlichen Hof in Heidelberg und Mannheim, Neue Heidelb. Jb. 1926, S. 64ff.

Spitzer, L.: Die Literarisierung des Lebens in Lope's Dorotea (Kölner romanist. Arb. 4), Bonn u. Köln 1932

Spoerri, T.: Renaissance und Barock bei Ariost und Tasso. Versuch einer Anwendung Wölfflin'scher Kunstbetrachtung, Bern 1922

Stachel, P.: Seneca und das deutsche Renaissancedrama. Studien zur Literatur- und Stilgeschichte des 16. und 17. Jahrhunderts (Palaestra. 46), Berlin 1907

Stackelberg, J. von: Das Bienengleichnis. Ein Beitrag zur Geschichte der literarischen Imitatio, RF 68, 1956, S. 271ff.

– Tacitus in der Romania. Studien zur literarischen Rezeption des Tacitus in Italien und Frankreich, Tübingen 1960

Stamm, R.: s. Die Kunstformen des Barockzeitalters

Stammler, W.: ›Der Hofmeister‹ von Jakob Michael Reinhold Lenz, ein Beitrag zur Literaturgeschichte des 18. Jahrhunderts, Diss. Halle 1908

Steger, H.: Johann Christian Hallmann. Sein Leben und seine Werke, Diss. Leipzig 1909

Steinhausen, G.: Die Geschichte des deutschen Briefes, 2 Bde., Berlin 1889/91

– Die Idealerziehung im Zeitalter der Perrücke, Mitt. d. Ges. f. dt. Erz.- u. Schulgesch. 4, 1894, S. 209ff.

– Galant, curiös und politisch. Drei Schlag- und Modeworte des Perrücken-Zeitalters, Zs. f. den dt. Unterr. 9, 1895, S. 22ff.

Stemplinger, E.: Das Fortleben der horazischen Lyrik seit der Renaissance, Leipzig 1906

Steyns, D.: Etude sur les métaphores et les comparaisons dans les oeuvres en prose de Sénèque le philosophe (Université de Gand. Recueil de trav. publ. par la fac. de philos. et lettres. 33), Gand 1960

Stössel, A.: Die Weltanschauung des Martin Opitz, besonders in seinen Trostgedichten in Widerwärtigkeit des Krieges, Diss. Erlangen 1922

Stötzer, U.: Deutsche Redekunst im 17. und 18. Jahrhundert, Halle 1962

– Die Trauerreden des Andreas Gryphius, Wiss. Zs. d. M.-Luther-Univ. Halle–Wittenberg, Gesellsch.- u. sprachwiss. R. 11, 1964, S. 1731ff.

Stolt, B.: Studien zu Luthers Freiheitstraktat mit besonderer Rücksicht auf das Verhältnis der lateinischen und der deutschen Fassung zu einander und die Stilmittel der Rhetorik (Acta Univ. Stockholm. Stockholmer germanist. Forschungen. 6), Stockholm 1969

Storz, G.: Unsere Begriffe von Rhetorik und vom Rhetorischen, in: Beiträge zur literarischen Rhetorik, DU 18, 1966/6, S. 5ff.

Strauß, D. F.: Leben und Schriften des Dichters und Philologen Nicodemus Frischlin. Ein Beitrag zur deutschen Culturgeschichte in der zweiten Hälfte des sechzehnten Jahrhunderts, Frankfurt 1856

Streckenbach, G.: Stiltheorie und Rhetorik der Römer als Gegenstand der imitatio im Bereich des deutschen Humanismus, Diss. Berlin 1932

Strich, F.: Der lyrische Stil des 17. Jahrhunderts, in: Abhandlungen zur deutschen Literaturgeschichte. Festschr. f. F. Muncker, München 1916, S. 21ff.; abgedruckt in: Deutsche Barockforschung, S. 229ff.

– Der europäische Barock, in: Der Dichter und die Zeit, Bern 1947, S. 71ff.

– Die Übertragung des Barockbegriffs von der bildenden Kunst auf die Dichtung, in: Die Kunstformen des Barockzeitalters, S. 243ff.

Stroup, T. B.: Microcosmos. The shape of the Elizabethan play, Lexington/Kent. 1965

Stroux, J.: Nietzsches Professur in Basel, Jena 1925

– Römische Rechtswissenschaft und Rhetorik, Potsdam 1949

Sudhoff, K.: Gedanken eines unbekannten Anhängers des Theophrastus Paracelsus

von Hohenheim aus der Mitte des 16. Jahrhunderts über deutschen Jugend-
unterricht, Mitt. d. Ges. f. dt. Erz.- u. Schulgesch. 5, 1895, S. 83ff.
Sypher, W.: Four stages of Renaissance style, Garden City/N. Y. 1955
Szarota, E. M.: Künstler, Grübler und Rebellen. Studien zum europäischen Mär-
tyrerdrama des 17. Jahrhunderts, Bern u. München 1967
– Manierismus und Barock im Brennpunkt der wissenschaftlichen Diskussion,
Kwartalnik Neofilologiczny 14, 1967, S. 431ff.
– Lohenstein und die Habsburger, Colloquia Germanica 1, 1967, S. 263ff.
Szyrocki, M.: Martin Opitz (Neue Beitr. z. Lit.wiss. 4), Berlin 1956
– Der junge Gryphius (Neue Beitr. z. Lit.wiss. 9), Berlin 1959
– Andreas Gryphius. Sein Leben und Werk, Tübingen 1964
– Zur Differenzierung des Barockbegriffs, Kwartalnik Neofilologiczny 13,
1966, S. 133ff.
– Die deutsche Literatur des Barock. Eine Einführung (rde. 300/301), Reinbek
1968
Tade, G. T.: The ›Spiritual exercises‹: a method of self-persuasion, QJS 43, 1957,
S. 383ff.
Tagliabue, G. M.: Aristotelismo e Barocco, in: Retorica e Barocco, S. 119ff.
Tarot, R.: Jakob Bidermanns ›Cenodoxus‹, Diss. Köln 1960
Tateo, F.: ›Retorica‹ e ›poetica‹ fra Medievo e Rinascimento, Bari 1960
Teesing, H. P. H.: Das Problem der Perioden in der Literaturgeschichte, Gronin-
gen 1949
– Artikel ›Periodisierung‹, RL ²III, S. 74ff.
Theobald, L.: Das Leben und Wirken des Tendenzdramatikers der Reformations-
zeit Thomas Naogeorgus seit seiner Flucht aus Sachsen (Quellen u. Darstel-
lungen aus d. Gesch. des Reformationsjahrhunderts. 5), Halle 1908
Tholuck, A.: Das akademische Leben des siebzehnten Jahrhunderts mit besonderer
Beziehung auf die protestantisch-theologischen Fakultäten Deutschlands, nach
handschriftlichen Quellen (= Vorgeschichte des Rationalismus. Erster Theil),
2 Bde., Halle 1853/54
Thorbecke, A.: Statuten und Reformationen der Universität Heidelberg vom 16.
bis 18. Jahrhundert, 2 Bde., Heidelberg 1886
Tiemann, H.: Das spanische Schrifttum in Deutschland von der Renaissance bis
zur Romantik (Ibero-Amerikan. Stud. 6), Hamburg 1936
Tillyard, E. M. W.: John Milton. Private correspondences and academic exerci-
ses, Cambridge 1932
Tintelnot, H.: Zur Gewinnung unserer Barockbegriffe, in: Die Kunstformen des
Barockzeitalters, S. 13ff.
– Über den Stand der Forschung zur Kunstgeschichte des Barock, DVjs 40,
1966, S. 116ff.
Tomek, W. W.: Geschichte der Prager Universität, Prag 1849
Topliss, P.: The rhetoric of Pascal. A study of his art of persuasion in the
›Provinciales‹ and the ›Pensées‹, Leicester 1966
Toussaint, G.: Die Anwendung der musikalisch-rhetorischen Figuren in den Wer-
ken von Heinrich Schütz, Diss. Mainz 1949
Tremoli, P.: Influssi retorici e ispirazione poetica negli ›Amores‹ di Ovidio,
Trieste 1955
Trunz, E.: Der deutsche Späthumanismus um 1600 als Standeskultur, Zs. f. Gesch.

516

d. Erz. u. d. Unterr. 21, 1931, S. 17ff.; abgedruckt in: Deutsche Barockforschung, S. 147ff.

- Die Erforschung der deutschen Barockdichtung. Ein Bericht über Ergebnisse
  und Aufgaben, DVjs 18, 1940, Referaten-Heft
- Weltbild und Dichtung im deutschen Barock, in: Aus der Welt des Barock,
  Stuttgart 1957, S. 1ff.

Tschirn, F.: Die Schauspielkunst der deutschen Berufsschauspieler im 17. Jahrhundert, Diss. Breslau 1921

Turnbull, G. H.: Johann Valentin Andreaes Societas christiana, ZfdPh 73, 1954,
S. 407ff.

Tuve, R.: Imagery and logic: Ramus and metaphysical poetics, Journ. of the
Hist. of Ideas 3, 1942, S. 365ff.

Tworek, P.: Leben und Werke des Johann Christoph Männling, Diss. Breslau
1938

Unger, H. H.: Die Beziehungen zwischen Musik und Rhetorik im 16. bis 18. Jahrhundert, Diss. Berlin 1941

Urban, E.: Owenus und die deutschen Epigrammatiker des XVII. Jahrhunderts,
Diss. Heidelberg 1899

Urkunden zur Geschichte der Universität Tübingen aus den Jahren 1476 bis 1550
[Hrsg. v. R. Roth], Tübingen 1877

Valmaggi, L.: Per le fonti del Cortegiano, Giorn. Storico della Lett. Ital. 14,
1899, S. 72ff.

Vasoli, C.: Retorica e dialettica in Pietro Ramo, Arch. di Filos. 55, 1953, S. 93ff.
- Le imprese del Tesauro, in: Retorica e Barocco, S. 243ff.

Vedel, V.: Den digteriske Barokstil omkring aar 1600, Edda 2, 1914, S. 17ff.

Vehse, E.: Geschichte der deutschen Höfe seit der Reformation, 48 Bde., Hamburg 1851ff.

Veit, W.: Toposforschung, DVjs 37, 1963, S. 120ff.

Verhofstadt, E.: Stilistische Betrachtungen über einen Monolog in Lohensteins
›Sophonisbe‹, Rev. des langues vivantes 25, 1959, S. 307ff.
- Daniel Casper von Lohenstein: Untergehende Wertwelt und ästhetischer Illu-
  sionismus. Fragestellung und dialektische Interpretation, Brugge 1964

Viëtor, K.: Vom Stil und Geist der deutschen Barockdichtung, GRM 14, 1926,
S. 145ff.; abgedruckt in: Deutsche Barockforschung, S. 39ff.
- Die deutsche Barockdichtung, Zs. f. dt. Bildg. 2, 1926, S. 271ff.
- Probleme der deutschen Barockliteratur (Von dt. Poeterey. 3), Leipzig 1928

Vilanova, A.: El tema del gran teatro del mundo, Boletín de la Real Academia
de Buenas Letras de Barcelona 23, 1950, S. 153ff.

Vischer, W.: Geschichte der Universität Basel von der Gründung 1460 bis zur
Reformation 1529, Basel 1860

Vodosek, P.: Das Emblem in der deutschen Literatur der Renaissance und des
Barock, Jb. des Wiener Goethe-Vereins 68, 1964, S. 5ff.

Vogel, A.: Der Geist Jesu Christi und der Geist militärischer Erziehung im Jesuitenorden, Diss. Dresden (TH) 1935

Vogel, H.: Christian Friedrich Hunold (Menantes), Diss. Leipzig 1897

Vogt, C.: Johann Balthasar Schupps Bedeutung für die Pädagogik, Zs. f. Gesch.
d. Erz. u. d. Unterrichts 4, 1914, S. 1ff.

Vogt, E.: Die gegenhöfische Strömung in der deutschen Barockliteratur (Von dt. Poeterey. 11), Leipzig 1932

Voigt, G.: Die Wiederbelebung des classischen Alterthums oder Das erste Jahrhundert des Humanismus, 2 Bde., Berlin ⁴1960

Volkmann, R.: Die Rhetorik der Griechen und Römer, Leipzig ²1885 (Nachdr. Hildesheim 1963)

Vormbaum, R. (Hrsg.): Evangelische Schulordnungen.
Bd. 1: Die evangelischen Schulordnungen des 16. Jahrhunderts.
Bd. 2: Die evangelischen Schulordnungen des 17. Jahrhunderts.
Bd. 3: Die evangelischen Schulordnungen des 18. Jahrhunderts,
Gütersloh 1860–64 (›Vormbaum 1 ... 3‹)

Vosskamp, W.: Untersuchungen zur Zeit- und Geschichtsauffassung im 17. Jahrhundert bei Gryphius und Lohenstein (Lit. u. Wirklichkeit. 1), Bonn 1967

Vossler, K.: Über gegenseitige Erhellung der Künste (1935), in: Aus der romanischen Welt, Bd. 2, München u. Berlin 1940

– Südliche Romania, Leipzig ²1950

Wais, K.: Symbiose der Künste. Forschungsgrundlagen zur Wechselberührung zwischen Dichtung, Bild- und Tonkunst (Schriften u. Vortr. d. Württemb. Ges. d. Wiss., Geisteswiss. Abt. 1), Stuttgart 1936

Waldberg, M. von: Die galante Lyrik, Straßburg 1885

Wallace, K. R.: Francis Bacon on communication and rhetoric, Chapel Hill 1943

Walzel, O.: Shakespeares dramatische Baukunst, Jb. d. Dt. Shakespeare-Ges. 52, 1916, S. 3ff.

– Wechselseitige Erhellung der Künste. Ein Beitrag zur Würdigung kunstgeschichtlicher Begriffe, Berlin 1917

Wandruszka, M.: Der Geist der französischen Sprache (rde. 85), Hamburg 1959

Wanke, C.: Seneca, Lucan, Corneille. Studien zum Manierismus der römischen Kaiserzeit und der französischen Klassik (Studia Romanica. 6), Heidelberg 1964

Warnke, F. J.: The world as theatre: Baroque variations on a traditional topos, in: Festschr. f. E. Mertner, München 1969, S. 185ff.

Weber, E.: Der Einfluß der protestantischen Schulphilosophie auf die orthodoxe lutherische Dogmatik, Leipzig 1908

Wechsler, G.: Johann Christoph Gottscheds Rhetorik, Diss. Heidelberg 1933

Wegele, F. X. von: Geschichte der Universität Würzburg, 2 Bde., Würzburg 1882

Wehrli, M.: Deutsche und lateinische Dichtung im 16. und 17. Jahrhundert, in: Das Erbe der Antike (Ringvorlesung Zürich WS 1961/62), Zürich u. Stuttgart 1963, S. 135ff.

Weil, H. H.: The conception of friendship in German Baroque literature, GLL 13, 1960, S. 106ff.

Weinberg, B.: A history of literary criticism in the Italian Renaissance, 2 Bde., Chicago 1961

Weisbach, W.: Der Barock als Stilphänomen, DVjs 2, 1924, S. 225ff.

– Der sogenannte Geograph von Velasquez und die Darstellungen des Demokrit und Heraklit, Jb. d. Preuß. Kunstsammlungen 49, 1948, S. 141ff.

Weise, G.: Storia del termine ›Manierismo‹, in: Manierismo, barocco, rococò, S. 27ff.

Weithase, I.: Die Darstellung von Krieg und Frieden in der deutschen Barockdichtung (Studienbücherei. 14), Weimar 1953

- Zur Geschichte der gesprochenen deutschen Sprache, 2. Bde., Tübingen 1961 (›Weithase‹)

Wellek, R.: Grundbegriffe der Literaturkritik (Sprache u. Lit. 24), Stuttgart usw. 1965

Weller, E.: Annalen der poetischen National-Literatur der Deutschen im XVI. und XVII. Jahrhundert. Nach den Quellen bearbeitet, 2 Bde., Freiburg 1862/64 (Nachdr. Hildesheim 1964)

Wendland, U.: Die Theoretiker und Theorien der sogen. galanten Stilepoche und die deutsche Sprache. Ein Beitrag zur Erkenntnis der Sprachreformbestrebungen vor Gottsched (Form u. Geist. 17), Leipzig 1930

Weniger, L.: Ratichius, Kromayer und der Neue Methodus an der Schule zu Weimar, Zs. f. Thür. Gesch., N.F. 10, 1897, S. 1ff. 277ff. 448ff.

Wentzlaff-Eggebert, F.-W.: Dichtung und Sprache des jungen Gryphius. Die Überwindung der lateinischen Tradition und die Entwicklung zum deutschen Stil, Berlin ²1966

Weydt, G.: ›Adjeu Welt‹. Weltklage und Lebensrückblick bei Guevara, Albertinus, Grimmelshausen, Neophilologus 46, 1962, S. 102ff.

Wich, J.: Studien zu den Dramen Christian Weises, Diss. Erlangen–Nürnberg 1962

Widmann, H.: Tübingen als Verlagsstadt. Das 15. und 16. Jahrhundert, Attempto 27/28, 1968, S. 3ff.; Vom 17. bis zum Beginn des 20. Jahrhunderts, Attempto 29/30, 1969, S. 3ff.

Wiedemann, C.: Johann Klaj und seine Redeoratorien. Untersuchungen zur Dichtung eines deutschen Barockmanieristen (Erlanger Beitr. z. Sprach- u. Kunstwiss. 26), Nürnberg 1966

- Polyhistors Glück und Ende. Von Daniel Georg Morhof zum jungen Lessing, in: Festschr. f. G. Weber (Frankf. Beitr. z. Germanistik. 1), Bad Homburg v. d. H. usw. 1967, S. 215ff.

- Engel, Geist und Feuer. Zum Dichterselbstverständnis bei Johann Klaj, Catharina von Greiffenberg und Quirinus Kuhlmann, in: Literatur und Geistesgeschichte. Festschr. f. H. O. Burger. Hrsg. v. R. Grimm u. C. Wiedemann, Berlin 1968, S. 85ff.

Wilamowitz-Moellendorff, U. von: Antigonos von Karystos (Philol. Unters. 4), Berlin 1881

Will, H.: Die Gebärdung in den Romanen Philipps von Zesen, Neue Jb. f. d. klass. Altertum, Gesch. u. dt. Lit. u. f. Pädagogik 27, 1924, S. 112ff.

Williamson, G.: Senecan style in the seventeenth century, Philol. Quart. 15, 1936, S. 321ff.

- The Senecan amble. A study in prose form from Bacon to Collier, Chicago 1951

Wilms, H.: Das Thema der Freundschaft in der deutschen Barocklyrik und seine Herkunft aus der neulateinischen Dichtung des 16. Jahrhunderts, Diss. Kiel 1963

Wilpert, G. von – A. Gühring: Erstausgaben deutscher Dichtung. Eine Bibliographie zur deutschen Literatur 1600–1960, Stuttgart 1967

Wind, E.: The Christian Democritus, Journ. of the Warburg Inst. 1, 1937/38, S. 180ff.

Windfuhr, M.: Die barocke Bildlichkeit und ihre Kritiker. Stilhaltungen in der deutschen Literatur des 17. u. 18. Jahrhunderts (Germanist. Abh. 15), Stuttgart 1966 (›Windfuhr‹)

Winkler, E.: Die Leichenpredigt im deutschen Luthertum bis Spener (Forschungen z. Gesch. u. Lehre des Protestantismus. 10/34), München 1967

Winkler, E. G.: Lope de Vega, in: Dichtungen, Gestalten und Probleme. Nachlaß. Hrsg. v. W. Warnach u. a., Pfullingen 1956, S. 402ff.

Wintterlin, D.: Pathetisch-monologischer Stil im barocken Trauerspiel des Andreas Gryphius, Diss. Tübingen 1958

Wlczek, H.: Das Schuldrama der Jesuiten zu Krems (1616–1763), Diss. Wien 1952

Wodtke, F. W.: Artikel ›Erbauungsliteratur‹, RL ²I, S. 393ff.

Wölfflin, H.: Renaissance und Barock, München 1888

Wolf, E.: Große Rechtsdenker der deutschen Geistesgeschichte, Tübingen 1951

Wolff, H. M.: Der junge Herder und die Entwicklungsidee Rousseaus, PMLA 57, 1942, S. 753ff.

Wülfing-v. Martitz, P.: Grundlagen und Anfänge der Rhetorik in der Antike, Euphorion 63, 1969, S. 207ff.

Wünschmann, M.: Gottfried Hoffmanns Leben und Bedeutung für das Bildungswesen und die pädagogische Theorie seiner Zeit, mit eingehender Berücksichtigung seines Zittauer Vorgängers und Lehrers Christian Weise. Ein Beitrag zur Geschichte der Pädagogik und des Schul- und Bildungswesens im 17. und 18. Jahrhunderte. I. Teil. 1. Hälfte, Diss. Leipzig 1895

Wundt, M.: Die deutsche Schulmetaphysik des 17. Jahrhunderts, Tübingen 1939

Wuttke, D.: Deutsche Germanistik und Renaissance-Forschung (Respublica Literaria. 3), Bad Homburg v. d. H. usw. 1968

Wychgram, M.: Quintilian in der deutschen und französischen Literatur des Barock und der Aufklärung (F. Mann's Pädagog. Magaz. 803), Langensalza 1921

Zaehle, B.: Knigges Umgang mit Menschen und seine Vorläufer. Ein Beitrag zur Geschichte der Gesellschaftsethik (Beitr. z. neueren Lit.gesch. 22), Heidelberg 1933

Zanta, L.: La renaissance du stoïcisme au XVIᵉ siècle (Bibl. litt. de la Renaiss., N.S. 5), Paris 1914

Zarncke, F.: Ueber die Quaestiones quodlibeticae, ZfdA 9, 1853, S. 119ff.

– Die deutschen Universitäten im Mittelalter, Leipzig 1857

Zarneckow, M.: Christian Weises ›Politica Christiana‹ und der Pietismus, Diss. Leipzig 1924

Zeeden, E. W.: Das Zeitalter der Glaubenskämpfe, in: B. Gebhardt, Handbuch der deutschen Geschichte, Bd. 2, Stuttgart ⁸1963, S. 105ff.

Zehrfeld, R.: Hermann Conrings (1606–1681) Staatenkunde. Ihre Bedeutung für die Geschichte der Statistik ... (Sozialwiss. Forschungen. 1,5), Berlin u. Leipzig 1926

Zeidler, J.: Studien und Beiträge zur Geschichte der Jesuitenkomödie und des Klosterdramas (Theatergesch. Forschungen. 4), Hamburg u. Leipzig 1891

Zeman, H.: Kaspar Stieler. Versuch einer Monographie und ›Die Dichtkunst des Spaten 1685‹, Diss. Wien 1965

Ziegler, K.: Das deutsche Drama der Neuzeit, in: Dt. Philol. im Aufr. ²II, Sp. 1997ff. (Sp. 2047ff.: ›Das Jahrhundert des Barock‹)

Ziegler, T.: Geschichte der Pädagogik mit besonderer Rücksicht auf das höhere Unterrichtswesen, München ⁴1917

Zielinski, T.: Cicero im Wandel der Jahrhunderte, Leipzig ³1912 (Nachdr. Darmstadt 1967)

Ziesemer, W.– R. Haller: Artikel ›Königsberger Dichterkreis‹, RL ²I, S. 867ff.

Zürcher, R.: Der barocke Raum in der Malerei, in: Die Kunstformen des Barockzeitalters, S. 169ff.

Personenregister

Die Zahlen beziehen sich jeweils auf die ganze Textseite einschließlich der Anmerkungen. Bloße Herausgeber-Angaben sind grundsätzlich nicht aufgenommen. Zentralstellen sind durch ff. gekennzeichnet.

Buchholtz, A. H. 80, 229, 262, 389, 401, 409, 413, 434, 440
Buchner, A. 36, 47, 57, 62, 75, 79, 183, 195, 215, 227, 231, 232, 250, 251, 252, 256, 413, 414, 418, 426, 433, 434, 435, 440, 441, 444, 445, 446, 449
Buck, A. 36, 38, 39, 396
Büchner, G. 110
Bünger, C. 414
Bürger, P. 87
Bütow, A. 156
Bukowski, H. 241, 288
Bullemer, K. 260
Burck, E. 68
Burckhardt, J. 8, 9, 10, 11, 15, 18, 64, 153, 369
Burdach, K. 50, 157
Burger, H. 344
Burger, H. O. 104, 109, 124, 131, 137, 158, 189, 217, 370, 372
Burke, K. 370
Buschius, H. 419
Butschky, S. von 189
Butts, R. F. 381
Buzás, L. 105, 112, 114

Caesar 274, 335, 370, 421, 424
Calderón de la Barca, P. 87, 88, 90, 91, 93, 97, 101, 104, 111, 453
Calwer, P. 424
Camerarius, J. 397, 423
Cancik, H. 40, 41
Canisius, P. 324, 342
Canitz, F. L. Freiherr von 111, 112, 114, 122, 186, 229, 409
Capua, A. G. de 42, 79
Carbo, L. 337
Carpzov, J. B. 199, 215
Casa, G. della 129, 372
Caselius, J. 374, 414
Castalio, S. 312
Castiglione, B. 45, 369ff., 386
Catull 235, 236, 270, 321, 334, 428
Caussinus, N. 316, 365, 412
Celtis, K. 66, 419, 420, 423
Cervantes Saavedra, M. de 97, 114
Charron, P. 247
Cholevius, L. 222, 401
Christian, Herzog von Liegnitz 142
Christstein, J. W. 139
Chroust, A. 388
Chytraeus, N. 108

Cicero 14, 54, 56, 58, 64, 65, 95, 112, 126, 138, 150, 151, 152, 154, 159, 163, 164, 184, 188, 191, 192, 234, 235, 252, 253, 254, 255, 257, 269, 270, 272, 273, 274, 282, 283, 284, 287, 290, 296, 297, 300, 319, 334, 335, 336, 337, 338, 340, 350, 355, 357, 362, 370, 371, 376, 402, 412, 421, 422, 432, 437, 441, 442
Clark, D. L. 65, 84, 287
Clarke, M. L. 58, 151, 191
Classen, J. 285
Claudian 41, 62, 64, 66, 70, 235, 256, 257, 359
Cleary, J. W. 80
Cohen, F. G. 108
Cohn, E. 143, 173, 369, 381, 386
Colomesius, P. 265
Comenius, J. A. 127, 147, 194, 245, 246, 247, 278, 279, 381
Conde, F. J. 136
Conrad, E. 379, 421, 422, 424, 430, 431
Conrady, K. O. 66, 67, 76, 232, 234, 235, 251, 252, 359
Conring, H. 138, 139, 141, 174, 199, 205
Constanzo, M. 39
Corneille, P. 87, 104, 453
Cornelius Nepos 254, 442
Coton, P. 367
Cotta, J. G. 435
Coupe, W. A. 81
Cox, L. 159
Cramer, D. 316
Croce, B. 6, 34, 45
Croll, M. W. 62, 65, 70, 255
Crusius, M. 424, 425, 430
Culingius, S. 422
Cunaeus, P. 441
Curtius, E. R. 11, 12, 13, 33, 35, 36, 37, 38, 40, 42, 45, 46, 50, 51, 55, 56, 57, 63, 65, 66, 67, 88, 91, 92, 94, 97, 105, 109, 124, 126
Curtius Rufus 64, 274, 335, 440, 441, 442
Cysarz, H. 7, 11, 24, 25, 26, 27, 36, 43, 103, 216, 322
Czepko von Reigersfeld, D. 42, 79, 106, 107, 229, 323, 375, 409

Dach, S. 43, 69, 89, 121, 141, 251, 262, 389, 406, 413, 414, 426, 427, 428, 429, 430, 444, 449

Thomas von Aquin 147
Thomasius, C. 30, 136, 144, 148, 149, 220, 383, 384, 409, 415, 416, 417
Thomasius, J. 198, 200, 201, 262, 266, 270, 389, 413, 414, 435, 438, 441
Thorbecke, A. 397
Thukydides 108
Tibull 321, 334
Tiemann, H. 143
Tillyard, E. M. W. 84
Tintelnot, H. 4, 5, 10
Tirso de Molina 113, 114
Titz, J. P. 251, 261, 413, 444
Tollius, C. 265
Tomek, W. W. 393
Topliss, P. 354
Toussaint, G. 50
Tremoli, P. 41
Treuer, G. 61
Trotzendorf, V. 264, 384
Trunz, E. 24, 31, 35, 69, 153, 158, 219, 221, 225, 226, 229, 232, 246, 287, 374
Tscherning, A. 43, 61, 69, 115, 221, 222, 233, 251, 286, 413, 414, 415, 426, 433, 444, 445, 446, 449
Tschirn, F. 318
Turnbull, G. H. 278
Tuve, R. 247

Valerius Flaccus 274
Valmaggi, L. 371
Vasoli, C. 52, 247
Vavasseur, F. 62
Vedel, V. 4
Vehse, E. 368
Veit, W. 51
Velleius Paterculus 274
Verepaeus, S. 158
Vergenhans, J. 419
Vergil 14, 62, 69, 252, 254, 255, 256, 257, 270, 284, 286, 288, 297, 321, 334, 335, 356
Verhofstadt, E. 99, 145, 146, 429
Vespasian 108
Vida, M. G. 62, 68
Viëtor, K. 26, 27, 80, 221, 388
Vilanova, A. 92, 124
Viritius, A. 98
Vischer, W. 419
Vitruv 17
Vives, J. L. 97, 98, 128, 129, 158, 279, 283, 396

Vodosek, P. 61
Vogel, C. 210
Vogel, H. 178
Vogt, C. 377
Vogt, E. 28, 121, 217
Voigt, G. 64
Volkmann, R. 15, 68, 74
Vollmer, F. 41
Voltaire, F.-M. 354
Vondel, J. van den 87, 316
Vorstius, A. 441
Voß, J. H. 375
Vossius, G. J. 48, 58, 65, 69, 152, 153, 163, 265ff., 275, 286, 287, 337, 338, 356, 362, 412, 414, 418
Vossius, I. 268
Vosskamp, W. 108, 109, 146, 147
Vossler, K. 23, 89, 100, 114, 125

Wagner, F. 360
Wagner, R. 6, 7, 9, 20
Wais, K. 23
Waldberg, M. von 180, 197
Wallace, K. R. 57, 407
Wallenstein, A. von 107
Walzel, O. 7, 22, 34
Wandruszka, M. 370
Wanke, C. 41, 63
Warnke, F. J. 92, 105
Wasmuth, J. G. 410
Watteau, A. 102
Weber, E. 400
Wechsler, G. 49, 58, 162, 167, 319, 320
Weckherlin, G. R. 42, 373, 409
Wegele, F. X. von 392
Wehrli, M. 251/52
Weidling, C. 167, 180
Weigel, V. 279
Weil, H. H. 232
Weinberg, B. 57
Weisbach, W. 95, 354
Weise, C. 30, 31, 44, 48, 52, 56, 58, 61, 64, 65, 69, 70, 75, 93, 104, 105, 135, 136, 142, 144, 148, 149, 167ff., 176ff., 190ff., 193ff., 202ff., 215ff., 220, 230, 234, 244, 248, 249, 251, 255, 256, 262, 265, 266, 273, 275, 280, 286, 288, 289, 291, 293, 296, 297, 298, 301, 305, 308, 309, 310, 314, 318, 319, 358, 362, 375, 383, 384, 385, 404, 405, 413, 417, 440, 449

www.ingramcontent.com/pod-product-compliance
Lightning Source LLC
Chambersburg PA
CBHW071011140426
42814CB00004BA/188

*9 7 8 3 4 8 4 1 0 8 3 9 4 *